고 윤진호 교수 추모 선집 3

대안적 맹아를 찾아서

고 윤진호 교수 추모 선집 3

Finding an Alternative Bud

대안적 맹아를
찾아서

윤진호 지음
고 윤진호 교수 추모 선집 간행위원회 엮음

한울
아카데미

이 선집은 2016년 6월 15일 작고하신 고(故) 윤진호 선생님을 기리기 위해 제자들과 지인들이 선생님이 생전에 경제학자로서 활동하신 기록을 모은 것이다. 선생님이 생전에 학문활동과 사회활동을 하시면서 발표한 논문, 연구보고서 중 가장 중요하다고 평가되는 연구결과물을 주제별로 정리했다.

선생님은 엄정한 노동경제학자로서 저서 25권, 단행본 수록글 22편, 논문 39편 등 방대하고 탁월한 연구업적을 남기셨다. 박사학위 논문인 「한국의 불안정 취업층에 관한 연구」(1990)는 비정규직, 영세자영업자 등 저임금계층과 고용불안정성의 문제를 심도 있게 제기한 선구적인 연구로 평가된다. 그 밖에 주요 저서로 『한국의 불안정노동자』(1994), 『한국의 화이트칼라 노동조합연구』(공저, 1994), 『생계비와 임금정책』(1996), 『노동시간단축과 노동조합의 정책과제』(공저, 1999), 『고용구조 변화와 노동조합의 고용정책』(공저, 1999), 『국제화와 노동운동』(2000), 『비정규 노동자와 노동조합』(공저, 2001) 등이 있다.

선생님이 하나의 주제로 연구를 시작하시면 연구실에는 수백 편의 논문과 수십 권의 관련 책이 가득 찼다. 제자들은 선생님이 그 모든 문헌을 체계적으로 정리하고 그에 기반하여 통찰력 있는 연구결과물을 생산해 내시는 것을 목도하곤 했다. 선생님은 미국에서 안식년을 보내면서 매일 세미나에 참석하고 미국의 전문가와 대화하고 토론한 내용을 상세하게 『보스턴 일기』로 기록하여 제자들과 국내 연구자들에게 외국의 연구풍토를 생생히 전달하셨다. 또한 직접 미국서비스노조(SEIU)의 조직 활동가로 참여해서 직접 현장 조직을 체험하셨다. 그곳의 노동조합 조직 활동을 경험하면서 한국 노동조합 조직화에 관한 연구를 진행하신 바 있다. 이렇듯 선생님은 젊은 제자들도 좇아가기 버거울 만큼 열정적인 연구자셨다.

선생님은 냉철한 머리와 따뜻한 가슴을 가진 노동경제학자셨다. 대학 시절부터 노동자의 빈곤과 소득 불평등을 해결하는 것을 가장 중요한 문제로 여기셨다. 박사학위 논문의 주제도 당시 노동시장에서 다수를 차지하던 불안정 취업층에 관한 연구였으며, 이후에도 끊임없이 노동자와 빈곤층에 대한 연구를 지속하셨다. 특히 노동자를 사랑하는 마음으로 노동운동에 대한 높은 관심을 가지고 노사관계, 산업별 노동조합, 노동조합 조직화, 노사정체제, 노동자생산협동조합, 노동자 경영 참가에 관해서 타의추종을 불허할 정도의 연구를 수행하셨다. 또한 노동자의 현실을 정확하게 분석하기 위해서 불안정취업자 가운데 비정규직, 저임금노동, 파견노동 등에 대한 연구도 지속적으로 수행하신 바 있다.

선생님은 열정적인 학자이면서 노동현실에서 실천적 활동도 병행하셨다. 보건의료노조와 긴밀하게 연대하면서 셀 수 없이 많은 교육과 강연을 해주셨고 정책자문위원으로 산별노조 건설과 전략 수립에 크게 도움을 주셨다. 보건의료노조뿐만 아니라 민주노총과는 노동조합 조직화 등 많은 노조활동을 같이 하셨고, 대우자동차 노동조합 등과 같은 개별기업노조와도 수많은 연구과제를 수행하셨다. 미국 MIT 교환교수로 간 기간에 집필하신 『보스턴 일기』에서 미국서비스노조에 직업 조직활동가로 참여한 경험을 담아내기도 하셨다. 이와 같이 선생님은 노동경제학자로서 학문적으로 노동자와 빈곤층을 위한 다수의 연구를 진행하면서도 노동현장에서 실천적 지성으로서의 활동도 매우 적극적으로 수행하셨다. 이것은 선생님이 한국 사회의 취약계층을 위해 높낮이 없는 세상을 실현하시고자 하는 신념에서 우러나온 것이었다.

선생님은 노동자와 함께한 진정한 노동자의 벗이며 노동경제학과 노사관계학에 관한 위대한 진보학자이자 큰 스승이셨다. 높낮이 없는 세상을 위해 끊임없이 대안을 찾는 노력을 경주하셨고, 노동운동에 깊은 관심과 애정을 가지고 현장과 끊임없이 교감하면서 산별노조가 생기는 시기부터 그 발전 가능성을 제기하셨다. 또한 주요 선진국의 산별노조 사례를 심도 있게 연구하면서 한국에서 산별노조 건설에 중요한 시사점을 제시하셨다. 산별노조뿐만 아니라 노사정위원회와 노동조합 생산협동조합 연구도 새로운 대안을 찾기 위한 노력의 산물이었다. 이렇듯 선생님은 탁월한 통찰력을 가지고 새로운 대안을 찾기 위해 노력하고 다양한 부문에서 정책적·제도적 대안을 제시하셨다.

선생님은 무엇보다 학문에 대한 엄격한 자세를 강조하셨다. 인하대학교에서 교편을 잡은 이래 다른 어떤 활동보다 학생들을 가르치는 강의가 가장 중요한 당신의 임무라 생각하고 후학 양성에 최선을 다하셨다. 뿐만 아니라 교내외 민주화에 각별한 관심을 갖고 참여하셨는데, 민주화를 위한 교수협의회 인하대 지부 창립에 관여하고 추후 경상대 학장을 역임하셨다.

학술 영역에서는 진보적인 경제학이 뿌리내릴 수 있도록 다양한 활동을 전개하셨다. 이러한 활동의 당연한 귀결로 진보적 경제학계의 양대 학회라 할 수 있는 경제발전학회 회장과 사회경제학회 편집위원장을 역임하셨다. 또한 진보적 시각에서 노동문제를 다루는 학제 간 학회인 산업노동학회의 창립에 주도적인 역할을 하고 초대 편집위원장을 지내시기도 했다.

이 선집은 선생님의 열정적 연구자로서의 활동과 따뜻한 실천적 지성이자 위대한 스승으로서의 중요한 업적을 세상에 널리 알리고자 발간하게 되었다.

선집은 총 3권으로 구성된다. 제1권은 노동운동에 대한 선생님의 연구결과를 모았다. 제1부는 고용위기 시대의 노동운동을 다룬다. 글로벌 경쟁이 격화되면서 고용조정 및 노동시장 유연화가 심화되고 고용불안정성이 확대되는 현실을 정확하게 진단하여 이에 대응하기 위한 노동운동의 방향을 제시한다. 특히 노동시장 유연화론의 허실을 노동운동의 관점에서 체계적으로 정리했다. 제2부는 새로운 노사관계와 노동운동을 모색하면서 협력적 유연화와 노사정위원회에 대한 다양한 논의를 정리하고 대안적 노동운동의 길을 제시한다. 또한 노동운동이 나아갈 임금정책의 방향과 경제민주화 투쟁과제를 제시한다. 협력적 유연화는 노사정 당사자들의 참여와 협력으로 전략적 동맹을 체결하여 경제위기를 극복하자는 내용을 담고 있으며, 노사정위원회의 성공 조건을 제시한다. 제3부는 산별노조운동의 동향과 과제를 주제로 노동조합 조직이론과 선진국의 산별노조 사례를 제시하고, 한국에서 산별노조의 발전을 위한 심도 깊은 문제제기와 제언을 다룬다.

제2권은 세계의 노동운동과 생산방식의 변화를 다룬다. 제1부는 세계의 노사관계와 노동운동을 다루면서 미국, 영국, 캐나다, 일본의 노사관계와 노동운동을 심도 있게 진단하고 한국에 대한 시사점을 탐색한다. 미국과 영국의 사례 연구에서 신자유주의 아래 노동정책과 노동조합의 대응을 분석한 결과를 제시하고, 미국의 경영참가와 같은 노동자 참여제도의 도입을 평가하며, 영국의 실업정책 진단결과를 제시한다. 제2부는 일본식 생산방식과 노사관계를 다룬다. 포디즘적 생산방식의 붕괴로 일본이 그 자리를 대체해 가고 있던 상황에서 일본식 생산방식의 요체인 토요타 생산방식을 심층적으로 분석하고 이에 대응하는 노동조합의 방안을 제시한다. 또한 일본식 생산방식의 문제점을 진단하고 노동의 인간화를 제안하는 한편, 한국에서의 일본식 생산방식 도입을 심층적으로 분석하면서 노동의 인간화를 중심으로 한 노동조합의 대응책을 제안한다.

제3권은 노동운동의 대안적 맹아를 찾기 위해 한국 자본주의 초기에 형성된 노동조합의 초기 형태를 탐구하고 노동자협동조합과 노사정 3자 체제 그리고 노동시간 단축 및 일자리 나누기 등과 같은 한국 노동체제의 대안을 모색하는 연구결과를 다룬다. 제1부는 불안정 노동을 주제로 비공식 부문, 비정규 노동과 저임금 고용에 대한 심도 있는 분석결과를 제시한다. 특히 한국 자본주의 초기에 형성된 비공식 부문에 대한 연구와 더불어 사회적으로 큰 문제였던 비정규직과 저임금 고용의 함정성을 엄밀하게 분석한 결과를 담았다. 제2부는 대안적 체제의 맹아를 찾기 위해서 대한제국기 노동회의 성격과 활동을 연구한 결과를 제시한다. 또한 노동자생산협동조합을 고찰함으로써 다양한 이론적 관점을 검토하며 노동자생산협동조합이 대안적 체제가 될 수 있는지를 진단한다. 노사정 3자 합의체제에 대한 실증적 연구도 경제적 위기에 대응하는 노동시장 주체들의 전략적 동맹의 필요성을 강조한다. 그 외에도 노동조합의 조직화 문제, 일자리 나누기 전략 등 노동시장과 노사관계의 개혁을 제시하는 내용을 담았다.

이 선집에서 다루지 못하는 연구결과도 상당하지만 선생님은 노사관계와 노동운동과 관련된 생산방식, 불안정고용을 주제로 다양한 연구활동을 전개하셨으며, 새로운 대안을 찾기 위해 다각적으로 심도 있는 연구를 진행해 오셨다. 이러한 주제는 21세기를 살아가는 우리에게도 여전히 사회적, 경제적으로 큰 의미를 가진다. 선생님의 연구활동은 이러한 맥락에서 큰 가르침을 주고, 이 시대의 진정한 스승으로서 선생님의 존재로 확인시켜준다. 선생님의 학문과 인품을 직접 경험하고 배울 수 있었던 우리 제자들은 참으로 행운아라 할 수 있다. 선생님이 계시지 않은 현재에도 선생님의 큰 가르침은 삶의 동력이 되고 있다.

이 선집을 발간하는 과정에서 제자들뿐만 아니라 많은 분들에게 도움을 받았다. 선집 발간을 위해 애쓴 간행위원회 위원 분들과 후원자 분들에게 깊은 감사를 드린다.

차례

제2부 대안적 체제의 맹아를 찾아서

제1부 불안정 노동

제1장

도시 노동시장의 형성과 비공식 부문의 역할*

1. 서론

도시 비공식 부문(urban informal sector)의 연구에 있어서 제기되는 문제점
은 크게 두 가지로 나누어 볼 수 있다. 그 하나는 자료상의 문제이며, 다른 하
나는 이론상의 문제이다. 도시 비공식 부문은 글자 그대로 정부의 공식통계 대
상이 아닌 잡다한 도시의 경제활동―비공식적 경제활동―을 대상으로 하는 까
닭에, 이 부문을 대상으로 하는 경험적 연구에서 부딪치는 자료제약 문제는 매
우 심각하다. 물론 국가가 주도하는 자본주의화의 진전과 더불어 국가가 경제
의 모든 부문에 깊숙이 개입하는 과정에서 경제활동의 공식화도 진전되고, 이
에 따라 종래 공식통계 대상이 아니던 부문까지도 점차 공식통계에 포함되어
가는 경향이 있는 것은 사실이지만,[1] 아직도 비공식 부문 연구에 있어서 자료

---

* 『인하대학교 산업경제연구소 연구논문집』, 제1호(1987)에 게재되었다.
[1] 예컨대 경제기획원에서 발간된 『총사업체통계조사보고서』(1981)나 『고용구조특별조사 결

제약 문제는 심각한 실정이다.

그러나 이러한 자료제약 문제 못지않게, 혹은 그보다 더욱더 중요한 것이 바로 이론상의 문제점이다. 애초에 비공식 부문에 대한 논의는 저개발국에서의 도시 빈곤 내지 불완전 취업 문제에 대한 논의 과정에서 나온 하나의 경험적 규정으로서 제기되었던 것이며, 따라서 비공식 부문의 생성 원인, 그것의 공식 부문과의 관계, 비공식 부문 구성원의 계급적 성격 등의 여러 가지 문제는 별도의 이론화를 필요로 하게 되었다. 그러나 도시 비공식 부문 구성원들의 성격이 잡다할뿐더러 그 구성원의 다수가 영세 규모의 자본과 자기 노동력(및 가족노동력)을 결합한 영세 자영업자인 까닭에, 전통적인 경제학의 접근 방법으로는 이 부문의 이론화에 커다란 어려움을 느끼게 되었다.

애초에 이 부문에 대한 이론화의 수단으로서 등장했던 것은 이른바 생산양식 접합론이며 이 접근 방법은 아직까지도 널리 쓰이고 있는 것으로 보인다. 이 접근 방법은 도시 비공식 부문을 자본제 생산양식과는 구별되는 상이한 생산양식[전(비)자본제 생산양식, 또는 단순상품 생산양식]으로 파악하고, 자본제 생산양식으로서의 공식 부문과 비자본제 생산양식으로서의 비공식 부문 간의 결합 과정에서 하청 생산, 유통 과정 등을 통해 잉여가 어떻게 수탈되는지에 초점을 맞춘다. 그러나 다른 글에서 지적했듯이(윤진호, 1987: 349~351) 생산양식 접합론은 기본적으로 생계 유지적 소농 경제를 모델로 하는 까닭에 이를 도시의 영세 자영업자에게 적용하는 데는 많은 무리가 따른다. 소농이 자급자족적 생산과 상품생산을 병행함으로써 일정한 독립성을 유지할 수 있는 것과는 달리, 도시의 영세 자영업자는 전적으로 상품생산에 종사함으로써 하청·유통 관계를 통해 불가피하게 자본 제 부문의 지배를 보다 강하게 받을 수밖에 없을 뿐만 아니라, 자본 제 부문의 필요에 의해 자신의 생산 기반을 잃고 자본 제 부

과보고』(1984)가 종래 공식통계에서 제외되었던 종업원 1~4인 규모의 사업체까지 대상으로 하고 있는 것이 그 두드러진 예이다.

문의 노동력으로 동원되기가 더 쉽기 때문이다.

그러한 까닭에 공식 부문과 비공식 부문 간의 상품 관계(하청·유통)를 통한 잉여 이전뿐만 아니라 노동시장을 통한 상대적 과잉인구로서의 기능을 분석하는 것이 중요한 과제로 등장한다. 그러나 종래의 노동경제학 내지 노동시장론의 틀에서는 이러한 과제 역시 제기되기 힘들다. 왜냐하면 노동시장론이 대상으로 하고 있는 것은 어디까지나 자본주의 사회의 임노동이기 때문이다. 자본주의 사회에서 노동력은 상품으로 되고 노동은 임노동으로 된다. 그러한 상품화된 노동력=임노동이 매매되는 곳이 노동시장이다. 따라서 노동시장론의 본래적 대상은 어디까지나 임노동의 제 양상인 것이다. 이러한 임노동론의 시점에서 볼 때 당연히 자유 직업, 자영업주 및 경영자 등 비하금노동자(非賀金勞動者)는 그 분석 대상에서 제외되는 것이다(隅谷三喜男, 1983: 89). 그렇다면 왜 형식적으로는 분명한 비임금노동자인 자영업자를 노동시장 분석의 대상으로 삼는 것일까?

만약 선진국의 경우처럼 자본주의가 전일적(專一的)으로 되고 대부분의 노동자가 임노동자로 된 상황이라면 당연히 자본 일반에 대응하는 것은 임노동 일반으로 총괄되며, 따라서 노동시장론의 대상도 임노동 일반의 구체화, 즉 임노동자의 내부구조 분석으로 충분할 것이다.[2] 그러나 저개발국에서는 아직도 자본주의가 전일화되지 못한 채 도시와 농촌에서 광범한 소생산 영역이 존재하고 있을 뿐만 아니라 이들이 끊임없이 재생산되고 있다. 이러한 소생산 영역은 이미 종래의 자립성을 잃고 내외 자본의 지배하에서 형식적으로는 독립하고 있다 할지라도 실질적으로는 자본축적 기구에 편입되면서 반프롤레타리아화하고 있다. 이리하여 이들은 취업 중인 임노동자에 대해 막대한 압박을 가하고 있다. 즉, 상대적 과잉인구의 현실적 존재 영역이 노동시장 내부에만 있는

---

2) 이 경우 상대적 과잉인구론은 임노동력 그 자체의 계층적 구조(즉, 노동시장의 계층적 구조)의 연구 일환이 된다.

것이 아니라 소생산 부문에도 존재하고 있는 것이다.

이러한 상황하에 노동시장론의 대상 역시 단지 임노동 일반의 구체화에 머무는 것이 아니라 더 나아가 이 임노동 주변에 현실적으로 존재하면서 자본축적 기구에 편입되어 노임의 일반적 운동을 규제하는 이들 소생산자·가족노동력·소생산 부문 노동자의 분석으로까지 구체화되지 않으면 안 된다. 이리하여 내외 자본주의의 제 조건하에서 형식적인 독립 자영의 소생산자를 포함한 광의의 근로계급의 내부 구조를 분석하고 그 통일의 논리를 명확히 하는 것이 이른바 임노동 플랜의 최후의 과제로 등장하는 것이다(美崎皓, 1978: 19). 이것이 바로 공식 부문과 비공식 부문 간의 관계를 노동시장론을 통해 접근하고자 하는 이유이다.

그러나 이 같은 접근 방법이 곧 자본에 의한 소자영업자 노동의 간접적 포섭, 즉 상품 관계(하청, 유통)를 통한 포섭을 간과하는 것이 되어서는 안 된다. 결국 자본주의에 의한 소생산자 포착의 양태가 상품 시장의 편성과 노동시장의 편성을 통한 다기한 모습을 지니는 한, 그리고 현대의 자본축적이 공장 내에 머무르지 않고 공장의 문을 나와 간접적 잉여 이전에까지 그 기반을 확대하고 있는 한, 노동문제의 분석도 상품 시장, 노동시장 및 자본축적의 여러 가지 정책을 포괄하는 광범한 시야를 가질 수밖에 없는 것이기 때문이다.

이 글에서는 이상의 과제를 염두에 두면서, 우선 자본 제 부문과 도시 비공식 부문 간의 관계를 노동시장론, 그중에서도 노동시장 형성론의 입장에서 접근하고자 한다. 노동시장 구조론적 분석, 그리고 상품 관계의 분석은 추후의 과제로 돌리고자 한다.[3]

---

3) 노동시장 구조론적 분석에 대해서는 윤진호(1986), 상품 관계의 분석에 대해서는 윤진호 (1984)를 참조.

2. 노동시장 형성론과 비공식 부문

노동시장론은 논의의 초점이 어디에 있느냐에 따라 노동시장 형성론과 노동시장 구조론(협의의 노동시장론)으로 나뉜다. 노동시장 형성론은 노동력 급원론이나 하노동 창출(荷勞動創出)에 관한 논의로 주로 노동시장이 어떠한 과정을 거쳐 형성되었는가를 논의의 대상으로 삼고 있는 반면, 노동시장 구조론은 이미 형성되어 있는 노동시장이 어떤 구조(예컨대 단일 노동시장, 분단 노동시장)를 지니고 있는가를 밝히는 데 논의의 초점을 두고 있다(이효수, 1983: 6).

그런데 종래 노동시장에 관한 논의는 주로 노동시장 구조론에 집중되어 왔다. 그것은 이미 자본제 생산양식이 사회 대부분의 영역을 포괄하고 이에 상응해 노동력의 임노동화가 거의 완전히 진행됨으로써 자본제적 노동시장이 전일화된 선진 자본주의 경제를 전제로 한 것이다. 이러한 상황에서 노동시장에 대한 논의는 이미 형성되어 있는 자본제적 노동시장을 전제로 수요·공급주체들의 행태, 그 가격 결정 메커니즘, 실업의 발생 원인, 임금격차 문제 등에 집중되는 것이다. 또 노동시장에 대한 노동력 공급이 논의되는 경우에도 주로 이는 추상적인 개인이 자본제적 노동시장에 참가하느냐 아니냐를 따지는 이른바 임금-여가에 관한 개인선택이론(또는 최근에는 가계선택이론)이라는 형태를 취하며 이는 노동시장이론에서 부차적인 중요성밖에 가지지 못한다.

이와는 달리 저개발 경제에서는 아직 자본제적 생산양식이 전일화되지 못하고 있는 데 대응해 자본제적 임노동시장도 아직 형성 과정에 있다. 따라서 전통적으로 경제발전론에서는 이를 설명하기 위해 부문 간 노동공급이론을 도입해 왔다. 즉, 초기의 발전 과정에서 노동의 공급 원천은 재래 산업 취업자이며 자본 제 부문에의 노동력 공급곡선은 재래 산업의 생산을 영위하는 가계의 구성원의 자본 제 부문에 대한 노동력 공급 행동을 반영하는 것으로 간주되었다. 그런데 이 경우 재래 부문은 주로 농업으로 설정된다. Lewis의 모델을 위시한 일련의 이중구조 발전이론은 그러한 생각을 반영한 전형적인 예로 볼 수 있다(Lewis, 1954; Fei and Ranis, 1961, 1963). 이러한 모델에서는 잉여노동이 농촌 지역에만 존재하고 있으며 도시 지역으로 이주한 농민들은 모두 근대 부문에 취업하는 것으로 상정된다.

그러나 1970년대 이후 저개발국의 경제에 있어 노동 공급과 관련해 도시 비공식 부문의 역할이 점차 주목받고 있다. 즉, 농촌으로부터 도시로 이동한 노동력은 모두 근대 부문에 바로 취업하는 것이 아니라 영세 자영업이나 소규모 기업, 건설 부문의 일용노동자 등 이른바 도시 비공식 부문에 퇴적되고 있다는 것이다. 이 부문 종사자는 대부분 소득수준이 낮고 취업이 불안정하며 작업 조건이 매우 열악한 것이 특징이다. 뿐만 아니라 이들이 도시 노동력에서 차지하는 비중이 나라에 따라 20~70%에 이르는 상당한 규모이기 때문에(Todaro, 1985: 280), 미숙련 노동력의 공급 원천으로서 농촌과 더불어 또 하나의 중요한 부문으로 등장하고 있는 것이다(배무기, 1984: 38). 이와 같이 도시 비공식 부문론은 그것이 지닌 경험적 규정이라는 제약에도 불구하고 경제발전론에서 2부문론으로부터 3부문론으로의 전환이라는 점에서 중요한 의미를 지닌다.

이와 같은 사정은 일본의 노동시장 형성에 관한 논쟁 과정을 보면 보다 명확해진다. 일본에서는 제2차 세계대전 이전까지 大河內一男의 '出線型貨勞動論'이 일본 노동시장의 특징을 설명하는 지배적 이론이었다(美崎晧, 1978: 114). 즉, 농업에 있어서의 반봉건적 토지 소유에 따른 '半隷農的 零細耕作'으로 궁핍해진 농민은, 반프롤레타리아화하여 출선형 임노동(出線型 貨勞動)에 의해 생계를 유지한다. 즉, 일본의 임노동 공급은 주로 농촌으로부터의 출종 노동력(出綜勞動力)에 의해 이루어지므로 노동력의 재생산은 공장 지대에 있어서의 노동조건과 생활 조건 가운데서 완결되는 것이 아니라, 단기적 혹은 장기적으로 농가 경제와 결부되어 수행된다는 것이다. 이에 따르면 농가 인구는 호황기에 비농 부문으로 유출되고 불황기에는 농업으로 역류된다. 즉, 농업은 불황기에 비농 부문에서 발생한 실업자를 흡수하는 유일한 곳으로서 경기변동에 대한 쿠션적 기능을 맡는 유일의 산업이다(美崎晧, 1978: 114). 출가형 임노동론은 당시 일본의 현실이었던 방적공장 여공을 염두에 두고서 전개된 것이었으나 명확한 자료적 뒷받침을 가지고 있지 않은 가설적 주장이었다. 그러나 전후에도 이와 같은 논리는 계속되었는데, 예컨대 1955년 출간된『사회정책학회연보(社會政策學會年報)』는 '임노동에 있어서의 봉건성'을 주제로 다루었으며, 노동력 수요의 성격조차도 노자 관계에서의 가족주의와 신분제도에 착안하여 '봉건적 성격'을 지니는 것으로 규정했다(美崎皓, 1978: 14). 당시 일본에서는 전 취업자 중 노동자계급의 비중이 과반수를 넘어서고 있었음에도 불구하고 아직 대량으로 존재하는 소생산 농민의 노동력과 그 성격이 노동시장을 규정하는 것으로 파악하고 있었던 것이다.

이러한 '임노동에 있어서의 봉건성' 또는 '출가형 임노동론'에 대해 최초로 공격을 가했던 것은 並木正吉(1957)이다. 並木正吉은 '國勢調査'의 5년마다의 자료를 사용해 농가 인구의 이동수를 추계했는데, 그 결과 농촌의 과잉인구는 경기변동 여하에 상관없이 일정하게 도시 노동시장에 유출되며 농가 인구는 일정하게 유지되어 왔다는 사실을 밝혔다. 이 주장은 이후 통계적 사실의 연구 결과, 지나치게 과장된 것이며 농가로부터의 인구 이동은 호황기에 증대하고 불황기에 감소하는 경향이 있다는 사실이 다시 밝혀지긴 했으나(小野旭·南亮進, 1962; 南亮進·小野旭, 1963), 그럼에도 불구하고 불황기에도 농가가 여전히 인구를 배출하고 있다는 사실은, 곧 농업 부문만이 실업자의 흡수 장소인 것은 아니라는 사실을 보여 주는 것이다.

이에 대해 해답을 제시한 것이 井上晴丸, 隅谷三喜男 등의 '都市雜業層理論'이다. 1957년에 이미 井上晴丸 등은 "웅대한 이촌 노동력이 농업의 피고용자로서 흡수되어 도시의 영세 상공기업, 잡업 등을 근거지로 하는 극히 불완전한 취업 관계에 있으면서 끊임없이 실직과 재입직을 반복하는바", 즉 "도시의 상업 및 기타 다양한 잡업 가운데 침전한 정체적 과잉인구의 새로운 저수지"를 이루고 있음을 지적했다(井上晴丸·宇佐美誠次郎, 1957: 104~107).

隅谷三喜男 역시 저개발국의 노동시장 형성 과정에서 농촌의 과잉 노동력의

상당 부분은 고용 기회의 유무에 상관없이 과잉인구 자체의 압력으로 도시에 유출되며 이들이 보다 현재화된 과잉인구로서 도시 잡업층을 이룬다고 지적하고 따라서 도시 노동시장에 있어 노동력의 외부로부터의 공급은 직접적으로는 농촌보다도 도시 과잉인구로부터 이루어진다고 주장한다(隅谷三喜男, 1983: 115~116). 따라서 저개발국의 노동시장은 출가형 노동시장론이 구상해 온 것과 같이, 노동시장 내부와 외부(농촌) 두 영역 간의 관계로서 구성하는 것으로는 불충분하며, 농촌의 잠재적 과잉인구, 도시의 보다 현재화한 과잉 노동력, 이것을 배경으로 성립하는 노동시장이라는 3자 간 관계로 파악되어야 한다는 것이다(隅谷三喜男, 1983: 116). 隅谷三喜男에 의하면 잡업층이라는 개념에는, 대기업 노동자, 중소기업 노동자 등 '본래의 임노동력'을 제외하고 행상인, 잡역부, 임시공, 사외공(社外工), 일속(日屬) 등이 포함되어 있다.

이상에서 본 바와 같이 저개발국의 노동시장 형성 과정에서 임노동의 추가적 공급이 소생산(小生産), 특히 농민층의 분해에 의해 부단히 이루어져온 것은 역사적 사실이지만, 그러나 농업의 생산력 발전과 더불어 점차 농업 취업인구가 상대적·절대적으로 감소해 가는 한편, 도시에서는 내외 자본에 의한 자본축적 과정에서 상대적 과잉인구가 누적되어 간다.[4] 따라서 노동시장을 설명하는 데 있어서도 이미 농촌에 기반을 둔 출가형 임노동론만으로는 불충분하게 되며 노동시장 연구의 방향도 농촌으로부터 도시로, 그리고 도시에서의 상대적 과잉인구의 저수지에 대한 분석으로 향하게 되는 것은 당연한 일이라 하겠다(美崎皓, 1978: 117). 井上晴丸이나 隅谷三喜男에 의한 '도시 잡업층'의 제기는 바로 이러한 사정을 반영한 것이다.

한국의 경우에도 1960년대 이후 급속한 고도성장의 추진과 더불어 자본주의화가 진행되면서 1957~1982년 동안 무려 1200만 명에 가까운 농촌인구가

---

4) 도시의 과잉인구를 퇴적시키는 노동력 수요 측의 요인=자본축적상의 제 문제는 매우 중요한 주제이기는 하나 이 글에서는 다루지 않기로 한다.

도시로 이주한 것으로 추정된다(반성환, 1984: 262). 따라서 종래 노동시장에 대한 노동력 공급원을 주로 농촌에서 구했던 것은 당연한 일이었다. 그러나 급속한 이농의 결과로 점차 농촌의 노동력 방출 여력이 줄어들고, 도시 노동시장의 규모가 상대적으로 커지면서, 연구계 일각에서는 한국에서도 1970년대 중반 이후 도시 노동시장에 대한 노동력 공급이 도시 내부에서 주로 이루어지고 있다는 주장이 나오기 시작하고 있다(김형기, 1985: 69 참조). 그러나 이러한 주장을 뒷받침하기 위한 실증적 연구는 아직도 매우 단편적이고 불확실한 데 머물고 있는 실정이다.[5]

이 글에서는 산업 간 노동이동에 대한 실증적 연구를 통해 이 문제에 접근하고자 한다.

3. 부문 간 노동력 이동

1) 산업별 취업자 구성의 변화

1960년대 이후의 고도성장과 급속한 자본주의화 과정에서 산업별 노동력의 구성도 크게 변화해, 농림어업 부문 취업자는 급격히 줄어들고 비농림어업 부문의 취업자가 급격히 늘어났다.

〈표 1-1-1〉과 〈그림 1-1-1〉에서와 같이 1963년만 해도 전체 취업자의

---

[5] 몇몇 논자들은 서울시 빈곤지역의 실태 조사를 통해 빈곤가구주 중 농촌출신의 비중이 점차 줄어들고 있음을 밝히고 이를 위의 주상의 증서로 들고 있으나, 그 신빙성은 매우 의심스럽다. 왜냐하면, 사례연구의 한계점 외에도, 조사대상지역과 조사시기가 모두 다른 점, 수도권 내 위성도시로의 인구분산, 가족 내에서의 분가 경향, 이주패턴의 변화 등 조사결과에 영향을 미칠 수 있는 여러 가지 요소를 이 연구들이 간과하고 있기 때문이다. 한상진 외(1985: 70~72) 참조.

〈표 1-1-1〉 산업별 취업자 구성

(단위: 천 명, %)

연도	총수	농림어업	광공업	사회간접자본 및 기타 서비스업
1963	7,662(100.0)	4,837(63.1)	667(8.7)	2,158(28.2)
1965	8,206(100.0)	4,810(58.6)	849(10.4)	2,547(31.0)
1970	9,745(100.0)	4,916(50.4)	1,395(14.4)	3,434(35.2)
1975	11,830(100.0)	5,425(45.9)	2,265(19.1)	4,140(35.0)
1980	13,706(100.0)	4,658(34.0)	3,095(22.6)	5,952(43.4)
1984	14,935(100.0)	3,722(24.9)	3,654(24.5)	7,559(50.6)

주: ( ) 안은 구성비.
자료: 경제기획원, 『경제활동인구연보』, 각 연도판.

〈그림 1-1-1〉 산업별 취업자 비중의 추이

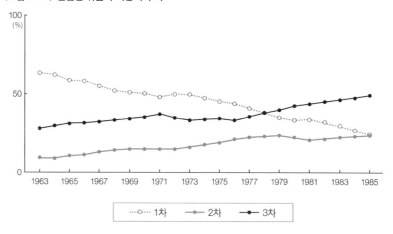

63.1%를 차지하던 농림어업 부문 종사자가 1986년에는 26.9%로 그 구성비가
저하했으며, 같은 기간 동안 광공업 부문은 8.7%에서 24.1%로, 그리고 3차산
업 부문은 28.2%에서 49.0%로 증가했다. 특히 1970년대 중반까지만 해도 농
림어업 부문 종사자는 그 상대적 비중은 떨어지더라도 절대수에서는 꾸준히
증가했으나 1976년의 560만 명을 고비로 이후에는 절대수마저 급속히 감소하
고 있는 실정이다.

이와 같은 사정은 〈표 1-1-2〉의 산업별 취업자 연평균 증가율에 뚜렷이 나
타나는데 1970년대 중반까지 약간씩 증가하던 농림어업 종사자는 1970년대 중

〈표 1-1-2〉 산업별 취업자 증가율(연평균)

(단위: %)

연도	전체	농림어업	광공업	사회간접자본 및 기타 서비스업
1963~1970	3.5	0.2	11.1	6.9
1970~1975	4.0	2.0	10.2	3.8
1975~1980	3.0	-3.0	6.4	7.5
1980~1985	1.7	-4.4	3.4	4.9
평균	3.1	-1.2	8.0	5.9

자료: 경제기획원, 『경제활동인구연보』, 각 연도판에서 계산.

〈표 1-1-3〉 3차산업 취업자의 구성 내역

(단위: %)

	1960	1966	1970	1975	1980
전체	100.0	100.0	100.0	100.0	100.0
전기·가스 및 수도사업	0.8	1.0	0.9	0.8	0.7
건설업	6.8	8.1	13.5	11.6	13.3
도소매 및 음식·숙박업	36.3	33.8*	37.4	40.6	41.2
운수·창고 및 통신업	8.1	7.0	9.6	10.4	11.0
금융·보험·부동산 및 용역업	3.3	2.8	2.8	3.6	5.7
사회 및 개인 서비스업	44.7	47.3	35.7	32.9	28.1

주: 음식·숙박업은 서비스업에 포함.
자료: 경제기획원, 『인구 및 주택센서스 보고서』, 각 연도판.

반 이후 커다란 폭으로 감소하고 있다.

한편 광공업과 3차산업 종사자는 1960년대 이래 꾸준히 증가해 왔다. 그러나 광공업과 3차산업 종사자의 증가 패턴은 서로 약간 다른 양상을 보이고 있다. 즉, 광공업 부문 취업자는 1970년대 중반까지 노동 집약적 경공업의 성장과 더불어 급속히 증가해 왔으나 이후 중화학 공업화를 위시한 전체적인 자본의 유기적 구성 상승으로 인해 광공업 부문의 노동력 흡수력이 떨어지면서 그 증가율이 급속히 떨어지고 있다. 반면 3차산업 부문은 꾸준히 높은 증가율을 보이고 있다. 그런데 이러한 3차산업 종사자의 증가는 흔히 말하는 경제 발전에 따른 산업구조의 고도화 현상이라기보다는 주로 건설업 부문의 일용노동자나 영세 상업의 증가에 의해 주도되고 있다는 점에서 앞서 지적한 도시 비공식 부문의 증대와 연관지어 해석해야 할 것이다(〈표 1-1-3〉 참조).

2) 산업 간 이동의 추계

위에서 살펴본 산업별 취업자수의 변화는 산업별 자연증가 분(즉, 비경제활동인구 및 실업자로부터의 신규 보충 노동력에서 사망·은퇴·실업 등에 의한 자연유출 노동력을 뺀 것)과 산업 간 순이동분이 합쳐져서 나온 결과이다. 여기서 우리가 관심을 가지고 있는 것은 산업별 자연증가 분과 산업 간 이동분을 분리하여, 1차산업으로부터 비1차산업으로의 노동이동수를 장기적 시계열에 걸쳐 추계하고, 또 1차산업으로부터의 이동자가 2차산업과 3차산업에 어떻게 배분되는지를 밝히는 일이다.

그러나 산업별로 자연증가율을 구하는 것은 극히 어렵기 때문에, 흔히 이용되는 수법은 산업별 자연증가율이 경제 전체의 취업자 증가율과 같다고 가정하는 방법이다.[6]

즉, 제i차산업 취업자수를 L_i라고 하면 (t−1)기와 t기 간에 다음의 관계가 성립한다.[7]

$$L(t-1) = L_1(t-1) + L_2(t-1) + L_3(t-1)$$
$$L(t) = L_1(t) + L_2(t) + L_3(t)$$

여기서 L은 경제 전체의 취업자수이다. 이때 각 산업 부문의 취업자 자연증가율(즉, 비경제활동인구, 실업자 및 국외로부터의 신규 보충 노동력 증가율에서 비경제활동인구화·실업화·사망·국외 유출한 노동력 은퇴율을 뺀 것)이 같다고 가정하고, $L_i^*(t)$를 사회적 이동이 없을 때의 제i차산업 취업자수(즉, 이론적 취업자수)라고 하면,

---

6) 이와 같은 수법을 사용해 산업 간 노동이동을 추계한 연구로는 일본에 관해서 梅村又次(1956); 梅村又次(1968); 小野旭(1981) 등을, 그리고 한국에 관해서 김창남(1984)을 참조.

7) 이하의 분석 방법은 小野旭(1981: 127~128) 참조.

$$\frac{L_1^*(t)}{L_1(t-1)} = \frac{L_2^*(t)}{L_2(t-1)} = \frac{L_3^*(t)}{L_3(t-1)} = \frac{L(t)}{L(t-1)}$$

이 t기의 이론적 취업자수 $L_i^*(t)$와 실제 취업자수 $L_i(t)$와의 차이를 (t−1)기와 t기 사이에 발생한 산업 간 노동력 이동수 $M_i(t)$로 봤을 때 다음과 같은 관계가 각각 성립한다.

$$M_1(t) = L_1(t) - \frac{L(t)}{L(t-1)} \cdot L_1(t-1)$$

$$M_2(t) = L_2(t) - \frac{L(t)}{L(t-1)} \cdot L_2(t-1)$$

$$M_3(t) = L_3(t) - \frac{L(t)}{L(t-1)} \cdot L_3(t-1)$$

만약 1차산업이 노동력의 초과유출 산업이고 2차산업과 3차산업이 노동력의 초과유입 산업이라고 한다면 $M_1(t) < 0$, $M_2(t) > 0$, $M_3(t) > 0$이 되고, 1차산업으로부터의 산업 간 이동자는 2차산업이나 3차산업에 흡수될 것이므로 $M_1(t) + M_2(t) + M_3(t) = 0$이 된다.

〈표 1-1-4〉는 『경제활동인구연보』의 매년 자료를 이용하여 위의 방법으로 산업 간 이동수와 그 배분을 추계한 결과이다. 이 표에 따르면 1차산업은 모든 기간에 걸쳐 노동력의 초과유출 산업이다. 〈그림 1-1-2〉를 보면 1차산업이 노동력의 초과유입 산업이었던 것은 1971~1972년과 1980~1981년의 2년간(모두 불황기였던 점을 주의할 것)뿐이다. 관찰 기간 중 1차산업으로부터 타 산업으로의 순유출자수는 453만 5천 명에 달했는데, 특히 1970년대 중반 이후 유출자수가 격증하고 있어, 농업 부문의 노동력 유출력이 줄어들고 있다는 일반적 인식과는 다른 모습이다.

같은 기간 중 2차산업이 흡수한 순이동수는 175만 6천 명(38.7%)이며 3차산업은 278만 명(61.3%)을 흡수했다. 특히 2차산업 취업자가 급속히 증가했던 1970~1975년에는 3차산업도 노동력의 초과유출 산업으로 되어 2차산업에 노

〈표 1-1-4〉 산업 간 노동력 이동 추계[1]

(단위: 천 명, %)

연도	1차산업의 노동력 유출수 (A)	비1차산업의 노동력 유입수		비1차산업의 취업자 증가수(B)	기여율 (A/B)×100 (%)	연평균 유출률 (%)
		2차산업	3차산업			
1963~1966	-427	176(41.3)[2]	250(58.7)	722	59.1	2.96[3]
1966~1970	-678	311(45.9)	367(54.1)	1,282	52.9	3.51
1970~1975	-526	555(105.5)	-29(-5.5)	1,576	33.4	1.27
1975~1980	-1,583	434(27.4)	1,148(72.6)	2,642	59.9	5.96
1980~1985	-1,321	280(21.1)	1,044(78.9)	2,166	61.0	6.04
전체	-4,535	1,756(38.7)	2,780(61.3)	8,388	54.1	4.01

주 1): 매년 자료를 이용한 것임.
주 2): ( ) 속은 비1차산업 내에서의 노동력 배분율.
주 3): 기간 중 1차산업의 매년 유출률을 산술평균한 것임.
자료: 경제기획원, 『경제활동 인구연보』, 각 연도판 자료에서 작성.

〈그림 1-1-2〉 산업별 순유입자수 추이

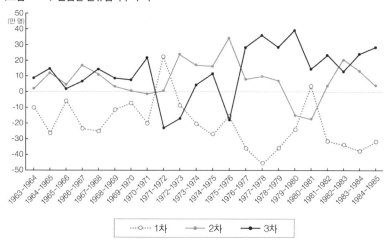

동력을 공급했으나, 1970년대 중반 이후에는 농업 부문 유출 노동력의 70% 이상을 3차산업에서 흡수하고 있는 점이 주목된다. 이와 같은 사실은 곧 3부문 노동시장이론의 필요성을 강하게 시사하고 있는 것이다.

한편 〈표 1-1-4〉에 표시된 기여율은 비1차산업의 취업자 증가수에서 차지하는 1차산업으로부터의 이동자 비율이다. 이를 보면, 1970년까지는 50~60%

선의 기여율을 보이다가 2차산업 취업자가 급속히 증가한 1970~1975년에는 33.4%로. 농업 부문의 기여율이 떨어졌으나, 1970년대 중반 이후에는 다시 60% 내외의 높은 기여율을 보이고 있다.

한편 〈그림 1-1-2〉를 살펴보면 흥미로운 사실을 발견할 수 있다. 즉, 1960년 대까지만 해도 2차산업과 3차산업의 노동력 유입수는 거의 비슷하게 움직였으며, 1차산업의 노동력 유출수는 이와 정반대로 움직임으로써, 1차산업이 주된 노동력 공급원이었음을 증명하고 있다. 그러나 1970년대 들어서면서 2차산업 유입자수와 3차산업 유입자수는 거의 반대 방향으로 움직이고 있음을 알 수 있다. 이는 3차산업 부문 노동력이 2차산업 부문에 대한 산업예비군적 기능을 어느 정도 맡고 있음을 간접적으로 증명하는 것이라 하겠다.

이상의 분석은 산업 간 이동이 완전히 끝난 후의 비교 정태적 결과만을 나타내므로, 실제 이동자가 어떤 산업으로부터 어떤 산업으로 이동하는지에 관한 동태적 분석은 불가능하다는 점에 주의할 필요가 있다. 그러나 이 분석에서 무엇보다도 문제는 취업자의 자연증가율이 모든 산업에서 동일하다는 가정이다. 실제로 1960년대 이후 고도성장기에 농촌의 학졸 청소년층은 농업에 취업하지 않고 곧바로 도시로 유출하여 비1차산업에 취업하는 경우가 크게 늘었으며 그 결과 농업의 신규 보충 노동력수는 격감했다. 반면 농가 인구의 고령화에 따라 사망·은퇴율은 상승했다. 이와 같은 사실은 〈표 1-1-5〉의 산업별 취업

〈표 1-1-5〉 연령별 취업자 구성 추이

연령	1966			1970			1975			1980		
	A	M	S	A	M	S	A	M	S	A	M	S
~19	12.6	20.0	10.4	12.1	25.4	11.1	13.5	27.5	9.1	5.6	20.1	5.3
20~29	22.8	32.0	25.1	18.8	32.8	26.4	19.0	34.8	27.3	18.1	40.6	29.8
30~39	23.7	24.5	31.0	24.4	23.6	31.6	21.4	22.5	31.3	18.5	22.7	30.4
40~49	19.7	15.6	21.6	20.4	12.1	20.0	21.5	10.5	20.9	26.0	12.1	22.7
50~59	15.0	6.4	9.7	16.2	5.0	8.8	16.5	4.0	9.3	19.8	3.7	9.4
60~	6.2	1.5	2.2	8.1	1.2	2.1	8.1	0.7	2.1	12.0	0.7	2.3

주: A=1차산업, M=2차산업, S=3차산업.
자료: 경제기획원, 『인구 및 주택센서스 보고서』, 각 연도판에서 계산.

자 연령 구성에서 그대로 드러나고 있다. 즉, 농업의 경우 1966년에 취업자의 12.6%를 차지하던 10대와 22.8%를 차지하던 20대가 1980년에는 각각 5.6%와 18.1%로 그 비중이 줄어든 반면, 60대 이상은 1966년의 6.2%로부터 1980년에는 12.0%로 2배나 비중이 늘어났다. 반면 2차산업의 경우 20대 취업자의 비중이 크게 높아진 반면, 50대 이상의 비중은 격감했음을 알 수 있다.

따라서 농업 취업자의 자연증가율이 타 산업의 그것보다 훨씬 낮을 것으로 예상되며, 이는 다시 예상 취업인구의 과대 추정, 즉 산업 간 순이동수의 과대 추정을 가져오게 될 것이다. 결과적으로 〈표 1-1-4〉에서 농업의 순유출자수는 최근 기간으로 올수록 과대 추정되었을 가능성이 크다.

3) 종사상의 지위별 노동이동

앞서 우리는 산업별 노동이동을 살펴보았지만, 이것이 반드시 부문 간 노동이동의 실태를 그대로 반영하는 것은 아니다. 왜냐하면 2차산업 내에도 영세 자영업자나 가내수공업이 존재하는가 하면, 3차산업 종사자의 상당 부분은 근대적 부문에 종사하고 있기 때문이다. 따라서 여기서는 종사상의 지위별 노동이동을 살펴보기로 한다.

〈표 1-1-6〉과 〈그림 1-1-3〉은 종사상의 지위별 취업자 구성의 추이를 표시한 것이다. 여기서도 한국 경제의 급속한 자본주의화와 농가 부문의 축소가 잘 나타난다. 즉, 농가 부문의 자영자와 무급가족 종사자를 합친 수가 전체 취업자에서 차지하는 비중은 1963년 55.3%로부터 1985년에는 21.8%로 급속히 줄어들었다. 농가 부문의 상용고·임시고·일고를 합친 피용자의 비중도 1963년 9.3%로부터 1985년에는 3.5%로 하락하고 있음을 알 수 있다. 상대적 비중뿐만 아니라 절대수에서도 농가 자영 및 무급가족 종사자의 수는 1960년대 말까지 430만 명 내외에서 안정적 추세를 보이다가, 새마을운동이 강력히 추진되고 농가 교역조건이 상대적으로 개선되었던 1970년대 전반기에는 급속히 그

<표 1-1-6> 종사상의 지위별 취업자 추이

(단위: 천 명, %)

	1963	1966	1970	1975	1980	1985
총취업자	7,662(100.0)	8,423(100.0)	9,745(100.0)	11,830(100.0)	13,706(100.0)	14,935(100.0)
농가	4,943(64.5)	5,116(60.7)	5,116(52.5)	5,602(47.4)	5,114(37.3)	3,795(25.4)
자영	2,051(26.8)	2,093(24.8)	2,081(21.4)	2,360(19.9)	2,374(17.3)	1,873(12.5)
무급가족	2,183(28.5)	2,303(27.3)	2,211(22.7)	2,507(21.2)	1,935(14.1)	1,396(9.3)
상용고	163(2.1)	194(2.3)	277(2.8)	257(2.2)	338(2.5)	222(1.5)
임시고	156(2.0)	195(2.3)	93(1.0)	119(1.0)	100(0.7)	95(0.6)
일고	390(5.1)	331(3.9)	454(4.7)	359(3.0)	368(2.7)	209(1.4)
비농가	2,719(35.5)	3,307(39.3)	4,629(47.5)	6,228(52.6)	8,592(62.7)	11,140(74.6)
자영	803(10.5)	954(11.3)	1,250(12.8)	1,652(14.0)	2,270(16.6)	2,790(18.7)
무급가족	212(2.8)	264(3.1)	417(4.3)	508(4.3)	642(4.7)	786(5.3)
상용고	779(10.2)	1,072(12.7)	1,959(20.1)	2,340(19.8)	3,833(28.0)	4,860(32.5)
임시고	341(4.5)	430(5.1)	427(4.4)	955(8.1)	914(6.7)	1,527(10.2)
일고	584(7.6)	587(7.0)	576(5.9)	773(6.5)	933(6.8)	1,177(7.9)

자료: 경제기획원, 『경제활동인구연보』, 각 연도판.

<그림 1-1-3> 종사상의 지위별 취업자 비중 추이

수가 증가해 1976년에는 513만 명에 달하기도 했으나 이후 농가 인구의 대량 유출과 더불어 지속적으로 감소해 1985년에는 327만 명 수준으로 줄어들었다.

한편 이와는 반대로 자본주의 부문의 확대를 직접적으로 반영하는 비농가 부문 상용 노동자의 비중은 1963년 10.2%로부터 1985년에는 32.5%로 상승함으로써 노동자계급의 양적 성장을 드러내고 있다. 절대수 면에서도 1963년의 78만 명으로부터 1985년에는 486만 명으로 6배 이상이나 늘어나 다른 어떤 범주보다 빠른 증가세를 보였다.

그러나 여기서 우리가 간과해서는 안 될 것은, 앞에서도 지적한 바와 같이 농가 부문 취업자의 축소와 자본 제 부문 취업자의 확대라는 현상과 더불어 자본 제 부문 노동시장에 직접적으로는 편입되어 있지 않은 비농가 부문 자영자 및 무급가족 종사자와 부분적으로 편입되어 있는 임시고, 일고의 비중 역시 꾸준히 증가해 왔다는 사실이다. 사실 비농가 부문 자영자와 무급가족 종사자를 합친 비중은 1963년 13.3%로부터 1985년에는 24.0%로 늘어났으며, 절대수 면에서도 1963년 122만 명으로부터 1985년에는 358만 명으로 3배가량 늘어났다. 한편 비농가 부문 임시고, 일고의 비중은 1963년 12.1%로부터 1985년에는 21.1%로 늘어났고 절대수 면에서도 1963년 93만 명으로부터 1985년에는 270만 명으로 늘어났다. 이와 같은 사실은 곧 앞에서 말한 3부문 노동시장론의 필요성을 다시 한번 증명하는 것이라 하겠다.

이제 이들 종사상의 지위별 취업자라는 관점에서 도시 노동시장이 어떻게 형성되어 왔는지를 살펴보기 위해 앞서 산업 간 노동이동을 고찰할 때와 동일한 방법의 추계 방식을 사용해 보기로 한다. 〈표 1-1-7〉과 〈그림 1-1-4〉가 그 결과를 나타낸 것이다.

〈표 1-1-7〉에서 먼저 농가 부문은 1963~1985년 중 총 470만 명의 노동력을 순유출시킨 것으로 되어 있다. 〈그림 1-1-4〉를 보면 농가 부문이 노동력을 초과 유입시켰던 것은 1971~1972년 1년간뿐이며 그 나머지 기간에는 항상 노동력을 순유출시켜 왔다. 기간별로는 1960년대 말까지 유출자수가 증가하다가 1970년대 전반기에는 다소 줄어들었으나 1970년대 후반부터 다시 격증해 1980년대 들어와서도 계속 늘어나고 있음을 알 수 있다.

〈표 1-1-7〉 종사상의 지위별 노동력 이동 추계[1)]

(단위: 천 명, %)

• 농가 부문 유출수

시기	전체(A)	자영	무급가족	상용	임시	일용
1963~1966	-311 (100.0)[2)]	-155 (49.8)	-99 (31.8)	14 (-4.5)	21 (-6.8)	-92 (29.6)
1966~1970	-761 (100.0)	-329 (43.2)	-421 (55.3)	48 (-6.3)	-127 (16.7)	68 (-8.9)
1970~1975	-567 (100.0)	-155 (27.3)	-177 (31.2)	-67 (11.8)	5 (-0.9)	-173 (30.5)
1975~1980	-1,336 (100.0)	-350 (26.2)	-941 (70.4)	41 (-3.1)	-35 (2.6)	-54 (3.8)
1980~1985	-1,727 (100.0)	-694 (40.2)	-694 (40.2)	-141 (8.2)	-14 (0.8)	184 (10.7)
전체	-4,702 (100.0)	-1,683 (35.8)	-2,332 (49.6)	-105 (2.2)	-150 (3.2)	-432 (92)

• 비농가 부문 유입수

시기	전체	자영	무급 가족	상용	임시	일용	비농가 부문 노동력 증가수(B)	기여율 A/B×100 (%)	연평균[3)] 유출률 (%)
1963~ 1966	309 (100.0)	66 (21.4)	29 (9.4)	215 (69.6)	49 (15.9)	-50 (-16.2)	888	35.0	2.07
1966~ 1970	762 (100.0)	142 (18.6)	107 (14.0)	681 (89.4)	-65 (-8.5)	-103 (-13.5)	1,322	57.6	3.70
1970~ 1975	569 (100.0)	120 (21.1)	0 (0.0)	-16 (-2.8)	410 (72.1)	55 (97)	1,599	35.5	3.15
1975~ 1980	1,338 (100.0)	352 (26.3)	57 (4.3)	1,081 (80.8)	-184 (-13.8)	32 (2.4)	2,364	56.5	4.75
1980~ 1985	1,726 (100.0)	309 (17.9)	83 (4.8)	660 (38.2)	516 (29.9)	158 (92)	2,548	67.8	7.45
전체	4,704 (100.0)	989 (21.0)	276 (5.9)	2,621 (55.7)	726 (15.4)	92 (2.0)	8,721	53.9	4.44

주 1): 매년 자료를 이용한 것.
주 2): ( ) 속은 종사상 지위별 배분율.
주 3): 기간 중 농가 부문의 매년 유출률을 산술평균한 것.
자료: 경제기획원, 『경제활동인구연보』, 각 연도판.

한편 종사상의 지위별 유출자수를 보면, 농가 부문의 무급가족 종사자가 유출자의 거의 절반 가까이를 차지하고 있고 자영자가 35.8%, 일용노동자가 9.2%이며 상용고, 임시고는 미미한 비중이다. 즉, 농가 부문의 유출은 주로 청소년 자녀를 비롯한 무급가족 종사자에 의해 주도되었으며 다만 1960년대 전반까지는 자영자의 유출 비중이 컸던 것으로 나타났다.

〈그림 1-1-4〉 종사상의 지위별 순유입자수 추이

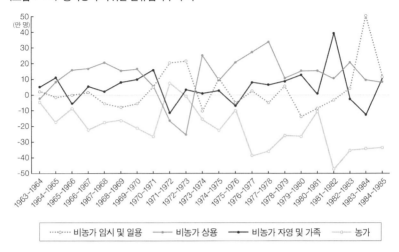

노동력의 유입 측면을 살펴보면 농가 부문에서 비농가 부문으로 유입된 노동력의 55.7%가 상용노동자로 흡수되었으며, 27.0%가 자영자 및 무급가족 종사자로, 그리고 17.4%가 임시·일용노동자로 흡수되었다. 그러나 기간별로는 상당한 차이를 보이는데, 호황기인 1960년대 후반과 1970년대 후반에는 상용노동자의 노동력 흡수 비율이 80~90%에 달한 반면, 임시·일용노동자는 비농가 부문 내에서 순유출되었다. 그러나 상대적 성장 둔화기인 1970년대 전반기에는 상용노동자의 순유출 현상이 나타났으며 대신 이 기간 중 임시·일용노동자가 커다란 폭의 노동력을 순유입시켰다.[8]

한편 비농가 부문의 노동력 증가에서 농가 부문의 유출자가 차지하는 기여도를 보면 〈표 1-1-2〉에서와 유사한 추세를 나타내고 있다.

---

8) 여기서도 앞의 산업 간 이동 추정 시와 마찬가지로 농가 인구 유출수의 과대추정 문제가 발생한다.

4. 도농 간 노동이동 형태

1) 도농 간 노동이동 형태에 관한 두 가지 견해

전 절에서는 농촌으로부터 유출되는 노동력이 도시 노동시장의 노동력 공급원으로서 얼마만한 비중을 차지하고 있는가, 그리고 이들 유출 노동력이 도시 내의 각 경제 부문에 어떻게 양적으로 배분되고 있는가를 살펴봤다. 여기서 우리는 한걸음 더 나아가 도농 간 이동 노동력이 과연 어떠한 기준에 의해 도시경제 내의 각 부문에 배분되고 있는가를 살펴보고자 한다.

이에 대해서는 기본적으로 두 가지 견해가 존재한다. 즉, 토다로(M. P. Todaro)는 농촌으로부터 도시로 이주하는 사람들이 도시 노동시장에 처음 들어올 때는 완전히 실업 상태이거나 혹은 비공식 부문에서 임시 노동 내지 영세 자영업 등에 종사하지만 일정한 직업탐색 기간을 거친 다음, 공식 부문으로 이동하게 된다는 이른바 '2단계 이동 가설'을 주장하고 있다(Todaro, 1969; Harris and Todaro, 1970). 이때, 이주 노동력이 실업 또는 비공식 부문으로부터 근대 부문으로 이동할 수 있는가의 여부는 순전히 우연적 확률에 달린 것이며, 따라서 저개발국에서 나타나는 도시 비공식 부문의 확대 현상은 2단계 이동 과정에서 나타나는 과도기적 현상으로 파악된다.

이에 대해 마줌다르(D. Mazumdar)는 토다로가 도시 노동시장에 공급되는 노동력을 동질적이라고 생각하는 점을 비판하고, 실제로 이주 노동력은 그 부양가족의 수, 노동력의 질(경력, 학력, 연령), 가용 자원량(노동능력이 있는 가족의 수, 보유 자본액) 등에 있어 매우 차이가 있으며, 따라서 이질적인 노동력은 서로 상이한 이주 패턴을 나타낸다고 주장한다(Mazumdar, 1979).

실제로 한국의 경우에도 단신 이동자의 경우 비교적 연령이 낮고 학력이 높은 반면, 가구 이동자의 경우는 연령이 높고 학력이 낮으며, 따라서 후자는 행상이나 일용노동자 등 도시 잡업층을 형성하는 경우가 많은 반면, 전자는 설혹 그러한 직업을 거친다 하더라도 근대적 산업 부문으로 상승할 가능성이 높다는 연구 결과가 보고된 바 있다(倉持和雄, 1983: 11; 윤여덕·김종채, 1984).

중요한 것은 이처럼 상이한 이동 패턴을 상정하는 경우, 공식 부문의 채용 기준에 적합한 노동력은 농촌 부문에서 직접 공식 부문으로 흡수되는 반면, 이것이 불가능한 노동력은 비공식 부문으로 흡수되므로, 비공식 부문은 과도기적 현상으로 쉽게 사라질 것이라고 볼 수 없다는 점이다. 왜냐하면 농촌에서의 노동력 공급 여력이 남아 있는 한, 공식 부문은 계속 농촌으로부터 직접 적합한 노동력을 충원하려고 할 것이며 일단 비공식 부문에 흡수된 노동력은 그 성격상 교육이나 훈련 또는 숙련 습득 등에 의해 공식 부문에 진입하는 것이 매우 어렵기 때문이다.

앞서 거시적 통계 자료를 이용하여 농촌으로부터 도시로 이동한 노동력이 도시경제 내의 각 부문에 어떻게 흡수되고 있는지를 살펴봤다(윤진호, 1986). 그러나 이는 1982년 11월에서 1983년 11월까지 1년간에 한정된 자료이기 때문에 장기 추세를 관찰하기에는 미흡한 것이었다.

이 글에서는 필자가 실시한 도시 빈민층 실태 조사자료를 토대로 보다 미시적인 관점에서 이 문제에 접근하고자 한다.[9]

2) 가구주의 출신 지역

먼저 조사 대상 가구주(가구주가 직업이 없는 경우에는 주소득자)의 출신 지역을 살펴보면 〈표 1-1-8〉에서 보는 바와 같이 아직도 빈민 지역 가구주의 압도적인 다수는 농촌 출신인 것으로 나타나고 있다. 즉, 조사 대상 가구주 중 출

---

9)   이 조사는 1986년 10월 23일에서 11월 30일에 걸쳐 서울의 난곡 지역과 상월곡동, 인천의 화수동·십정동·만석동, 성남의 은행동 등지에서 실시되었으며 수집된 표본수는 204가구이다. 이 조사에 도움을 준 빈민 지역 실무자 여러분, 조사를 직접 담당한 인하대학교 경제학과 학생들, 인터뷰에 응해 준 주민 여러분, 그 밖에 조사에 도움을 준 모든 분들께 감사드린다.

〈표 1-1-8〉 가구주(또는 주소득자)의 출신 지역

(단위: 명, %)

	수도권 지역 도시[1]	기타 대도시[2]	중소 도시	농어촌	외국	합계
출생지	37(18.1)	11(5.4)	17(8.3)	139(68.1)	1(0.5)	204(100.0)
직전 거주지	11(6.4)	15(8.7)	22(12.7)	125(72.3)	1(0.6)	173(100.0)
14세 때 거주지	51(25.1)	12(5.9)	18(8.9)	121(59.1)	1(0.5)	203(100.0)
30세 미만	17(51.5)	2(6.1)	1(3.0)	13(39.4)	-	33(100.0)
30~39	21(28.0)	6(8.0)	8(10.7)	40(53.3)	-	75(100.0)
40~49	9(18.8)	2(4.2)	5(10.4)	32(66.7)	-	48(100.0)
50~59	2(6.5)	1(3.2)	3(9.7)	24(77.4)	1(3.2)	31(100.0)
60세 이상	2(12.5)	1(6.3)	1(6.3)	12(75.0)	-	16(100.0)

주 1): 서울, 인천, 성남, 부천시.
주 2): 기타 도청 소재지.

생지 기준으로는 68.1%, 그리고 노동력이 생기는 14세 때의 거주지 기준으로는 59.6%의 가구주가 농촌 출신이며, 또 전입지의 72.3%가 농촌 지역으로부터 전입한 가구주이다. 그러나 14세 때의 거주지를 연령별로 살펴보면 연령이 높아질수록 농촌 출신자의 비중이 커지는 반면, 연령이 낮을수록 수도권 지역 도시 출신의 비중이 높아지는 것을 알 수 있다. 특히 30세 미만의 경우, 반수 이상이 수도권 출신인데 이는 곧 노동력의 세대교체 현상과 더불어 노동력 공급원이 도시 내부로 이전되고 있음을 드러내는 단적인 증거라 하겠다.

3) 이촌 노동력의 분석

앞에서도 지적한 바와 같이 이촌 노동력 내지 이농 노동력이 도시 노동시장으로 들어가는 데 있어 동질적 이동 형태를 갖는가 아닌가는 도시 노동시장의 구조를 해명하는 데 있어 중요한 의미를 갖는다. 따라서 직전 거주지가 농촌인 가구주 또는 주소득자를 대상으로 한정하여, 이들의 도시 노동시장에의 진입 형태를 살펴보기로 한다.

먼저 〈표 1-1-9〉에서 연령별 이동 상황을 살펴보면 다음과 같은 사실을 알 수 있다. 첫째, 10대 전입자는 주로 임시·일용노동자로 흡수되며, 그다음은 상

〈표 1-1-9〉 이촌 노동력의 연령별 이동 상황

(단위: 명, %)

전입 후 전 입시 연령	자영	무급가족	상용	임시·일용	합계
~19	1(4.0)	1(4.0)	7(28.0)	16(64.0)	25(100.0)
20~24	2(8.3)	0(0.0)	12(50.0)	10(41.7)	24(100.0)
25~29	2(10.5)	0(0.0)	8(42.1)	9(47.4)	19(100.0)
30~34	3(18.8)	1(6.3)	4(25.0)	8(50.0)	16(100.0)
35~39	4(50.0)	0(0.0)	1(12.5)	3(37.5)	8(100.0)
40~44	4(50.0)	0(0.0)	1(12.5)	3(37.5)	8(100.0)
45~49	0(0.0)	0(0.0)	0(0.0)	1(100.0)	1(100.0)
50~54	1(50.0)	0(0.0)	0(0.0)	1(50.0)	2(100.0)
55~59	0(0.0)	0(0.0)	0(0.0)	0(0.0)	0(0.0)
60세 이상	1(100.0)	0(0.0)	0(0.0)	0(0.0)	1(100.0)
합계	18(17.3)	2(1.9)	33(31.7)	51(49.0)	104(100.0)

〈표 1-1-10〉 이촌 노동력의 남녀별 이동 상황

(단위: 명, %)

전입 후 성별	자영	무급가족	상용	임시·일용	합계
남자	12(12.6)	1(1.1)	31(32.6)	51(53.7)	95(100.0)
여자	7(33.3)	1(4.8)	7(33.3)	6(28.6)	21(100.0)
합계	19(16.4)	2(1.7)	38(32.8)	57(49.1)	116(100.0)

〈표 1-1-11〉 이촌 노동력의 학력별 이동 상황

(단위: 명, %)

전입 후 전 입시 학력	자영	무급가족	상용	임시·일용	합계
무학	7(38.9)	2(11.1)	1(5.6)	8(44.4)	18(100.0)
국졸·중퇴	4(13.3)	0(0.0)	8(26.7)	18(60.0)	30(100.0)
중졸·중퇴	4(11.4)	0(0.0)	13(37.1)	18(51.4)	35(100.0)
고졸·중퇴	3(13.6)	0(0.0)	13(59.1)	6(27.3)	22(100.0)
대졸·중퇴	0(0.0)	0(0.0)	0(0.0)	1(100.0)	1(100.0)
합계	18(17.0)	2(1.9)	35(33.0)	51(48.1)	106(100.0)

용노동자로 흡수된다. 자영자로 되는 비율은 매우 낮다. 둘째, 20대(그리고 30대 전반까지도 상당 부분)는 상용노동자로 흡수되는 비율이 높으며 임시·일용노동자로 많이 흡수된다. 셋째, 30대 후반부터는 자영자로 되는 비율이 급격히 높아지는 반면, 상용노동자로 되는 비율은 매우 낮아진다.

즉, 자본 제 부문은 주로 20대~30대 전반까지의 청년 노동력을 충원해서 기간 노동력으로 확보하는 반면, 여기서 탈락한 청소년층은 임시·일용노동자, 그리고 장년 이상의 노동력은 자영업자 등 도시 잡업층으로 떨어진다는 사실을 알 수 있다.[10]

한편 〈표 1-1-10〉에서 남녀별 이동 상황을 살펴보면 남자는 임시·일용노동이 절반 이상이고 다음으로 상용노동자, 자영자 순서인 데 비해 여자는 자영자, 상용노동자가 다 같이 3분의 1씩을 차지하고 다음으로 임시·일용노동자가 28.6%를 차지하고 있다. 이것은 역시 남녀의 특성에 따라 남자는 건설 부문의 일용노동자 등으로, 그리고 여자는 여공(미혼의 경우)이나 행상·노점상 등 자영자(기혼의 경우)로 취업하는 패턴을 드러낸 것이다.

다음으로 〈표 1-1-11〉에서 학력별 이동 상황을 살펴보면, 대체로 고학력일수록 자본 제 부문 상용노동자로의 취업률이 높아지는 반면, 저학력일수록 임시·일용이나 자영자로 되는 비율이 높다는 것을 알 수 있다. 즉, 고졸자의 경우 60% 가까이가 상용노동자로 취업하고 있는 반면, 무학자는 44.4%가 임시·일용노동자로, 38.9%가 자영자로 취업하게 되고, 국졸·중퇴자는 60%가 임시·일용노동자로, 그리고 13.3%가 자영자로 되고 있다. 한국에서 노동시장을 분단하는 최대의 결정 요인이 학력이라는 종래의 통설이 이촌 노동력의 도시 노동시장 신규 진입 시에도 그대로 적용된다는 것을 알 수 있다.

한편 앞에서도 지적한 바와 같이 단신 이동자가 자본 제 부문 상용노동자로 취업하는 경우가 많은 반면, 가구 이동자는 도시 잡업층을 형성하는 경우가 많다는 가설이 과연 사실인지 알아보기 위해 이동 형태별 취업 상황을 살펴보면, 〈표 1-1-12〉에서 보는 대로 단독 이동자는 물론, 가족의 일부와 함께 이주한 이주노동자의 경우에도 상용노동자에의 취업 비율이 높고 자영자에의 취업률은 비교적 낮은 반면, 가구 이주자의 경우에는 자영자에의 취업 비율이 상대적

---

10) 이는 거시적 통계 자료를 이용한 분석 결과와도 대체로 일치한다. 윤진호(1986: 324) 참조.

〈표 1-1-12〉 이주 형태별 취업 구조

(단위: 명, %)

이주 형태 \ 전입 후	자영	무급가족	상용	임시·일용	합계
단독 이주	3(6.8)	1(2.3)	19(43.2)	21(47.7)	44(100.0)
일부 이주	1(9.1)	0(0.0)	6(54.5)	4(36.4)	11(100.0)
가구 이주	14(27.5)	1(2.0)	10(20.0)	26(51.0)	51(100.0)
합계	18(17.0)	2(1.9)	35(33.0)	51(48.1)	106(100.0)

〈표 1-1-13〉 전직업별 취업 구조

(단위: 명, %)

전입전직업 \ 전입 후	자영	무급가족	상용	임시·일용	합계
농업	8(17.4)	0(0.0)	15(32.6)	23(50.0)	46(100.0)
비농업	6(24.0)	1(4.0)	8(32.0)	10(40.0)	25(100.0)
실업자	1(12.5)	0(0.0)	1(12.5)	6(75.0)	8(100.0)
비경제활동인구	4(10.8)	1(2.7)	14(37.8)	18(48.6)	37(100.0)
합계	19(16.4)	2(1.7)	38(32.8)	57(49.1)	116(100.0)

으로 높다. 그러나 임시·일용노동자에의 취업 비율은 양쪽 모두에서 높게 나타나고 있다.

〈표 1-1-13〉에서 이촌 전의 직업별로 도시 노동시장에의 취업 구조가 어떻게 다른지를 살펴보면, 전직이 농업인 가구주와 비농업인 가구주 사이에 이촌 후 취업 구조가 크게 다르지 않다. 그러나 실업자는 임시·일용노동자로 되는 비율이 압도적이고 비경제활동인구는 자영자로 되는 비율이 상대적으로 낮은 대신 상용, 임시·일용 등 피용자로 되는 비율이 상대적으로 높다. 즉, 실업자로부터 재취업하는 사람이나 비경제활동인구로부터 노동시장에 신규로 진입하는 사람들은 대체로 연령이 낮고 무기술·무자본이기 때문에 자영업을 할 능력이 거의 없으며 손쉬운 임시·일용노동이나 상용노동자 등으로 취업하고 있는 것이다.

4) 이촌 노동력의 도시 노동시장에의 적응 과정

일반적으로 도시 노동시장에 있어 공식 부문은 각종 자격·학력·기술·연령 등의 선별 기준(screening device)에 따라 노동력을 선발하므로 취업이 어려운 반면, 비공식 부문에는 무자본·무기술로도 쉽게 취업할 수 있으므로 이촌노동자는 우선 비공식 부문에 취업한 다음, 공식 부문에의 취업 기회를 노린다는 것이 토다로의 가설이었다. 그러나 〈표 1-1-14〉를 보면, 상용노동자든 자영자든 임시노동자든 할 것 없이 이촌노동자의 반수 내외가 도시로 올라온 즉시 취업하고 있음을 알 수 있다. 이것은 곧 이들이 이미 도시로 이주해 온 친척·친지 등을 통해 취업에 대한 정보와 연줄을 확보한 상태에서 이주하고 있음을 드러내는 것이다. 다시 말해서 이촌 노동력은 공식 부문이든 비공식 부문이든 처음부터 자신이 취업할 곳을 확정해 놓은 상태에서 이주하는 것이다. 이주 후 즉시 취업하지 못한 경우의 대기 시간을 살펴보면 일용노동자를 제외하고 비슷하다. 즉, 일용노동자의 경우에는 70% 이상이 1주일 내에 취업하지만, 다른 범주에서는 1주일 내 취업률이 60% 미만이며, 6개월 이상 실업 상태에 있는 경우도 자영자에서 11.8%, 상용노동자에서 18.3%, 임시노동자에서 7.4%에 달한다.

〈표 1-1-15〉에서 이촌 노동력이 도시 노동시장에서 최초로 취업한 형태와 현재의 취업 형태를 비교해 보기로 하자. 이 표에 의하면 우선 전체적으로 볼

〈표 1-1-14〉 이주 후 취업까지 걸린 기간

(단위: 명, %)

	즉시	1주일 이내	1개월 이내	1~6개월 이내	6~12개월 이내	1년 이상	합계
자영	8(47.1)	1(5.9)	2(11.8)	4(23.5)	0(0.0)	2(11.8)	17(100.0)
무급가족	2(100.0)	0(0.0)	0(0.0)	0(0.0)	0(0.0)	0(0.0)	2(100.0)
상용	17(51.5)	1(3.0)	5(15.2)	4(12.1)	2(6.1)	4(12.1)	33(100.0)
임시	14(51.9)	2(7.4)	7(25.9)	2(7.4)	1(3.7)	1(3.7)	27(100.0)
일용	5(33.3)	6(40.0)	4(26.7)	0(0.0)	0(0.0)	0(0.0)	15(100.0)
합계	46(48.9)	10(10.6)	18(19.1)	10(10.6)	3(3.2)	7(7.4)	94(100.0)

<표 1-1-15> 도시 노동시장에서의 취업 유형별 노동이동

(단위: 명, %)

이주 후 경과 기간	현재 상태 이주 후 최초 상태	고용주	자영자	무급가족 종사자	상용	임시	일용	계
10년 이하	고용주							
	자영자		4(66.7)			1(16.7)	1(16.7)	6(100.0)
	무급가족 종사자							
	상용		1(6.3)		15(93.8)			16(100.0)
	임시		3(27.3)		1(9.1)	5(45.5)	2(18.2)	11(100.0)
	일용	1(25.0)	2(50.0)			1(25.0)		4(100.0)
10~20년	고용주							
	자영자	1(10.0)	5(50.0)			1(10.0)	3(30.0)	10(100.0)
	무급가족 종사자		1(100.0)					1(100.0)
	상용		1(10.0)		7(70.0)	2(20.0)		10(100.0)
	임시	2(11.8)	4(23.5)		2(11.8)	1(5.9)	6(35.3)	17(100.0)
	일용	1(16.7)					5(83.3)	6(100.0)
20년 이상	고용주							
	자영자		4(80.0)				1(20.0)	5(100.0)
	무급가족 종사자		1(100.0)					1(100.0)
	상용	1(9.1)	6(54.5)		4(36.4)			11(100.0)
	임시	1(12.5)	3(37.5)		1(12.5)		3(37.5)	8(100.0)
	일용	1(12.5)	3(37.5)				4(50.0)	8(100.0)
합계	고용주							
	자영자	1(5.3)	13(68.4)				5(26.3)	19(100.0)
	무급가족 종사자		2(100.)					2(100.0)
	상용	1(2.9)	8(22.9)		26(74.3)			35(100.0)
	임시	3(10.0)	10(33.3)		4(13.3)	2(6.7)	11(36.7)	30(100.0)
	일용	3(17.6)	5(29.4)				9(52.9)	17(100.0)

때 도시 잡업층 노동시장과 공식 부문 노동시장 간의 노동력 이동은 활발하지 않은 것으로 보인다. 즉, 최초 직업이 자영자였던 사람의 68.4%가 현재도 자영자로 남아 있는 반면, 상용노동자로 된 사람은 1명도 없다. 이것은 도시 노동시장에 자영자로 들어오는 사람들의 대부분이 앞에서도 보았듯이 비교적 저학력·고연령층임에 비추어 당연한 일이라 하겠다.

반면 최초 직업이 상용노동자였던 사람의 74.3%는 현재도 상용노동자로 남아 있다. 그러나 이들은 도시 이주 후 경과 기간이 길어짐에 따라 차츰 자영자 및 고용주로 이동하는 비율이 높아지는데, 즉 이주 후 10년 이하에서는 6.3%, 10~20년에서는 10.0%, 20년 이상에서는 63.6%가 자영자 내지 고용주로 되고 있다. 이것은 상용노동자가 시간이 지남에 따라 자본·기술이 축적되면서, 일정한 시기에 독립하여 프티부르주아 형태의 자영자로 되는 경향이 있음을 반영하는 것으로 보인다.

한편 임시·일용노동자는 시간의 경과와 더불어 자영자로 되는 경향을 보이며, 상용노동자로 되는 비율은 극히 낮은 것으로 보인다.

5. 결론

현대의 저개발국에서 내외의 독점자본에 의한 자본축적 과정은 극히 다기다면에 걸쳐 전개되며, 그것이 노동자계급에 미치는 영향도 또한 다양하다. 그것은 한편으로는 노동자계급의 내부를 계층화하면서 다른 한편으로는 소농민과 도시 자영업자 등 소생산·소경영의 영역에 있는 사람들까지 그 그물망 속에 집어넣고 있다.

그러나 동시에 이러한 자본제 생산양식의 진전 과정=자본제적 노동시장의 형성 과정이 단선적이고 일의적으로만 진전되는 것으로 보아서는 안 된다. 아직도 저개발국에서는 자본주의 생산양식이 전일화되지 못한 채, 도시와 농촌에서 광범한 소경영의 영역이 존재하고 있을 뿐만 아니라 이들이 자본 제 부문의 필요에 의해 끊임없이 재생산되고 있는 것이다. 소경영 부문은 내외 독점자본의 축적 조건에 의해 규정되어, 형식적으로는 독립하고 있다 할지라도 실질적으로는 자본축적 기구 속에 편입되어 있다. 이들은 한편으로는 상대적 과잉인구의 현실적 존재 영역으로서 노동시장의 배경을 이루면서 임노동에 대해 막대한 압박을 가하고 있으며, 다른 한편으로는 하청·유통 등의 상품 관계를 통해 자본 제 부문에 잉여를 수탈당하는 이중의 고리 속에 묶여 있는 것이다.

이러한 사정은, 곧 노동시장론의 관점에서 볼 때 노동시장의 내부구조 분석뿐만 아니라 노동시장의 내부와 외부를 연결시켜 분석해야 할 필요성을 제기하는 것이다.

이 글은 바로 이러한 필요성에 대응해 도시 노동시장의 형성 과정에서 비공식 부문이 수행한 역할에 대해 분석했다. 이를 더욱 진전시켜 도시경제 내에서의 공식 부문 노동력과 비공식 부문 노동력 간의 관계를 중심으로 한 노동시장 구조론적 분석, 그리고 상품 관계의 분석으로까지 확장하는 것이 앞으로의 과제이다.

참고문헌

1. 경제기획원. 각 연도판. 『경제활동인구연보』.

2. 경제기획원. 각 연도판. 『인구 및 주택센서스 보고서』.

3. 김형기. 1985. 「노동자계급의 성장 및 내부구성의 변화와 주체형성」. 박현채 외. 『한국자본주의와 노동문제』. 돌베개.

4. 김창남. 1984. 「아시아 諸國의 공업화와 고용·소득분배」. 『노동경제논집』, 제7권(10월).

5. 빈성환. 1984. 「한국의 경제발전과 균형발전의 문제 (1): 농공간 균형문제를 중심으로」. ≪경제학연구≫, 12월.

6. 배무기. 1984. 『노동경제학』. 경문사.

7. 윤여덕·김종채. 1984. 『이농민의 도시적응과 사회통합에 관한 연구』. 한국농촌경제연구원 연구보고 79(12월).

8. 윤진호. 1984. 「도시 비공식 부문」. 이대근·정운영 편. 『한국자본주의론』. 까치.

9. 윤진호. 1986. 「도시 비공식 부문의 노동력 이동에 관한 일 연구」. 『인하대학교 사회과학연구소 논문집』, 제5집(2월).

10. 윤진호. 1987. 「도시 영세 자영업자의 사회적 성격」. 『학현 변형윤 박사 화갑기념논문집』. 까치.

11. 이효수. 1984. 「한국노동시장의 구조분석」. 서울대학교 대학원 경제학과 박사학위논문.

12. 한상진 외. 1985. 『도시 비공식 부문 연구』. 현대사회연구소.

13. 홍기용 편. 1986. 『도시빈곤의 실태와 정책』. 단대출판부.

14. 隅谷三喜男. 1983. 『노동경제론』. 남춘호 옮김. 형성사.

15. 美崎皓. 1978. 『現代勞動市場論』. 農山漁村文化協會.

16. 並木正吉. 1957. 「農家人口の戰後 10年」. ≪農家綜合硏究≫, 第9券 4號.

17. 並木正吉. 1957. 「農家人口の流出形態」. ≪農家綜合硏究≫, 第10券 3號.

18. 並木正吉. 1957. 「農家の人口移動」. 昭和同人會編. 『我國家完全雇用の意義と對策』. 昭和同人會.

19. 小野旭. 1981. 『日本の勞動市場』. 東洋經濟新報社.

20. 小野旭·南亮進. 1962.6. 「農家人口移動と景氣變動との關係たついての覺書き」. 『季刊理論經濟學』.

21. 南亮進·小野旭. 1963.9. 「農家人口移動と景氣變動一並木正吉氏の反批判たついて」. 『季刊理論經濟學』.

22. 井上晴丸·宇佐美誠次郎. 1957.3. 「獨占段階たおけろ賃金と日本農業一その 3」. ≪思想≫.

23. 梅村又次. 1956. 「産業間勞動移動とその效果」. 東畑精一·大川一同 編. 『日本の經濟と農業』(上). 岩波書店.

24. 梅村又次. 1968.10. 「有業者數の新推計: 1871~1920年」. ≪經濟硏究≫.

25. 倉持和雄. 1983.5. 「韓國たおけろ農村一農家人口の流出」. ≪アヅア經濟≫.

26. Fei, J. C. H. and G. Ranis. 1961. "A Theory of Economic Development," *American Eco-*

nomic Review, Sep.

27. Harris, J. R. and M. P. Todaro. 1970. "Migration, Unemployment and Development: A Two-Sector Analysis." *American Economic Review*, March.

28. Lewis, W. A. 1954. "Economic Development with Unlimited Supplies of Labour." *Manchester School*.

29. Mazumdar, D. 1979. "Paradigms in the Study of Urban Labor Markets in LDCs: A Reassessment in the Light of an Empirical Survey in Bombay City." *World Bank Staff Working Paper*, No.366, Dec.

30. Todaro, M. P. 1969. "A Model of Labor Migration and Urban Unemployment in LDCs." *American Economic Review*, 59, No.1.

31. Todaro, M. P. 1985. *Economic Development in the Third World*, 3rd.(ed.) Longman.

제2장

근로자파견제도의 실태와 정책 과제*

1. 머리말

최근 한국의 고용 형태는 종전과 다른 특색을 나타내고 있다. 즉, 종래의 상용고용 형태와는 다른 파트타임근로자, 사외공(社外工), 소사장제(小社長制), 파견근로자 등 다양한 종류의 고용 형태가 나타나고 있을 뿐만 아니라, 이러한 비정규적 고용 형태 아래 있는 근로자의 수가 급속히 늘어나고 있다.

이와 같이 고용 형태가 다양화되고 있는 이유는 노동시장에서의 수요와 공급, 양 측면에서 찾아볼 수 있다.

즉, 기업의 노동수요 측면에서는 산업구조의 고도화 및 정보산업화의 진전 등에 따른 필요한 전문 인력의 적기 확보, 급속한 경영환경 변화에 따른 인력 관리 면에서의 유연성 확보, 그리고 노사분규 예방과 임금 관리 면에서의 효율성 제고 등을 이유로 일정 업무를 근로자 파견, 시간제 고용 등 외부 인력으로

---

* 윤진호·정인수, 『노동경제논집』, 제15권(한국노동경제학회, 1992)에 게재되었다.

수행하거나, 하청 등에 의해 해결하려는 경향이 증가하고 있다.

한편 노동력 공급 측면에서도 여성 노동자의 노동시장 참가가 늘어남에 따라 고용 기간의 일시성, 근무시간의 탄력성을 확보할 수 있는 비정규적 형태의 근무를 원하거나, 또는 일부 전문적·기술적 노동자들이 특정 직장에 얽매이지 않고 자기의 기술, 지식을 자유로이 활용하려는 경향도 나타나고 있다.

이처럼 종래의 정규적 고용 형태 가운데서도 가장 최신의, 그러면서도 가장 급속하게 증가하고 있는 형태가 바로 파견근로 형태이다. 파견근로 형태란 자기의 기업에서 고용하고 있는 근로자를 다른 기업에 파견하여 그 지휘 명령을 받아 노동하게 하는 제도로서 종래의 하청업이나 임시근로자 형태와는 전혀 다른 새로운 고용 형태이다.

과거에도 통역, 번역, 타자, 파출부, 간병인 등 비정규적인 업무를 필요로 하는 경우와 경비, 청소 용역 등의 분야에서 파견근로 형태의 용역이 이용되고 있었으나, 근래에는 생산직·사무직 등 회사의 상시적 업무에 종사하는 근로자들에 대해서도 파견근로자로 대체하는 현상이 나타나고 있다.

이러한 파견근로 형태는 고용하는 자와 사용하는 자가 분리되어 있어 자칫하면 기존의 노사관계를 뒤흔드는 불안정 요소로 작용할 우려가 있으며, 당해 파견근로자로서도 임금, 근로시간, 산업재해 등 여러 가지 근로조건 면에서 불이익을 당할 우려가 크다.

뿐만 아니라 근로자파견제도는 현행 노동관계법상 근로자 공급사업 금지조항에도 저촉되므로 위법 문제를 야기하고 있다.

이러한 여러 가지 문제로 인해 선진국에서는 이미 1970년대부터 근로자파견제도에 관한 다양한 입법(그 내용은 전면 허용, 원칙적 금지, 일정한 조건 아래의 한정적 허용 등)을 통해 이러한 새로운 고용 형태의 변화에 대처하고 있다.

우리로서도 현재 열악한 상태에 있는 파견근로자의 근로조건을 개선하고 고용 안정을 꾀하는 동시에, 노동시장의 새로운 변화에 대응하기 위해서 근로자파견제도에 관한 정책 방향을 수립할 필요가 요청된다 하겠다.

이를 위해서는 우선 현재의 근로자파견제도 실태를 정확히 파악하고, 외국의 사례를 수집하는 한편, 이러한 조사와 연구를 토대로 노·사·정·학계의 중지를 모아 가장 민주적이고 합리적인 정책 방안을 마련해야 할 것이다.

종래 한국에서도 근로자파견제도에 관한 약간의 기존 연구가 있었지만[1] 그 대부분은 실태 조사에 바탕을 두지 않은 법적·제도적·단편적 연구로서 그 유효성이 제한된 것이었다. 따라서 이 연구에서는 전국의 근로자 파견 사업체와 사용 사업체, 그리고 파견근로자를 대상으로 한 표본조사를 실시하고 이를 바탕으로 약간의 정책 제안을 하고자 한다.

글의 구성은 다음과 같다. 먼저 제2절에서는 근로자파견제도의 의의를 살펴본다. 제3절에서는 근로자파견제도가 확산되고 있는 사회경제적 배경과 이로 인해 나타나는 경제적 문제점들을 분석한다. 제4절에서는 근로자파견제도의 개황에 대해 살펴본다. 제5절에서는 전국적인 실태 조사에 기초하여 근로자파견제도의 실태를 분석한다. 마지막으로 제6절에서는 이상의 분석을 바탕으로 약간의 정책 제안을 하고자 한다.

---

1) 김성환, 『비정규노동에 관한 연구』(한국노동연구원, 1992); 박훤구, 「인재파견제도: 제도의 배경과 논의점」(한국노사관계학회 발표논문, 1992); 송다영, 「임시용역노동과 노동통제」(이화여자대학교 석사학위논문, 1991); 이상덕, 「근로관계의 계속과 근로자의 파견」, 『사회복지연구』, 제18집(1990); 이상덕, 「근로자용역대여의 법률관계에 관한 고찰」, 『한국노동연구』, 제3집(1992); 이상덕, 「근로자용역제도의 법적 규제를 위한 제언」(한국노사관계학회 발표논문, 1992); 이은영, 「고용형태의 변화에 대한 대응」, 『한국사회의 민주적 변혁과 정책적 대안』(역사비평사, 1992). 한편 유일한 실태 조사로서 노동부, 「근로자파견 실태 조사분석」(1991. 10)이 있으나, 이 자료는 전 근로자 파견업체를 대상으로 한 것이 아니라 대규모, 공개적으로 근로자 파견업을 실시하다가 당국에 적발된 업체만을 대상으로 조사한 것이며, 조사 대상도 파견 사업체 20개소, 사용 사업체 40개소, 파견근로자 200명 정도로 자료상 한계가 있다.

2. 근로자파견제도의 의의

'파견'이라는 용어는 전부터 사용되어 왔다. 백화점이나 슈퍼마켓의 매장에 파견된 파견 점원이라든가, 또는 기계나 설비 장치의 납품과 설치를 위해 구매처에 출장 파견된 경우, 그리고 관련 기업과 자회사에 근로자를 일시 파견하여 근무하게 하는 경우 등에도 파견 사원이라고 부르는 경우가 있다. 따라서 이러한 여러 가지 경우와 이 글에서 말하는 파견근로자와의 혼동을 피하기 위해서는 먼저 근로자파견제도 및 파견근로자의 개념을 명확히 할 필요가 있다.

이에 관해 일본의 「노동자파견법」(1985년 제정)에서는 노동자 파견을 "자기가 고용한 노동자를, 당해 고용관계 아래, 또한 타인의 지휘 명령을 받아, 당해 타인을 위해 노동에 종사하도록 하는 것을 말하며, 당해 타인에 대해 당해 노동자를 당해 타인에게 고용시킬 것을 계약하는 것은 포함하지 아니한다"고 규정하고 있으며, 파견노동자는 "사업주가 고용하는 노동자로서 노동자 파견의 대상으로 되는 자"를, 그리고 노동자 파견 사업이란 "노동자 파견을 업으로서 행하는 자"를 말한다고 규정되어 있다(이상 高梨昌, 1985:181~182).

즉, 근로자 파견이란 ① 자기가 고용하는 노동자를 노동에 종사시키되, ② 그 노동자를 타인의 지휘 명령을 받아 노동에 종사시키는 것이며, ③ 노동자를 직접 타인에게 고용시키는 것을 계약하는 행위(이른바 '근로자 공급 사업')는 포함하지 않는다는 것이다(〈그림 1-2-1〉 참조).

여기서 노동자 파견을 "업으로 행하는 자"라는 것은 일정한 목적을 가지고

〈그림 1-2-1〉 근로자 파견 계약

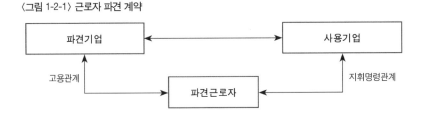

동종의 행위를 반복 계속적으로 수행하는 것을 말한다. 그러나 단 1회에 한한 행위라고 하더라도 반복 계속적으로 수행하려는 의사를 가진다면 사업성이 있는 것으로 인정된다. 그러나 형식적으로는 반복되어 행해지지만 그것이 완전히 수동적·우발적 행위가 연속된 결과일 때는 사업성이 인정될 수 없다. 사업성에 관한 판단은 일반적인 사회 통념에 따라 개별 사례로 행해지는 것이지만, 영리가 목적인가, 사업으로서 조직화되고 독립성이 있는가의 여부가 반복계속 의사의 판정에 중요한 요소가 된다. 예를 들어 '노동자 파견'에 관한 광고, 선전, 영업활동을 하는 경우 등에 대해서는 원칙적으로 사업성이 있다고 판단할 수 있다.

일본과 같이 노동시장의 현실을 감안하여 근로자파견제도가 합법화되어 있는 경우, 종전에 전면 금지되어 있던 근로자 공급 사업 가운데서, 파견 기업과 근로자 간에 고용 관계가 존재하고, 사용 기업과 근로자 간에는 지휘명령 관계밖에 생기지 않는 형태를 추출한 것으로 볼 수 있다. 따라서 파견 기업과 근로자 간에 고용 관계가 없는 경우, 또는 파견 기업과 근로자 간에 고용 관계가 있다 하더라도 사용 기업이 근로자와 다시 고용계약을 맺는 경우는 근로자 파견 사업이 아니라 근로자 공급 사업에 해당하는 것으로서 여전히 금지 대상이 되는 것이다.

근로자파견제도와 유사한 제도로는 청부(하청·하도급)가 있다. 청부는 근로자를 파견하여 파견된 기업의 지휘 감독을 받으며 업무를 수행하는 것이 아니라 발주 기업으로부터 업무를 주문받은 기업이 직접 근로자를 지휘 감독하여 작업을 마치고 그 대가로 발주자로부터 보수를 받는 것을 말한다. 청부는 비록 발주 기업의 작업장에서 근로자가 일을 하게 되더라도 근로자를 타인의 지휘 감독하에 두는 것이 아니라 청부 기업이 직접 지휘 감독한다는 점이 근로자 파견 사업과 다른 점이다. 즉, 근로자 파견업과 청부업의 차이는 발주자와 근로자 간에 지휘명령 관계를 만들지 않는다는 점이다. 그러므로 청부 기업은 독립된 사업체로 인정되며 고용계약 책임과 근로자 사용 책임도 모두 청부 기업에

귀속된다.

다음으로 백화점, 슈퍼마켓 등의 파견 점원의 경우, 이들을 파견한 기업에 고용되어 그 업무 명령에 따라 근무하지만, 근무 장소는 파견받은 곳의 사업소이다. 이들은 통상 파견되어 근무하는 사업소의 지휘 명령은 받지 않으며, 따라서 사용 기업과의 지휘명령 관계가 성립하지 않기 때문에 근로자 파견 사업에 해당되지 않는다. 그러나 이 경우에도 만약 파견받아 근무하는 사업소가 파견 점원에 대해 지휘 명령에 해당하는 지시를 행할 경우에는 실질적으로는 근로자 파견업에 해당된다.

마지막으로 공공 및 민간의 직업소개 기관을 통해 직업 소개업을 행하는 경우에는 구직자와 구인자를 서로 연결해 주는 서비스를 제공하고 단순히 수수료를 받을 뿐 구인자와의 관계에서 아무런 고용 관계가 발생하지 아니하므로 근로자 파견업과는 명백히 구분된다.

3. 근로자파견제도 확산의 배경

근로자파견제도에 관한 이론적 연구는 노동시장 분석에서는 그동안 거의 다루어지지 않았으며, 따라서 어떤 일관되고 표준적인 설명이 이루어지고 있지 못하다. 다만 근래 미국과 유럽 등지에서 근로자 임시 파견업(temporary help service)이 성장함에 따라 몇몇 학자들이 이에 대한 이론적 분석을 시도하고 있을 뿐이다.

예컨대 맨검 등(Mangum et al.)은 근로자 임시 파견업을 '내부 노동시장의 부착(attachment)/분리(detachment) 모델' 아래 분석하고 있다(Mangum, Mayall, and Nelson, 1985; Mayall and Nelson, 1982). 일반적인 내부노동시장이론에 의하면 대기업들은 이른바 기업 특수적 기술의 발전에 따라 이에 적합한 기업 특수적 숙련을 갖춘 노동자들에 대해 내부 노동시장을 발전시킨다. 내부 노동시장에서는 핵심적 노동자들을 주의 깊게 선발하고, 그들의 훈련을 위해 투자하며, 이들의 전직을 줄이고 기업에 대한 부착을 유지하기 위한 다양한 조치들(승진, 기업복지제도, 고임금, 고용 안정성, 부가급부)을 취한다.[2] 그러나 핵심 노동자들에게 고임금과 직업 안정성을 보장해 주는 것은 기업에게 큰 부담(이른바 부착 비용)이 되며, 특히 기업 생산물에 대한 수요가 시간에 따라 변동하고 있는 경우 노동 수요를 전적으로 핵심 노동자에게 의존하는 것은 매우 비용이 많이 드는 일이 된다. 따라서 기업은 부착 비용을 줄이고 변화하는 노동 수요에 대응하기 위한 방법으로서 파트타임노동자, 임시노동자, 일용노동자 등을 직접 고용하거나, 아니면 외부의 노동력에 일시적으로 의존하는 방법을 택할 수 있다. 여기에는 외부자문 이용, 자영 전문가(변호사, 회계사 등) 이용, 계약제 및 임시 파견업 이용 등의 다양한 형태가 있다.

이렇게 볼 때 근로자 임시 파견업은 기업에 대한 부착 비용을 발생시키지 않고 기업이 필요로 하는 노동력을 적기에 공급할 수 있는 역할을 하는 기구인 셈이다.

기업 내부에 내부 노동시장(1차 노동시장)과 주변 노동시장(2차 노동시장)이 병존하고 있는 것과 마찬가지로 근로자파견제도 그 자체도 각각의 수요에 대응하여 두 가지 역할을 맡는다. 즉, 기업은 핵심 노동자의 경우와 같은 전문적 노동자가 필요하지만 상시 고용이 필요하지 않은 경우에 임시 파견업을 이용할 수 있다. 한편 임시고, 일고 등 주변 노동자가 맡는 업무를 맡기면서도 비교적 장기 고용에 따라 발생하는 부착 부담을 줄이려 할 경우에도 임시 파견업을 이용할 수 있다.

이 경우 기업이 임시노동자를 직접 고용하느냐 아니면 임시 파견업을 이용하느냐 하는 의사결정은 주로 '거래 비용'(즉, 근로자의 채용, 충원, 선별, 훈련, 해고 등에 들어가는 비용)에 의해 결정된다. 즉, 근로자 파견업의 경우에는 이

---

2)   1970년대 중반까지의 내부노동시장이론에 관한 가장 포괄적인 설문조사는 Cain(1976).

〈그림 1-2-2〉 노동유연성의 종류

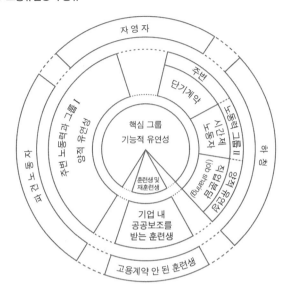

러한 거래 비용이 파견 기업의 마크업(Markup)에 해당하므로 채용·지속 기간에 관계없이 비교적 일정한 반면, 기업이 직접 고용하는 임시노동자의 경우 거래 비용은 1회적 성격의 것이므로 채용 기간이 길어질수록 1일당 거래 비용은 줄어든다. 따라서 매우 단기적인 성격의 업무에는 근로자 파견업을, 그리고 비교적 업무의 성격이 오래 지속되면 직접 채용된 임시 노동력을 이용하게 된다는 것이다(〈그림 1-2-2〉 참조).

이와 같이 종래의 내부노동시장이론이 산업별·부문별로 노동시장이 분리되어 있다고 생각했던 것과는 달리, 동일 기업의 노동시장을 둘로 나누고 2차 노동시장에서 신축적인 고용 관리를 행하기 위해 다양한 임시 노동력을 선호한다는 설명은 이른바 '유연한 노동시장이론'을 주장하는 많은 학자들의 설명과도 일치하는 부분이다.[3]

---

3) 노동시장의 유연성에 관한 연구로는 Boyer(1988); Pollert(1988); Rosenberg(1989); Teague

이상의 이론적 분석 모델은 근로자 임시 파견업에 관한 많은 경험적 연구에서도 확인되고 있다(Gannon and Brainin, 1971; Moore, 1965; Albeda et al., 1978; Howe, 1986; Carey and Hazelbaker, 1986; Casey, 1988; U.S. Department of Labor, 1988; Canter, 1988; Dale and Bamford, 1988; Gannon, 1984; Buchtemann and Quack, 1990; Dombois, 1989; Polivka and Nardone, 1989; Rudnitsky, 1979; Belous, 1989). 이들 연구에서 지적되고 있는 기업의 임시파견근로자 사용 이유는 다음과 같이 정리할 수 있다.

첫째, 계절적 고용 변화의 완충판으로서 이용된다. 파견근로자는 노동에 대한 수요가 계절적으로 크게 변동하는 부문에서 특히 광범하게 이용된다. 기업의 생산물에 대한 수요는 하루 중 시간대, 1주일 중 요일별, 1년 중 계절별로 변동한다. 이러한 수요 변동에 대비하여 그 전부를 상용노동자에게 의존한다면 비용이 많이 들 것이다. 따라서 파견근로자를 이용함으로써 피크타임대의 노동 수요에 대처하는 것이다.

둘째, 노무 비용을 줄이기 위한 것이다. 동일한 수의 근로자를 쓰더라도 파견근로자를 이용함으로써 임금 및 관리비용 자체가 줄어든다. 파견근로자는 상용노동자에 비해 임금이 낮은 경향이 있으며 여러 가지 부가급부도 지불하지 않는 경우가 많다. 또 인사관리 비용, 훈련 비용도 줄어든다.

셋째, 일시적인 노동 수요의 부족을 메꾸기 위한 것이다. 상용노동자의 휴가, 질병, 가사 등의 사정으로 일시 결원이 생기는 경우 이를 대체하기 위한 수단으로서 파견근로자가 이용된다.

넷째, 장래의 불확실성에 대한 보장으로서 사용된다. 특별 프로젝트나 신규 사업에 착수한 초기에 사업 전망이 불투명할 경우 상용근로자를 고용하면 장차 사업이 부진할 경우 해고가 어렵고 해고 비용이 많이 든다는 문제점이 있다.

다섯째, 일부 전문적인 분야에서는 정규 고용을 원하는 사람수가 기업의 노

(1990); Tomaney(1990) 등 참조.

동 수요에 비해 부족하기 때문에 어쩔 수 없이 파견근로자를 이용하는 경우도 있다. 특히 일본의 경우 급속한 경제성장과 기술혁신, 마이크로일렉트로닉스를 중심으로 한 ME 혁명 등에 따라 프로그래머, 시스템 엔지니어, 오퍼레이터 등 전문직에 대한 수요가 급속히 증가하고 있으나, 자격 있는 전문직 노동자의 공급은 매우 부족하다는 사정이 근로자 파견업을 성장시킨 주요 배경으로 지적되고 있다(高梨昌, 1985: 3).

이와 같은 파견근로자에 대한 기업의 수요는 물론 그 전부터도 있어 왔지만 최근 들어 그 수요가 확산되고 있는 이유는 1980년대 이후 경제 사정이 악화되고 기업 경영의 불확실성이 높아진 데 따른 기업의 노동비용 절감, 고용 탄력성 향상 노력이 강화된 점, 산업구조와 직업 구조 자체가 3차 산업이나 사무직 등 파견근로 형태에 알맞은 쪽으로 변화하고 있는 점, 기업의 사무자동화와 ME화 등이 급속히 진행되는 데 비해 이에 적합한 전문 자격자의 공급이 부족하고 직접고용 비용이 높아진 점, 그리고 후술하는 노동공급 측면에서의 변화 등이 지적되고 있다.

한편 근로자 파견업이 성립되는 노동 공급 측의 요인은 자발적 요인과 비자발적 요인으로 나누어 볼 수 있다. 먼저 자발적 요인으로 지적되는 것은 파견근로가 근무시간의 신축성을 보장해 줄 수 있다는 점이다. 예컨대 주부, 예술가, 학생, 퇴직자 등 부수입이 필요하지만 정규적인 취업은 원치 않는 사람들이나 일정한 근무시간에 맞추어 근무하기를 싫어하는 전문가들(컴퓨터 프로그래머 등)이 이에 속한다. 이들은 흔히 스스로를 '영구적' 파견근로자로 생각하며, 정규고용 기회가 있어도 근무시간의 신축성을 잃기 싫어 이를 거절한다.

노동 공급 측의 두 번째 자발적 요인으로서 새로운 기능을 습득하고자 원하거나 혹은 이미 가지고 있는 지식과 기술을 녹슬지 않게 하기 위해 파견근로를 원하는 경우이다. 미국의 임시 파견업체들은 자신이 고용하고 있는 파견근로자들에 대해 상당한 직업훈련을 실시하고 있는데 이러한 점이 파견근로를 원하는 사람들에게 매력으로 작용하고 있다(Belous, 1989: 31).

세 번째 자발적 요인으로는 일부 직종의 경우 파견근로자가 상용근로자에 비해 더 높은 수입을 올릴 수 있다는 점이다. 사무 처리, 간호원, 컴퓨터 프로그래머 등은 단기간 취업으로 고수입을 올릴 수 있으므로 파견근로 형태를 원하는 경우가 있다.

비자발적 요인으로서는 정규적인 일자리를 찾는 동안에 임시로 파견근로 형태로 취업하는 경우이다. 일자리를 찾는 과정은 직·간접 비용이 소요되는 일련의 탐색 과정으로 파악할 수 있다. 이 경우 파견근로 형태는 별다른 비용 없이 즉시 취업이 가능한 경우가 많으므로 신규 졸업자, 주부 등 노동시장 재진입자, 실업자, 타 지역으로부터의 이동자 등이 정규 직업을 찾는 동안에 일시적으로 파견근로에 종사하는 것이다.

특히 최근 들어 여성의 경제활동 참가율이 높아지고 있고, 자유로운 전문직 종사자 중에서는 특정한 직장에 얽매여 근무하기보다는 근무시간, 근무 장소, 근무 형태 등을 자신이 스스로 선택하고자 하는 욕구가 높아지고 있는 것이 선진국에서 파견근로 형태가 확산되고 있는 한 이유로 되고 있다.

이와 같이 노동시장에서의 수요·공급 구조의 변화로 인해 파견근로 형태가 확산되고 있지만, 그러나 이러한 파견근로 형태는 종전의 고용계약 관계에 기초한 노사관계와는 다른 형태인 까닭에 여러 가지 새로운 문제를 야기하고 있는 것도 사실이다. 아래에서는 파견근로 형태의 확산에 따라 일어날 수 있는 문제점들을 정리해 보기로 한다.

첫째, 파견근로 형태의 확산이 새로운 업무의 확대에 따른 새로운 고용 기회의 창출이나 노동수급 기능의 원활화를 가져오기보다는 기존의 상용 고용을 파견근로 형태로 대체시키는 역할밖에 하지 못할 경우 결국 이는 기존 고용 관계의 안정성을 파괴시키게 된다는 점이다.

특히 선진국에서 파견노동이 확산되어 온 이유가 새로운 업무분야 개발이나 새로운 생활 스타일의 발전이라는 측면 없는 것은 아니지만 주로 1970년대 중반 이후의 구조적 불황에 대처하기 위해 기업이 감량 경영, 합리화의 일환으로 기존의 상용 고용을 줄이고 각종 임시 노동력으로 이를 대체하려는 전략(이른바 '고용의 유연성 증대')에서 나왔다는 점을 생각할 때 이 문제는 심각성을 띤다.[4]

둘째, 근로자파견제도가 파견근로자 자신의 고용 불안정과 저임금노동을 가져온다는 측면이다. 파견근로자의 상태는 불안정 고용의 일부로 파악되며, 상용노동자와의 관련에서는 노동시장의 분단화 현상으로 이해된다. 이러한 노동시장의 분단화에 따라 파견근로자는 파견대기 기간 동안 사실상의 실업 상태에 빠질 뿐만 아니라, 파견된 후에도 취업 상태 자체가 매우 불안정하다.

또 임금도 동일한 자격을 가진 다른 노동자에 비해 낮은 경우가 많으며, 각종 수당이나 퇴직금 등 부가 급여의 면에서도 불리하다.

파견근로자는 산업재해율이 높고 노동강도율이 강한 위험직종이나 힘든 부문 등 상용노동자가 기피하는 직종에 투입되는 경우가 많다.

이와 같이 파견근로자의 상태가 불안정하고 열악함에도 불구하고 파견근로의 특수성으로 인해 파견근로자의 보호에 미흡한 점이 많다. 우선 파견근로는 고용주(파견사업체)와 사용주(사용사업체)가 분리되는 까닭에 파견근로자가 산업재해를 입거나 기타 권리상의 침해를 당하는 경우 그 책임이 누구에게 귀속되는지 불명확한 경우가 많다. 파견사업체 자체가 영세하고 이동성이 강한 경우에는 자칫하면 고용계약에 따른 책임을 사실상 추궁하기 어려운 경우도 있다. 만약 파견업체가 고용주로서 충분한 책임을 지지 않는 경우 파견회사는 단순한 직업알선기관 이상의 의미를 갖지 못하게 되고 그 결과 노동자 중간착취 금지라는 노동법의 기본정신을 위배하게 된다.

한편 파견근로자의 근로조건 개선이라는 목표가 단지 파견계약조건을 둘러

---

4)   이러한 기업의 합리화와 고용의 유연성 증대에 따른 파견근로의 확산을 지적하고 있는 것으로서 일본에 대해서는 伍賀一道(1988), 프랑스에 대해서는 三富紀敬(1986), 서독에 관해서는 Dombis(1989), 미국에 관해서는 Belous(1989) 등 참조.

싼 파견업체와 파견근로자 간의 관계에서뿐만 아니라 실질적으로는 사용사업체와의 교섭에 의해서 실현되는 것임에도 불구하고 이러한 길은 애초부터 막혀 있다는 데 문제가 있다. 파견근로자가 사용사업체의 노동조합에 가입할 수 있는지 여부가 불확실하며, 설혹 가입이 가능하더라도 파견근로자의 높은 유동성과 분산성으로 인해 그 조직화가 매우 곤란하기 때문에 노동조합 측에서도 이들의 근로조건을 충분히 보호하기가 곤란하다. 이리하여 파견근로자의 노동기본권과 인권은 무방비상태에 놓이게 되는 것이다.

셋째, 파견근로에 종사하는 근로자들은 안정된 고용으로의 상향이동기회를 봉쇄당할 가능성이 높다. 이들은 불안정고용의 한 형태로서 고정적으로 재생산되며 그 과정에서 훈련이나 숙련획득이 이루어지지 않음으로써 기업의 입장에서도 생산성 향상에 문제를 느끼게 된다.

넷째, 파견근로형태의 확산은 상용노동자들에게도 큰 영향을 미친다. 만약 파견근로가 노사분규를 배제하기 위한 수단으로 이용되거나, 또는 조합활동가를 배제하기 위한 수단으로서 이용되는 경우 근로자파견제도는 노동운동을 억압하기 위한 합법적 수단이 될 가능성이 있는 것이다.

이상과 같이 파견근로형태는 노동시장에서의 수급구조 변화에 대응하는 것이면서 다른 한편으로는 여러 가지 문제점을 가지고 있다. 따라서 이러한 문제점들을 감안해 파견근로형태의 긍정적 요소와 부정적 요소를 면밀히 관찰하고 긍정적 요소를 살리면서 부정적 요소를 막을 수 있는 방안을 신중히 검토해야 할 것이다.

4. 근로자파견제도의 개황

한국의 경우에도 1980년대 들어 산업구조의 고도화와 3차산업화의 진전, 사무자동화와 ME화에 따른 전문직 노동수요의 증대, 여성의 경제활동참가율

상승, 기업의 합리화 추진 및 이에 따른 고용유연성의 중대노력 등 앞서 지적한 파견근로제도를 확산시키는 요인이 작용해 온 것으로 판단된다.[5]

그러나 막상 이러한 노동시장구조의 변화에 따른 파견근로의 확산을 양적으로 파악하는 것은 거의 불가능한 일이다. 앞서 지적했듯이 파견근로 자체가 현행법상 위법이기 때문에 공식통계에 잡히지 않을 뿐만 아니라 정부나 학계에서도 이를 구체적으로 파악하려는 적극적인 노력이 그동안 없었기 때문이다.

노동부의 비공식적 보고에 따르면 현재 근로자파견업의 총규모는 경비, 청소 등 단순용역업무를 포함해 총 1천여 개 기업에 10만~15만 명의 근로자가 고용되어 있는 것으로 추정된다.[6]

그러나 업계의 주장에 따르면 근로자파견업의 규모는 이보다 훨씬 커서 전국적으로 700여 개의 기업에 40만~50만 명이 종사하고 있다고 한다.[7] 그중 약 80% 가까이는 청소, 경비 등 단순용역업이며, 나머지가 사무보조, 전산 관련 종사자(키펀처, 오퍼레이터, 프로그래머), 비서직, 전화교환원, 판매원(백화점, 판촉활동), 방송 관련 종사자(조명, 미술, 소품, 의상, 도구), 전화상담원, 운전원 등이다. 업계에 따르면 이미 1960년대부터 활동하고 있던 청소, 경비업을 제외하면 근로자파견업이 생기기 시작한 것은 1980년대 초반부터로 OA(사무자동화) 학원들이 부업으로 근로자파견업을 시작했고, 1980년대 중반 이후 일본의 근로자파견제도가 국내에 소개되는 한편 노사분규와 임금상승 등으로 대기업들이 상용근로자수를 줄이고 외부용역에 의존하는 비율이 높아지면서 근로자파견제도는 급속히 확산되기 시작했다고 한다. 현재 근로자파견업은 연평균 신장률이 30% 이상에 달하는 급성장을 하고 있는데 만약 이 사업이 합법화될 경우 폭발적인 신장세를 보일 것으로 업계는 보고 있다.

---

5)   이에 관해서는 어수봉(1991) 참조.

6)   ≪한국일보≫(1992.3.30).

7)   인력파견회사인 B사 사장과의 인터뷰.

〈표 1-2-1〉 인력공급 및 대리업의 규모(1986년)

(단위: 개, 명, 백만 원)

	사업체수	종업원수	수입액	조수익1)	평균임금(원)2)
인력공급 및 대리업	938	14,097	117,210	47,961	319,321
일반고용대리업	494	5,004	49,787	19,338	-
연예인대리업	46	279	2,816	1,484	-
인력공급업	398	8,814	64,608	37,468	-

주 1): 조수익=수입액－영업경비(인건비, 임차료, 기타 경비).
주 2): 평균임금=상용근로자 월간급여총액/상용근로자수.
자료: 경제기획원(1986).

공식통계로서 유일하게 근로자공급사업의 규모를 파악할 수 있는 자료는 경제기획원에서 발행하는 『총사업체통계조사보고서』뿐이다. 이 조사에 따르면 1986년 인력공급 및 대리업에 종사하는 사업체수는 모두 938개로서 총 1만 4천여 명의 종업원이 이에 종사하고 있다(〈표 1-2-1〉 참조).[8] 그중 순수한 의미에서의 인력공급업[9]에는 398개 업체, 8814명의 종업원이 종사하고 있는 것으로 나타났다.[10] 그러나 1991년 실시된 『총사업체통계조사』(미발간)에 따르면 1991년 파견사업체 총수는 1364개 업체, 파견근로자수는 20만 7천 명으로 나타나 그동안 근로자파견제도가 폭발적으로 늘어났음을 알려 주고 있다(통계청 내부자료).

---

[8] 1984년 개정된 한국표준산업분류에 따르면, '인력공급 및 대리업'(산업분류번호 8442)은 다시 '일반고용대리업'(84421), '연예인대리업'(84422) 및 '달리 분류되지 않은 인력공급 및 대리업'(84429)으로 나뉘는데 이 중에서 일반고용대리업은 고용과 관련된 직원조사, 선발, 조회, 배치, 알선 등의 업무를, 그리고 연예인대리업은 연예인을 대리하여 영화, 연극제작자 등과 계약을 맺는 산업활동을 말하므로 순수한 의미에서의 근로자파견과는 다른 성질의 것이다. 그러나 이 두 부문도 근로자파견업을 일부 취급하고 있고 각 부문의 통계적 구별이 어려우므로 여기서는 같이 묶어서 취급하기로 한다(경제기획원, 1984: 390 참조).

[9] "자기 관리하에 모델, 기능인 및 기타 노동력을 확보하고 계약에 의거, 타 사업체에 임시로 수요인력을 수시 제공하는 사업체의 산업활동"(경제기획원, 1984: 390). 단, 가사 및 개인을 대상으로 인력을 제공하는 활동은 제외된다.

[10] 그러나 이 1986년 통계는 여러 가지 개념상, 조사상의 한계로 인해 실제 규모보다 훨씬 과소추정된 것으로 생각된다.

〈표 1-2-2〉 사업체형태별 사업체수(1986년)

	공공단체	법인		비법인	
		회사법인	회사 이외	개인	단체
인력공급 및 대리업	7	213	14	689	15
일반고용대리업	4	94	11	377	8
연예인대리업	-	10	-	34	2
인력공급업	3	109	3	278	5

자료: 경제기획원(1986).

〈표 1-2-3〉 종업원 규모별 자본금 규모별 사업체수 및 종업원수(1986년)

(단위: 개, 명, %)

• 종업원 규모별

	사업체수	종업원수
인력공급업 전체	398(100.0)	8,814(100.0)
1~4인	211(53.0)	507(5.8)
5~9인	72(18.1)	462(5.2)
10~49인	77(19.3)	1,697(19.2)
50~99인	22(5.5)	1,558(17.7)
100~199인	5(1.3)	646(7.3)
200~299인	5(1.3)	1,130(12.8)
300인 이상	6(1.5)	2,814(31.9)

• 자본금 규모별

	사업체수	종업원수
인력공급업 전체	75(100.0)	4,566(100.0)
1천만 원 미만	5(6.7)	596(13.1)
1천만~5천만 원	27(36.0)	1,810(39.6)
5천만~1억 원	23(30.7)	614(13.4)
1억~5억 원	16(21.3)	1,372(30.0)
5억~10억 원	2(2.7)	52(1.1)
10억~50억 원	2(2.7)	122(2.7)

자료: 경제기획원(1986).

〈표 1-2-4〉 종사상의 지위별 종업원수

	종업원수	비율(%)
인력공급업 전체	8,814	100.0
자영업주, 무급가족	307	3.5
상용고용원	7,266	82.4
임시 및 일일 고용원	1,145	13
무급고용원	96	1.1

자료: 경제기획원(1986).

1986년 통계를 통해 인력공급업의 개황을 살펴보면 〈표 1-2-1〉에서 인력공급 및 대리업 전체의 1986년 중 연간 수입액은 1172억 원에 달하는데 여기서 제반 영업경비를 제외한 조수익은 480억 원으로서 1사업체당 평균 1억 2500만 원의 수입에 5100만 원의 조수익을 올린 셈이다. 순수한 인력공급업만으로서는 1업체당 2억 1300만 원의 수입에 9400만 원의 조수익을 올려 상당히 높은 수익률을 보였다. 반면 상용근로자의 1인당 월평균 급여액은 31만 9천 원에 불과하다.

　　사업체 형태별로는 인력공급업체의 4분의 1 정도가 회사법인 형태를 취하고 있는 반면 나머지 대다수는 개인업체 형태를 취하고 있어 인력공급업이 영세한 상태임을 보여 주고 있다(〈표 1-2-2〉 참조).

　　이와 같은 인력공급업의 영세성은 종업원 규모와 자본금 규모에서도 드러나는데 〈표 1-2-3〉에서와 같이 인력공급업체의 절반 이상이 5인 미만의 영세사업체이며 자본금 규모별로도 1억 원 미만이 70% 이상이다. 그러나 종업원수는 300인 이상의 대형업체가 전체 종업원수의 3분의 1을 차지하고 있으며 자본금 규모가 10억 원 이상인 기업도 있다.

　　한편 〈표 1-2-4〉에서 종사상의 지위별 종업원수를 살펴보면 인력공급업 종사자의 대부분은 상용근로자로 구성되어 있음을 알 수 있으나 임시노동자 및 일용노동자의 비중도 꽤 높다.

〈표 1-2-5〉 개설연도별 사업체수(1986년)

	계	신규	승계
인력공급업 전체	398	370	28
1959년 이전	2	2	0
1960~1969년	7	7	0
1970~1979년	22	21	1
1980~1981년	33	31	2
1982~1983년	52	49	3
1984~1985년	121	112	9
1986년 상반기	111	98	13

자료: 경제기획원(1986).

또 〈표 1-2-5〉에서 개설연도별 사업체수를 보면 대부분의 인력파견회사가 1984년 이후에 개설되었으며 기존기업의 승계보다는 신규로 개설된 회사가 대부분이라는 것을 알 수 있다.

5. 실태 조사의 결과

근로자파견제도의 실태를 보다 구체적으로 파악하기 위해 한국노동연구원 주관하에 1992년 8월 24일부터 2주 동안 파견근로자, 파견사업체 및 사용사업체에 대한 실태 조사를 실시했다. 근로자파견사업은 현재 불법으로 되어 있어 이에 관한 공식자료가 없기 때문에 조사대상 파견사업체 및 사용사업체는 한국노동연구원 및 노동부 지방사무소에서 비공식적으로 파악하고 있는 업체명단으로부터 파견사업소 72개소, 사용사업체 120개소를 추출했으며, 파견근로자에 대한 심층조사를 위해 다시 각 사용사업체당 10명씩의 파견근로자를 추출하여 개별면접방식으로 조사했다. 조사지역은 업체정보가 파악된 서울, 수원, 청주, 보령, 울산, 창원, 충무, 진주, 여수 등이며 회수된 설문조사지는 파견사업체 55개소(파견근로자 1만 4286명), 사용사업체 74개소(파견근로자 1만 2443명), 그리고 파견근로자 개별설문 751명이었다.

1) 조사대상의 일반적 성격

(1) 사용사업체의 성격

사용사업체를 산업별로 분류해 보았을 때 가장 많이 사용하는 산업은 제조업(30개)이고 다음으로 사회 및 개인 서비스업(22개), 금융보험업(11개), 건설업(5개), 운수·창고(3개), 도소매·음식·숙박업(2개)의 순으로 나타난다(〈표 1-2-6〉). 제조업 중에서는 화학·석유업이 13개 업체로서 파견근로자를 많이 사용하고

〈표 1-2-6〉 산업별 사용사업체수

산업	응답수	%
제조업	30	41.1
음식료·담배	6	8.2
섬유	1	1.4
종이·인쇄	1	1.4
화학·석유	13	17.8
비금속광물	1	1.4
1차금속	1	1.4
기계	3	4.1
전기전자	3	4.1
운수장비	1	1.4
건설업	5	6.8
도소매·음식·숙박	2	2.7
운수창고	3	4.1
금융보험	11	15.1
사회 및 개인 서비스업	22	30.1
엔지니어링회사	3	4.1
병원	3	4.1
기타용역서비스	16	21.9
전체	73	100.0

주: 기타용역서비스란 협회, 컴퓨터 용역, 방송사, 학교, 빌딩관리 등임.

있으며 음식료·담배제조업, 전기전자, 기계제조업이 각각 3개 업체, 그리고 운수장비, 섬유, 1차금속, 종이·인쇄제조업에서 각각 1개 업체가 있다. 사회 및 개인 서비스업에서는 기계, 공장건물 등의 종합설비서비스회사인 엔지니어링회사, 병원, 협회, 방송사, 학교, 빌딩관리, 컴퓨터회사 등 주로 사회서비스산업이 차지하고 있다.

사용사업체의 규모는 대부분 대규모 회사이다. 〈표 1-2-7〉에서 보는 것처럼 1천 명 이상의 대규모 기업이 56.8%를 차지하고 300인 이상 규모도 18.9%를 차지한다. 49인 이하의 소규모 회사도 15%가량 차지하고 있다.

사용사업체에서 파견근로자를 이용하는 중요직종을 보면 청소, 경비업이 가장 큰 비중을 차지하고 있고 그다음으로 생산직과 사무보조직이 높은 비중을 차지한다. 반면 전문기술직은 상대적으로 낮은 비중에 머물러 있다(〈표 1-2-8〉).

〈표 1-2-7〉 사업체 규모

규모	응답수	%
49인 이하	11	14.9
50~99인	2	2.7
100~299인	5	6.8
300~999인	14	18.9
1000인 이상	42	56.8
전체	74	100

〈표 1-2-8〉 직종별 파견근로자수

(단위: 명)

직종		인원수	구성비
생산		2,412	16.9
	제조업 직접생산관계(조립, 가공 등)	685	4.8
	제조업 생산지원(출하, 포장, 이적 등)	1,525	10.7
	운반, 창고, 보관관계	202	1.4
사무보조		2,360	16.5
	사무보조	1,722	12.1
	비서업무관계	63	0.4
	판매, 홍보, 선전관계	482	3.4
	접수·안내관계	47	0.3
	무역 등 거래문서작성 관계	5	0
	재무처리, 경리관계	37	0.3
	조사, 집계, 분석관계	4	0
전문기술		679	4.8
	방송 및 영화기기조작, 연출, 연기	220	1.5
	조리영양관계	71	0.5
	컴퓨터 정보처리, 소프트웨어 관계	322	2.3
	전문기술	23	0.2
	통역, 번역, 속기관계	43	0.3
기능·보일러	건물의 설비운전, 점검, 정비관계	664	4.6
운수·통신		1,255	8.8
	운전직 관계	836	5.9
	전화교환원, 텔렉스 관계	419	2.9
단순용역		145	1
	심부름, 배달, 단순용역 관계	72	0.5
	건설업 노무직 관계	55	0.4
	주차관리	18	0.1
유흥업	유흥업, 서비스업 종사원 관계	12	0.1
기타		70	0.5
	소계	7,597	53.2
	청소, 환경미화 관계	3,067	21.5
	경비, 수위관계	3,622	25.4
	총계	14,286	100

특히 직종을 세분류해 볼 때 합법화되어 있는 청소, 경비를 제외하면, 제조업 생산지원(출하, 포장, 이적), 사무보조, 운전직, 제조업 직접생산직(조립, 가공) 등 정규근로자를 대체한다고 여겨지는 직종에 파견근로자를 많이 사용해 문제가 되고 있다.

(2) 파견사업체의 일반적 성격

〈표 1-2-9〉에서 파견사업체의 자본금별 분포를 보면 1억 원 미만이 58.2%를 차지하고 있어 대체로 파견사업체가 영세하다는 것을 알 수 있다. 그러나 자본금 5억 원 이상 규모도 6개 업체가 조사되었다. 조사된 55개 업체 중 종업원 9인 이하가 32개, 10~29인 이하가 16개 업체로서 종업원수 면에서도 파견사업체는 영세성을 면치 못하고 있다. 이와 같은 파견사업체의 영세성은 파견근로자의 보호라는 측면에서 문제가 될 가능성이 많다 하겠다. 이는 파견사업체의 대부분이 신규사업체라는 점에도 그 이유가 있는데 조사대상 파견사업체 중 1988년 이후에 영업을 개시한 업체가 57%나 되며 영업개시일 평균은 1987년 6월인 것으로 나타났다.

파견업체별 사업소수를 보면 단독사업소가 21개 업체인 반면, 2~4개 사업소를 가진 업체가 11개 업체, 5개 사업소 이상을 가진 사업체가 21개로 나타났다. 파견사업체의 겸업유무를 보면 겸업하는 업체는 30% 정도에 불과한 것으로 나타나며 겸업의 종류는 임가공 제조, 방역, 운송사업, 국제회의 용역업, 컴

〈표 1-2-9〉 파견업체 자본금 크기

	회사수	%
1천만 원 이하	11	20
1천만~5천만 원	5	9.1
5천만 원~1억 원	16	29.1
1억~3억 원	16	29.1
3억~5억 원	1	1.8
5억 원 이상	6	10.9
평균	2억 6천만 원	

퓨터 판매, 콘덴서부품 생산 등으로 다양하다.

(3) 파견근로자의 일반적 성격

사용사업체 조사에서 파악된 파견근로자의 총인원수는 1만 2443명으로서 그중 남자가 9433명, 여자가 3010명으로 남자가 76%를 차지한다(〈표 1-2-10〉). 남자는 연령별로 20대와 30대가 70%로서 주류를 이루고 있으며, 여자의 경우에는 20대가 53%로서 주류를 이룬다.

한편 파견근로자 개인조사에서 파악된 총수 중 청소, 경비직을 제외한 516

〈표 1-2-10〉 성별·연령별 파견근로자 인원수

(단위: 명, %)

연령	15~19세	20~29세	30~39세	40~49세	50~59세	60세 이상	전체
남	308	3,730	2962	1,558	844	31	9,433
(평균)	(3.3)	(39.5)	(31.4)	(16.5)	(8.9)	(0.3)	(100.0)
여	171	1,600	373	614	219	33	3,010
(평균)	(5.7)	(53.2)	(12.4)	(20.3)	(7.3)	(1.1)	(100.0)

〈표 1-2-11〉 파견근로자 학력

(단위: 명, %)

	중퇴 이하	중졸	고졸	전문대졸	대졸	대학원졸	전체
남자	31	32	127	44	17	1	252
(구성비)	12.3	12.7	50.4	17.46	6.75	0.4	100.0
여자	43	27	159	27	8	0	264
(구성비)	16.3	10.2	60.2	10.2	3.0	0.0	100.0
전체	74	59	286	71	25	1	516
(구성비)	14.34	11.43	55.43	13.76	4.84	0.19	100.0

〈표 1-2-12〉 파견근로자 가구의 주소득원

주소득원	인원수(명)	%
본인	195	37.1
부모님	202	38.4
배우자	61	11.6
형제자매	45	8.6
자녀	18	3.4
기타	5	1
계	526	100

명의 학력별 분포를 보면 남녀 모두 고졸자가 다수를 차지하고 있으며 그다음이 중졸 이하의 저학력자들이다(〈표 1-2-11〉).

결혼유무를 보면 파견근로자의 58.2%는 결혼 전으로 나타난다.

파견근로자 가족의 총가구원수는 평균 4.7명, 그중 직업을 가진 가구원수는 2.2명으로 나타나며, 가구의 주소득원으로는 부모의 비중이 가장 크며 다음으로 본인 비중이 크게 나타난다(〈표 1-2-12〉). 주소득자의 한달 평균수입은 73만 원 가량이다.

2) 파견근로자에 대한 수요구조

파견근로를 사용하는 목적을 사용사업체로 하여금 해당하는 사항에 복수 응답하도록 한 결과가 〈표 1-2-13〉에 나타나 있다. 사용사업체의 46.7%가 파견근로자 사용목적으로서 임금, 복지비용의 절약을 들고 있어 앞에서 지적한 대로 임금비용의 절약이 파견근로자 사용의 주된 이유이며 특히 그중에서도 직접적인 인건비 절약이 주이유가 되고 있다. 그다음으로는 일시적 노동수요에 대한 대응, 노사분규 예방 등을 이유로 들고 있다. 외국에서의 파견근로입법 시 가장 중요한 요인으로 꼽히는 일시적 노동수요의 대응과 전문지식의 필요는 한국에서 파견 노동수요 전체의 32% 정도를 차지하고 나머지는 대부분 파견근로자를 정규근로자에 대체함으로써 임금복지비용의 감소와 해고의 용이 및 노동조합원의 감소를 통한 노사분규 예방에 있는 것으로 나타났다.

파견근로자 사용업무의 성격에 대한 설문조사에서는 파견근로를 정규근로에 대체하여 사용하고 있음이 확연히 나타난다. 〈표 1-2-14〉에서 파견근로 사용업무의 성격을 살펴보면, 사용사업체의 대부분이 파견근로자를 "일정 업무에 대해 상시적으로 사용"하고 있다고 답하고 있어 그동안 정규직원을 사용하던 상시적 업무를 파견근로자로 대체하고 있는 것으로 나타난다.

파견근로자로서 정규근로자를 대체하는 것이 일반적임은 다음의 사용사업

〈표 1-2-13〉 파견근로 사용목적

직무	인원수	%
임금·복지·교육비용 감소	77	46.7
임금비용을 절감할 수 있기 때문	42	25.5
퇴직금, 각종 수당 등 복지비용 절감	19	11.5
교육 및 관리업무를 부담하지 않아도 됨	16	9.7
일시적 노동수요 대응	37	22.4
일시적으로 업무량이 확대된 데 대응	16	17.6
일시적인 결원을 보충하기 위해	13	7.9
특정의 시간대에 일할 근로자를 증원	8	4.8
노사관계·해고 용이	22	13.3
노사분규를 예방할 목적	15	9.1
해고가 용이하기 때문	7	4.2
전문지식 필요	16	9.7
특별한 지식, 기술을 필요로 하는 업무	16	9.7
기타	13	7.9
전체	165	100.0

주: 복수응답이 가능하도록 했으므로 합계가 74를 넘게 됨.

〈표 1-2-14〉 파견근로자 사용업무의 성격

직무	인원수	%
일정업무에 대해 상시적으로 사용	70	85.4
필요에 따라 일시적으로 사용	9	11
상시적으로 사용하지 않으나 연간 일정시기에 항상 이용	1	1.2
기타	2	2.4
전체	82	100

주: 복수응답이 가능하도록 했으므로 합계가 74를 넘게 됨.

〈표 1-2-15〉 파견기간별 평균인원수

기간	사용업체당 파견근로자수(평균)	%
1개월 미만	0.38	0.2
1~3개월 미만	1.25	0.6
3~6개월 미만	1.85	0.9
6개월~1년 미만	25.3	12.8
1년 이상	169.3	85.5
계	198.1	100

<표 1-2-16> 파견만료 시 사용사업체와의 근로관계

종류	응답수	%
다시 재계약하여 파견기간을 연장	61	98.4
파견기간을 연장하지 않는 경우	1	1.6
상용근로자로 채용하는 경우	0	0
전체	62	100

<표 1-2-17> 파견근로자 수요변동실적(지난 3년간)

부문별	상용근로자	파견근로자
전체	0.27	0.53
사무·관리부분	0.08	0.36
연구·개발부분	0.54	0.06
생산부문	0.22	0.53
영업·판매부문	0.25	0.09
기타부문	0.29	0.52

주: 수요의 증가, 감소, 변함 없음을 각각 1, -1, 0으로 답하게 하여 응답사용업체의 평균을 구한 값임.
　　평균값이 0보다 크면 증가를, 0보다 작으면 감소를 나타냄.

<표 1-2-18> 파견근로자 수요변동예상(앞으로 3년간)

부문별	상용근로자	파견근로자
전체	0.13	0.37
사무·관리부분	-0.17	0.4
연구·개발부문	0.5	0.19
생산부문	0.15	0.29
영업·판매부문	0.26	0.25
기타부문	0.07	0.43

주: 수요의 증가, 감소, 변함 없음을 각각 1, -1, 0으로 답하게 하여 응답사용업체의 평균을 구한 값임.
　　평균값이 0보다 크면 증가를, 0보다 작으면 감소를 나타냄.

체에 대한 파견근로기간에서도 알 수 있다. 〈표 1-2-15〉에서 파견기간별 사용사업체당 파견근로자수의 평균을 보면 1년 이상의 장기파견이 대부분을 차지하고 있다.

한편 파견기간이 끝난 근로자의 경우에는 응답자의 98.4%가 다시 재계약하여 파견기간을 연장한다고 응답하여 파견근로자가 '사실상의 상용근로자'로 이용되고 있음을 알 수 있다(〈표 1-2-16〉). 즉, 파견근로자 사용은 외국의 근로자파견법 제정목적인 일시적 및 전문적 부분에 대한 노동수요와 공급의 조화에 있지 않고 1년 이상의 상시고용이 필요한 업무에 파견근로자가 투입되고 있는 것이다.

파견근로에 대한 사용사업체의 수요변동 상황을 보면(〈표 1-2-17〉, 〈표 1-2-18〉), 지난 3년간 상용근로자보다는 파견근로자의 수요증가가 빨랐으며, 앞으로 3년간의 수요변동 예상도 마찬가지다. 특히 파견근로의 수요가 증가하는 부분은 사무·관리부문과 생산부문으로 나타났다. 즉, 연구개발, 영업·판매부문과 같이 전문기술과 인적 및 자본투자가 필요한 부문에서는 상용근로자를 중심으로 근로자 관리를 하는 한편 사무보조부문, 단순생산부문 등 주변부문은 파견근로자를 사용함으로써 노동시장의 이중구조화가 진행되고 있음을 알 수 있다.

3) 파견근로자의 노동력 공급구조

파견근로자들을 대상으로 정규직이 아닌 파견근로형태로 취업하게 된 이유를 물은 질문에 응답자 419명 중 70%가 '정규직에 취업하고 싶어도 일자리가 없어서 불가피하게 선택'한 것으로, 그리고 나머지 30%가 '파견근로형태가 자신의 형편에 맞아 스스로 선택'한 것으로 답했다(〈표 1-2-19〉). 자신의 형편에 맞아서 스스로 선택한 이유에 대해서는 '시간적인 신축성 확보 가능'에 응답이 가장 많고 다음으로는 군입대, 정규취업이 곤란하기 때문 등 기타 사유에 답하고 있다.

파견근로자의 직장 경력을 보면 처음부터 파견근로를 시작한 근로자가 35.7%, 파견근로 이전에 직장 경력이 있는 근로자가 64.3%이며 직장 경력은 평균 6.6년으로 나타났다. 직장 경력자들의 취업 형태는 정사원이 54.4%, 임시·일용근로자가 19.7%, 파트타임·아르바이트가 11.5%이다. 파견근로를 처음부터 시작한 근로자는 취업 전 신분으로서 학생이 44.5%로 가장 높고, 가정주부(14.5%), 무직(13.9%), 학원(11.6%) 순으로 나타난다(〈표 1-2-20〉). 이를 다시 성별로 보면 남자는 직장 경력 없이 처음부터 파견근로자로 입직한 사람이

〈표 1-2-19〉 취업 경로

(단위: %)

파견근로 취업 이유	전체	남	여
정규 직업에 취직하고 싶어도 일자리가 없어서 불가피한 선택	70.3	72.6	67.1
파견근로 형태가 자신의 형편에 맞아서 스스로 선택	29.7	27.4	32.9
자신의 형편에 맞는 시간이 일간에 일할 수 있으므로	60.7		
임금이 상대적으로 높아서	6.5		
정규 취업이 곤란한 기간을 이용	1.6		
기타	22.8		

〈표 1-2-20〉 파견근로자 직장 경력

	인원수	%	성별		취업 형태 및 취업 전 신분		
			남자	161		인원수	%
			여자	135	정사원	165	54.3
			무응답	8	임시·임용근로자	60	19.7
있다	304	64.3			파트타임·아르바이트	35	11.5
					자영업	22	7.2
					촉탁사원	11	3.6
					기타	11	3.6
			남자	56		인원수	%
			여자	112	학생	77	44.6
			무응답	1	가정주부	25	14.8
없다	169	35.7			무직	23	13.6
					학원생	20	11.8
					군인	11	6.5
합계	473	100			기타	13	7.7

25.8%인 데 비해 여자는 이 비율이 45.3%나 되며, 3분의 2가량은 정규직 일자리가 없어서 파견근로자로 취직한 것으로 나타나 노동시장에서 상대적으로 불리한 처지에 있는 여성 근로자의 취업 수단이 되고 있음을 알 수 있다.

파견근로를 시작한 후의 경과 기간을 보면 평균 2년 2개월로서, 직종에 따라 그 성격이 다르기는 하나 파견근로 형태를 1차 노동시장 진입을 위한 일시적 직장으로서 규정하기에는 기간이 상당히 장기간 계속되고 있다. 파견근로

의 구직정보는 '아는 사람의 소개'가 60%로 가장 높고 다음으로 '학원의 소개'
(13%), '신문광고 또는 가두선전'(7%), '학교의 소개'(5.2%), '구인정보지'(3.3%)
순으로 나타나 파견근로의 시작은 대부분 비공식적 경로인 아는 사람의 소개
로 이루어지고 있다.

현재까지 실직한 경험은 평균 0.8회로 1회에 못 미치는 것으로 나타나며, 한
번도 실직한 경험이 없는 근로자가 절반 이상인 52.4%를 보이고 있는데 이는
앞에서 본 대로 신규취업자가 많기 때문이다.

앞에서 조사된 파견근로를 시작하게 된 이유, 파견근로 직장경력, 구직정보,
실직경험 등의 요인을 종합해 본다면 파견근로의 주된 원인은 자발적 선택의
결과라기보다는 상대적으로 열악한 처지의 노동자가 1차노동시장 진입에 실
패하여 어쩔 수 없이 2차노동시장에 진입한 결과로 일어나는 현상으로 분석된
다. 이를 성별, 직종별로 보면 남자의 경우 파견근로의 주류를 이루는 직종인
노무직, 기능공에서는 연령이 높고 직장경력이 있는 근로자가 주변근로자로서
2차노동시장인 파견근로시장으로 하향이동이 행해진 경우로 볼 수 있으며, 여
성의 경우에 주류를 이루는 사무보조요원, 전화교환수 등은 경제활동에 참가
하는 입직 초기부터 1차노동시장에의 진입이 불가능하여 파견근로자로서 2차
노동시장에 진입하는 것이다.

파견근로자 취업 시 자격증이 요구되는가라는 설문에 대해 응답자의 70.2%
는 취업 시 자격증 요구가 없었다고 대답하여 파견근로가 단순한 업무임을 알
려 주고 있으며 29.8%는 자격증을 요구했다고 응답했다. 요구받은 자격증의
종류는 일반사무계통의 경우 국문타이프검정, 영문타이프검정, 워드프로세서
기능검정, 주산검정 등으로 타이핑, 워드프로세서 등의 기본적 기능검정을 요
구하고 있고, 전문실무계통으로서는 기능사, 자동차운전면허 등의 요구가 많
다. 자격증 요구의 종류를 살펴볼 때 전문기술직이라 할 수 있는 정보처리사,
부기검정, 의료관계기술(간호사, 위생관리사), 통역안내업, 기술사, 전기공사사
등의 빈도는 거의 없어 한국의 파견근로는 외국의 경우와 달리 진정한 의미에

서 전문기술직의 파견근로는 거의 나타나지 않는다고 볼 수 있다.

4) 임금 및 근로조건

파견근로자 자신을 대상으로 조사한 전체의 월평균임금은 50만 3천 원가량
인데 남자는 65만 원, 여자는 37만 원이다(〈표 1-2-21〉). 직종별로 볼 때 남자
는 기능공·보일러·전기작업자, 운수·통신종사자 등이 상대적으로 높은 임금
을 받는 그룹에 속하고 여자는 판매종사자, 서비스직 종사자의 임금수준이 상
대적으로 높은 편이다. 남자의 전문직·기술직 종사자의 임금수준이 남자 평균
임금 수준보다 낮게 나타나는 것은 평균연령이 27세 정도로서 남자 전체 평균
연령인 33세에 비해 낮기 때문이기도 하지만 다른 한편으로는 이들의 70%가
량이 불가피하게 파견근로를 하고 있다고 대답한 점을 감안할 때 이들이 진정
한 의미의 전문기술직이 아니라 전문직·기술직 보조요원이 아닌가 한다. 즉,

〈표 1-2-21〉 직종별 임금수준, 취업경로

	성별(인원)		나이	파견경력 (개월)	근속연수 (개월)	월평균 임금	파견/정규 임금비교[1](%)
사무종사자	남자	41	27.44	22.34	22.28	589,451	76.43
	여자	157	21.63	15.84	15.1	369,927	66.08
전문적· 기술적	남자	29	27.61	30.64	27.27	563,683	63.29
	여자	14	22.57	22.57	17.64	371,985	76.46
기능공· 보일러	남자	84	34.05	50.45	40.29	724,742	75.43
	여자	45	41.56	9.81	9.11	355,348	74.11
노무작업자	남자	43	42.83	27.97	25.75	568,477	73.77
	여자	3	48	20.67	20.67	390,000	73.33
운수·통신 종사자	남자	23	33.52	32.9	32.23	774,519	76
	여자	13	21.54	26.08	25.02	346,254	58.13
판매종사자	남자	0	-	-	-	-	-
	여자	8	22.5	11	12.67	392,857	50
서비스직 종사자	남자	9	28.67	26.6	19.17	543,750	77.14
	여자	15	39.8	32.43	31.45	432,492	80.55
전체	남자	252	33.48	35.51	31.24	649,104	73.51
	여자	267	26.98	17.62	16.48	371,013	68.83

주 1): 동일작업장·동일노동조건으로 정규근로자와 파견근로자의 임금수준 비교.

외국의 전문직·기술직 파견근로자에서 많이 나타나는 컴퓨터 소프트웨어 전문가나 시스템 전문가라기보다는 컴퓨터 관련기기를 만지는 보조요원 정도에 불과한 것으로 보인다.

다음으로 비슷한 자격을 가지고 동일 직장에 근무하는 파견근로자와 정규근로자의 임금수준을 비교해 보자. 이를 위해 '귀하가 현재 파견되어 근무하고 있는 회사 소속 정사원 중 귀하와 비슷한 일을 하고 있는 사람이 받는 임금에 비해 귀하의 임금수준은 얼마 정도라고 생각하십니까?'에 대한 응답이 〈표 1-2-21〉의 파견/정규 임금비교라는 항목에 나타나 있다. 이 표에 의하면 파견근로자가 느끼는 파견/정규근로자 임금수준은 근로자 전체로 볼 때 동일노동을 하는 같은 작업장 정규근로자의 71%로 나타나며 남자는 73.5%, 여자는 68.8%이다.

직종별로는 남자의 경우 파견근로의 주류를 이루는 기능공·보일러·전기작업자 및 노무직의 파견/정규 임금수준은 75.4% 및 73.77%로서 남자전체 평균과 비슷한 수준이나 주종이 아닌 사무종사자, 운수·통신, 서비스직에서는 평균에 비해 약간 높다. 여자의 경우 파견근로의 주류를 이루는 직종인 사무종사자, 기능공·보일러·전기기술직, 운수·통신, 판매의 경우 여자 근로자 전체 평균보다 낮게 나타나며 서비스직에서는 80.5%로서 상대적으로 높다.

한편 사용사업체에게 동 사업체의 정규상용직원과 동종의 직종에 근무하는 파견근로자의 용역계약비를 비교하게 했을 때 파견근로자의 용역비는 상용근로자 인건비의 평균 87%로 나타났다. 그런데 〈표 1-2-22〉의 용역비 구성에서 알 수 있는 것처럼 파견근로자 직접인건비는 전체 용역비의 73.4%이므로 결국 사용업체의 상용근로자의 인건비를 100으로 했을 때 용역비로서 사용업체는 파견업체에 87을 지급하고 이 중 파견업체에서 간접임금비(국민연금, 의료보험, 산재보험 등의 파견업체 부담 분), 일반관리비(상근직원 급여, 사무실 임대료, 파견업체 운영비), 이윤, 기타 등으로 23% 포인트를 제한 64(0.87×0.73)가 실제 임금으로 파견근로자에게 지급되는 것이다(여기에 간접임금비를 합치면

〈표 1-2-22〉 용역비 구성

종류	%
파견사원 직접인건비	73.4
간접인건비	9.6
일반관리비	8.6
파견업체 이윤	5.3
기타	3.1
계	100

〈표 1-2-23〉 복지제도 적용 여부

종류	적용인원	비적용인원	적용률(%)
산업재해보험	243	288	45.7
의료보험	478	53	90.0
퇴직금제도	406	125	76.5
근로자재형저축제도	191	340	36.0
사내정기건강진단	289	242	54.4
국민연금보험	432	92	81.3

72.2가 되어 파견근로자 자신의 응답과 유사한 수준이 된다).

여러 가지 근로자복지제도가 파견근로자에게 어떻게 적용되고 있는지를 살펴보면 〈표 1-2-23〉에서와 나타나는 바와 같이 의료보험, 국민연금보험 및 퇴직금제도는 각각 80~90%의 적용률을 보이고 있다. 그러나 산재보험, 근로자재형저축, 사내정기건강진단 등 정규상용근로자의 대부분이 적용받고 있는 복지제도에 대한 혜택은 평균 적용률이 40% 정도에 불과하다. 특히 산재보험 적용률이 낮은 것은 파견근로자의 상당수가 생산직, 운전직 등 위험직종에 근무하고 있음을 감안할 때 상당히 심각한 문제이다. 산재보험은 원래 산재발생장소인 사용업체에서 부담하는 것이 외국의 근로자파견법에서 나타나는 일반적 관례인데 한국에서는 일반적으로 파견업체의 부담(파견업체 단독책임 79.2%, 사용업체와 책임분담 11.3%)으로 되어 있다.

국민연금보험과 퇴직금제도는 파견업체가 사용업체로부터 용역비를 지급받아 파견근로자에게 지불 시 간접인건비로 공제하는 것이 통례이므로 제도

〈표 1-2-24〉 노동시간

실제 근무시간	6월 중 근무일수		24.5일	
	6월 중 총근무시간		215.9시간	
심야노동	했다	84명	17.50%	심야근무시간
	안 했다	396명	82.50%	53.4시간
정기휴일 일수			4.8일	
국경일 출근 여부	전부 출근	23명	4.40%	
	일부 출근	159명	30.50%	
	안 한다	339명	65.10%	
연차유급	있다	242명	54.00%	연휴가일수
휴가	없다	206명	46.00%	8.8일

자체는 형성되어 있으나 파견근로자의 직장안정도(job security)가 낮고 아직 파견업체 자체가 영세하다는 점에서 근로자들이 어느 정도 실질적 혜택을 받을 수 있을지는 의문이다.

6월 중 근무일수를 물은 설문에 대해서는 근로일수 평균 24.5일, 총근무시간 평균 216시간(주당 평균 50.4시간)으로 나타나 비교적 장시간 노동한 것을 알 수 있다(〈표 1-2-24〉). 심야노동(당일 22시에서 다음날 5시)의 유무에 대해서는 18% 정도의 근로자가 경험이 있는 것으로 대답했으며 경험이 있는 근로자들의 평균 심야근로시간은 하루 2시간 정도로 나타났다. 6월 중 정기휴일일수는 평균 4.8일로 나타났으며 국경일 출근여부에 대해서는 출근하지 않는다가 65%, 일부 출근이 30%가량이다. 연차유급휴가에 대해서는 절반가량이 없다고 대답했으며 유급휴가를 받은 근로자의 연휴가일수는 평균 8.8일이다.

5) 고용의 불안정성

파견근로자 고용형태를 크게 세 가지로 구분하면 첫째, 파견근로자를 상시 고용하고 있다가 사용사업체가 요청하면 사용사업체와 파견계약을 체결하고 사용사업체에 근로자를 파견하여 일정 기간 근무시키는 방법(상용형), 둘째, 파견근로자를 등록시켜 두었다가 사용사업체가 요청하면 파견대상 근로자와는 근로계약을, 사용업체와는 파견계약을 각각 체결하고 사용사업체에 근로자를 파견하여 일정 기간 근무시키는 방법(등록형), 셋째, 사용사업체에서 근로자를 요청할 경우 파견근로자를 일시에 모집하여 근로자와는 근로계약을, 사용사업체와는 파견계약을 각각 체결하고 사용사업체에 근로자를 공급하여 일정 기간 근무시키는 방법(모집형) 등으로 나눌 수 있다.

일본에서는 상용형에 대해서는 감독관청에 신고를 하면 승인이 되는 신고제인 데 반해 등록형에 대해서는 허가제를 요하고 있다. 첫 번째 고용형태는 파견근로자의 직업훈련과 고용의 안정성이 보장되는 형태라는 점에서 상대적으로 가장 바람직하며 두 번째 등록형은 상용형에 비해 직업의 안정성 측면에서 근로자 측에 불리하다. 따라서 일본에서는 등록형에 대한 학계의 비판이 끊이지 않고 있다. 더욱이 모집형은 직업소개와 큰 차이가 없고 취업의 불안정성, 파견업체의 고용주로서의 책임미흡, 중간착취의 가능성 등 여러 가지 문제를 안고 있다. 한국의 파견근로 고용형태는 〈표 1-2-25〉에서 나타나는 바와 같이 세 번째 형태가 73%로서 대부분을 차지하고 있다.

또 파견근로자와 파견업체의 고용계약을 〈표 1-2-26〉에서 살펴보면, 계약상 파견근로의 명시여부에 대해서는 응답업체의 79%가 표시하고 있는 것으로 나타나며 근로업무에 대한 직종도 96%가 규정하고 있는 것으로 나타난다. 고용기간에 대해서는 파견기간을 기준으로 정하는 것이 48%로서 파견기간 해제와 동시에 고용계약도 끝나는 것으로 나타나 파견근로자의 고용불안정성을 짐작케 한다. 기간 자체를 정하지 않는 경우도 33%로 나타난다.

상시적 파견근로자의 미파견 시 임금지불 문제는 임금을 지불하지 않는다가 60%로서 대부분 파견이 해제되면 상시고용계약을 맺었다 할지라도 임금은 지불하지 않는다.

해고규정을 보면 파견기간이 해제되더라도 고용관계는 유지된다는 응답이 31%, 파견해제 후 해고예고기간을 주거나 예고기간 없이 자동 해고되는 경우가 48%가량, 나머지는 별도의 규정이 없다(21%)로 나타난다. 파견해제 후 해

	응답파견업체수	%
상용형	2	3.8
등록형	12	23.1
모집형	38	73.1
계	52	100

〈표 1-2-26〉 파견계약(파견업체와 파견근로자 간)

(단위: %)

계약상 파견근로의 명시 여부	1. 표시되어 있음(79.2) 2. 표시되어 있지 않음(20.8)
계약상 직종·업무내용 규정	1. 규정되어 있음(96.2) 2. 규정되어 있지 않음(3.8)
고용기간	1. 파견기간을 기준으로 정함(48.1) 2. 파견기간에 관계없이 일정기간을 정함(11.5) 3. 기간을 정하지 않음(32.7) 4. 기타(7.7)
해고규정	1. 파견기간이 해제됨과 동시에 자동 해고되고 해고수당은 없음(13.5) 2. 파견해제 시 자동 해고되고 해고수당이 지급됨(3.8) 3. 파견해제 후에도 귀사와의 고용관계는 유지됨(30.8) 4. 파견해제 시 일정기간 해고예고를 실시한 뒤 해고함(30.8) 5. 별도의 규정이 없음(21.2)
상시근로계약 체결한 파견근로자의 미파견 시 임금지불	1. 임금을 지불한다(32.5) 2. 임금 일부만 지급한다(7.5) 3. 임금을 지불하지 않는다(60.0)
상여금 규정	1. 연간 일정률로 지급되도록 규정되어 있음(88.9) 2. 성과에 따라 지급되도록 규정되어 있음(11.1)
퇴직금 규정	1. 근로기준법에 정하여 법정기준율로 설정되어 있음(88.7) 2. 누진제도로 되어 있음(9.4) 3. 규정되어 있지 않음(1.9)
사용사업주의 파견근로자 채용 가능 여부	1. 파견근로자의 결정에 의함(28.8) 2. 사용사업주와 파견사업주가 협의하여 결정(50.0) 3. 별도의 규정이 없음(21.2)

고되는 것이 절반가량을 차지하고 있고, 파견업체와 고용관계를 유지한다고 할지라도 임금을 지불하지 않는 업체가 60%라는 점을 생각할 때 파견근로자의 임금 및 고용 불안정은 매우 크다는 것을 알 수 있다.

또 파견근로자가 사용사업체에서 상용근로자로 채용되는 경우에도 사전에 사용사업주와 파견업자가 협의하도록 하고 있는 것이 일반적(50%)이고 파견근로자의 자율결정에 맡기는 것은 28.8% 정도에 그쳐 파견근로자의 상용근로

〈표 1-2-27〉 직장생활 만족도

작업의 내용	24	60	207	146	61	2.321
	(4.8)	(12.0)	(41.6)	(29.3)	(12.2)	
임금수준	134	135	159	55	17	1.372
	(26.8)	(27.0)	(31.8)	(11.0)	(3.4)	
노동시간	42	54	153	159	88	2.397
	8.5	(10.9)	(30.8)	(32.1)	(17.7)	
승급·승진 면	119	85	179	30	19	1.41
	(27.5)	(19.7)	(41.4)	(6.9)	(4.4)	
능력개발 면	100	83	182	54	21	1.575
	(22.7)	(18.9)	(41.4)	(12.3)	(4.8)	
복리후생 면	110	100	181	73	25	1.597
	(22.5)	(20.4)	(37.0)	(14.9)	(5.1)	
해고·실직의 불안감	75	56	220	68	47	1.906
	(16.1)	(12.0)	(47.2)	(14.6)	(10.1)	
직장생활 전체	46	73	224	119	33	2.040
	(9.3)	(14.7)	(45.3)	(24.0)	6.7	

〈표 1-2-28〉 직장전망

(단위: 명, %)

파견사원 형태로 계속 취업하고 싶다	145(25.5)	현재의 파견회사 근무희망	108(74.5)
		다른 파견회사 근무희망	37(25.5)
다른 형태로 취업하고 싶다	386(67.8)	정사원	259(67.1)
		파트타임	13(3.4)
		임시·일용근로자	3(0.7)
		촉탁사원	4(1.0)
		자영업	91(23.6)
일을 완전히 그만두고 싶다	38(6.7)		
전체	569(100.0)		

자로의 진입도 어렵게 하고 있다.

　이러한 저임금과 고용의 불안정성으로 인해 파견근로자의 직장생활 만족도는 매우 낮은 것으로 나타났다. 파견근로자의 직장생활 만족도를 불만, 대체로 불만, 그저 그렇다, 대체로 만족, 만족으로 나누고 '불만'에서부터 '만족'까지 점수를 각각 1점부터 5점까지 배점한 후 작업내용, 임금수준, 노동시간, 승급·승진, 능력개발, 복리후생, 해고·실직의 불안감, 직장생활 전체에 대해 설문조사를 실시했다. 직장생활 전체에 대한 만족도는 2.0로 나타나 파견근로자들은

'대체로 불만'을 표시하고 있다. 만족도 면에서 가장 낮은 점수를 기록한 항목은 '임금수준'과 '승급·승진'이었으며 '능력개발 면', '복리후생 면' 그리고 '해고·실직의 불안감'에 '대체로 불만'에 가까운 점수를 보이고 있다(〈표 1-2-27〉).

앞으로 직장생활의 전망을 물은 설문에서는 '파견사원이 아닌 다른 형태로 취업하고 싶다'에 67.8%의 응답을 보이고 있어서 파견근로자들은 가능하다면 파견근로신분을 벗어나려 노력하고 있음을 알 수 있다. 파견사원이 아닌 다른 형태의 선호도를 보면 응답자 중 67.1%가 정사원으로의 취업, 23.6%가 자영업을 원하고 있어 안정된 직장을 원하고 있음을 알 수 있다(〈표 1-2-28〉).

6) 기타

파견근로자의 노동조합 가입 여부를 보면(〈표 1-2-29〉) 대부분의 파견근로자가 불가입이라고 대답하여 노동조합의 보호를 받지 못하고 있음을 알 수 있다. 사용사업체 조사에서도 파견근로자의 노동조합 조직률은 10.8%로서 상용근로자 조직률 66.2%에 비해 매우 낮게 나타난다. 파견근로자가 노동조합에 가입한 경우 파견사업체 노동조합보다는 사용사업체 노동조합에 더 많이 가입하고 있는 것으로 나타났다.

성별, 직종별 노조가입률을 보면 남자(19.1%)가 여자(5.6%)보다 높고, 기능공(20.8%), 운수통신(33.3%)이 조직률이 높은 반면, 사무(4.0%), 전문기술(6.8%), 판매(0.0%)는 매우 낮다.

한편 파견근로자 도입에 대한 사용업체의 노동조합의 태도는 찬성이 22%, 반대가 18% 그리고 태도 표명 없음이 60%로 나타난다. 그러나 이 항목에 대한 질문은 사용업체의 노동조합에 직접 물은 것이 아니라 사용업체의 인사부·관리부에 물은 것이므로 크게 신뢰할 수는 없다고 본다.

청소·경비를 제외한 다른 파견업무에 대한 파견사업이 불법인 관계로 파견근로 단속경험에 대해 조사한 결과 〈표 1-2-30〉을 보면, 지금까지 한 차례도

<표 1-2-29> 노동조합 가입 여부

	응답수(%)		응답수(%)
가입	65(13.7)	파견사업체 노동조합	24(36.9)
		사용사업체 노동조합	34(52.3)
		양쪽 모두	1(1.5)
		기타 노동조합	6(9.2)
불가입	409(86.3)		
전체	474(100.0)		

<표 1-2-30> 파견근로 단속현황

(단위: %)

종류	내용
단속경험	1. 있다(36.2) 2. 없다(63.8)
단속결과	1. 아무 조치 없음(20.0) 2. 행정조치(46.7) 3. 형사기소 후 유죄판결(20.0) 4. 재판계류 중(6.7) 5. 기타(6.7)
단속위반항목	• 용역경비업법 해지 및 투입신고 불이행 • 근로기준법 위반 • 직업안정법 • 안전보건 관리자 선정

단속받은 경험이 없는 파견사업체가 조사대상의 63.8%로 나타나고 있다. 단속받은 경우에도 대부분 행정조치, 또는 아무 조치가 없던 것으로 나타났으며 사법 처리된 경우는 26.7%에 불과하다. 단속위반항목은 근로기준법위반, 직업안정법위반, 안전보건 관리자 선정 위반, 용역경비업법 해지 및 투입신고 불이행 등으로 나타났다.

6. 결론과 정책 과제

이상의 실태분석을 바탕으로 이 글에서는 한국의 근로자파견형태에 대한 약간의 정책 과제를 제시하고자 한다.

근로자파견제도의 확산에 대해 정부가 어떻게 대응할 것인가를 결정하는 데 있어서는 파견근로형태의 확산배경과 문제점을 고려하여 외국에서의 입법 유형, 파견근로형태의 출현에 따른 고용상의 문제점, 한국의 실태 등을 충분히 고려해야 할 것이다.

외국에서 파견근로에 대한 대응은 파견노동을 제도적으로 금지하는 나라(그리스, 이탈리아, 말타, 스페인, 스웨덴, 터키), 특별입법으로 인정하는 나라(일본, 벨기에, 덴마크, 프랑스, 독일, 아일랜드, 네덜란드, 노르웨이, 영국), 그리고 사실상 인정하거나 노동시장의 수급기능 중 하나로서 방임하는 나라(미국, 오스트리아, 키프로스, 핀란드, 리히텐슈타인, 룩셈부르크, 포르투갈, 스위스) 등으로 나뉜다.

근로자파견법을 제정해 이를 합법화한 나라들의 경우 다시 이를 일본형과 유럽형으로 나눌 수 있다. 독일, 프랑스 등 유럽형은 근로자파견제도를 주로 실업자 취업대책의 하나로서 이용하고 있으며, 따라서 고용업무의 영역제한은 없는 대신 파견근로자를 사용할 수 있는 사유(일시적 업무)를 엄격화하고 파견근로기간을 단기간(6개월 정도)으로 제한하는 것이 특징이다.

반면 일본형은 파견근로허가 대상업무제한에 중점을 두어 업무직종을 16개 직종로 한정하고 있으나 그 대신 고용계약기간은 1년 이상 연장이 가능하도록 하고 있는 점이 특징이다.

양 형태를 비교해 보면 일본의 근로자파견법이 고용대상업종을 제한하고 있는 데 비해 유럽형은 제한이 없으므로 겉으로 보기에는 유럽형이 근로자 파견을 비교적 자유롭게 하고 있는 것처럼 보이지만, 실제로 일본형에서는 기업이 노무비 절감을 목적으로 주변업무에 대해 상용근로자로부터 파견근로자로 대체할 수 있도록 허용하는 측면이 강한 반면,[11] 유럽형은 파견사유와 파견기

---

11) 예컨대 일본의 경우 파견근로 대상업무로서 전문성과 고용관리의 특수성을 내세우고 있으나 시행력에 나타난 허용대상 16개 업종 중에는 그러한 사유에 해당되지 않는 타이프라이터, 워

간을 엄격하게 제한하고 기간연장의 경우 이유를 명백하게 입증하지 않으면 허가하지 않음으로써 파견근로를 기업의 일시적 노동수요 증대에만 사용하도록 강력하게 억제하고 있다고 볼 수 있다.

그렇다면 한국은 과연 근로자파견제도가 합법화되어야 할 것인가? 그리고 만약 합법화된다면 어떠한 방향으로 입법이 이루어져야 할 것인가? 이에 대한 대답은 현재의 경제발전단계 및 노동시장구조와 파견근로의 실태, 즉 파견근로가 수요, 공급의 이해관계 일치에 의해 나타난 현상인가 아니면 기업의 일방적 이해관계에 의해 나타난 현상인가의 판단에 달려 있다 하겠다.

앞서 살핀 대로 사용사업체의 파견근로업무의 대부분은 "일정 업무에 대해 상시적으로 사용"하는 것이며, 파견근로기간도 대부분이 1년 이상의 장기적 파견이다. 파견근로기간이 끝나면 절대다수의 업체가 재계약하여 이를 연장함으로써 파견근로가 사실상의 상시고용형태로 이용되고 있다.

직종별로도 현재 합법화되어 있는 경비·청소직을 제외하면 생산직, 사무보조직 등 상시고용자와의 대체가 가능한 부분이 대부분이며 전문기술직은 매우 낮은 비율을 차지하고 있다.

한편 파견근로자의 경우에도 응답자의 70%가 파견근로형태로 취업하게 된 이유를 정규직에 취업하고 싶어도 일자리가 없어서 불가피하게 취업했다고 대답하며, 특히 여성 노동자의 경우 이러한 현상이 심하다.

사용사업체는 파견근로자를 이용하는 이유로 임금, 복지비용의 감소, 노조 약화, 해고 용이 등에 60%가 답하고 있고 일시적 노동수요에의 대응 및 전문 지식의 필요 등에는 32%만이 답하고 있어 부정적 이유가 두드러진다.

임금 및 근로조건 면에서도 많은 문제점이 드러나고 있다. 파견근로자는 동

드프로세서 요원 등의 사무보조직이 들어 있고, 이들 사무보조직이 전체 파견근로자수의 60%를 차지하고 있는 점, 그리고 파견기간을 1년으로 하고 몇 번의 연장이 가능하도록 한 점 등은 상용근로자를 파견근로자로 대체하도록 만들 가능성이 충분하다.

종직업에 근무하는 정규노동자에 비해 대체로 70% 수준의 임금밖에 받지 못하고 있으며 산재보험 등의 적용도 매우 미흡한 실정이다. 또 그 70%가 사용사업체와의 고용계약이 끝나는 동시에 파견사업체에서도 해고되며, 설혹 파견사업체에서 고용관계가 계속되는 경우에도 그 60%는 임금을 받지 못한다고 답해 고용 및 소득의 불안정성도 매우 강하다는 것을 알 수 있다. 파견업체는 외국에서 일반적인 상용형이나 등록형보다는 모집형이 대부분이어서 실질적으로 직업소개기능에 그치는데 직업의 안정성 면이나 중간착취의 가능성 면에서 문제가 크다.

결국 실태 조사를 통해 한국의 경우 파견근로가 노동시장에서의 수요와 공급의 이해관계 일치에 의해 확산되는 현상이라기보다는 기업의 일방적 필요에 의해 나타나는 현상이며 따라서 정규근로자의 파견근로자로의 대체, 파견근로자의 고용불안정, 노동시장의 이중구조화, 노사관계에의 악이용, 임금 및 근로조건의 악화 등 여러 가지 부작용의 측면이 더 강하게 작용하고 있다고 결론을 내릴 수 있다. 더욱이 유럽 여러 나라의 경우에도 근로자파견법이 도입된 후 근로자파견형태가 폭발적으로 확산되고 고용이 불안정해지며 파견근로자 보호에 여러 가지 문제점이 제기됨에 따라 1980년대 들어 각국에서 근로자파견법을 보다 엄격하게 하는 방향으로 개혁이 이루어지고 있다는 점도 고려해야 할 것이다(三富紀敬, 1986; Rodgers and Rodgers, 1989 등 참조).

그러므로 현 단계에서 파견근로에 대한 합법화는 경제발전단계와 파견근로 실태를 감안할 때 시기상조라고 판단된다. 그 대신 파견근로형태가 확산된 중요한 이유 중 하나가 직업소개 및 직업안정기능의 미약 때문이라는 점을 감안하여 직업소개 및 직업안정망의 강화에 정부가 힘을 기울여야 할 것으로 요청되며, 한편으로는 현재의 직업안정법 및 근로기준법에 의거하여 파견근로를 단속하되 특히 정규근로를 대체하고 노동조합을 약화시키기 위한 기도로 보이는 생산직에서의 파견근로는 엄격히 단속되어야 한다(일본에서도 생산직은 파견근로가 금지되어 있음). 또 파견근로자의 근로조건 보호를 위한 감독도 철저히 해야 할 것이다(파견근로의 상당수가 업무도급형태로 이루어지고 있으므로 현행법 아래서도 파견사업체에 대해 고용주 책임을 묻는 것은 가능함).

그렇지만 장기적으로 경제상황이 성숙해지고고 노동시장의 구조가 바뀌는 경우 매우 한정된 범위에서나마 파견근로를 허용해야 할 필요성이 생길 수도 있다. 따라서 이러한 상황에 대비하여 파견근로제도에 관한 장기적인 대책을 연구·심의할 수 있도록 노사 대 학계 전문가들로 구성된 위원회를 꾸리는 것이 하나의 방법으로 생각된다. 일본의 경우에도 1986년의 입법을 위해 노동자파견법 소위원회를 구성하여 6년간 논의하는 등 논의 개시 후 도합 10년의 세월이 필요했으며, 유럽 각국에서도 의회의 전문위원회를 통한 오랜 논의 끝에 노사합의에 의해 입법아 이루어졌던 점 등을 충분히 참작해야 할 것이다.

이 경우 고려되어야 할 근로자파견법의 바람직한 내용에 대한 구체적 논의는 다음 기회로 미루기로 하고 여기서는 근로자파견법 입법논의에서 중요하게 다루어져야 할 부분을 언급하는 것으로 그치고자 한다.

1. 파견대상업무의 제한: 일시적·전문적 노동수요에만 파견근로 허용. 생산직(직접생산관계) 및 사무보조직(워드프로세서, 타이피스트 등)에서의 파견근로 불허.
2. 파견기간의 제한: 원칙적으로 6개월에 한하고 명백한 이유가 있을 때만 1회에 한하여 연장 가능.
3. 파견근로자의 임금: 동일노동 동일임금 원칙 준수.
4. 파견근로자의 근로조건 보호: 파견사업체의 임금미불 시 대신 지급, 산업재해 등 일정한 범위에 한해 사용사업주에게도 책임 부여.
5. 파견근로자의 단체교섭권: 사용사업체의 노동조합을 통해 단체교섭이 가능토록 허용.
6. 파견근로자의 고용안정: 모집형 금지, 미파견 시 최소한의 임금지불, 파견근로자의 귀책사유가 아닐 시 고용계약을 해지하는 경우 파견업체가

일정한 기간 안에 대체업무 제공.

7. 사용사업체에서의 파견근로자 대표선정: 고충처리, 타 근로조건, 각종 복지제도 협의.

8. 파견근로자 도입 시 노동조합과의 협의, 노사분규 시 파견근로 대체 금지, 타 노조활동을 이유로 한 파견근로 대체 금지.

참고문헌

1. 경제기획원. 각 연도판. 『총사업체통계조사보고서』.

2. 김성환. 1992. 『비정규노동에 관한 연구』. 한국노동연구원.

3. 노동부. 1991. 『근로자파견 실태조사분석』.

4. 송다영. 1991. 「임시용역노동과 노동통제」. 이화여자대학교 대학원 여성학과 석사학위논문.

5. 어수봉. 1991. 『노동시장변화와 정책과제』. 한국노동연구원.

6. 이상덕. 1990. 「근로관계의 계속과 근로자의 파견」. 『사회복지연구』, 제18집.

7. 이상덕. 1992. 「근로자용역대여의 법률관계에 대한 고찰」. 『한국노동연구』, 제3집.

8. 이상덕. 1992. 「근로자용역제도의 법적 규제를 위한 제언」. 『한국노사관계학회 발표논문집』.

9. 이은영. 1992. 「고용형태의 변화에 대한 대응」. 『한국사회의 민주적 변혁과 정책적 대안』. 역사비평사.

10. 高梨 昌. 1985. 『詳解勞動者派遣法』. 日本勞動協會.

11. 三富紀敬. 1986. 「勞動者派遣法の日本的特質と西歐の經驗」. 『勞動運動』, 第249號.

12. 伍賀一道. 1988. 「現段階の勞動者派遣法と不安定雇用問題」. 『金澤大學經濟論集』, 第25號.

13. Albeda, W. G., and M. J. Veldkamp(ed). 1978. *Temprary Work in Modern Society*, Kluwer-Nijhoff.

14. Beious, R. S. 1989. *The Contingent Economy : The Growth of the Temporary, Part-time and Subcontracted Workforce*, National Planning Association.

15. Boyer, Robert. 1988. *The Search for Labour Market Flexibility : The European Economies in Transition*, Clarendon Press, Oxford, New York.

16. Büchtemann, C. F., & Quack, S. 1990. "How precarious is 'non-standard' employment? Evidence for West Germany." *Cambridge Journal of Economics*, 14(3), pp.315-329.

17. Cain, G. G. 1976. "The Challenge of Segmented Labor Market Theories to Orthodox Theory: A Survey." *Journal of Economic Literature*, 14(4), pp. 1215-1257.

18. Canter, S. 1988. "The Temporary Help Industry : Filling the Needs of Workers and Business." *Business week*.

19. Carey M. L., and K. L. Hazelbaker. 1986. "Employment growth in the temporary help industry." *Monthly Labor Review*, 109(4), pp.37-44.

20. Casey, B. 1988. "The extent and nature of temporary employment in Britain." *Cambridge Journal of Economics*, 12(4), pp.487-509.

21. Dale, A., and C. Bamford. 1988. "Temporary Workers: Cause for Concern or Complacency?" Work, *Employment and Society*, 2(2), pp.191-209.

22. Dombois, R. 1989. "Flexibility by law? The West German Employment Promotion Act and temporary employment." *Cambridge Journal of Economics*, 13(2), pp.359-371.

23. Gaannon, M. J. 1984. "Preferences of temporary workers: time, variety, and flexibility." *Monthly Labor Review*, 107(8), pp.26-28.

24. Gannon, M. J., and U. Brainin. 1971. "Employee Tenure in the Temporary Help Industry." *Industrial Relations*, 10(2), pp.168-175.

25. Howe, W. J. 1986. "Temporary Help Workers : Who They Are, What Job They Hold?." *Monthly Labor Review*.

26. Mangum, G., Mayall, D., and Nelson, K. 1985. "The Temporary Help Industry: A Response to the Dual Internal Labor Market." *Industrial and Labor Relations Review*, 38(4), pp.599-611.

27. Mayall, D., and K, Nelson. 1982. *The Temporary Help Supply Service and the Temporary Labor Market*. Olympus Research Corporation, Salt Lake City.

28. Moore, M. A. 1965. "The Temporary Help Service Industry: Historical Development, Operation, and Scope." *Industrial and Labor Relations Review*, 18(4), pp.554-569.

29. Polivka. A. E., and T. J. Nardone. 1989. "On the definition of 'contingent work'." *Monthly Labor Review*, 112(12).

30. Pollert, A. 1988. "Dismantling Flexibility." *Capital & Class*, 12(1). pp.42-75.

31. Rosenberg, S(ed). 1989. *The State and the Labor Market*. Plenum Press.

32. Rudnitsky, H. 1979. "A Cushion for Business." *Forbes*, February.

33. Teague, P. 1990. "The Political Economy of the Regulation School and the Flexible Specialisation Scenario." *Journal of Economic Studies*, 17(5).

34. Tomaney, J. 1990. "The reality of workplace flexibility." *Capital & Class*, 14(1), pp.29-60.

35. U. S., Department of Labor. 1988. *Flexible Workstyles : A Look at Contingent Labor*.

제3장

근로자파견법의 내용과 노동조합의 대응 방안*

1. 근로자파견제도란?

언제부터인가 근로자파견제도라는 신종 고용형태가 급속하게 확산되고 있다. 노동부에서는 종전에 불법화되어 있던 이 근로자파견제도를 합법화하는 법안을 국회에 제출했는데 만약 이 법안이 통과될 경우 노동자들의 고용불안정과 저임금을 야기하는 것은 물론이고 노동조합운동에도 큰 영향을 미칠 것으로 우려되는바 노동운동계의 통일된 대응 방안을 시급히 마련할 필요가 있다. 이 글에서는 근로자파견제도란 과연 무엇이며, 그 실태는 어떠한가를 알아보고, 노동부에서 제정을 시도하고 있는 「근로자파견법(안)」이 어떠한 점에서 문제인지, 그리고 그에 대한 노동조합의 대응 방안은 무엇인지 살펴본다.

먼저 근로자파견제도란 어떠한 제도인가? 종래의 일반적인 고용관계에서는 근로자를 고용하는 고용주와 그 근로자를 직접 지휘하여 업무에 종사케 하는

---

*　《노동운동연구》, 제7호(한국노동운동연구소, 1993.6)에 게재되었다

사용주가 같은 사람이었다. 그러나 근로자파견제도에서는 근로자파견업을 전문으로 하는 인력회사가 생겨나서 이 인력회사('파견기업'이라 함)가 근로자를 직접 필요로 하는 사용기업과 근로자파견계약을 맺은 뒤 자기가 고용하고 있는 근로자(파견근로자)를 사용기업에 파견하는 제도이다.

예를 들면, 대기업에서는 청소나 경비 등 일정한 업무를 파견기업(흔히 용역업체라고 부름)에 맡기는데 이 경우 파견기업은 대기업으로부터 노동자 인건비, 간접관리비, 이윤 등의 제 명목으로 파견노동자 1인당 월 100만 원씩 받기로 계약을 맺은 뒤 청소부를 모집하여 1인당 50만 원씩 지급하고 해당 대기업에 파견하여 일을 하도록 하며, 이때 파견노동자와 대기업은 실제로 사용-근로관계이면서도 법률적으로는 아무런 고용관계가 아니다.

과거에도 통역, 번역, 타자, 파출부, 간병인 등 비정규적인 업무를 필요로 하는 경우와 경비, 청소용역 등의 분야에서 파견근로형태의 용역이 이용되고 있었으나, 근래에는 생산직, 사무직 등 회사의 상시적 업무에 종사하는 근로자들에 대해서도 파견근로자로 대체되는 현상이 나타나 문제가 되고 있다.

이러한 파견근로형태에서는 파견근로자를 고용하는 자(파견기업)와 파견근로자를 사용하는 자(사용기업)가 분리되는 이른바 '사용자 기능의 분리'가 일어난다. 이에 따라 사용주는 근로자에 대해 당연히 져야 할 책임을 회피하는 수단으로서 파견근로제도를 이용함으로써 정상적인 노사관계의 동요를 가져오고, 기존 상용근로자의 고용 안정성을 저해하며, 파견근로자의 보호책임도 회피하는 등 여러 가지 문제를 가져올 위험이 있다. 따라서 파견근로제도는 임시노동이나 시간제노동 등 다른 형태의 불안정고용과는 또 다른 의미에서 극히 신중한 접근이 필요한 것이다.

이러한 점을 감안하여 법률에서는 그동안 파견근로형태를 원칙적으로 금지해 왔다. 즉, 현행 근로기준법 제8조에서는 "누구든지 타인의 취업에 개입하거나 중간인으로서 이득을 취하지 못한다"고 규정하여 이른바 근로자공급사업을 금지하고 있고, 직업안정법 제17조에서도 "누구든지 노동부장관의 허가를 받지 아니하고는 근로자공급사업을 행하지 못한다"고 규정하여 원칙적으로 근로자공급사업을 금지하면서 다만 국내근로자공급사업은 동법 시행령에 의거하여 노동조합만이 실시할 수 있도록 하고 있다. 또 동법 시행령 제30조는 허가 없이 유료직업소개사업이나 근로자공급사업을 하는 자는 5년 이하의 징역이나 500만 원 이하의 벌금에 처하도록 되어 있다. 따라서 현재 실시되고 있는 대부분의 근로자파견업은 현행법상 불법인 것이다.

그런데 노동부는 근로자파견사업이 광범하게 확산되고 있는 현실을 감안하여 근로자파견업을 합법화하는 「근로자파견사업의 적정한 운영과 파견근로자 보호에 관한 법률(안)」을 성안하여, 이번 정기국회에서 통과시킬 예정으로 알려지고 있다. 노동계는 이러한 근로자파견업의 합법화가 여러 가지 문제점을 갖고 있다고 격렬히 반발하고 있다.

근로자파견업 합법화의 논리가 무엇인지, 그리고 그것의 문제점은 무엇인지 살펴보고자 한다.

2. 근로자파견제도를 둘러싼 찬반양론

근로자파견제도의 도입을 주장하는 측에서 내세우는 논리는 여러 가지인데 그중 대표적인 것만 소개하면 다음과 같다. 먼저 기업의 입장에서 근로자파견제도는 노무비를 줄이는 효과를 가져와 기업의 경쟁력을 향상시킨다. 동일한 수의 노동자를 쓰더라도 파견근로자를 이용함으로써 임금 및 관리비용 자체가 줄어든다. 파견근로자는 상용근로자에 비해 임금이 낮은 경향이 있으며 여러 가지 부가급부(fringe benefits)도 지불하지 않는 경우가 많다. 또 인사관리비용, 훈련비용도 줄어든다.

둘째, 고용의 탄력성을 높인다. 수요의 갑작스러운 증가나 계절적인 고용변화, 또는 상용근로자의 휴가, 질병, 가사 등의 사정으로 인한 일시적인 결원발생 시 파견근로자를 이용함으로써 고용의 탄력성을 높이고 기업의 경쟁력을 강화할 수 있다는 것이다.

셋째, 기업의 사무자동화, 마이크로일렉트로닉스의 도입 등에 따라 필요한 전문기술 인력을 파견업체를 이용하면 단기간에 손쉽게 충원할 수 있다는 점이다.

넷째, 노동공급 측면에서 보더라도 여성의 경제활동참가율이 높아지고 자유로운 근무형태를 원하는 근로자의 수가 많아짐에 따라 파견근로형태는 이들에게 적합한 고용을 제공함으로써 고용증대에도 기여할 수 있다는 것이다.

한편 노동부에서는 근로자파견법이 필요한 이유로서 이러한 파견근로의 경제적 기능보다는 현실적 필요성을 들고 있다. 즉, 파견근로형태가 광범하게 확산되어 있는 상황에서 이것이 불법이기 때문에 파견근로자에게 여러 가지 불이익이 발생하고 있으므로 이들 파견근로자를 보호하고 파견업체가 더 이상 확산되는 것을 막기 위해서 법률제정이 필요하다는 주장이다.

그러나 이에 대해서는 다음과 같은 문제점이 지적되고 있다.

첫째, 파견근로형태의 확산이 새로운 업무의 확대에 따른 새로운 고용기회의 창출이나 노동수급기능의 원활화를 가져오기보다는 기존의 상용고용을 파견근로형태로 대체시키는 역할밖에 하지 못함으로써 결국 기존 고용관계의 안정성을 파괴시킨다는 점이다. 실제로 몇몇 회사에서는 종전에 상용근로자가 하던 업무 중 특정 부분을 떼내어 파견기업에게 용역으로 주는 경우가 많은데 만약 이 법이 통과되면 이러한 현상이 광범하게 확산될 가능성이 있다.

둘째, 근로자파견제도가 파견근로자 자신의 고용불안정과 저임금 및 근로조건 열악 등을 가져온다는 측면이다. 파견근로자는 용역계약이 해제되면 언제라도 해고되어 버리므로 고용이 극히 불안정하며, 임금도 동일한 자격을 가진 정규노동자에 비해 낮은 경우가 많다. 파견근로자는 또 상용근로자가 하기 싫어하는 직종, 즉 산업재해율이 높고 노동강도가 강한 위험직종이나 힘든 부문에 투입되므로 근로조건이 열악한 데도 불구하고 산업재해를 입거나 기타 권리상의 침해를 당하는 경우 보상을 받을 수 없는 경우가 많다.

셋째, 노사관계에도 악영향을 미칠 것으로 우려된다. 만약 파견근로가 노사분규를 회피하기 위한 수단으로 이용되거나 또는 조합활동가를 배제하기 위한 수단으로 이용되는 경우 근로자파견제도는 노동운동을 억압하기 위한 합법적 수단이 될 가능성이 있다. 파견근로자는 사용업체의 노동조합에 현실적으로 가입하기가 곤란하므로 노동조합 조직의 보호도 못 받으며 노조 조직률을 떨어뜨리는 작용을 하게 된다.

이상에서 살펴본 바와 같이 파견근로형태는 노동시장의 수급구조 변화에 의해 나타난 현상으로서 일면 긍정적인 기능을 가지지 않은 것은 아니나 다른 한편으로는 여러 가지 문제점을 가진 것도 사실이므로 노동조합에서는 이에 대해 적극적으로 관심을 가지고 대처할 필요가 있다.

3. 근로자파견제도의 실태

한국의 경우에도 1980년대 들어 산업구조의 고도화와 3차산업화의 진전, 사무자동화 등에 따른 전문직 노동수요의 증대, 여성의 경제활동참가율 상승, 기업의 합리화 추진 및 이에 따른 고용유연성의 증대노력 등의 요인으로 파견근로제도가 급속히 확산되어 온 것으로 추정된다. 그러나 현행법상 파견근로 자체가 불법이기 때문에 그 규모나 실태를 정확히 파악하는 것은 매우 힘들다. 최근 노동부가 실시한 비공식조사에 따르면 파견근로자수는 20만 명에 달하는 것으로 추정되며, 업계에서 이미 합법화되어 있는 청소, 경비용역까지 합치면 60만 명을 상회한다는 주장도 있다.

이러한 근로자파견제도의 실태를 보다 구체적으로 파악하기 위해 필자는 1992년 8월 24일부터 2주에 걸쳐 파견근로자, 파견 사업체 및 사용 사업체에 대한 실태 조사를 실시한 바 있다. 아래에서는 그 결과를 간단히 요약하기로

한다.[1]

먼저 사용사업체를 산업별로 분류했을 때 가장 많이 사용하는 산업은 제조업이며 그 외에도 서비스업, 금융보험업, 건설업 등 다양한 부문에서 파견근로자가 이용되고 있다. 직종은 청소, 경비업이 가장 큰 비중을 차지하며, 그 외제조업생산지원(출하, 포장, 이적), 사무보조, 운전직, 제조업직접생산직(조립, 가공) 등 정규근로자를 대체한다고 여겨지는 직종이 많이 포함되어 있다. 반면전문기술직은 상대적으로 낮은 비중에 머물러 있다.

노동시장의 수요·공급구조 측면에서 살펴볼 때 기업의 파견근로자 수요구조 면에서 파견근로자를 사용하는 주목적은 '임금, 복지비용을 절약'하기 위한것이고(46.7%), 특별한 전문지식을 필요로 하는 업무라는 대답은 9.7%에 불과하다. 또 노사분규를 회피하기 위해서(9.1%)라거나 해고가 쉽기 때문(4.2%)이라는 대답도 주목된다.

정규근로자로부터 파견근로자로의 대체도 뚜렷해서 사용업체의 대부분(85.4%)이 파견근로자를 '일정 업무에 상시적으로 사용'하고 있고, 파견기간도1년 이상의 장기파견이 대부분이어서 사실상 상용근로자가 해야 할 업무를 파견근로자에게 맡기고 임금 등 비용을 절약하려는 것이 파견근로자 사용의 주된 행태이다.

공급구조 면에서는 파견근로자가 파견근로업무에 종사하는 이유로서 70%가 정규직업에 취업하고 싶어도 일자리가 없어서 불가피하게 선택했다고 대답하고 있어 파견근로의 주된 원인이 자발적 선택의 결과라기보다는 상대적으로열악한 처지에 있는 노동자가 불가피하게 선택한 결과임을 알 수 있다. 이들은임금과 근로조건이 열악한 2차노동시장을 형성, 빈곤과 고용불안정에서 빠져나오지 못하고 있다.

임금 면에서 파견근로자는 동일 직장에서 비슷한 일을 하는 정규근로자 임

---

1) 상세한 것은 정인수·윤진호(1993) 참고.

금의 70%(평균) 정도를 받고 있다. 이에 대해 파견업체는 간접인건비, 일반관리비, 이윤 등의 명목으로 약 25%의 수수료를 떼고 있다.

산업재해가 발생했을 때의 책임소재나 보호조치도 미흡한 점이 많다. 장시간 노동, 차별대우 등의 문제도 부분적으로 발견되고 있다.

파견근로자의 고용불안정 문제도 심각하다. 파견근로형태는 파견업체가 상시 고용하고 있는 노동자를 파견하는 특정근로자파견사업과 파견업체가 필요시 그때그때 근로자를 모집하여 파견하는 일반근로자파견사업으로 나누어지는데 한국의 파견업체들은 대부분 고용불안정이 심한 모집형을 사용하고 있다. 이 경우 대부분 파견계약이 끝나는 것과 동시에 파견업체와의 고용계약도 끝나므로 파견근로자의 입장에서는 고용불안이 심하고 파견업체는 실제로 유료직업소개소의 기능과 유사한 기능만 하는 셈이다.

실태 조사를 통해 알게 된 것은 한국의 경우 파견근로가 노동시장에서의 수요와 공급의 이해관계 일치에 따라 나타난 현상이라기보다는 기업의 일방적 필요에 의해 나타난 현상이며, 따라서 정규근로자의 파견근로자로의 대체, 파견근로자의 고용불안정, 노동시장의 이중구조화, 노사관계에의 악이용, 임금 및 근로조건의 악화 등 여러 가지 부작용의 측면이 더 강하게 작용하고 있다는 것이다.

4. 근로자파견법(안)의 내용과 문제점

이러한 가운데 노동부는 「근로자파견사업의 적정한 운영과 파견근로자 보호에 관한 법률(안)」을 내놓았다. 노동부는 이 법안에 대해 몇 차례 공청회를 가진 뒤 이번 정기국회에 제출, 이를 통과시키겠다는 입장이다. 이에 대해 경영자들의 단체인 경총은 원칙적으로 찬성하면서 몇 가지 조항의 수정을 요구한 반면, 노총과 재야노동계에서는 적극 반대의 입장을 보이고 있다.

그렇다면 이 법안의 내용은 무엇이며, 문제점은 무엇인가?

노동부는 당초 지난 7월 30일 자로 「근로자파견사업의 규제 및 파견근로자 보호에 관한 법률(안)」을 입법 예고했는데 노동계의 강력한 반발에 부딪치자 그 내용을 다소 수정하여 다시 「근로자파견사업의 적정한 운영과 파견근로자 보호에 관한 법률(안)」을 내놓았다. 이 법안의 주요 내용을 살펴보면 다음과 같다.

첫째, 제정 이유로서는 현행법상 금지되어 있는 근로자공급사업을 제한적으로 허용하고, 파견근로자의 근로조건 보호를 위한 제 규정을 마련하기 위해서라고 서술하고 있다.

둘째, 근로자파견사업이 허용되는 업무로서는 a.업무를 신속 정확하게 수행하기 위해 전문적인 기술, 지식, 또는 경험을 필요로 하는 업무와 b.근로자가 출산, 질병, 또는 부상 등으로 휴업한 경우, 계절적 업무, 일시적으로 노동력을 확보해야 할 필요가 있는 경우 등으로 규정하고 있다.

셋째, 근로자파견사업이 허용되지 않는 업무를 대상으로 근로자파견사업을 행하거나 근로자파견업무를 제공받는 것을 금지하고 있다.

넷째, 근로자파견사업을 하고자 하는 자는 노동부장관의 허가를 받도록 하고 있다.

다섯째, 근로자파견기간은 최고 1년을 초과하지 못하도록 하고 있다.

여섯째, 파견사업자는 쟁의 중인 사업장에 쟁의행위에 영향을 미칠 목적으로 근로자를 파견할 수 없도록 하고 있다.

일곱째, 일시적 업무로 파견근로자를 사용하는 경우에는 사용업체 노동조합의 의견을 사전에 듣도록 하고 있다.

여덟째, 파견 중인 근로자에 대한 근로기준법 적용에 있어서 임금, 재해보상 등은 파견사업주가 책임을 부담하고, 근로시간, 휴일, 휴가 등의 구체적인 운용에 관해서는 사용사업주가 책임을 부담하도록 하고 있다.

아홉째, 산업안전보건법의 적용에 있어서 안전보건상 사업주 책임은 사용사업주가 원칙적으로 부담하도록 하고 있다.

열째, 파견사업자 및 사용사업자가 이 법률을 위반한 경우 제재를 가할 수 있도록 벌칙 및 양벌규정을 정하고 있다.

그렇다면 과연 이 법안은 어떤 점에서 문제이길래 말썽이 되고 있는 것일까?

노동부 법안은 그 내용이나 형식 면에서 1985년 제정된 일본의 근로자파견법을 그대로 모방하고 있는데 제목만 바꾼 것이다(일본 법안의 원래 제목은 「노동자파견사업의 적정한 운영의 확보 및 파견노동자의 취업조건의 정비 등에 관한 법률」임). 그런데 일본 법률 자체가 여러 나라의 근로자파견법 중 가장 근로자보호에 소홀하다고 비판받고 있는 점을 주목해야 한다. 일본 법률은 파견근로자 이용의 제한, 파견업체의 영업제한, 파견근로자의 보호 등 여러 가지 면에서 서구에 비해 뒤떨어져 있다. 따라서 일본 법률을 그대로 모방한 노동부 법안도 문제점이 많은 것은 당연하다. 그 문제점을 열거하면 다음과 같다.

첫째, 노동부 법안은 당초에는 적용대상업무의 범위를 '전문적인 지식이나 기술 또는 경험을 필요로 하는 업무'와 '특별한 고용관리를 행할 필요가 있다고 인정되는 경우' 등으로 하고 여기에 항만운송업무, 건설업무, 제조업의 직접생산공정에서의 업무, 경비업무 등을 제외하도록 되어 있던 것이 새로 내놓은 안에서는 앞에서 지적한 사유제한만 충족되면 모든 업무에서 파견근로자를 사용할 수 있도록 함으로써 적용대상업무가 대폭 확대되었다는 점이다. 특히 제조업 직접생산공정에서의 파견근로자 이용 허용은 심각한 결과를 낳을 수 있다.

둘째, 근로자파견기간도 당초에는 3~6개월 정도로 검토되던 것을 1년으로 연장했다. 유럽 법에서는 이 근로자파견기간을 매우 엄격하게 다루고 있는데 그 이유는 파견기간이 길어지면 파견근로자가 사실상 상용근로자로 되고 상용근로자가 파견근로자로의 대체되어 고용불안정을 심화시킬 가능성이 있기 때문이다. 근로자파견법의 명분이 '일시적·전문적 수요'에 응하는 것인 이상 상용근로자의 질병, 출산, 휴가 등 일시적인 결원이 생긴 경우에만 단기적으로 (일반적으로 3~6개월) 파견할 수 있도록 기간제한을 줄여야 하며 사유제한도 더욱 엄격하게 만들어야 한다.

셋째, 사용사업체 노동조합과의 협의는 아무런 법적 구속력이 없기 때문에 사실상 유명무실한 것이 될 가능성이 높다. 따라서 노동조합과의 '협의'가 아니라 '합의'로 바꾸어야 한다.

넷째, 파견근로자의 임금, 근로조건에 대한 보호가 미약하다. 특히 서구 여러 나라의 경우 일반화되어 있는 상용근로자와 파견근로자의 '동일노동 동일임금의 원칙'에 대한 명문규정이 필요하다.

다섯째, 유럽에서는 비록 사용사업체와 파견근로자 간에 고용계약이 존재하지 않더라도 파견근로기간 중에는 사실상의 사용-종속관계가 발생하는 것으로 의제, 파견근로기간 중 발생하는 각종 근로문제(특히 산업재해, 임금체불 등)에 대해 사용사업주도 파견사업주와 연대하여 책임지도록 하고 있는바 한국도 산재, 임금체불 등의 경우에 이 조항을 원용하도록 할 필요가 있다.

여섯째, 파견근로자의 사용사업체 내에서의 단체교섭권, 인사문제에 대한 발언권 보장이 필요하다. 실태 조사 결과 사용사업체 내에서 파견근로자의 노동조합 가입률은 10%에 불과한바 파견근로자도 사용사업체 내 노동조합에 가입할 수 있도록 명문규정이 필요하다.

일곱째, 법제정 절차도 문제이다. 일본에서는 1975년경부터 근로자파견제도에 관한 연구검토의 필요성이 정부 차원에서 제기되었으며, 1980년에는 노사정으로 구성된 근로자파견문제조사회가 설치되어 본격적으로 연구, 검토를 시작하여 4년의 연구 끝에 입법방침을 정하고 1984년 2월에 중앙직업안정심의회에서 공노사 3자로 구성된 근로자파견사업소위원회를 설치하여 다시 1년간 법안을 검토한 후 비로소 중앙직업안정심의회 보고, 노동성 법안 작성, 국회심의, 통과라는 절차를 거쳤다. 즉, 문제제기 후 10년, 입법검토 후 5년 만에 입법이 이루어졌던 것이다. 이 과정에서 철저히 관의 입김을 배제하고 공노사 3자로 구성된 위원회에서 합의에 의해 법안을 성립시켰으며 기존의 일본 노사관계를 해치지 않도록, 또 각 이해 당사자 및 공익이 철저히 반영되도록 신중을 기했다.

이에 비해 한국의 경우 법안 성립의 필요성에 대한 이해 당사자의 합의도 전혀 이루어지지 않은 상태에서 노동부에서 짧은 시간 내에 일본의 법률을 그대로 원용하여 일방적으로 법안을 만들어 강행하려는 인상이 짙다. 만약 이런 상태로 법률이 제정될 경우 많은 문제를 낳을 소지가 있다. 이렇게 졸속한 상태로 법률을 시급히 제정해야 할 필요성이 무엇인지 이해하기 곤란하다. 실제로 일본의 노동자파견법 제정의 산파 역할을 맡았던 일본 신슈대학(信州大學) 타카나미 아키라(高梨昌) 교수도 한국의 근로자파견법 제정에 대한 조언으로서 10년 정도의 논의가 필요하다는 점, 노동시장 수급 쌍방의 필요성을 잘 판단할 필요가 있다는 점, 국제노동기구(ILO) 규정에 위배되지 않는지를 잘 검토해야 한다는 점을 지적하고 있다.

결론적으로 현재 상황에서 근로자파견법 제정은 시기상조라고 생각된다. 그 이유는 다음과 같다.

첫째, 현재의 노동력 수급상황이 근로자파견제도를 도입해야 할 필요성이 있을 정도로 여건이 성숙하지 못했고, 특히 고용불안정이 심화되고 있어 이러한 상황에서 근로자파견법이 도입될 경우 자칫하면 상용근로자로부터 파견근로자로의 대규모 대체가 일어나 고용안정을 크게 뒤흔들 우려가 있다. 실제로 일본의 경우에도 근로자파견법이 도입된 후 4년 만에 파견근로자가 4배 이상 증가했으며 이러한 현상은 프랑스, 독일 등 다른 나라의 경우에도 마찬가지였다. 현재 한국의 파견근로자수는 이미 총근로자의 3~4%에 이르는 것으로 조사되어(일본은 1%, 독일은 0.75%), 양성화될 경우 총근로자의 10% 수준까지 증가할 것으로 우려된다.

둘째, 그동안 근로자 보호를 위한 여러 가지 제도가 도입되었으나 아직 자리를 잡지 못하고 있고 노동조합의 힘도 약한 상태에서 이 제도가 도입될 경우 기존 상용근로자의 근로조건 악화, 파견근로자의 보호 미약 등 문제가 발생할 소지가 있다. 따라서 노동자 보호입법들이 충분히 자리를 잡고 노동조합의 기능도 보다 강력해지기를 기다릴 필요가 있다.

셋째, 기업의 입장에서도 근로자파견제도의 도입이 꼭 유리한 것인지 재검토할 필요가 있다. 현재 우리 기업의 지상과제는 품질 향상 및 생산성 향상이다. 이를 위해서는 근로자의 숙련을 높이는 것이 절대적으로 필요하다. 그러나 파견근로자는 교육, 훈련, 숙련획득 면에서 여러 가지 문제점을 가지고 있는 것이 사실이다. 따라서 기업의 입장에서도 단기적으로는 파견근로자를 이용하는 것이 경비절감에 도움이 될지 모르지만 장기적으로는 경쟁력 향상에 장애요인이 될 것이며, 우리 경제의 당면과제인 질적 성장으로의 전환에 비추어도 파견근로의 도입은 이에 역행하는 것이다.

넷째, 무엇보다도 우선 당사자들의 합의가 미진한 상태에서 졸속입법의 인상이 짙다. 노동조합은 물론이고 경총에서도 근로자파견법에 대해 수정의견을 내놓은 것은 곧 당사자 간 의견수렴이 미진했다는 것을 보여 준다. 파견근로자 보호는 현재의 불법사태를 수수방관한 채 이를 합법화한다고 해서 이루어질 수 있는 것은 아니다. 파견근로자를 보호하는 올바른 길은 현재의 불법파견을 제대로 단속하고 이들을 상용근로자로 흡수하여 정당한 대우를 받도록 유도하는 것이다. 엄연히 현행 법률을 어기는 불법사태가 벌어지고 있는데도 이를 외면하고 오히려 불법을 합법화하는 것은 올바른 길이 아니다. 실태 조사 결과 파견사업체 중 어떤 형태로든 단속을 받은 적이 있다는 응답은 36%에 불과했는데 이는 노동부가 그동안 이 문제에 대해 방관해 왔다는 것을 증명한다. 어쨌든 전체적으로 볼 때 이 법안은 근로자파견사업의 규제라든가 파견근로자의 보호라는 측면보다는 그동안 불법으로 되어 왔던 근로자파견사업의 합법화라는 측면에 더 비중이 실려 있기 때문에 지금 이 단계에서 근로자파견법 제정은 곤란하다.

5. 노동조합의 대응 방안

그러면 현 단계에서 근로자파견법 제정 기도에 대한 노동조합의 대응 방안
은 무엇인가?

첫째, 근로자파견제도의 위험성에 대한 노조 측의 인식 제고가 급선무이다.
근로자파견제도의 도입은 단순히 파견근로자에 대한 중간착취 등의 문제를 넘
어서서 현 단계에서 기업의 자본축적구조, 양태의 변화와 관련된 문제로서 상
상 이상으로 위험한 요소를 담고 있음을 주목해야 한다. 즉, 불황, 국제경쟁의
강화, 새로운 기술혁신, 산업구조의 변화 등에 대응한 기업의 새로운 '감량경
영체제'가 진전되고 있고 파견근로자 도입은 이러한 감량경영체제의 일환으로
고안된 것이다. 따라서 파견근로제도가 허용될 경우 파견노동자 자신뿐만 아
니라 상용노동자 전체의 고용불안정을 야기하고 노동운동에도 큰 타격을 주어
그동안 힘들게 쟁취해 왔던 근로조건의 향상이 일거에 후퇴하게 될 위험성이
있다. 실제로 근로자파견사업이 완전히 자유로이 허용되고 있는 미국의 경우
저임금 유지 및 고용탄력성을 확보하기 위한 수단으로서 근로자파견제도가 널
리 활용되고 있고 노동조합의 활동이 이에 따라 큰 타격을 받고 있다는 사실은
우리에게 많은 교훈을 안겨 준다.

이러한 위험성에 대한 노조의 인식이 아직 크지 않은 것으로 보인다. 사실
그동안 노조는 주로 임금인상이나 근로조건의 개선, 노동법 개정 등 제도개선
에 초점을 맞추어 왔다. 그러나 자본축적조건의 급속한 변화 속에서 휴폐업 문
제, 대량해고 문제, 근무지 전환, 외국인 근로자 문제 등 각종 고용불안정화가
나타나고 있고 여기에 노조의 관심이 보다 집중될 필요가 있다. 따라서 근로자
파견제도에 대해서 다른 회사의 일이지 우리 회사나 노조와는 상관없는 일이
라고 무관심하거나 개별적으로 대응해서는 안 되고 노동자 전체의 고용불안정
화의 일환이라는 인식을 갖고 적극 대처해야 한다. 산별노조나 한국노총, 전노
대 등에서도 이러한 점을 감안하여 단위노조에 대한 교육, 지도 등을 통해 적

극 대처할 필요가 있다.

둘째, 파견노동자를 많이 사용하는 곳은 대기업이기 때문에 우선 대기업 노조에서 이 문제에 관심을 갖고 적극 대응할 필요가 있다. 이를 위해 근로자파견제도에 대한 조합원 교육을 강화하고, 단체협약 시 특정 업무를 파견근로자로 대치하지 못하도록 하는 조항을 넣도록 적극 노력하고, 현실적으로 회사에서 일정 업무를 용역업체에게 넘기려고 할 경우 근로자파견법상 '노조와의 사전협의 조항'을 적극 활용하여 가능하면 파견근로제도의 도입을 허용치 않거나 허용하는 경우에도 최소한에 그칠 수 있도록 노력해야 하며, 파견근로자가 회사 내에 이미 도입되어 있는 경우 사용사업체의 노동조합과 이들과의 연락을 강화하고, 공동 협의·공동 노력함으로써 가능하면 이들을 상용화할 수 있도록 노력할 필요가 있다.

셋째, 산별노조나 노총 등 전국조직 차원에서 파견근로자의 조직화에 적극 노력할 필요가 있다. 현재 파견근로자의 노조 조직률은 11.9%에 불과하다. 이들은 고용의 불안정과 불연속성, 사업장의 분산성, 단체교섭의 제약 등 여러 가지 제약요인 때문에 스스로 노조를 조직하기에는 힘이 부치므로 전국단위 및 지역단위의 노조나 산별에서 이들의 조직화를 도와주어야 한다. 이를 위해서 먼저 이들의 실태와 요구사항을 한국노총이나 전노대 또는 산별에서 나서서 적극 파악할 필요가 있다. 이를 토대로 파견근로자로 구성된 독자적인 산별 조직화도 가능하다. 예컨대 일본에서는 1984년 '노동자공급사업관련 노동조합협의회'가 조직되어 파견법 제정 반대운동을 벌인 적이 있으며, 프랑스에서도 1968년 '전국파견종업원조합'이 조직되어 여러 가지 요구를 제시하고 운동을 전개하고 있다.

넷째, 근로자파견법 등 정부 및 기업 측의 고용불안정화 기도와 관련해 노동계 전체의 일치된 대응이 시급하다. 이를 위해 우선 노총-전노협-업종회의 등의 일치된 협력이 필요하며 여기에 경실련 등 시민단체와도 공동대응을 요구함으로써 이 운동의 실효성을 높일 수 있다. 일본의 경우 1984년 파견법 제정 당시 총평뿐만 아니라 여러 전국조직의 틀을 넘어선 '노동자파견법에 반대하는 연락회'가 결성되어 단기간에 약 500개 단체, 300만 명이 참가했으며, 이 단체의 주관으로 히비야 공원에서 대규모 집회가 열렸던 경험도 있다.

한국의 경우에도 여러 단체와의 공조를 통해 여론을 환기시켜야 한다. 이 운동은 단순히 파견법 반대만이 아닌 전체 노동법체계를 유럽 또는 ILO가 정한 기준까지 올리는 운동으로 전환될 필요가 있다. 즉, 사회개혁의 전체적 운동 가운데 파견법 제정 반대운동을 위치시켜야 한다.

끝으로 법률전문가들의 자문을 받아 한국의 근로자파견법이 ILO 등 국제노동기준에 저촉되는 조항이 없는지 면밀히 검토하여 경우에 따라서 ILO에 제소 등도 검토해야 한다.

참고문헌

정인수·윤진호. 1994. 『근로자파견업의 현황과 정책과제』. 한국노동연구원.

제4장

비정규직은 정규직으로 전환할 수 있는가?[*]

1. 문제제기

1997년 말 외환위기 이후 한국 노동시장에 나타난 가장 두드러진 현상 중 하나는 노동시장의 비정규화라 할 수 있다. 외환위기 이후 전체 노동력에서 비정규노동이 차지하는 비중은 급격하게 증가했다. 매년 발표되는 통계청의 '경제활동인구' 부가조사 결과에 따르면, 임시직과 일용직으로 구성된 비정규노동은 외환위기 이후 꾸준히 증가해 전체 노동력의 절반을 차지하고 있다.

비정규직의 급속한 증가가 크게 문제가 되는 것은 비정규직의 대부분이 나쁜 일자리(bad jobs)로 채워져 있기 때문이다(Kalleberg et al., 2000; 김유선, 2003; McGovern, 2004). 임시·일용직의 임금수준은 상용직의 절반 수준에 불과하며 사회보험의 적용률도 매우 낮은 수준이다. 이와 같이 나쁜 일자리에 해당하는 대다수의 비정규직은 정규직으로의 전환을 선호할 것이다. 물론 가사

---

[*] 윤진호·이시균, ≪경제발전연구≫, 제13권(경제발전학회, 2007)에 게재되었다.

와 육아 부담으로 인해 정규직을 감당할 수 없는 여성 파트타임노동자나 노동보다는 여가에 대한 선호가 높은 청년노동자, 높은 숙련수준을 보유하여 노동시장에서 고소득을 얻을 수 있는 전문직 노동자들은 정규직을 원치 않을 수도 있다. 그러나 이들 전문직 비정규노동자들은 전체 비정규노동자들 중에서 소수에 불과하며, 유연한 고용형태를 선호하는 여성과 청년들의 경우에도 주어진 개인의 여건이 변화하면 나쁜 일자리인 비정규직보다는 정규직을 선호하게 될 것이다. 이러한 일부의 자발적 비정규직을 제외하면 대부분의 비정규노동자는 노동시장에서 당장 정규직으로의 진입이 어려운 조건에서 차선책으로 비정규직을 선택한 노동자들로 구성되어 있을 것이며 가능하다면 정규직으로 전환하기를 희망할 것이다.

그런데 만약 비정규직의 정규직으로의 전환이 확실히 가능하다면 설사 비정규직이 나쁜 일자리라 하더라도 비정규노동자는 현재의 비정규직 일자리에서 일정 정도 만족하면서 미래의 밝은 전망을 위해 자신의 경력을 쌓는 데 노력할 것이다. 그러나 만약 정규직으로의 전환이 불가능하다면 비정규노동은 노동자 스스로는 벗어날 수 없는 막장의 일자리가 될 것이다. 무엇보다 중요한 것은 비정규직이 정규직 전환 가능성이 낮다는 것은 노동시장이 비정규직과 정규직으로 분단된다는 것이며 이로 인해 전체 노동력의 양극화와 빈부격차가 심화될 수 있다는 것을 의미한다.

이와 같이 비정규직이 정규직으로 전환할 수 있는지를 분석하는 것은 비정규노동의 성격을 규정하는 데 결정적으로 중요한 의미를 가지고 있다. 만약 비정규직이 정규직으로 전환하기 위한 디딤돌이라면 비정규노동의 문제는 나쁜 일자리의 문제에 초점이 맞추어지며 정부의 정책방향도 차별해소와 같은 나쁜 일자리 속성을 제거하는 데 역점을 두어야 할 것이다. 반면 비정규직이 디딤돌이 아니라 막다른 일자리에 해당한다면 비정규노동의 남용방지와 정규직화에 초점을 맞춘 정책이 요구될 것이다. 이와 같이 비정규직의 정규직으로의 전환 여부를 파악하는 것은 비정규노동의 성격을 규명하는 데 매우 중요한 의미를 가지면 비정규노동의 정책방향을 결정하는 데 중요한 근거가 될 것이다.

2. 비정규직의 정규직으로의 전환에 관한 이론적 논의

정규노동이 정규직으로 전환할 수 있는지에 관해서는 크게 두 가지 주장이 존재한다. 비정규노동이 정규직으로 전환하기 위한 디딤돌이라는 주장과 정규직으로 전환하지 못하게 하는 함정이라는 주장이 그것이다. 비정규노동이 정규직으로 전환하기 위한 디딤돌이라는 주장은 견습계약가설(probationary contract hypothesis) 혹은 선별가설(screen hypothesis)과 직업탐색가설(job search hypothesis)로 나눌 수 있다. 이들 주장은 뒤에서 자세히 살펴보겠지만 비정규노동의 과정이 노동자의 숙련형성에 일조한다고 가정한다. 즉, 비정규노동의 과정이 노동자의 산업 및 기업특수적 숙련형성에 도움이 되며, 이렇게 형성된 숙련이 정규직화의 밑거름이 된다는 것이다.

반면 비정규노동은 정규직으로의 전환이 어렵고 막힌 일자리라고 주장하는 가설로서 이중노동시장가설이 있다. 이중노동시장가설은 기업 내에서 노동력이 정규직과 비정규노동으로 분리되어 있어 비정규노동의 정규직화가 매우 제한되어 있다고 주장한다. 이러한 이중노동시장론은 정규직 노동자와 동일한 질을 가진 비정규직 노동자라도 정규직화가 제한된다는 Rebitzer and Taylor의 작업규제모형(effort regulation model)과 비정규노동자들은 대부분 주변부 부문에 속하기 때문에 중핵부문에 속하는 정규직 노동자가 될 가능성이 낮다는 중핵-주변부 모형(core-periphery model)으로 나눌 수 있다(Atkinson, 1987; Rebitzer and Taylor, 1991a, 1991b). 그 밖에 내부자로서 노조의 역할을 강조하는 내부자-외부자 가설(inside-outside hypothesis)이 있으며, 정규직과 비정규노동에 대한 고용보호규제의 수준에 따라 상호간 이동성이 제한된다는 주장이 있다. 이 절에서는 이러한 비정규노동의 정규직화를 둘러싼 여러 이론들을 검토해 볼 것이다.

1) 디딤돌 가설

비정규노동이 정규직으로 전환하기 위한 디딤돌이라고 설명하는 주장으로는 견습계약가설 혹은 선별가설이 있다. 견습계약가설이란 기간제노동, 파견노동과 같은 비정규노동이 견습 혹은 선별 과정으로서, 노동자가 이 과정을 통과하면 현재의 고용주 아래에서 상용직의 지위를 획득하게 된다는 것이다(Booth et al., 2000). 기업은 신규 노동력을 채용할 때 유용한 인력을 선택하기 위해 일정한 심사절차를 거치지만, 채용된 노동력의 능력과 자질을 완전히 파악할 수는 없다. 따라서 기업은 노동자가 과연 기업에 필요한 능력을 가진 노동력인지, 기업에 잘 적응할 수 있는지 일정한 기간을 두고 파악하기를 원할 것이다. 또한 신규 노동력은 직무에 필요한 숙련을 형성하기 위해 일정한 기간 동안 직무에 대한 교육훈련을 받을 수 있어야 한다. 이 가설에 따르면 비정규노동자는 견습기간 동안 직무에 대한 교육훈련을 받아 숙련이 형성될 수 있으며, 고용주는 일정한 견습기간이 경과한 후 노동력에 대한 충분한 평가를 통해 기업에 적합한지를 판단할 수 있게 된다는 것이다.

견습계약가설 혹은 선별가설은 노동수요 측면에서 비정규노동의 과정을 정규직으로 전환하기 위한 전 단계로 파악하여 비정규노동을 기업 고용관행의 절차로 인식한다. 이 가설에 따르면 비정규노동은 비록 정규직에 비해 낮은 임금을 받고 부가급여 혜택도 적지만, 미래에 기업특수적 숙련이 형성되어 정규직으로 전환되면 높은 임금으로 보상받을 수 있기 때문에 결코 문제가 되는 고용형태가 아니다.

고용주는 견습과정으로 비정규노동을 활용하는 것이 노동자에 대한 충분한 검증과정을 거치기 때문에 정규직 채용 시 정보부족으로 인한 위험부담을 줄일 수 있으며, 낮은 비용으로 기업특수적 숙련을 형성할 수 있기 때문에 이롭다고 판단할 것이다. 또한 노동자는 실업의 위험에서 벗어나 정규직이 되기 위해 비정규노동의 과정을 거치기 때문에, 비록 현재 낮은 임금과 부가급여를 적용받더라도 미래에 정규직으로의 전환 가능성이 높은 비정규노동에 매력을 느낄 것이다. 특히 이 가설은 높은 능력을 가진 노동자들이 비정규노동을 선택하는 이유를 설명할 수 있다. 기업은 비정규노동을 활용함으로서 발생하는 잠재적 비용을 고려하여 비교적 높은 능력을 가진 노동자를 견습형태로 활용하기를 원할 것이고, 높은 능력을 가진 노동자들도 견습형태의 비정규노동의 과정이 정규직으로 전환하는 데 유리하게 작동할 것이라고 보고 선택할 것이다.

그러나 이 가설은 임시노동의 정규직으로의 이동을 설명하는 데는 적합하지만 시간제노동과 같은 비정규노동에는 적용하기 어렵다는 문제가 있다. 또한 비정규노동자들 중 높은 능력을 가진 비정규노동에게 주로 적용될 수 있는 가설이라는 한계를 가진다. 대부분의 비정규노동자들이 주변부적 특성을 가진 노동자라고 할 때 이 가설로는 충분히 설명하기 어렵다.

다음으로 노동공급 측면에서 디딤돌 가설을 주장하는 이론으로는 직업탐색가설이 있다. 직업탐색가설은 비정규노동의 일자리가 정규직 일자리를 찾는 디딤돌의 역할을 수행한다고 보는 견해이다. 정규직 일자리를 구하는 구직자는 정규직 일자리가 아닌 비정규노동의 일자리가 제시될 때 실업자로 남아 정규직 일자리를 계속해서 찾을지 아니면 비정규노동의 일자리를 선택할지 결정해야 한다.

구직자는 정규직 일자리를 찾는 과정에서 비정규노동의 일자리를 선택하는 것이 여러 가지 차원에서 이롭다고 판단할 수 있다. 우선 실업은 재정적 어려움을 점차 가중시키기 때문에 비정규노동의 일자리를 선택하여 정규직 일자리를 찾는 동안의 탐색비용을 줄일 수 있다. 이것은 적절한 정규직 일자리가 제시될 때까지 기다리는 동안 재정적인 어려움을 해결해 주는 주요한 방법이 될 것이다. 또한 비정규노동을 선택하는 것은 실업과 관련한 낙인효과(stigma effect)를 회피하는 수단으로 작용할 것이다. 일자리를 가지고 있는 경우가 그렇지 않은 경우보다는 노동자 자신에 대한 부정적인 이미지를 줄일 수 있어 정규직 일자리를 찾는 데 도움이 될 것이다. 또 다른 이점은 실업상태에 있는 것보다 일을 하면서 형성되는 사회적 관계, 자신감이 정규직 일자리를 얻는 데 중요한 수단으로 작용할 것이라는 점이다.

무엇보다 중요한 요인은 비정규노동으로 종사하는 동안 인적자본이 축적되고 경력과 숙련이 형성되어 정규직 일자리를 찾는 데 도움이 된다는 것이다. 비록 정규직과 동일한 정도의 교육훈련이 제공되지 않는다 하더라도 비정규노동의 노동경험은 정규직으로 전환하는 데 긍정적으로 작용할 것이라 본다.

이 가설은 임시직이나 파트타임 등의 비정규노동자들이 정규직으로 전환하는 과정을 설명할 수 있다. 경제가 불확실한 경우 정규직 일자리를 찾는 구직자에게 정규직 일자리보다는 비정규노동의 일자리가 우선 제공될 가능성이 높을 것이다. 또한 경력이 일천한 구직자는 정규직보다 임시직으로 계약되기가 더 쉬울 것이다. 이러한 노동자들은 당장 정규직 일자리를 찾을 수 없는 조건에서 비정규노동을 선택하고, 비정규노동의 과정에서 정규직 일자리를 지속적으로 탐색하게 될 것이다. 이 가설은 비정규노동자들이 정규직 일자리를 지속적으로 찾는다면 비정규노동의 일자리가 정규직 일자리를 구하는 데 긍정적인 영향을 줄 것이라고 가정하는 것이다(Zijl et al., 2002; Dekker et al., 2001; Kalb and Chalmers, 2000).

그러나 이러한 가정은 비정규직 일자리의 부정적인 측면을 간과하고 있다. 비정규노동은 정규직의 직업탐색의 시간과 노력을 감퇴시킬 수 있다. 또한 비정규노동이라는 이미지도 정규직 일자리를 찾는 데 부정적으로 작용할 수 있다. 특히 비정규노동의 고용불안정성은 인적자본 축적을 방해하여 정규직으로의 전환을 어렵게 만들 것이다.

2) 함정성 가설

비정규노동의 함정성 가설은 기업 내 이중노동시장을 설명하는 가설로서 이를 다시 세분하면 중핵-주변부 모형, 작업규제가설, 내부자-외부자 가설, 고용보호규제가설이 있다. 가장 널리 알려진 중핵-주변부 모형은 정규직 노동자와 비정규노동자가 서로 다른 질을 가진 노동력으로 기업 내에서 중핵부문과 주변부 부문을 담당한다는 것이다(Atkinson, 1984). 이 모형에 따르면 비정규노동은 주로 주변부 노동력으로 시장상황에 따라 양적 조정이 가능한 고용형태로 중핵노동력에 해당하는 정규직으로 전환하기 어렵다. 함정성을 주장하는 또 다른 가설은 작업규제가설로 정규직에 지급되는 효율임금으로 인해 기업 내 이중구조가 형성되어 비정규노동의 정규직화가 제한된다는 가설이다(Rebitzer and Taylor, 1991a, 1991b). 전자의 가설은 노동력 질의 차이에 따라 노동시장이 이중구조를 갖는다고 본 반면, 후자는 비정규노동의 고용과 임금 특성에서 이중구조의 원인을 찾는다. 한편 내부자-외부자 가설은 노조와 같은 내부자로 인해 기업 내 이중구조가 형성된다고 보며, 고용보호규제가설은 제도적 요인을 강조하면서 정규직과 비정규노동에 대한 고용보호규제의 차이가 이중구조를 갖게 한다고 주장한다. 이 두 가설은 시장 외적 요인인 노조와 제도의 역할을 강조한다.

우선 노동력의 특성에 따른 이중구조화를 설명하는 중핵-주변부 모형을 살펴보자. Atkinson(1987)의 중핵-주변부 모형에 따르면 수량적 유연화를 달성하기 위해 기술수준이 낮고 기업특수적 숙련이 덜 필요한 주변부 부문은 임시직이나 파트타임과 같은 비정규노동력으로 구성하고, 기술수준이 높고 기업특수적 숙련도가 높은 중핵부문은 장기고용을 보장받는 정규직으로 구성한다. 이에 따르면 기업은 중핵노동자와 주변부 노동자로 이중화되어 있으며, 이들 노동자는 서로 다른 질을 가진 노동력으로 서로 다른 유연성이 적용된다. 이 모형에 따르면 주변부 노동자에 해당하는 비정규노동은 정규직으로 전환하기가 매우 어렵다. 그것은 비정규노동이 대부분 주변부 노동자로 낮은 인적자본 투자, 낮은 기술수준을 가지고 있기 때문이다. 또한 비정규노동자들은 주변부적 일자리에 종사하면서 기업특수적 숙련을 형성할 기회를 제공받지 못하기 때문에 비정규노동에서 벗어나기 어렵게 되는 것이다.

그러나 중핵-주변부 모형은 정규직과 비정규노동을 구분하는 방식이 도식적이라는 비판을 받고 있다. 주변부 노동력이 비정규노동에 속할 가능성이 높은 것은 사실이지만 동일한 영역에서 정규직과 비정규노동이 공존할 수 있고 고기술 전문직종에서도 비정규노동자들이 존재할 수 있다. 또한 중핵-주변부 모형은 단지 현상을 그대로 반영한 사례에 불과한 것이지 이론으로 일반화하기는 곤란하다. 그리고 수량적 유연성과 기능적 유연성은 중핵-주변부 모형에서 가정하는 것과는 달리 서로 양립하지 않고 상호보완적인 관계가 아니라는 것이다. 따라서 정규직과 비정규노동이 서로 필수불가분한 관계가 아니라는 것이다(Geary, 1992; Osterman, 2000). 따라서 중핵-주변부 모형으로 기업 내 이중구조와 비정규노동의 함정성을 설명하는 것은 충분히 않다. 노동력의 특성뿐만 아니라 비정규노동의 불안정한 성격과 제도적 측면에서 비정규노동의 정규직화에 미치는 요인들을 추가로 살펴보는 것이 필요할 것이다.

다음으로 비정규노동의 고용불안정성과 정규직과의 임금격차가 비정규노동의 정규직화를 제한한다는 작업규제가설 혹은 효율임금가설을 살펴보자. 효율임금가설에 따르면 고용주는 고용 안정성을 보장하는 정규직에게 태만과 이직을 방지하기 위해서 효율임금을 지급하지만 고용이 지속되지 않을 비정규노동에게는 낮은 임금을 지급하게 되어 정규직과 비정규노동 간에 임금격차가 발생한다고 본다.

이제 정규직과 비정규노동 간의 임금격차로 인해 정규직 부문은 초과공급이 발생한다. 결국 정규직에 속할 노동자들도 비정규노동으로 이동하게 되고 비정규직 노동자들의 정규직 전환은 제한될 것이다. Rebitzer and Taylor(1991a, 1991b)는 정규직과 비정규노동이 완전히 동일한 노동력의 질을 가지고 있다고 하더라도 고용주가 정규직에게 작업규제를 위해서 효율임금을 지급하면 비정규노동의 정규직으로의 전환은 어려워진다고 주장한다.

효율임금가설은 정규직과 비정규노동 간의 고용 안정성 차이와 임금격차가 기업 내 이중구조를 형성하는 주요한 요인이라고 설명한다. 그러나 정규직과 비정규노동 간의 임금격차는 효율임금만으로 설명될 수 있는 것은 아니다. 예컨대 고용주는 노조 조직에 속하지 않은 비정규노동을 활용함으로써 낮은 임금을 지급할 수 있고, 노조에 속한 정규직과의 임금격차는 커지게 될 것이다. 비정규노동은 노조를 조직하기 어렵고 노동시장에서 취약한 지위를 가지고 있기 때문에 고용주는 낮은 임금을 지급하게 될 것이고 정규직과의 임금격차가 발생하게 된다. 이 경우 정규직 노동자의 임금 하방경직성이 유지된다면 정규직과 비정규노동 간의 임금격차가 크면 클수록 정규직과 비정규노동 간의 노동이동은 제한되는 것으로 나타날 것이다.

이와 같이 기업 내 이중노동시장에 관해 노조의 역할을 강조하는 주장이 내부자-외부자 가설이다. 내부자-외부자 가설에 따르면 노동조합이 존재할 때 비정규노동은 확대될 수 있으며, 내부인인 정규직과 외부인인 비정규노동의 임금 및 근로조건의 격차는 더욱 벌어지고 상호 간 노동이동도 제약된다고 본다. 노동조합은 내부자의 이익을 위해 기업으로부터 시장임금 이외에 해고비용과 채용비용 등을 추가로 요구하게 된다. 고용주는 노동조합의 요구를 받아들이는 것이 해고비용과 같은 거래비용을 줄이는 것이라 판단하게 된다. 결국 내부자의 임금수준은 높아진다. 특히 강력한 교섭력을 가진 노동조합이 내부자로 존재한다면 이 교섭력을 바탕으로 한 내부자 이익을 크게 증대시킬 수 있다. 노동조합은 내부자들의 임금수준을 유지하기 위해서 신규자에게 진입장벽을 치고 고용기회를 제한할 것이고, 기업은 내부자들의 임금수준을 높이는 한편 내부자들의 반발을 최소화하면서 내부자의 수를 줄이려 할 것이다. 따라서 내부자에 해당하는 정규직의 수는 줄어들고 비정규노동은 증대하게 된다는 것이다. 이 가설에 따르면 노동조합의 존재는 비정규노동을 늘리고 정규직과 비정규노동 간의 임금격차를 확대하고 비정규노동의 정규직화를 제한하는 역할을 수행힐 것이다.

그러나 노조가 존재하면 비정규노동의 활용이 감소한다는 상반된 주장도 존재한다. 노조는 자신의 조직기반을 보호하고 비정규노동의 고용으로 인한 근로조건의 위협으로부터 조합원을 보호하기 위해 비정규노동의 활용에 반대하리라는 것이다(Smith, 1997). 또한 노조는 교섭력의 증대를 위해 지속적인 정규직 증가를 선호하게 될 것이다(Francesconi et al., 2002). 따라서 노조는 교섭력의 약화를 방지하기 위해 비정규노동의 활용을 억제하고 정규직 증대를 위해 비정규노동의 정규직화에 적극적으로 노력하게 된다는 것이다.

노조가 내부자-외부자 가설에서 주장하는 바와 같이 단기적인 관점에서 행동한다면 비정규노동의 정규직화에 부정적인 영향을 미칠 가능성이 높을 것이다. 그러나 노조가 장기적인 관점에서 노조 교섭력의 강화와 노동자 전체의 이해를 고려하면 비정규노동의 정규직화에 긍정적인 영향을 미칠 것이다. 또한 노조가 집중화되어 있으면 전반적인 사회적 이해관계를 고려하여 비정규노동의 정규직화에 관심을 기울이게 되겠지만 파편화되어 있다면 조합원들만의 이해관계에 천착함으로써 비정규노동의 정규직화에 부정적인 영향을 미칠 것이다. 결국 노조가 비정규노동의 정규직화에 어떠한 영향을 미칠 것인가는 어떠한 요인이 크게 작용하는지에 따라 달라질 것이다.

다음으로 정규직과 비정규노동의 이중구조화를 설명하는 주요한 요인 중 하나는 제도적 요인이다. 제도적으로 정규직과 비정규노동 간에 이중인 규제수준은 정규직과 비정규노동 간에 이중구조화를 가져올 수 있다. 특히 정규직에 대한 규제뿐만 아니라 비정규노동의 규제수준은 비정규노동의 규모와 비정규노동의 정규직화에 직접적으로 영향을 미칠 수 있다. 고용주는 노동의 유연화 압력에 대응하여 정규직의 고용보호 규제수준이 높을수록 이를 회피하는 수단을 더욱 열심히 찾을 것이다. 만약 비정규노동에 대한 고용보호수준이 매우 낮다면 고용주는 비정규노동을 적극적으로 활용함으로써 유연화에 대처하려고 할 것이다. 그러나 비정규노동에 대한 규제조치가 엄격하다면 고용주는 비정규노동을 활용하는 대신 기능적 유연성이나 노동시간 유연화 방식을 채택할 가능성이 높아진다. 따라서 비정규노동 규제조치의 수준은 고용주의 비정규노동의 활용정도에 직접적으로 영향을 미치게 된다. 또한 정규직의 고용보호수준이 높고 비정규노동의 활용이 용이하다면 고용주는 정규직을 줄이고 비정규노동을 더욱 활용하려고 하기 때문에 비정규노동의 정규직화는 어려워질 것이다. 게다가 정규직 고용보호수준이 높다면 고용주는 작업규제나 높은 해고비용으로 인해 정규직에 고임금을 보장하게 될 것이고 비정규노동에게는 정규직보다 낮은 임금을 지급하게 될 것이다. 동일한 노동력 질을 가지고 있다 하더라도 정규직과 비정규노동 간에 임금격차가 발생하게 될 것이다. 앞서 살펴본 바와 같이 정규직의 비정규노동의 임금격차는 정규직의 초과공급으로 나타나 노동이동을 제한하게 될 것이다. 결국 정규직과 비정규노동 간에 법·제도적으로 고용에 관한 규제수준의 차이가 나면 날수록 상호 간 노동이동성은 제한될 것이다.[1] 결론적으로 제도적 규제수준이 이중화되어 있다면 비정규노동의 노동이동이 제약될 가능성이 클 것이다. 정규직과 비정규노동의 규제수준의 차이를 줄이려면 정규직의 규제수준을 낮추거나 비정규노동의 규제수준을 높여야 한다. 그러나 정규직의 규제수준을 비정규노동의 규제수준까지 낮추는 것은 전체적인 정규직 일반원칙을 훼손하게 될 것이고 고용불안정성을 심화시킬 것이다. 따라서 정규직의 규제수준을 낮추는 것보다 비정규노동의 규제를 강화하는 것이 더 바람직할 것이다.

---

[1] 한 국가 내에서 제도적 규제수준이 비정규노동의 정규직으로의 전환에 미치는 효과를 분석하기는 어렵다. 이러한 주제는 국제 비교 연구를 통해 보다 명확하게 파악될 수 있을 것이다.

3) 기존 실증연구

비정규노동의 정규직 전환에 관한 실증결과는 스페인과 한국을 제외하면 대체로 비교적 단기간에 상당한 이동이 일어나고 있어 디딤돌 가설을 지지하는 것으로 나타나고 있다. Segal and Sullivan(1995, 1997)은 파견노동자가 비록 평균적인 노동자들보다 경제적 안정성은 떨어지지만 정규직으로 전환되고 있다는 실증증거를 제시한다. 그들은 미국에서 1983년에서 1993년 동안 CPS 자료를 이용하여 파견노동자의 고용형태 이동에 관해 실증 분석했는데, 초기에 파견노동에 종사한 노동자가 1년이 경과한 후 정규직으로 전환하는 비중이 56.7%라고 제시했다. 또한 Lenz(1996)는 NATSS(National Association of Temporary and Staffing Services)의 자료를 이용하여 이전에 파견노동자였던 노동자 중 현재 정규직으로 전환된 비중이 무려 72%에 해당한다고 주장한다.

또한 영국, 네덜란드, 호주 등에서도 비정규노동은 정규직을 위한 디딤돌 역할을 수행하는 것으로 나타난다. 특히 Booth et al.(2000)과 Storrie(2002)는 영국, 독일, 프랑스, 네덜란드, 스페인에서 파견근로와 기간제노동이 견습과정으로 혹은 선별의 수단으로 고용되어 많은 노동자들이 정규직으로 전환되고 있다는 사실을 보여 준다. 한편 Zijl et al.(2003)과 Chalmers and Kalb(2000)는 비정규노동과정이 노동경력을 형성하여 이후 정규직화의 디딤돌로 작용하는 직업탐색가설을 지지하는 실증결과를 내놓고 있다.

그러나 한국과 스페인의 경우에는 상반된 실증결과가 제시되고 있다. Alba-Ramirea(1997)은 스페인의 임시계약직에 대한 연구에서 임시노동이 지속된다고 보았으며, Adam and Canziani(1998)도 스페인에서는 이탈리아에 비해 임시노동이 상용직으로 전환하기 힘들다는 결과를 제시한다.[2]

---

2) 한국과 스페인은 고용의 유연화가 급속하게 진전된 국가로 OECD 국가 중에서 가장 비정규 노동의 비중이 큰 나라이다. 비정규노동에 대한 규제수준이 매우 미약하여 고용주가 비정규

한국의 경우에 비정규노동은 정규직화가 매우 어려워 비정규노동이 정규직으로 전환하는 과정에서 일시적으로 머무는 가교가 아니라 한번 비정규노동에 종사하면 벗어나기 어려운 함정인 것으로 나타나고 있다. 류기철(2001)은 비정규노동에 종사했던 노동자의 경우 정규직에 종사했던 노동자에 비해 다시 비정규노동에 종사할 가능성이 높아 비정규직 노동자가 정규직화하는 것이 쉽지 않음을 보였다. 남재량(2002)의 연구결과를 살펴보면 외환위기 발생 이전의 4년간 비정규노동 100명 중 정규직화가 된 노동자는 평균 1.5명에 불과해 외환위기 이전부터 비정규노동의 함정성이 강한 것으로 나타났다. 이효수(2002)는 비정규노동의 정규직화 가능성이 분기별로 2% 수준 미만이라고 밝혔으며, 남재량·김태기(2000)는 장기추적관찰을 통해 정규직화 가능성이 분기별 0.5~0.7%로 1%에도 미치지 못한다고 주장했다. 그 밖에 금재호(2001)도 유사한 실증결과를 얻고 있으며, 한준·장지연(1999)은 노동생애과정을 분석한 결과 비정규노동은 일시적으로 거치는 과정이 아니며, 정규직에 종사하다가 이를 더 이상 연장하지 못하는 사람들이나 전노동생애를 통해 일관되게 지속되는 고용형태로 결론짓고 있다.

한편 선진국의 실증연구에서는 모든 형태의 비정규노동이 정규직화되는 것은 아닌 것으로 나타났다. 영국과 미국에서는 비정규노동의 고용형태별로 정규직화의 가능성이 상이하게 나타났으며, Dekker(2001)의 연구에서는 여성이, Storrie(2002)의 연구에서는 청년층이, 정규직화 가능성이 낮은 것으로 나타났다. Booth et al.(2000)의 연구에서는 계절·일시노동이 Houseman(1997)의 연구에서는 파견근로를 제외한 다른 비정규노동이 디딤돌이기보다는 함정성이 강한 것으로 나타났다.

노동을 활용하는 데 거의 어려움이 없다. 정규직과 비정규노동 간 임금격차도 다른 나라에 비해 큰 것으로 알려져 있다. 노조의 조직률도 매우 낮은 편에 속한다. 추가적인 연구가 필요하겠지만 이런 요인들이 두 국가에서 비정규노동의 정규직화를 어렵게 하는 것으로 판단된다.

〈표 1-4-1〉 연구자별 실증분석 결과

연구자	국가	자료	조사대상	실증결과
한준·장지연 (1999)	한국	한국노동 패널자료	비정규노동	비정규노동은 일관되게 지속되는 고용형태로 결론
남재량·김태기 (2000)	한국	「경제활동 인구조사」자료	임시·일용직	비정규노동의 정규직화 가능성이 분기별로 0.5%에서 0.7%로 나타남.
금재호(2001)	한국	한국노동 패널자료	임시·일용직	비정규직 노동자의 약 70%는 5년 후에도 비정규노동을 벗어나지 못하는 것으로 나타남
남재량(2002)	한국	「경제활동 인구조사」자료	임시·일용직	4년간 비정규직 100명 중 정규직화된 노동자는 평균 1.5명에 불과해 비정규노동이 함정으로서의 역할을 수행
Dekker(2001)	네덜란드, 독일, 영국	종단면 자료 (longitudinal data)	임시노동 (casual job), 파트타임	비정규노동이 상용적 지위로 상향이동하는 입직구 역할
Guell and Petrangolo (2000)	스페인	노동력 실태 조사자료	임시노동	일부 기업은 비정규노동을 선별을 위해 활용하여 비정규노동의 정규직화가 가능하나 노동비용 절감을 위해서 비정규노동을 사용하는 기업에서는 비정규노동의 재계약이 이루어짐
Alba-Ramirez (1997)	스페인	노동력 실태 조사자료	임시노동	주변부 노동력은 단기고용 계약관계가 지속되는 것을 발견
Adam and Canziani(1998)	스페인, 이탈리아	-	임시노동	임시노동은 상용직으로 전환하기 곤란한 것으로 나타남
Holmlund and Storrie(2002)	스웨덴	노동력 실태 조사자료	임시계약	임시계약노동자의 10%가 1분기 후에 정규직화 가능
Segal and Sullivan (1995, 1997)	미국	경제활동 인구조사 (CPS)	파견노동	파견노동자가 1년 경과 후 56.7%가 정규직화
Lenz(1996)	미국	파견노동 실태자료 (NATSS)	파견노동	파견노동자의 72%가 정규직으로 전환
Houseman (1997)	미국	고용주 실태 조사자료	기간제노동, 일시노동, 계절노동, 파견노동	기간제노동을 포함한 비정규노동은 극히 일부만 상용직으로 전환 가능하나 파견노동은 빈번하게 정규직으로 전환 가능
Storrie(2002)	독일, 프랑스, 네덜란드, 스페인, 영국	파견노동 실태자료	파견노동	조사대상 파견노동의 약 30%가 상용직으로 전환 가능
Booth et al. (2000)	영국	패널자료 (panel data)	기간제노동, 계절·일시 노동	기간제노동은 정규직화를 위한 디딤돌 역할을 수행하지만 계절·일시노동은 함정성이 강함
Blanchard and Landier(2001)	프랑스	패널자료	기간제노동	1990년대 들어 청년층의 기간제노동의 정규직화가 감소하는 추세
Contini et al.(1999)	이탈리아, 독일, 영국	종단면 자료	단기고용	4년간의 정규직화 실태는 의미 있는 결과를 보이고 있음

| Chalmers and
Kalb(2000) | 오스트레
일리아 | 종단면 자료 | 임시노동 | 임시노동은 정규직화의 디딤돌 역할을
수행함 |
| Berg et al.
(2003) | 네덜란드 | 종단면 자료 | 파견노동 | 파견노동의 경험이 정규직 고용으로
전환하는 디딤돌 역할 |

3. 분석자료의 특성과 정규직화 실태

이 연구에서 사용된 분석자료는 1998년에서 2002년까지 조사된「경제활동
인구조사」부가조사자료와 2003년에서 2005년까지 조사된「경제활동인구조사」
부가조사자료이다.「경제활동인구조사」부가조사는 1998년부터 매년 1~3차례
실시하고 있는데, 약 3만 개의 표본가구를 조사가구로 추출하고 각 가구 내의
생산가능인구(만 15세 이상인 자)를 조사대상(7만 명 내외)으로 한 것이다. 조사
항목에는 인적사항과 1주간의 경제활동상태, 취업여부, 종사상 지위, 취업시
간, 지난 3개월간 평균임금 등의 세부항목이 포함된다.

이 연구에서 비정규직은 사회통념상 종사상 지위가 임시직이거나 일용직인
자로 규정했다. 비록 비정규직의 개념에 대한 논란의 여지는 있지만 분석의 용
이성을 위해 종사상 지위를 기준으로 비정규직을 규정하여 분석을 시도했다.

다음으로 실증분석자료에 대한 기술통계량을 살펴보자. 1998년부터 2002년
까지「경제활동인구조사」부가조사자료에서 1998년에 새롭게 비정규노동에 종
사하게 된 임금근로자만을 대상으로 패널화하여 사용했다.「경제활동인구조사」
부가조사자료는 5년 주기로 조사표본을 변경하기 때문에 5개년도 자료만을
선택했고 경제적 충격효과를 제거하기 위해 경제위기 이후 자료를 사용했다.
실증분석에 사용된「경제활동인구조사」부가조사자료는 1998년 9월, 1999년
6월, 2000년 8월, 2001년 8월, 2002년 8월에 조사된 자료를 이용했으며, 관찰
된 비정규노동의 기간은 이산형 형태로 파악되었다. 각 연도별로 대략 50%의
자료가 연결되어 최종 실증분석을 위해서 개별표본 1925개와 기간별로 관찰

된 개인표본 3425개의 표본을 구할 수 있었다. 이는 1998년에 새로이 비정규노동에 종사하게 된 노동자 중에서 1999년 이후 「경제활동인구조사」 부가자료와 연결된 표본과 1999년에 새로이 비정규노동으로 조사된 노동자 중 2000년 이후 자료와 연결된 표본을 모두 포함했을 때 개별 분석 대상이 1925명이라는 의미이며, 각 기간별로 관찰된 총 표본의 개수가 3425개라는 것이다.

〈표 1-4-2〉는 1998년부터 2002년까지 임금근로자를 대상으로 패널화한 표본의 기술통계치를 보여 준다. 평균연령은 37.5세로 나타났으며, 남성의 비율이 여성에 비해 적은 40.9%를 차지했다. 가구주 비율은 38.5%로 나타났고 배우자가 없는 비율은 40.1%로 나타났다. 이러한 결과는 비정규노동에 종사하는 노동자들의 특징을 반영해 여성과 비가구주, 무배우자의 비율이 높게 나타난 것으로 보인다. 다음으로 근속연수는 0.99년으로 채 1년이 안 되는 것으로 나타났는데, 이는 비정규노동자들의 짧은 근속기간을 반영한 것이기도 하며, 분석자료가 1998년과 1999년에 새로이 비정규노동에 종사한 노동자만을 대상으로 했기 때문이기도 하다. 한편 경력연수는 20.58년으로 근속연수에 비해 상당히 긴 것으로 나타났다.

다음으로 1년간 이직한 경험이 있는 노동자의 비율은 35.6%로 나타난 반면 1년간 직장이 유지된 비율은 60.7%로 나타나 상당히 많은 비정규노동자들이 1년 이상 직장을 유지하는 것으로 확인되었다. 평균 임금은 71.73만 원으로 나타났으며, 정규직과의 로그임금격차는 0.260으로 비정규노동은 정규직에 비해 로그임금 기준으로 약 26% 정도 임금격차가 있는 것으로 나타났다.[3]

산업별로는 민간서비스업의 비중이 많았으며, 직업별로는 단순노무직, 서비스직의 비중이 많았다. 사업장 규모별로는 10인 미만 소규모 기업에 속한

---

[3] 로그임금격차는 비정규직 노동자에게 정규직의 임금결정 방식을 적용했을 때 지급받을 것으로 예측되는 추정 로그임금과 비정규직 노동자에게 실제 지급하고 있는 로그임금과의 차이를 의미한다.

〈표 1-4-2〉 실증분석 자료의 기술 통계치

변수	평균값	표준오차
연령	37.513	0.300
남성	0.409	0.011
가구주	0.385	0.011
무배우자	0.401	0.011
근속연수	0.985	0.020
경력연수	20.584	0.360
이직경험 유무	0.356	0.011
1년 직장유지 여부	0.607	0.011
임금	71.728	0.888
임금격차	0.260	0.011
농림어업 및 광업, 건설업	0.572	0.011
제조업	0.292	0.010
공공서비스업	0.114	0.007
민간서비스업	0.236	0.010
관리전문직	0.230	0.010
기술직	0.420	0.011
사무직	0.002	0.001
판매직	0.019	0.003
서비스직	0.088	0.006
농업숙련공	0.129	0.008
기능직	0.224	0.010
조립공	0.006	0.002
단순노무직	0.126	0.008
10인 미만	0.095	0.007
10~300인 미만	0.311	0.011
300인 이상	0.519	0.011

자료: 「경제활동인구조사」 부가자료, 1998년에서 2002년까지 패널화하여 1925명의 표본을 대상으로 함.

비중이 52%, 중소기업 규모인 10인 이상 300인 미만 사업장에 속한 비중이 44%를 차지해 표본의 대부분이 중소영세기업에 속하는 것으로 나타났다.

〈표 1-4-3〉은 1998년에서 2002년 동안의 「경제활동인구조사」 부가조사자료를 이용하여 경과기간별 노동력 상태의 변화를 기술하고 있다. 경과기간별 노동력 상태의 변화과정을 살펴보기 위해서 각 연도별 부가자료를 개인 식별을 위한 가구번호와 가구원 번호를 이용하여 패널화했다.

〈표 1-4-3〉을 보면 t기에 비정규노동이었던 노동자가 t+1년에 정규직화되

〈표 1-4-3〉 기간별 노동력 상태의 전환

노동력 상태		t+1년				
		상용직	임시·일용직	비임금근로	실업자	비경활인구
t기	상용직	12,370 83.9%	962 6.5%	481 3.3%	297 2.0%	640 4.3%
	임시·일용직	1,138 8.3%	8,922 64.9%	982 7.1%	681 5.0%	2,034 14.8%
	비임금근로	283 1.5%	1,103 5.7%	16,333 84.1%	261 1.3%	1,443 7.4%
	실업자	260 8.9%	1,126 38.4%	306 10.4%	547 18.6%	697 23.7%
	비경활인구	547 1.6%	3,11 38.9%	1,390 4.0%	705 2.0%	29,344 83.6%

노동력 상태		t+2년				
		상용직	임시·일용직	비임금근로	실업자	비경활인구
t기	상용직	11,613 76.0%	1,372 9.0%	1,060 6.9%	241 1.6%	997 6.5%
	임시·일용직	1,908 13.0%	7,864 53.5%	1,725 11.7%	435 3.0%	2,759 18.8%
	비임금근로	574 2.2%	1,609 6.1%	21,259 81.1%	197 0.8%	2,577 9.8%
	실업자	406 14.0%	1,055 36.4%	402 13.9%	237 8.2%	795 27.5%
	비경활인구	1,227 3.3%	4,125 11.2%	2,275 6.2%	462 1.2%	28,881 78.1%

노동력 상태		t+4년				
		상용직	임시·일용직	비임금근로	실업자	비경활인구
t기	상용직	3,150 65.3%	543 11.3%	503 10.4%	62 1.3%	563 11.7%
	임시·일용직	588 13.8%	1,921 45.1%	654 15.4%	74 1.7%	1,022 24.0%
	비임금근로	278 2.8%	728 7.3%	7,471 74.8%	55 0.6%	1462 14.6%
	실업자	145 15.7%	310 33.5%	162 17.5%	46 5.0%	263 28.4%
	비경활인구	679 6.1%	1,555 14.0%	956 8.6%	131 1.2%	7,750 70.0%

자료: 「경제활동인구조사」 부가조사자료, 1998년에서 2002년까지의 자료를 패널화함.

는 비율은 8.3%에 불과한 것으로 나타났으며, t+2년과 t+4년에는 각각 13.0%, 13.8%에 그치는 것으로 나타났다. 이러한 결과는 실업에서 정규직으로 전환하는 비율보다도 낮은 수치이다. 실업상태에서 정규직으로 전환하는 비율은 1년 후 8.9%, 2년 후 14.0%, 4년 후 15.7%로 나타나 비정규노동에서

정규직으로 전환하는 비율보다 다소 높게 나타났다.

비정규노동을 유지하는 비율은 1년 후에는 64.4%로 나타났으나, 2년 후에는 53.5%, 4년 후에는 45.1%로 낮아졌다. 비경활인구로 전환하는 비율은 1년 후에 14.8%에서 4년 후에는 24.0%로 높아지는 것으로 나타났다. 비정규노동이 비임금 근로자로 전환하는 비율도 1년 후에 7.1%에서 4년 후에는 15.4%로 높아졌다. 실업자로 전환하는 비율은 1년 후에 5.0%에서 4년 후에는 1.7%로 낮아졌다.

결국 비정규노동자 7명 중 1명이 4년 후에 정규직으로 전환하는 것으로 나타났지만 비정규노동자 10명당 4명은 임금근로자의 지위를 유지하지 못하고 실업자나 비경활인구 혹은 비임금 근로자로 전환하는 것으로 나타났다.

4. 실증분석 방법론

이 절에서는 비모수적 기준선 해저드(baseline hazard)를 사용한 Prentice and Gloekler(1978)의 모형에 감마분포를 이용하여 미관찰 이질성 요인을 포함한 Meyer(1990)의 모형을 결합한 Prentice-Gloekler-Meyer 해저드 모형을 이용한다.[4] 이 모형은 기간에 대한 자료가 이산형인 자료를 분석하는 기간분석(duration analysis) 방법으로 대부분의 기간에 대한 정보가 이산형으로 주어지고 있는 현실을 고려하면 상당히 유용하다고 할 수 있다. 여기서 이산형 자료란 비정규노동의 기간이 일정 시점에서만 관찰되는 경우의 자료이다.

이 모형의 가장 두드러진 장점은 기간분석에 있어 논란이 되어 왔던 미관찰 개인의 이질성과 모든 개인에게 일반적으로 적용되는 기준선 해저드에 대한

---

[4] 기준선 해저드는 모든 개인이 공통적으로 가진 특성을 의미하며, 기간종속성의 패턴을 살펴볼 수 있다.

비모수적 추정방법을 결합하여 사용하고 있다는 것이다. 많은 계량경제학자들은 기간분석에 있어 미관찰 이질성 요인을 무시하면 추정상 편의가 발생한다고 강조하면서 미관찰 이질성의 분포로 감마분포 등을 이용한 모수적 추정방법(Lancaster, 1979)이나 비모수적 방식에 의한 이질성 분포의 추정방식(Heckman and Singer, 1984)의 도입을 주장했다. 한편 통계학자들은 기준선 해저드의 추정이 오류가 발생하면 모든 모수의 추정은 비일관성을 야기시킨다고 주장하면서 기준선 해저드의 비모수적 추정을 주장했다. Hause and Han(1990)과 Meyer(1990)는 기준선 해저드가 비모수적으로 추정되면 미관측 이질성의 분포에 대한 추정방법이 비모수적 방식이거나 감마분포를 이용한 모수적 방식을 도입해도 모수에 대한 추정은 일관적이라고 주장했다.

Prentice and Gloeckler(1978)의 방식에 의한 기준선 해저드의 비모수적 추정은 이산형 기간에 대한 분석을 가능하게 하며, 감마분포 형태인 미관찰 이질성을 포함한 모형으로 확장하는 것이 용이하고 기준선 해저드의 추정에 의한 잘못된 추정을 방지할 수 있게 해준다.

따라서 이 연구에서는 기준선 해저드를 비모수적으로 추정하는 Prentice and Gloeckler 모형에 감마분포를 가진 미관찰 이질성 요인을 포함한 엄격한 기간분석모형으로 비정규노동의 정규직으로 전환에 대한 기간분석을 시도하게 될 것이다.

이 글에서 활용하는 이산형 비례해저드 모형은 다음과 같이 요약하여 정리할 수 있다.[5] T_i를 개인 i가 비정규노동에서 정규직으로 전환한 시점이라 하면 t시점에 개인 i의 해저드 함수 λ는 다음과 같이 정의된다.

$$\lim_{h \to 0^+} \frac{prob[t+h > T_i \geq t \mid T_i \geq t]}{h} = \lambda_{it}$$

---

5) 자세한 추정법은 Meyer(1995); Jenkins(2004) 참조.

t=0에 비정규노동이 된 개인 i에 대해 (순간) 해저드율 함수는 t>0기에 비례 해저드(proportional hazard) 형태를 갖는다고 가정하면 다음과 같이 표현된다.

(1) $\lambda_{it} = \lambda_0(t)\,\exp(X_{it}{}'\beta)$

여기서 $\lambda_0(t)$는 t시점에서의 기준선 해저드이고 X_{it}은 t시점에 개인마다 차이가 있는 기간종속적인 설명변수의 벡터이며, β는 추정된 모수의 벡터이다. t시점까지 비정규노동을 지속한 경우에 t+1시점에도 비정규노동이 지속하는 생존함수(survivor function)는 다음과 같이 표현된다.

(2) $S(t;X_{it}) = \exp\left[-\int_0^t \lambda(\tau;X_{it})d\tau\right] = \exp\left\{-\exp\left[X_{it}{}'\beta + \log(H_t)\right]\right\}$

여기서 $H_t = \left\{\int_0^t \lambda_0(\tau)d\tau\right\}$가 된다. 일반적으로 경과기간은 불연속적인 구간으로 관찰된다. 이 경우 j번째 구간에서 i번째 사람이 비정규노동에서 정규직으로 탈출할 확률은 다음과 같다.

(3) $prob\left\{T\in[a_{j-1},a_j]\right\} = S(a_{j-1};X_{it}) - S(a_j;X_{it})$

그리고 j번째 구간의 초기에 생존함수는 $prob\left\{T \geq a_{j-1}\right\} = S(a_{j-1};X_{it})$ 이다. 다음으로 j구간에서의 해저드는 식 (4)로 표현할 수 있으며, 이산형의 경우에 생존함수를 다시 정리하면 식 (5)와 같다.

(4) $h_j(X_{it}) \equiv prob\left\{T\in[a_{j-1},a_j]\,|\,T \geq a_{j-1}\right\} = 1 - [S(a_j;X_{it})/S(a_{j-1};X_{it})]$

(5) $S(a_j;X_{it}) = \exp\left[-\exp(X_{it}{}'\beta + \delta_j)\right]$ 여기서 $\delta_j = \log(H_{it})$이다.

(6) $\log L(\beta,\delta) = \sum_{i=1}^n \left\{c_i \log[S(t_i-1;X_{it}) - S(t_i;X_{it})] - (1-c_i)\log S(t_i;X_{it})\right\}$

식 (6)은 식 (5)의 생존함수를 포함하여 로그우도함수로 표현한 것으로 개인이 주어진 구간에서 정규직으로 탈출한다면 절단지수 c_i는 1로 해당 구간에 계속 머물러 있게 되면 c_i는 0으로 간주한다.

식 (6)은 식 (7)과 같이 다시 해저드 함수 형태로 표현할 수 있다.

$$(7)\ \log L = \sum_{i=1}^{n} \left\{ c_i \log \left\{ h_{t_i}(X_{it_i}) \prod_{s=1}^{t_i-1} [1 - h_s(X_{is})] \right\} + (1 - c_i) \log \left\{ \prod_{s=1}^{t_i} [1 - h_s(X_{is})] \right\} \right\}$$

여기서 j구간의 이산형 해저드는 다음과 같다.

$$(8)\ h_j(X_{ij}) = 1 - \exp[-\exp(X_{ij}'\beta + \gamma_j)],\ \text{여기서}\ \gamma_j = \log \int_{a_{j-1}}^{a_j} \lambda_0(\tau) d\tau \text{이다.}$$

이 형태는 각각의 구간에서 비모수적으로 기준선 해저드를 추정할 수 있다. 만약 i번째 개인이 $[t-1, t]$ 구간 동안 비정규직에서 정규직으로 탈출하게 되면 $y_{it} = 1$이고 그렇지 않다면 0이라 할 때 식 (8)은 연속적인 이항분포의 형태로 표현할 수 있다.

$$(9)\ \log L = \sum_{i=1}^{n} \sum_{j=1}^{t_i} \left\{ y_{ij} \log h_j(X_{ij}) + (1 - y_{ij}) \log [1 - h_j(X_{ij})] \right\}$$

다음으로 감마분포 형태인 개인의 미관찰 이질성을 포함한 모형에 대해 살펴보자. 우선 해저드율은 다음과 같다.

$$(10)\ \lambda_{it} = \lambda_0(t) \cdot \epsilon_i \cdot \exp(X_{it}'\beta) = \lambda_0(t) \cdot \exp[X_{it}'\beta + \log(\epsilon_i)]$$

여기서 ϵ_i는 감마분포를 따르고 평균은 1이며, 분산은 $\sigma^2 \equiv \nu$이다. 만약 미관찰 이질성의 분포를 모른다면 Heckman and Singer(1984)의 방식과 같이 미모수적인 방식으로 추정할 수 있을 것이다. 그러나 기준선 해저드가 비모수적으로 추정된다면 개인의 미관찰 이질성의 분포에 관한 선택은 크게 중요한 것이 아니다. 다음으로 식 (10)에 대응하는 해저드 함수를 구하면 다음과 같다.

$$(11) \quad h_j(X_{it}) = 1 - \exp\left\{-\exp\left[X_{ij}'\beta + \gamma_j + \log(\epsilon_i)\right]\right\}$$

그리고 미관찰 이질성 요인을 포함한 이산형 로그우도함수는 다음과 같이 정리할 수 있다.

$$(12) \quad \log L = \sum_{i=1}^{N} \log\left\{(1-c_i) \cdot \left[1 + \nu \sum_{j=1}^{t_i} \exp(X_{ij}'\beta + \gamma_j)\right]^{-(1/\nu)} c_i \cdot \left[1 + \nu \sum_{j=1}^{t_i-1} \exp(X_{ij}'\beta + \gamma_j)\right]^{-(1/\nu)}\right\}$$

다음 절에서는 비모수적 기준선 해저드의 추정방식을 이용하여 이질성 요인을 포함하지 않은 경우와 이질성 요인을 포함한 모형을 통해 비정규노동의 정규직으로의 전환에 대한 분석할 것이다.[6]

5. 실증분석 결과

여기서는 이산형 비례 해저드 모형을 이용한 실증분석 결과를 살펴보자. 〈표 1-4-4〉에서 〈표 1-4-10〉은 기준선 해저드를 비모수적 방식으로 개인의 미관찰 이질성을 통제하지 않은 Prentice-Gloeckler 모형과 미관찰 이질성이 감마분포를 따른다고 가정한 Prentice-Gloeckler-Meyer 모형을 이용해 비정규노동의 정규직으로의 전환에 대해 분석한 결과를 제시한 것이다. 〈표 1-4-4〉의 모형 1은 미관찰 이질성을 통제하지 않은 모형에 해당하며 모형 2는 미관찰 이질성이 감마분포를 따른다고 가정하여 분석한 결과이다. 앞서 지적한 바와 같

---

[6] 이 연구에서 분석방법에 주로 사용한 통계 프로그램은 STATA이다.

이 기준선 해저드가 비모수적으로 추정되면 개인의 미관찰 이질성이 비모수적으로 추정되든 감마분포를 따른다고 가정하든 추정계수의 일관성은 유지된다.

〈표 1-4-4〉의 모형 1과 모형 2는 근속연수와 근속연수제곱 변수를 포함한 것이며, 〈표 1-4-5〉의 모형 3과 모형 4는 고용의 지속성이 정규직화에 미치는 효과를 파악하기 위해 현직장유지 변수를 포함한 모형이다. 〈표 1-4-6〉의 모형 5와 모형 6은 이직을 통해 정규직화가 이루어지는지를 파악하기 위해 이직 경험변수를 포함한 결과이다. 근속연수 변수는 정규직화 과정에서 해당 사업장에서의 기업특수적 숙련형성이 정규직화에 어떤 영향을 미치는지 판단하기 위한 것이며, 이직경험 변수와 현직장유지더미 변수는 비정규노동의 정규직화 과정을 파악하기 위한 것이다. 〈표 1-4-7〉의 모형 7과 모형 8은 정규직과 비정규노동 간의 임금격차가 정규직화에 어떤 영향을 미치는지 파악하기 위해 로그임금격차 변수를 포함했고 〈표 1-4-8〉의 모형 9와 모형 10은 비정규노동의 정규직으로의 전환 가능성을 예측하기 위한 모형으로 기준선 해저드가 기간추세 변수로 포함되어 있다. 이 모형들을 이용하여 평균적인 노동자들의 정규직으로의 전환 확률을 예측할 수 있다. 〈표 1-4-9〉와 〈표 1-4-10〉은 2003년 이후 「경제활동인구조사」 부가자료를 이용하여 비정규노동의 정규직화에 관한 노조효과와 직업숙련수준의 효과를 분석했다.

한편 모든 모형에 경기변동더미 변수를 포함했다. 1998년부터 2002년까지는 고용환경이 가장 급변했던 시기로 4%가 넘는 높은 실업률을 기록했다. 3%대의 안정적인 실업률을 기록한 2001년 이후와 비교하면 고용이 불안정한 시기라 할 수 있다. 따라서 이러한 경기효과를 적절히 통제하기 위해서 경기변동더미 변수를 추가했다. 비록 경기변동더미 변수가 모든 모형에서 통계적으로 유의하지 않게 나타났지만 기간종속성이나 평균적 해저드율의 예측에는 중요한 영향을 미치는 것으로 나타났다.

모형 1과 모형 2에서 근속연수 변수를 포함하고 있는데, 만약 근속연수 변수가 정규직으로의 전환에 정(+)의 효과를 갖는다면 비정규직 노동자는 현 고용주 아래 정규직화 가능성이 더 높게 나타나는 것을 의미한다. 만약 이러한 결과가 나타나면 견습계약가설이나 선별가설에서 주장한 바와 같이 동일한 직장에서 기업특수적 숙련을 형성하여 정규직으로 전환한다는 주장을 지지하게 될 것이다.

모형 3과 모형 4에서 현 직장 1년 유지더미변수는 고용 안정성이 정규직으로의 전환에 미치는 효과를 살펴보기 위한 것이다. 현 직장 1년 유지더미변수는 직장이 유지되는 경우에 1, 그렇지 않은 경우에 0으로 한 더미변수이다. 이 변수 역시 근속연수의 효과와 비슷하게 해석될 수 있다. 만약 현 직장 1년 유지여부가 정(+)의 값을 보인다면 적어도 1년 이상 현 직장을 유지하는 것이 비정규직 노동자가 정규직화하는 데 유리하게 작용한다는 것으로 해석할 수 있으며, 이는 고용 안정성이 중요한 요인임을 보여 준다.

모형 5와 모형 6은 이직경험 변수를 넣어 비정규노동의 과정이 직업탐색과정이라는 주장의 타당성을 검증하게 될 것이다. 직업탐색가설에 따르면 비정규노동의 경험은 정규직으로 전환하기 위한 탐색과정으로 작용한다고 본다. 이 가설이 맞는다면 비정규노동의 경험은 정규직 일자리를 찾는 데 긍정적인 영향을 미칠 것이고 과거 비정규노동의 경험을 기반으로 새로운 정규직 일자리를 찾는 것이 용이하게 될 것이다. 따라서 정규직화 가능성은 현 직장을 유지한 경우보다는 새로운 직장으로 이동할 때 정규직화가 용이할 것이다.

모형 7과 모형 8은 정규직과 비정규노동 간의 임금격차가 정규직 전환에 미치는 효과를 분석하기 위한 것이다. 정규직과 비정규노동 간의 임금격차는 개인속성이나 일자리 속성을 통제하여 추정한 값으로 생산성의 차이가 아니라 차별적인 성격이 강할 것이다. 따라서 여기서는 정규직과 비정규노동 간에 차별이 존재할 때 정규직화에 미치는 효과를 분석하게 될 것이다. 마지막으로 모형 9와 모형 10은 기준선 해저드를 기간추세로 추정하여 기간종속성의 여부를 파악하고자 한다. 만약 정규직화가 정(+)의 기간종속성을 갖는다면 비정규노동이 막장이라고 단언하기는 곤란할 것이다. 그러나 부(−)의 기간종속성을 갖

〈표 1-4-4〉 비정규노동의 정규직으로의 전환(이산형 비례 해저드 모형 I)

	모형 (1)			모형 (2)		
	추정계수	p-값	해저드율	추정계수	p-값	해저드율
남성	0.4033	0.0010	1.4968	0.5321	0.0010	1.7024
무배우자	0.0594	0.6760	1.0612	0.0311	0.8690	1.0315
가구주	0.1768	0.1620	1.1934	0.2180	0.1910	1.2436
고졸 이하	-0.2149	0.1510	0.8066	-0.3233	0.1060	0.7238
전문대졸 이하	-0.0271	0.8910	0.9732	0.1819	0.5060	1.1996
대졸 이상	-0.4265	0.0540	0.6528	-0.4690	0.1060	0.6256
경력연수	-0.0421	0.0090	0.9588	-0.0493	0.0180	0.9519
경력연수제곱	0.0003	0.2940	1.0003	0.0004	0.3140	1.0004
근속연수	0.1233	0.0030	1.1312	0.1390	0.0110	1.1492
근속연수제곱	-0.0011	0.5780	0.9989	-0.0009	0.7350	0.9991
로그임금	1.0027	0.0000	2.7257	1.3829	0.0000	3.9866
단시간근로	-0.6624	0.0050	0.5156	-0.7872	0.0050	0.4551
공공서비스업	-0.5142	0.0000	0.5980	-0.7972	0.0000	0.4506
민간서비스업	-0.6235	0.0000	0.5361	-0.8503	0.0000	0.4273
기타 산업	-1.0817	0.0000	0.3390	-1.4784	0.0000	0.2280
관리전문직	0.5507	0.0960	1.7344	0.8950	0.0540	2.4473
기술직	0.8423	0.0010	2.3218	1.2640	0.0000	3.5394
사무직	0.5799	0.0040	1.7858	0.8312	0.0020	2.2960
판매직	0.5581	0.0020	1.7473	0.6366	0.0040	1.8900
서비스직	-0.0912	0.6650	0.9128	0.0071	0.9770	1.0071
농업숙련공	0.5904	0.4000	1.8047	0.5737	0.5090	1.7749
기능직	0.1182	0.5100	1.1254	0.2089	0.3500	1.2324
조립공	0.4699	0.0050	1.5998	0.5999	0.0050	1.8219
10~299	1.1503	0.0000	3.1590	1.4311	0.0000	4.1834
300+	1.2708	0.0000	3.5639	1.7674	0.0000	5.8556
경기변동더미	-0.2932	0.1020	0.7459	-0.3226	0.1340	0.7243
경과기간(년)	추정계수	p-값	기준선 해저드	추정계수	p-값	기준선 해저드
1	-6.1427	0.0000	0.0021	-7.7205	0.0000	0.0004
2	-6.2502	0.0000	0.0019	-7.5834	0.0000	0.0005
3	-6.4615	0.0000	0.0016	-7.6670	0.0000	0.0005
4	-6.3576	0.0000	0.0017	-7.3686	0.0000	0.0006
감마분산				1.1869(0.3845)		
대수우도값	-1103			-1142		

주 1): 학력수준더미변수는 중졸 이하, 산업더미변수는 제조업, 직업더미변수는 단순노무직, 규모더미변수는 10인 미만 규모가 기준변수임.
주 2): 기준선 해저드에 해당하는 해저드율은 $\lambda_i(t) = 1 - \exp[-\exp(\gamma(t))]$에 의해서 계산됨.
주 3): 감마분산의 괄호값은 표준오차를 의미함.
주 4): 경기변동더미는 실업률이 3%대로 낮았던 2001년과 2002년을 1로 하고 실업률이 4% 이상이었던 1999년과 2000년을 0으로 함.
자료: 「경제활동인구조사」 부가조사자료, 1998년 9월~2002년 8월 자료를 패널화하여 표본으로 함.

는 것으로 나타난다면 비정규노동은 기간이 경과함에 따라 점점 더 정규직화가 어려운 함정이 될 것이다. 또한 이 모형을 이용하여 평균적인 노동자들의 정규직화 확률을 예측하게 될 것이다. 모형 11과 모형 12는 노조 유무의 변수를 포함하여 노조효과를 측정할 수 있으며, 모형 13과 모형 14는 4절에서 활용한 직업숙련수준 변수를 이용해 직업숙련수준에 따른 효과를 추정할 수 있다.

〈표 1-4-4〉의 하단에는 기준선 해저드에 관한 추정치와 해저드율이 나타나 있는데, 여기서 해저드율은 기준선 해저드 매개변수의 추정계수 $\gamma(t)$을 보완적 로그-로그 전환방식에 의해서 계산한 것이다. 모형 1과 모형 2의 경우 모든 기준선 해저드 추정치는 통계적으로 유의한 것으로 나타났다. 〈표 1-4-4〉에서 나타난 기준선 해저드 추정치를 보면 모형 1과 모형 2의 패턴이 상이하다. 개인의 미관찰 이질성을 통제하지 않은 모형 1의 경우에 3년 경과기간까지 기간이 경과할수록 해저드율이 낮아지는 부(−)의 기간종속적 패턴을 보이는 반면 모형 2는 기간이 경과할수록 해저드율이 높아지는 정(+)의 기간종속적 추세를 보인다.

모형 1과 모형 2의 감마분산과 모형 1과 모형 2의 대수우도값의 차이를 보면 미관찰 이질성이 0이라는 가설은 기각된다. 감마분산과 로그우도확률 검정의 유의도 수준은 모두 0.01 수준에서 유의한 것으로 나타났다. 따라서 모형 2에서의 미관찰 이질성 요인을 포함한 경우 능력과 같은 개인의 미관찰 요인이 정규직으로의 전환에 중요한 영향을 미치고 있음을 확인할 수 있다. 개인의 미관찰 이질성 요인이 통제되지 않은 경우에 개인의 능력이 있는 비정규직 노동자들이 우선 정규직으로 전환될 것이다. 따라서 모형 1은 기준선 해저드가 대체로 부(−)의 기간종속성을 나타내고 있는 것으로 보인다. 반면 모형 2에서 개인의 미관찰 이질성이 통제된 경우에 정규직화 해저드율은 기간이 경과해도 커다란 변화가 없는 것으로 나타났다.

〈표 1-4-4〉의 첫 단은 개인의 관찰된 이질성이 비정규노동에서 정규직으로의 전환 확률에 미치는 효과에 대한 추정치를 제시하고 있다. 우선 비정규노동

으로부터 정규직으로 전환에 관한 개인적 특성의 효과를 살펴보자. 남성이 여성에 비해 정규직 전환 가능성이 높은 것으로 나타났다. 남성은 미관찰 이질성을 통제하지 않았을 경우 여성에 비해 약 50% 해저드율이 높은 것으로 나타났으며, 미관찰 이질성을 통제한 경우에 해저드율은 약 70% 높아지는 것을 확인할 수 있다.[7]

교육수준별 해저드율을 살펴보면 특이한 결과가 나타나는데, 미관찰 이질성을 통제한 경우에 교육수준별 해저드율의 차이는 통계적으로 유의하지 않은 것으로 나타났다. 경력연수의 정규직 전환에 미치는 효과는 부(−)의 관계를 보였으나 크기는 미미한 것으로 나타났다. 경력연수가 1년 증가할 때 정규직 전환 가능성은 약 5% 정도 감소하는 것으로 나타났다. 반면 근속연수가 1년 증가할 때 정규직 전환 가능성은 약 15% 증가하는 것으로 나타났다. 이러한 결과는 현 직장에서 비정규노동의 경험은 정규직화에 유리하게 작용하지만 타 직장에서 비정규노동의 경험은 정규직화에 부정적인 영향을 미치고 있다는 사실을 보여 준다.

다음으로 임금수준이 비정규노동의 정규직으로의 전환에 미치는 효과를 살펴보면 비정규노동의 임금수준이 높을수록 정규직화 가능성이 매우 높은 것으로 나타났다. 비정규노동의 임금수준을 노동자의 생산성 수준으로 해석한다면 생산성이 높은 비정규노동의 경우에 정규직화가 용이한 것으로 해석할 수 있다. 한편 비정규노동의 정규직화에 교육효과가 거의 없거나 역효과가 나타난 것은 교육효과가 임금수준변수에 거의 포함되었기 때문인 것으로 보인다.

다음으로 일자리 속성별 정규직 해저드율을 살펴보자. 우선 산업별 효과를 보면 제조업을 기준으로 했을 때 공공서비스업은 제조업에 비해 약 55% 이상

---

7) Lancaster(1990)는 미관찰 이질성이 고려되지 못한 경우에 해저드율에 대한 과소추정을 야기한다고 지적한다. 남성의 전환 추정치도 모형 (1)에 비해 미관찰 이질성을 포함한 모형 (2)에서 추정치의 절대값이 커지는 결과를 보여 준다.

<표 1-4-5> 비정규노동의 정규직으로의 전환(이산형 비례 해저드 모형 II)

	모형 (3)			모형 (4)		
	추정계수	p-값	해저드율	추정계수	p-값	해저드율
남성	0.4160	0.0010	1.5159	0.5826	0.0010	1.7907
무배우자	0.0467	0.7400	1.0479	0.0060	0.9750	1.0060
가구주	0.1756	0.1610	1.1920	0.2239	0.1890	1.2509
고졸 이하	-0.1762	0.2340	0.8385	-0.3104	0.1270	0.7332
전문대졸 이하	0.0007	0.9970	1.0007	0.2161	0.4410	1.2412
대졸 이상	-0.4127	0.0600	0.6619	-0.4734	0.1110	0.6229
경력연수	-0.0398	0.0130	0.9610	-0.0481	0.0240	0.9531
경력연수제곱	0.0003	0.2710	1.0003	0.0004	0.2980	1.0004
직장유지 여부	0.2087	0.0330	1.2321	0.2345	0.0480	1.2643
로그임금	1.0626	0.0000	2.8940	1.4808	0.0000	4.3964
단시간근로	-0.6552	0.0060	0.5194	-0.7753	0.0060	0.4606
공공서비스업	-0.4810	0.0000	0.6182	-0.7880	0.0000	0.4548
민간서비스업	-0.6235	0.0000	0.5361	-0.8786	0.0000	0.4154
기타 산업	-1.0652	0.0000	0.3447	-1.5321	0.0000	0.2161
관리전문직	0.5285	0.1110	1.6965	0.9645	0.0420	2.6234
기술직	0.8806	0.0000	2.4125	1.3345	0.0000	3.7979
사무직	0.6170	0.0020	1.8533	0.8831	0.0010	2.4185
판매직	0.5940	0.0010	1.8112	0.6745	0.0030	1.9630
서비스직	-0.0661	0.7530	0.9360	0.0429	0.8650	1.0438
농업숙련공	0.5562	0.4260	1.7441	0.5234	0.5620	1.6877
기능직	0.1268	0.4780	1.1351	0.2190	0.3340	1.2448
조립공	0.4677	0.0050	1.5963	0.5980	0.0060	1.8184
10~299	1.1475	0.0000	3.1503	1.4632	0.0000	4.3197
300＋	1.3043	0.0000	3.6850	1.8284	0.0000	6.2239
경기변동더미	-0.2742	0.1260	0.7602	-0.2973	0.1740	0.7428

경과기간(년)	추정계수	p-값	기준선 해저드	추정계수	p-값	기준선 해저드
1	-6.5289	0.0000	0.0015	-8.2615	0.0000	0.0003
2	-6.5493	0.0000	0.0014	-7.9812	0.0000	0.0003
3	-6.6395	0.0000	0.0013	-7.9340	0.0000	0.0004
4	-6.3923	0.0000	0.0017	-7.4682	0.0000	0.0006
감마분산				1.3146(0.3967)		
대수우도값		-1,113			-1,100	

주 1): 학력수준더미변수는 중졸 이하, 산업더미변수는 제조업, 직업더미변수는 단순노무직, 규모더미변수는 10인 미만 규모가 기준변수임.
주 2): 기준선 해저드에 해당하는 해저드율은 $\lambda_i(t) = 1 - \exp[-\exp(\gamma(t))]$에 의해서 계산됨.
주 3): 감마분산의 괄호값은 표준오차를 의미함.
주 4): 경기변동더미는 실업률이 3%대로 낮았던 2001년과 2002년을 1로 하고 실업률이 4% 이상이었던 1999년과 2000년을 0으로 함.
자료: 「경제활동인구조사」부가조사자료, 1998년 9월~2002년 8월 자료를 패널화하여 표본으로 함.

〈표 1-4-6〉 비정규노동의 정규직으로의 전환 (이산형 비례 해저드 모형 III)

	모형 (5)			모형 (6)		
	추정계수	p-값	해저드율	추정계수	p-값	해저드율
남성	0.4070	0.0010	1.5024	0.5779	0.0010	1.7823
무배우자	0.0356	0.8010	1.0363	-0.0059	0.9760	0.9942
가구주	0.1921	0.1260	1.2118	0.2449	0.1560	1.2775
고졸 이하	-0.1844	0.2130	0.8316	-0.3129	0.1290	0.7314
전문대졸 이하	-0.0072	0.9710	0.9928	0.2239	0.4300	1.2509
대졸 이상	-0.4043	0.0660	0.6675	-0.4619	0.1240	0.6301
경력연수	-0.0279	0.0920	0.9725	-0.0335	0.1280	0.9671
경력연수제곱	0.0001	0.6320	1.0001	0.0002	0.6390	1.0002
이직여부	-0.3587	0.0050	0.6986	-0.4342	0.0070	0.6478
로그임금	1.0616	0.0000	2.8910	1.4962	0.0000	4.4647
단시간근로	-0.6599	0.0050	0.5169	-0.7818	0.0060	0.4576
공공서비스업	-0.4981	0.0000	0.6077	-0.7988	0.0000	0.4499
민간서비스업	-0.6552	0.0000	0.5193	-0.9099	0.0000	0.4026
기타 산업	-1.0952	0.0000	0.3345	-1.5653	0.0000	0.2090
관리전문직	0.5619	0.0910	1.7540	1.0135	0.0360	2.7553
기술직	0.8697	0.0000	2.3862	1.3475	0.0000	3.8479
사무직	0.6125	0.0020	1.8450	0.8830	0.0010	2.4182
판매직	0.5828	0.0010	1.7910	0.6604	0.0040	1.9355
서비스직	-0.0679	0.7460	0.9343	0.0471	0.8530	1.0482
농업숙련공	0.5869	0.3970	1.7983	0.5377	0.5550	1.7121
기능직	0.1243	0.4860	1.1323	0.2252	0.3270	1.2525
조립공	0.4479	0.0070	1.5650	0.6011	0.0070	1.8241
10~299	1.1363	0.0000	3.1151	1.4649	0.0000	4.3272
300+	1.3004	0.0000	3.6708	1.8588	0.0000	6.4162
경기변동더미	-0.2821	0.1150	0.7542	-0.3217	0.1450	0.7249

경과기간(년)	추정계수	p-값	기준선 해저드	추정계수	p-값	기준선 해저드
1	-6.3634	0.0000	0.0017	-8.1589	0.0000	0.0003
2	-6.4413	0.0000	0.0016	-7.9506	0.0000	0.0004
3	-6.5451	0.0000	0.0014	-7.9122	0.0000	0.0004
4	-6.2948	0.0000	0.0018	-7.4500	0.0000	0.0006
감마분산				1.3817(0.4143)		
대수우도값	-1,112			-1,098		

주 1): 학력수준더미변수는 중졸 이하, 산업더미변수는 제조업, 직업더미변수는 단순노무직, 규모더미변수는 10인 미만 규모가 기준변수임.
주 2): 기준선 해저드에 해당하는 해저드율은 $\lambda_i(t) = 1 - \exp[-\exp(\gamma(t))]$에 의해서 계산됨.
주 3): 감마분산의 괄호값은 표준오차를 의미함.
주 4): 경기변동더미는 실업률이 3%대로 낮았던 2001년과 2002년을 1로 하고 실업률이 4% 이상이었던 1999년과 2000년을 0으로 함.
자료: 「경제활동인구조사」 부가조사자료, 1998년 9월~2002년 8월 자료를 패널화하여 표본으로 함.

	모형 (7)			모형 (8)		
	추정계수	p-값	해저드율	추정계수	p-값	해저드율
남성	0.6903	0.0000	1.9942	0.9148	0.0000	2.4963
무배우자	0.0448	0.7520	1.0458	0.0135	0.9420	1.0136
가구주	0.1806	0.1520	1.1979	0.2211	0.1810	1.2474
고졸 이하	-0.0039	0.9790	0.9961	-0.0172	0.9310	0.9830
전문대졸 이하	0.2572	0.1940	1.2934	0.5699	0.0410	1.7680
대졸 이상	0.0207	0.9240	1.0209	0.1391	0.6310	1.1492
경력연수	-0.0130	0.4230	0.9871	-0.0091	0.6640	0.9910
경력연수제곱	-0.0002	0.5560	0.9998	-0.0003	0.4540	0.9997
근속연수	0.1696	0.0000	1.1848	0.2010	0.0000	1.2227
근속연수제곱	-0.0022	0.2940	0.9978	-0.0024	0.3610	0.9976
임금격차	-0.9774	0.0000	0.3763	-1.3327	0.0000	0.2638
단시간근로	-0.6914	0.0040	0.5009	-0.8081	0.0040	0.4457
공공서비스업	-0.4318	0.0010	0.6493	-0.6860	0.0000	0.5036
민간서비스업	-0.6122	0.0000	0.5422	-0.8329	0.0000	0.4348
기타 산업	-1.0063	0.0000	0.3656	-1.3763	0.0000	0.2525
관리전문직	0.9584	0.0040	2.6074	1.4373	0.0020	4.2095
기술직	1.1810	0.0000	3.2577	1.7407	0.0000	5.7015
사무직	0.8687	0.0000	2.3838	1.2333	0.0000	3.4327
판매직	0.7935	0.0000	2.2112	0.9698	0.0000	2.6373
서비스직	0.1232	0.5550	1.1311	0.3021	0.2260	1.3526
농업숙련공	0.6668	0.3390	1.9480	0.6474	0.4580	1.9106
기능직	0.3062	0.0870	1.3583	0.4661	0.0380	1.5938
조립공	0.6038	0.0000	1.8291	0.7800	0.0000	2.1814
10~299	1.2466	0.0000	3.4787	1.5584	0.0000	4.7511
300+	1.4818	0.0000	4.4009	2.0195	0.0000	7.5343
경기변동더미	-0.3041	0.0900	0.7378	-0.3334	0.1210	0.7165
경과기간(년)	추정계수	p-값	기준선 해저드	추정계수	p-값	기준선 해저드
1	-2.5735	0.0000	0.0734	-2.8129	0.0000	0.0583
2	-2.6228	0.0000	0.0700	-2.6002	0.0000	0.0716
3	-2.8175	0.0000	0.0580	-2.6592	0.0000	0.0676
4	-2.6796	0.0000	0.0663	-2.3106	0.0000	0.0944
감마분산				1.1485(0.3739)		
대수우도값	-1,104			-1,095		

주 1): 학력수준더미변수는 중졸 이하, 산업더미변수는 제조업, 직업더미변수는 단순노무직, 규모더미변수는 10인 미만 규모가 기준변수임.

주 2): 기준선 해저드에 해당하는 해저드율은 $\lambda_t(t) = 1 - \exp[-\exp(\gamma(t))]$에 의해서 계산됨.

주 3): 감마분산의 괄호값은 표준오차를 의미함.

주 4): 경기변동더미는 실업률이 3%대로 낮았던 2001년과 2002년을 1로 하고 실업률이 4% 이상이었던 1999년과 2000년을 0으로 함.

자료:「경제활동인구조사」부가조사자료, 1998년 9월~2002년 8월 자료를 패널화하여 표본으로 함.

〈표 1-4-8〉 비정규노동의 정규직으로의 전환(이산형 비례 해저드 모형 V)

	모형 (9)			모형 (10)		
	추정계수	p-값	해저드율	추정계수	p-값	해저드율
남성	0.2385	0.0020	1.2693	0.3600	0.0010	1.4333
무배우자	-0.1349	0.1030	0.8738	-0.1742	0.1180	0.8401
가구주	0.0408	0.6060	1.0416	0.0883	0.4160	1.0923
고졸 이하	0.0736	0.5210	1.0763	0.0718	0.6210	1.0745
전문대졸 이하	0.4283	0.0030	1.5346	0.6383	0.0010	1.8933
대졸이상	0.1607	0.2720	1.1744	0.2253	0.2500	1.2527
경력연수	-0.0454	0.0000	0.9556	-0.0615	0.0000	0.9404
경력연수제곱	0.0005	0.0070	1.0005	0.0007	0.0050	1.0007
근속연수	0.2259	0.0000	1.2534	0.3963	0.0000	1.4863
근속연수제곱	-0.0031	0.0350	0.9969	-0.0061	0.0160	0.9939
로그시간당 임금	2.4703	0.0000	11.8265	3.3257	0.0000	27.8194
단시간 근로	-4.3988	0.0000	0.0123	-5.4112	0.0000	0.0045
농림어업, 광업	-0.6901	0.0640	0.5015	-0.9046	0.0720	0.4047
전기가스수도업	-0.6331	0.2210	0.5309	-0.6951	0.3490	0.4990
건설업	-1.1221	0.0000	0.3256	-1.5068	0.0000	0.2216
도소매숙박업	-0.7048	0.0000	0.4942	-1.0205	0.0000	0.3604
운수통신업	-0.2502	0.0510	0.7786	-0.5486	0.0050	0.5778
금융보험업	-1.2394	0.0000	0.2896	-1.8470	0.0000	0.1577
부동산임대서비스업	-0.0011	0.9920	0.9989	0.0336	0.8150	1.0342
기타 공공서비스업	-0.4317	0.0000	0.6494	-0.6274	0.0000	0.5340
기타 민간서비스업	-0.2801	0.0510	0.7557	-0.4954	0.0140	0.6093
관리직	0.3937	0.0100	1.4825	0.6678	0.0040	1.9499
전문직	0.0984	0.4760	1.1034	0.1090	0.5670	1.1152
기술직	0.4284	0.0000	1.5347	0.6236	0.0000	1.8657
사무직	0.0144	0.9240	1.0145	0.1270	0.5000	1.1354
판매직	-0.6241	0.0010	0.5357	-0.6455	0.0060	0.5244
서비스직	-1.7237	0.2060	0.1784	-2.7301	0.2280	0.0652
기능직	-0.3765	0.0030	0.6862	-0.5005	0.0030	0.6062
조립공	0.1752	0.1320	1.1915	0.2720	0.0850	1.3125
9인	0.8742	0.0000	2.3969	0.9209	0.0000	2.5116
10~29인	1.3946	0.0000	4.0336	1.5953	0.0000	4.9300
30~99인	1.7488	0.0000	5.7479	2.0931	0.0000	8.1097
100~299인	1.7779	0.0000	5.9176	2.2550	0.0000	9.5357
300인 이상	1.8342	0.0000	6.2599	2.1121	0.0000	8.2652
노조 유무	0.2944	0.0000	1.3423	0.5510	0.0000	1.7351
경과기간(년)	추정계수	p-값	기준선 해저드	추정계수	p-값	기준선 해저드
1	-3.0721	0.0000	0.0453	-3.3571	0.0000	0.0342
2	-4.1334	0.0000	0.0159	-4.3099	0.0000	0.0133
사례수	6,667					
감마분산				1.087(0.2523)		
대수우도값	-2,045			-2,026		

〈표 1-4-9〉 비정규노동의 정규직으로의 전환(이산형 비례 해저드 모형 Ⅵ)

	모형 (11)			모형 (12)		
	추정계수	p-값	해저드율	추정계수	p-값	해저드율
남성	0.1609	0.0290	1.1746	0.2322	0.0250	1.2614
무배우자	-0.0976	0.2350	0.9070	-0.1293	0.2450	0.8787
가구주	0.0571	0.4660	1.0588	0.0884	0.4150	1.0924
고졸 이하	0.1425	0.2080	1.1531	0.1523	0.2890	1.1645
전문대졸 이하	0.5716	0.0000	1.7712	0.8231	0.0000	2.2774
대졸 이상	0.3895	0.0050	1.4763	0.5122	0.0060	1.6690
경력연수	-0.0495	0.0000	0.9517	-0.0683	0.0000	0.9340
경력연수제곱	0.0006	0.0010	1.0006	0.0008	0.0010	1.0008
근속연수	0.2390	0.0000	1.2700	0.4182	0.0000	1.5192
근속연수제곱	-0.0044	0.0000	0.9956	-0.0081	0.0000	0.9919
로그시간당임금	2.4631	0.0000	11.7416	3.3770	0.0000	29.2819
단시간 근로	-4.3742	0.0000	0.0126	-5.4318	0.0000	0.0044
농림어업, 광업	-0.7418	0.0430	0.4763	-0.9678	0.0450	0.3799
전기가스수도업	-0.5538	0.2740	0.5748	-0.6782	0.3550	0.5075
건설업	-1.2784	0.0000	0.2785	-1.6819	0.0000	0.1860
도소매숙박업	-0.8725	0.0000	0.4179	-1.1850	0.0000	0.3057
운수통신업	-0.1770	0.1670	0.8378	-0.3719	0.0540	0.6894
금융보험업	-1.3740	0.0000	0.2531	-1.9276	0.0000	0.1455
부동산임대서비스업	0.0142	0.8820	1.0143	0.1115	0.4180	1.1180
기타 공공서비스업	-0.3895	0.0000	0.6774	-0.5380	0.0000	0.5839
기타 민간서비스업	-0.3505	0.0130	0.7044	-0.5067	0.0090	0.6025
직업숙련수준	0.0302	0.4140	1.0306	0.0524	0.3170	1.0538
5~9인	0.8833	0.0000	2.4189	0.9380	0.0000	2.5548
10~29인	1.4152	0.0000	4.1173	1.6190	0.0000	5.0478
30~99인	1.7974	0.0000	6.0338	2.1390	0.0000	8.4912
100~299인	1.8551	0.0000	6.3922	2.3460	0.0000	10.4435
300인 이상	1.9149	0.0000	6.7864	2.1937	0.0000	8.9687
노조 유무	0.3033	0.0000	1.3544	0.5839	0.0000	1.7931
경과기간(년)	추정계수	p-값	기준선 해저드	추정계수	p-값	기준선 해저드
1	-3.2151	0.0000	0.0394	-3.5788	0.0000	0.0275
2	-4.2694	0.0000	0.0139	-4.5398	0.0000	0.0106
사례수	6,615					
감마분산				1.109(0.2542)		
대수우도값	-2,066			-2,026		

주: 학력수준더미변수는 중졸 이하, 산업더미변수는 제조업, 직업더미변수는 단순노무직, 규모변수는 5인
    미만이 기준변수임.
자료: 「경제활동인구조사」 부가조사자료, 2003년 8월~2005년 8월 자료를 패널화하여 표본으로 함.

해저드율이 낮게 나타났으며, 민간서비스업 역시 약 57% 이상 낮았다. 농림어업, 건설업, 광업의 기타 산업도 제조업에 비해 약 77% 정도 낮은 해저드율을 기록했다.

직업별 정규직 해저드율을 보면 미관찰 이질성을 통제한 경우에 단순노무직에 비해 관리전문직은 2.4배, 기술직은 3.5배 정도 정규직 해저드율이 높은 것으로 나타나 대체로 고기술 직업일수록 높은 해저드율을 보였다. 그러나 기능직, 서비스직과 농업숙련 종사자의 경우에는 해저드율이 단순노무직과 별차이가 없는 것으로 나타났으며, 판매직과 조립공은 단순노무직에 비해 해저드율이 높게 나타났다.

규모별 해저드율을 보면 규모가 큰 기업에 종사하는 비정규직 노동자일수록 정규직으로의 해저드율이 높게 나타났는데, 10인 미만 기업에 종사하는 비정규직 노동자보다 300인 이상 기업에 종사하는 비정규직 노동자는 약 5.9배더 정규직화 가능성이 높은 것으로 나타났다.

비정규직 노동자들의 정규직화 과정이 동일한 직장에서 이루어지는지, 아니면 이직을 통해 이루어지는지를 판단하기 위해 〈표 1-4-5〉와 〈표 1-4-6〉에서 직장유지변수와 이직경험변수를 포함하여 분석한 결과를 살펴보자. 〈표 1-4-5〉에서 지난 1년 동안 현 직장을 유지한 노동자가 그렇지 않은 노동자에 비해 약 26% 더 높은 해저드율을 기록했다. 〈표 1-4-6〉을 보면 이직을 경험한 비정규직 노동자는 그렇지 않은 노동자에 비해 약 35% 더 정규직화 가능성이 낮은 것으로 나타났다. 이러한 결과는 과거 비정규노동의 경험이 정규직화에 도움이 되지 않고 동일한 고용주 아래 기업특수적 숙련형성이 가능할 때 정규직으로의 전환도 용이해진다는 사실을 보여 준다.

다음으로 정규직과의 임금격차가 정규직으로의 전환에 미치는 효과를 살펴보자. 정규직과의 로그임금격차는 정규직을 대상으로 인적 속성과 사업체 속성을 통제한 임금방정식을 추정한 후 이 임금방정식에 의거해 비정규직 노동자의 임금을 추정하고 추정된 임금과 현재의 실제 비정규노동의 임금과의 차이로 측정했다. 〈표 1-4-7〉의 분석결과는 임금격차가 낮을수록 정규직으로의 전환 가능성이 높은 것으로 나타났다. 즉, 추정된 로그임금보다 실제 로그임금이 더 높은 비정규직 노동자일수록 정규직으로 전환 가능성이 매우 높은 것으로 나타났다. 이러한 결과는 동일한 인적·일자리 속성을 가정한 경우에 정규직과 비정규노동 간의 임금격차가 클수록 정규직으로의 전환이 어려워진다는 것을 의미한다.

〈표 1-4-8〉과 〈표 1-4-9〉는 비정규노동의 정규직으로의 전환에 노동조합과 직업숙련수준이 미치는 효과를 분석한 결과이다. 2002년 이전 「경제활동인구조사」 부가조사자료로는 노조효과와 직업숙련수준 효과를 살펴볼 수 없기 때문에 노조 유무의 변수와 산업 중분류 자료가 포함된 2003년에서 2005년의 「경제활동인구조사」 부가조사자료를 연결하여 사용했다.

〈표 1-4-8〉은 노조의 효과를 살펴본 것이며, 〈표 1-4-9〉는 직업숙련수준의 효과를 분석한 결과이다. 실증분석 결과는 노조가 있는 사업장에 종사하는 경우가 비노조사업장에 속한 경우에 비해 약 74% 더 해저드율이 높은 것으로 나타났다. 반면 직업숙련수준이 비정규노동의 정규직화에 미치는 효과는 거의 없는 것으로 나타났다.

〈표 1-4-10〉에서 경과기간에 로그를 취한 값을 이용하여 기간경과에 따른 기준선 해저드의 추세변화를 볼 수 있다. 미관찰 이질성을 통제하지 않은 모형 13에서 기준선 해저드는 부(−)의 기간종속성을 나타내고 있으나 미관찰 이질성을 통제한 모형 10에서는 정(+)의 기간종속성을 보이는 것으로 나타났다. 이것은 앞서 지적한 바와 같이 능력이 있는 비정규노동자일수록 우선적으로 정규직화될 가능성이 높기 때문에 나타나는 현상으로 설명된다. 그러나 미관찰 이질성을 통제하지 않은 모형 13이나 미관찰 이질성을 통제한 모형 14 모두에서 기준선 해저드는 통계적으로 유의하지 않은 값을 나타내고 있다.

〈그림 1-4-1〉은 〈표 1-4-10〉의 추정치를 이용하여 해저드율을 예측한 것이다. 전체적으로 평균적인 비정규노동자가 기간별로 정규직으로 전환하는 확

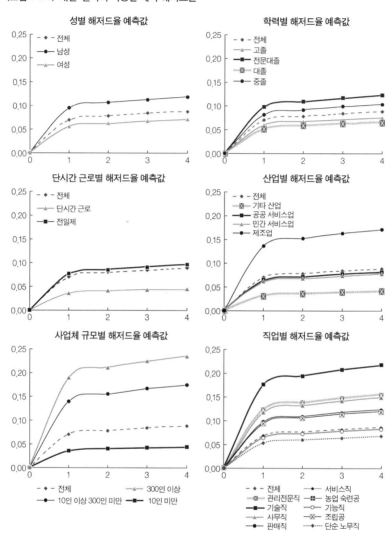

〈그림 1-4-1〉 개인·일자리 속성별 예측 해저드율

주: 〈표 1-4-10〉의 추정치를 이용한 해저드율 예측값임.

률을 예측하면 1년 경과기간 후 6.9%, 2년 경과기간 후 7.8%, 3년 경과기간 후 8.4%, 4년 경과기간 후 8.8%로 나타났다. 정규직 전환 확률은 1년 경과기간 후 5.3%, 2년 경과기간 후 6%로 나타났다.

〈표 1-4-10〉 비정규노동의 정규직으로의 전환(이산형 비례 해저드 모형 Ⅶ)

	모형 (13)			모형 (14)		
	추정계수	p-값	해저드율	추정계수	p-값	해저드율
기준선 위험	-0.1896	0.2880	0.8273	0.1786	0.4550	1.1956
남성	0.4033	0.0010	1.4968	0.5347	0.0010	1.7070
무배우자	0.0607	0.6690	1.0626	0.0312	0.8680	1.0317
가구주	0.1775	0.1580	1.1942	0.2197	0.1860	1.2458
고졸 이하	-0.2160	0.1480	0.8057	-0.3277	0.1010	0.7206
전문대졸 이하	-0.0255	0.8980	0.9748	0.1839	0.5020	1.2019
대졸 이상	-0.4243	0.0550	0.6542	-0.4644	0.1090	0.6285
경력연수	-0.0422	0.0090	0.9587	-0.0492	0.0180	0.9520
경력연수제곱	0.0003	0.2910	1.0003	0.0004	0.3150	1.0004
근속연수	0.1207	0.0030	1.1283	0.1353	0.0130	1.1449
근속연수제곱	-0.0010	0.6210	0.9990	-0.0007	0.8070	0.9993
로그임금	1.0038	0.0000	2.7286	1.3832	0.0000	3.9876
단시간 근로	-0.6605	0.0050	0.5166	-0.7796	0.0050	0.4586
공공서비스업	-0.5169	0.0000	0.5964	-0.7963	0.0000	0.4510
민간서비스업	-0.6260	0.0000	0.5347	-0.8499	0.0000	0.4274
기타 산업	-1.0862	0.0000	0.3375	-1.4809	0.0000	0.2274
관리전문직	0.5402	0.1020	1.7164	0.8814	0.0580	2.4143
기술직	0.8391	0.0010	2.3143	1.2497	0.0000	3.4892
사무직	0.5795	0.0040	1.7851	0.8291	0.0020	2.2912
판매직	0.5530	0.0020	1.7385	0.6290	0.0050	1.8757
서비스직	-0.0930	0.6590	0.9112	0.0059	0.9810	1.0060
농업숙련공	0.5987	0.3920	1.8198	0.5999	0.4910	1.8219
기능직	0.1183	0.5090	1.1256	0.2098	0.3480	1.2334
조립공	0.4682	0.0050	1.5971	0.6002	0.0050	1.8224
10~299인	1.1516	0.0000	3.1633	1.4317	0.0000	4.1856
300인 이상	1.2760	0.0000	3.5822	1.7723	0.0000	5.8844
경기변동더미	-0.2565	0.1460	0.7737	-0.2739	0.1930	0.7604
상수항	-6.1745	0.0000	0.0021	-7.7641	0.0000	0.0004
감마분산				1.1869(0.3866)		
대수우도값	-1,094			-1,104		

주 1): 학력수준더미변수는 중졸 이하, 산업더미변수는 제조업, 직업더미변수는 단순노무직, 규모더미변수는 10인 미만 규모가 기준변수임.
주 2): 기준선 해저드에 해당하는 해저드율은 $\lambda_i(t) = 1 - \exp[-\exp(\gamma(t))]$에 의해서 계산됨.
주 3): 감마분산의 괄호값은 표준오차를 의미함.
주 4): 경기변동더미는 실업률이 3%대로 낮았던 2001년과 2002년을 1로 하고 실업률이 4% 이상이었던 1999 년과 2000년을 0으로 함.
자료: 「경제활동인구조사」 부가조사자료, 1998년 9월~2002년 8월 자료를 패널화하여 표본으로 함.

이러한 예측값은 앞의 식 (6)과 식 (7)에 추정된 기준선 해저드값과 설명변수의 평균적인 값을 산입하여 계산한 것이다. 이와 같이 예측한 결과는 평균적인 비정규직 노동자의 경우에 기간이 경과함에 따라 비정규노동에서 정규직으로 전환하는 정(+)의 추세를 보여 주고 있기는 하나 통계적으로 유의할 정도는 아니다. 결국 한국의 비정규노동은 4년 기간이 경과한 후에도 8.8%만이 정규직으로 전환할 수 있는 것으로 나타났으며, 기간이 경과한다고 해서 정규직 가능성이 높아지지는 않는 것으로 나타나 함정성이 존재하는 것으로 판단할 수 있다.

다음으로 인적 속성별, 일자리 속성별 해저드율의 예측값을 살펴보자. 우선 성별 해저드율의 예측값을 보면 남성이 여성에 비해 약 5% 정도 정규직 전환 가능성이 높은 것으로 나타났다. 학력별로 살펴보면 전문대 졸업자와 중졸 이하의 경우 4년 경과기간 후 약 10% 이상의 해저드율을 기록한 반면, 고졸 이하와 대졸 이상의 경우는 6~8% 수준에 그치는 것으로 나타나 학력수준이 높다고 해서 정규직화가 잘 되는 것은 아닌 것으로 나타났다. 한편 단시간 근로자에 해당하는 노동자일수록 정규직화가 매우 어려운 것으로 나타났으며, 제조업이 다른 산업에 비해 월등히 높은 해저드율을 기록한 반면, 농림어업이나 광업, 서비스업은 10% 미만의 해저드율을 기록했다. 직업별로 살펴보면 대체로 기술수준이 높은 직업일수록 해저드율이 높아지는 것으로 나타났는데, 특히 기술직이 높은 해저드율을 기록했으나 서비스직과 단순노무직은 낮은 해저드율을 기록했다. 사업체 규모별로 300인 이상 사업체에서는 4년 경과기간 후 23%의 높은 해저드율을 기록했으나 10인 미만 사업체에서는 4%의 매우 낮은 해저드율을 보였다. 전체적으로 여성에 비해 남성이, 서비스업이나 농림어업에 비해 제조업이, 기술수준이 높은 직업일수록, 사업체 규모가 클수록 정규직화 가능성이 높아지는 것으로 예측되었다.

6. 결론

이 연구는 비정규노동의 동학적인 메커니즘을 파악하고자 했으며, 이를 위해서 보다 엄밀한 분석방법을 이용했다. 과연 비정규노동이 함정성을 가지고 있는지 아니면 정규직으로 전환하기 위한 디딤돌 역할을 수행하는지 실증 분석했다. 만약 비정규노동이 정규직으로 전환하는 디딤돌 역할을 한다면 비정규노동의 문제는 심각한 수준은 아닐 것이다. 그러나 함정성이 강한 것으로 나타난다면 비정규노동은 중요한 사회적 문제로 이를 해결하기 위한 정책적·제도적 노력이 요구될 것이다.

실증분석 방법은 주로 이산형 자료를 이용한 기간분석을 방법을 이용했다. 이산형 분석방법은 미관찰 개인의 이질성과 기준선 해저드를 비모수적으로 추정하는 Prentice-Gloekler-Meyer 해저드 모형을 이용했다. 실증분석 자료는 1998년에서 2002년까지「경제활동인구조사」부가자료를 이용했다.

이 연구에서 실증분석 결과를 요약하면 다음과 같다.

첫째, 한국의 경우 4년이 경과한 후 비정규노동의 정규직화 가능성은 약 9% 미만인 것으로 나타났으며 미관찰 이질성을 통제한 후 비정규노동의 정규직으로의 전환패턴은 정(+)의 기간종속적인 추세를 보이고 있으나 통계적으로 유의한 수준은 아니다. 이러한 결과에 따라 비정규노동의 함정성이 존재하는 것으로 판단할 수 있다.

둘째, 비정규노동자 중 여성이나 저기술 직업군과 같은 주변부 노동자일수록 정규직으로 전환이 어려운 것으로 나타났으며, 임금수준이 낮을수록 정규직화가 어려웠다. 인적 속성과 일자리 속성을 통제한 후 정규직과 비정규노동 간의 임금격차는 정규직화와 부(−)의 관계를 보였다. 이러한 결과는 비정규노동과 정규직 간의 차별이 실질적으로 해소되면 비정규노동의 정규직화에 긍정적인 영향을 미칠 수 있음을 보여 준다.

셋째, 현 직장을 유지하거나 장기근속 비정규노동자일수록 정규직화의 가능성이 높은 것으로 나타났다. 이것은 기업특수적 숙련형성이 비정규노동의 정규직화에 긍정적으로 작용하는 것으로서 동일한 고용주 아래에서의 정규직화가 직장이동을 통해 정규직화하는 것보다 유리하다는 것을 의미한다. 따라서 직업탐색가설은 지지되기 어려우며, 선별가설에서 강조하는 숙련형성 여부가 비정규노동의 정규직화에 중요한 영향을 미치는 것으로 확인되었다.

넷째, 노조가 존재하는 사업장에 종사하는 경우 그렇지 않은 경우에 비해 비정규노동의 정규직화 가능성이 높은 것으로 나타났다. 이러한 결과는 내부자-외부자 가설을 지지하지 않는 것이다.

이 연구는 엄밀한 실증분석 방법을 이용해 비정규노동의 정규직으로의 전환 가능성에 대해 분석했다. 이러한 분석은 비정규노동의 정규직화와 관련해 이산형 비례 해저드 모형이라는 진전된 분석방법을 이용해 처음 시도된 연구라 할 수 있다. 실증분석 결과는 다른 대부분 선진국에서의 실증분석 결과와 달리 비정규직의 함정성이 매우 강한 것으로 나타났다. 이러한 결과는 한국에서 비정규노동의 문제가 매우 심각한 수준임을 다시금 확인시켜 준다. 따라서 비정규노동의 문제를 해결하기 위해서는 비정규노동자의 처우개선이나 차별해소만이 아니라 정규직화를 위한 정책적 대안이 요구된다. 스페인의 경우와 같이 비정규직의 정규직화를 위한 인센티브 정책의 도입도 적극적으로 고려해 볼 필요가 있다.

참고문헌

금재호. 2000. 「비정규직 함정은 존재하는가」. ≪분기별 노동동향분석≫, 제13권 제4호, 37~53쪽. 한국노동연구원.

김유선. 2003a. 「기업의 비정규직 사용 결정 요인」. ≪노동정책연구≫, 제3권 제3호, 27~47쪽. 한국노동연구원.

김유선. 2003b. 「비정규직 규모와 실태」. ≪노동사회≫, 제72권, 167~184쪽. 한국노동사회연구소.

김유선. 2004. 「비정규직 규모와 실태」. ≪노동사회≫, 제93권, 10~46쪽. 한국노동사회연구소.

김유선. 2005. 「비정규직 규모와 실태」. ≪노동사회≫, 제105권, 10~49쪽. 한국노동사회연구소.

남재량·김태기. 2000. 「비정규직, 가교(bridge)인가 함정(trap)인가?」. 『노동경제논집』, 제23권 제2호, 81~106쪽. 한국노동경제학회.

류기철. 2001. 「취업형태의 지속성에 관한 연구」. 『노동경제논집』, 제24권 제1호, 207~230쪽. 한국노동경제학회.

류재우·김재홍. 2001. 「근래의 상용직 비중 변화에 대한 동태적 분석」. 『노동경제논집』, 제24권 제1호, 253~283면. 한국노동경제학회.

박우성·박재용. 2005. 「노동조합과 비정규직의 활용: 실증분석과 시사점」. ≪산업관계연구≫, 제15권 제1호, 23~41쪽. 한국산업노동학회.

안주엽·노용진·박우성 외. 2001. 『비정규근로의 실태와 정책 과제 (I)』. 한국노동연구원.

안주엽·조준모·남재량. 2002. 『비정규근로의 실태와 정책 과제 (II)』. 한국노동연구원.

안주엽·김동배·이시균. 2003. 『비정규근로의 실태와 정책 과제 (III)』. 한국노동연구원.

이병훈·김동배. 2003. 「비정규인력 활용의 노조효과에 관한 탐색적 연구」. 『제1회 사업체패널 학술 학술대회 논문집』. 한국노동연구원.

이효수. 2002. 「노동시장 환경변화와 노동시장의 구조변동」. ≪경제학연구≫, 제50권 제1호, 243~274쪽. 한국경제학회.

장지연·한준. 2000. 「정규/비정규 전환을 중심으로 본 취업력과 생애과정」. 『노동경제논집』, 제23권 특별호, 33~53쪽. 한국노동경제학회.

Abraham, K. G. 1998. "Flexible Staffing Arrangements and Employers' Short-term Adjustment Strategies." R. A. Hart.(eds.) *Employment Unemployment and Labor Utilization*. London: Unwin Hyman Press.

Adam P. and P. Canziani. 1998. "Partial Deregulation: Fixed Term Contracts in Italy and Spain." *Centre for Economic Performance*, Discussion Paper No.386.

Alba Ramírez, A. 1998. "How Temporary is Temporary Employment in Spain?" *Journal of Labor Research*, 19(4), pp.695-710.

Amuedo-Dorantes, C. 2000. "Work Transitions into and out of Involuntary Temporary Employment in a Segmented Market: Evidence from Spain." *Industrial and Labor Relations Review*,

53(2), pp.309-325.

Amuedo-Dorantes, C. 2001. "From 'Temp to Perm': Promoting Permanent Employment in Spain." *International Journal of Manpower*, 22(7), pp.625-647.

Arulampalam, W. and A. Booth. 1998. "Traning and Labour Market Flexibility: Is There a Trade off?" *British Journal of Industrial Relations*, 36(4), pp.521-536.

Atkinson, J. 1987. "Flexibility or Fragmentation? The United Kingdon Labor Market in the Eighties." *Labor and Society*, 12(1), pp.87-105.

Autor, D. 2000. "Outsourcing at Will: Unjust Dismissal Doctrine and the Growth of Temporary Help Firms." NBER Working Paper No.7557.

Blanchard, O. and A. Landier. 2002. "The Perverse Effects of Partial Labour Market Reform: Fixed Term Contracts in France." *The Economic Journal*, 112(480), pp.214-244.

Booth, A. L., M. Francesconi, and F. Jeff. 2000. "Temporary Jobs: Who Gets Them, What Are They Worth, and Do They Lead Anywhere?" *Institute for Labour Research*, Discussion Paper No.DP00-54, University of Essex.

Booth, A. L., M. Francesconi, and F. Jeff. 2002. "Temporary Jobs: Stepping Stones or Dead Ends?" *The Economic Journal*, 112(480), pp.189-213.

Büchtemann, C. F. and S. Quack. 1989. "Bridges or Traps? Non-standard Employment in the Federal Republic of Germany" G. Rodgers.(eds.) *Precarious Jobs in Labor Market Regulation*. Geneva: International Labour Office.

Bulow, J. I. and L. H. Summers. 1986. "A Theory of Dual Labor Markets with Application to Industral Policy, Discrimination and Keynesian Unemployment." *Journal of Labor Economics*, 4(3), pp.376-414.

Burgess, J. and I. Campbell. 1998. "Casual Employment in Australia: Growth, Characteristics, A Bridge or Trap?" *The Economic and Labour Relations Review*, 9(1), pp.31-54.

Chalmers, J. and G. Kalb. 2000. "Are Casual Jobs a Freeway to Permanent Employment?" Working Papers 8/2000, Monash University.

Chalmers, J. and G. Kalb. 2001. "Moving from Unemployment to Permanent Employment: Could a Casual Job Accelerate the Transition?" *The Australian Economic Review*, 35(4), pp.415-436.

Contini, B., L. Pacelli, and V. Claudia. 1999. "Short Employment Spells in Italy, Germany and Great Britain: Testing the 'Port of Entry' Hypothesis." CEP Discussion Paper No.426.

Dekker, R. 2001. "'A Phase They're Going Through': Transitions from Nonregular to Regular Jobs in Germany, The Netherlands and Great Britain." Paper presented at the Symposium, June 14/15, The Hague, The Netherlands.

Dolton, P. and W. Klaauw. 1995. "Leaving Teaching in the UK: A Duration Analysis." *The Economic Journal*, pp.105-429.

Farber, H. S. 1997. "Job Creation in the United States: Good Jobs or Bad?" Paper presented at

Conference on Labor Market Inequality, Madison, Wisconsin, January.

Frandesconi, M. and C. Garcia-Serrano. 2002. "Unions, Temporary Employment and Hours of Work: A Tale of Two Countries." ISER Working Papers No. 2003-3.

Gagliarducci, S. 2002. "Persistence in Temporary Jobs: A European Comparison." mimeo.

García-Pérez, J. I. and F. Muñoz-Bullón. 2005. "Temporary Help Agencies and Occupational Mobility." *Oxford Bulletin of Economics and Statistics*, 67(2), pp. 163-180.

Gash, V. 2003. "Bridge or Trap? The Transitions of Atypical Workers to the Standard Employment Contract in Denmark, France and United Kingdom." Paper Prepared for the ISA RC28 Conference, on Education and Social Inequality New York Meeting, August 22-24.

Güell, M. 2000. "Fixed Term Contracts and Unemployment: An Efficiency Wage Analysis." Princeton University, Industrial Relations Section Working Paper No. 433.

Güell, M. and B. Petrongolo. 2000. "Workers' Transitions from Temporary to Permanent Employment: The Spanish Case." *Centre for Economic Performance*, Discussion Paper No. 438.

Han, A. and A. Hausman. 1990. "Flexible Parametric Estimation of Duration and Competing Risk Models." *Journal of Applied Econometrics*, 5(1), pp. 1-28.

Heckman, J. and B. Singer. 1984. "A Method for Minimizing The Impact of Distributional Assumptions in Econometric Models for Duration Data." *Econometrica*, 53(2), pp. 271-320.

Holmund, B. and D. Storrie. 2002. "Temporary Work in Turbulent Times: The Swedish Experience." *The Economic Journal*, 112(480), pp. 245-269.

Houseman, S. 1997. *Temporary, Part-Time and Contract Employment in the United States: A Report on the W. E. Upjohn Institute's Employer Survey of Flexible Staffing Policies*. W. E. Upjohn Institute.

Kalleberg, A. L., F. B. Reskin, and K. Hudson. 2000. "Bad Jobs in America: Standard and Nonstandard Employment Relations and Job Quality in The United States." *American Sociological Review*, 65(2), pp. 256-278.

Katz, L. and B. D. Meyer. 1990. "Unemployment Insurance, Recall Expectations, and Unemployment Outcomes." *The Quarterly Journal of Economics*, 105(4), pp. 973-1002.

Korpi, T. and L. Henrik. 2001. "Precarious Footing: Temporary Employment as a Stepping Stone out of Unemployment in Sweden." *Work, Employment and Society*, 15(1), pp. 127-148.

Lancaster, T. 1990. *The Econometric Analysis of Transition Data*. Econometric Society Monographs, No. 17.

Lee, D. R. 1996. "Why is Flexible Employment Increasing?" *Journal of Labor Research*, 17(4), pp. 544-554.

Lenz, E. A. 1996. "Flexible Employment: Positive Work Strategies for the 21st Century." *Journal of Labor Research*, 17(4), pp. 555-566.

Magum, G., D. Mayall, and K. Nelson. 1985. "The temporary help industry: a response to the dual internal labour market." *Industrial and Labor Relations Review*, 38, pp.599-611.

McGovern, P., D. Smeaton, and S. Hill. 2004. "Bad Jobs in Britain: Nonstandard Employment and Job Quality." *Work and Occupations*, 31(2), pp.225-249.

Meyer, B. D. 1990. "Unemployment Insurance and Unemployment Spells." *Econometrica*, 58 (4), pp.757-782.

Nollen, S. D. 1996. "Negative Aspects of Temporary Employment." *Journal of Labor Research*, 17(4), pp.567-582.

Nunziata, G. and S. Staffolani. 2001. "The Employment Effects of Short Term Contracts Regulations in Europe." mimeo, Nuffield College, Oxford.

OECD. 1999. *Employment Outlook*. Organisation for Economic Co-operation and Development.

OECD. 2002. *Employment Outlook*. Organisation for Economic Co-operation and Development.

OECD. 2005. *Employment Outlook*. Organisation for Economic Co-operation and Development.

Pfeffer, J. and J. N. Baron. 1988. "Taking the workers back out: Recent trends in the structuring of employment." B. M. Staw and L. L. Cummings.(ed.) *Research in Organizational Behavior*, 10, pp.257-303.

Polivka, A. E. 1996a. "Contingent and alternative work arrangements, defined." *Monthly Labor Review*, 119(10), pp.3-9.

Polivka, A. E. 1996b. "Into contingent and alternative employment: By choice?" *Monthly Labor Review*, 119(10), pp.55-74.

Prentice, R. and L. Gloeckler. 1978. "Regression Analysis of Grouped Survival Data with Application to Breast Cancer Data." *Biometrics*, 34, pp.57-67.

Rebitzer, J. B. and L. J. Taylor. 1991a. "Work Incentives and the Demand for Primary and Contingent Labor." NBER Working Paper No.3647.

Rebitzer, J. B. and L. J. Taylor. 1991b. "A Model of Dual Labor Markets When Product Demand is Uncertain." *The Quarterly Journal of Economics*, 106(4), pp.1373-1383.

Segal, L. M. and D. G. Sullivan. 1995. "The temporary labor force." *Economic Perspectives*, 19 (2), pp.2-19.

Smith, V. 1994. "Institutionalizing flexibility in a service firm: Multiple contingencies and hidden hierarchies." *Work and Occupations*, 21(3), pp.285-307.

Storrie, D. 2002. "Temporary Agency Work in the European Union." Consolidated Report, European Foundation for the Improvement of Working Life and Living Conditions.

Varejão, J. and P. Portugal. 2003. "Why Do Firms Use Fixed Term Contracts?" Banco De Portugal Economic Research Department, WP 8-03.

Zijl, P., A. Heyma, and G. Berg. 2003. "Stepping-stones for the unemployed: The effect of temporary jobs on the duration until regular work." Working Paper Series No.2004:19, IFAU-Institute for Labour Market Policy Evaluation.

제5장

정규직근로자와 기간제근로자의 노조 임금프리미엄 비교 연구*

1. 서론

근로자가 노동조합에 가입할 경우 상승되는 임금의 증가 분을 의미하는 노조임금효과의 크기를 추정하는 것은 경제학의 오랜 관심사이고, 지금까지 적지 않은 이론적·실증적 연구성과가 축적되어 왔다. 그러나 한국에서 노조의 임금프리미엄에 관한 연구는 상대적으로 짧은 자주적 노조활동의 역사와 노조의 역할을 평가함에 있어 상반된 이데올로기적 입장 때문에 합의될 만큼의 일관되고 충분한 연구가 수행되지 못했다.

1990년대 이래 비정규직의 문제가 노동시장의 중요한 이슈로 등장하면서 노동시장 성과에 있어 고용형태별 격차에 주목하는 연구들이 수행되기 시작했지만 자료상의 제약 때문에 노동조합에 관한 내용까지 검토되지는 못했다.

이 글은 노동자의 고용형태와 노동조합 가입 여부에 대한 식별까지 가능한

---

*   윤진호·김정우, 『인하대학교 경상논집』, 25호(2011)에 게재되었다.

데이터를 이용하여 노동조합 임금프리미엄의 차이를 살펴보고자 한다. 이를 통해 노동조합의 임금프리미엄이 조합원들에게만 집중적으로 발생되는지, 혹은 노조가 조직되어 있는 사업체에 골고루 나타나는지, 특히 정규직·비정규직 등 고용형태에 따라 노동조합 임금프리미엄의 크기가 어떻게 달라지는지 살펴볼 수 있을 것이며 이를 통해 보다 적절한 정책적 함의의 도출도 가능하리라 기대된다.

이 글은 4개의 절로 구성된다. 제1절 서론에 이어 제2절에서는 일반적 수준에서 거론되는 노동조합 임금프리미엄에 관한 이론적 주장과 국내외 주요 선행연구 결과를 요약한다. 제3절에서는 노동조합 임금프리미엄의 크기를 추정하는데, 고용형태별로 노조임금효과의 차이가 어떻게 다른지 살펴본다. 제4절에서는 고용형태별 임금프리미엄의 크기가 갖는 정책적 함의를 살펴보고 결론을 맺는다.

2. 노동조합의 임금효과를 둘러싼 주장과 논쟁

1) 이론적 배경

노동조합의 조직화는 여러 가지 방식으로 조합원뿐 아니라 비조합원에게도 영향을 미치는데, 이때 순수한 노조의 임금효과(pure union wage advantage)는 ｛(Wu－Wn)/Wn｝×100과 같이 표현된다.[1]

노동조합이 조합원과 비조합원에게 미치는 효과는 크게 유출효과(spillover effect)[2], 위협효과(threat effect)[3], 대기실업효과(wait employment effect)[4], 수

---

[1] 여기서 Wu는 노조원의 임금, Wn은 비노조원의 임금임. McConnell, Brue, and Macpherson (2006) 참조.

요효과(demand effect)[5] 등이 있다.

이 글에서는 이러한 노동조합의 여러 가지 효과 중 임금효과를 중심으로 살펴보겠다. 노조가 임금수준에 미치는 영향을 정확히 파악하기 위해서는 노조가 존재하지 않을 때 개별 근로자의 경쟁시장 균형임금을 파악하여 그 효과의 크기를 추정해야 하지만 경쟁시장 균형임금은 이미 노조가 존재하는 현실에서 관찰 불가능한 변수이다. 따라서 경쟁시장 균형임금과 노조원의 임금을 비교하는 절대임금효과(absolute wage effect)의 측정은 불가능하며, 노조부문의 상대적 임금효과(union relative wage effect)만 추정할 수 있는 것이다.

2) 선행연구 결과

노조가 임금에 미친 영향은 노동경제학에서 가장 빈번하게 연구되어 온 주제 중 하나이다. 그간 서구의 노동경제학자들 사이에는 여러 통제변수들을 통제할 경우 노조-비노조 간 임금격차가 약 10~20% 정도라는 것이 정설이었다.

1967~1979년에 미국에서 이루어진 143개 실증연구 결과를 총괄한 Lewis

---

2) 유출효과란 노동조합이 노조 조직부문의 임금을 인상시켜 해당 부분의 고용을 감소시키며, 이로 인해 발생한 노조부문의 실업이 비노조부문으로 이동해 비노조부문의 임금이 하락되는 효과를 의미한다.

3) 노동자들의 잠재적인 조직 결성 위협에 의해 비노조부문의 임금이 인상되는 효과를 위협효과라 한다. 이는 비노조부문의 사용자들이 노조 결성으로 인한 노동비용 상승, 경영재량권 제한 등의 가능성을 배제하기 위해 비노조부문의 임금을 인상하는 경우에 발생한다.

4) 노조부문에서 실직한 노동자가 임금수준이 높은 노조부문에 재취업할 수 있는 것으로 기대하면, 임금수준이 상대적으로 낮은 비노조부문으로 이동하지 않고 노조부문에 남아 구직활동을 하는데 이런 효과를 대기실업효과라 한다.

5) 수요효과란 요소가격의 변동에 의한 재화의 가격변동에 따른 임금효과를 말한다. 노조부문에서 노동조합의 활동으로 조직부문의 노동수요가 증가하면 조직부문의 임금이 인상되며 이에 따라 생산재화의 가격이 상승하는데, 이런 상황에서 상대적으로 재화의 가격이 유리해지는 비노조부문의 재화에 대한 수요가 증가하고, 이에 따라 비조직부문의 임금이 상승하는 효과이다.

(1986)에 따르면 노조의 상대임금격차는 평균 15% 정도였다.

Booth(1995)에 따르면 영국은 8% 정도였다. Jarrell and Stanley(1990)에 의한 메타분석에서는 노조의 임금격차가 평균 9~12%에 달했다. 한편 Blanchflower and Freeman(1992)에 따르면, 1985~1987년에 노조의 임금프리미엄은 미국 20%, 영국 10%였고 Blanchflower and Bryson(2002)에 따르면 17개국의 노조 임금격차는 평균 12% 정도로 나타났다. 비교적 최근인 Hirsch and Macpherson (2004)의 연구에 따르면 공공부문의 노조 임금프리미엄은 10%, 민간부문의 노조 임금프리미엄은 16%에 달하는 것으로 나타났다.

이상과 같이 대개의 노동경제학 교과서들도 노조의 임금격차를 약 10~20%라고 기술하고 있다.

노조의 임금격차를 측정하고자 하는 선행연구들의 발전과정은 방법론적으로 보면, 임금효과 추정의 계량경제학적 이슈를 해결해 나가는 과정과 거의 일치한다.

노조의 임금효과를 단순선형회귀분석(OLS)으로 추정할 경우 여러 가지 한계에 봉착하게 되는데, 이는 노조부문과 비노조부문의 노동자 사이에는 체계적으로 다른 미관측 이질성이 존재하고 이때 이를 적절하게 통제하지 않을 경우 선택편의(selection bias)가 발생하기 때문이다. Faber and Saks(1980)에 따르면 노동자가 작업장에서 노조를 원하는 확률은 그가 작업장의 임금분포에서 지위가 오를수록 감소해 간다고 했다. 이는 곧 노동자 선택 모형(worker choice model)을 지지하는 것이다.

OLS 모형에서는 만약 노조 조직률이 외생변수라면 추정값은 편의되지 않지만 실제로 노조 조직률은 내생변수라고 봐야 하기 때문에 편의가 발생한다. OLS 모형이 갖는 선택편의 문제와 내생성 문제를 극복하기 위한 무수한 연구가 있었다. 연립방정식을 사용하거나 시계열 데이터를 사용한 연구들이 그것이다(Hirsch and Addison, 1986; Robinson, 1989).

이 중, 도구변수를 사용하거나 Heckman 2단계 추정을 통해 얻은 결과들은 추정결과의 강건성(robustness)이 결여되었거나 오차항과 설명변수들을 어떤 가정에 의해 처리하는가에 따라 몹시 민감하게 변화하는 추정치들을 보였다.[6]

반면에 개인의 유노조 일자리에서 무노조 일자리로의 이동에 관한 정보가 포함된 데이터를 이용한 시계열 연구는 개인의 고정효과(fixed effect)를 통해 미관찰 변수를 통제할 수 있게 함으로써 선택편의 문제를 해결할 수 있게 한 다. 그러나 유노조-무노조 일자리 간의 이동이 드문 조건하에서는, 이러한 표 본수가 매우 적기 때문에 조합원 신분이동에 관한 자그마한 측정오차도 매우 민감한 결과를 불러오게 된다.

Card(1996)에 따르면, 1987~1988년 CPS 자료를 활용한 미국 노동자들의 5 가지 단계의 숙련수준에 따른 노조임금효과는 모두 강한 양(+)의 결과를 보였 으며 특히 저숙련 노동자일수록 더 컸다. 추정방법의 차이와 해석상의 문제에 도 불구하고, 일반적으로 개별 노동자의 관측, 미관측 특성을 최소화한 상태에 서 노조가 (교섭)임금의 결정에 양(+)의 영향을 준다는 사실은 일반적으로 널 리 받아들여진다.

노조의 임금효과를 보다 잘 추정하기 위한 시도로는 직무특성을 보다 정교 하게 통제하려는 시도가 있다. Duncan and Stafford(1990)에 따르면 실제로 직무를 잘 통제할 경우, 임금프리미엄의 크기는 통계적으로 유의하게, 6.4%에 서 20.4%까지 떨어졌다.

또 다른 방법은 미관측 이질성을 통제하는 것이다. 그 한 가지 방법은 표본 선택편의(sample selection bias)를 교정하는 것과 관련되어 있다. 이 방법을 사

---

6) Heckman 2단계 추정 방법론은 어떤 변수를 선택하는가에 따라 상수항의 추정값이 크게 달 라지고, 그에 따라 노조 임금프리미엄의 추정값도 크게 변동된다. 이런 점 때문에 일찍이 Lewis(1986)는 Heckman-Lee 방법론의 정규분포가정에서 비롯된 추정결과의 신뢰성에 의문 을 제기한 바 있고, Heckman(1990)도 이런 문제제기를 수용해 Heckman-Lee 추정모형이 상 수항을 제대로 식별하지 못하는 점을 인정하고 대안으로 1단계 추정에서 비모수 혹은 준모수 적 추정법의 활용을 제시한 바 있다.

용한 Duncan and Leigh(1980)의 연구에 따르면, 1969년과 1971년 중년남성의 노조 임금프리미엄의 크기는 약 3분의 1 가까이 떨어졌다.

미관측 이질성을 통제하기 위해서는 시계열 데이터나 패널 데이터를 활용하는 것이 적절하다. 조합원에서 비조합원으로 혹은 비조합원에서 조합원으로 이동한 노동자들을 추적해 조사하면 미관측 이질성을 통제한 상태에서 노조임금효과를 추정해 볼 수 있다. 패널 데이터를 사용한 Jakubson(1991)의 연구결과는 횡단면 자료를 이용한 Freeman and Medoff(1984)의 연구결과에 비해 노조 임금프리미엄의 크기가 크게 줄어들었다.

그 밖에 제기될 수 있는 문제로는 측정오차 문제가 있다. 이 문제는 횡단면 데이터를 사용할 때는 차라리 상대적으로 가볍게 간주될 수 있으나, 시계열 데이터를 사용할 경우 심각해질 수 있다. 그리고 이 오차가 시간이 흘러도 임의적이며, 항구적이지 않을 경우 마찬가지로 심각해진다.

또한 잘못된 표본추정의 결과로 인한 결합편의(matching bias) 문제 또한 제기된다. 예컨대 미국의 인구조사(Current Population Survey: CPS)에서 소득을 보고하지 않은 노동자들은 다른 특성으로 식별되는 소득정보로 대체된다. 그런데 CPS의 결합기준에는 노조원 여부가 빠져 있어, 소득을 응답하지 않은 노조원들의 소득정보는 비노조원의 그것으로 대체되는데, 그 과정에서 결합편의와 기존의 오분류 에러가 합쳐지면 임금효과가 하향 편의된다는 것이다. Hirsch(2004)에 따르면, 오분류 문제와 결합편의를 교정한 최종적인 노조 임금프리미엄의 크기는 0.24 로그 포인트까지 커진다.

미관측 이질성을 통제하기 위한 또 다른 시도로는 사업체-근로자 결합 데이터를 사용하는 것이다. Booth and Bryan(2004)이 영국의 사업체-근로자 결합 데이터(WERS 88)를 이용해서 분석해 본 결과, 우선 기본적인 pooled data를 사용했을 때는 민간부문에서 노조가입 임금프리미엄이 남성 6.9%, 여성 5.5% 정도로 나타났다. 그러나 결합 데이터의 특성을 이용해 사업장 효과를 통제한 모형을 사용해 보면 임금프리미엄의 크기는 절반가량 줄어들거나 아예 통계적 유의성이 상실되어 버렸다. 그들은 결론적으로 노조 임금프리미엄은 그 실체가 없는 것이며, 그럼에도 불구하고 노조에 가입하는 것은 임금상승 이외에 노동조합이 제공하는 비임금재(법률지원서비스, 연금 관련 사항에 대한 상담서비스, 선임권 등) 때문이라고 주장한다.

Williams(2009)는 영국의 가구패널조사인 BHPS를 사용해 영국 노동시장에서 남성의 임금을 결정할 때 근속과 경력의 상대적 중요성을 검증해 보았다. Altonji and Shakotko의 도구변수와 Topel의 2단계 추정법(two step estimation method)을 사용한 결과, 모든 남성 노동자에서 근속연수는 첫 직무의 최초 10년간 임금을 매년 1% 정도씩 높이는 것으로 나타났다. 일반적 노동시장 경력은 더 큰 역할을 수행하는데 약 30년 동안 임금을 60% 정도 높이는 것으로 나타났다. 이러한 일반 모형을 확장해 산업과 직종, 경력까지 포함한 후 직무근속의 영향을 추정해 본 결과, 비노조원에 있어 그 크기는 거의 무시해도 될 만큼 줄어든 반면, 노조원인 근로자들의 임금은 여전히 최초 10년간 직무근속에 따라 증가함이 발견되었다. 이는 결국 비노조 근로자들의 임금상승은 일반적 혹은 산업특수적 경력(숙련)의 축적에 의한 것인 반면, 조합원들은 조합가입에 의한 임금프리미엄이었음을 암시하는 것이다.

John and Neil(2002)은 영국의 사업체-근로자 결합 데이터(WERS 98)를 사용하여 노조 임금프리미엄을 추정했다. 그들에 따르면 노조의 임금효과는 동일 사업체 내의 비조합원들에게도 유출되는데, 사용주가 노조가입을 승인하고 단체협약의 적용률이 높으며 복수노조가 활동하는 그런 조건하에서 노조의 임금효과가 가장 큰 것으로 나타났다. 사업체-근로자 결합 데이터를 사용해 사업체의 특성(특히 노조 조직률 혹은 단체협약 적용률 같은 정보)과 근로자의 특성(노조 가입여부 등)을 동시에 통제할 수 있게 됨으로써 보다 진전된 분석이 가능하게 된 것이다.

서구에서 비교적 장기에 걸친 선행연구와 달리 한국에서는 노조 임금프리미엄효과에 대한 연구의 역사는 비교적 짧다. 그 이유는 무엇보다 한국에서 노동조합이 제대로 기능하기 시작한 지 얼마 되지 않았기 때문이다. 한국에서 노동조합은 대략 1987년 이후부터 그 기능을 제대로 수행하기 시작했다고 볼 수 있으며, 노동조합의 임금효과를 추정한 연구결과들도 대체로 1990년대 초부터 등장하고 있다.

김장호(1991)는 1988년 최저임금심의위원회가 조사한 임금실태 조사의 원 테이프를 토대로 만들어진 미시자료를 활용해서 노동조합의 상대임금효과를 추정했다. 자료의 표본은 약 11만 개로 개별 노동자의 임금, 근로자 특성, 소속 사업장 특성에 대한 정보들이 수록되어, 교육연수, 경력연수, 기업규모, 산업 등을 통제했다. 추정방법으로는 Oaxaca 분해를 활용했고, 노조 유무에 따라 더미변수를 활용해서 분석했다. 분석결과 노동조합의 상대임금효과는 남성이 2.5%, 여성이 3.0%로 나타났으며, 이는 외국의 선행연구 결과에 비해 매우 낮은 것이다.

김우영·최영섭(1996)은 1994년 대우가구패널데이터의 개인정보를 이용해 노동조합의 임금효과를 추정했다. 우선 OLS 추정을 한 후 표본선택편의를 수정하기 위한 MLE 추정을 사용해 분석을 진행했다. 결과에 따르면, 한국에서 노조의 임금효과는 전체 봉급 생활자를 기준으로 할 때 6.3~7.8%인 것으로 나타났으나 통계적 유의성은 없었다. 임금효과의 추정치는 노조 유무를 기준으로 한 경우보다는 조합원 여부를 기준으로 한 경우가 더 높게 나타났다. 임금효과는 인적자본의 크기에 반비례하며 조직률은 인적자본의 중위값에서 최고조에 달했다.

조우현·유경준(1997)은 1993년과 1994년에 대우경제연구소에서 조사한 「한국가구패널조사」를 이용해 노조의 상대임금효과를 추정했다. 더미변수를 이용해 단순회귀분석을 한 결과에 따르면 생산직 남성의 경우, 노조의 임금효과는 11.2%로 나타났으나 표본을 조합원/비조합원으로 나누어 표본선택편의를 교정하는 Heckman의 2단계 추정법에 따르면, 비노조원이 노조원이 될 경우 갖게 되는 임금프리미엄은 2.1%로 비교적 낮게 나타났다.

이정현(2004)은 임금구조 기본통계조사 원자료를 사용하여 노동조합의 임금프리미엄이 노동조합 내 어떤 집단에게 주로 주어졌는지를 분석하고 있다. 논문에서는 임금프리미엄의 크기가 임금분포선상에서의 위치, 즉 저임금-중위임금-고임금의 차이에 따라 다를 것이라 가정하고 이를 입증하기 위해 분위회귀분석(Quantile Regression: QR)을 사용했다. 분석결과에 따르면 노동조합의 상대적 임금효과는 시기에 따라 (임금분포선상의 위치에 따른) 집단별로 다르게 나타났다. 1987~1993년에는 저임금노동자를 위한 임금효과가 상대적으로 가장 컸으나 1994~1995년에는 중반부터 중위노동자의 노조임금효과가 가장 크게 나타났으며 1996~1999년에는 고임금노동자의 임금효과가 제일 높았다.

송일호·남승용(2004)은 노동부의 임금구조 기본통계 조사보고서(2002) 원자료를 사용해 노동조합의 임금효과를 추정했다. 자기선택편의 문제를 해결하기 위해 Lung-Fei Lee(1978)의 2단계 추정모형을 사용했는데, 추정결과 전체 산업을 대상으로 노조의 임금효과는 57.9%에 달하는 것으로 나타났다.

김황조·성백남·최강식(2004)은 노동부의 임금구조 기본통계 조사보고서 원자료를 이용하여 1987년부터 2001년 사이의 노동조합 임금프리미엄의 변화를 살펴보았다. 연구결과 남성보다는 여성이, 대규모 기업보다는 소규모 기업이, 학력별로는 고학력 근로자가 더 큰 규모의 노조 임금프리미엄을 누린 것으로 나타났다. 직종별로는 생산직의 임금효과가 훨씬 컸는데, 사무직의 경우 임금프리미엄의 크기가 매우 미미한 수준이었다. 임금프리미엄의 결정 요인을 살펴본 결과 실업률과 노조 조직률은 임금프리미엄과 정(+)의 관계를 보였고 인플레이션율은 반대로 부(−)의 관계를 나타냈다.

류재우(2005)는 노동부의 임금구조 기본통계조사 원자료(1987~2002년)를 사용해 노동조합의 임금프리미엄과 고용효과의 크기를 추정했다. 분석 대상을 비농/남성 근로자 중 월 근로시간이 144시간 이상인 자로 한정했으며 10인 이상 사업체를 대상으로 했다. 임금프리미엄의 추정은 노조더미변수를 활용한 최소자승법(OLS)을 사용했는데, 추정결과에 따르면 노조의 임금프리미엄은 1990년대 들어 안정적인 수준을 유지하다가 외환위기 이후 급증한 것으로 나타났다. 특히 비노조-중소기업 노동자 대비, 노조-대기업(500인 이상) 노동자들의 임금프리미엄은 30% 이상인 것으로 나타났는데 이는 1990년대 초에 비해 2배가량 늘어난 것이다.

김용민·박기성(2006)은 사업체근로실태 조사(2003) 자료를 사용하여 사업체의 고정효과를 통제한 후 정규-비정규 근로자 간 임금격차를 추정했다. 분석과정에서 노동조합의 역할과 관련해 중소규모 사업체에서는 남성 정규-비정규직 임금격차를 늘리지만 대규모 사업체에서는 임금격차를 줄이는 것으로 나타났다. 노조의 임금프리미엄은 남성 노동자의 경우 4.6%, 여성 노동자의 경우 18.3%로 나타났다.

신은종·문현주(2006)는 「경제활동인구조사」 부가조사 3개 연도(2003~2005년) 자료를 사용해 비정규 근로자의 유형별 임금격차를 살펴보았다. 분석결과, 해당 사업장에 노동조합이 존재할 경우 그렇지 않은 경우보다 약 6.0%만큼의 시간당 로그임금의 상승이 있었던 것으로 나타났다.

류재우(2007)는 한국직업능력개발원에서 조사한 인적자본기업패널(2005) 자료를 사용해 제조업/생산직 남성 근로자의 노동조합 임금효과를 추정했다. 우선 단일방정식에 의한 OLS 추정에서 임금효과는 모델에 따라 약 4.3~7.0%인 것으로 나타났고, 연립방정식에 의한 2단계 추정(2SLS)의 결과는 4.9~7.7%인 것으로 나타났다. 한편 기업 ID를 사용해 기업 속성을 통제한 결과 임금프리미엄은 무려 100%에 달하는 것으로 나타났다.

박기성·김용민(2007)은 2003년과 2005년의 사업체근로실태 조사를 이용해 정규직과 비정규직 간의 임금격차를 분석하고 있다. 고정효과모형을 사용한 추정결과에 따르면 남성과 여성 모두 비정규직의 임금이 정규직보다 10% 이상 낮은 것으로 나타났는데 특히 노조가 있는 사업체의 경우 남성(27.9%), 여성(31.5%) 모두 노조가 없는 사업체에 비해 임금격차가 큰 것으로 나타났다.

조동훈(2008a)은 2006년도 8월에 조사된 경제활동인구 부가조사자료를 사용해 노동조합의 임금프리미엄을 추정했다. 노동시간이 35시간 이상인 25~60세 사이 임금근로자만을 대상으로 했다. 최소자승회귀식(OLS)을 사용하여 추정한 결과, 노동조합의 임금프리미엄은 시간당 임금을 기준으로 약 8% 정도로 나타났다.

김미란·김민경(2008)은 인적자본기업패널 2차연도(2007) 자료를 사용해 제조업/생산직 남성 근로자의 노동조합 임금효과를 추정하고 있다.[7] 분석결과에 따르면 OLS로 추정한 노조임금효과는 사업체의 노조 유무를 기준으로 하면 3.4~7.3%로 나타났고 개별 근로자의 조합원 여부를 기준으로 하면 3.1~6.1%로 나타났다. 2단계 추정방법(2SLS)을 활용한 결과에 따르면 노조 유무를 기준으로 했을 때 10.3~11.1%, 조합원 여부를 기준으로 했을 때 7.6~9.3%로 나타났다. 즉, 두 경우 모두 노동조합 유무를 기준으로 식별한 결과보다 조합원 여부를 기준으로 식별한 결과가 1~2.5% 정도 낮게 나타났다. 이러한 결과는 노조 유무를 기준으로 노조효과를 분석할 경우, 일정한 상향편의를 가져올 수 있다는 점을 보여 주고 있으며, 현실적으로 어떠한 노동조합도 해당 기업의 종사자 모두를 조직화하고 있지 않다는 점을 고려할 때 상식적 예측과 부합하는 것이다.

한편 Duncan-Leigh(1980) 모형을 사용한 추정결과는 통계적 유의성을 보이지 않았다.

한편 2008년도에 노동조합 임금프리미엄 추정과 관련해 의미 있는 두 편의 논문이 발표되었는데, 우선 조동훈(2008b)은 한국노동연구원이 조사한 한국노동패널 9개 연도 자료(1998~2006)를 사용해 노동조합의 임금효과를 패널분석을 통해 추정했다. 실증분석 결과에 따르면, 우선 통상적인 회귀분석모형을 통해 추정한 노동조합원의 임금은 노조에 가입하지 않은 노동자보다 약 4.6% 높

---

7) 이 자료는 기업-근로자 결합 데이터이며, 기업의 노조 유무와 개별 근로자의 조합원 여부를 각각 추정할 수 있다는 장점이 있다.

아 미국보다는 낮고 유럽보다는 높은 것으로 나타났다. 반면, 이를 고정효과모형을 통해 추정한 결과 노조의 임금효과는 약 2.1%로 나타나 횡단면 분석의 추정값보다 약 60%가 감소했다. 또한 저자는 노조의 임금효과를 (노조가입더미와 유노조기업더미를 한 모형에 모두 포함시켜) 노동조합 가입의 임금효과와 유노조기업 종사의 임금효과로 나누어 추정해 보았는데, 추정결과 두 변수 중 한 변수의 통계적 유의성은 상실되는 것으로 나타나, 노조의 임금효과를 추정함에 있어 무엇을 선택하는가는 중요한 문제가 아니며, 다만 하나의 변수를 사용하는 것이 적절한 것으로 판단하고 있다. 이 연구는 한국에서 거의 최초로 본격적인 패널분석을 통해 노동조합 임금효과를 추정했다는 점에서 큰 의의가 있고, 같은 자료를 횡단면회귀모형과 고정효과모형을 통해 함께 분석함으로써, 기존의 횡단면 분석을 통한 노조임금효과가 상당 부분 과대 추정되어 있었음을 설득력 있게 실증하고 있다.

다음으로 김장호(2008)는 1998년부터 2007년까지, 약 20년간 노조 임금프리미엄의 변화를 추정했다. 사용된 자료는 노동부의 임금구조 기본통계조사 원자료의 30% 임의추출표본이다. 이 논문은 노동조합의 임금효과를 노조부문과 비노조부문의 노동력 구성 및 임금결정 메커니즘이 체계적으로 다르다는 가정하에 추정했다. 추정결과 임금프리미엄은 20년 평균 3.4%로 나타났는데 1997년 이전의 10년은 1.7%였던 반면 그 이후 10년은 5.1%로 크게 늘어났다. 한편 전년도의 실업률과 금년도의 임금프리미엄 간 관계를 OLS 회귀 추정한 결과 통계적으로 유의한 정(+)의 관계를 발견했다. 이 연구는 20년간의 비교적 장기 시계열 자료를 가지고 노조의 임금프리미엄을 추정했다는 점에서 의의가 있다.

김유선(2009)은 임금방정식의 추정이 어떤 데이터를 사용하는가에 따라, 그리고 어떤 분석방법을 사용하는가에 따라 달라질 수 있음에 주목하여, 2007년에 조사된 사업체근로실태 조사와 경제활동인구조사를 모두 사용하여, 임금결정 요인을 분석했다. 그는 종속변수를 시간당 임금으로만 식별하는 것이 실제

〈표 1-5-1〉 노동조합의 임금프리미엄 관련 주요 국내 선행연구

연구자	자료	추정방법	추정결과
김장호(1991)	최저임금심위위원회 자료	Oaxaca 분해 OLS 노조더미	남성 2.5%, 여성 3.0% 남성 5.4%, 여성 4.4%
김우영·최영섭(1996)	한국가구패널조사	OLS 노조더미 MLE 추정	노조부문 2.0%, 조합원 -1.3% 노조부문 6.3%, 조합원 7.8% ※ 통계적 유의성은 모두 없음
조우현·유경준(1997)	한국가구패널조사	OLS 노조더미 Heckman 2단계 추정	생산직 남성 11.2% 조합원 2.1%
이정현(2004)	임금구조기본통계조사	분위회귀모형(QR)	1987~1993: 저임금노동자가 가장 큼 1994~1995: 중위임금노동자가 가장 큼 1996~1999: 고임금노동자가 가장 큼
송일호·남승용(2004)	임금구조기본통계조사	Lung-Fei Lee 2단계 추정	노조임금효과: 57.9%
김황조·성백남·최강식(2004)	임금구조기본통계조사	OLS 노조더미	노조임금효과: 1987~2001년 단순평균 9.3%(4.1~15.2%)
류재우(2005)	임금구조기본통계조사 한국노동패널	OLS 노조더미 Oaxaca 분해	노조임금효과: 1987~2002년 총액임금 기준 -0.9~8.3% 근속의 임금효과 커짐
김용민·박기성(2006)	사업체근로실태 조사(2003)	OLS 노조더미	남성 0.046 로그임금 여성 0.183 로그임금
신은종·문현주(2006)	경제활동인구부가조사(2003~2005)	OLS 노조더미	유노조사업장의 비정규직은 무노조사업장의 비정규직보다 6.0 로그임금 +효과
류재우(2007)	인적자본기업패널(2005)	OLS 노조더미 2SLS	유노조기업의 임금효과: 4.3~7.0% 유노조기업의 임금효과: 4.9~7.7%
박기성·김용민(2007)	사업체근로실태 조사(2003, 2005)	고정효과모형	유노조 비정규직 남성: -31.7% 유노조 비정규직 여성: -33.3%
조동훈(2008a)	경제활동인구부가조사(2006)	OLS 노조더미	노조임금효과: 8%
김미란·김미경(2008)	인적자본기업패널조사(2007)	OLS 노조더미 OLS 조합원더미 2SLS 노조더미 2SLS 조합원더미 Duncan-Leigh 모형	3.4~7.3% 3.1~6.1% 10.3~11.1% 7.6~9.3% 통계적으로 유의하지 않음
조동훈(2008b)	한국노동패널(1998~2006)	OLS 노조더미 고정효과모형	4.6% 2.1~2.3%
김장호(2008)	임금구조기본통계조사(1988~2007)	OLS Oxaca 분해	3.4% 총임금격차의 대부분은 노조효과가 아닌 근로자 및 사업체 특성의 변화에 기인함
김유선(2009)	사업체근로실태 조사(2007)	OLS 분위회귀모형	유노조 비조합원: 6.0~6.6% 유노조 조합원: 7.2~7.2% 유노조 비조합원: 3.1~7.2% 유노조 조합원: 2.5~13.2%
	경제활동인구조사(2007)	OLS 분위회귀모형	유노조 비조합원 : 3.8~4.9% 유노조 조합원: 6.2~7.7% 유노조 비조합원: 2.8~5.7% 유노조 조합원: 5.0~9.3%

이인재·김태기 (2009)	한국노동패널 (1998~2007)	OLS 고정효과모형	5.4~7.3% 2.7~6.7%

저소득층을 올바로 추려내는 데 적합하지 않을 수도 있음을 지적하면서, 월평균임금도 종속변수로 포함하여 분석했다. 그리고 표본선택편의 문제를 회피하면서 각 설명변수들의 영향력을 임금수준별로 보다 뚜렷이 파악하기 위해 분위회귀분석(QR)을 사용했다. 분석결과에 따르면 모든 표본과 방법론에서 노조의 임금효과는 양의 계수값을 보였고, 그 크기는 유노조 효과보다는 조합원 효과가 더 컸다. 분위회귀분석에 사업체 조사인 사업체근로실태표본에서는 대체로 임금수준이 높아질수록 노조 임금프리미엄의 크기도 높아지는 것으로 나타났으나, 가구조사인 경제활동인구조사에서는 임금수준별로 노조임금효과의 차이는 사업체근로실태 조사의 결과에 비해 다소 작았다.

이인재·김태기(2009)는 한국노동패널 1~10차년도 자료를 사용하여 고정효과모형으로 정규직과 비정규직의 임금격차와 노동조합 및 기업규모의 효과를 살펴보았다. 우선 pooled OLS로 추정했을 때 노조의 임금프리미엄은 모형에 따라 5.4~7.3%까지 나왔고, 고정효과모형을 사용했을 때는 2.7~6.7%로 그 크기가 조금 줄어들었다. 역시 예상대로 OLS 모형보다는 패널모형을 사용했을 때 추정계수의 크기가 줄어들었지만 그 크기는 비교적 작았다(이상의 주요 국내 선행연구 결과의 요약은 〈표 1-5-1〉 참조).

3. 노동조합의 임금프리미엄 추정

1) 데이터의 구조와 기술통계량

이 글은 노동부가 조사한 「고용형태별 근로실태 조사」(2008)를 사용해 노조의 임금효과를 추정하고자 한다. 이 조사는 2008년 6월을 기준시점으로 조사되었는데 조사에 사용된 표본의 모집단은 노동부의 사업체 대상 전수조사인 사업체노동실태현황(2007)이며, 국가 또는 지방행정기관, 군·경찰 및 국·공립교육기관, 국제기구 및 외국기관, 가사서비스업, 개인 운영 농림어업체를 제외한 여타 산업에서 임금근로자 1인 이상인 사업체를 대상으로 총 3만 132개의 표본사업체가 추출되었다.[8] 이 중 임금근로자 표본은 표본사업체에서 자영자, 고용주, 무급가족 종사자 등 비임금 근로자를 제외한 임금근로자를 사업체 규모에 따른 추출비율에 의해 추출했으며, 총 약 75만 명의 근로자가 표집되었다.[9]

이 데이터는 해당 사업체에 노조가 조직되어 있는가의 여부뿐만 아니라 해당 근로자가 조합원인지 아닌지 여부도 식별할 수 있게 구성되어 있다. 따라서 대다수 기존 연구들이 사업체의 노조 유무를 기준으로 노조효과를 과소(혹은 과대) 추정했던 한계를 극복할 수 있을 것으로 기대된다. 또한 해당 근로자의 고용형태가 구분되어 있어 '노조 유무-조합원 여부-고용형태' 등 다양한 층위의 분석이 가능해, 특히 노조 임금프리미엄의 크기를 고용형태별로 살펴볼 수 있게 되었으며 이를 통해 보다 적절한 정책적 함의의 도출이 가능할 것으로 판단된다.

---

8) 표준산업분류 8차 개정내용을 기준으로, 공공행정·국방 및 사회보장행정, 가사서비스업, 국제 및 외국기관 부문이 제외되었다.

9) 근로자 추출비율은 사업체 규모가 30인 미만인 경우, 전체 근로자를 조사했으며, 사업체 규모가 올라갈수록 추출비율이 떨어져, 500인 이상 규모 사업체에서는 전체 임금근로자의 약 10%를 조사하는 방식으로 설계되었다.

고용형태별 근로실태 조사에서는 고용형태를 정규직과 8개 형태의 비정규직으로 나누고 있는데, 다양한 비정규직 고용형태 중 특정한 한 형태를 선택하면 나머지 형태가 배제되는 방식으로 구성되어 있다. 즉, 특수형태근로종사자, 재택/가내근로자, 파견근로자, 용역근로자, 일일근로자, 단시간 근로자, 기간제근로자, 기간제가 아닌 한시적 근로자, 정규직의 순서로 된 선택지 중 해당하는 문항을 기입하는 방식이다. 따라서 논리적으로는 현실에서 존재할 수 있는 단시간 근로자이면서 동시에 파견이나 용역, 혹은 기간제근로자일 가능성은 이 설문에 존재하지 않는다. 분석에 사용된 표본의 각 변수들의 분포와 평균 등 기술통계량은 〈표 1-5-2〉와 같다.[10]

이 연구에서는 우선 노동방식이나 임금수준 등에서 임금근로자로서의 성격이 약한 특수형태근로종사자와 재택/가내근로자를 분석 대상에서 제외했다. 또한 이 연구가 검증하고자 하는 내용이 노동조합의 임금효과인 만큼, 노동조합 가입과 임금결정이 정규직 노동자와 체계적으로 상이하다고 판단되는 ―직접고용 비정규직을 제외한― 기타 고용형태(파견근로자, 용역근로자, 일일근로자, 단시간 근로자)를 제외했고, 정규직근로자와 동일한 사업체에 직접 고용되어 있는 기간제근로자 및 기간제가 아닌 한시적 근로자는 '직접고용 비정규직근로자'로 구성하여 표본에 포함했다. 왜냐하면 직접고용 비정규직을 제외한 여타의 고용형태 노동자들은 해당 사업체의 정규직 및 직접고용 비정규직근로자와는 다른 보상체계의 적용을 받으며, 노조가입의 경우에도 정규직 및 직접고용 비정규직이 가입하는 노동조합에의 가입자격이 체계적으로 배제되어 있어 정확한 노조임금효과의 추정을 교란할 수 있기 때문이다.

기술통계량을 살펴보면, 우선 시간당 임금은 정규직이 1만 4283원, 직접고

---

10) 기술통계량의 분석은 가중치를 두어 계산했다. 경제활동인구부가조사, 노동패널조사 등과 비교해 본 결과, 가중치를 두지 않은 기술통계량은 다소 큰 차이가 나타나기 때문이다. 그리고 분석의 일관성을 위해 뒤의 계량분석모형에서도 가중치는 포함해 분석했다(가중치를 둔 분석결과도 대동소이하며, 통계적 유의도에 미친 영향도 거의 없음을 밝힘).

〈표 1-5-2〉 표본의 기술통계량

변수	정규직		직접고용 비정규직[1]	
	평균	표준편차	평균	표준편차
시간당 임금(원)	14,283	11,624	8,841	8,544
로그 시간당 임금(원)	2.53	0.60	2.14	0.48
남성더미	0.67	0.47	0.46	0.50
연령(년)	38.50	10.38	37.38	12.39
근속(년)	5.64	6.56	1.54	2.76
경력 1년 미만	0.12	0.32	0.38	0.49
경력 1~2년 미만	0.11	0.31	0.19	0.39
경력 2~3년 미만	0.10	0.30	0.12	0.32
경력 3~4년 미만	0.08	0.27	0.08	0.27
경력 4~5년 미만	0.07	0.26	0.05	0.23
경력 5~10년 미만	0.21	0.41	0.10	0.30
경력 10년 이상	0.31	0.46	0.08	0.27
중졸 이하	0.06	0.23	0.11	0.32
고졸	0.42	0.49	0.50	0.50
전문대졸	0.19	0.39	0.14	0.35
대졸	0.29	0.45	0.20	0.40
대학원졸 이상	0.04	0.21	0.04	0.20
임원·관리직	0.04	0.20	0.01	0.09
전문직	0.11	0.32	0.09	0.29
기술공 및 준전문직	0.14	0.35	0.09	0.29
사무직	0.29	0.45	0.25	0.43
서비스직	0.04	0.19	0.12	0.33
판매직	0.03	0.18	0.08	0.27
농림어업 숙련직	0.00	0.04	0.01	0.07
기능직 및 관련직	0.09	0.29	0.07	0.25
장치·기계·조립직	0.19	0.39	0.09	0.29
단순노무직	0.06	0.23	0.19	0.40
농림광업	0.00	0.07	0.01	0.07
전기·가스·수도업	0.01	0.08	0.00	0.04
건설업	0.06	0.24	0.04	0.19
제조업	0.33	0.47	0.15	0.36
유통서비스업	0.21	0.40	0.19	0.40
개인 서비스업	0.05	0.23	0.22	0.42
사업서비스업	0.17	0.38	0.19	0.39
사회서비스업	0.17	0.37	0.20	0.40
사업체 규모(4인 이하)	0.21	0.47	0.40	0.45
사업체 규모(5~9인)	0.13	0.34	0.10	0.29
사업체 규모(10~29인)	0.20	0.40	0.14	0.34
사업체 규모(30~99인)	0.18	0.39	0.14	0.35
사업체 규모(100~299인)	0.13	0.33	0.11	0.31
사업체 규모(300~499인)	0.04	0.19	0.03	0.18
사업체 규모(500인 이상)	0.12	0.32	0.09	0.28

노조더미(조합원)	0.16	0.36	0.05	0.21
노조더미(유노조)	0.23	0.42	0.21	0.41
표본수	593,261		74,675	
가중 표본수	8,325,196		822,957	

주 1): 직접고용 비정규직은 기간제근로자와 기간제 이외의 한시적 근로자를 포함하며, 이하 모든 표에서도 동일함.
주 2): 유통서비스업은, 도매 및 소매업, 운수통신업, 개인 서비스업은 음식숙박업·오락문화사업·기타 개인 서비스업, 사업서비스업은 사업서비스업·금융보험업·부동산 및 임대업, 사회서비스업은 공공행정서비스업·보건서비스업·교육서비스업·기타 사회서비스업이며, 이하 모든 표에서도 동일함.
자료 : 노동부, 「고용형태별 근로실태 조사」(2008). 이하 모든 표의 자료도 동일함.

용 비정규직이 8841원으로 나타나, 정규직이 직접고용 비정규직보다 1.6배 더 많았다. 인적 속성과 관련된 변수들을 살펴보면, 남성 비율은 정규직 중 67%, 직접고용 비정규직 중 46%로 나타나 정규직에서는 남성 비율이 더 높았지만, 직접고용 비정규직에서는 여성 비율이 다소나마 더 높았다. 평균연령은 정규직이 38.5세, 직접고용 비정규직이 37.4세로 큰 차이가 없었고, 평균근속연수는 정규직의 경우 5.6년, 직접고용 비정규직은 1.5년으로 매우 큰 차이를 보였다. 경력연수의 경우 고용형태별 차이는 더욱 극명하게 나타나는데, 정규직은 10년 이상의 경력자 비율이 전체의 30.7%로 가장 많았지만 직접고용 비정규직의 겨우, 1년 미만 경력자의 비중이 38.3%로 가장 많았다. 학력의 경우 정규직이 직접고용 비정규직에 비해 다소 높은 학력수준을 보이고 있지만 그 차이는 별로 크지 않은 것으로 나타났다. 즉, 정규직의 경우, 고졸(41.8%), 대졸(29.0%), 전문대졸(18.9%), 중졸 이하(5.8%), 대학원졸 이상(4.5%)의 분포를 보였고, 직접고용 비정규직의 경우에도, 정규직과 유사한 고졸(50.0%), 대졸(20.2%), 전문대졸(14.4%), 중졸 이하(11.3%), 대학원졸 이상(4.1%)의 분포를 보였다.

다음으로 일자리 속성과 관련된 변수들을 살펴보면, 우선 정규직의 직종은 사무직(29.3%), 장치·기계·조립직(19.1%), 기술공 및 준전문직(14.0%) 순서의 분포를 보였고, 직접고용 비정규직은 사무직(24.6%), 단순노무직(19.4%), 서비스직(12.3%)의 순서로 많은 비중을 차지해 고용형태별 직종 분리가 발생하는 것으로 보인다. 산업별 분포를 보면, 정규직은 제조업(32.8%), 유통서비스업

(20.6%), 사회서비스업(17.2%) 순서로 많은 비중을 차지했고, 직접고용 비정규직은 개인 서비스업(22.3%), 사회서비스업(19.6%), 유통서비스업(19.4%) 순서의 분포를 보였다. 규모별 분포는 정규직이 4인 이하(20.8%), 10~29인(19.9%), 30~99인(18.1%)의 순서로 많은 비중을 차지했고, 직접고용 비정규직은 4인 이하(39.6%), 30~99인(14.4%), 10~29인(13.7%)의 분포를 보였다.

마지막으로 노동조합 관련 변수를 살펴보면 정규직 중 조합원은 15.6%이고 유노조사업장에 근무하는 비율은 23.5%인 반면, 직접고용 비정규직의 경우 조합원 비율은 4.7%였고, 유노조사업장에 근무하는 비율은 20.9%였다. 유노조사업체에 근무하는 비율은 거의 차이가 없었던 반면, 노동조합에 가입하는 비율은 정규직이 직접고용 비정규직보다 3배 이상 높았다.

2) 노조더미를 이용한 선형회귀모형

노조 임금프리미엄을 구하기 위한 분석방법으로 우선 아래의 최소자승회귀식(OLS)을 사용하기로 한다.

(1) $W_i = \beta 0 + \beta 1 U_i + \beta 2 X_i + \varepsilon_i$

여기서 W_i는 각 근로자의 시간당 로그임금, U_i는 근로자 각 개인의 노조 가입여부를 나타내는 더미변수, X_i는 임금을 결정하는 개인, 사업체, 일자리의 속성들이며 ε_i는 에러항(error term)이다.

〈표 1-5-3〉은 앞의 회귀식으로 식별한 노조임금효과를 보여 준다. 이때 노조임금효과는 노동조합에 가입한 노동자를 더미변수로 처리하여 추정했으므로 보다 엄밀히 말하자면 노동조합 가입의 임금효과라 할 수 있다.

노조효과의 계수값 변동에 유의하면서 단계적으로 설명변수를 추가해 보았다. 최초에 노조가입더미변수만을 투입했을 경우에 노조더미의 계수값은

〈표 1-5-3〉 노동조합의 임금효과(노조효과를 노조 가입여부로 식별한 경우)

변수명	모형 1		모형 2		모형 3	
	회귀계수	표준오차	회귀계수	표준오차	회귀계수	표준오차
노조더미(조합원)	0.448	0.001	0.165	0.000	0.081	0.000
노동공급 측 변수						
남성			0.192	0.000	0.194	0.000
중졸 이하			-0.203	0.001	-0.112	0.001
초대졸			0.202	0.000	0.073	0.000
대졸			0.445	0.000	0.235	0.000
대학원졸 이상			0.725	0.001	0.409	0.001
근속연수			0.042	0.000	0.030	0.000
근속제곱			0.000	0.000	0.000	0.000
경력 1~2년 미만			0.069	0.001	0.055	0.001
경력 2~3년 미만			0.106	0.001	0.096	0.001
경력 3~4년 미만			0.129	0.001	0.115	0.001
경력 4~5년 미만			0.153	0.001	0.148	0.001
경력 5~10년 미만			0.188	0.001	0.178	0.001
경력 10년 이상			0.252	0.001	0.254	0.001
노동수요 측 변수						
임원·관리직					0.273	0.001
전문직					0.113	0.000
기술공 및 준전문직					0.033	0.000
서비스직					-0.153	0.001
판매직					-0.153	0.001
농림어업 숙련직					-0.229	0.003
기능직 및 관련직					-0.116	0.001
장치·기계·조립직					-0.251	0.000
단순노무직					-0.317	0.001
농림광업					0.101	0.002
전기가스수도업					0.146	0.002
건설업					-0.060	0.001
유통서비스업					-0.023	0.000
개인 서비스업					0.002	0.000
사업서비스업					0.088	0.000
사회서비스업					-0.087	0.000
5~9인					0.130	0.000
10~29인					0.213	0.000
30~99인					0.251	0.000
100~299인					0.304	0.000
300~499인					0.371	0.001
500인 이상					0.522	0.001
상수항	2.429	0.000	1.818	0.000	1.835	0.001
R^2	0.068		0.497		0.601	
실제표본	667,936		667,936		667,936	
가중표본	9,148,153		9,148,153		9,148,153	

주 1): 모든 계수값은 1% 수준에서 통계적으로 유의함.
주 2): 성별, 학력, 경력, 직종, 산업, 기업규모의 변수는 더미변수를 활용했으며, 성별은 여성, 학력은 고졸, 경력은 1년 미만, 직종은 사무직, 산업은 제조업, 기업규모는 5인 미만을 기준변수로 사용했고, 별도의 언급이 없는 한 이하 모든 표에서도 동일함.

0.448로 매우 높게 나왔다. 두 번째로 성별, 학력, 근속, 경력과 같은 노동공급 측 변수를 추가했더니 계수값은 0.165로 63%가량 줄어들었고, R^2도 0.068에서 0.497로 상승해 모형의 설명력이 훨씬 높아졌다. 마지막으로 직종, 산업, 기업규모와 같은 노동수요 측 변수를 추가하여 최종적인 모형의 노조임금효과를 살펴보았다. 계수값의 크기는 그 전 모형보다 절반가량이 줄어든 0.081로 나타났다.

최종 모형의 R^2는 0.601로 나타났고 모형에 투입된 모든 변수의 통계적 유의성은 1% 수준에서 유의했다. 최종적인 노조가입의 임금프리미엄 8.1%는 횡단면 데이터를 사용한 선행연구 결과(조동훈, 2008a; 김유선, 2009)와 거의 유사한 수치이다. 전체 표본은 정규직과 기간제 등 직접고용 비정규직으로만 구성되어 있고 파견, 용역 등 간접고용 비정규직 표본은 모두 제외되어 있다는 점을 고려하면 선행연구들보다 약간 높은 계수값이 나온 것은 합당한 결과로 생각된다.

〈표 1-5-4〉는 조합원 여부가 아니라 노조 존재여부, 즉 종사하고 있는 기업에 노동조합이 존재하는가의 여부(유노조사업장 여부)로 노조 임금프리미엄을 식별한 결과이다. 전체적으로 조합원으로 식별한 모형의 결과와 큰 차이가 나지는 않지만, 모든 모형에서 유노조더미 추정계수의 크기가 〈표 1-5-4〉의 조합원더미의 추정계수보다 일관되게 다소나마 높다는 점이 특징적이다. 단계별로 노동공급 측, 그리고 노동수요 측 변수들을 투입했을 때 나타나는 추정계수의 변화 양상은 조합원 더미를 사용했을 때와 큰 차이는 없었다. 노조더미변수만 투입했을 때의 계수값 0.528은 노동공급 측 변수, 노동수요 측 변수를 투입할 때마다 60%가량씩 감소해, 최종적인 계수값은 0.084였다. 이는 조합원으

〈표 1-5-4〉 노동조합의 임금효과(노조효과를 노조 존재여부로 식별한 경우)

변수명	모형 1		모형 2		모형 3	
	회귀계수	표준오차	회귀계수	표준오차	회귀계수	표준오차
노조더미(유노조)	0.528	0.000	0.211	0.000	0.084	0.000
노동공급 측 변수						
남성			0.190	0.000	0.193	0.000
중졸 이하			-0.201	0.001	-0.112	0.001
초대졸			0.198	0.000	0.073	0.000
대졸			0.432	0.000	0.233	0.000
대학원졸 이상			0.690	0.001	0.401	0.001
근속연수			0.038	0.000	0.030	0.000
근속제곱			0.000	0.000	0.000	0.000
경력 1~2년 미만			0.072	0.001	0.057	0.001
경력 2~3년 미만			0.114	0.001	0.098	0.001
경력 3~4년 미만			0.139	0.001	0.118	0.001
경력 4~5년 미만			0.165	0.001	0.150	0.001
경력 5~10년 미만			0.203	0.001	0.181	0.001
경력 10년 이상			0.271	0.001	0.257	0.001
노동수요 측 변수						
임원·관리직					0.274	0.001
전문직					0.115	0.000
기술공 및 준전문직					0.035	0.000
서비스직					-0.153	0.001
판매직					-0.152	0.001
농림어업 숙련직					-0.229	0.003
기능직 및 관련직					-0.112	0.001
장치·기계·조립직					-0.245	0.000
단순노무직					-0.315	0.001
농림광업					0.101	0.002
전기가스수도업					0.141	0.002
건설업					-0.059	0.001
유통서비스업					-0.025	0.000
개인 서비스업					0.001*	0.001
사업서비스업					0.086	0.000
사회서비스업					-0.090	0.000
5~9인					0.128	0.000
10~29인					0.210	0.000
30~99인					0.244	0.000
100~299인					0.290	0.000
300~499인					0.355	0.001
500인 이상					0.502	0.001
상수항	2.372	0.000	1.808	0.000	1.835	0.001
R^2	0.136		0.506		0.601	
실제표본	667,936		667,936		667,936	
가중표본	9,148,153		9,148,153		9,148,153	

로 식별한 노조 임금프리미엄의 추정계수인 0.081보다 약간 큰 수치이다.

이제 전체 표본을 정규직과 직접고용 비정규직으로 나누어 노조의 임금프리미엄이 각각 어느 정도인지 살펴보겠다. 우선 〈표 1-5-5〉는 조합원 여부로 식별하여 노조의 임금효과를 살펴본 결과이다.

남성의 경우, 임금이 더 높은 것으로 나타났는데, 그 크기는 정규직(0.199)이 직접고용 비정규직(0.102)보다 2배 가까이 컸다. 고졸을 기준변수로 하고, 중졸 이하, 대졸, 대학원졸 이상을 더미변수로 처리해 살펴본 학력의 임금효과는 예상대로 학력수준이 높을수록 임금이 높은 것으로 나타났다. 근속의 경우, 양의 계수값을 나타내어 근속이 늘어날수록 임금수준이 높아지는 것으로 나타났는데, 정규직의 계수값(0.029)이 직접고용 비정규직의 계수값(0.015)보다 2배가량 컸다. 경력 1년 미만을 기준변수로 하고, 1~2년 미만, 2~3년 미만, 3~4년 미만, 4~5년 미만, 5~10년 미만, 10년 이상을 더미변수로 처리해 살펴본 경력의 임금효과 역시 정규직, 직접고용 비정규직 모두의 경우에 예상대로 경력수준이 길수록 높은 임금을 받는 것으로 나타났다. 사무직을 기준변수로 하여 다른 직종들을 더미변수 처리해 살펴본 직종의 임금효과는 정규직의 경우, 임원·관리직(0.253), 전문직(0.089)에서 임금수준이 높게 나왔고, 직접고용 비정규직의 경우에도 임원·관리직(0.584), 전문직(0.329)에서 그 크기가 컸다. 제조업을 기준변수로 하고 다른 산업을 더미변수로 처리해서 살펴본 산업별 임금효과는 정규직의 경우, 전기가스수도업(0.151), 농림광업(0.125)에서 그 크기가 컸고 직접고용 비정규직에서는 건설업(0.303), 전기가스수도업(0.124)에서 높게 나타났다. 마지막으로 규모효과를 살펴보면, 5인 미만 사업체를 기준변수로 하여 각 기업규모 수준을 더미변수로 처리해서 살펴본 결과 정규직과 직접고용 비정규직의 경우 모두 일관되게 기업규모 수준이 커질수록 임금수준이

〈표 1-5-5〉 정규직-기간제 노조 임금효과(노조효과를 노조 가입여부로 식별한 경우)

변수명	전체		정규직		직접고용 비정규직	
	회귀계수	표준오차	회귀계수	표준오차	회귀계수	표준오차
노조더미(조합원)	0.081	0.000	0.068	0.000	0.145	0.002
남성	0.194	0.000	0.199	0.000	0.102	0.001
중졸 이하	-0.112	0.001	-0.125	0.001	-0.038	0.001
초대졸	0.073	0.000	0.072	0.000	0.061	0.001
대졸	0.235	0.000	0.236	0.000	0.170	0.001
대학원졸이상	0.409	0.001	0.402	0.001	0.457	0.002
근속연수	0.030	0.000	0.029	0.000	0.015	0.000
근속제곱	0.000	0.000	0.000	0.000	0.000	0.000
경력 1~2년 미만	0.055	0.001	0.061	0.001	0.060	0.001
경력 2~3년 미만	0.096	0.001	0.099	0.001	0.100	0.001
경력 3~4년 미만	0.115	0.001	0.117	0.001	0.112	0.002
경력 4~5년 미만	0.148	0.001	0.153	0.001	0.106	0.002
경력 5~10년 미만	0.178	0.001	0.180	0.001	0.176	0.002
경력 10년 이상	0.254	0.001	0.256	0.001	0.218	0.002
임원·관리직	0.273	0.001	0.253	0.001	0.584	0.005
전문직	0.113	0.000	0.089	0.001	0.329	0.002
기술공 및 준전문직	0.033	0.000	0.027	0.000	0.064	0.002
서비스직	-0.153	0.001	-0.162	0.001	-0.082	0.002
판매직	-0.153	0.001	-0.148	0.001	-0.115	0.002
농림어업 숙련직	-0.229	0.003	-0.229	0.003	-0.207	0.006
기능직 및 관련직	-0.116	0.001	-0.129	0.001	0.013	0.002
장치·기계·조립직	-0.251	0.000	-0.262	0.001	-0.083	0.002
단순노무직	-0.317	0.001	-0.351	0.001	-0.156	0.001
농림광업	0.101	0.002	0.125	0.002	0.018	0.006
전기가스수도업	0.146	0.002	0.151	0.002	0.124	0.011
건설업	-0.060	0.001	-0.073	0.001	0.303	0.002
유통서비스업	-0.023	0.000	-0.012	0.000	-0.075	0.002
개인 서비스업	0.002	0.001	-0.001*	0.001	-0.035	0.002
사업서비스업	0.088	0.000	0.110	0.000	0.030	0.002
사회서비스업	-0.087	0.000	-0.076	0.000	-0.045	0.002
5~9인	0.130	0.000	0.149	0.000	0.029	0.000
10~29인	0.213	0.000	0.236	0.000	0.072	0.001
30~99인	0.251	0.000	0.278	0.000	0.058	0.001
100~299인	0.304	0.000	0.336	0.001	0.142	0.001
300~499인	0.371	0.001	0.403	0.001	0.180	0.002
500인 이상	0.522	0.001	0.564	0.001	0.253	0.002
상수항	1.835	0.001	1.816	0.001	1.907	0.002
R^2	0.601		0.606		0.426	
실제표본	667,936		593,261		74,675	
가중표본	9,148,153		8,325,196		822,957	

주: * 표시가 있는, 정규직 표본의 개인 서비스업은 통계적으로 유의하지 않고 나머지 모든 계수값은 1% 수준에서 통계적으로 유의함.

<표 1-5-6> 정규직-기간제 노조 임금효과(노조효과를 노조 존재여부로 식별한 경우)

변수명	전체		정규직		직접고용 비정규직	
	회귀계수	표준오차	회귀계수	표준오차	회귀계수	표준오차
노조더미(유노조)	0.084	0.000	0.090	0.000	0.065	0.001
남성	0.193	0.000	0.197	0.000	0.101	0.001
중졸 이하	-0.112	0.001	-0.124	0.001	-0.038	0.001
초대졸	0.073	0.000	0.073	0.000	0.059	0.001
대졸	0.233	0.000	0.233	0.000	0.165	0.001
대학원졸 이상	0.401	0.001	0.396	0.001	0.457	0.002
근속연수	0.030	0.000	0.029	0.000	0.016	0.000
근속제곱	0.000	0.000	0.000	0.000	0.000	0.000
경력 1~2년 미만	0.057	0.001	0.062	0.001	0.059	0.001
경력 2~3년 미만	0.098	0.001	0.101	0.001	0.100	0.001
경력 3~4년 미만	0.118	0.001	0.120	0.001	0.115	0.002
경력 4~5년 미만	0.150	0.001	0.155	0.001	0.109	0.002
경력 5~10년 미만	0.181	0.001	0.182	0.001	0.178	0.002
경력 10년 이상	0.257	0.001	0.258	0.001	0.220	0.002
임원·관리직	0.274	0.001	0.254	0.001	0.591	0.005
전문직	0.115	0.000	0.090	0.001	0.336	0.002
기술공 및 준전문직	0.035	0.000	0.029	0.000	0.066	0.002
서비스직	-0.153	0.001	-0.163	0.001	-0.080	0.002
판매직	-0.152	0.001	-0.147	0.001	-0.117	0.002
농림어업 숙련직	-0.229	0.003	-0.227	0.003	-0.208	0.006
기능직 및 관련직	-0.112	0.001	-0.126	0.001	0.018	0.002
장치·기계·조립직	-0.245	0.000	-0.260	0.001	-0.079	0.002
단순노무직	-0.315	0.001	-0.350	0.001	-0.151	0.001
농림광업	0.101	0.002	0.123	0.002	0.027	0.006
전기가스수도업	0.141	0.002	0.139	0.002	0.101	0.011
건설업	-0.059	0.001	-0.073	0.001	0.310	0.002
유통서비스업	-0.025	0.000	-0.017	0.000	-0.068	0.002
개인 서비스업	0.001*	0.001	-0.004	0.001	-0.032	0.002
사업서비스업	0.086	0.000	0.107	0.000	0.032	0.002
사회서비스업	-0.090	0.000	-0.081	0.000	-0.043	0.001
5~9인	0.128	0.000	0.147	0.000	0.027	0.000
10~29인	0.210	0.000	0.232	0.000	0.065	0.001
30~99인	0.244	0.000	0.270	0.000	0.051	0.001
100~299인	0.290	0.000	0.318	0.001	0.123	0.002
300~499인	0.355	0.001	0.384	0.001	0.152	0.003
500인 이상	0.502	0.001	0.538	0.001	0.229	0.001
상수항	1.835	0.001	1.820	0.001	1.901	0.002
R^2	0.601		0.607		0.425	
실제표본	667,936		593,261		74,675	
가중표본	9,148,153		8,325,196		822,957	

주 1): * 표시가 있는, 전체 표본의 개인 서비스업은 통계적으로 유의하지 않음.
주 2): 전체 표본의 개인 서비스업을 제외한 모든 계수값은 1% 수준에서 통계적으로 유의함.

높아지는 결과를 보였는데, 그 계수값의 크기는 일관되게 정규직의 경우에 훨씬 컸다.

다음으로 이 연구의 핵심 관심사인 노조효과를 살펴보자. 〈표 1-5-3〉에도 나와 있듯이 전체 표본을 대상으로 노동조합 가입으로 식별한 조합원의 임금 프리미엄은 8.1%이다. 이를 정규직과 직접고용 비정규직으로 나누어 분석해 보니, 정규직 조합원의 임금프리미엄은 6.8%이고, 직접고용 비정규직의 임금 프리미엄은 14.5%인 것으로 나타났다. 이는 직접고용 비정규직의 경우, 노동 조합에 가입한 사람이 그렇지 않은 사람에 비해 다른 조건들을 통제했을 때 14.5%가량 임금이 높다는 것으로, 비정규직의 경우에 정규직에 비해 상대적으로 강력한 노조임금효과를 보이고 있다. 이러한 결과는 기간제근로자들의 경우 다른 비정규직에 비해 상대적으로 노조가입의 가능성이 높다는 현실과 부합되며, 가입의 인센티브도 있다는 점이 확인되는 것이라 할 수 있다.

〈표 1-5-6〉은 조합원 여부가 아니라 노조 존재여부, 즉 종사하고 있는 기업에 노동조합이 존재하는가의 여부(유노조사업장 여부)로 식별하여 추정한 노조 임금프리미엄의 분석결과이다.

성별로 보면, 남성의 임금수준이 높았고, 학력과 경력, 근속이 길수록 임금 수준도 높은 것으로 나타났으며, 기업규모 역시 규모수준이 높아질수록 임금 수준도 높아지는 것으로 나타났다. 성별효과와 기업규모효과는 조합원 여부로 식별했을 때와 마찬가지로 정규직의 경우, 직접고용 비정규직의 경우보다 계수값의 크기가 컸다. 사무직을 기준변수로 해서 살펴본 직종의 임금효과는 정규직의 경우, 임원·관리직(0.254), 전문직(0.090)에서 임금수준이 높게 나왔고, 직접고용 비정규직의 경우에도 임원·관리직(0.591), 전문직(0.336)에서 그 크기가 컸다. 제조업을 기준변수로 살펴본 산업별 임금효과는 정규직의 경우, 전기가스수도업(0.139), 농림광업(0.123)에서 그 크기가 컸고 직접고용 비정규직에서는 건설업(0.310), 전기가스수도업(0.101)에서 높게 나타났다.

노동조합 존재 여부로 식별한 노동조합의 임금프리미엄, 즉 유노조기업의 임금효과는 정규직의 경우 9.0%, 직접고용 비정규직은 6.5%로 나타났다. 이는 조합원 여부로 식별한 노조가입의 임금프리미엄 크기와는 상이한 결과이다. 정규직의 경우에는 조합원 임금프리미엄보다 유노조 임금프리미엄의 크기가 다소 크게 추정되었고, 직접고용 비정규직의 경우에는 유노조 임금프리미엄보다 조합원 임금프리미엄이 2배 이상 크게 추정되었다. 이는 정규직의 경우에는 노동조합에 가입함으로써 얻는 임금프리미엄보다 유노조사업체에 근무함으로써 얻는 임금프리미엄이 더 크다는 뜻으로 노동조합 무임승차의 인센티브가 존재함을 암시하는 결과이다. 반면 직접고용 비정규직의 경우에는 유노조사업체에 근무함으로써 얻는 임금프리미엄보다는 직접 노동조합에 가입함으로써 얻는 임금프리미엄이 2배 이상 크다는 뜻으로 노동조합 가입의 인센티브가 강력하게 존재함을 시사하는 결과라 할 수 있다.

4. 결론 및 함의

이 글에서는 개별 노동자의 고용형태와 노동조합 가입 여부를 모두 식별할 수 있는 데이터를 활용하여 고용형태별로 노동조합의 임금프리미엄이 얼마나 다른지를 살펴보았다. 이때 임금노동자로서의 성격이 약한 특수고용 노동자들과 노조임금효과에 교란을 줄 수 있는 간접고용 노동자들을 제외한 정규직과 직접고용 노동자(기간제근로자 및 한시적 근로자)만을 대상으로 표본을 구성했다.

주요 분석결과는 다음과 같다. 우선 전체 표본에서 노동조합 가입의 임금프리미엄은 약 8.1% 정도로 추정되었다. 이는 유사한 횡단면 자료를 사용한 선행연구 결과와 유사하거나 약간 높은 수준이다.

다음으로 노동조합의 가입(조합원) 효과와 노동조합 존재(유노조) 효과를 비교해 본 결과 정규직의 경우 유노조 효과가 더 컸고, 직접고용 비정규직의 경우 조합원 효과가 더 큰 것으로 나타났다.

이를 고용형태별로 나누어 보면, 정규직 조합원의 임금프리미엄은 6.8%이고, 직접고용 비정규직의 임금프리미엄은 14.5%인 것으로 나타났다. 기간제 근로자들의 경우 다른 비정규직 고용형태에 비해 노조가입 가능성이 높다는 것을 고려하면, 이 정도의 임금프리미엄은 직접고용 비정규직 노동자들이 노조에 가입할 수 있는 강력한 인센티브로 작동할 수 있다고 판단된다.

유노조기업의 임금효과는 정규직의 경우 9.0%, 직접고용 비정규직은 6.5%로 나타났으며 이는 노조가입의 임금프리미엄 크기(정규직 6.8%, 직접고용 비정규직 14.5%)와는 상이한 결과이다. 정규직의 경우 조합원 임금프리미엄보다 유노조 임금프리미엄의 크기가 다소 컸고, 직접고용 비정규직의 경우 유노조 임금프리미엄보다 조합원 임금프리미엄이 2배 이상 크게 나타났다. 이는 정규직의 경우에는 노조가입보다는 유노조사업체 근무로 인해 얻는 임금프리미엄이 더 크다는 뜻으로 노동조합 무임승차의 가능성이 존재함을 암시한다. 반면 직접고용 비정규직의 경우 유노조사업체에 근무함으로써 얻는 임금프리미엄보다는 직접 노동조합에 가입함으로써 얻는 임금프리미엄이 2배 이상 크게 나타나 노조가입의 인센티브가 강력하게 존재함을 시사해 준다.

과연 왜 이런 현상이 발생하는 것일까? 추후 보다 엄밀한 실증적 검토가 필요한 부분이지만, 다음과 같이 추측해 볼 수 있다. 즉, 직접고용 비정규직의 노조가입 임금프리미엄의 크기가 정규직보다 높고, 직접고용 비정규직의 경우 유노조사업체 근무의 효과보다 노조가입의 효과가 훨씬 크지만, 정규직에게는 오히려 유노조사업체 근무의 효과가 노조가입의 효과보다 큰 이유는 바로 기업의 인사관리 관행과 노동조합의 정책 때문이라는 것이다.

정규직은 노동조합에 가입하지 않더라도 노사 간의 교섭에 의해 결정된 협약임금인상률의 적용을 그대로 받는 경우가 대부분이다. 따라서 군이 노동조합의 멤버십을 갖지 않더라도 적어도 임금인상의 측면에서는 조합원과 동일한 인상률을 적용받는 경우가 일반적이다. 반면 직접고용 비정규직의 경우 노동조합과 사측 간 협상에 의해 결정된 협약임금상승률의 적용 여부는 해당 직접 고용 비정규직 노동자의 노동조합 가입 여부에 따라 다를 것으로 예상된다. 즉, 정규직은 유노조사업체에 종사하는 것이 노동조합에 가입하는 것과 별 차이가 없지만, 직접고용 비정규직에게는 노동조합 가입이 임금인상 효과에 직접적인 영향을 미칠 수 있다는 것이다. 이는 더 나아가 직접고용 비정규직 노동자들의 노동조합 가입에는 상대적으로 강력한 인센티브가 존재하며, 노동조합 공급 차원에서의 조치(예컨대, 기간제노동자들에 대한 노조가입 문호개방 혹은 산업별 노조 조직화의 진전 및 협약임금인상률의 일괄적용 강제 등)가 이루어진다면 기간제노동자들에 대한 급격한 노조 조직화의 진전 가능성이 존재함을 암시한다.

참고문헌

김미란·김민경. 2008. 「노동조합의 임금효과 추정: 제조업 생산직 남성 근로자를 중심으로」. 『인적자본기업패널 학술대회 자료집』. 한국직업능력개발원.

김용민·박기성. 2006. 「정규-비정규근로자 임금격차」. 『노동경제논집』, 제29권, 제3호, 25~48쪽. 한국노동경제학회.

김우영·최영섭. 1996. 「노동조합의 임금효과는 한국에서 존재하는가?」. 『노동경제논집』, 제19권, 제1호, 29~52쪽. 노동경제학회.

김유선. 2009. 「한국 노동시장의 임금결정 요인: OLS 회귀분석과 분위회귀분석」. ≪산업관계연구≫, 제19권, 제2호, 1~25쪽. 한국노사관계학회.

김장호. 1991. 「노동조합의 임금효과: 우리나라 제조업부문에서의 노동조합 유무별 임금결정 메카니즘의 차이」. ≪경제학연구≫, 제39집, 제1호, 21~44쪽. 한국경제학회.

김장호. 2008. 「노동조합 임금효과의 변화: 1988~2007」. 『노동경제논집』, 제31권, 제3호, 75~105쪽. 한국노동경제학회.

김황조·성백남·최강식. 2004. 「한국의 노동조합 임금효과: 1987~2001」. ≪한국경제학보≫, 제11권, 제1호, 21~45쪽. 연세대학교 경제연구소.

류재우. 2005. 「노동조합의 임금과 고용효과」. 『노동경제논집』, 제28권, 제1호, 105~133쪽. 한국노동경제학회.

류재우. 2007. 「노동조합과 임금구조」. 『노동경제논집』, 제30권, 제1호, 31~53쪽. 한국노동경제학회.

박기성·김용민. 2007. 「정규-비정규근로자의 임금격차 비교: 2003년과 2005년」. ≪노동정책연구≫, 제7권, 제3호, 35~61쪽. 한국노동연구원.

송일호·남승용. 2004. 「우리나라 노동조합의 임금효과에 대한 실증분석」. ≪창업정보학회지≫, 제7권, 제4호, 265~286쪽. 한국창업정보학회.

신은종·문현주. 2006. 「비정규노동의 유형별 임금격차에 관한 분석: 노동조합 조직 유무 및 시기에 따른 변화를 중심으로」. 『2006년도 춘계학술연구발표회 발표논문집』. 한국인사·조직학회.

이인재·김태기. 2009. 「정규직과 비정규직의 임금격차: 노동조합과 기업규모의 영향을 중심으로」. 『노동경제논집』, 제32권, 제3호, 1~26쪽. 한국노동경제학회.

이정현. 2004. 「한국 노동조합은 어느 노동자집단을 위한 조직인가?: 1987~1999년까지 집단별 노조 임금 효과의 변화」. ≪인사·조직연구≫, 제12권, 제2호, 105~142쪽. 한국인사·조직학회.

조동훈. 2008a. 「노동조합의 임금효과 분석」. ≪노동리뷰≫, 1월호, 24~34쪽. 한국노동연구원.

조동훈. 2008b. 「패널자료를 이용한 노동조합의 임금효과 분석」. 『노동경제논집』, 제31권, 제2호, 103~128쪽. 한국노동경제학회.

조우현·유경준. 1997. 「노동조합 가입성향의 결정 요인과 노조의 상대적 임금효과」. ≪경제학연구≫, 99~127쪽. 한국경제학회.

Abowd, J. M. and H. S. Farber. 1982. "Job Queues and the Union Status of Worker." *Industrial and Labor Relations Review*, 35(3), pp.354-367.

Blanchflower, D. and A. Bryson. 2002. "Changes over time in union relative wage effect in the UK and the US revisited." *NBER Working paper* No.9395.

Blanchflower, D. and R. Freeman. 1992. "Unionism in the U.S. and in other advanced OECD countries." *Industrial Relations*, Vol.31, No.1, pp.56-79.

Booth, A. L. 1995. *The Economics of Trade Union*. Cambridge University Press.

Booth, A. L. and M. Bryan. 2004. "The Union Membership Wage-Premium Puzzle: Is There a Free Rider Problem?" *Industrial and Labor Relations Review*, Vol.57, No.3, pp.402-421.

Card, D. 1996. "The effect of unions on the structure of wages: A longitudinal analysis." *Econometrica*, Vol.64, No.4, pp.957-979.

Duncan, G. and D. Leigh. 1980. "Wage Determination in the Union and Nonunion Sectors: A Sample Selectivity Approach." *Industrial and Labor Relations Review*, Vol.34, pp.24-34.

Duncan, G. and F. Stafford. 1980. "Do Union Members Receive Compensating Wage Differentials?" *American Economic Review*, Vol.70, pp.355-371.

Farber, H. S. 1983. "The Determinant of the Union Status of Workers." *Econometrica*, 51(5), pp.1417-1438.

Farber, H. S. and D. H. Saks. 1980. "Why Workers Want Union: The Role of Relative Wages and Job Characteristics." *Journal of Political Economy*, 88(2), pp.349-369.

Freeman, R. and J. Medoff. 1984. *What Do Unions Do?* New York: Basic Books.

Heckman, J. 1990. "Varieties of Selection Bias." *American Economic Review*, Vol.80, No.2, pp.313-318.

Hirsch, B. T. 2004. "Reconsidering union wage effects: Surveying New Evidence on an Old Topic." *Journal of Labor Research*, Vol.25.

Hirsch, B. T. and D. A. Macpherson. 2004. *Union Membership and Earnings Data Book: Complications from the Current Population Survey*. Washington: Bureau of National Affairs.

Hirsch, B. T. and J. Addison. 1986. *The Economic Analysis of Unions: New Approaches and Evidence*. Boston: Allen and Unwin.

Jakubson, G. 1991. "Estimation and Testing of the Union Wage Effect Using Panel Data." *Review of Economic Studies*, Vol.58.

Jarrell, S. B. and T. D. Stanley. 1990. "A Meta-Analysis of the Union-Nonunion Wage Gap." *Industrial and Labor Relations Review*, Vol.44, pp.54-67.

John, F. and M. Neil. 2002. "Union effects on pay levels in Britain." *Labour Economics*, Vol.9, No.4, pp.547-561.

Lee, Lung-Fei. 1978. "Unionism and Wage Rates: A Simultaneous Equations Model with Qualitative and Limited Dependent Variables." *International Economic Review*, Vol. 19, No. 2.

Lewis, H. 1986. *Union relative wage effects : a survey*. The University of Chicago Press.

McConnell, C. R., S. L. Brue, and D. A. Macpherson. 2006. *Contemporary Labor Economics*, 7th ed. McGraw-Hill Irwin.

Robinson, C. 1989. "The joint determination of union status and union wage effect: some tests of alternative models." *Journal of Political Economy*, 97, Issue. 3, pp. 639-667.

Williams, N. 2009. "Seniority, experience, and wages in the UK." *Labour Economics*, Vol. 16, No. 3, pp. 272-283.

제6장

한국의 저임금고용의 결정 요인과 이동성[*]

1. 서론

오늘날 많은 나라가 노동시장의 양극화 현상을 겪고 있다. 한편에서는 글로벌화와 기술혁신의 혜택을 받은 고숙련·고임금노동자가 증가하는가 하면, 다른 한편에서는 그렇지 못한 소외된 저임금노동자들이 증가함으로써 노동시장이 양극화되고 있고 이들 간의 간격이 점점 벌어지고 있다. 비정규노동자의 증가, 저임금노동자의 증가, 노동시장 양극화, 실업 및 비경제활동 인구의 증가 등은 모두 이러한 현상이 다양한 형태로 발현된 결과이다. 이에 따라 미국, 유럽 등에서 저임금 노동문제가 핵심적인 경제정책 및 사회정책 이슈로 떠오르고 있다(Cuesta, 2005).

저임금고용의 문제는 한국의 경우에 더욱 심각한 문제로 나타나고 있다. 외환위기 이후 급속한 구조조정 과정에서 글로벌화와 기술혁신, 그리고 정부의

---

[*]   윤진호·이시균, ≪경제발전연구≫, 제15권 제1호(경제발전학회, 2009)에 게재되었다.

신자유주의 정책과 기업의 구조조정 등으로 인해 노동시장의 양극화가 심화되면서 저임금고용이 확산되고 있다(윤진호, 2006). 2007년 자료로 추정한 결과, 적어도 전체 임금노동자의 약 30% 가까이는 중위값(median) 임금의 3분의 2에도 미치지 못하는 낮은 임금을 받는 저임금노동자로 나타나고 있다. 더욱이 2000년대 들어 저임금고용의 비중은 점점 늘고 있다.

이들 저임금노동자는 열악한 근로환경에서 누구보다 더 열심히 일하지만 빈곤에서 빠져나오기 힘든 '근로빈곤층(working poor)'으로 규정할 수 있다. 단순히 소득이 낮고 현재 생활이 어렵다는 사실뿐만 아니라 빈곤의 지속성으로 인한 함정에 빠져 미래에 대한 희망을 잃고 있으며 이것이 개인의 문제로 끝나는 것이 아니라 이혼, 질병, 범죄, 알코올 및 약물 중독, 청소년 문제 등 각종 사회적·정치적 문제를 야기하는 요인으로 작용하고 있다. 이는 저임금고용 문제가 비단 개인의 문제일 뿐만 아니라 광범한 사회적·경제적 맥락에서 취급되어야 한다는 것을 의미한다.

뿐만 아니라 경제적 차원에서 보더라도 광범한 저임금계층의 존재로 인해 내수 기반이 위축되고 인적자본의 축적이 저해될 뿐만 아니라 중장기적으로는 저임금·비효율부문의 온존으로 경제의 질적 전환이 어려워지는 등 다양한 경로를 통해 국민경제의 경쟁력 향상을 저해하는 요인으로 작용하고 있다.

그러나 이처럼 광범한 저임금계층의 존재에도 불구하고 그 개선을 위한 노력은 매우 미흡한 상태이다. 흔히 재계나 언론에서는 전체 노동자들의 극히 일부에 불과한 고임금 부문에 초점을 맞추어 고임금으로 인해 기업 및 국가의 경쟁력이 저하된다고 공격할 뿐 광범한 저임금 부문의 바다에 대해서는 아무런 관심도 보이지 않고 있다. 노동조합 역시 주로 중간소득층 이상의 임금노동자로 구성된 정규직 조합원에 일차적 관심을 가지고 있으며 미조직 저임금노동자에 대한 관심은 부차적인 데 불과하다. 이들은 정부정책에서도 소외되어 있다. 저임금 해소를 위한 가장 확실한 수단이라 할 수 있는 최저임금제는 제도적 결함과 정부 및 사용자 측의 거부로 인해 실질적인 저임금 해소효과를 발휘하지 못하고 있다. 저임금노동자들은 각종 사회보험의 사각지대에 존재해 복지수혜도 제대로 받지 못하고 있다. 이들은 교육·훈련의 기회도 제한받고 있어 경력관리가 힘들며 승진기회도 거의 없어 결국 저임금고용이 막다른 골목이 되고 있는 것이다.

저임금고용의 감소는 다양한 경제적·사회적 이익을 가져올 수 있다. 첫째, 빈곤의 감소로 이에 따른 각종 사회적 문제를 완화할 수 있으며, 둘째, 저소득층의 노동시장 참여 증대로 복지지출의 부담이 감소되고, 유휴인력의 활용이 가능하며, 셋째, 불법적 혹은 비공식 부문적 활동이 감소됨으로써 경제의 투명화와 저부가가치 부문의 구조조정이 가능하며, 넷째, 내수수요의 촉진으로 성장활력 회복에 기여할 수 있다.

이러한 저임금 부문 해소의 중요성에도 불구하고 저임금고용에 대한 조사 및 연구는 매우 부족한 실정이다. 국회도서관의 전자도서관 키워드 검색에서 '저임금'을 키워드로 한 연구를 찾아보면 2000년 이후 단행본 12건, 학술지 84건에 불과하며, 특히 석·박사학위논문은 2건에 불과한 것으로 나온다.[1] 기존 연구도 실제 그 내용을 살펴보면 대부분 간단한 잡지기사에 그치며 저임금을 주제로 한 본격적인 저서, 논문은 5~6건 정도이다. 과연 국민소득 2만 달러 시대의 한국 사회에서 저임금 문제에 대한 관심과 연구는 사라져도 좋은 것인가?

이 글은 이와 같은 문제의식에서 한국의 저임금고용의 실태를 밝힘으로써 그 해소를 위한 정책 수립의 기초자료로 삼는 데 목적이 있다. 글의 구성은 다음과 같다.

제2절에서는 저임금의 정의와 규모 및 그 성격을 살펴보고 과연 한국에서 노동시장의 양극화가 나타나고 있는지를 확인한다. 제3절에서는 저임금고용의 결정 요인을 수요, 공급 및 제도적 측면에서 살펴본다. 제4절에서는 저임금고용의 이동성을 살펴본다. 즉, 저임금고용이 정상적인 고용으로 가는 징검다

---

[1] 국회전자도서관(http://u-lib.nanet.go.kr) 검색 결과(2009.4.20).

리인가, 아니면 결코 빠져나오기 힘든 함정으로 작용하고 있는가를 살펴본다. 제5절에서는 지금까지의 논의를 요약한다.

2. 저임금고용의 정의와 현황

1) 저임금고용의 정의와 측정

통계, 연구, 혹은 정책적 목적으로 사용되는 저임금노동자에 대한 정의는 다양하며 아직 학자들 사이에도 합의가 이루어지지 않고 있다. 〈표 1-6-1〉에서 보는 바와 같이 각국 정부에서도 다양한 개념들을 사용하고 있다. 이는 그만큼 저임금에 대한 정의가 쉽지 않다는 것을 의미한다.

저임금고용에 대한 정의는 크게 보아 절대적 임금수준을 기준으로 한 정의와 상대적 임금수준을 기준으로 한 정의로 나눌 수 있다(Kaye and Nightingale, 2000). 절대적 기준에 의한 저임금고용의 정의는 일정한 절대적 임금수준을 정하고 그 이하의 임금을 받는 노동자들을 저임금고용으로 정의하는 방법이다. 저임금의 절대적 수준 자체는 다양하게 정해질 수 있는데 가장 대표적인 것으로서 미국에서는 정부가 정한 4인가족 기준 빈곤선(그 이하인 경우 정부의 사회복지 지원대상이 된다)을 연간노동시간으로 나누어 저임금 기준 시급선을 정하고 그 이하의 시급을 받는 노동자들을 저임금노동자로 정의하고 있다. 영국의 경우에도 국가가 정한 최저임금 수준 이하의 임금을 받는 노동자들을 저임금노동자로 정의하고 있다(〈표 1-6-1〉 참조). 이러한 절대적 기준에 의한 저임금고용의 정의는 이해와 해석이 쉬우며, 저임금고용의 절대적 생활수준 비교가 가능하고, 저임금노동자들의 빈곤에 초점을 맞추고 있다는 점에서 복지정책과의 연계가 쉽다는 등의 장점이 있다. 반면 저임금선의 설정 자체가 자의적이고, 물가 변화에 따라 실질구매력이 민감하게 변화하며, 분배의 왜곡으로 인해

〈표 1-6-1〉 주요 선진국의 저임금고용의 정의와 규모

| 국가명(연도) | 국가 통계 | | Eurostat 통계* |
	전체 노동자 대비 저임금노동자 비중	저임금고용의 정의	
미국(1997)	28.6%	4인가족 빈곤선(1만 6400달러) 이하 임금을 받는 자	
오스트리아(1993)	13.2%	풀타임 노동자의 중위임금의 3분의 2 이하 임금을 받는 자	
프랑스(2001)	16.6%	근로소득이 중위임금의 3분의 2 미만인 자	13%
독일(1997)	35.5%	전체 풀타임 노동자 전국 평균임금의 75% 미만 임금을 받는 자	17% (독일 전체)
그리스(1995)	16.1%	월 중위임금 총액의 3분의 2 미만 임금을 받는 자	17%
아일랜드(1997)	22.0%	근로소득이 중위임금의 3분의 2 미만인 자	18%
이탈리아(1998)	18.3%	전체 풀타임 노동자 중위임금의 3분의 2 미만 임금을 받는 자	10%
노르웨이(1999)	22.0%	제조업 생산직 노동자 평균시급의 85% 미만 임금을 받는 자	-
포르투갈(1998)	11.6%	풀타임 노동자 중위연간소득의 3분의 2 미만 임금을 받는 자	6%
스페인 (연도 알 수 없음)	22.0%	평균임금의 75% 미만 임금을 받는 자	13%
영국(2001)	1.3%	국가 최저임금 미만의 임금을 받는 자	21%

주: * 월임금이 전체 중위임금의 60% 미만.
자료: EIRO, "Low-Wage Workers and the Working Poor"(2002.9)(저임금근로자들과 노동빈민층에 대한 비교분석-EU국가 및 노르웨이 등 16개국을 중심으로, 최저임금위원회, 2003.4.15).

발생하는 문제점들을 제대로 반영할 수 없다는 점 등이 단점으로 지적되고 있다(Kaye and Nightingale, 2000; Bazen et al., 2000).

한편 상대적 임금에 의한 기준은 임금분포상 하위층에 속하는 일정한 비율의 고용을 저임금고용으로 정의하는 방식으로서 예컨대 전체 임금노동자 가운데 하위 20% 임금계층을 저임금고용으로 보는 방식이다. 이 방식은 하위 임금소득계층을 그대로 저임금계층으로 정의한다는 점에서 누구나 쉽게 이해할 수 있는 방식이며, 절대적 기준에서처럼 물가 변화에 따라 실질구매력이 변화하는 문제를 해결할 수 있다는 장점이 있다. 반면 이 방식은 전반적인 실질임금 상승에 따라 저임금계층의 생활수준이 크게 향상되어도 여전히 저임금고용의 비율에는 아무런 변화가 없다는 단점을 지닌다. 다시 말해서 아무리 경제성장

이 이루어지고 국민소득이 증가하더라도 저임금계층의 비율은 동일하다는 점에서 저임금고용의 정의의 유효성이 문제가 된다.

상대적 기준에 의한 정의의 문제점을 보완하기 위한 고안된 방식이 바로 중위임금(median wage)의 일정 비율로 저임금선을 정하고 그 이하의 임금을 받는 노동자들을 저임금고용으로 정의하는 방식이다. 이 방식은 중위임금의 상승에 따라 저임금선도 상승한다는 점에서 상대적 기준에 해당하지만 동시에 저임금계층의 임금분포의 변화에 따라 저임금고용의 비율이 변화할 수 있다는 점에서 상대적 기준의 문제점을 보완하고 있다. 물론 이 방식에서도 중위임금이 상승할 경우 저임금선도 상승하고 따라서 저임금계층의 생활수준도 상승하지만 임금분포상의 변화가 없으면 여전히 이들을 저임금고용으로 정의하게 된다는 문제점은 남는다. 따라서 이 기준은 저임금계층의 절대적인 생활수준보다는 상대적 빈곤이나 공정성을 측정하는 데 더 적합한 개념이라 할 수 있다. 만약 초점이 빈곤문제에 있는 경우에는 절대적 기준이 더 적합할 것이다.

중위임금에 대한 일정 비율로 저임금선을 정할 경우 어느 정도의 비율이 적당할 것인가에 대해서는 〈표 1-6-1〉에서 보는 바와 같이 나라마다 다양한 방식으로 정하고 있지만 가장 널리 쓰이는 방식은 OECD의 정의 방식이다. 즉, OECD는 "풀타임 노동자의 중위임금의 3분의 2 미만의 임금을 받는 노동자"를 저임금고용으로 정의하고 있으며 "중위임금의 50% 미만의 임금을 받는 노동자"를 초저임금고용으로 정의하고 있다(OECD, 1997). 이 방식은 다수 유럽 국가들이나 국제기구 등에서도 채택하고 있다. 그러나 〈표 1-6-1〉에서처럼 독일은 전체 노동자 평균임금의 75% 미만, 노르웨이는 제조업 평균시급의 85% 미만, 스페인은 평균임금의 75% 미만을 저임금고용으로 정의하고 있다.

이 연구에서도 가장 일반적으로 사용되고 있는 OECD 기준 저임금 정의, 즉 풀타임 노동자의 중위임금의 3분의 2 미만을 받는 노동자를 저임금고용으로 정의했다.

일단 이와 같이 저임금고용을 정의할 경우 실제 측정상 몇 가지 문제가 발생한다(Fernandez et al., 2004). 우선 임금의 측정기간을 시간당, 주당, 월당, 연간 등 어느 기준으로 할 것인가가 문제가 된다. 이에 대해서는 시간당 임금이 가장 적합한 것으로 생각된다. 왜냐하면 만약 월 혹은 연간 소득으로 저임금고용을 측정할 경우 이들의 저소득이 과연 시간당 임금률이 낮기 때문에 발생한 것인지 아니면 노동시간이 적기 때문에 발생한 것인지를 판단하기가 어렵기 때문이다. 특히 파트타임노동자는 저임금고용일 가능성이 크므로 이들에 대한 판단이 어렵다.

둘째, 파트타임노동자를 포함시킬 것인지 여부가 문제가 된다. 이에 대해서는 파트타임노동자는 비정규직이 많고 저임금고용일 가능성이 크며, 대부분의 국가가 이들을 저임금고용에 포함시키고 있다는 점에서 당연히 이들을 포함시키는 것이 옳을 것이다.

셋째, 임금의 범위를 어느 정도까지 포함시킬 것인가가 문제가 된다. 즉, 기본급, 각종 수당을 포함한 통상임금, 초과근로수당, 보너스 등 다양한 임금소득 중 어디까지가 포함되어야 하는가의 문제이다. 특히 초과근로수당이나 보너스 등은 시급으로 환산할 경우 고율임금이 되므로 시급 임금률을 과대 평가하게 되는 이른바 '정의오차(definitional error)'를 발생시킨다(Skinner et al., 2002). 그러나 다양한 임금범주 가운데 어느 정도까지 포함시키는가 하는 판단 자체가 자의적일 수 있으며 노동자의 생활수준과 직접적인 관련이 있는 것은 총임금이므로 임금의 종류를 불문하고 모든 임금소득을 포함시키는 것이 적당할 것으로 판단된다.

넷째, 시간당 임금의 경우 보고오류(reporting error)가 발생할 가능성이 있다는 점을 유의해야 한다. 왜냐하면 시간당 임금(시급)은 주로 월간임금을 월간 노동시간으로 나누어 계산하는데 이때 노동시간이 정확하게 보고되지 않으면 결과적으로 시급은 잘못 계산될 가능성이 있기 때문이다. 이에 대해서는 가구조사와 사업체 조사 양쪽 모두 보고오류를 발생시킬 가능성이 있다(Skinner et al., 2002). 가구조사의 경우 흔히 응답자가 노동자 본인이 아니라 다른 가구원일 경우가 많아 소득이나 노동시간을 정확하게 보고하지 않는 경우가 발생한다. 특히 출퇴근 시간이나 휴식·휴게 시간까지 포함하여 노동시간을 과대보고하다든가, 세금 등을 제외한 순소득만 보고함으로써 총소득을 과소 보고한다든가 하는 경우가 발생하 므로 유의해야 한다. 반면 고용주를 상대로 한 사업체 조사의 경우에는 흔히 임금을 과대 보고하거나 초과근로시간을 축소보고함으로써 노동시간이 과소 보고될 가능성이 있어 이 역시 보고오류를 발생시킬 수 있다. 이 연구에서는 개인의 특성을 임금과 연결해야 하므로 가구조사를 사용했다.

그 밖에 탈세·탈법 행위, 외국인 노동자나 청소년 고용 시 임금보고 누락 등 광범한 지하경제 내지 비밀경제의 존재로 인해 저임금고용의 공식규모가 과소 평가될 가능성이 있지만 자료의 한계로 인해 이 부문은 측정이 불가능한 경우가 많다.

2) 저임금고용의 규모

앞에서 본 대로 이 연구에서는 OECD 기준인 '전체 풀타임 노동자 중위임금의 3분의 2 미만 임금을 받는 노동자'을 저임금고용으로, '중위임금의 50% 미만의 임금을 받는 노동자'를 초저임금고용으로 정의했다. 시간당 임금은 다음의 식을 사용해 계산했다.

분석에 사용된 자료는 통계청이 실시한 「경제활동인구조사」 부가조사의 2001~2007년 분 자료의 원자료이다. 경제활동인구조사 부가조사는 비정규직의 취업상태를 상세하게 파악하기 위한 목적으로 기존의 「경제활동인구조사」에 더해 1998년부터 매년 1~3차례 실시하고 있는데 매년 약 3만 개의 표본가구를 조사가구로 추출하고 각 가구 내의 생산가능인구(만 15세 이상인 자)를 조사대상(7만 명 내외)으로 한 것이다. 이 연구에서는 「경제활동인구조사」 부가조사 자료에서 취업자 중 종사상 지위가 임금노동자(상용직 및 임시·일용직)인 사람

<표 1-6-2> 각 연도별 저임금노동자수 및 비중 추이

(단위: 천 명, %)

	2001	2002	2003	2004	2005	2006	2007
전체 노동자수	12,343	13,223	13,220	13,512	13,924	14,216	14,681
저임금노동자수	2,995	3,129	3,631	3,668	3,845	3,683	4,219
비중(%)	24.3	23.7	27.5	27.1	27.6	25.9	28.7
초저임금노동자수	1,349	1,347	1,800	1,735	1,798	1,974	2,047
비중(%)	10.9	10.2	13.6	12.8	12.9	13.9	13.9

자료: 각 연도별 「경제활동인구조사」 부가조사자료.

만 추출해 분석에 사용했다.

〈표 1-6-2〉는 각 연도별 「경제활동인구조사」를 이용해, '저임금노동자' 및 '초저임금노동자'가 노동자 총수에서 차지하는 비중의 추이를 보여 주고 있다. 이 표에서 보는 바와 같이 저임금노동자의 비중은 2001년 24.3%로부터 다소 기복은 있지만 점차 증가해 2007년 전체 노동자의 28.7%에 달하고 있다. 초저임금노동자의 비중 역시 2001년 10.9%로부터 2007년에는 13.9%로 크게 증가하여 저임금노동자 가운데 가장 사정이 열악한 계층의 비중이 급속하게 증가했다는 것을 알 수 있다.

즉, 외환위기 이후 한국 경제가 급속하게 회복되어 왔음에도 불구하고 그 과실이 공평하게 분배되지 못한 채 노동시장 저변에 있는 저임금노동자층의 비중은 높아져 온 것이다.[2]

이러한 한국의 저임금고용의 규모가 국제적으로 비교해 보면 어느 정도 수준 인지를 알기 위해 OECD 자료를 살펴보자. 〈표 1-6-3〉에 따르면 2005년 한국의 저임금고용의 비중은 25.4%로서[3] 자료입수가 가능한 OECD 회원국 13개국 가운데 가장 높은 수준이었다. OECD 회원국 가운데 핀란드, 스웨덴 등

---

[2] 이 연구에서 추정된 저임금노동자 비중(2006년 기준 25.9%)은 최근의 유사한 연구(이병희 외, 2007)에서 추정된 저임금노동자 비중(2006년 기준 26.6%)과 거의 유사하다.

[3] 자료의 성격과 계산방식의 차이로 인해 이 연구에서 2005년도 저임금노동자의 비중보다 다소 낮은 것으로 나타났다.

<표 1-6-3> OECD 회원국의 저임금고용 비중

(단위: %)

국가	1995	2005
호주	13.8	15.9
캐나다	22.0	22.2
핀란드	-	7.0
독일	11.1	15.8
헝가리	21.9	-
아일랜드	20.4	17.6
일본	15.4	16.1
한국	22.9	25.4
네덜란드	13.8	-
뉴질랜드	14.9	11.5
폴란드	17.3	23.5
스페인	15.2	16.2
스웨덴	5.7	6.4
영국	20.0	20.7
미국	25.2	24.0
OECD 가중평균	17.0	17.1

주: 저임금고용의 비중은 중위임금의 3분의 2 미만 임금을 받는 노동자 비중임. 캐나다, 헝가리, 아일랜드 및 스웨덴의 자료는 1995년 대신 1997년 자료임. 독일과 스페인은 2005년 대신 2002년 자료임.
자료: OECD(2007).

북유럽 국가들은 저임금고용의 비중이 한 자리 숫자에 머물고 있는 반면 미국, 영국, 캐나다 등 영미형 국가와 헝가리, 폴란드 등 체제전환국가는 저임금고용의 비중이 높았다. 그러나 한국은 그 어떤 유형의 국가에 비해서도 더 높은 저임금고용의 비중을 보여 주고 있다. 더욱이 1995~2005년의 10년간 전체가중평균 저임금고용의 비중은 거의 안정상태를 보인 반면 한국에서는 저임금고용의 비중이 2.5% 포인트 증가한 점도 눈에 띈다.

3. 저임금고용의 결정 요인

1) 저임금고용의 결정 요인에 관한 기존 논의

저임금고용이 어떠한 요인에 의해 결정되는가를 이해하는 것은 곧 저임금고용의 발생을 최소화할 수 있는 정책 수립에 도움을 줄 수 있다는 점에서 저임금고용의 결정 요인 분석이 중요하다.

저임금고용의 결정 요인에 관한 전통적 접근 방법은 인적자본이론으로서 저임금의 원인을 노동자의 인적 특성에서 찾고 있다. 즉, 이 이론에 따르면 노동자의 교육, 훈련에 대한 투자 부족으로 인적자본이 낮으면 생산성이 낮아지며 그 결과 저임금으로 귀결된다는 것이다. 따라서 이러한 접근 방법에서는 저임금의 결정 요인으로서 노동자의 개인적 특성, 특히 교육, 훈련, 경력 등의 요소를 주요인으로 들고 있다(McKinight, 1998; Stewart and Swaffield, 1999). 반면 인적자본이론에서는 저임금노동자를 고용하는 사업장이나 시장의 특성은 소홀하게 취급하고 있다. 즉, 사업장 특성은 노동자 특성에 의해 결정되는 것으로 본다.

이에 비해 이중노동시장론에서는 인적자본이론의 이러한 접근 방법을 비판하면서 노동수요 측 요인을 강조하고 있다(McNabb and Whitfield, 2000). 즉, 저임금고용의 분포는 제도적인 것으로서 사용자의 전략, 노동시장 및 제품시장의 구조, 노사관계의 특성 등과 큰 관련이 있다는 것이다. 이에 따르면 저임금은 특정한 수요-공급 특성의 결과인데 그 일부는 노동시장 요인, 다른 일부는 생산물시장 요인에 기인한다(Rubery and Wilkinson,1994; McNabb and Whitfield, 1998).

따라서 저임금노동자의 개인 특성뿐만 아니라 사업체 특성이 중요하게 취급되어야 한다. 사업체 특성에 따라 기업의 전략이 달라지기 때문이다. 즉, 기업은 두 가지 경쟁전략을 가질 수 있는데 그 하나는 비용절감을 통한 경쟁우위 확보전략으로서 저임금과 수량적 유연성을 가져오게 되며, 다른 하나는 생산성 향상을 통한 경쟁우위 확보전략으로서 고임금과 기능적 유연성을 추구하게 된다. 전략의 선택은 생산물 시장의 특성과 관련 있다. 즉, 비용절감전략을 취하는 기업들은 가격이 중요한 경쟁요인이 되는 완전 경쟁적 시장으로서 주로 중소기업, 저부가가치 산업 등이 이에 해당한다. 반면 생산성 우위 전략을 취하는 기업들은 품질이나 생산성이 중요한 경쟁요인이 되는 과점적 경쟁시장으로서 주로 대기업, 고부가가치 산업 등이 이에 해당한다.

한편 제도학파에서는 노동시장의 수급요인 외에 정부의 최저임금정책이나 노동조합 및 단체교섭의 유무 등 제도적 요인들도 저임금고용의 결정 요인으로 거론하고 있다.

이 연구에서는 인적자본이론에서 주장하는 인적자본변수들과 이중노동시장론에서 주장하는 노동수요변수들, 그리고 제도적 변수들을 모두 고려하여 저임금 노동의 결정 요인에 관한 실증적 모델을 구성했다.

2) 모델 설정 및 변수 설명

이 연구에서는 저임금 노동의 결정 요인에 관한 프로빗(Probit) 분석을 실시했다. 이를 위해 통상적인 Mincer형의 인적자본모델에 일자리의 특성과 제도적 요인을 추가한 다음과 같은 모델을 설정했다(Fernandez et al., 2004).

$$I_i = \mu + X_i\beta + \Psi_i\gamma + \Omega_i\delta + \epsilon_i$$

여기서, I_i는 개인 i가 저임금고용에 속하는가의 여부를 나타내는 확률변수, $X_i\beta$는 개인 i의 인적 속성을 나타내는 벡터, Ψ_i는 개인 i의 일자리 속성을 나타내는 벡터, Ω_i는 제도변수, ϵ_i는 교란항, μ는 상수항, β, γ, δ는 각 변수의 추정계수를 의미한다.

만약 교란항 i가 독립변수의 벡터들에 대해 독립(independent)이고 정규분포(normal distribution)를 따른다고 가정하면 프로빗 분석을 통해 저임금 노동의 결정 요인을 분석할 수 있다.

실증분석에서 종속변수는 저임금노동자 여부(전체 풀타임 노동자 중위임금의 3분의 2 미만 비율)를 사용했으며, 독립변수로는 성별, 배우자 유무, 연령, 학력, 근속연수 등 인적자본변수들과 고용형태, 산업, 직업, 사업체 규모 등 노동수요 측 변수들, 그리고 노조 유무라는 제도변수를 사용했다. 자료는 2007년도「경제활동인구조사」부가조사 원자료를 사용했다.

3) 프로빗 분석 결과

앞의 저임금노동자 결정 요인 모델을 토대로 프로빗 분석을 실시했다. 인적자본이론과 이중노동시장론, 제도이론 등을 검증하기 위해 노동공급 측면, 노동수요 측면, 제도적 측면의 변수들을 순차적으로 실증분석모형에 추가했을 경우, 실증분석 결과가 어떻게 달라지는가를 알아보았다.

- 모형 1: 노동공급 측면만 고려한 모형
- 모형 2: 노동공급 측면과 노동수요 측면을 고려한 모형
- 모형 3: 노동공급 측면과 노동수요 측면, 제도적 측면을 모두 고려한 모형

모형 1에서 모형 2, 모형 3으로 갈수록 실증분석모형에 포함되는 변수가 많아지며, 보다 현실에 가까운 모형이라고 할 수 있다.

〈표 1-6-4〉에서 전체 표본에 대한 분석결과를 보면 우선 모형 1에서는 대부분의 인적자본변수에 대한 계수가 모두 예상대로의 부호를 나타내고 통계적 유의성도 높다. 교육수준이 높을수록, 또 근속연수가 많을수록 저임금고용에 속할 확률이 낮다. 그러나 근속연수변수는 비선형관계로서 일정한 근속연수

〈표 1-6-4〉 저임금 노동의 결정 요인 프로빗 분석 결과

변수명		모형 1		모형 2		모형 3	
		계수값	p-값	계수값	p-값	계수값	p-값
노동 공급 측면	남자	-0.799	0.000	-0.821	0.000	-0.820	0.000
	무배우자	0.111	0.000	0.043	0.098	0.043	0.093
	연령	-0.079	0.000	-0.093	0.000	-0.093	0.000
	연령제곱	0.001	0.000	0.001	0.000	0.001	0.000
	고졸	-0.312	0.000	-0.182	0.000	-0.183	0.000
	전문대졸	-0.850	0.000	-0.387	0.000	-0.390	0.000
	대졸	-1.207	0.000	-0.549	0.000	-0.548	0.000
	근속연수	-0.152	0.000	-0.077	0.000	-0.075	0.000
	근속연수제곱	0.003	0.000	0.001	0.000	0.001	0.000
노동 수요 측면	임시직			0.589	0.000	0.577	0.000
	일용직			0.853	0.000	0.841	0.000
	시간제			0.497	0.000	0.497	0.000
	농업			0.073	0.544	0.085	0.484
	어업			0.358	0.131	0.380	0.109
	광업			-0.632	0.125	-0.622	0.133
	전기·가스·수도업			-0.267	0.312	-0.214	0.420
	건설업			-0.369	0.000	-0.362	0.000
	도소매업			0.187	0.000	0.194	0.000
	숙박음식업			0.294	0.000	0.303	0.000
	운수업			0.554	0.000	0.604	0.000
	통신업			-0.189	0.094	-0.172	0.130
	금융보험업			-0.728	0.000	-0.715	0.000
	부동산임대업			0.444	0.000	0.448	0.000
	사업서비스업			0.142	0.001	0.146	0.001
	공공·국방·사회보장 행정			0.100	0.130	0.115	0.080
	교육서비스업			0.202	0.000	0.216	0.000
	보건사회복지업			0.225	0.000	0.234	0.000
	오락·문화·운동 관련 서비스업			0.374	0.000	0.380	0.000
	기타 공공·수리 및 개인 서비스업			0.398	0.000	0.402	0.000
	가사서비스업			-0.539	0.000	-0.529	0.000
	국제외국기관			0.131	0.801	0.154	0.772
	관리직			-1.202	0.000	-1.202	0.000
	전문직			-0.957	0.000	-0.965	0.000
	기술직			-0.731	0.000	-0.736	0.000
	사무직			-0.277	0.000	-0.282	0.000
	판매직			-0.419	0.000	-0.423	0.000
	서비스직			-0.127	0.399	-0.132	0.378
	기능공			-0.545	0.000	-0.543	0.000
	조립공			-0.373	0.000	-0.365	0.000
	5~9인			-0.180	0.000	-0.182	0.000
	10~29인			-0.241	0.000	-0.238	0.000
	30~99인			-0.379	0.000	-0.363	0.000

				-0.462	0.000	-0.430	0.000
	100~299인			-0.462	0.000	-0.430	0.000
	300인 이상			-0.777	0.000	-0.731	0.000
제도적 측면	노조 유무			-	-	-0.055	0.000
	상수항	1.926	0.000	1.810	0.000	1.875	0.000
	Log likelihood	-11123.56		-9610.758		-9604.430	
	Pseudo R^2	0.3154		0.4085		0.4089	
	전체 표본수	25,975		25,975		25,975	

주: 기준변수는 여성, 배우자, 중졸 이하, 상용직, 전일제 근로, 제조업, 단순노무직, 1~4인 사업장, 무노조사
업장임.
자료: 「경제활동인구조사」 부가조사자료(2007).

를 넘어서면 저임금고용 확률이 오히려 높아진다. 연령변수도 비슷해 연령이 높아질수록 저임금고용 확률은 낮아지지만 일정 연령을 넘어서면 오히려 확률이 높아진다. 결혼상태의 경우 미혼자에 비해 기혼자의 저임금고용 확률이 낮으며, 성별로는 남성이 여성에 비해 저임금고용 확률이 낮다.

다음으로 모형 2에서 일자리 속성 변수(노동수요 측)를 추가했을 경우를 살펴보면, 대부분의 일자리 속성 변수들이 통계적 유의성을 가지고 있는 것으로 나타났다. 변수별로 보면, 임시직이나 일용직이 상용직에 비해 저임금고용에 속할 가능성이 높게 나타났고, 시간제 근로가 전일제인 경우보다 저임금고용에 속할 가능성이 높았다. 산업별로 살펴보면 건설업, 통신업 등에서는 제조업보다 저임금고용 확률이 낮은 반면, 도소매, 음식숙박업, 운수업 등에서는 저임금고용 확률이 제조업에 비해 높다. 서비스산업에서는 업종별로 저임금고용 확률이 엇갈리고 있는데 부동산 및 임대업, 보건 및 사회복지사업, 오락·문화 및 운동 관련 산업, 기타 공공·수리 및 개인 서비스업 등에서는 제조업에 비해 저임금고용 확률이 높은 반면, 그 밖의 서비스업에서는 저임금고용 확률이 낮다.

직업별로 보면 대부분의 직업에서 단순노무직 종사자에 비해 저임금고용 확률이 낮은 것으로 나타났다. 기업규모별로는 예상대로 1~4인 규모 사업장에 비해 다른 규모의 사업장에서 저임금고용 확률이 낮은 것으로 나타났다.

모형 2에서 노동수요 측 변수들을 추가했을 경우가 모형 1의 노동공급 측 변수만 포함한 경우에 비해 설명력이 뚜렷이 높아지고 있음을 Pseudo R^2 값의 상승을 통해 살펴볼 수 있다. 이는 곧 앞에서 본 대로 전통적인 인적자본이론에서 소홀히 다루어 왔던 노동수요 측 요인, 즉 사용자의 특성 역시 저임금고용의 결정에 중요한 역할을 하고 있음을 의미한다.

모형 3에서는 제도적 요인으로서 사업장에 노동조합이 존재하고 있는지 유무를 변수로 넣어 보았다. 그 결과 노조가 있는 사업장 종사자일수록 저임금고용 확률이 낮아지는 것으로 나타났으며 통계적 유의성도 높다. 그러나 설명력의 변화는 미미했다.

4. 저임금고용의 소득이동성 분석

1) 저임금고용의 소득이동성에 대한 기존 이론 검토

지금까지의 분석은 저임금고용에 관한 정태적 분석이라고 할 수 있다. 어떤 일정 시점에서 저임금고용의 규모와 실태가 어떠한지를 파악하는 것도 중요하지만 보다 동태적으로 이들이 시간의 추이에 따라 어떻게 변화하는가를 분석하는 것도 매우 중요하다. 만약 어떤 개별 노동자가 일정 시점(예컨대 청년기)에서는 저임금노동자라 하더라도 시간의 변화에 따라 임금의 상대적 지위가 상승하여 일반 노동자로 이동할 수 있다면 생애주기(life-cycle) 전체에 걸친 임금분포는 누구에게나 동일할 것이므로 큰 문제가 없다. 반면 일정 시점에서 저임금 상태에 있는 노동자가 시간이 변해도 계속 그 상태에서 빠져나오지 못해 평생 저임금노동자로 살아간다면 문제는 보다 심각할 것이다(Stewart and Swaffield, 1999). 결국 저임금고용이 보다 양질의 고용으로 가는 디딤돌(step-ping stone) 역할을 하는가, 아니면 저임금고용이 막다른 골목 내지 함정(durable trap)으로 작용하는가(Ramos-Diaz, 2005)를 밝히는 것은 저임금고용 문제에 대한 이론적·정책적 접근에 있어 매우 중요한 차이를 가져올 것이다. 이를 밝히는 것이 바로 저임금고용의 소득이동성(earnings mobility) 분석이라고 할 수 있다.

'함정성 가설'에 의하면 저임금 일자리의 '함정성'은 두 가지 특성을 나타낸다. 첫째, 저임금 일자리에서 장기간 빠져나올 수 없으며, 둘째, 저임금 일자리에서 탈출하는 경우에도 실업 혹은 비경제활동 인구로 전락하거나 혹은 잠시 저임금보다 다소 높은 소득을 받더라도 오래 지속되지 못하고 저임금으로 복귀하는 이른바 '회전문 효과(revolving door effect)'를 보인다(Ramos-Diaz, 2005). 반면 '디딤돌 가설'에 의하면 저임금고용은 보다 양질의 고용을 찾는 과정에서 나타나는 일시적 현상으로서 저임금고용을 거쳐 경력과 숙련이 쌓이면 자연스럽게 보다 나은 소득을 얻을 수 있다고 주장한다.

과연 어느 가설이 보다 현실을 잘 설명하고 있는지에 관해 여러 실증연구가 이루어져 왔다.[4] 이들 연구에서는 국가별·시기별로 차이가 있기는 하나 대체로 저임금계층의 상승이동이 활발하게 일어나고 있는 것으로 보고되고 있다.

그러나 한국의 경우 저임금고용의 함정성이 강하다는 연구결과(이병희 외, 2007)도 나오고 있어 저임금고용의 소득이동성에 대한 보다 엄밀한 실증분석이 요구된다.

2) 저임금고용의 소득이동성에 대한 모델 설정

저임금노동자의 시간 변화에 따른 소득이동성을 파악하기 위한 가장 일반

---

[4]   대표적인 것으로서 OECD(1996, 1997); Sloane and Theodossiou(1996, 2000); Asplund et al. (1998); Stewart and Swaffield(1999); Lucifora and Salverda(1998); Cappellari(2000, 2007); Salverda et al.(2001); Holzer et al.(2004); Viera(2005); Cuesta(2005); Theodos and Bednazik(2006) 등이 있다.

적인 방법은 전체 노동시장의 임금분포를 몇 개의 범주로 나눈 뒤 각 범주 사이의 소득이동행렬(transition matrix)을 계산해 보는 것이다(Sloane and Thedossiou, 1998). 즉, 기간 t에서 소득계층 i에 속해 있던 한 개인이 t+1기에서 소득계층 h로 이동할 확률을 P_{ih}라고 할 때, 각 P_{ih}로 구성된 매트릭스를 소득이동행렬 매트릭스 P라고 하면, 매트릭스 $\sum_h P_{ih} = 1$이 된다. 전체 소득계층을 저임금과 고임금의 두 계층으로 나눈 가장 간단한 경우의 소득이동행렬 매트릭스는 다음과 같다.

$$P = \begin{vmatrix} p_{11} & p_{12} \\ p_{21} & p_{22} \end{vmatrix} \text{ (단, } 0 \le P_{ih} \le 1)$$

소득계층수가 늘어나면 동일한 방식에 의해 매트릭스 크기가 커진다.

이 연구에서는 저임금고용의 중간임금 이상 고용으로의 탈출확률과 그 결정 요인을 분석하기 위해서 이산형 비례 해저드 모형(Prentice-Gloekler-Meyer model)을 사용했다. 이 분석방법에서는 기간 변화에 따라 각 소득계층에 속한 사람이 그대로 남아 있거나 혹은 다른 계층으로 이동하거나를 택하게 되므로 이산형 확률분포(discrete probability distribution)를 보인다. 이때 확률에 영향을 미치는 요인 가운데 관찰된 변수 외의 미관찰 변수가 있어서 체계적인 영향을 미칠 경우 결과에 편의(bias)가 발생하므로 이를 제거하기 위해 감마분포를 이용해 개인의 미관찰 이질성 요인을 통제하는 분석방법이다. 이 분석방법을 통해 다른 조건이 동일할 경우 저임금에 해당하는 노동자가 기간이 경과하면서 중간임금 이상의 고용으로 전환되는 확률과 그 결정 요인을 파악할 수 있을 것이다.

여기서 사용하는 분석모형을 개괄적으로 설명하면 다음과 같다.

T_i를 노동자가 저임금고용에서 중간임금 이상 고용으로 전환한 시점이라 하면 t시점에서 개인 i의 해저드 함수 $\lambda_i(t)$는 다음과 같이 정의된다.

$$\lim_{h \to 0^+} \frac{pron[t+h > T_i \geq t \mid T_i \geq t]}{h} = \lambda_i(t)$$

해저드 함수는 t>0기에 비례 해저드 형태를 갖는다고 가정하면 다음과 같이 표현된다.

$$\lambda_i(t) = \lambda_0(t)\exp(z_i(t)'\beta)$$

여기서 $\lambda_0(t)$는 t시점에서의 기준선 해저드이고 $z_i(t)$은 t시점에 개인마다 차이가 있는 기간종속적인 설명변수의 벡터이며, β는 추정된 모수의 벡터이다. t시점까지 저임금고용을 지속한 경우에 t+1시점에도 저임금고용이 지속되는 생존함수를 로그우도함수로 정리하면 다음과 같다.

$$L(\gamma,\beta) = \prod_{i=1}^{N}\left[\left[1 - \exp - \exp \ \gamma(k_i) + z_i(k_i)' z\beta\right]^{\delta_i} \times \prod_{t=1}^{k_i-1} \exp \exp \left[\gamma(t) + z_i(t)'\beta\right]\right]$$

다음으로 이산형 비례 해저드 함수에 미관찰 이질성을 통제한 해저드 함수를 정리하면 다음과 같다.

$$\lambda_i(t) = 1 - \exp(z_i(t)'\beta) = \lambda_0(t)\exp(z_i(t)'\beta + \log(\theta_i))$$

여기서 θ_i는 $z_i(t)$와는 독립적인 확률변수이다. 이를 보완적 로그-로그 방식에 의해서 $\lambda_i(t) = 1 - \exp[-\exp(z_i(t)'\beta + \gamma(t) + \log(\theta_i))]$와 같이 해저드 함수로 다시 정리할 수 있다. 단 $\gamma(t) = \ln[\int_t^{t+1}\lambda_0(u)du]$가 된다. 그리고 미관찰 이질성 요인을 포함한 이산형 로그우도함수는 다음과 같이 정리할 수 있다.

$$L(\gamma,\beta,\sigma^2) = \sum_{i=1}^{N}\log\left\{\left[1 + \sigma^2 \cdot \sum_{t=0}^{k_i-1}\exp\gamma(t) + z_i(t)'\beta\right]^{-\sigma^{-2}} - \delta_i\left[1 + \sigma^2 \cdot \sum_{t=0}^{k_i}\exp\gamma(t) + z_i(t)'\beta\right]^{-\sigma^{-2}}\right\}$$

여기서 k_i는 기간 종료되었거나 절단 이후 기간이며, δ_i는 기간의 절단 여부를 의미한다. θ는 우도함수에서 일반적으로 계산상 편의를 위해 감마분포를 사용하고 감마분포의 평균은 1이며, 분산은 σ^2가 된다.

3) 저임금고용의 소득이동확률 실증분석

〈표 1-6-5〉는 위의 방법을 이용하여 저임금고용의 소득이동확률을 경과기간별로 분석한 결과를 보여 준다. 분석방법은 2003년에서 2006년까지 「경제활동인구조사」 부가조사자료를 패널로 만들어 소득계층별 이동확률을 계산했다. 소득계층은 모두 여섯 가지로 나누었는데, 즉 풀타임 임금노동자의 시간당 중위임금의 2분의 1 미만을 초저임금계층, 중위임금의 2분의 1에서 3분의 2 사이를 저임금계층, 3분의 2에서 중위임금 사이를 하위중간임금계층, 중위임금에서 중위임금의 3분의 2 사이를 상위중간임금계층, 그리고 3분의 2 이상을 고임금계층으로 정의했다. 한편 임금근로 이외의 상태로의 이동을 파악하기 위해 실업, 비경제활동인구, 비임금근로 등의 범주를 추가했다.

이 표를 보면, t기에 초저임금계층에 속한 노동자가 t+1기에도 초저임금계층에 속할 확률은 39.2%에 불과해 얼핏 보면 초저임금계층으로부터의 탈출확률이 상당히 높은 것처럼 보인다. 그러나 좀 더 자세히 살펴보면 초저임금계층 노동자의 20.7%가 비경제활동인구로 바뀌었으며, 저임금계층으로의 이동이 17.7%, 하위중간임금계층으로의 이동이 9.34%로서 대부분은 저임금 내지 그 인접 계층으로의 이동이다. 초저임금계층이 상위중간임금계층 이상의 노동자가 되는 확률은 3.6%에 불과했다. 저임금계층 노동자의 경우에도 저임금 유지확률은 32.6%에 불과했지만 초저임금계층으로의 이동이 16.7%에 달했고 하위중간임금계층으로 23.1%, 비경제활동인구로 13.6%가 이동하여 역시 비경활 내지 인접 소득계층으로의 이동이 대부분이었으며 상위중간임금계층 이상으로의 이동은 7.2%에 불과했다.

〈표 1-6-5〉 경과기간별 노동력 상태의 이동

• t+1

		초저임금계층	저임금계층	하위중간임금계층	상위중간임금계층	고임금계층	비임금근로	실업자	비경활인구
t	초저임금계층	39.22	17.69	9.28	2.85	0.79	6.31	3.18	20.68
	저임금계층	16.67	32.59	23.14	6.06	1.17	3.66	3.13	13.58
	하위중간임금계층	5.49	14.42	42.08	18.52	3.6	3.99	3.35	8.54
	상위중간임금계층	1.84	3.33	17.44	46.91	18.96	3.5	2.29	5.72
	고임금계층	0.41	0.98	3.27	12.01	77.6	2.38	0.8	2.56
	비임금근로	1.16	0.76	1.18	0.99	0.83	87.83	0.49	6.77
	실업자	10.39	11.17	14.78	8.61	4.54	7.44	17.75	25.33
	비경활인구	3.54	2.82	2.79	1.15	0.63	4.62	1.2	83.25

• t+2

		초저임금계층	저임금계층	하위중간임금계층	상위중간임금계층	고임금계층	비임금근로	실업자	비경활인구
t	초저임금계층	31.35	17.53	10.09	3.18	1.44	9.41	2.83	24.18
	저임금계층	15.18	24.75	25.63	7.46	1.92	5.94	3.06	16.07
	하위중간임금계층	6.73	15.68	33.62	19.11	4.46	7.48	2.77	10.15
	상위중간임금계층	2.45	3.5	17.78	39.02	21.26	6.76	2.38	6.86
	고임금계층	0.67	0.99	3.27	11.88	74.11	4.21	0.64	4.24
	비임금근로	1.63	1.51	1.72	1.47	1.13	82.86	0.59	9.09
	실업자	7.76	10.84	14	12.93	6.22	9.79	13.74	24.73
	비경활인구	4.49	3.44	4.12	1.81	1.08	6.02	1.44	77.6

• t+3

		초저임금계층	저임금계층	하위중간임금계층	상위중간임금계층	고임금계층	비임금근로	실업자	비경활인구
t	초저임금계층	26.03	15.43	12.23	2.06	1.46	11.92	2.69	28.18
	저임금계층	15.42	21.91	25.46	7.62	2.28	6.79	2.4	18.11
	하위중간임금계층	7.77	14.07	30.35	19.23	5.27	7.9	2.4	13.01
	상위중간임금계층	3.11	3.89	16.23	36.98	20.47	8.94	2.43	7.96
	고임금계층	0.81	0.95	3.76	12.29	70.45	5.04	0.93	5.77
	비임금근로	1.69	1.85	2.42	1.94	1.72	78.77	0.56	11.04
	실업자	7.56	9.1	17.43	9.78	5.35	13.6	10.42	26.77
	비경활인구	4.66	4.15	4.7	2.76	1.52	7.08	1.67	73.47

주: 초저임금계층=풀타임 임금노동자의 시간당 중위임금의 2분의 1 미만, 저임금계층=중위임금의 3분의 2 미만, 하위중간임금계층=중위임금의 3분의 2에서 중위임금까지, 상위중간임금계층=중위임금에서 중위임금의 3분의 2까지, 고임금계층=중위임금의 3분의 2 이상.
자료: 「경제활동인구조사」 부가조사자료, 2003년에서 2006년 패널화한 자료를 이용.

이러한 이동패턴은 시간이 경과해도 큰 변화가 없었는데 t기에 초저임금노동이나 저임금노동에 속한 노동자가 t+1기에 실업자나 비경활인구에 속할 비율은 각각 23.8%, 16.7%였고, t+2기에는 각각 27.0%, 19.1%, t+3기에는 각각 31.8%, 20.5%로 나타났다. 반면 초저임금노동자나 저임금노동자가 상위중간임금계층 이상으로 이동할 확률은 t+1기의 3.6%, 7.2%로부터 t+2기에는 4.6%, 9.3%, 그리고 t+3기에는 3.5%, 9.9%로서 미미하게 증가하기는 했으나 전체적으로 보면 t기에 저임금계층에 속한 노동자의 약 10%만이 3년 경과 후 상위중간임금계층 이상으로 이동할 수 있을 뿐이어서 이동성이 매우 약한 상태인 것으로 나타났다.

전체적으로 저임금계층에 속한 노동자가 중위임금 이상을 받는 노동자로 될 가능성은 매우 낮은 반면, 저임금노동을 유지하거나 미취업상태로 전환하는 비율은 매우 높게 나타났다. 특히 기간이 경과해도 이러한 추세에는 큰 변화가 없는 것으로 확인되었다.

다음으로 저임금고용의 탈출률과 그 결정 요인을 보다 엄밀하게 분석하기 위해 이산형 해저드 모형을 이용해 분석했다. 이산형 해저드 모형에 사용한 자료는 2003년에서 2006년까지 「경제활동인구조사」 부가조사자료를 패널화한 것이다. 분석 대상은 2003년에 저임금고용에 종사하게 된 1년 미만 근속연수의 임금근로자와 2004년, 2005년에 새롭게 저임금고용에 종사하게 된 1년 미만 근속기간을 가진 임금근로자이다. 관찰된 저임금고용 기간은 이산형 형태로 파악되었는데, 최종 실증분석을 위해서 관찰된 표본은 6663개였다.

〈표 1-6-6〉은 저임금노동자가 하위중간임금 이상 계층으로 탈출할 수 있는 확률인 해저드율(탈출률)을 개인의 이질적 속성을 통제하지 않은 상태에서 보여 준다. 전체 표본을 대상으로 한 경우에 저임금고용의 해저드율은 1년 경과 후 31.1%에서 3년 경과 후 15.8%로 낮아지는 것으로 나타났으며, 기간경과에 따른 해저드율 감소폭도 컸다. 남성의 경우 1년에서 3년 경과 동안 44.4%에서 20.8%로 해저드율이 크게 낮아지는 것으로 나타났다. 여성도 이 기간 동안

〈표 1-6-6〉 저임금고용의 해저드율

경과 기간	전체			남성			여성		
	추정계수	p-값	해저드율	추정계수	p-값	해저드율	추정계수	p-값	해저드율
1년	-0.986	0.000	0.311	-0.531	0.000	0.444	-1.240	0.000	0.251
2년	-1.299	0.000	0.239	-0.935	0.000	0.325	-1.443	0.000	0.210
3년	-1.761	0.000	0.158	-1.458	0.000	0.208	-1.870	0.000	0.143

주: 해저드율은 $\lambda_i(t) = 1 - \exp[-\exp(\gamma(t))]$에 의해서 계산됨.
자료: 「경제활동인구조사」 부가조사자료, 2003년 8월~2006년 8월 자료를 패널화했음.

〈표 1-6-7〉 연령별 저임금고용의 해저드율

경과 기간	청년			중장년			고령자		
	추정계수	p-값	해저드율	추정계수	p-값	해저드율	추정계수	p-값	해저드율
1년	-0.627	0.000	0.414	-0.930	0.000	0.326	-1.800	0.000	0.152
2년	-0.566	0.000	0.433	-1.323	0.000	0.234	-1.982	0.000	0.129
3년	-0.723	0.024	0.385	-1.657	0.000	0.174	-2.753	0.000	0.062

주: 해저드율은 $\lambda_i(t) = 1 - \exp[-\exp(\gamma(t))]$에 의해서 계산됨.
자료: 「경제활동인구조사」 부가조사자료, 2003년 8월~2006년 8월 자료를 패널화했음.

25.1%에서 14.3%의 해저드율 감소를 보여 남성보다 낮은 탈출확률을 보였을 뿐만 아니라 기간이 경과할수록 해저드율이 낮아지는 경향을 보였다.

전체적으로 개인의 이질성을 통제하지 않은 상태에서 저임금고용의 해저드율은 기간이 지날수록 낮아지는 부(−)의 기간종속성을 보임을 확인할 수 있었다. 남성은 여성보다 저임금고용을 탈출할 확률이 높았지만 기간종속성은 부(−)의 효과를 가지는 것으로 나타났고, 여성은 해저드율이 남성보다 낮은 동시에 남성과 마찬가지로 부(−)의 기간종속성을 보였다.

〈표 1-6-7〉은 연령별 경과기간별 해저드율을 보여 준다. 분석결과를 보면 연령이 낮을수록 하위중간임금 이상의 계층으로 탈출할 가능성이 높은 것으로 나타났다. 청년층의 경우 저임금고용을 탈출할 확률은 1년 경과 후 41.4%에서 3년 경과 후 38.5%로 다소 낮아졌지만 다른 계층에 비해 상대적으로 높은 탈출확률을 보였다. 중장년층은 전체 해저드율이 청년층에 비해 낮을 뿐만 아니라 1년 경과 후 32.6%에서 3년 경과 후 17.4%로 크게 낮아졌으며, 고령자층

경과 기간	중졸 이하			고졸			전문대졸			대졸 이상		
	추정 계수	p-값	해저 드율	추정 계수	p-값	해저 드율	추정 계수	p-값	해저 드율	추정 계수	p-값	해저 드율
1년	-1.477	0.000	0.204	-0.845	0.000	0.349	-0.469	0.000	0.465	-0.256	0.001	0.539
2년	-1.772	0.000	0.156	-1.079	0.000	0.288	-0.657	0.000	0.404	-0.402	0.078	0.488
3년	-2.282	0.000	0.097	-1.397	0.000	0.219	-0.501	0.270	0.455	-1.500	0.034	0.200

주: 해저드율은 $\lambda_i(t) = 1 - \exp[-\exp(\gamma(t))]$ 에 의해서 계산됨.
자료: 「경제활동인구조사」 부가조사자료, 2003년 8월~2006년 8월 자료를 패널화했음.

역시 15.2%에서 6.2%로 큰 변화를 보였다. 이러한 연령별 해저드율 분석결과를 보면 연령대별로 저임금고용에서 하위중간임금 이상의 고용으로의 전환확률에 상당한 차이가 있음을 확인할 수 있다. 특히 청년층은 일정한 정도까지는 저임금고용이 중간임금 이상의 고용으로 전환하는 디딤돌 역할을 수행하는 것으로 나타났다.

다음으로 〈표 1-6-8〉에서 학력별 저임금고용의 해저드율을 살펴보면 학력수준이 높을수록 해저드율이 높아지는 경향을 확인할 수 있다. 그러나 전체 학력에 걸쳐 기간이 경과하면서 저임금고용의 해저드율이 낮아지는 것으로 나타났다. 중졸 이하의 경우 1년 경과 후 저임금고용에서 하위중간임금 이상 고용으로의 탈출확률은 20.4%였고 3년 경과 후에 9.7%로 크게 낮아졌다. 고졸은 1년 경과 후 34.9%에서 3년 경과 후 21.9%로 역시 낮아졌다. 전문대졸은 46.5%에서 45.5%, 대졸 이상은 53.9%에서 20.0%로 나타나 대체로 학력수준이 높아질수록 저임금고용의 해저드율이 높아졌다. 그러나 학력별 기간종속성을 살펴보면 중졸 이하와 대졸 이상은 기간이 경과하면서 해저드율이 크게 낮아진 반면, 고졸과 전문대졸은 해저드율이 낮아지기는 했으나 그 폭은 크지 않았는데, 이는 저학력자의 경우 인적자본의 부족 때문에, 그리고 대졸자의 경우 최근의 대졸자 실업 때문에 나타난 현상으로 추정된다.

다음으로 저임금고용 탈출확률에 영향을 미치는 결정 요인을 분석하기 위해서 이산형 비례 해저드 모형을 이용한 프로빗 분석을 실시했다. 〈표 1-6-9〉

〈표 1-6-9〉 저임금고용의 중간임금이상의 고용으로의 전환(이산형 비례 해저드 모형)

	미관찰이질성을 통제하지 않은 모형			미관찰이질성을 통제한 모형		
	추정계수	p-값	해저드율	추정계수	p-값	해저드율
남성	0.651	0.000	1.918	0.812	0.000	2.253
연령	0.095	0.000	1.100	0.114	0.000	1.121
연령제곱	-0.001	0.000	0.999	-0.002	0.000	0.998
고졸	0.183	0.005	1.201	0.217	0.008	1.243
전문대졸	0.263	0.008	1.301	0.331	0.011	1.392
대졸 이상	0.394	0.000	1.483	0.538	0.000	1.712
근속기간	0.013	0.534	1.013	0.018	0.508	1.018
농림어업	0.293	0.168	1.340	0.268	0.281	1.308
전기·가스·수도업	0.307	0.527	1.359	0.556	0.400	1.743
건설업	0.542	0.000	1.719	0.692	0.000	1.997
생산자서비스업	-0.079	0.390	0.924	-0.096	0.406	0.908
유통서비스업	-0.148	0.105	0.863	-0.153	0.184	0.858
개인 서비스업	-0.087	0.376	0.917	-0.049	0.689	0.952
사회서비스업	-0.196	0.057	0.822	-0.218	0.096	0.804
관리직	1.125	0.000	3.079	1.531	0.000	4.624
전문직	0.932	0.000	2.539	1.167	0.000	3.213
기술직	0.756	0.000	2.131	0.923	0.000	2.516
사무직	0.177	0.067	1.194	0.172	0.135	1.188
판매직	0.455	0.000	1.577	0.547	0.000	1.727
서비스직	-0.208	0.526	0.812	-0.385	0.330	0.680
기능직	0.442	0.000	1.556	0.573	0.000	1.774
조립공	0.396	0.000	1.485	0.495	0.000	1.640
10인 이상	0.180	0.001	1.197	0.191	0.004	1.211
300인 이상	0.379	0.007	1.460	0.393	0.031	1.481
임시·일용직 여부	-0.379	0.000	0.685	-0.473	0.000	0.623
노조 유무	0.078	0.325	1.081	0.096	0.342	1.100
2005년 더미변수	-0.170	0.003	0.844	-0.113	0.102	0.893
2006년 더미변수	0.109	0.073	1.116	0.117	0.102	1.124
경과기간	추정계수	p-값	기준선 해저드	추정계수	p-값	기준선 해저드
1년	-2.904	0.000	0.053	-3.263	0.000	0.038
2년	-3.121	0.000	0.043	-3.148	0.000	0.042
3년	-3.563	0.000	0.028	-3.450	0.000	0.031
대수우도함수값				-3,462.940		
관찰사례수				6,663		

주 1): 학력수준더미변수는 중졸 이하, 산업더미변수는 제조업, 직업더미변수는 단순노무직, 규모더미변수는 10인 미만 규모가 기준변수임.

주 2): 해저드율은 $\lambda_i(t) = 1 - \exp[-\exp(\gamma(t))]$ 에 의해서 계산됨.

자료: 「경제활동인구조사」 부가조사자료, 2003년 8월~2006년 8월 자료를 패널화했음.

는 개인의 미관찰 이질성을 통제하지 않은 모형과 개인의 미관찰 이질성을 통제한 모형을 이용해 저임금고용으로부터 하위중간임금 이상의 고용으로 탈출하는 확률에 영향을 미치는 결정 요인을 분석한 결과를 보여 준다. 〈표 1-6-9〉의 하단에 기준선 해저드에 관한 추정계수와 해저드율이 나타나 있다. 우선 개인의 미관찰 이질성을 통제하지 않은 모형의 분석결과를 보면 기준선 해저드 추정계수가 모두 통계적으로 유의하게 나타났고, 부(−)의 기간종속성을 보였다. 개인의 미관찰 이질성을 통제한 모형의 분석결과에서 기준선 해저드의 추정계수는 기간이 경과하면 서 기복이 있었지만 다소 낮아지는 결과를 보였다. 이와 같은 결과는 능력과 같은 미관찰 개인 이질성을 통제하면 부(−)의 기간종속성이 다소 약해지는 것으로 해석된다. 그러나 전체적으로 기간이 경과하면서 저임금고용의 탈출률이 낮아지는 현상은 여전함을 확인할 수 있다.

한편 각 인적 속성 및 일자리 속성이 저임금고용 탈출확률에 어떠한 효과를 미쳤는지 살펴보면, 우선 남성이 여성에 비해 더 높은 저임금고용 탈출확률을 가진 것으로 나타났다. 남성은 미관찰 이질성을 통제하지 않았을 경우 여성에 비해 1.9배 높은 해저드율을 보였고, 미관찰 이질성을 통제한 경우는 2.3배로 높아지는 것을 확인할 수 있다. 이러한 결과는 여성의 경우에 남성보다 저임금고용에 머물러 있을 가능성이 훨씬 강하다는 것을 의미한다. 학력수준별 해저드율을 살펴보면 미관찰 이질성을 통제하지 않은 경우에 학력수준이 높아질수록 해저드율이 크게 높아진다는 것을 확인할 수 있다. 고졸은 중졸 이하에 비해 1.2배 높은 해저드율을 보였고 전문대졸은 1.3배, 대졸 이상은 1.5배 해저드율이 높게 나타났다. 미관찰 이질성을 통제한 모형도 비슷한 양상을 보였는데, 대졸 이상은 중졸 이하에 비해 1.7배 해저드율이 높았다. 한편 근속기간의 효과를 살펴보면 근속기간이 길어져도 저임금고용 탈출확률이 높아지지 않는 것으로 나타났다. 이러한 현상은 근속에 따른 인적자본 축적효과가 낮은 비정규직이나 영세중소기업에 종사하는 저임금노동자가 많기 때문으로 판단된다.

다음으로 일자리 속성별 해저드율을 살펴보자. 우선 산업별 효과를 살펴보면 미관찰 이질성을 통제한 경우, 제조업을 기준으로 했을 때 농림어업, 전기·가스·수도업, 생산자서비스업, 개인 서비스업 등은 제조업과 해저드율 면에서 별 차이가 없는 것으로 나타났다. 또한 건설업은 제조업에 비해 약 2배가량 높은 해저드율을 나타낸 반면, 사회서비스업에서는 제조업보다 저임금고용의 해저드율이 낮게 나타났다.

직업별 해저드율을 살펴보면 미관찰 이질성을 통제한 경우 단순노무직에 비해 관리직은 무려 4.6배나 높은 해저드율을 보였고, 전문직, 기술직, 사무직 모두 높은 해저드율을 보였다. 생산직의 경우에도 기능직은 1.7배, 조립공은 1.6배가량 단순노문직보다 해저드율이 높았다. 사업체 규모별로 살펴보면 종업원 10인 미만 사업체에 종사하는 노동자에 비해 10인 이상 300인 미만 사업체에 종사하는 노동자가 1.2배가량 높은 해저드율을 기록했고 300인 이상 사업체에 종사하는 노동자는 1.5배 해저드율이 높게 나타났다. 종사상 지위별로 해저드율을 보면 상용직에 비해 임시·일용직은 약 30% 낮은 해저드율을 보였다. 한편 노조 유무별 효과를 보면 노조가 있는 사업장에 종사하는 저임금노동자는 그렇지 않은 노동자에 비해 다소 높은 저임금 탈출확률을 나타냈으나 통계적 유의도는 낮았다.

5. 요약과 결론

이 연구에서는 한국의 저임금고용의 실태와 그 결정 요인, 그리고 저임금고용의 소득이동성 등을 분석했다. 실증분석 결과 다음과 같은 사실들이 확인되었다.

첫째, OECD 정의(전체 임금노동자 중위임금의 3분의 2 미만)에 따른 한국의 저임금고용의 비중은 2007년 28.7%이며 2001년 이후 증가추세이다. 저임금고용의 비율을 다른 선진국과 비교해 보면 한국은 다른 선진국에 비해 매우 높은 저임금고용 비율을 보이고 있다.

둘째, 저임금고용의 결정 요인을 프로빗 분석을 통해 살펴본 결과 인적 속성 변수와 일자리 속성 변수, 그리고 제도변수 등이 모두 통계적으로 유의한 것으로 나타났다. 특히 일자리 속성 변수를 추가할 경우 모델의 설명력이 상당히 증가함으로써 인적자본이론 외에 노동수요 측 요인도 저임금고용의 결정 요인으로 중요하다는 것을 알 수 있다.

셋째, 저임금고용의 소득이동성을 패널자료를 통해 분석한 결과 저임금계층 노동자의 1년 후 소득이동확률은 비경제활동인구 및 실업자로 34.2%, 하위 중간임금계층으로 32.3% 이동한 반면, 고임금계층으로의 이동확률은 2.9%에 불과했다. 3년 후 이동확률도 거의 비슷한 수준으로 나타났다. 또한 개인의 이질성 속성을 통제하고 저임금고용의 탈출추이를 기간경과별로 살펴본 결과, 부(−)의 기간종속성을 확인할 수 있었다.

넷째, 저임금고용의 탈출확률에 영향을 미치는 인적 속성 및 일자리 속성의 효과를 살펴본 결과 여성이 남성에 비해, 중졸 이하와 대졸 이상이 고졸에 비해, 서비스업이 제조업에 비해, 단순노무직이 다른 직종에 비해, 소기업이 대기업에 비해, 임시·일용직이 상용직에 비해 각각 낮은 탈출확률을 보였다. 그러나 일부 변수를 제외하면 전반적으로 기간이 경과해도 탈출확률은 높아지지 않는 부(−)의 기간종속성을 나타냈다. 이러한 결과로 저임금고용이 보다 나은 임금계층으로의 디딤돌이라기보다는 막다른 골목으로 작용하고 있음을 알 수 있다.

윤진호. 2006. 「노동시장 양극화 추세와 정책 과제」. 서울사회경제연구소 엮음. 『양극화 해소를 위한 경제정책: 금융, 노동시장, 부동산, 지역』. 한울아카데미.

이병희·정진호·이승렬·강병구·홍경준. 2007. 『저소득 노동시장 분석』. 한국노동연구원.

Appelbaum, E., A. Bernhardt, and R. J. Murnane.(eds.) 2003. *Low Wage America: How Employers are Reshaping Opportunity in the Workplace*. Russell Sage Foundation.

Asplund, R., P. J. Sloane, and I. Theodossiou.(eds.) 1998. *Low Pay and Earnings Mobility in Europe*. Edward Elgar.

Bazen, S., M. Gregory, and W. Salverda. 2000. "Low-Paid Employment in France, Great Britain and the Netherlands." in S. Bazen, M. Gregory, and W. Salverda.(eds.) *Low-Wage Employment in Europe*. European Low-Wage Employment Research Network.

Bazen, S., M. Gregory, and W. Salverda.(eds.) 2000. *Low-Wage Employment in Europe*. European Low-Wage Employment Research Network.

Cappellari, L. 2007. "Earnings Mobility among Italian Low-Paid Workers." *Journal of Population Economics*, 20.

Cappellari. L. 2000. "Low-Wage Mobility in the Italian Labour Market." *International Journal of Manpower*, 21.

Cuesta, M. B. 2005. "Low-wage Employment and Mobility in Spain." Economic Analysis Working Paper Series, Departamento de Analisis Economico: Universidad Autonoma de Madrid.

Cuesta, M. B. 2006. "Earnings Mobility and Low-Wage Employment in Spain: The Role of Job Mobility and Contractual Arrangements." LoWER Working Paper No.11, April.

EIRO. 2002.9. "Low-Wage Workers and the 'Working Poor".(최저임금위원회. 2003.4.15. 저임금근로자들과 노동빈민층에 대한 비교분석: EU국가 및 노르웨이 등 16개국을 중심으로)

Fernandez, M. et al. 2004. "Low Wage Employment in Europe." PIEP Working Paper, April.

Gregory, M., W. Salverda, and S. Bazen.(eds.) 2000. *Labour Market Inequalities: Problems and Policies of Low-Wage Employment in International Perspective*. Oxford University press.

Holzer, H., J. Lane, and L. Vilhuber. 2004. "Escaping Low Earnings: The Role of Employer Characteristics and Changes." *Industrial and Labor Relations Review*, 57.

Kaye, K. and D. S. Nightingale. 2000. "Introduction and Overview." in K. Kaye and D. S. Nightingale.(eds.) *The Low-Wage Labor Market: Challenges and Opportunities for Economic and Self-Sufficiency*. U. S. Department of Health and Human Services, Office of the Secretary, Assistant Secretary for Planning and Evaluation.

Kaye, K. and D. S. Nightingale.(eds.) 2000. *The Low-Wage Labor Market: Challenges and Opportunities for Economic and Self-Sufficiency*. U. S. Department of Health and Human

Services, Office of the Secretary, Assistant Secretary for Planning and Evaluation.

Kazis, R. and M. S. Miller. 2001. *Low-Wage Workers in the New Economy*. The Urban Institute Press.

Lucifora, C. and W. Salverda. 1998. *Policies for Low Wage Employment and Social Exclusion in Europe*. FrancoAngeli.

Lucifora, C., A. McKnight, and W. Salvadora. 2005. "Low-Wage Employment in Europe: A Review of the Evidence." *Socio-Economic Review*.

McKnight, A. 1998. "Low-Wage Employment in a Working Life Perspective." in R. Asplund, P. J. Sloane, and I. Theodossiou.(eds.) *Low Pay and Earnings Mobility in Europe*. Edward Elgar.

McNabb, R. and K. Whitfield. 1998. "Testing for Segmentation: An Establishment-level Analysis." *Cambridge Journal of Economics*, 22, 1998.

McNabb, R. and K. Whitfield. 2000. "'Worth So Appallingly Little': A Workplace-Level Analysis of Low Pay." *British Journal of Industrial Relations*, 38-4, December.

OECD. 1996. *Employment Outlook*.

OECD. 1997. "Earnings Mobility: Taking a Longer-Run View." *Employment Outlook*. OECD.

OECD. 2006. *Employment Outlook*.

OECD. 2007. *Employment Outlook*.

Ramos-Diaz, J. 2005. "Low-wage Employment: 'Stepping Stone' or 'Durable Trap'?" *TLM.NET Conference Paper*, Budapest.

Rubery, J. and F. Wilkinson. 1994. *Employer Strategy and the Labour Market*. Oxford University Press.

Salverda, W., S. Bazen, and M. Gregory. 2001. *The European-American Employment Gap, Wage Inequality, Earnings Mobility and Skill: A Study for France, Germany, the Netherlands, the United Kingdom and the United States, University of Amsterdam*. European Low-Wage Employment Research Network(LoWER), Final Report.

Skinner, C. et al. 2002. "The Measurement of Low Pay in the UK Labour Force Survey." *Oxford Bulletin of Economics and Statistics*, 64.

Sloane, P. J. and I. Theodossiou. 1996. "Earnings Mobility, Family Income and Low Pay." *Economic Journal*, 106.

Sloane, P. J. and I. Theodossiou. 1998. "Methodological and Econometric Issues in the Measurement of Low Pay and Earnings Mobility." in R. Asplund, P. J. Sloane, and I. Theodossiou.(eds.) *Low Pay and Earnings Mobility in Europe*. Edward Elgar.

Sloane, P. J. and I. Theodossiou. 2000. "Earnings Mobility of the Low Paid." in M. Gregory, W. Salverda, and S. Bazen.(eds.) *Labour Market Inequalities: Problems and Policies of Low-Wage Employment in International Perspective*. Oxford University press.

Stewart, M. B. and J. K. Swaffield. 1999. "Low Pay Dynamics and Transition Probabilities."

Economica, 66.

Theodos, B. and R. Bednarzik. 2006. "Earnings Mobility and Low-Wage Workers in the United States." *Monthly Labor Review*, July.

Viera, J. A. C. 2005. "Low-Wage Mobility in the Portuguese Labour Market." *Portuguese Economic Journal*, 4.

제1장

대한제국기 '노동회'의 성격과 활동에 관한 연구*
한국 노동운동의 기원과 관련하여

1. 머리말

노동운동의 발전은 자본주의의 발전을 전제로 한다. 자본주의의 발전에 따른 자본-임노동관계의 발전과 노동의 사회화를 한 축으로 하고, 자본의 축적 과정에서 나타나는 임금, 근로조건을 둘러싼 갈등을 다른 한 축으로 하면서 노동운동은 발전하는 것이다. 이것은 한국의 경우에도 마찬가지라 할 수 있다.

서구 자본주의 여러 나라에서처럼 자본의 본원적 축적에 의한 내재적 발전 과정이 아니라 일본제국주의의 반(半)식민지, 식민지로 편입되는 변칙적인 과정을 통해서이기는 하지만 19세기 말~20세기 초 한국에서도 자본주의적 축적이 시작되었고 이에 따라 임노동의 창출과 성장이 이루어졌으며 이를 기초로 노동운동의 발전도 초기적 형태이기는 하나 시작되었다. 그러나 이 시기의 노동단체의 실정은 과연 어떠했으며 노동운동이 어떤 형태로 전개되었는지에 관

---

* 《경제발전연구》, 제18권 제1호, 143~197쪽(경제발전학회, 2012)에 게재되었다.

한 연구는 아직 미흡한 상태로 남아 있다. 예컨대 한국노동운동사의 선구적 업적 중 하나라 할 수 있는 김윤환·김낙중(1970)은 19세기 후반에 이르러 임금노동자가 출현하고 이에 따라 광산노동자 및 부두노동자들 속에서 19세기 말엽 집단적 행동을 취하기 시작했으며 이와 더불어 이 시기에 초기적 형태의 노동조합들이 자연발생적으로 조직되었다고 서술하고 있다. 이들은 細井肇[1](1921)의 자료를 인용하여 이 시기에 조선노동조합 등 여러 노동조합이 각 지역에서 조직되었다고 서술하고 있지만 그 구체적인 내용은 알 수 없다. 사실 이 시기의 노동단체에 관한 대부분의 연구는 細井肇가 제시했던 자료를 인용하고 있는데, 이 자료는 대한제국 말기로부터 10여 년이 지난 1921년의 시점에 존속하고 있던 노동단체에 대해 서술하고 있어 그 이전에 해체된 노동단체에 대해서는 알 수 없다.[2] 그뿐만 아니라 서술내용이 단체명, 목적, 창립일, 소재지, 회장, 회원 등에 관한 간단한 표에 불과하여 그 실상을 깊이 파악하는 데는 한계가 있다.[3]

---

1) 호소이 하지메(細井肇, 1886~1934)는 메이지 시대의 신문기자 및 평론가로서 한일합방운동을 지원했고 도쿄아사히신문 정치기자로서 조선을 방문, 취재했다. 그의 저서 『鮮滿の經營: 朝鮮問題の根本解決』(自由討究社, 1921)은 이 시기의 한국 노동단체의 상황을 가장 포괄적으로 전해 주고 있는 자료로 평가받는다.

2) 細井肇(1921)의 연구에서 초기 노동자 조직은 대부분 부두노동조합에 집중되어 있는데 이는 이들 노동조합이 일찍부터 조직된 데도 원인이 있겠지만 다른 한편으로는 타 산업의 경우 노동단체의 부침이 심했던 반면, 부두노동조합은 그 폐쇄적인 특수성(항만노무공급단체로서의 성격)으로 1920년대까지 지속된 경우가 많았기 때문이기도 하다. 따라서 '초기의 노동조합은 대부분 부두노동조합'이라는 종래의 상식(예컨대 유승렬, 1991)은 재검토가 필요하다.

3) 대한제국 시기의 1차 자료 가운데 細井肇(1921) 외에 당시의 노동단체에 대해 서술하는 자료로서는 탁지부(度支部)(1910) 및 농상산림국(農商務省山林局)(1905)의 자료가 있다. 전자는 일본 관세국에서 조사한 자료로서 삼화노동조합, 관서노동조합, 대한노동조합 등에 대해 간단히 서술하고 있지만 매우 소략한 기술에 머무르고 있다. 후자는 러시아 대장성에서 조사한 자료를 일본어로 번역한 것인데 석공조합, 목공조합, 지게꾼조합, 마부조합 등에 대해 간단히 서술하고 있지만 역시 매우 소략한 기술에 머물고 있다. 후자는 한국어로 국역(러시아 대장성, 1983)되기도 했으나 노동조합에 관한 부분은 생략되어 있어 일본어판 번역본을 참고했다.

김윤환·김낙중의 연구에 이은 노동운동사 분야의 또 하나의 주요 연구인 한국노동조합총연맹(1979)의 연구 역시 細井肇(1921)의 자료를 이용하여 이 시기의 노동단체들을 설명하고 있는 외에, 당시의 신문기사 자료를 이용하여 '대한철도 회사', '노동권업사', '노동회' 등의 노동단체에 대해 언급하고 있다. 그러나 그 내용은 매우 소략하여 일부 신문기사를 인용하는 데 머물고 있다. 안병직(1979)의 연구 역시 한국노동조합총연맹(1979)과 동일한 서술이다. 다만 이들 두 연구는 '노동회'에 관해 언급한 거의 최초의 연구라는 점에서 그 의의를 가진다.

김윤환(1982)의 연구에서도 역시 대한제국 말기의 노동단체에 관한 서술은 細井肇(1921)의 연구를 인용하는 데 머물고 있다. 유승렬(1991)의 연구는 이에서 한걸음 더 나아가 '연강노동회사', '노동회' 등을 비롯한 대한제국기의 여러 노동자 조직의 존재에 대해 언급하고 있지만 이 역시 단편적 서술에 머물러 보다 깊이 있는 실증적 연구로는 나아가지 못했다. 보다 최근의 연구성과인 강만길 등(2004)의 연구에서도 이 시기의 노동단체들에 대해 서술하고 있는데 예컨대 1907년 창설된 '노동권업사'나 1908년 창립된 '노동회'에 관해 언급하고 있다(196~197쪽). 그러나 그 내용이 극히 간략하고 단편적이어서 실상을 파악하기가 어렵다. 이와 동일한 내용의 서술은 하원호(2009)의 연구에서도 보인다(286~287쪽). 그 밖에 노동운동사 분야에서 이 시기를 다룬 연구로서 개항장 부두노동자에 대한 연구가 다수 존재하고 있으며,[4] 철도노동자,[5] 공장노동자 및 기타 노동자들에 대한 연구[6]도 소수 있지만 이들 연구들은 모두 특정 분야, 특정 직업에 한정된 연구들이라는 한계를 지닌다.

이 연구는 대한제국기의 거의 최초의 전국적 노동단체라 할 수 있는 '노동

---

[4] 이갑영(2003); 이철우(1983); 김종선(1981); 배종무(1987, 1994); 양상현(1986); 목포개항백년사편찬위원회(1997); 인천항운노동조합(1995); 전국부두노동조합(1979) 등.
[5] 정재성(1991); 철도청 공보담당관실(1999).
[6] 김성수(1990); 김윤환(1971); 박창길(1986).

회'의 활동내용과 그 성격을 고찰함으로써 한국노동운동의 기원을 밝히는 작업에 일조하고자 한다. 노동회는 물론 현대의 노동조합과는 그 성격을 달리하는 일종의 노동력 공급단체로서 정상적인 자본-임노동관계가 아닌 전근대적 성격을 지닌 노동단체이다. 이는 동시에 일진회(一進會)를 뿌리로 한 친일파 인사들에 의해 주도된 친일단체적 성격을 지니고 있기도 하다. 따라서 기존 연구에서는 노동회를 전근대적인 노동자 착취적 노무공급기구로 파악하는 경우가 많았다.

그러나 노동회가 단순히 노동자를 착취하는 노무공급기구에 불과했다고만 볼 수는 없다. 노동회의 전근대적 성격과 친일적 성격에도 불구하고 그 내부에서는 매우 다이내믹한 노사관계가 전개되고 있었기 때문이다. 노동회 간부들에 의한 전근대적 임금 착취와 노무관리에 저항하여 일반 노동자들은 투쟁을 전개했다. 이들은 비록 현대적인 노동조합에는 미치지 못하지만 스스로의 의사를 대변할 수 있는 평의회 조직을 가지고 있었으며, 부정부패를 저지른 간부들을 조직으로부터 축출하기도 했다. 노동회 내부에서는 민족갈등도 존재했다. 간부들의 친일성향에도 불구하고 일반 노동자들은 일진회에 의한 노동회 접수 기도에 저항했으며 나중에는 일진회 회원들을 노동회로부터 축출하는 등 민족적 투쟁을 전개하기 도 했다. 즉, 노동회는 단순한 노무공급기구가 아니라 그 속에서 계급갈등과 민족모순이 함께 진행되고 있던 투쟁의 장이기도 했던 것이다. 이러한 다이내믹한 모순과 갈등 속에서 노동자들은 차츰 계급적 인식과 민족적 인식을 형성해 갈 수 있었다. 이러한 경험들이 쌓여 가면서 마침내 1920년대 이후의 본격적인 노동 운동의 발전으로 이어진 것으로 보아야 할 것이다. 그러한 점에서 노동회를 비롯한 대한제국기의 노동단체와 노동운동에 대한 연구는 한국노동운동사 연구에 있어 중요한 의의를 지니는 것이다.[7]

이러한 연구의 중요성에도 불구하고 지금까지 노동회에 대한 연구는 매우

---

7) 유승렬(1991)의 연구는 이를 잘 지적하고 있다.

희소했다. 앞에서 살펴본 대로 한국의 노동운동사 연구에서 노동회를 비롯한 이 시기의 노동단체에 대한 본격적인 연구는 거의 찾아보기 힘들다. 다른 한편 한국 근대사 분야에서는 노동회에 대한 약간의 연구를 찾아볼 수 있다. 예컨대 강재순(2004)은 한말 유길준(兪吉濬)의 활동과 관련한 연구에서 노동회의 성격 과 활동 등을 비교적 상세하게 소개하고 있다. 그러나 이 연구는 주로 유길준 과 관련 있는 노동야학에 대해서만 소개하고 있으며 후술하는 바와 같이 사실 관계에서도 정확하지 못한 점이 있다. 앞에서 본 강만길(2004)과 하원호(2009) 의 연구에서도 노동회에 관해 언급하고 있지만 그 내용은 매우 소략하고 단편 적이다. 대한제국기 친일단체를 다룬 연구 가운데 대표적인 자료의 하나라 할 수 있는 친일인명사전 편찬위원회(2004)에서는 정작 '노동회'에 관한 언급은 없고 경쟁조직인 '대한노동회'[8]에 대해서만 서술하고 있는데 두 단체를 혼동 하여 서술한 곳이 많다.[9] 김형목(2005)의 연구에서도 노동야학회 및 노동회의 활동을 간략하게 소개하고 있지만 역시 '서울노동회'(일명 대한노동회)라는 표 현을 사용하고 있어 사실과 어긋난다. 그 밖에 한말 사회단체에 관한 대표적인 연구인 조항래(1972)를 비롯하여 일진회에 관한 여러 연구들[10]에서는 노동회 에 관한 언급을 찾아볼 수 없다.

결국 대한제국기의 거의 최초의 전국적 노동단체라 할 수 있는 노동회에 대 한 기존 연구는 매우 불충분하며 보다 심도 있는 연구가 필요하다. 이는 한편 으로는 한국노동운동의 기원에 대한 연구, 그리고 다른 한편으로는 대한제국 기 사회단체, 특히 친일단체 및 친일인물에 대한 연구의 지평을 넓혀 준다는 의의를 가진다.

---

8) '대한노동회'는 노동회 전 총재인 윤시병이 1909년 1월 20일 부정사건으로 노동회에서 축출 된 직후 설립한 단체이다. 대한노동회의 설립에 의해 노동회는 실질적으로 명목만 유지하는 단체로 바뀌었다(憲兵隊, 憲機第一八0號, 1909.1.27, 통감부문서 제10권, 1909).
9) 온라인 사전인 위키피디아에서도 마찬가지로 대한노동회에 대해서만 언급하고 있다.
10) 김종준(2002, 2010); 조항래(1969~1971, 1984, 1987, 1988, 2006); 이계형(2008).

2. 노동회 설립의 배경

일제 및 그 영향하에 있는 친일인물들이 노동회를 설립하게 된 목적은 1차적으로 일제가 주도하는 각종 토목공사에 안정적인 노동력을 공급하는 데 있었지만 이 외에도 노동회의 설립에는 다양한 정치적·경제적 요인들이 작용했다. 아래에서는 노동회 설립의 배경에 대해 살펴보고자 한다.

노동회 설립의 첫 번째 목적은 일제가 주도하는 대규모 토목사업에 대한 노동력의 안정적인 공급을 보장하는 데 있었다. 일제는 1905년 '을사조약'을 강제하여 조선을 실질적인 반(半)식민지로 지배하게 된다. 일제는 그 지배기구로서 통감부를 설치하고 한국의 외교권을 박탈하는 한편, 내정도 실질적으로 좌지우지하게 되었다. 일제는 조선의 식민지 지배를 위해 궁중·사법부·행정부·경찰·지방행정 등 지배기구를 장악하고 일본인 차관제도, 고문제도 등을 통해 대한제국의 행정 전반을 사실상 장악했다. 또 재정 정리를 통해 경제를 장악하고, 나아가 도로, 수도, 통신설비, 병원, 학교 등 각종 근대적 시설을 건설한다 (統監府總務部編, 1907; 統監府, 1909).

통감부는 이러한 일련의 조선지배정책을 '시정개선정책(施政改善政策)'이란 말로 미화했는데 그중 특히 교통운수시설과 체신·통신시설의 정비·확충은 대륙침략을 위한 발판의 하나로서 매우 긴급한 과제였다(조병로, 2009). 통감부는 1906년 6월경 1907~1916년의 10개년에 걸친 시정개선사업 대상과 그에 필요한 세원개발계획을 수립했는데, 이에 따르면 간선도로의 확장, 경편철도의 포설, 운하개설, 수력전기의 창설, 치수사업, 위생설비 등 다수의 사회간접자본시설 확충이 우선사업으로 포함되어 있다. 통감부는 시정개선이라는 명목 아래 1906년 관세수입을 담보로 일본흥업은행에서 유치한 1000원[11])의 차관

---

11) 조선 말기 화폐의 가치혼란과 화폐개혁정책의 실패 등이 겹치면서 종전의 조선 백동화(단위는 냥)와 함께 1902년부터는 일본 제일은행에서 발행한 지폐가 조선에서 통용되었는데 그 단

을 바탕으로 도로 건설에 착수했고 이를 위해 1906년 4월에 한국 정부는 내부(內部)에 치도국(治道局)을, 각도에는 치도공사소(治道工事所)를 설치했다(조병로, 2009). 또 1907년에는 내부 회계국을 폐지하고 토목국과 위생국을 두어 토목국은 구 내부 소관 치도국 및 구 탁지부 소관 수도국의 사무를 함께 관장하도록 했다(統監府, 1910: 44).

도로 건설은 식민지 지배를 하기 위한 바탕으로 치안과 군사상 그리고 경제적인 침탈을 용이하게 하기 위한 수단이었다(정수인·한동수, 2003). 이는 한편으로 이 시기에 본격화되는 일본 자본의 한국 침투에 따른 사업을 용이하게 하고 청일전쟁 이후 폭발적으로 늘어나고 있던 재한 일본 거류민의 교통을 편리하게 하는 등 경제적 수탈체제 확립을 목적으로 했지만, 다른 한편으로는 부산-대구-대전-서울-개성-평양을 잇는 대륙 침략로의 정비 및 이 시기에 증폭되고 있던 반일 의병운동의 탄압 등 군사적·정치적 목적을 가지고 있었다(소두영, 1991). 실제로 일본은 1903년 초 러시아와의 전쟁을 앞두고 비밀리에 육군 장병을 파견하여 한국의 간선도로를 조사시킨 일이 있으며[육군성경리국, 1903, 도도로키 히로시(轟博志), 2004에서 재인용], 1905년에는 일본 내무대신인 키요우라 게이고(淸浦奎吾)의 명에 따라 내무성 토목기사인 나카하라가 한반도 도로 노선 조사를 실시한 일도 있다.

이러한 정치적·경제적 목적으로 일제는 도로를 신설하거나 기존도로를 확장, 개수했으며 그 결과 한국의 내륙지방과 항만 및 철도를 연결하는 간선도로의 건설과 농산물 집산지 등을 중심으로 한 지방도로의 확장 등이 이루어졌다. 일본 통감부에서 발행한 자료에서도 이러한 도로 개수의 주목적은 군사상, 농업상, 사업상의 필요에 의한 것이라고 밝히고 있다(統監府總務部編, 1907: 2). 간

위는 원(圓)과 전(錢)으로 1원=100전이었다, 그러나 일반적으로 '원'과 '환'이란 이름이 혼용되어 사용되고 있었다. 1909년 대한제국의 중앙은행인 한국은행이 설립되면서 근대적인 화폐 발행 체제가 들어섰으며 이때 발행된 지폐의 단위는 환(圜)이었다. 이 논문에서는 기사 원문 그대로 원과 환을 혼용하여 사용한다.

선도로뿐만 아니라 경성, 인천, 부산 등 주요 일본인 거류지와 대도시에서는 도시 내부의 도로정비사업도 이루어졌다. 일제의 기록에 의하면 1910년 한일합방 전까지 정비된 간선도로는 진남포-경성 등 총 25개 구간 근 200리에 달하며 그 밖에 경성, 인천, 대구, 전주 등의 시가지 도로를 정비한 것으로 나타나고 있다(統監府, 1910). 예컨대 경성의 경우를 보면 용산에서 남대문, 그리고 황토현으로 이어지는 남북축을 중심으로 도로 개설, 확장이 이루어졌으며, 1907년 일본 황태자의 방한을 계기로 남대문 북쪽의 성벽을 철거하고 새 도로를 건설했고 태평로 부근의 확장공사도 이루어졌다. 1909년에는 청계천을 메우고 도로를 건설했다(정수인·한동수, 2003).

이처럼 일제에 의해 진행된 동시다발적인 대규모 토목·건설공사에 따라 대규모의 노동력을 안정적으로 공급하는 것이 필요하게 되었다. 당시의 토목공사는 기계를 거의 사용하지 않는 인력 위주의 공사였기 때문에 더욱더 막대한 수의 노동자를 필요로 했다. 조선 후기에 이르기까지 국가에 의해 행해지는 대규모 토목공사를 위해 필요한 노동력은 주로 부역노동에 의해 공급되었다. 즉, 백성들을 요역(徭役) 또는 부역(賦役)의 형태로 무상으로 징발했던 것이다. 다만 조선 후기가 되면 요역의 현물 대납이나 대립(代立) 등이 나타나기 시작하면서 역가(役價)를 지급하고 노동력을 구매하는 방식의 고용노동이 점차 보편화되기에 이른다. 그러나 이 경우에도 여전히 농한기를 이용하여 농민을 일시적으로 징발했던 것이지 토목공사분야에서 항상적인 임금노동이나 노동시장 등이 본격적으로 등장했던 것은 아니다. 다만 전문기술자인 공장(工匠)이나 모군(募軍), 담군(擔軍) 등 일부 잡역 노동자들에 대해서는 임금을 주고 고용하는 고용노동의 형태를 취하고 있었다(조병로, 2002).[12]

일본 및 서구열강에 의해 개항이 이루어지면서 임금노동의 영역도 차츰 확

---

12) 조선시대에는 이런 종류의 일에 계(契)가 있어서 인부의 임금을 일부 징수하면서 작업을 관리했다(고동환, 1998).

대되어 갔다. 특히 개항장의 부두노동이나 용산, 서강 등 하천교통 요충지의 하역 및 운반노동 등은 상시적인 노동력을 필요로 했던 까닭에 임금노동이 가장 먼저 발전했다. 예컨대 개항장인 인천항의 경우 모군청(募軍廳)이라고 칭하는 기관을 만들어 그 감독하에 노무자를 모집, 관리했다. 모군청에는 일반 노무자를 감독하는 접장과 그 밑에 10여 명의 십장을 두어 부두노무자의 모집, 관리를 담당하도록 했다(을인, 1924). 부산항에도 역시 유사한 노무공급조직이 있어 각 단체마다 일정한 세력범위가 있고 서로 남의 세력범위를 침범하지 못했다(細井肇, 1921). 개항장인 마산포에서는 1907년 김성두가 노동회사를 설립하겠다고 농상공부에 청원했는데 이는 부두의 하역노동공급을 독점적으로 담당하는 노동공급회사였다(황성신문, 1907.11.23). 한편 지방 각지와 한성부를 잇는 연안해상로의 기점이 되는 서강, 용산 등에서는 고군방(雇軍房)이라는 이름의 노무자 공급조직이 존재했다. 이 고군방은 궁내대신 이재극(李載克: 왕실 종친)이 설립한 것으로 알려졌는데(황성신문, 1905.8.12) 통감부의 인허를 받았다고 주장하고 있었다(황성신문, 1906.9.15). 고군방은 각종 물품에 세금을 부과하거나 모군에게 고세(雇稅) 명목으로 수십 냥씩을 갈취했기 때문에 일진회의 성토를 받아 경찰에 고발되기도 했다(황성신문, 1905.8.12, 29, 31; 1906.9.15). 이들 고군방은 농상공부 등의 허가로 영업하는 독점적 노무공급업체였지만 대체로 특정 지역이나 특정 직종에 한정된 조직이며 전국적인 단일조직은 아니었다.

이처럼 항상적 노동공급을 필요로 하는 경우에는 임금노동이 확대되고 있었지만 대규모 토목공사의 경우 그 대종을 이루는 노동력은 여전히 (일정한 보수를 전제로 한) 부역노동의 형태를 취하는 경우가 많았다.[13] 예컨대 1905년 8

---

13) "원래 구 한국정부 이전에 있어 조선의 토목건축은 성곽의 수축, 궁정의 조영, 사원의 건립 등으로서, 드물게 하천의 개수, 교량의 가설 등이 실시되었던 데 지나지 않았다. 조정이 대토목, 대건축을 일으키게 되면, 널리 각 도에 포령하여 전 조선의 명공부역을 징발하고, 직영에 의해 수년, 수십 년의 세월을 소비하여 대성시켰던 것이며, 각 도의 토목건축이라 하더라도 관

월 10일 개성부 주재 일본군사령부가 개성부 부윤 및 각 군수들과 체결한 '경의선 철도공사에 필요한 응역인부(應役人夫) 공급계약'을 보면, 부윤 혹은 군수는 관할지역 내의 각 부락의 향장들에게 지시해서 필요한 인부들을 공급하도록 하고, 만약 출역을 태만하게 할 때는 부윤 혹은 군수가 이를 처벌할 수 있도록 했다. 인부의 노동시간은 하루 12시간으로 하고 하루 임금은 일화 30전으로 하되 작업능력이 불충분할 경우 임금을 감액할 수 있도록 하는 등 장시간, 저임금의 강제노동에 가까운 형태였다(황성신문, 1905.8.10). 이러한 거의 강제적 동원에 가까운 부역노동으로 인해 농민들의 반발도 매우 심했다. 특히 농번기인 1904년 8월에 일본군사령부가 공사를 위한 역부를 모집하면서 이를 내부(內部), 한성부, 경위원(警衛院) 등 관청에 의뢰함에 따라 경성 내외와 경기도, 삼남지방, 황해도, 평안도 등 각 지방에서 인부를 모집했으나 대부분의 농민들이 이에 응하지 않았다. 이에 일본군사령부의 독촉을 받은 관리들은 강행모집을 하거나 농민들에게 협박을 하는가 하면 더 나아가 탐학한 관리들은 이 기회를 틈타 인민을 토색(討索)하니 인심이 매우 흉흉했다(황성신문, 1904.8.18).

이처럼 당시 아직 도시화나 임노동자화가 충분히 진행되지 못한 상태였고 통감부의 정치적·경제적 지배력도 확고하지 않은 상황에서 일제가 직접 대규모 인력을 동원하는 데는 많은 어려움이 따랐던 것이 사실이다. 이에 따라 통감부는 친일적인 인물을 내세워 '노동회'라는 노무공급기구를 만들고 이를 통해 노동자를 모집, 관리하는 간접적 노동통제 방식을 사용하게 되었던 것이다. 이처럼 노동회는 일차적으로는 일제의 대규모 토목공사에 소요되는 인력을 동원하고 관리하는 기능을 했지만 그 기능은 이에 멈추지 않았다.

노동회 설립의 또 하나의 계기가 되었던 것은 친일인사들의 경제적 이득 확보 및 대한제국 퇴임관료, 군인 등의 일자리 마련의 필요성이었다. 당시 대표적인 친일단체였던 일진회는 회원들이 내는 회비에 재정의 대부분을 의존하고

찰사의 위령에 의해 고압적으로 실시한 직영사업이었다"(朝鮮經濟日報社, 1935: 1).

있었으나 회비 납부의 부진으로 인해 항상적인 재정부족에 시달리고 있었다 (조항래, 1984: 81). 이에 일진회는 일본군의 특수기관이나 통감부로부터 비밀리에 자금을 수수하는 한편(조항래, 1984: 83), 역둔토(驛屯土) 분쟁에의 개입(김종준, 2010), 학교 설립을 통한 이권 획득(김종준, 2002; 이계형, 2008), 대규모 간척사업의 추진 등 다양한 방법으로 재원을 확보하고자 했으나 대부분 목적 달성에 실패했다.

이런 가운데 을사조약에 따라 통감부가 설치되어 실질적인 통치권을 행사하게 되자 일진회 간부들은 너도 나도 그 밑에서 출세길에 오르기 위해 광분했다. 1907년 박제순 내각이 총사퇴하자 일진회를 배후에서 조종하던 우치다 료헤이(內田良平)는 이토 히로부미(伊藤博文) 통감에게 일진회 간부인 이용구(李容九), 송병준(宋秉畯), 윤시병(尹始炳), 윤길병(尹吉炳), 윤갑병(尹甲炳) 등의 기용을 건의했고 이에 그들은 한동안 대신이 되는 꿈에 부풀어 있었다. 그러나 실제로 뚜껑을 열고 보니 일진회원 가운데 새로 성립된 이완용 내각의 대신으로 임명된 사람은 농상공부 대신 송병준 하나로 그쳤다. 이때 전 일진회 회장 윤시병의 친동생인 윤길병은 충북관찰사, 중추원 찬의가 되었으나 막상 평리원(平理院) 수석판사를 노렸던 윤시병은 아무런 자리에도 오르지 못하게 된다. 이는 일진회 내에서 양대 세력을 이루었던 송병준파와 윤시병파 간의 대립 때문이었다.[14] 이에 윤시병은 송병준과 사이가 벌어지면서 결국 일진회와 결별하고 말았다(반민족문제연구소, 1993: 109). 윤시병은 결국 노동회의 설립을 통해 돌파구를 찾게 되니 이에 대해 일진회 회장 이용구는 여러 차례에 걸쳐 노동회 설립에 대한 반대의사를 표명했다(대한매일신보, 1908.4.5). 그러나 이후 일진회가 노동회를 접수하려고 시도한 사건(황성신문, 1909.1.19)이나 혹은 스스로

---

[14] "일진회의 내부에 분열의 기미가 나타났다. 즉, 동 회 내에는 친 송병준파인 회장 이용구와 반 송병준파 스령으로 볼 수 있는 윤시병 간에 알력이 심각해지는 것으로 알려졌다"(대한매일신보, 1906.9.19).

역부를 모집하여 토목공사에 직접 진출한 사건(황성신문, 1909.9.18) 등을 감안할 때 일진회가 노동회의 설립 자체를 반대했다기보다는 반대파인 윤시병에 의해 설립되는 것을 반대한 것으로 이해된다.

한편 노동회가 설립된 배경에는 대한제국 퇴역 관리나 군인들을 위한 일자리 마련의 필요성도 있었다. 통감부는 이른바 시정개선책이란 명목하에 대한제국의 궁정, 행정, 사법, 경찰, 지방에 이르기까지 모든 권한을 실질적으로 장악했다. 특히 행정분야에서는 각 부의 차관부터 고등관, 판임관까지 거의 대부분의 고위직에 일본인을 임용하여 한국의 국정을 사실상 완전히 장악했는데 1909년 1월 기준으로 판임관 이상의 고위직에 임용된 일본인의 수는 무려 2480명에 이르렀다(강창석, 1995: 89). 반면 기존의 대한제국 관료 가운데 상당수는 폐관 또는 퇴관에 의해 자리에서 물러날 수밖에 없었는데 예컨대 궁내부 한곳에서만 해도 관제개정으로 물러난 사람은 칙임관, 주임관 이하 166명에 달했고, 해고자는 전후 합하여 역원 3809명, 여관(女官) 232명, 권임·순검 이하 317명 등 모두 4500여 명에 달했다(김혜정 외, 2009: 74). 또 일제는 1907년 8월 1일 전격적으로 대한제국 군대해산을 단행했다. 그 결과 약 8천 명에 이르는 대한제국 군대의 장교, 병사들이 졸지에 직을 잃고 실업자 신세가 될 수밖에 없었다(성대경, 1965: 55). 이처럼 자리에서 물러난 고위관료나 군 장교들 가운데는 을사조약에 항거하여 자결한 전 군부대신 민영환(閔泳煥)이나 군대해산에 항거하여 자결한 시위 제1연대 제1대대장 박승환(朴昇煥)처럼 일제에 항거한 인물들도 있었지만(성대경, 1965: 62), 고위관료나 고위 군장교의 상당수는 친일적인 태도를 보였는데 이는 그들의 위치와 신분을 유지하여 개인적인 정치적 야욕을 달성하거나 현 위치에 안주하기 위해서였다(강창석, 2004: 262). 통감부의 입장에서는 친일적인 퇴직 관료나 군 장교들을 계속 친일세력으로 묶어 둘 필요성을 느꼈고 이를 위해서는 이들에게 적당한 일자리를 마련해 수입원을 보장해 줄 필요가 있었다. 이것이 노동회를 설립하게 된 또 하나의 배경으로 작용한 것으로 짐작된다.

마지막으로 노동회 설립의 주요 배경 가운데 하나로서 당시 치열하게 전개되고 있던 의병활동 등 배일운동(排日運動)을 차단하고자 하는 통감부의 정치적 의도가 있었다. 1907년 8월 1일부터 9월 3일까지 진행된 군대해산 과정에서 특히 지방 각지에 주둔하고 있던 진위대는 일제히 봉기하여 일본군에 저항했다. 강제 해산된 한국군은 각 지방의 의병진에 합류하게 되면서 군대해산 후의 의병 항쟁은 새로운 질적·양적 변화를 가져오게 된다(강병식, 1984: 35). 이들은 각지에서 일본군과 교전하는 한편, 일진회원을 비롯한 친일인물들을 처단했는데 1907년 7월부터 1908년 5월까지 11개월간 의병에 의해 처단된 일진회원이 무려 9260명이나 될 정도로 그 기세가 대단했다(대한매일신보, 1908.6.16). 이렇게 되자 일진회는 자위단을 만들어 의병에 대항했는데 노동회의 설립역시 의병운동에 대한 대응의 측면을 갖고 있었다.

예컨대 1908년 8월 중순 수원-이천 간 백여 리에 달하는 도로의 치도사업을 노동회에 맡기는 일로 경기도관찰부에서 경기도관찰사 김사묵(金思默) 이하 각급 관리들이 노동회 관계자들과 회합을 가졌는데 이 자리에서 김사묵은 다음과 같이 발언하고 있다.

> 내가 노동회를 찬성도 하려니와, 지방장관의 제일의 임무는 폭도를 진압하는 일에 대하여 고심혈성(苦心血誠)하는 것인데, 만일 노동회가 실시되면 폭도가 입회하여 생업에 종사함으로써 사단이 일어날 단서가 없어지게 될 터이니 공연히 병대(兵隊)와 순사(巡査)를 파송하는 것보다 열 배나 더 나을지니 나는 시종 (노동회에 공사를 위탁하는 일을) 열심히 주선하겠다(황성신문, 1908.8.23).

김사묵은 또 9월 12일 군수회의를 열고 노동회 경기지회장 김사홍(金思洪)[15]을 청하여 노동회 경기지회의 취지를 설명케 한 뒤 노동회 규칙 한 부씩을 각

---

15) 김사홍은 김사묵의 실제(實弟)이다.

군수에게 배부하고는 "각 군의 유리걸식하여 재산이 없는 사람으로 이 회에 입회하게 하면 소위 폭도와 도둑의 걱정은 자연 잦아들고…"(황성신문, 1908.9. 13)라고 함으로써 노동회의 정치적 목적을 분명히 하고 있다.

도로의 치도사업이 정치적 목적을 가지고 있음을 뒷받침하는 또 다른 자료도 있는데 예컨대 황성신문의 다음과 같은 보도들은 이를 증명하고 있다.

정부에서 지방소요를 진압하기 위하여 지방에 공역을 확장한다는 논의가 있더니 이번에 해주-용두포 간, 안주-영변-구의주-신의주 간, 진주-마산포 간, 소정리-공주 간, 수원-이천 간의 도로에 수축공역을 시작하기로 결정하여 내부 토목국에서 목하 조정 중이라더라(황성신문, 1907.3.15).

지방소요를 진정시키기 위하여 작년도에 자위단을 조직 시행했으나 효력이 없고 경기도에서는 이를 멈추기 위하여 도로수축의 공역을 그 지방 노동자로 하여금 응역고용(應役雇傭)케 했으나 이것도 별로 효과가 없으므로 정부에서는 인민을 감복케 할 정책으로 각의 제출한다는 설이 있더라(황성신문, 1909.4.30).

한편 전라남북도에서는 1909년 경찰이 대대적인 의병 대소탕전을 벌여 자수 혹은 체포된 사람 가운데 약 500명이 일정한 생업이 없어 호구지책으로 의병활동에 가담한 것으로 판단했다. 경찰, 검찰은 이들을 기소유예 처분하는 한편, 징역 대신 노동을 강제하기로 하고 내부(內部) 토목국에서 21만 원의 예산을 편성하여 해남으로부터 강진, 장흥, 보성, 순천 및 광양을 거쳐 하동에 이르는 도로연장 35리에 이르는 도로 개착공사에 이들을 사역하기로 결정했다(韓國內部警務局, 1910).

이에서 알 수 있는 것처럼 노동회의 설립에는 도로공사를 통해 인부들을 취업시킴으로써 잠재적인 의병의 공급원을 차단하고 유사시에는 친정부, 친일 외곽단체로 이용하고자 하는 정치적 의도도 있었다는 것을 알 수 있다.

이상에서 살펴본 대로 노동회의 설립 목적은 일차적으로는 일제가 주도하는 시정개선사업, 특히 치도사업 등 대규모 토목공사에 필요한 인력을 안정적으로 공급하는 데 있었지만 그 외에도 일진회 내부의 암투에서 비롯된 윤시병파의 일진회로부터의 독립 움직임과 재원 조달의 필요성, 대한제국 퇴임 고급관료 및 군장교 등을 위한 일자리 마련, 노동회 조직을 통한 의병활동의 제압 등 다양한 정치적·경제적 요인이 복합적으로 작용했던 것이다.

3. 노동회의 구조와 성격

1) 노동야학회와 노동회

노동회의 설립은 우선 노동야학회의 설립으로부터 시작되었다. 1905년의 을사조약 체결 이후 나라를 잃을지도 모른다는 위기의식을 느낀 자강론자(自強論者)들은 사립학교 설립운동과 더불어 야학운동을 전개하게 되었다. 전국의 지방유지, 교사, 관리, 청년 등은 단독 또는 공동으로 야학을 설립하거나 교사, 후원자가 되었다. 이는 곧 들불처럼 전국 각 지방으로 퍼져 수많은 야학이 설립되기에 이르렀다(김형목, 2005: 143). 이 시기에 설립된 야학 가운데 상당수는 노동자 및 그 자제들을 주 대상으로 하는 노동야학이었다. 노동야학은 한성부 등 관청을 비롯하여, 학교, 학회, 사회단체, 개인유지, 교육자, 그리고 노동단체 등에 의해 세워졌는데 당시 전국에 세워진 야학 약 560여 곳 가운데 노동야학이라고 명시적으로 이름 붙인 곳만 해도 120여 곳에 달할 정도로 노동야학의 설립이 성행했다(김형목, 2005: 〈부록표〉).

그런 가운데 윤시병, 이봉래(李鳳來), 최영년(崔永年) 등은 1908년 3월 22일 오후 1시에 중교의숙(中橋義塾) 내에서 총회를 열고 노동야학회(일부 신문에는 '노동학회')를 설립했다(황성신문, 1908.3.21, 24). 이때 선출된 임원은 총재 윤시병, 부총재 이봉래, 회장 최영년, 부회장 서정주(徐廷珠), 총무 한영규(韓榮奎), 평의장 강영균(康永均), 고문 유길준(兪吉濬),[16] 장박(張博), 조희연 등이었으며 당일 집합한 회원수가 1300여 명에 달했다. 노동야학회의 임시사무소는 중서(中署) 상사동(相思洞) 29통 8호에 두었다(황성신문, 1908.3.24; 해조신문, 1908.4. 26). 이들은 노동야학회 설립취지문에서 "오직 바라기는 우리 노동제군이 급진우진(急進又進)하여 주출노동(晝出勞動)하고 야입학교(夜入學校)하며…"라고 함으로써(황성신문, 1908.3.19), 노동야학회가 단순한 야학교에 머무는 것이 아니라 노동과 교육을 병행하는 조직이라는 것을 명확히 했다.

노동야학회의 이후의 행보를 보면 노동야학은 명목뿐이요 사실상 노동공급 조직으로서의 성격을 강하게 띠고 있음을 알 수 있다. 노동야학회 발족 직후, 경성에 거류하는 목공, 토공, 석공, 기와장과 도배장, 담군(擔軍), 역부 등 1만여 명이 노동야학회에 입회했다(황성신문, 1908.3.24). 그런데, 짧은 기간 내에 대규모의 노동자가 입회한 점, 그 대부분이 건설, 토목분야의 노동자들인 점을

---

16) 종래 유길준이 노동야학회 설립을 주도하고 적극적으로 간여했다는 것이 통설로 되어 왔다(예컨대 국사편찬위원회, 한국역대인물자료; 강재순, 2004 등). 그러나 당시의 노동야학회 혹은 노동회 관련 신문기사 400여 건을 검색한 결과, 그 가운데 유길준에 대해 언급하고 있는 것은 노동야학회 고문으로서 간친회에 참석했다는 1908년 4월 6일 자 해조신문 기사 단 1건에 불과하다. 그 밖에 유길준이 노동야학회에 적극적으로 간여했다는 다른 자료 역시 전무한 형편이다. 강재순(2004)은 유길준과 노동야학회 간의 관련에 대해 상세하게 기술하고 있으나 그 내용을 살펴보면 대부분 노동야학회 혹은 노동회 자체의 활동에 대해 기술한 것일 뿐 여기에 유길준이 적극적으로 참여했다는 증거는 제시하지 않고 있다. 결국 종래의 통설은 신문기사 단 1건의 자료를 확대해석한 결과로 생각된다. 노동야학회에서 이들을 고문으로 영입한 이유는 대한제국 대신 출신의 명망가이자 친일인사인 이들의 이름을 빌려 노동야학회의 활동에 도움을 받고자 하는 목적이었던 것이지 실제로 노동회 사업에 관여시키려는 의도는 없었던 것으로 짐작된다. 다만 유길준이 1908년 7월 『노동야학독본』을 저술하여 노동야학에 큰 영향을 미친 점, 그리고 그의 정치적 동반자인 장박이 나중에 노동회 2대 총재로 부임하게 되는 점 등을 살펴볼 때 유길준이 노동야학에 대해 많은 관심을 가지고 있었던 것은 사실인 듯하다. 그러나 이 관심 역시 노동문제 자체에 대한 관심이라기보다는 그의 지론인 "준비론"의 관점에서 노동자에 대한 계몽이 필요하다는 생각에서 나온 것으로 보인다.

볼 때 이들이 "야입학교"보다는 "주출노동"에 더 관심을 가진 사람들임이 명백하다.

노동야학회 설립 직후인 4월 7일 자 대한매일신보에는 "노동회에서 무슨 일을 하든지 일을 하는 날에는 백 명 이상을 거느린 패장은 매일 일환씩 주고, 십장은 육십 전씩이오 역부는 오십 전씩 주기로 한다더라"(대한매일신보, 1908. 4. 7)고 보도함으로써 이 시기에 이미 '노동회'가 설립되었음을 알 수 있다.

그런데 종래 대부분의 연구에서는 노동야학회와 노동회를 구별하지 않고 같은 조직인 것으로 취급하여 왔다.[17] 이는 당시의 신문기사들이 빈번하게 '노동야학회, 노동회, 노동학회, 노동사회, 노동회사' 등의 명칭을 혼용하여 사용하고 있었던 점에 비추어 이해가 가는 대목이기도 하다. 그러나 여러 가지 자료에 비추어 볼 때 노동야학회와 노동회는 내용 면에서는 동일한 조직이라 하더라도 적어도 형식적으로는 독립된 조직이었던 것으로 보인다.

그 이유는 첫째, 양 단체의 임원이 다르다는 점이다. 양 단체의 초대총재는 윤시병으로 동일하지만 부총재의 경우에는 노동야학회에만 있는 직위이고 노동회에는 부총재라는 직위가 없었다. 또 회장의 경우에도 노동야학회에서는 최영년 초대회장으로부터 4월 8일에는 김응모(金膺模)[18]로 바뀌었고 다시 7월에는 박용신(朴傭臣)이 회장대리[19]를 맡는 데 비해, 노동회에서는 서정주 초대회장이 1909년 1월 19일 부정사건으로 물러날 때까지 약 9개월간 회장직을 수행했고 이후 김진태(金振泰)가 회장이 되었다(황성신문, 1909.1.26). 한편 부회장의 경우 노동야학회는 서정주가 초대 부회장을 맡았던 반면, 제1기 노동회

---

17) 강재순(2004)은 처음에 노동야학회로 출범했다가 1908년 9월 명칭을 노동회로 개칭한 것으로 보고 있다. 그러나 이미 1908년 4월부터 노동회라는 명칭이 나타나기 시작한 점과는 상치되는 설명이다.

18) "노동학회장 최영년 씨가 사면청원하므로 그 회에서 총회를 열고 김응모씨로 투표선정했다더라"(황성신문, 1908.4.8).

19) "노동야학회장 대리 박용신씨가 학부에 청원하되 노동인을 교육시키기 위하여 노동학교를 설립하겠으니 인허하라 했다더라"(황성신문, 1908.7.23).

에서는 부회장이라는 직책이 없었다.

둘째, 신문보도가 빈번하게 양 단체의 명칭을 혼동하여 사용한 것은 사실이지만 동일 날짜 동일 지면에 양 단체의 기사가 나란히 실리는 경우에는 명칭을 구별하여 사용하고 있다는 점이다. 예컨대 1908년 4월 7일 자 대한매일신보에는 "노동자의 삯전"이라는 기사와 "노동자 교육"이라는 기사가 나란히 실렸는데 전자에 대해서는 '노동회'라는 명칭을, 후자에 대해서는 '노동야학회'라는 명칭을 정확하게 구별하여 사용하고 있다(대한매일신보, 1908.4.7).

그렇다면 왜 노동야학회와 노동회는 1908년 9월까지 별도의 조직으로 운영되었을까? 여기에는 몇 가지 이유가 있었을 것으로 짐작된다. 먼저 노동자 모집의 편의성 면에서 노동야학회란 이름을 사용하는 것이 편리했기 때문이다. 당시 노동야학회란 이름은 노동자들에게 매우 친숙했기 때문에 노동자 모집에 유리했을 뿐만 아니라 대외적으로도 그동안 횡포가 심했던 여러 노동공급단체를 연상시키는 '노동회'보다는 교육을 목적으로 하는 '노동야학회'라는 이름을 사용하는 것이 유리했을 것이다. 다음으로 정부로부터 공사를 수주하거나 지원을 끌어내는 데 있어서도 노동야학회라는 명칭을 사용하는 것이 명분 면에서 유리했기 때문이다. 사실 1908년 9월 노동야학회가 노동회로 이름을 개칭하기 전까지는 대부분의 공사를 노동야학회라는 이름으로 수주하고 있다. 1908년 5월 중순 노동야학회 간사 안근모는 학부(學部)에 청원하기를 "각 서(署)에는 사무소가 있으되, 서서(西署)에만 없으니 돈의문(敦義門) 안에 있는 전 시위대병(侍衛隊兵) 수직소(守直所) 사십 간을 빌려달라"고 했고(대한매일신보, 1908. 5.21), 1908년 6월 노동야학회 서부학교장 김사홍(金思洪)[20]은 학부에 청원하기를 "현재 노동자를 교육하기 위하여 한성5부에 장차 학교를 설립할 계획인데 본 학회 설립에 대하여 재정이 미비하므로 곤란이 막심하니 전 의영고(義盈庫)[21]를 탁지부에 이조(利照)하여 특별히 인허케 하라"(황성신문, 1908.6.30)고

---

20) 당시 김사홍은 노동회 서부지부장도 겸하고 있었다.

했으니, 곧 노동자 교육을 명목으로 하여 공공건물을 무료로 빌려달라는 청원이었으며 이를 위해서는 노동야학회의 이름을 사용하는 것이 더 편리했던 것이다.

그러나 노동야학회는 1908년 9월 초 회명을 노동회로 개칭하는데 그 이유는 학부(學部)에서 반포한 법령에 따라 학회는 영리사업을 할 수 없게 되었기 때문이다(황성신문, 1908.9.10). 그러나 앞에서 본 대로 그 이전에 노동회라는 조직이 이미 존재하고 있었으므로 이는 개칭이라기보다는 노동회라는 이름으로 양 조직의 명칭을 통일한 것으로 보아야 할 것이다.

그렇다면 노동회는 과연 언제 설립된 것일까? 노동회 설립에 관한 구체적인 기사는 찾아볼 수 없지만 '노동회'의 이름이 최초로 언론에 보도된 것은 1908년 4월 7일 대한매일신보이다. 여기서는 노동회의 조직구성, 임금 등을 보도하고 있다(대한매일신보, 1908.4.7).[22] 또 統監府(1910) 자료에는 노동회의 설립일을 1908년(명치 41년) 3월이라고 명시하고 있는 점으로 보아 1908년 3월 말 노동야학회 설립 직후, 혹은 거의 동시에 노동회도 설립된 것으로 볼 수 있다.

2) 노동회의 조직과 구조

노동회는 〈그림 2-1-1〉에서 보는 바와 같이 중앙본부-한성5부지회-각 지방지회로 연결되는 전국적 조직을 갖추고 있었다. 우선 본부에는 회무를 총괄하고 대외적으로 노동회를 대표하는 총재를 두었는데 초대총재는 윤시병이었고, 1909년 1월 20일 윤시병이 부정사건으로 물러나면서 장박이 2대 총재가 된다. 회장은 노동회를 실질적으로 운영하는 책임을 맡았는데 초대회장은 서정주였

---

21)　의영고(義盈庫)는 조선시대 호조에 소속되어 궁중에서 사용하는 기름, 꿀, 황랍(黃蠟), 소물(素物), 후추 등의 물품의 관리를 맡던 관청이다. 1392년 7월 설치되어 1882년 폐지되었다. 과잉 징수나 남용 등 폐단이 많기도 했다(위키백과사전). 위치는 현재의 종로구 도렴동에 있었다.

22)　해조신문(1908.4.23); 공립신문(1908.5.6) 등도 비슷한 보도를 하고 있다.

〈그림 2-1-1〉 노동회의 구조

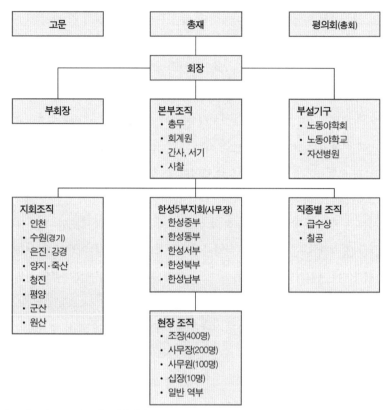

자료: 각종 신문 보도를 토대로 필자 작성.

고 역시 1909년 1월 20일 서정주가 부정사건으로 물러나면서 김진태(金振泰)가 제2대 회장이 되지만 얼마 못 가고 다시 5월 초 권동진(權東鎭)이 제3대 회장이 된다(황성신문, 1909.5.12). 이어서 8월 중순에는 한영규(韓泳奎)가 제4대 회장이 된다(황성신문, 1909.8.14). 부회장은 회장을 보좌하는 직책으로서 1909년 1월 20일 김성기(金聖基)가 부회장이 된다(황성신문, 1909.1.27). 회장 아래 본부 실무조직으로서 총무, 회계원, 간사, 서기, 사찰 등을 두었다.

한편 고문의 경우 노동야학회에서는 앞에서 본 대로 3명의 고문을 두었지만 노동회의 경우에는 고문이 없다가 1909년 3월 초 통감부 촉탁인 스즈키(鈴木)를 고문으로 영입했는데(황성신문, 1909.3.9). 이는 전 총재 윤시병이 노동회로부터 출회된 뒤 새로 조직한 대한노동회로 인해 노동회 조직이 동요되는 데 대한 대응인 것으로 풀이된다.

노동회 조직 가운데 가장 흥미로운 것은 평의회의 존재이다. 평의회의 정확한 규모는 알 수 없지만 경쟁조직인 대한노동회의 경우 평의원 수가 52명이었던 데 비추어(황성신문, 1909.2.3), 노동회의 경우에도 대체로 50명 내외였을 것으로 생각된다. 대한노동회의 경우 평의원 52명 가운데 한성부 각 지부장과 본부 회계원, 간사, 서기 등 하급간부들은 명단에 포함되어 있는 반면, 총재, 부총재, 회장, 부회장, 총무원, 회계장 등 고위간부들은 명단에 포함되어 있지 않다. 또 하급간부대표 9명을 제외한 대부분의 평의원이 간부가 아니라는 점을 감안하면(황성신문, 1909.2.3) 평의원의 주 임무가 하급간부 및 일반 노동자들의 의사를 대변하는 조직이라는 추론이 가능하다. 평의회 외에도 노동회는 중요사항이 있을 경우 총회를 소집했는데 1300여 명의 회원이 참석했던 노동야학회의 창립총회를 제외하면 일반적으로 30여 명이 참석하는 데 불과했으며(대한매일신보, 1909.8.4), 또 총회가 부정기적으로 자주 열렸던 점을 감안하면 이 '총회'는 회원 전체가 참석하는 회의가 아니라 평의회를 의미하는 것으로 생각된다. 그런데 이 총회 혹은 평의회의 기능은 매우 중요했다. 예컨대 회장 등 임원의 개편(황성신문, 1908.4.8; 1909.1.27), 계열회사의 설립 및 자본 모집(황성신문, 1908.5.10), 자선병원의 설립, 간부의 해임(황성신문, 1908.8.4; 대한매일신보, 1908.9.15) 등은 물론이요, 노동회의 설립자이자 총재인 윤시병과 실권자였던 회장 서정주를 부정 사건으로 해임하기도 했다(대한매일신보, 1909.1.27). 평의회는 본부뿐만 아니라 지부에도 설치되어 있었는데[23] 이것 역시 평

---

23) 예컨대 경기도 지부의 경우 지회장 서오순과 평의장 이병구가 함께 영등포 지부를 방문하여 조직 확대를 꾀한 사례가 있다(황성신문, 1908.10.1).

의회가 일반 노동자들의 의사를 반영하기 위한 것임을 알 수 있게 해준다.

한편 노동회는 한성부를 동, 서, 남, 북, 중 등 5부로 나누어 각각에 지부를 두고 사무장으로 하여금 관할하게 했다(황성신문, 1908.7.18). 노동회는 또한 처음부터 전국적 조직을 지향하여 전국 13도에 지회를 설립했다(황성신문, 1908.5.22; 대한매일신보, 1908.8.12). 과연 노동회의 의도대로 전국 13도에 모두 실제로 지회가 설립되었는지는 의문이지만 지금까지 신문기사에서 확인할 수 있는 노동회 혹은 노동야학회의 지회는 수원(황성신문, 1908.5.22), 경기(황성신문, 1908.8.21), 영등포(황성신문, 1908.10.1), 평북 의주, 용천, 삼화(황성신문, 1908.6.3) 등이 있다. 이들 지회는 대부분 지역 노동회가 먼저 설립된 뒤 노동회 본부에 지회 승인을 청원하여 허락받는 형태를 취했기 때문에 도(道)나 시(市) 등 행정구역별로 계획적인 지회 설립이 이루어졌다고는 볼 수 없다.

그 밖에 마산포(김성두)(황성신문, 1907.11.23), 은진·강경(이학재)(황성신문, 1908.11.21), 양지·죽산(황성신문, 1909.4.13), 양천(장순경·오준영)(대한매일신보, 1909.3.14), 청진(이방렬 등)(대한매일신보, 1909.6.22), 평양(대한매일신보, 1909.6.24), 군산(대한매일신보, 1910.4.1), 원산(대한매일신보, 1910.6.1) 등에서 이 무렵 지방노동회가 속속 조직되었다. 그러나 대부분 지역 유지들이 설립한 단체로서 서울의 노동회 본부와 어떤 관계를 가지고 있었는지는 확실하지 않다. 다만 이들 노동회가 지방관리들의 비호를 받았다던가(수원, 평양), 설립자가 친일인사라든가(인천), 각종 행패를 부렸다(양천)는 기사가 있는 것으로 보아 서울의 노동회와 유사한 조직이었던 것으로 보인다.

한편 노동회의 현장조직은 조장-사무장-사무원-십장-일반역부 등의 수직적 구조로 되어 있었다. 보도에 따라 약간씩 차이가 있기는 하지만 대체로 역부 10명을 영솔하면 십장이라 하고, 100명을 영솔하면 사무원이라 하고, 200명을 영솔하면 사무장이라 하고, 400명을 영솔하면 조장이라 칭했다(해조신문, 1908.4.23).[24] 노동회에서는 목패를 두엽(豆葉) 모양으로 제조하여 패 1개에 1전 5리씩에 판매했는데 총 10만 개를 방매했다(황성신문, 1908.9.18). 이 패를 가진 사람이 곧 노동회 회원자격을 얻어 일을 할 수 있는 자격을 갖추게 되는 것이므로 일종의 회원증이라 할 수 있다.

한편 앞에서 본 대로 노동회는 노동야학회와 밀접한 관련을 가지고 있었다. 노동야학회는 1908년 4월 4일 남문(南門)[25) 밖 칠패(七牌)[26) 남묘(南廟)[27) 전 98통 11호에 노동야학교를 설립하고 총명한 노동소년을 모아 가르친다고 광고했는데 교과과목은 국문, 한문, 일어, 산술 등이었다(황성신문, 1908.4.4). 또 7월 3일에는 노동자의 자녀들을 가르치기 위하여 주간학교(낮반)를 특설하기로 했다(황성신문, 1908.7.3).

이 시기 노동단체들은 또한 회원 상호 간의 상부상조 기능을 가지고 있는 경우가 대부분이었는데 예컨대 회원이 사망할 경우 위로금을 지급한다든지, 일을 하다가 다치거나 질병에 걸릴 경우 치료비를 지급하는 등의 일이었다. 노동회 역시 이러한 상부상조 기능의 하나로 병원 설립을 추진했다. 즉, 의친왕(義親王)[28)이 전 군수 김성기(金聖基, 제2기 노동회 부회장)와 의학 졸업생 안상호(安商浩)에게 인민의 질병을 널리 구할 수 있는 병원의 설립을 부탁하면서 3천 환을 희사했다. 이에 김성기는 노동야학회에 입회한 후 부탁하여 노동동포의 질병을 구제할 목적으로 병원을 설립하되 이름을 자선병원이라고 하기로 했다. 노동야학회는 8월 4일 총회에서 자선병원 설립 건을 논의했다. 그러나 자금부족으로 인해 병원 설립이 쉽지 않게 되자 노동회는 몇몇 독지가에게 병

---

24) 대한매일신보(1908.4.8)에서는 "10명 이상을 영솔한 자는 십장이라 하고, 100명 이상을 영솔한 자는 사무원이라 하고, 200명 이상을 영솔한 자는 사무장"이라고 했고, 공립신보(1908.5.6)에서는 "10명을 거느리면 십장이라 하고, 100명을 영솔하면 사무원이라 하고, 500명을 영솔하면 조장이라 명칭하고"라고 보도했다.

25) 남대문을 말한다.

26) 남대문 밖에 있던 칠패시장 자리를 말한다.

27) 남대문 밖에 있던 남관왕묘(南關王廟)를 말한다.

28) 이강(李堈). 고종의 다섯째 아들이자 순종의 배다른 동생으로 당시 대한적십자사 총재직에 있었다. 한일합방 이후 일제에 저항하고 상해임시정부로 망명하려다가 발각되어 일제의 감시와 압박 속에 불우한 세월을 보냈다.

원 설립을 위한 보조금을 청하는가 하면(황성신문, 1908.8.12), 역부들에게 1인당 월 50전씩 의연금을 거두어 자선병원에 기부하여 역부를 무료로 치료케 하는 등(황성신문, 1908.9.4, 8)의 방안을 추진했다. 그러나 이는 오히려 병원 설립을 핑계로 한 사기(대한매일신보, 1908.8.13)라는 비판을 받게 된다. 이후 노동회 내외에서 여러 가지 어려운 상황이 전개되면서 자선병원 설립 건은 유야무야된 것으로 보이지만 후에 노동회의 경쟁조직인 대한노동회는 소규모의 치료소를 설치하여 한약 및 양약으로 일반 노동자들을 진료·치료했으며(황성신문, 1909.3.13; 대한매일신보, 1909.3.14), 활민노동조합 역시 부산항에 노동자 병원을 설치하고 2천여 명의 노동자들을 치료하여 회생시키는 등(황성신문, 1910.1.9) 노동단체에 의한 병원 설립은 지속되었다.

노동회의 세력이 이처럼 성장하자 노동자들의 직종별 조직 역시 노동회에 집단 가입하게 되는데 이는 노동회라는 힘 있는 단체의 세력을 빌려 자기 직종의 이해관계를 증진시키기 위한 것이었다. 그 대표적인 것이 급수상(汲水商)이었다. 한성 내외에서 급수로 생업을 영위하는 노동자 2천여 명은 1908년 6월 초 노동회에 입회하겠다고 청원하므로 노동회에서는 급수상들의 입회를 허락하는 한편 한성5부에 구획분장(區劃分掌)토록 했다(황성신문, 1908.6.28). 또 1908년 12월 중순에는 노동회 회원 가운데 칠공(漆工) 수십 명이 사무소를 남부 전교(錢橋)에 설치하고 사무장 이광현(李光鉉)이 관할했다.

그렇다면 과연 노동회의 실제 회원수는 얼마나 되었을까? 統監府(1910) 자료에 의하면 〈표 2-1-1〉에서 보는 바와 같이 1909년 12월 말 노동회의 총회원수는 5만 7천 명에 달하는 것으로 나타났다. 이는 각종 사회단체 가운데 일진회, 천도교 중앙총부, 한성부민회 다음으로 많은 숫자일 뿐만 아니라 노동회 창립 총회 당시의 1만여 명에 비해서도 훨씬 많은 것이었다. 우리는 이로부터 노동회가 대한제국기 실제로 상당한 세력을 형성한 노동단체였음을 알 수 있다.

명칭	설립연월	회원수	명칭	설립연월	회원수
일진회	1904.8	800,000	정릉민단회	1908.11	1,700
대한협회	1907.11	2,000	서부부쇠	1909.1	5,000
기독청년회	1903.10	1,600	창선건덕민단	1909.2	1,500
서북학회	1908.1	1,300	대평명례민단	1909.1	2,600
천도교중앙총부	1904.12	800,000	명선민단	1909.6	5,000
태극종교	1909.5	1,000	기도방민단	1909.5	2,000
한성부민회	1908.12	200,000	성명방민단	1909.5	2,000
신궁교의회	1909.8	2,000	기호흥학회	1908.1	800
국민대연설회	1909.12	1,900	호남학회	1908.2	500
노동회	1908.3	57,000	장통민단	1908.12	800
송석방회	1909.1	1,500	서진청방민단	1909.1	170
연화방민단	1909.12	1,300	인평방민단	1909.12	900

자료: 摠監部(1910: 254).

3) 노동회 주도세력의 성격

이 항에서는 노동회의 성격을 파악하기 위해 노동회 주도세력의 성격을 살펴보기로 한다. 〈표 2-1-2〉에는 각종 자료로부터 취합한 노동회 주요간부들의 명단과 직책 및 주요경력 등이 표시되어 있다.

먼저 초대총재 윤시병은 일찍이 무과에 등과, 무관으로 출사하기 시작하여 여러 관직을 역임했으며, 1885년 별영초관, 1898년 중추원 1등의관, 충청병사까지 지낸 바 있다. 1898년 동생 윤길병과 함께 독립협회 활동에 적극 참여하여 동년 11월 개최된 만민공동회에서 회장으로 선출됨으로써 두각을 나타내기 시작했다. 고종이 독립협회를 해산시키고 주요 간부들을 체포하도록 명령하자 미국인 집에 피신하여 체포, 투옥을 면했으며 이후 각처를 방랑했다. 1904년 러일전쟁 발발 시 일본군 통역으로 서울에 온 송병준과 의기투합하여 동년 8월 18일 유신회(維新會) 조직을 주도했다. 8월 20일 유신회의 명칭을 일진회로 바꾸고 초대회장에 취임했다. 이후 일진회 회장으로서 여러 친일활동을 주도했으며 특히 러일전쟁 시 일본군의 북진을 지원하기 위해 연 11만 4500여 명의 함경도 지방 일진회 회원을 동원하여 일본군 군수물자의 수송을

〈표 2-1-2〉 노동회 및 노동야학회의 주요 간부명단 및 주요 경력

• 제1기 노동회(1908.3~1909.1)

이름	직책	주요경력	비고
윤시병(尹始炳)	초대총재	무관급제, 충청병사 만민공동회 회장 일진회 초대회장	부정사건으로 출회
서정주	초대회장	평식원 기수, 철도원 기사, 서경풍경궁 참서관	부정사건으로 출회
최인규	공사부장	육군 참위, 일진회 회원	부정행위로 출회
김사흥	서부지회장, 경기지회장	군부 주사, 유강원 참봉	경기도관찰사 김사묵의 동생. 부정사건으로 출회
유흥룡	동부지회장	종4품	부정사건으로 출회
서오순	경기도지부 회장	정3품	

• 제2기 노동회(1909.1~1909.8)

이름	직책	주요경력	비고
장박	제2대 총재	법부대신, 중추원 고문	을미5대신 중 1인. 일명 장석주
김진태(金振泰)	제2대 회장	일진회 평안북도 지부장. 일본 정부로부터 훈장 수여	
권동진	제3대 회장	함안군수, 육군 참령, 진보회, 대한협회 참여, 3·1운동 민족대표 33인 중 1인	
김성기	부회장	외부(外部) 주사, 참서관	
스즈키	고문	통감부 촉탁	
한규석	서부지회 총무, 본부 총무	전선사 주사	회비 횡령으로 피소

• 제3기 노동회(1909.8~)

이름	직책	주요경력	비고
한영규	제4대 회장	전 중추원 의관, 혜민원 주사	
한영호	총무, 회장		
박중진	임시 회장		

• 노동야학회

이름	직책	주요경력	비고
윤시병	총재	(노동회 항목 상동)	
이봉래	부총재	한성부 관윤, 내부 협판, 중추원 의관	
최영년	초대회장	일진회 총무, 국민신문 사장, 대한상무조합 본부장	일진회의 대표적인 문필가로 각종 친일문서 집필
김응모	2대 회장		
박용신	회장 대변	노동회 서부지회 재무부장, 서경 풍경궁 참서관	
서정주	부회장	(노동회 항목 상동)	

강영균	평의장	광제원 원장, 비서원숭, 중추원 의관, 육군 군의장, 일진회 회원	친일활동으로 자택에 폭탄 투척
유길준	고문	내주협판, 내부대신, 아관파천 후 일본 망명, 한성부민회 회장	대표적인 친일 개화파 영수
장박	고문	일명 장석주. 한성순보 주필, 법부대신, 아관파천 후 일본 망명, 일본 정부로부터 남작 작위, 조석총독부 중추원 고문	
조희연	고문	군부대신, 아관파천 후 일본 망명, 궁내부 특진관, 일본 정부로부터 남작 작위, 조선총독부 중추원 부의장	

자료: 국사편찬위원회, 한국역사정보통합시스템 및 각종 신문사료.

맡았다. 그 공로로 일제로부터 훈장(日勳旭日 4等章)을 받았다. 그러나 일진회 주도권을 둘러싸고 송병준파와 대립하게 됨에 따라 일진회로부터 멀어진다.

초대회장 서정주는 원래 대한제국의 기술관료 출신으로 철도원 기사, 도량형을 담당하는 기관인 평식원(平式院) 기수, 서경풍경궁참서관(西京豊慶宮參書官) 등을 거쳐 정3품 탁지부 기사로 서임되었으며, 일본에서 열리는 박람회 시찰 수원으로 임명되어 일본을 방문하기도 했다. 공사부장을 지낸 최인규는 대한제국 육군 참위 출신으로 일진회 회원이었다. 노동회 한성서부지회장 및 경기도지회장을 지낸 김사홍은 원래 대한제국 군인 출신으로 군부주사(軍部主事), 유강원참봉(裕康園參奉園參奉) 등을 역임했다. 한성동부지회장 유흥룡은 대한제국 종4품 출신이었다.

제2대 총재인 장박(일면 장석주)은 1883년 박문국(博文局)에 들어가 한성순보(漢城旬報)의 주필이 된 후에 김홍집(金弘集) 내각의 법부대신으로 발탁되었다. 1895년 일어난 을미사변(명성황후 시해사건)과 관련하여 고종에 의해 일제에 협력한 을미5대신의 1명으로 지목되어 역적체포령이 내리자 유길준, 조희연 등과 함께 일본으로 망명했다. 일본 망명 시 장석주로 변명(變名)한 뒤 10여 년간의 망명생활을 거쳤으며, 1907년 이완용의 친일 내각이 성립하자 귀국하여 궁내부특진관(宮內府特進官), 제실회계감사원경(帝室會計監査院卿) 등을 역임했다. 관직에서 물러난 뒤, 안중근에게 사살된 이토 히로부미의 동상 건립과 추모를 목적으로 하는 친일단체인 동아찬영회의 총재가 되었다. 비슷한 목적으로 이토의 송덕비를 세우고자 하는 이등공송덕비건의소에도 가담했다. 1910년 일본 정부로부터 한일합방조약 체결에 협조한 공을 인정받아 남작 작위를 받았고 1912년 조선총독부 중추원 고문에 임명된 이후 1921년 중추원 개편 시까지 재임했다.

제2대 회장 김진태는 1905년 일진회의 평의원이 되었고, 1908년에는 일진회 평안북도 지부장을 맡아 한일합방조약 체결을 재촉하는 합방청원운동을 벌였다. 1908년에 러일전쟁 때 일본군을 도운 공로를 인정받아 윤갑병 등과 함께 일본 정부로부터 훈5등 서보장을 서훈받은 바 있다. 1910년 한일합방 후에 일진회 해산금으로 150원을 수령했다.

제3대 회장 권동진은 위의 친일인물들과는 전혀 다른 성격의 인물로서 민족운동에 활발하게 참여했던 사람이다. 그는 조선육군사관학교를 졸업하고 함안군수, 육군 참령 등을 역임했으며 관직에서 물러난 뒤 개화당에 들어가 개혁운동에 참가했다. 1882년 임오군란이 일어나자 일본으로 망명했으며 망명 기간 중 천도교 교주 손병희와 만나 천도교에 입문했다. 그 후 손병희, 오세창 등과 함께 진보회를 조직하여 개화운동을 계속했으며 1907년 대한협회에도 참가했다. 1919년 3·1운동에는 천도교를 대표하여 민족대표 33인의 한 사람으로 참가했으며 그 후 국내 민족운동 세력의 집결체인 신간회 조직에도 적극 참여했다.

제2기 노동회 부회장 김성기는 대한제국 관료 출신으로 외부주사(外部主事), 참서관 등을 역임했다. 제3기 노동회 회장 한영규 역시 관료 출신으로서 중추원 의관, 혜민원 주사 등을 역임했다.

한편 노동야학회의 경우 부총재 이봉래는 대한제국 관료 출신으로 한성부 판윤, 중추원 의관, 내부 협판, 내부서리대신사무, 봉상시 제조 등 여러 고위직을 역임했으며 관료에서 퇴임한 후 대한운수회사 총재 등을 역임했다. 그는 일진회 회원으로 일진회가 작성한 한일합방청원서를 가지고 직접 일본을 방문하여 일본 정부에 제출한 바 있다.

초대회장 최영년은 원래 독립협회 활동에 참여했던 개화파 출신이지만 1907년 일진회원이 되면서 일진회의 여러 문건 작성에 기여했는데, 한학에 밝고 글재주가 뛰어나 의병활동에 대한 경고문서, 한일합방청원서 등을 직접 작성했다. 1909년 송병준 계열의 국민신보 주필을 거쳐 제4대 사장으로 임명되었으며, 1910년에는 이용구 계열의 친일단체인 대한상무조합 본부장에 임명되었다. 1912년 한일합방에 세운 공을 인정받아 일본 정부로부터 한국병합기념장을 수여받았다.

평의장 강영균은 대한제국 의원으로 시작하여 국립병원인 광제원 원장으로 승진했고 이후 비서원승, 중추원 의관, 내장원경, 전의, 육군 군의정 등 대한제국 의료직의 최고위직을 역임했다. 한일의정서 체결에 관여하면서 친일행위를 했으며, 이로 인해 1904년 자택에 폭탄이 투척된 바 있다. 일진회 평의원을 역임했고 러일전쟁 시 일본군 철도수송에 기여한 공로로 1908년 일본군으로부터 훈3등 서보장을 수여받았다.

이상 노동회 및 노동야학회를 주도한 간부들의 경력을 살펴보면 몇 가지 공통점이 있는데 이는 곧 노동회의 성격을 규정하는 것이기도 하다. 첫째, 노동회 간부들의 거의 대부분이 대한제국의 전직 관료 혹은 군인 출신이다. 역대 노동회 총재 및 회장을 지낸 인물 중 윤시병은 충청병사, 서정주는 철도원 기사, 장박은 법부대신, 김성기는 외부 참서관, 한영규는 중추원 의관 및 혜민원 주사 등 거의 대부분이 관료 출신이다. 그 밖에도 연강노동회장 서긍순은 참관 출신, 노동회 동부지회 사무장 김학진은 육군 부령, 서부노동회장 김사홍은 군부 주사, 인천노동회사 총재 권중석은 헌병사령관을 지내는 등 거의 모든 간부들이 이에 해당한다. 이들은 통감부에 의한 대한제국 정부기능의 장악과 군대 해산 등으로 관료 및 군부에서 물러난 뒤 노동회에 자리 잡는 과정을 거쳤다는 점에서도 유사하다. 이들은 이미 관료 혹은 군부에 재직하던 시절부터 같이 일해 온 경험을 공유하고 있었다.

둘째, 노동회 간부, 특히 고위 간부의 대부분이 친일 인물들이며 일진회와 긴밀한 관계를 가지고 있다. 총재 윤시병은 일진회 초대회장을 지냈으며, 연강 노동회장 서긍순은 친일 보부상 조직인 대동회 회장을 지냈다. 경기지회 총무 송병두, 연강노동회사 사장 윤길병, 노동회 공사부장 최인규 등은 모두 일진회 회원이다. 2대 총재 장박 역시 친일 인물이다. 즉, 노동회가 일제의 필요에 의해 조직된 친일단체이며 일진회의 한 외곽 조직으로서의 성격을 가짐을 알 수 있다.

셋째, 노동회 간부의 상당수가 부정사건으로 노동회에서 출회조치를 받았다는 점이다. 이에 대해서는 후술할 것이다.

4. 노동회의 활동내용

1) 준천사업(濬川事業)

앞에서 살펴본 대로 노동회는 통감부가 주도하는 토목공사에 안정적인 노동력을 공급하는 것을 주목표로 했다. 노동회가 발족한 후 가장 먼저 수주한 공사는 준천공사였다.[29] 한성 내 개천의 준천은 조선왕조에 있어 중요한 토목공사의 하나였다. 실제로 조선왕조는 후기에 들어서면서 퇴적한 토사와 이물질로 도성 개천의 인색(堙塞)문제가 심각해지자 영조 36년(1760)에 '경진준천(庚辰濬川)'을 실시했으며, 이를 계기로 준천을 전담하는 기구로 준천사(濬川司)를 설치했다. 이후 조선 왕조는 고종대까지 주기적으로 준천을 시행했다. 준천은 대개 3~4년에 한 번씩 시행되었으며 공사 기간은 대략 40~60일 이내였던

---

29) "한성 내 준천이 시급하므로 인하여 내부(內部)에서 노동야학회에 위탁하여 실시하는 까닭에 이 회에서는 각서 사무원을 조직한다더라"(황성신문, 1908.7.3).

것으로 추정된다(염정섭, 1998). 그러나 조선왕조 말기에 이르면 준천이 제대로 이루어지지 않아 토사가 퇴적되어 통수 단면이 좁아지면서 우기에는 개천이 범람하여 홍수가 나는 등 하수 상태가 극히 불량했던 것으로 보인다(김백영, 2009: 446). 예컨대 청계천의 경우 토사가 매몰되어 버렸기 때문에, 비가 오면 빗물과 분뇨가 도로와 주택으로 범람하여 교통과 위생상 한심하기가 이를 데 없었다고 한다.[30] 이에 따라 고종대에 이르러 한성 내의 준천작업을 하도록 고종이 직접 명령하고 공사재원을 조달하기 위한 방안을 강구하도록 한 기사가 실록에서 자주 발견된다.[31] 준천작업 시 인원동원은 주로 한성부 내 각 군영 인원들과 천변 주민들의 부역을 통해 이루어졌다.[32]

이처럼 주기적으로 한성부와 각 군영에 명하여 준천작업을 하도록 하고 이를 위해 매년 다액의 예산을 편성했지만[33] 여전히 준천작업은 원활하지 못해 준천을 시급히 해달라는 주민들의 청원이 빗발치곤 했다.[34] 원래 준천작업은

---

30) 京城都市計劃要覽(김백영, 2009에서 재인용).

31) "성내 준천작업을 한 지 8년이 지나 사토로 막혔으므로 준천사와 각 영 대장에 알려 급히 준천작업을 시작하게 하다"(고종실록, 고종 2년(1865) 3월 2일). "준천작업의 경비조로 혜청재고전 8900냥을 3영문에 분급하다"(일성록, 고종 2년 3월 8일). "준천사, 준천의 필역을 계문하다"(고종실록, 고종 10년(1873) 4월 21일). "무위소, 도성 내 준천을 그 소 및 각 영에서 분정 거행할 뜻으로 계문하다"(고종실록, 고종 16년(1879) 11월 16일). "준천사 및 한성부로 하여금 을축년(고종2년) 예에 의하여 준천케 하다"(고종실록, 고종 17년(1880) 2월 15일). "준천에 즈음하여 방민의 조부(調赴)는 을축년(고종 2년) 예에 의하여 시행할 것을 친군별영, 한성부에 명하다"(고종실록, 고종 23년(1886) 2월 7일). "한성부에서는 준천을 송기교로부터 영도교에 이르기까지 필역했음 을 계하고 각 영문 분계의 준천도 역시 필역했음을 계하다"(고종실록, 고종 30년 (1893) 5월 18일).

32) "준천작업에 각 군문의 장교, 각 사원, 시인, 공인, 액예, 제 사관생, 각도 저리 등은 모두 경진년의 예에 따라 30일간 부역하고, 각 영 군병, 각 사 도예 및 공장군 등은 2일간 부역하도록 3영에 분부하다"(일성록, 고종 2년 3월 11일).

33) 예컨대 1899년 의정부에서 상주한 1899년도 예산안을 보면 내부 소관으로 준천 및 연도(沿道) 석축·석교비(石築石橋費)가 3만 5천 원(元)에 달하고 있다(고종시대사 제4집, 1899년 1월 28일). 1901년에는 준천 및 치도비가 4만 원이었다(고종시대사 제5집, 1901년 1월 15일).

34) "어제 동대문 외 거민 백여 명이 내부에 호소하기를 금번 종로 포설(鋪設) 시에 구거(溝渠)를

3년에 1회씩 하게 되어 있었으나 1899년 준천작업 이후 7~8년이 되도록 준천을 하지 않아 사토가 적체됨으로써 매년 장마로 개천물이 넘치면 민가가 침수되고 위생에 해가 되므로 1907년 내부에서는 약 4만 원을 들여 준천시역을 하기로 결정했다(황성신문, 1907.4.22). 그러나 한성부의 토목비 예산은 1만 4천 원에 불과했고 탁지부에서도 예산을 조달해 주지 않아 공사 착수가 미루어지자 1908년 7월 7일 통감부에서 대신회의를 열어 한성토목비 예산을 5만 원 증액하기로 하고 이를 칙령으로 반포하여 준천 및 기타 토목공사에 착수했다(황성신문, 1908.7.7, 9). 7월 29일에도 통감관저에서 소네 아라스케(曾禰荒助) 부통감(副統監) 주재로 이완용 총리와 각부 대신 및 일본인 차관들이 참석한 가운데 회의를 열고 각 개천을 준천하는 일과 도로를 수축하는 일 및 척식회사 등의 건에 대해 의논했다(대한매일신보, 1908.7.30), 이로써 우리는 준천작업이 통감부의 적극적인 주도하에 이루어졌던 주요 토목공사였음을 알 수 있다.

공사를 책임진 내부에서는 준천작업이 시급을 요한다는 명분으로 수의계약 형식으로 노동회(노동야학회)에 준천작업 시행을 맡겼는데(황성신문, 1908.7.3; 대한매일신보, 1908.7.12), 총 역비는 4만 원으로 정해졌다(대한매일신보, 1908.8.1). 노동회는 7월 23일부터 준천공사에 착수하기로 내부와 계약하고 한성5부지회에 명령하여 지회별로 역부를 조직했다(황성신문, 1908.7.18, 22.). 즉, 역부 110명씩을 1호(號)로 하여 매일 133호씩을 공사에 투입하니 매일 1만 4630명이 투입되는 대공사였던 것이다(황성신문, 1908.7.22).

그러나 여러 가지 어려움으로 인해 준천공사는 쉽게 착수되지 못했다. 우선 부속기계, 판목, 큰 삽, 곡괭이, 목정 등속을 일일이 준비해야 하나 공사규모가 커서 준비에 어려움이 많았다(황성신문, 1908.7.22). 노동회는 준천작업에 소요되는 물품들을 역부들이 각기 자담하도록 하여 역부들의 부담을 가중시켰다

인색(堙塞)했으니 지금 준천하지 아니하고 여름비를 당하면 수백 호 인민이 다 어유(魚遊)를 작(作)하겠다고 하더라"(황성신문, 1899.5.20).

(대한매일신보, 1908.7.19). 여기에 노동회 회원 가운데 일부만 공사에 투입됨으로써 이로부터 제외된 회원들의 반발이 컸는데 일부 회원들은 일을 시켜 주지 않으면 관허(官許) 조합소(組合所)로 옮기겠다고 반발했다(황성신문, 1908.7.23). 여기에 장마비까지 겹쳐 준천공사가 연기되다가(황성신문, 1908.7.24), 장마비로 인해 동서(東署) 소관 민가 300여 호가 수침되자 노동회는 부랴부랴 8월 7일 오간수(五間水)[35]로부터 준천을 시작했다(대한매일신보, 1908.8.8).

그러나 노동회에 의한 준천공사는 많은 문제점을 낳았다. 우선 부실공사가 문제였다. 언뜻 보아 준천공사는 개천을 파고 토사를 준설하는 단순토목공사로 보이지만 실은 상당한 기술이 필요한 공사였다.[36] 그런데 노동회의 주요 간부들은 대부분 전직 관료, 군인, 혹은 친일단체 출신으로서 공사 경험이 전무한 사람들이었으며, 패장이나 십장 등 현장간부들 역시 그 분야의 숙련노동자가 맡아야 함에도 불구하고 평소 무위도식하는 사람들이 이를 호기로 삼아 좌우에 청탁하여 자리를 차지했으니(황성신문, 1908.7.16), 공사가 제대로 될 리 만무했다. 게다가 당초 내부(內部)에서 노동회와 계약할 때는 준천으로 나온 사토(沙土)로 도로를 전충(塡充)하기로 했음에도 불구하고 일부 구역에서는 사유지나 공유지를 임의로 발굴하여 도로 전충에 사용했다. 이에 내부대신이 경시청에 지휘명령을 내려서 노동회에서 타인의 소유 토지를 임의로 발굴하는 일이 있으면 일일이 보고하도록 했다(황성신문, 1908.10.7).

한편 준천공사를 위한 예산조달 역시 쉽지 않았다. 애초 내부에서 결정한 4만 원으로는 턱없이 부족했기 때문에[37] 한성부는 일반 인민으로부터 준천비용을 거두었는데 그 방법은 한성5부에 위원 1인씩을 선정하고 순사와 가쾌(家

---

35) 동대문 근처에 있는 청계천 오간수문을 일컫는다.

36) "개천 형편의 높고 낮은 데와 넓고 좁은 데며 길이와 넓이를 한결같이 측량하여" 공사를 하여야 한다(독립신문, 1897.3.6).

37) 역부 1인당 일당이 50전이었고 매일 동원되는 역부수가 1만 4천여 명에 달했으므로 총 4만 원의 예산으로는 겨우 6일분 정도의 임금밖에 지불할 수 없다는 계산이 나온다.

僧)[38]를 대동하여 그 빈부를 실지 조사한 후 금액의 다과를 정하되 3, 4칸 이하의 빈민에게는 의금(義金)을 면제하고, 5칸 이상은 1원으로부터 시작하여 차츰 증액한다는 것이었다(황성신문, 1908.8.18). 그러나 실제로는 이러한 원칙이 제대로 지켜지지 않고 내부 토목기사와 노동회 사무원이라 자칭하는 사람들이 한성부의 지령을 받았다고 하면서 준천비를 징수하러 다녔는데, 각 상점에는 5원, 조합소에는 30원을 징수하고, 평민에게도 빈부를 묻지 않고 매 칸당 10전씩을 늑징(勒徵)하니 불응하는 사람들이 많았다(황성신문, 1908.9.4; 대한매일신보, 1908.10.3). 이에 징수 책임을 맡은 가쾌들은 한성부에 호소하기를 각 동 인민에게 준천비를 수봉하는 데 가쾌의 권리로는 매우 어려우니 순사를 파송하여 함께 수봉케 해달라는 것이었다(대한매일신보, 1908.8.29).

한편 내부에서 탁지부로 준천비 30만 원을 예산 이외로 지출해 달라고 요청했으나(대한매일신보, 1908.10.3) 탁지부에서는 역비를 지불하지 아니하므로(대한매일신보, 1909.5.25) 결국 한성 내 준천공사는 경비문제로 완공을 보지 못했다(황성신문, 1909.5.4).

2) 치도사업(治道事業)

전통시대의 한성부의 도로는 대, 중, 소로로 구분되어 규모 있는 직선의 도로망으로 구성되어 있었고 한성부에 의해 관리되었다. 그러나 조선 말에 한국을 방문했던 여러 외국인 여행자들이 남긴 기록에 의하면 대체로 도로 폭이 매

---

38) '가쾌'는 대한제국기 한성부에서 인가를 받아 부동산의 매매, 임차 등을 중개하고 일정한 보수를 받던 공인 부동산 중개인이다. 그러나 가쾌의 역할은 단순한 부동산 중개에 그치지 않고 관할구역 내 주민들의 거주 및 이동 상황을 조사하여 한성부에 보고하는 등 한성부 말단 행정을 수행하는 직임도 맡고 있었다(김건우, 2007: 207). "한성부에서 가쾌 일동을 회집하여 가쾌 규칙을 나누어 주었다는데 그 규칙인즉, 부(府)의 허가 없는 가쾌와 사사로이 서로 매매하는 일과 가옥을 매매하고 출판(出版)치 아니하는 일을 일체 혁거(革去)하되 만일 이를 위반하는 자가 있으면 상당한 벌에 처한다더라"(황성신문, 1908.8.27).

우 좁고, 노면이 고르지 못하며, 비가 오면 진흙창이 되는 데다가, 수 세기 동안 개수 한 바가 거의 없어 차량의 통행을 감당하기에 힘든 형편이었다고 한다(비숍, 2000; 헐버트, 1999; 박경룡, 1995: 164~166). 이런 상황 속에서 1896년 아관파천 직후 정권을 잡은 친미 개화파의 내부대신 박정양(朴定陽)과 한성판윤 이채연(李采淵)의 주도하에 한성부에 대한 일련의 치도공사(治道工事)가 진행되어 주요도로가 확장, 신설되고 도로의 정비 및 청결사업이 이루어지는 등 한성부 개조 사업이 이루어졌으며 그 결과 한성의 도로들은 "동경의 도로들이 미치지 못할 정도의 좋은 도로"로 일신되었다(한철호, 1999; 이정옥, 2009).

1905년 을사조약으로 일제의 통감정치가 시작되자 그들은 우선 근대적인 도로 건설에 착수했다. 앞에서 본 대로 일제에 있어 치도공사는 단순한 경제적 차원을 넘어서서 정치적·군사적 의미까지 가지는 중요한 과제였다. 이에 따라 우선 치도사업을 주도할 관청으로 내부에 치도국(治道局)을 설치하고(황성신문, 1906.4.12), 치도국 국장은 내부 지방국장이 겸임하되 통감부로부터 추천받은 일본인 기사를 치도국 사무감독으로 임명했다(황성신문, 1906.4.18, 25). 이와 더불어 일본인 기사 4명과 기수 8명을 일본으로부터 초청하여 치도국에 고빙(雇聘)했다(황성신문, 1906.5.4). 내부 토목국에서는 치도비 예산으로 1908년에 70만 원, 1909년에 30만 원을 편성했다(대한매일신보, 1908.4.15, 5.2). 이러한 치도사업은 한성과 지방도시를 잇는 간선도로뿐만 아니라 한성부 내의 도로 정비에도 적용되었는데 예컨대 1907년 내부대신 임선준(任善準)은 토목과에 지시하여 한성부 안의 도로를 각별히 수리하게 했다(대한매일신보, 1907.9.21).

그런데 치도사업에는 다수의 역부가 필요했다. 예컨대 한성부 북서(北署)의 경우 광화문으로부터 원동까지 등 총 3개 노선의 도로 수축에 역부 1091명, 고가(雇價) 767원 70전이 소요되었다고 보고했으며(황성신문, 1905.5.29), 남서(南署)의 경우 수각교로부터 동현4가까지 등 총 4개 노선에 역부 1991명과 고가 1393원 70전이 소요되었다고 보고했다(황성신문, 1905.5.30). 따라서 한성5부를 모두 합치면 수천 명의 역부가 치도사업에 필요했을 것으로 추정된다. 한성부는 1908년부터 치도사업을 개시하여 우선 남문으로부터 시작하여 종로까지 보토(補土) 및 치도사업을 시행했다(황성신문, 1908.1.22).

그런데 종전에는 대규모 치도사업의 경우 한성부가 직접 역부들을 고용했지만 이번에는 치도사업에 필요한 역부 동원을 직접 고용이 아니라 노동회에 위탁하는 것으로 변경되었는데[39] 이는 앞에서 지적한 여러 요인이 작용한 것으로 짐작된다. 그러나 노동회의 치도사업은 준천사업과 마찬가지로 각종 난관에 부딪치게 된다.

첫째, 부실공사의 문제이다. 즉, 준천사업과 마찬가지로 통감부 및 내부대신 송병준의 권력을 등에 업고 불투명한 과정을 통해 치도사업에 뛰어든 노동회 간부들은 성실하게 공사를 시공하지 않았다. 1908년 9월 초 노동회가 공사를 시작하자마자 치도한 경황(景況)이 내부(內部)와 체결한 계약에 위배됨에 따라, 9월 17일 내부 토목국장 유맹(劉猛)은 노동회 총재 윤시병을 초청하여 계약과 같이 튼튼하게 수축하도록 촉구했다(황성신문, 1908.9.18). 그러나 윤시병은 이 공사와 관련하여 교섭할 일이 있으면 먼저 내부 토목국에 통지하여 대신의 결재를 기다려야 함에도 불구하고 내부대신(송병준)에게 직접 교섭을 하는 까닭에 토목국장 유맹은 "사사로이 대신관방(大臣官房)에 무단히 출입하는 것은 내가 알 바 없거니와 공사(公事)로 대신관방에 직접으로 왕래하는 것은 외국 관리(일본 관리) 보기에 창피하다"고 힐난하여 두 사람이 서로 언쟁을 했다(대한매일신보, 1908.10.1). 이와 관련하여 내부 위생국장과 토목국장에게 익명으로 전달된 투서에 의하면 "치도비니 위생비니 하고 인민에게 수렴하되 치도하는 정황을 살펴보면 평탄한 길을 공연히 파헤치고 모래와 흙을 조금씩 살포하여 사람과 차마가 왕래하는 데 오히려 불편하니 이를 치도공사라 할 수 있겠는가?"라고 비판하고 있다(황성신문, 1908.10.1).

---

39) "한성 내 치도의 역(役)을 노동회에서 담임하여 수일 전부터 개역(開役)했다는데…"(황성신문, 1908.9.18).

둘째, 사유재산에 대한 침해문제이다. 앞에서도 살펴보았듯이 원래 도로의 팬 곳은 준천공사로부터 나온 사토로 메우기로 계약되어 있었지만 노동회에서는 사유지든 공유지든 가리지 않고 마구 흙을 파서 이것으로 도로를 메우니 이러한 횡포에 대해 경시청이 일일이 보고하도록 내부대신이 지시를 했다. 또 도로수축 과정에서 도로 좌우에 있는 집을 매매하거나 전세를 주지 말도록 금지하여 백성들에게 손해를 끼치는가 하면(대한매일신보, 1909.9.4), 도로에 편입된 토지와 가옥에 대해 적절한 보상을 해주지 않아 원성을 사기도 했다(대한매일신보, 1909.3.10).

셋째, 치도사업을 위한 재원조달도 쉽지 않았다. 원래 1908년도 한성부 도로수축비로 책정된 예산은 18만 원인데 그 가운데 10만 원만 내부에서 지급했기 때문에 나머지 8만 원은 한성 내의 백성들에게서 직접 거두는 수밖에 없었다(대한매일신보, 1908.12.29; 황성신문, 1908.12.29). 그런데 그 부담이 공평치 못하여 관리들은 불과 이삼십 전씩만 납부하면서(대한매일신보, 1909.9.26) 일반 백성들은 큰 부담을 졌다. 치도비 수렴절차에 있어서도 처음에는 가쾌로 하여금 각 집을 조사했으나 얼마 지나지 않아 일진회원들이 다니면서 강제로 징수하되 내지 않는 사람이 있으면 경시청으로 잡아간다고 위협하는 고로 민원이 끊이지 않았다(대한매일신보, 1908.12.29).

결국 1908년 후반기 들어 발생한 노동회 내부의 여러 부정사건의 여파로 총재와 회장 등 간부가 구속되는 풍파를 겪으면서 1909년에는 치도사업이 한성위생회로 넘어가게 된다(황성신문, 1909.4.28).

한편 노동회는 지방의 치도사업에도 뛰어들었는데 수원지역의 경우가 대표적인 사례이다. 즉, 수원군에서 여주-이천 간 도로를 넓히는 공사를 하게 되자 노동회 서부지회장 김사홍과 총무 한석기, 재무부장 박용신 등은 이 공사를 청부받기 위해 1908년 8월 9일 수원으로 향했다(황성신문, 1908.8.11). 8월 15일에는 김사홍의 주도로 노동회 경기지회 창립식을 개최했는데 이 자리에는 경기도관찰사 김사묵, 사무관 김한목(金漢睦), 수원군수 서병숙 외 경무서 관리와 외국관헌, 각 사회단체 대표 등 오륙천 명의 군중이 참석했다(황성신문, 1908.8. 21). 이로써 노동회 경기지회가 지방관의 절대적인 보호하에 설립되었음을 알 수 있다. 경기지회 설립의 주목적은 바로 치도공사를 수주받는 데 있었다. 8월 20일경 관찰사 김사묵과 군수 서병숙은 도내 일반관리들을 관찰부에 집합시 키고 서울 내부에서 내려온 오노 제이치로(小野是一郎), 노동회 총재 윤시병, 회 장 서정주 등과 회의를 가졌다. 이 회의에서 김사묵은 앞에서 본 대로 노동회 를 적극 지지한다는 발언을 하고 이것이 단순한 도로공사를 위한 목적뿐만 아 니라 폭도(의병) 진압이라는 정치적 목적도 있음을 밝혔다(황성신문, 1908.8.23). 이 회의 결과 수원-이천 간 도로공사의 역부 모집을 노동회에서 담당하되 임원 은 수원의 관찰도에서 차출하기로 했는데(대한매일신보, 1908.8.25; 황성신문, 1908.9.1). 즉, 다시 말해서 이권이 있는 임원 자리를 경기관찰사가 차지했다는 뜻이다. 이 자리에서는 또한 수원-이천 간 도로공사가 끝난 뒤 수원 성첩(城堞) 을 훼철(毀撤)하여 서둔제(西屯提)를 건축하는 큰 규모의 공사도 노농회가 맡기 로 했다(황성신문, 1908.8.23).[40]

3) 청결사업(淸潔事業)

대한제국기 통감부의 역점사업 가운데 하나는 청결 및 위생사업, 즉 청소와 분뇨 및 쓰레기의 수거사업이었다. 일본은 이미 메이지 유신 이전부터 콜레라 등 외래 전염병의 만연으로 치사율이 70%를 넘는 등 큰 피해를 당하고 있었으 며 따라서 콜레라 예방을 위해 가옥과 가로를 관민 합동으로 청소하도록 규정 한 "호열자병 예방법 심득"(1877)을 보급하는 등 공중위생정책을 펴고 있었다. 이에 따라 자연히 청결에 대한 선호와 불결에 대한 혐오감이 사회적으로 광범

---

40) 그동안 수원성의 훼철 시기에 대해서는 막연히 "일제강점기"로 알려져 왔으나 한일합방 이전 인 1908년경에 이미 훼손되었음을 알 수 있다.

위하게 확산되었다. 일본은 1897년 공포된 전염병 예방법을 비롯하여 일련의 제도 도입에 의해 청소, 오물 수거, 수도 도입 등의 사업을 국가사무로 진행했는데 이러한 위생사업을 집행했던 기관은 행정기관이 아니라 경찰이었다(김백영, 2009: 441). 일본은 이러한 위생정책을 대만과 한국 등 자국의 식민지 내지반(半)식민지에도 그대로 적용했는데, 특히 자국민들의 거류지에 대해 우선 적용했다. 대한제국기 당시 조선인들의 생활 습속은 비위생적이었다고 여러 서양 방문객들이 기록하고 있다(비숍, 2000; 헐버트, 1999; 손영배, 1997). 이러한 상황 속에서 일본의 압력에 의해 대한제국 정부도 치도사업과 더불어 청결사업을 실시하기 시작했다. 즉, 1905년 4월 경무사 신태휴(申泰休)가 내부(內部)에 보고한 바에 따르면 일본의 제도와 마찬가지로 경무청에서 쓰레기와 분뇨 청소를 담당하되 각 가정에 비료통(분뇨통)을 비치하고 비료통 75개마다 역부 1명씩을 배치했으며, 역부 10명마다 패장 1명을 배치했다. 역부의 숫자는 한성 5서에 매 서마다 최대 10명으로 하고 패장은 월 10원, 역부는 월 5원의 월급을 정액지급했다. 이에 소요되는 비용은 각 호당 8푼(分)씩 부과하되 최빈가는 면제해 주었다. 또 쓰레기 수거의 경우에는 매서 관내에 역부 10명씩을 배치하여 매일 청소를 하고 4대문 밖으로 반출하되 역부 월급과 기구비용 등을 합치면 합계 6천여 원이 되니 내부 소관 치도비 2만 원과 청소비 2488원을 탁지부로부터 경무청으로 이관해 주도록 건의하고 있다(황성신문, 1905.4.4). 여기에 사용되는 역부는 경무청 관할하의 죄수들과 일반 임금노동자들이었는데 때로는 동원된 죄수들이 도주하는 경우도 종종 발생했다(황성신문, 1906.6.22; 1907.5.13).

통감부 설치 이후 통감부는 한국인들의 비위생적인 생활 습속을 심각한 상태로 진단하고 시급한 개선이 필요하다고 보았다. 특히 러일전쟁 이후 많은 일본인들이 인천, 부산, 목포, 한성 등 개항장과 대도시로 몰려들게 됨에 따라 쓰레기와 분뇨 처리 등 위생문제가 더욱 심각해졌다. 이에 통감부에서는 한성위생사를 설립하여 일본거류민단의 오물처리를 맡도록 하고 경성거류지 대청소를 실시하는 등 위생사업에 신경을 썼으나 이는 어디까지나 일본인 거류지에 한정된 조치였다(손영배, 1997: 141~148). 그러나 1907년 한국에 콜레라가 만연하게 되고 더욱이 그해 10월 일본 황태자가 한성을 방문함에 따라 통감부는 일본인 거류지를 벗어나 한성부 전체에 대해 위생사업을 실시해야 할 필요성을 느끼게 되었다. 이에 통감부는 '한성위생회'라는 조직을 만들어 본격적으로 청결사업을 벌이게 된다(박윤재, 2004: 69).

한성위생회는 한국정부의 보조금 및 거류자로부터 징수한 부과금 등의 재원으로 한국정부와 통감부에 의해 설립된 단체이다. 양자 간 체결한 계약을 보면 한성위생회의 회장은 내부 차관(일본인)으로 하고 평의원은 내부 경찰국장, 한국주차군의부장(韓國駐劄軍醫部長), 경시총감, 경성이사청 이사관, 한성판윤, 경성거류민단단장, 한성부민총대 등으로 구성되니 대부분 일본인들이었다(황성신문, 1907.12.24). 한성위생회의 임무는 분뇨, 쓰레기의 청소 및 성외 운반, 구거(溝渠)의 배설을 잘 하는 것, 시중에 공동변소를 설치하는 것 등이었다(박윤재, 2004: 73). 이에 소요되는 비용 중 3만 원은 일본 황태자가 "조선의 위생사정을 고려하여" 기부한 기부금으로, 그리고 10만 원은 한국정부의 보조금으로 충당하기로 하고 사업이 개시되면 약 4만 원 정도를 한성부민들로부터 징수하기로 했다(황성신문, 1908.5.12). 이리하여 한성위생회는 오물수거에 소요되는 마차 100좌(座), 통 2천 개 등을 갖추고 1908년 9월 16일부터 본격적인 활동에 들어가게 된다(박윤재, 2004: 73). 이와 더불어 그동안 죄수 및 역부를 동원하여 한성 내의 청결사업을 담당했던 경시청도 그 사무를 한성위생회에 위탁했다(황성신문, 1908.9.6). 한성위생회는 기존의 죄수 외에 각 경찰서장이 관내에서 인부를 고용하여 오물처리에 종사하게 해달라고 청원했다(황성신문, 1908. 9.10). 한성위생회에서 한성5서 내의 쓰레기를 쓸어내는 일에 매일 쓰는 인부가 500명이고 마차가 83좌에 달했다(대한매일신보, 1908.10.30).

그런데 이에 앞서 노동회에서도 1908년 5월 초에 위생청결사업에 종사하기 위해 총회를 열고 자본을 모집하여 위생회사를 별도로 조직하되 고금(股金)[41]

은 매 고에 10원씩 5천 고를 작정하여 합계 5만 원을 모집하여 청결사업의 제반 절차에 사용하기로 했다(황성신문, 1908.5.10). 이어서 5월 중순에는 노동야학회 간 사원 안근모가 내부에 청원하되 "본 학회 공장(工匠)이 수천 명이오, 역부가 수만 명이오, 마차가 백여 좌(座)이니 한성 내외의 청결사무를 본회에 부속하라"는 내용이었다(황성신문, 1908.5.15). 이와 동시에 "이 청원이 받아들여지지 않을 경우 노동회의 십장 이하 미련한 노동자들이 격앙하여 소동을 일으킬 염려가 있어 노동회 본부에서 사찰원을 파견하여 일일이 감시하고 있다"(황성신문, 1908.5.20)는 내용의 협박 비슷한 보도가 나오기도 했다. 이로 미루어 보아 청결사업의 경우 노동회가 미리 내부로부터 내락을 받은 사업이 아니라는 것을 알 수 있다. 이러한 협박이 받아들여졌는지 8월에 다시 한성부의 청결사업을 노동회에서 담당하여 청소하기로 하되 그 쓰레기를 실어 가는 마차는 일본인이 부리기로 교섭하여 결정했다고 보도되었다(대한매일신보, 1908.8.12). 그런데 위에서 본 대로 한성부의 청결사업과 역부동원은 한성위생회에서 담당하기로 이미 결정되어 있었으므로 노동회의 청결사업은 한성위생회에서 실시하는 사업에 역부의 일부를 공급해 주는 정도에 그친 것이 아닌가 하고 추측된다. 이후 노동회의 청결사업과 관련된 후속보도는 없지만 한성위생회는 1914년 경성부에 사업을 이관할 때까지 계속해서 서울의 청결사업을 담당했기 때문이다(박윤재, 2004: 68). 결국 통감부로서는 위생사업에 대해서만은 노동회에 맡기지 않고 한성위생회를 통해 직접 시행할 속셈이었음을 알 수 있다.

4) 수상사업(水商事業)

노동회가 대한제국 정부, 통감부, 일진회 등을 배경으로 하여 세력을 과시하자 건설공사 외의 다른 직종에서도 노동회에 가입하여 세력을 불리고자 하

---

41) 출자금 혹은 주식.

는 시도가 나타났다. 예컨대 한성부 내에 식수를 공급하는 급수상(給水商) 2천여 명은 1908년 6월 28일 노동회에 집단으로 가입청원을 하여 허락을 받았는데 이들 역시 한성부를 5부로 나누어 구획분장했다(황성신문, 1908.6.28). 이들이 이처럼 노동회에 집단 가입한 이유는 한성부에 근대적인 수도가 설치되어 수돗물이 공급됨에 따라 자신들의 생계기반을 잃을 것으로 우려한 탓이다.

즉, 조선시대부터 한성에는 갈수기에 비가 내리지 않으면 대다수의 우물이 고갈되어 계곡 물이나 하천 물을 길어 먹어야 했으므로 자연히 물장수가 등장했다. 특히 개항 후 들어온 많은 일본인들과 서구인들이 상수도 시설이 없어 물장수들로부터 맑은 물을 사서 마시는 과정에서 물장수가 하나의 상시적 직업으로 고정되며 빠른 시일 내에 보부상처럼 강한 길드를 조직하게 된다. 특히 함경도 북청 출신의 물장수는 유명하여 이들이 한성부 내의 물장수를 거의 장악했다(서울특별시상수도사업본부, 2008; 서울특별시사편찬위원회, 1979). 물장수가 늘어남에 따라 차츰 이들은 서로 침범하지 않도록 급수구역을 형성했으며 이후 수상조합으로 발전하여 1인당 10~20호씩의 수좌(水座)구역을 담당했다. 이 수좌는 급수상 사이에 상당한 웃돈을 붙여 거래되기도 했다.

그러나 1908년 서울에 상수도가 급수되자 이들은 생계에 큰 위협을 받게 되었다. 즉, 1903년 고종은 미국인 콜브란(C. H. Colbran)과 보스트윅(H. R. Bostwick)에게 상수도의 부설 및 경영에 관한 특허를 허가했다. 이후 대한수도회사가 이 특허권을 양도받아 1906년 8월초 뚝섬 정수장의 완속(緩速) 여과지(濾過池) 공사에 착수하여 1908년 8월에 준공했다. 대한수도회사는 그해 9월 1일부터 한성부민 12만 5천여 명(당시 한성부 인구의 약 절반가량)에게 하루 1만 2500m³의 급수를 시작하니 이것이 한국의 근대적 상수도의 시작이다. 이후 급수 수요가 늘어나자 뚝섬정수장 확장공사와 더불어 노량진정수장의 확장, 구의정수장의 건설 등 꾸준히 상수도 시설이 확장되었다(서울특별시상수도사업본부, 2008).

이렇게 되자 급수상조합은 상수도 건설이 완공되기 직전인 1908년 6월에 집단으로 노동회에 가입하는 한편 상수도 사업을 관할하는 대한수도회사에 항의와 교섭을 시도했다. 즉, 수도가 공급됨으로써 수좌(급수상끼리 급수구역에 따라 가격을 매겨 급수권을 매매하던 단위), 즉 급수상의 이권에 타격이 있음을 지적하고 대한수도회사가 수좌권을 일정한 가격으로 매수하도록 요구했다(황성신문, 1908.7.16). 이 과정에서 노동회도 수도회사와의 협의과정에 적극적으로 개입하여 수상들의 구역대금을 지불하도록 촉구했다(황성신문, 1908.6.30). 대한수도회사는 처음에는 급수상들에게 돈을 지불할 아무런 이유가 없다고 거부했으나(황성신문, 1908.7.21), 급수상들의 요구가 계속되자 수상들에게 수도관을 관리하는 업무를 청부해 주겠다고 제안했지만 수상들은 이를 거부했다(황성신문, 1908.9.13). 결국 대한수도회사는 수좌인준증권을 발행하여 수좌권리를 보장하는 한편, 그들의 기득권을 인정하여 특설공동상수도전 220전(銓)에 대한 영업권을 이들 수상조합에 일임했다. 그러나 이 이권은 오래가지 못하고 1914년 이를 정리하여 수요자가 직접 관리하게 됨으로써 물장수들은 자취를 감추게 된다(서울특별시상수도사업본부, 2008).

5. 노동회 간부들의 부패상과 노동자들의 저항

1) 노동회 간부들의 부패상

앞에서 살펴본 대로 노동회 간부들은 대부분 전직 관료, 군인 출신의 친일 인사들로서 노동문제에 대한 경험이나 관심이 거의 없었으며 오로지 자신들의 이익과 영달에만 관심이 있었다. 더욱이 노동회의 기능 자체가 정부 공사에 대해 노동력을 제공하고 임금을 받는 것을 주 업무로 했는데 당시의 예산 편성을 보면 역부에 대한 임금과 일부 원료비 외에는 간접비 등이 일체 편성되어 있지 않았으므로[42] 이들 간부가 이익을 얻을 수 있는 방법은 결국 임금의 중간착취 밖에 없었다. 다시 말해서 노동회 간부들의 부패는 개인적인 문제가 아니라 노동회의 구조적 문제에 기인한 것이라 할 수 있다.

임금의 중간착취 방법으로서는 임금 단가의 차이를 이용한 중간착취와 임금의 미지급 등을 들 수 있다. 먼저 임금 단가의 차이를 통한 중간착취를 보면, 앞에서 살펴본 대로 정부예산에 편성되어 있는 역부의 하루 임금단가는 70~80전 정도이지만(황성신문, 1905.5.29, 30). 노동회에서는 역부가 무슨 일을 하든 하루 50전씩을 지급했다(대한매일신보, 1908.4.7). 그 차이인 20~30전 중 일부는 관리비 혹은 회원들 간의 상부상조를 위한 적립금으로 사용되었겠지만 대부분의 차액은 간부들이 착복한 것으로 보인다. 더욱이 정부예산에 편성되어 있는 인력동원 수에 비해 노동회에서는 보다 적은 인원을 동원함으로써 일을 나가지 못하는 역부들의 반발을 샀는데 이것 역시 인원수 차이에 따른 임금착취의 한 방법이다.[43]

그렇다면 당시 역부의 하루 일당 50전은 어느 정도의 수준에 해당하는 것일까? 〈표 2-1-3〉에는 1908년 통감부에서 조사한 한국인과 일본인 건설관계 노동자들의 하루 일당 수준이 표시되어 있다. 이 표에서 보는 바와 같이 당시 숙련노동자인 대공, 목만, 좌관 등의 한국인 노동자 일당은 대부분 1원 이상이며 최하 수준의 미숙련 노동자인 평인족(平人足, 하물의 운반 등 힘 쓰는 일에 종사하는 노동자)이나 담군(擔軍, 지게 짐을 지는 노동자) 노동자의 일당이 50~55전이므로 노동회 역부들의 임금은 최하수준이라 할 수 있다.

당시의 경성지방의 물가수준을 보면 중품 정미(精米) 한 되(斗) 값이 1.62원이었으므로(統監府, 1908), 사흘 정도 일을 해도 쌀 한 되를 살 수 없을 정도의

---

42) 한성 북서(北署)의 치도비 예산을 보면 역부에 대한 고가(雇價)와 공사에 필요한 백토, 초색(草索) 등의 비용만이 공사비로 계상되어 있다(황성신문, 1905.5.29).

43) "노동야학회에서 니현(泥峴)에 출장소를 설진하고 실시위원 70여 명을 선정하여 내외국인의 공역을 담임교섭하더니 금번에 준천(濬川)의 역(役)이 당두함에 소장 최인규(崔麟奎)씨가 본부의 지휘라 칭하고 역부를 다수 감액(減額)하여 600여 명만 윤회응역(輪回應役)하라 한 까닭에 회원들이 발론하기를 불신한 사회에서 종사할 길이 없는, 즉 관허(官許) 조합소에 전입함이 옳다하고 분개하는 중이라는데…"(황성신문, 1908.7.23).

〈표 2-1-3〉 대한제국기 건설노동자의 임금수준(경성지역, 1908)

(단위: 원/일)

	대공 (大工)	목만 (木挽)	좌관 (左官)	연와적직 (煉瓦積職)	평인족 (平人足)	토방 (土方)	담군 (擔軍)
한국인	1.12	1.07	-	-	0.50	-	0.55
일본인	1.50	1.52	1.54	1.64	0.90	1.10	.

자료: 統監府, 『第二次統監府統計年譜』(1908), 330~331쪽.

저임금이었다. 당시 5인 가족 하루 생계비가 67전 정도였던 것(정재정, 1985: 22)에 비추어 보더라도 하루 일당 50전은 최저생계비에도 미치지 못하는 저임 금이었다.

당시의 임금체계는 일을 하는 날에만 지급하는 일급제였다. 따라서 우천이 나 일거리가 없어서 일을 못하면 임금 지급을 받지 못하니 매우 불안정한 수입 이었다. 그나마 노동자들은 일을 하고도 임금을 지불받지 못하는 경우가 다반 사였다. 노동회에서의 임금 착취는 위로는 총재, 회장 등 고위 간부들로부터 중간 간부, 하급 관리자에 이르기까지 지위고하를 막론하고 광범하게 행해졌 다. 그 가운데서도 특히 노동회 초대회장이었던 서정주의 횡포가 심했다. 노 동회 본부 총무 이보현은 모종의 사건으로 1908년 9월 중순 노동회로부터 출 회(黜會) 조치를 당했는데(대한매일신보, 1908.9.15), 총무로 근무할 당시 자기 사비로 큰 삽과 괭이 등 공사장비 천여 환어치를 사둔 적이 있어 노동회 출회 후 그 비용을 돌려달라고 서정주에게 요청했다. 이에 서정주 및 다수의 회원들 이 이보현을 구타하여 유혈이 낭자해지는 소동이 벌어졌다(대한매일신보, 1908. 9.22). 서정주는 이 일로 북부경찰서에 구금되었다가 치료비 25환 90전을 납부 하고 풀려났다(대한매일신보, 1908.9.25). 노동회는 이 사건 이전에도 8월 1일 에 총회를 개최하고 총무 윤경중과 김광제를 해임했는데 이것 역시 부정사건 에 연루된 것으로 보인다(황성신문, 1908.8.4). 또 10월 16일에는 서정주가 친 구들과 함께 황토현의 한 요리점에서 요리를 먹고는 대금을 지불하지 않고 나 중에 갚는다고 하여 주인과 시비가 벌어지자, 경시청에 전화를 걸어 순사를 파견하여 주인을 징치(懲治)하도록 요구하여 순사가 파견된 일도 있었다(대한매일신보, 1908.10.18). 당시 서정주의 위세가 얼마나 대단했는가를 보여 주는 에피소드이다.

12월 11일에는 노동회 본부에서 준천과 치도사업에 종사하는 노동자들의 임금을 지급하지 않으므로 노동자 오륙십 명이 노동회 본부 사무실에서 회동하고 임금을 지불하라고 소동을 부리자 노동회 사무소에서는 내부(內部)에서 아직 임금을 지불받지 못하여 연기되었으니 며칠만 더 기다려 달라고 달래었다. 그러나 노동자들이 이를 듣지 아니하고 계속 소동을 피우자 노동회 사무소에서는 일본 헌병대에 연락하여 헌병장교 1명과 보조원 2명이 파견되어 소동을 금지시켰다(황성신문, 1908.12.12). 이에 노동자들은 12월 15일에 중부경찰서에서 노동회 사무원 한영수와 대질했는데 노동자들은 한 푼도 임금을 받은 적이 없다고 주장하고 한영수는 겨우 몇 환 정도만 지불하지 못했다고 변명했다. 이에 경찰서에서는 서로 화해하여 조정하라고만 권하고는 모두 석방했다(황성신문, 1908.12.18). 이러한 사례에서 우리는 일본 헌병대나 경찰이 노동회 간부들을 적극 비호하고 그 부정부패 행위에 대해 미온적으로 대응했음을 알 수 있다.

그런데 황성신문에 의하면 (공사비로) 가령 천환을 지출했으면 노동회에서는 500환이나 혹은 400환만 지불되었다고 하면서 임금을 나누어 지급한 까닭에 임금이 제대로 지불되지 못한 것으로 드러났으니(황성신문, 1908.12.17), 곧 임금에 대한 중간착취가 있었음을 알 수 있다. 이에 노동자들은 한편으로는 노동회 본부 사무실에서 항의를 계속하면서 다른 한편으로는 내부 토목국에 직접 이 문제를 호소하기에 이르렀다(황성신문, 1908.12.24). 노동자들은 또 총재 윤시병과 회장 서정주를 경시청에 고발하여 1909년 1월 9일 이들은 체포되었다. 그런데 서정주는 노동회 공금 8천여 환을 횡령한 혐의로 구속된 반면, 윤시병은 횡령한 돈이 겨우 5환에 불과하다는 이유로 즉시 석방되었다(황성신문, 1909.1.9). 서정주는 평소에 금시계와 금반지 등을 찬란하게 차고 다니며 자랑

했는데 노동회에서 서씨의 재산상황을 조사하기 시작한 후 서정주는 자기 패물 등속을 다른 곳에 감추었다고 한다(대한매일신보, 1909.1.9). 조사 결과 서정주는 당장 지급해야 할 임금 3천 환과 노동회 적립금 3700환 등을 횡령한 것으로 드러났다(황성신문, 1909.1.9). 노동회에서는 서씨에게 8천여 환의 돈을 당장 갚으라고 요구하니 서정주는 자기 집과 전답과 가구집기 등을 방매하여 5천 환을 마련하여 납부하고 나머지는 마련할 방법이 없다고 했다. 이에 노동회에서는 돈을 다 받은 후 석방하겠다고 주장하니(대한매일신보, 1909.1.14), 서씨의 부친인 수원군수 서병숙이 가산의 일부를 팔고 군내 주민들에게 부탁하여 2160여 환을 간신히 마련하여 납부했다(황성신문, 1909.1.16).

노동회 총재 윤시병 역시 부패사건에 연루되어 있었다. 연강노동회[44]에서는 자금이 필요하여 노동회 적립금 가운데 350환을 차용했는데 노동회 측에서는 이것이 총재 윤시병이 횡령한 돈이라 하여 출회하라고 했다(황성신문, 1909.1.20). 당시 연강노동회 사장은 윤시병의 동생인 윤길병이었으니(황성신문, 1908.12.13) 아마도 두 사람이 노동회 공금을 횡령한 것으로 보인다(대한매일신보, 1909.1.20). 노동회에서는 1909년 1월 20일에 총회를 열고 총재 윤시병을 해임하고 장박을 총재로 임명했으며 회장 서정주 역시 해임하고 김진태를 회장에 임명했다. 또 부회장에는 김성기, 사무원에는 한규석을 임명했다(황성신문, 1909.1.26).

이들 최고위간부 외에도 중간간부의 경우에도 다양한 부정부패 사건이 일어났다. 예컨대 노동회 공사부장인 최인규는 협잡을 일삼고 회원들을 위협하다가 협잡의 정상이 탄로되어 출회되었다(황성신문, 1909.1.19). 노동회 동부지회장 유흥룡은 왕십리에 사는 윤상렬을 꾀어 보증금 100환만 들이면 매월 10

---

44) 연강노동회는 1908년 7월 초, 전 참판 서긍순(徐肯淳)과 전 군수 조경식(趙慶植) 등이 설립한 단체로서 주로 한강을 운행하는 배의 역부와 화물하역작업 역부 등을 공급하는 역할을 했다. 1908년 12월 부정사건으로 인해 초대총재 서긍순이 물러나고 윤시병의 동생인 윤길병이 2대 총재에 취임했다.

환씩 월급이 지급되는 간사원을 시켜 주겠다고 속여 돈을 빌린 뒤 실제로는 윤씨가 아니라 자기 아들로 간사원을 시키고 돈도 갚지 않았다(대한매일신보, 1909. 2.28). 윤씨는 집을 저당 잡히고 빌린 100환으로 인해 집을 잃게 되자 유씨를 동부경찰서에 고소했다. 이 사실이 신문에 보도되자 유씨는 윤상렬을 구타하여 사경에 이르게 했다. 윤씨가 동부경찰서에 고소하자 유씨 부자는 모두 도주했다(황성신문, 1909.3.7). 노동회 총무 윤경중, 김광제, 이보현 등도 모종의 사건으로 노동회에서 출회되었다(황성신문, 1908.8.4; 대한매일신보, 1908.9.15). 노동회 사무원 이겸로는 한성부의 명령이 있었다고 하면서 각 상점에서 준천비를 징수하여 말썽이 되었다(황성신문, 1908.9.4). 노동회 사무원 이홍식은 황토현 부근 도로수축비를 1만 5천 냥에 담당했으나 임금을 지불하지 않은 까닭에 노동자들과 사무원 사이에 한바탕 소란이 일어났다(황성신문, 1908.10.29). 노동회 사찰 조익준은 노동회를 그만두고 수도회사에 입사하면서 급수상들의 명단을 몰래 빼돌려 수도회사에 제출함으로써 급수상들의 생업을 박탈하려 하므로 급수상들은 노동회 사무소에 고소를 했다. 이에 노동회에서는 중부경찰서에 고소하여 조씨를 체포하도록 했다(황성신문, 1908.8.13). 노동회에서 본부 임원들에게는 월봉을 꼬박꼬박 지급하면서 지회 임원들에게는 5, 6개월이 지나도록 월봉을 주지 아니하므로 각 지회 회원들이 본부 회장 서정주와 재판을 하기로 결의했다(대한매일신보, 1909.1.5). 1909년 7월 6일에는 노동회 총무 한규석에게 빚 받을 사람들이 모여 한씨가 문서를 위조했다고 하면서 서부경찰서에 고소했다(1909.7.8). 그 후 한규석이 회비를 횡령하고 피신했으므로 사무원들이 한씨의 행적을 수색 중이라고 보도되었다(대한민보, 1909.7.14).

노동회는 1909년 8월 10일 본부사무실을 중부 전동으로 이전하는 한편 8월 14일에는 임원을 개선하여 신임회장에 한영규, 총무에 한영호 등을 임명하고 장차 기공하게 될 철도개수공사를 수주 받으려고 운동 중인 것으로 보도되었다(황성신문, 1909.8.14).

그러나 8월 26일 횡령사건으로 구속된 전 회장 서정주가 횡령사건이 자기혼자의 일이 아니라 노동회 간부 다수가 공모한 일이며 자신은 무고하다고 헌병사령부에 청원함에 따라 노동회 간부 5~6명이 헌병사령부에 체포되었다. 이에 노동회원 수십 명이 헌병사령부에 이들이 무죄하다고 청원했다(황성신문, 1909.8.26, 27).

노동회는 9월 2일 회장 한영규가 사임함에 따라 시급한 사무를 처리하기 위해 박중진을 임시회장으로 선임했다(황성신문, 1909.9.2). 그러나 이날 다시 노동회 사무원 한규석과 김승돈, 김성기 등 8명이 헌병사령부에 체포되었는데 이는 서정주의 호소 때문이었다(황성신문, 1909.9.4; 대한매일신보, 1909.9.10). 이들은 20여 일 동안 헌병사령부에서 심문 받은 후 결국 무죄 방면되자 서정주를 횡령 및 영업방해죄로 헌병대에 고소했다(대한민보, 1909.11.26).

2) 노동자들의 투쟁

앞에서 살펴본 바와 같이 일부 간부들을 제외한 대부분의 노동회 노동자들은 저임금과 고용불안, 간부들의 중간착취 등에 시달리고 있었다. 그러나 노동자들이 이에 대응할 수 있는 수단은 거의 없었다. 당시 대한제국에는 노동조합이나 단체교섭 등 노동 관련사항의 법적 토대가 전혀 없었다. 노동회 조직 내에 평의회 등 노동자들의 의사를 대변할 수 있는 기능이 있다고는 하지만 일상적인 운영은 대부분 간부들의 자의에 의해 이루어지고 있었다. 노동회의 외부환경 역시 노동자들에게 매우 불리했다. 노동회 간부들은 일제 통감부와 경찰, 헌병대, 일진회 등의 비호를 받고 있었으며 대한제국 정부 역시 일제에 의해 완전히 장악되어 있는 상태에서 노동자들을 보호하지 못했다. 이러한 상황 속에서 노동자들은 임금체불과 간부들의 횡령 등에 대해 오직 스스로의 힘에 의지해서 대항하고 투쟁할 수밖에 없었다.

노동자들은 임금체불이나 간부들의 횡령 등에 대해 우선 경찰이나 법원 등 사법기관에 호소하는 합법적 방법을 택할 수밖에 없었다. 앞에서 살펴보았듯이 노동회 노동자들은 임금을 체불하거나 횡령한 간부들을 여러 차례 경찰에 고발했지만 그때마다 경찰이나 헌병대 등은 미온적인 태도로 일관하면서 쌍방 화해를 종용하거나 일방적으로 피고소된 간부들을 석방했다. 특히 서정주의 경우 노동회 측에서 서정주의 횡령금액을 실제보다 증액시켰다는 이유로 일본 헌병사령부에서 오히려 노동회 회원들을 체포하기까지 했다(황성신문, 1909.8. 26, 27).

노동자들은 일경이나 헌병대에 대한 합법적 청원이 무시되자 직접 행동을 취하기도 했는데 예컨대 부정을 저지른 간부들에게 직접 다중의 위력으로 압력을 가하거나 가두집회까지 열었다(대한매일신보, 1909.1.29). 이에 대해 일본 경찰, 헌병대는 직접 경찰, 헌병을 파견하여 이를 해산시켰으며, 노동자들의 집회를 금지하기도 했다(황성신문, 1907.7.8).

노동자들은 또 문제가 된 간부들을 노동회에서 출회조치했는데 앞에서 살펴보았듯이 초대총재 윤시병과 초대회장 서정주를 비롯해서 여러 명의 간부들이 부정사건으로 인해 노동회에서 출회조치를 당했다. 이처럼 사실상 노동회의 창립자인 윤시병과 서정주가 노동회로부터 출회조치를 당했다는 것은 곧 노동회가 단순한 노무공급기구이거나 노동자 중간착취기구의 성격을 벗어나서 일정한 정도까지는 노동자들의 자치적인 단체로서의 성격도 지니고 있었다는 것을 보여 준다.

한편 임금체불과 중간착취를 둘러싼 간부들과 노동자들 간의 갈등 외에도 노동자들은 노동회 활동을 통해 민족적인 자각도 점차 갖게 되었다. 앞에서 살펴본 대로 노동회 간부들은 대부분 친일적인 인물들이었으며 노동회의 활동 역시 일제의 비호 속에 이루어지고 있었다는 점에서 노동회는 친일단체의 하나로 분류될 수도 있을 것이다. 그러나 이는 어디까지나 노동회 간부들에 한정된 이야기이며 일반 노동자들은 친일이라기보다는 오히려 반일적인 태도를 보여 주었다. 사실 대한제국 말기에 일제에 의한 정치적·경제적 침탈은 물론이고 평범한 일반 노동자들까지도 다양한 경로를 통해 일제 및 일본인의 만행을 직접 접하게 되면서 노동자들은 차츰 민족적 자각을 갖게 되었다. 을사조약 이후 통감부에 의한 대한제국 정부 기능의 사실상의 장악과 한국 관리들에 대한 학대45), 군대해산 등 정치적 격동 외에도 일본인들의 한국인들에 대한 멸시와 차별46), 구타47), 강간48), 살인49) 등의 사건이 빈발함으로써 한국인들의 일본에 대한 적개심이 높아지게 되었다. 통감부에서는 한국인들의 천성이 게으르다는 이유로 한국인 노동자들을 강제 노동시키는 방안까지 검토하기에 이르렀다.50)

---

45) "근일 탁지부 일본 관리가 한국 관리를 어떻게 압제했던지 한국 관리가 학대를 견디다 못하여 말하기를 일찌감치 사직하고 노동으로 생활함만 같지 못하다고 한탄하는 말이 있다더라"(대한매일신보, 1908.6.7).

46) "재류 일본인 가운데는 한인은 좀도둑질을 하는 습관이 있으며, 더욱이 나태한 습관이 있어 짐승으로부터 그리 멀지 않은 동물이므로 온안화유(溫顏懷柔: 부드러운 얼굴 로 구슬리는 것)는 그들을 사역하는 길이 아니며 매질을 해서 육체의 고통을 주는 것만이 가장 좋은 방편이라고 말하는 자도 있다고 들었다"(加藤政之助, 1905: 163).

47) "서부 용산동에서 어떤 일인 노동자 2명이 한인 차부를 무단히 구타하여 죽을 지경에 이르렀다더라"(대한매일신보, 1908.12.29). "경성 일본 헌병보조원 김윤기가 일전에 술이 대취하여 노동자 1명을 무단 구타하여 의관을 열파하는 고로…"(대한매일신보, 1909.1.6). "전동의 집주인 일녀가 한국 노동자 1명을 때려 머리가 터져서 유혈이 낭자했는데…"(대한매일신보, 1909.4.13). "한국 재류 일본인 가운데 한인을 학대하는 자가 적지 않다는 것은 이미 도한 전부터 들은 바가 있지만 내가 단시일의 여행 중에도 수회 그 실황을 목격했는데 경부선의 정거장 등에서도 역부(役夫) 등의 한인을 때리는 것을 본 것이 두세 번에 머물지 않으며 경성의 진고개 거리 등에서도 한인에게 물건을 팔면서 그들이 사지 않으면 물을 끼얹거나 혹은 때리는 악덕상인이 있는 것을 보았다"(加藤政之助, 1905: 163~164).

48) "경부철도 공역이 청도군에 다달았는데 어떤 일본인 1명이 총과 칼을 가지고 그 동네에 돌입하여 부녀자를 겁간코저 하므로 부녀 노소가 구명도주하더니… 임신 7개월 부녀와 13세 여아를 강간코저 할 때…"(황성신문, 1903.2.24).

49) "어제 청파방곡 순검 최치삼 씨를 철도역부 일본인이 무단히 구타하여 사경에 이르렀다고 서서(西署)에서 경청(警廳)에 보고했다더라"(황성신문, 1904.7.20).

50) "이등박문은 대만에서 행하는 법을 모방하여 강제로 노동자를 노동케 하는 법을 시행하기로 협의하고 내부에서 목금 조사하는 중이라더라"(해조신문, 1908.5.13). "행정 조사회에서는 한국 사람들은 천성으로 게으른 자인즉 강제노동법률을 제정하여 강제로 노동을 시키는 것이 가하다 한다더라"(대한매일신보, 1910.1.12). "통감부 지방정무 조사회에서는 한국 사람을 선천적 나태민족이라 평하고 우리나라의 빈약원인은 위정가가 인민의 나태심을 제거하지 아니

더욱이 친일단체인 일진회에서는 노동회 조직을 장악하고자 시도했는데 예컨대 1909년 1월 18일에는 일진회원인 안태준, 송병두, 한창회, 최인규[51] 등 네 사람이 30여 명을 대동하고 노동회에 나타나서는 스스로 회장을 추천하고 임원을 조직하여 노동회를 휘동(麾動)했다. 이에 노동회 임원들이 이들을 경찰서에 고소하여 해산하기에 이르렀다(황성신문, 1909.1.19). 1909년 1월 노동회 회장 서정주가 부정사건으로 노동회에서 출회조치를 당한 뒤 노동회 회장은 1909년 9월까지 불과 8개월 만에 김진태 → 권동진 → 한영규 → 한영호 → 박중진(임시회장) 등으로 수시로 교체되며 혼미를 거듭했다. 그러자 일제는 노동회의 임원 임명에 개입하여 1909년 9월 7일 박중진을 체포하여 심문한 후 전회장인 한영호로 회장을 선임케 했다(황성신문, 1909.9.8).

1909년 10월 26일 발생한 안중근 의사의 이토 히로부미(伊藤博文) 사살사건을 기회로 하여 일진회는 사죄단을 조직하여 일본에 파견하는 한편, 이토의 동상 건립을 추진하는 등 친일적 행각을 거리낌 없이 감행했다. 일진회는 드디어 12월 4일 이른바 '합방성명서(合邦聲明書)'를 발표했는데 그 내용은 "한민족의 행복과 복지를 위해 한일 양국은 합방되어야 한다"는 것이었다. 일진회는 이를 황제와 총리대신, 통감에게 전달했다. 이러한 일진회의 성명에 대하여 전국적인 규모의 반대운동이 일어났는데 일부 격렬한 애국청년들은 이들 망국 앞잡이 일당을 규탄하는 데 그치지 않고 암살을 감행함으로써 그들의 매국 행각을 적극적으로 응징하기 시작했다(조항래, 2006: 422~423). 노동자들 역시 일진회의 매국적 친일행각에 대해 분노하기는 마찬가지였다. 일진회의 합방성명서에 가장 적극적으로 반대하면서 반대연설회를 개최했던 '국민 대연설회'에서는 노동자 300명을 모집하여 일진회 본부를 파쇄하려 한다는 소문이 나돌아

함에 있다 하여 한국을 개발함에는 우선 강제노동법률을 제정하여 나태한 사람들을 한곳에 모아 일정한 노동장에서 노동을 행하게 하자는 설이 제안되었다더라"(황성신문, 1910.1.12).
51) 최인규는 노동회 공사부장이었는데 협잡사건과 회원 위협사건으로 인해 바로 그 전날 노동회에서 출회조치를 당했다(황성신문, 1909.1.19).

경시청에서는 연설회 간부를 불러 조사하기도 했다(대한매일신보, 1909.12.14).

이러한 상황 속에서 노동회의 노동자들 역시 일진회의 친일행각에 대해 크게 분노했다. 노동회의 일반 회원들은 일진회의 성명서에 대해 분통함을 이기지 못하고 일진회원으로 노동회 명부에 이름을 올린 자는 모두 명부에서 이름을 삭제하고 노동회로부터 축출하기로 협의, 결정했다(황성신문, 1909.12.9; 대한매일신보, 1909.12.8). 이로써 일진회원 출신의 간부들에 의해 친일적 색채를 강하게 띠고 출범했던 노동회는 일반 회원들의 힘에 의해 반일, 배일의 색채를 띠는 단체로 변화했다. 실제로 1909년 5월 초 새로 노동회 회장이 된 권동진(황성신문, 1909.5.12)은 그 전의 간부들과는 달리 민족운동에 활발하게 참여했던 인물로서 앞에서 살펴보았듯이 개화당, 진보회, 대한협회 등 개화파 민족운동에 꾸준히 참여했고 1919년 3·1운동에는 천도교를 대표하여 민족대표 33인의 한 사람으로 참가하기도 했다.

3) 노동회의 해산

1909년 후반부터 1910년 초에 걸쳐 노동회, 대한노동회, 연강노동회, 활민노동조합[52]뿐만 아니라 인천노동회[53] 등도 함께 해산의 길을 걷게 된다. 그 이유 가운데 상당 부분은 각 단체 간부들의 부정부패로 인한 것이었지만 활민노동조합처럼 건전한 조직 운영으로 노동자들의 칭송을 받았던 단체까지도 비슷한 시기에 일본 헌병사령부나 경시청의 사찰을 받고 간부가 체포되는 등 탄

---

52) 활민노동조합은 1908년 7월 24일, 이근호(李根澔), 이시우(李時宇), 정운복(鄭雲復) 등에 의해 설립된 노동단체이다. 연강, 뚝섬, 용산, 부산 등의 건설노동자, 부두노동자 등을 공급하는 역할을 했으며 노동자들을 위한 자선병원의 설립, 노동자 복지 보장 등으로 노동자들로부터 큰 지지를 받았던 단체이다.

53) "인천항노동회장 김정곤 씨가 수일 전에 헌병사령부에 체포되어 취조 중인데 동 씨가 노동자 등의 금액 및 국재보상금 합 3730환을 몰끽(沒喫)한지라…"(황성신문, 1909.9.25).

압을 받았으며 공사나 용역 수주가 끊어짐에 따라 재정 고갈에 시달려 결국 해산하게 된 것은 결코 우연이라고만은 할 수 없을 것이다.

여기에 우리가 주목해야 할 것은 바로 일본 청부업자들의 한국에의 진출과 이에 따른 공사진행방식의 변화이다. 대한제국기 치도공사를 비롯한 각종 정부공사는 해당 업자에게 청부를 주는 방식보다는 정부가 직접 운영하는 직영방식을 택하는 것이 일반적이었다. 그 이유는 아직 토목공사를 청부받아서 독자적으로 진행할 수 있을 만큼의 전문성을 가진 한국인 청부업자가 없었기 때문이다. 이러한 상황 속에서 정부발주공사를 청부로 줄 경우 결국 외국인(주로 일본인) 청부업자가 공사를 독점함으로써 임금의 중간착취 등 민원이 발생할 가능성이 크다고 판단했기 때문에 정부직영방식을 택했던 것이다.[54] 다만 공사에 필요한 노동력의 공급 및 관리를 위해 노동회와 같은 친일, 친정부 조직을 사용하여 간접 관리를 하는 방식을 택했던 것이다. 즉, 형식적으로는 정부직영공사이면서 실제 공사운영은 친정부 조직을 사용하는 간접관리방식이었다. 통감부 발족 초기에만 해도 일제는 한국인 노동력에 대해 일본인이 직접 관리를 할 경우 민원이 발생할 가능성을 우려하여 이와 같은 노동회를 통한 간접관리방식을 계속했다.

그러나 통감부가 차츰 궁내부, 내부, 탁지부 등 대한제국정부의 토목공사관련 조직들을 개편하고 일본인 관리들이 이를 완전히 장악하면서(이금도, 2007) 일본인 청부업자에게 유리한 방식으로 제도가 바뀌게 된다. 그 결정적인 계기

---

54) "내부(內部)에서 정부에 조회하되 본부 소관 임시치도공사 시행상에 청부와 직할하는 (방식은) 손익관계가 있으니, 청부로 시행하면 내국인은 토목공사에 익숙한 자가 없어서 청부를 허가하기 어렵고, 외국인에게 청부하게 하면 인민과 직접 접할 때에 충돌의 우려가 있을뿐더러, 허다한 잡류가 각 청부업자에게 따라 붙어서 각 연로(沿路) 인민의 고용하는 임금을 중간에 장난을 치며 인민을 억지로 모집하여 사용하고 민간에 패당 작폐할 우려가 있는지라, 이러한 불리한 행위가 발생할 가능성을 미리 알았을 때에는 그 공사를 직할함이 필요하오니, 이에 관해 부령을 반포하여 토목공사는 부령에 의하여 내부와 탁지부에서 직할케 하라 했더라"(황성신문, 1906.10.6).

는 경부선, 경의선 등 철도공사였다. 일본인 청부업자들은 당시 불황에 빠져 있던 일본 건설업계의 상황을 타개하기 위한 해결책으로 한국의 건설시장에 대거 진출하기 시작했다. 이들은 청일전쟁과 러일전쟁을 전후하여 군사시설과 경부선, 경의선 철도의 속성공사를 배경으로 대거 내한하기 시작했다(이금도, 2007: 43). 반면 경부선 공사 초기에 청부회사의 형태로 참여하여 다소의 공사 실적을 내고 있었던 한국인 청부업자들은 이후 공사에서 철저하게 배제됨으로써 그 맹아적 발전을 차단당했다. 일제는 철도공사 진행방법을 청부공사형식으로 바꿈으로써 기술력과 자본력에서 앞서는 일본인 청부업자들에게 결정적으로 유리한 환경을 조성했다(정재정, 1985). 군사시설과 철도부설공사뿐만 아니라 탁지부 소관의 각종 관영건축공사 역시 이들 일본인 청부업자에 의해 독점되었다(이금도, 2007: 43). 부산, 인천, 원산 등의 항만시설과 매축공사 역시 이들에 의해 독점되었다(이금도, 2007: 46).

물론 일본인 청부업자들이 공사를 청부받았다고 하더라도 실제로는 한국인 노동자들이 대거 투입되어 공사를 담당했다. 그러나 이제 이들의 신분은 과거와는 달랐다. 즉, 한국인 역부공급회사들이 노동회처럼 회원제 조직으로 운영되며 일반 노동자들의 의사를 반영할 수 있는 평의회 조직을 가지고 있었던 것과는 달리, 일본인 청부업자들은 전형적인 자본주의적 기업이었으며 여기에 고용된 노동자들은 철저한 임금노동자에 불과했다. 이들은 일본인에 비해 훨씬 낮고 생계유지를 하기도 곤란할 정도의 저임금[55], 자의적인 임금 삭감[56], 하루 12시간의 장시간 노동[57], 생명을 위협하는 안전사고의 빈발과 일본인 감

---

[55] 경부선·경의선 철도공사에 동원되었던 한국인 노동자들의 임금은 일화 30~40전 정도였는데 이는 일본인 노동자 임금의 3분의 1 정도였으며 당시 5인 가족 하루 생계비 67전의 반 정도에 불과했다(황성신문, 1905.8.10; 정재정, 1985: 283 참조).

[56] 개성부 주차 일본군사령부와 개성부윤 및 각 군수 간에 맺은 "경의선 철도공사 응역 인부에 관한 계약"에 의하면 만약 노동자가 작업력을 충분히 발휘하지 못할 경우 그에 상당하는 임금을 감액하되 노동자는 이에 대해 감부(監部) 및 일본군사령부에 청원할 수 있다"(황성신문, 1905.8.10).

독에 의한 폭압적 감독체제[58], 철도 연도에 살고 있는 주민들의 강제출역,[59] 일본인 청부업자의 임금미불[60] 및 중간착취[61] 등에 시달리고 있었다. 그런 까닭에 노동자들은 때때로 일본인 청부업자에 대항하여 일제히 봉기하여 무장투쟁을 벌이기도 했다(정재정, 1985: 282).

이처럼 대한제국 말기로 올수록 일제에 의한 토목 관련 정부기구의 장악과 일본인 청부업자에게 유리한 방향으로의 제도 개편, 정부직영공사로부터 청부공사로의 전환과 이에 따른 일본인 청부업자들의 공사 독점, 일본인에 의한 한국인 노동자들의 직접 통제 등이 이루어졌다. 이러한 상황 속에서 노동회가 담당했던 각종 정부직영공사에 대한 인력공급기능 역시 더 이상 필요 없어지게 됨에 따라 노동회는 소멸의 길을 걸을 수밖에 없었던 것이다.

6. 맺음말: 노동회의 성격 규명과 관련하여

대한제국기인 1908년 3월 말 설립된 노동회는 여러모로 보아 흥미 있는 조직이었다. 노동회는 일단 대한제국정부와 통감부가 발주하는 치도공사, 준설

---

57) "인부 노동시간은 하루 12시간으로 정하고…"(위의 계약내용의 일부; 황성신문, 1905.8.10).

58) "한인 노동자들은 우세한 일본인 감독의 지휘하에 극히 위험한 일에 종사하고 있었기 때문에 생명을 희생당하는 자가 감히 없었다고는 할 수 없다… 그 대부분은 일본인 감독이 휘두른 불법적인 곤봉에 얻어맞아서 허무하게 이슬로 사라져갔다는 사실…"(1906년 8월 철도연변을 여행했던 한 일본인 고등학생의 보고서, 정재정, 1985: 282에서 재인용).

59) "우천 기타 사고가 있을 때라도 출역함이 가한데 만약 출역을 게을리하면 부윤 및 군수는 이를 처벌하여야 한다"(위의 계약내용의 일부; 황성신문, 1905.8.10).

60) "일본인 토목청부업자가 전주(電柱) 건설의 역을 낙성 후에 고용인에게 임금을 지불하지 않고 도주했다"(황성신문, 1906.5.14).

61) "인왕산 및 그 부근에서 현재 조림(造林)하는 역부의 고가는 매일 매인에게 50전씩 농상공부에서 계산하여 지급하는데 그 공사의 청부업자 일본인들이 매인에게 35전씩만 지불하고 15전은 중간착취를 하는 까닭에 일본인과 역부 사이에 종종 분쟁이 있다더라"(황성신문, 1909.4.7).

공사, 청소·위생업무 등에 노동력을 공급하기 위한 노무공급단체였지만, 그 설립 목적은 그에 머무르지 않고, 대한제국 관료 및 군인 출신 친일인사들의 일자리 마련, 의병활동 진압 등 정치적 목적까지도 가진 다목적 단체였다.

노동회는 분명 "근로자가 주체가 되어 민주적으로 단결하여 노동조건의 유지·개선 및 기타 경제·사회적 지위향상을 도모하는 조직체 또는 연합체"라는 노동조합의 정의[62]에 비추어 볼 때 이를 충족시킬 수 없는 노동단체였다. 노동회는 일진회 출신의 친일인사들과 구 관료 출신들에 의해 설립되었으며, 그 조직은 간부들의 독선에 의해 운영되었고, 간부들의 사리사욕을 채우기 위한 부정부패 행위가 빈발했다.

그러나 동시에 노동회를 단순히 친일인물들에 의해 운영된 노무공급기구로만 파악했던 종전의 연구들 역시 노동회 성격 규명에 한계를 가진다는 점을 지적해야 할 것이다. 노동회는 비록 친일적인 간부들에 의해 주도되었지만 일반 노동자들 역시 일정한 권리를 가지고 있었다. 사실 노동회는 전형적인 자본주의적 노무공급회사는 아니었다. 노동회는 오히려 일반 회원들에 의해 조직, 운영되는 회원제 단체와 유사했다. 노동회 설립을 주도한 윤시병, 서정주 등 간부들은 자본금을 거의 출자하지 않았다. 그 대신 노동회는 일종의 회원증에 해당하는 목패를 제작하여 노동자들에게 패 1개에 1전 5리씩에 총 10만 개를 판매함으로써 1500원에 달하는 초기자금을 마련했다. 노동회의 주업무인 준설공사나 치도공사에 필요한 공사도구 역시 개인으로부터 빌리거나 혹은 일반 노동자들이 스스로 마련했다.

노동회는 이처럼 회원제 조직과 유사한 형태를 갖추고 있었기 때문에 회원인 일반 노동자들의 의견을 반영할 수 있는 통로가 필요했는데 이는 총회와 평의회라는 형태의 기구를 둠으로써 실현되었다. 중요한 일이 있을 때마다 수시로 개최되었던 평의회에는 일부 하급간부들도 포함되어 있었지만 대부분 일반

---

[62] 노동조합 및 노동관계조정법 제2조.

노동자 대표로 구성되었다. 이 평의회의 기능은 상당한 것이었는데 예컨대 회장 등 임원의 개편, 계열회사의 설립 및 자본 모집, 자선병원의 설립, 간부의 해임 등 중요사항이 모두 평의회에서 결정되었다. 심지어 노동회의 설립자이자 총재인 윤시병과 실권자였던 회장 서정주를 부정사건으로 해임하기도 했다. 이는 자본주의적 기업이라면 결코 있을 수 없는 일로서 그만큼 노동회 내에서 일반 노동자들의 목소리가 반영될 수 있었다는 것을 보여 준다.

노동회 내의 일반 노동자들은 물론 근대적인 노동조합원들처럼 단결권, 단체교섭권, 단체행동권 등 노동3권을 가지고 있지는 못했다. 그러나 이들은 간부들의 임금체불과 중간착취 등에 항의하여 경찰서나 헌병대 등에 이들을 고소하는가 하면 때로는 집단행동도 불사하는 등 일정한 한계 내에서나마 투쟁을 계속했다.

이와 동시에 노동자들의 민족적 자각도 높아져 일진회에 의한 노동회 접수에 저항했으며 일진회의 한일합방청원이 발표되자 일진회 회원들을 노동회 조직으로부터 제명하는 등 반일적·배일적 행동을 함으로써 간부들의 친일성향과는 대조적인 모습을 보였다. 즉, 노동회는 단순한 노무공급기구가 아니라 그속에서 계급갈등과 민족모순이 함께 진행되고 있던 투쟁의 장이기도 했던 것이다.

전체적으로 볼 때 노동회는 구체제로부터 식민지 자본주의로 넘어가는 기간에 존재했던 과도기적 노동단체로 생각된다. 이는 전형적인 자본주의적 질서에 편입된 자본주의적 기업도 아니고 동시에 자주적인 노동조합도 아닌 과도기적 특성을 지니고 있었다. 이는 노동회가 존재하고 있던 대한제국기의 과도기적 성격으로부터 비롯된 특성이었다. 그러나 동시에 노동회는 대한제국기 거의 최초의 전국적 노동단체라는 의의를 지닐 뿐만 아니라 향후의 자주적인 노동운동으로 향하는 맹아적 요소를 그 내부에 포함하고 있었다는 사실 역시 지적되어야 할 것이다. 노동회 활동을 통해서 노동자들은 부패한 간부들과의 사이에 발생하는 노자 간의 모순과 일제 및 친일단체와의 관계에서 발생하는 민족적 모순을 동시에 체험하고 거기에 대항하여 투쟁하는 경험을 가지게 되었다. 이러한 노동자들의 계급적·민족적 인식 획득과 노동조직 및 투쟁의 경험 등이 쌓여 가면서 마침내 1920년대 이후의 본격적인 노동운동의 발전으로 이어진 것으로 보는 것이 합리적일 것이다. 그러한 점에서 노동회를 비롯한 대한제국기 노동단체와 노동운동에 대한 연구는 한국노동운동사 연구에 있어 중요한 의의를 지니는 것이다.

단, 이 글은 자료상의 한계로 인해 이러한 노동자 의식의 변화가 구체적으로 어떻게 이루어졌으며 이것이 1920년대의 노동운동과 어떻게 연결되는지를 밝히지 못했다. 이는 추후의 연구과제로 삼고자 한다.

참고문헌

• 논문, 저서

강만길 외. 2004. 『한국노동운동사 1: 근대 노동자계급의 형성과 노동운동: 조선 후기~1919』. 지식마당.

강병식. 1984. 「한말 군대해산 이후의 의병활동에 대한 일 연구」. ≪한성사학≫, 제2집. 한성사학회.

강재순. 2004. 「한말 유길준의 실업활동과 노동관」. ≪역사와 경계≫, 제50집. 부산경남사학회.

강창석. 1995. 『조선통감부 연구』. 국학자료원.

강창석. 2004. 『조선통감부 연구 II』. 국학자료원.

고동환. 1998. 『조선후기 서울상업발달사연구 I』. 지식산업사.

고바야시(小林拓失). 2010. 「일제하 도로 사업과 노동력 동원」. ≪한국사론≫, 제56집. 서울대학교 인문대학 국사학과.

국사편찬위원회 편. 1970. 『高宗時代史』. 국사편찬위원회.

국사편찬위원회 편. 2000. 『統監府文書 제10권』. 국사편찬위원회.

김건우. 2007. 「한성부 가계와 공인중개인 가쾌에 관한 고찰」. ≪고문서연구≫, 제30집. 한국고문서학회.

김백영. 2009. 『지배와 공간: 식민지도시 경성과 제국 일본』. 문학과지성사.

김성수. 1990. 「한국 노동운동의 생성과정 연구: 1876~1929」. 『사회과학논총』, 제8집. 경희대학교 사회과학대학.

김성수. 1991. 「한국 임금노동형성사의 정립을 위한 서설적 연구: 일제하 조선임 금노동의 형성과정과 그 성격」. ≪경영사학≫, 제6집. 경영사학회.

김윤환. 1971. 「한국 임금노동의 원시축적과정」. ≪민족문화연구≫, 통권 제5호. 고려대학교 민족문화연구소.

김윤환. 1982. 『한국노동운동사 I』. 청사.

김윤환·김낙중. 1970. 『한국노동운동사』. 일조각.

김종선. 1981. 「목포개항 초기 부두노동자의 분쟁에 관한 연구」. 건국대학교 대학원 석사학위논문.

김종준. 2002. 「진보회·일진회의 활동과 향촌사회의 동향」. ≪한국사론≫, 제48집. 서울대학교 국사학과.

김종준. 2010. 『일진회의 문명화론과 친일활동』. 신구문화사.

김형목. 2005. 『대한제국기 야학운동』. 경인문화사.

김혜정 외. 2009. 『한국독립운동의 역사 3: 통감부 설치와 한국 식민지화』. 한국 독립운동사 편찬위원회. 독립기념관 한국독립운동사연구소.

도도로키 히로시(轟博志). 2004. 「구한말 '신작로'의 건설과정과 도로교통체계」. ≪대한지리학회지≫, 제39권 제4호. 대한지리학회.

러시아 대장성. 1983. 『구한말의 사회와 경제』. 김병린 옮김. 유풍출판사.

목포개항백년사편찬위원회 편. 1997.『목포개항백년사』. 목포백년회.

박경룡. 1995.『개화기 한성부 연구』. 일지사.

박윤재. 2004.「한말·일제 초 한성위생회의 활동과 식민 지배」.≪서울학연구≫, 제22집. 서울시립대학교 부설 서울학연구소.

박창길. 1986.「한국자본주의 형성기의 노동운동에 관한 연구: 한일수호조약에서 1920년대 말까지」. 숭전대학교 중소기업대학원 석사학위논문.

반민족문제연구소 편. 1993.『친일파 99인 (1)』. 돌베개.

배종무. 1987.「목포개항장 연구」. 전남대학교 대학원 박사학위논문.

배종무. 1994.『목포개항사 연구』. 느티나무.

비숍, 이사벨라 B.(Isabella B. Bishop). 2000.『조선과 그 이웃 나라들』. 신복룡 옮김. 집문당.

서울특별시사편찬위원회 편. 1979.『서울육백년사 제3권: 1864~1910』. 서울특별시.

서울특별시상수도사업본부 편. 2008.『서울상수도 백년사: 1908~2008』. 서울특별시상수도사업본부.

성대경. 1965.「한말의 군대해산과 그 봉기」.≪성대사림≫, 제1집. 성균관대학교사학회.

소두영. 1991.「한말-일제초기(1904~1919) 도로건설에 관한 연구」. 한양대학교 석사학위논문.

손영배. 1997.『한국의 쓰레기 2천년사』. 문지사.

안병직. 1979.「3·1운동 이전의 노동운동」.『운암이상구박사화갑기념논문집』. 운암이상구선생화갑기념사업준비위원회.

양상현. 1986.「한말 부두노동자의 존재양태와 노동운동: 목포항을 중심으로」.≪한국사론≫, 제14집. 서울대학교 인문대학 국사학과.

염정섭. 1998.「조선 후기 한성부 준천의 시행」.≪서울학연구≫, 제11호.

유승렬. 1991.「한말·일제초 근대 노동자조직의 형성과정」. 서울대학교 사범대학역사과.『이원순교수정년기념역사학논총』. 교학사.

을인. 1924.「인천아 너는 엇더한 도시?」.≪개벽≫, 제48호.

이갑영. 2003.「개항초기 인천의 임금노동자 형성」.≪인천학연구≫, 제2-1호. 인천대학교 인천학연구원.

이계형. 2008.「일진회의 학교 설립과 운영」.≪한국근현대사연구≫, 제45집. 한국근현대사학회.

이금도. 2007.「조선총독부 건축기구의 건축사업과 일본인 청부업자에 관한 연구」. 부산대학교 대학원 박사학위논문.

이정옥. 2009.「갑오개혁 이후 한성 도로정비사업과 부민의 반응」. 고려대학교 대학원 석사학위논문.

이철우. 1983.「광무년간의 목포부두노동운동연구」.『학술논총』, 제7집. 단국대학교 대학원.

인천항운노동조합. 1995.『인천항변천사』. 인천항운노동조합.

전국부두노동조합. 1979.『한국부두노동운동백년사』. 전국부두노동조합.

정수인·한동수. 2003.「통감부 통치를 전후로 한 서울 도시 공간의 변화에 관한 연구」.『학술발표대회 논문집: 계획계/구조계』, 제23권 제2호. 대한건축학회.

정재정. 1985.「경부·경의철도의 부설과 한·일 토건회사의 청부공사활동」.≪역사교육≫, 제37,

38집. 역사교육연구회.

정재정. 1991. 「대한제국기 철도건설노동자의 동원과 연선주민의 저항운동」. ≪한국사연구≫, 제73집. 한국사연구회.

조병로. 2002. 「조선후기 화성 성역에서의 물자확보와 부역노동」. ≪진단학보≫, 제93집. 진단학회.

조병로. 2009. 「일제 식민지시기의 도로교통에 대한 연구 (I): 제1기 치도사업(1905~1917)을 중심으로」. 『한국민족운동사연구』, 제59집. 한국민족운동사학회.

조항래. 1969~1971. 「일본의 대한침략정책과 구한말친일단체 I~IV」. ≪동양문화≫, 제10~12집. 영남대학교 동양문화연구소.

조항래. 1972. 『한말사회단체사논고』. 형설출판사.

조항래. 1984. 「일진회 연구」. 중앙대학교 대학원 박사학위논문.

조항래. 1987. 「일진회의 주변단체와 그 연계성」. 『두계 이병도 박사 구순 기념 한국사학논총』. 지식산업사.

조항래. 1988. 「일진회의 배후관계」. 『논문집』, 제28집. 숙명여자대학교.

조항래. 2006. 『한말 일제의 한국침략사연구: 일제와 대륙낭인의 침략유대·제휴』. 아세아문화사.

철도청공보담당관실. 1999. 『한국철도100년사』. 철도청.

친일인명사전편찬위원회 편. 2004. 『일제협력단체사전: 국내 중앙 편』. 민족문제연구소.

하원호. 2009. 『한국독립운동의 역사 2: 개항 이후 일제의 침략』. 한국독립운동사편찬위원회. 독립기념관 한국독립운동사연구소.

한국노동조합총연맹 편. 1979. 『한국노동조합운동사』. 한국노동조합총연맹.

한철호. 1999. 「대한제국 초기 한성부 도시개조사업과 그 의의」. ≪향토서울≫, 제59호. 서울특별시사편찬위원회.

헐버트, H. B.(Homer Bezaleel Hulbert). 1999. 『대한제국멸망사』. 신복룡 옮김. 집문당.

• 신문자료

≪공립신보≫; ≪대한매일신보≫; ≪대한민보≫; ≪독립신문≫; ≪해조신문≫; ≪황성신문≫

• 1차 자료

加藤政之助. 1905. 『韓國經營』. 實務之日本社.

關稅局 編. 1908. 『貿易月報』. 關稅局.

關稅局 編. 1909. 『貿易彙報』. 關稅局.

農商務省山林局 編. 1907. 『韓國誌』. 東京書院.

度支部. 1910. 『貿易彙報』. 第5號.

細井肇. 1921. 『鮮滿國の經營: 朝鮮問題の根本解決』. 自由討究社.

陸軍省經理局. 1903. 「經理局韓國物資照查報告書進達の件」. 防衛廳防衛研究所 所藏.

朝鮮經濟日報社 編. 1935. 『朝鮮請負年鑑』. 朝鮮經濟日報社.

統監府. 1906, 1907. 『韓國施政年鑑 明治39, 40年』. 統監府.

統監府. 1908. 『第三次統監府統計年報』. 統監府.

統監府. 1908. 『韓國施政年鑑 明治41年』. 統監府.

統監府. 1909. 『韓國施政年鑑 明治42年』. 統監府.

統監府. 1910. 『最新韓國事情要覽』. 統監府.

統監府總務部 編. 1907. 『韓國施政改善一斑』. 統監府總務部.

韓國內部警務局. 1910. 『警察事務槪要 隆熙3年』.

제2장

노동자생산협동조합에 관한 이론적 고찰*

1. 지금 왜 노동자협동조합인가

최근 노동자생산협동조합(Workers' Cooperatives, 이하 노협)에 대한 관심이 높아지고 있다. 선진 자본주의 각국에서는 노협의 수가 상당히 증가해 왔으며 이와 함께 노협에 대한 연구도 급증하고 있다(Bonin et al., 1993: 1290). 국내에서도 1990년대 초 노협을 소개하는 두 권의 책(화이트·화이트, 1992; 김성오·김규태, 1993)이 출간된 이래 이에 대한 관심이 꾸준히 높아지고 있다.[1] 이와 같은 노협에 대한 관심의 고조 뒤에는 기존의 양대 사회경제체제에 대한 불만과 이에 대한 대안체제의 모색이라는 배경이 깔려 있다. 먼저 1980년대 말에서 1990년대 초에 걸친 구소련과 동구권에서의 사회주의 붕괴와 이에 따른 기존

---

*   ≪사회경제평론≫, 제12호, 153~187쪽(한국사회경제학회, 1999)에 게재되었다.

1)   노동자생산협동조합에 대한 국내 연구는 대부분 노협의 현황 및 이론에 대한 소개 차원에 머물고 있다. 대표적인 연구로는 김두년(1995); 김성환(1991); 김성오 편(1994); 김태임(1993); 윤진호(1997); 이승현(1995); 이학수(1985) 등.

사회주의체제에 대한 비판과 불만의 고조를 배경의 하나로 들 수 있다. 기존의 현실사회주의는 노동자, 농민 등 직접생산자에 의한 생산과정·노동과정에 대한 통제와 이에 기초한 정치적·사회적 참여라는 사회주의의 당초 이상과는 달리 국가권력에 의한 생산과정·노동과정의 통제, 이에 기반을 둔 당 및 관료의 정치적·경제적·사회적 생활 전반에 걸친 지휘·명령체계, 그리고 더 나아가 국가권력의 간섭에 의한 자유권적 기본권의 침해라는 방향으로 줄달음쳤으며 그 결과 자기모순에 의해 붕괴되고 말았다.[2] 이러한 현실사회주의의 붕괴에 직면하여 노동자, 농민 등 직접생산자의 자주성·자발성·창의성에 근거한 협동적 연합체로서 경제를 재구축하려는 모델링(이른바 '참여적 사회주의', '협동적 사회주의', '연합체적 사회주의')이 나타나고 있는데, 그 실체로서 직접생산자의 협동적 연합체의 단초를 자본주의하의 노동자생산협동조합에서 찾고 있는 것이다. 다시 말해 노협은 기존 사회주의체제에 대한 대안체제적 성격을 갖는 것이다.

한편 기존의 자본주의에 대한 비판적 인식 역시 노협에 대한 관심 증대의 한 배경을 이루고 있다. 현실사회주의의 붕괴를 곧바로 현실자본주의의 승리로 등치시키는 속류적 인식과는 달리 기존 자본주의 역시 많은 문제를 드러내고 있는데 특히 생산과정·노동과정에서의 노동의 종속문제는 노동계급의 불만을 야기하는 중요한 이슈로 등장하고 있다. 자본주의적 기업의 기본 원칙은 이윤을 위한 생산에 있으며 이를 위해 자본가는 노동자를 고용하고 이를 지휘·감독하게 된다. 극대이윤을 위해서는 노동자로부터 최대의 노력을 이끌어내야 하며 이 과정에서 각종의 노동관리·통제기법이 동원된다. 업무는 세분화되고 단순반복적인 것으로 되며 의사결정과정에서 노동자의 참여는 원천적으

2) 기존의 현실사회주의에서 직접생산자의 협동체에 의한 아래로부터의 정치·경제의 장악이라는 방향과 국가 및 당에 의한 중앙 집중적·계획적 통제라는 두 가지 방향의 대립 및 전자에 대한 후자의 승리과정에 대해서는 김윤자(1995) 참조.

로 배제되기 일쑤이다. 특히 최근 들어 대량생산체제의 발전에 따라 업무의 세분화, 단순반복화, 기업의 관료화 등이 한층 강화되었으며 이에 대한 노동자들의 반발은 직무 불만족의 증대, 높은 이직률, 태업, 단체행동 등으로 표출되어 왔다.

이러한 대량생산체제의 한계에 직면하여 생산체제를 보다 유연화하고 노동자의 자율과 참여를 증대시키려는 각종 시도가 이루어지고 있는바, 노동자의 작업장참여제, 종업원주식소유제, 노동자이사제, 공동결정제도 등이 바로 그것이다.[3] 그러나 이러한 제도들은 모두 자본주의적 틀, 즉 자본가에 의한 소유와 통제의 틀 안에서 이루어지고 있다는 점에서 명백한 한계를 가질 수밖에 없다. 이에 대해 기존의 자본주의적 원리와는 전혀 다른 노동자에 의한 소유와 통제를 통해 자본주의가 가지고 있는 모순을 해결하고자 하는 것이 노협이며 이 점에서 노협은 자본주의에 대한 대안체제의 하나로서 주목받고 있는 것이다. 더욱이 최근의 경제위기에서 보듯이 불황이 심각하고 자본 제 부문으로부터 대량실업이 발생할 가능성이 있는 경우 노협은 고용창출력이 크기 때문에 고용문제를 해결할 수 있는 하나의 방안으로도 주목받고 있다. 그 외에도 빈민의 자조활동, 지역공동체의 활성화, 환경보호, 중고령 노동자의 자립 등 여러 가지 측면에서 노협이 가진 의의를 인정할 수 있다. 이처럼 노협은 기존 사회주의와 자본주의에 대한 대안체제로서 주목받고 있지만 그 현실적 위치와 장래 가능성에 대해서는 여전히 많은 의문과 장애가 존재하고 있다. 비록 전체적으로 증가하고 있기는 하나 노협은 여전히 자본제 기업에 비해 그 수가 미미하고 종업원 비중도 적다. 서구 세계에서 최대의 노협을 가지고 있는 이탈리아에서조차 노협에 종사하는 종업원수는 전체 비농부문 종사자의 2.5%에 불과하며 다른 나라에서는 대부분 1% 이하이다(Bonin et al., 1993). 뿐만 아니라 노협의 장래에 대한 연구자들의 진단 역시 그다지 밝지 못하다. 좌우를 막론하고

---

3)   자세한 내용에 대해서는 조우현 엮음(1995) 참조.

많은 연구자들은 노협이 자기모순에 의해 실패하거나 혹은 성공하는 경우라 해도 노협으로서의 성격을 유지하지 못하고 자본제적 기업으로 전화할 것이라는 주장을 하고 있다.

그렇다면 과연 노협이 가지고 있는 문제는 무엇인가? 그리고 이것은 극복 가능한 것인가? 노협은 '자본주의의 부정의와 사회주의의 비효율을 넘어선 정의와 효율의 통일'[4]을 이룩하는 대안으로서 발전할 수 있을 것인가? 이러한 점들이 우리의 주요한 관심사이다. 글의 순서는 제2절에서 노협의 개념을 살펴보고, 제3절에서는 마르크스 이론에서 보는 노협관을 살펴보며, 제4절에서는 신고전학파의 노협이론을 살펴보고, 마지막으로 제5절에서 지금까지의 논의를 요약하며 간단한 결론을 내리고자 한다.

2. 노협의 개념

일반적으로 노협은 '노동자가 소유하고 관리하는 기업'으로 정의된다. 즉, 노동자가 자본을 출자하여 기업의 소유자로 되고, 1인 1표 등의 협동조합 원칙에 기초하여 관리의 권한도 가지고 있으며, 기업경영으로 발생한 이윤은 일정한 원칙(노동시간 또는 총소득 등)에 따라 소속 구성원에게 분배되는 기업형태이다. 이때 중요한 것은 노협의 경영통제권이 자본 소유자로서가 아니라 거기서 일하는 노동자로서의 지위로부터 기인한다는 점이다. 바로 이 점에서 '기업에 대한 소유'보다는 '기업에 대한 관리·통제'가 더 중요한 의미를 지닌다.

노협은 자본주의적 기업이나 사회주의적 기업과는 근본적으로 다른 기업형태이다. 일반적으로 자본주의적 기업은 사적 자본가에 의해 소유되며 경영에 관한 의사결정은 자본 소유주 또는 그 대리인에 의해 이루어진다. 한편 사회주

---

4)   화이트·화이트(1992)의 역서의 부제.

의적 기업에서는 국가가 자본을 소유하고 있으며 국가가 대리인을 지명하여 경영을 통제한다. 이에 비해 노협은 기업의 소유권 전부 또는 상당 부분이 노동자에게 있으며 경영의사결정에 대한 최종적 통제권은 거기서 일하는 노동자에게 있다.

노협은 구유고슬라비아의 자주관리제도나 자본주의적 기업에서의 종업원 지주제 등 유사제도와도 구별된다. 구유고의 자주관리제도는 기업에서 일하는 노동자들이 노동자평의회를 선출하여 이를 통해 기업을 경영한다는 점에서 노동자가 기업경영에 관한 자체관리권을 가지고 있다고 말할 수 있다. 그러나 자주관리제하에서도 생산수단은 어디까지나 국가 소유로 되어 있으므로 노동자들은 생산수단에 대한 이용권을 가지는 데 불과하다. 이러한 점에서 자주관리제하의 노동자들의 기업관리권은 생산수단 소유자인 국가의 의사를 항상 염두에 두어야 한다는 점에서 노협에 비해 근본적으로 제약될 수밖에 없는 것이다. 한편 자본주의적 기업하에서 종업원지주제는 기본적으로 1인 1투표권이 아니라 1주 1투표권을 원칙으로 하는 자본제적 기업지배권 원칙을 벗어날 수 없으며 종업원 주주가 대부분 소액주주에 불과해 경영의사결정에 대한 영향력이 거의 없다는 점에서 노협과는 구별된다.

노협은 소비자협동조합, 농업협동조합, 수산업협동조합 등 다른 형태의 협동조합들과 마찬가지로 협동조합의 원칙을 따른다. 1966년 국제노동기구(ILO) 제50차 총회에서 채택된 「협동조합(개발도상국) 권고안」에 따르면 "협동조합은 민주적으로 통제되는 조직 구성을 통해 공동의 목표를 달성하기 위하여 자주적으로 연합한 개인들의 단체로서, 필요자본에 대해 평등하게 기여하고 구성원들이 적극적으로 사업체에 참여하여 그 위험과 혜택을 공평하게 받아들이는 기업"[5]으로 정의된다. 협동조합은 자조, 자기책임, 민주, 평등, 연대 등의

---

5) International Labour Conference Recommendation No.127: Concerning the Role of Co-operatives in the Economic and Social Development of Developing Countries.

가치에 기초하고 있다. 1995년 국제협동조합연맹(International Cooperative Alliance) 창립 100주년 기념총회(영국 맨체스터)에서 채택된 협동조합 원칙에 따르면 협동조합은 ① 가입자유의 원칙, ② 민주적 관리의 원칙, ③ 구성원의 민주적 참여의 원칙, ④ 자율과 독립의 원칙, ⑤ 조합원에 대한 교육·훈련·정보 제공의 원칙, ⑥ 협동조합 간의 협조의 원칙, ⑦ 지역공동체에 대한 관심의 원칙 등을 그 기본 성격으로 한다.[6]

3. 마르크스 이론과 노동자생산협동조합

19세기 초 노협의 탄생 이래 좌익과 우익은 모두 노협에 대해 냉담한 태도를 보였다. 좌익은 주로 노동조합운동과 국유화에 운동목표를 집중했는데, 노협은 기껏해야 불필요한 것이며 더 나아가서 노동운동의 목표를 분산시키는 교란요인이거나 심하면 노동운동에 대한 위험요소로까지 인식되었다(Oakeshott, 1990: 35). 많은 사회주의자들은 노협이 지닌 민주적 생산조직으로서의 기본적 결함으로 인해 노협은 실패하거나 자본주의적 기업으로 필연적으로 전화하게 된다는 퇴화명제(degradation thesis)를 주장하고 있다.

마르크스는 노협에 대해 상세하고 명확한 이론을 전개하지 않았으므로 노협에 대한 그의 입장은 그의 전 생애에 걸친 여러 가지 언급으로부터 끌어모아 해석할 수밖에 없다. 노협운동에 대한 마르크스 초기(1850년대)의 견해는 매우 비판적이었다. 그는 1852년에 쓴 「루이 보나빠르뜨의 브뤼메르 18일」에서 유토피아 사회주의자들이 교환은행(프루동이 제안했던 생산자 간의 직접교환은행)이나 노동자 협동단체 같은 '공론적인 실험'에 열중하고 있다고 비판한다. 이 같은 운동은 "구세계가 가진 거대하고 조직화되어 있는 자원을 이용하여 구세

---

6)   International Cooperative Alliance, 1995.

계를 혁명화하는 작업을 포기하고, 대신 사회의 배후에서 사적인 방법으로 그리고 제한된 존재조건 안에서 스스로의 구원을 성취하려는 것이며, 따라서 이것은 필연적으로 좌절을 겪지 않을 수 없다"(맑스, 1987: 155). 즉, 그는 자본주의의 변혁은 자본주의 발전에 따른 생산의 사회적 성격의 발전과 사적 소유 간의 모순에 의해 나타나는 결과이므로 노협운동은 실패할 것으로 생각했던 것이다.

그러나 1850~1860년대에 걸친 노협운동의 일정한 발전을 보면서 마르크스의 노협관에도 긍정적 변화가 생긴다. 그는 1864년 9월 28일에 쓴 「국제노동자협회 창립선언문」에서 협동조합공장이 자본가 없이도 노동자들이 대규모 생산을 수행할 수 있다는 가능성을 이론이 아니라 실천으로 보여 주었다고 평가하며 이를 "소유의 경제학에 대한 노동의 경제학의 훨씬 더 위대한 승리"라고 말하고 "이 위대한 사회적 실험의 가치는 아무리 크게 평가해도 지나치지 않는다"(맑스, 1993)[7]라고까지 극찬했다. 1867년에 ≪인터내셔널 쿠리에≫에 연재한 글에서도 "협동조합운동을 계급적대에 기초한 현재의 사회를 변혁하는 힘들 가운데 하나로 인정한다. 그것의 커다란 공적은, 자본에 대한 노동의 예속에 근거하여 빈곤을 낳고 있는 현재의 전제적인 제도가 '자유롭고 평등한 생산자의 연합사회'(강조는 필자)라는 복지를 가져오는 공화적 제도에 의해 대체될 수 있음을 실천적으로 증명한 점에 있다"고 노협의 의의를 인정하고 있다(맑스, 1991).[8]

그러나 이러한 노협에 대한 긍정적 언급과 동시에 마르크스는 자본주의 아래 협동조합의 한계에 대해서도 여러 번 지적하고 있다. 즉, 자본주의하의 노협은 자본주의의 논리 속에서 움직일 수밖에 없으며 따라서 기존 제도가 가진 모든 결점을 재생산할 수밖에 없다는 것이다. 그는 "협동조합이 그 원칙에 있

---

7) K. Marx, "Inaugural Address of the International Working Men's Association".

8) K. Marx, "Instructions for the Delegates of the Provisional General Council".

어 아무리 훌륭하다 하더라도, 또한 실천에 있어 아무리 유익하다 하더라도, 만약 그것이 개별 노동자의 노력에 의해 구성되는 좁은 범위에 머무른다면 독점의 기하급수적인 성장을 막는 것도 대중을 해방하는 것도 결코 불가능하며, 대중의 빈곤을 현저하게 경감시키는 것조차 불가능하다"고 지적하면서 "사회적 생산을 자유로운 협동조합 노동의 대규모적이고 조화로운 하나의 제도로 진화시키기 위해서는 전반적인 사회적 변화와 사회의 전반적인 조건의 변화가 요구되며, 이러한 변화는 사회의 조직된 힘, 즉 국가권력이 자본가들과 지주들에게서 생산자들 자신에게로 옮겨지지 않고는 실현될 수 없다"(맑스, 1991)[9]고 주장한다.

결국 이렇게 볼 때 자본주의하에서 노협의 기능에 대해 마르크스는 노협 속에서 새로운 세계의 단초와 그 실현 가능성을 본 것은 사실이지만, 그것만으로는 사회변혁이 불가능하며 정치권력을 획득하는 것이 노동운동의 중요한 과제임을 주장한 것으로 해석할 수 있다.

한편 자본주의 이후 사회에서 노협의 역할, 성격에 대한 마르크스의 견해 역시 매우 추상적이고 단편적이어서 여러 가지 해석이 나오고 있는데 크게 보아 2개의 해석이 대립하고 있다. 일부 논자들은 마르크스를 중앙집권주의·계획경제의 신봉자로 묘사한다(Milenkovitch, 1971). 무정부주의, 생디칼리즘, 프루동의 협동조합주의 등에 대한 그의 비판, 사회적 소유와 전반적인 사회계획에 대한 그의 지지, 시장교환·가치현상 등에 대한 철폐 주장, 정치적 중앙집중 지지 등이 이러한 논자들의 논거를 이룬다. 이러한 해석에 의하면 사회주의 사회에서 노협의 존재근거는 없는 셈이다.

이들에 의하면 마르크스는 사회주의의 미래로서 사회 전체(=국가)에 의한 소유·관리를 지지했으며 독립적인 생산자들의 연합이 시장을 통해 결합되는 방식은 지지하지 않았다는 것이다(Elliott, 1987: 293). 그는 중앙계획경제에 의

---

9)   K. Marx, "Instrucions for the Delegates of the Provisional General Council".

해 시장경제를 억압해야 한다고 생각했다(Roberts and Stephenson, 1968). 따라서 마르크스 체계 내에서 자주관리제도는 전혀 논의의 대상이 안 된다고 본다(Selucky, 1975).

반면 다른 논자들은 마르크스를 집권주의자로 보는 것이 잘못이라고 주장하면서 직접생산자로서 노동자에 의한 소유, 통제가 그의 사회주의론의 핵심 요소이며 따라서 마르크스의 자본주의 사회 이후 사회에 대한 이상은 "자유롭고 평등한 생산자들의 공화제적·복지적 체제"[10]라고 주장한다.

그러나 이행기 이후의 사회에서 생산자 연합체에 대한 마르크스의 견해는 여전히 추상적이고 모호한 상태로 남아 있는 것이 사실이다. 즉, 이행기 이후 사회에서 '생산자 연합체'의 성격, 연합체 내의 의사결정과정, 노동분업·감독·보수지급의 문제, 생산자 연합체 간의 조정문제, 계획당국(중앙집권적)과 개별 연합체(분권적) 간의 긴장·갈등의 해결문제, 개별 연합체 간의 규모격차·생산 성격차 등에 의한 이윤·보수 등의 격차 해결책, 계획당국에 대한 민주적 통제 등 수다한 문제들에 대해 마르크스의 구체적 언급은 찾아보기 힘들다.[11]

마르크스 이후 마르크스주의 이론가들은 대체로 노협에 대해 부정적 견해를 갖고 있는 경우가 많았다. 예컨대 로자 룩셈부르크는 베른슈타인의 수정주의를 비판하는 가운데 노협의 '퇴화론'을 주장한다. 러시아 혁명 과정에서 현실적으로 협동조합 및 노동자 자주관리문제에 봉착했던 레닌 역시 노협에 대해 대체로 부정적이었다. 레닌은 혁명 전인 1910년에 쓴 『농업문제와 '마르크스 비판가'』에서 러시아 농업을 분석하며 "협동조합조직의 점에서도 대경영은 소경영에 대해 우월하다"거나 "협동조합으로부터 이익을 취하는 것은 주로 자

---

10) 한국에서는 황태연과 송태경 간에 비슷한 논쟁이 있었다. 황태연(1992); 송태경(1993) 참조.

11) 송태경(1994)은 마르크스가 새로운 사회에 대해 많은 전망을 하고 있음을 『자본론』 여기저기서 인용하고 있다. 그러나 그러한 인용들을 읽어 보아도 '자유롭고 평등한 생산자들의 연합체'의 구체적 성격이나 작동원리, 사회 전제로서의 조정원리 등에 관한 구체적 언급은 찾아볼 수 없다.

본가이다"라고 언급함으로써 자본주의 사회에서 협동조합의 한계를 지적하고 있다. 그는 또 1910년 8월 코펜하겐에서 개최된 국제사회주의자대회에 제출한 결의안에서도 생산수단과 교환수단이 자본가의 수중에 집중되어 있는 자본주의 사회에서는 협동조합12)이 달성할 수 있는 개선의 범위가 매우 좁다는 것, 협동조합은 순상업적 조직이며 경쟁의 여러 가지 조건에 압박되어 있기 때문에 부르주아적인 주식회사로 퇴화하는 경향이 있다는 것, 협동조합은 자본과 직접 투쟁하는 조직이 아닌데도 사회문제를 해결하는 수단인 것처럼 환상을 낳고 있다는 것 등 협동조합운동이 지닌 한계를 지적했다(黑川俊雄, 1993: 66).

1917년 2월혁명에 의해 멘셰비키 정부가 집권한 후 노동자들은 자주관리를 요구했고 이는 10월혁명으로 이끄는 중요한 추진력이 되었다. 노동자들은 아래로부터 조직된 공장위원회를 통해 모든 생산경영을 직접 감시·통제하기를 요구했고 이는 점차 공장단위를 넘어 배급위원회, 식량위원회, 연료협의회 등에 의한 생활필수품의 배급 통제로까지 나아갔다(이정희, 1995; 川上忠雄·佐藤活一, 1979).

당시 정치권력이 심각한 경제위기를 타개하기 위해서는 국가에 의한 통제가 필요하다고 생각했던 것과 달리, 레닌은 이러한 노동자 자주관리 쟁취운동을 지지하고 국가에 의한 통제에 비판적 태도를 보였다. 더욱이 그는 노동자 관리의 진정한 성공을 위해서는 정치권력 역시 프롤레타리아의 민주적 정치기구에 의해 장악되어야 한다고 주장했다. 그렇다고 해서 그가 근본적으로 국가에 의한 경제통제라는 입장을 버린 것으로는 볼 수 없다. 그에게 사회주의란 대량생산과 대규모 경제를 의미하며, 이는 중앙기구에 의한 생산의 총괄계획에 의해 조정되어야 한다고 믿었으므로 소생산자나 자치적인 생산자 연합조직은 인정할 수 없었다(이정희, 1995: 170). 그럼에도 불구하고 그가 과도기에 있어 노동자 자주관리운동을 지지했던 것은 일시적 술책이나 전략이라기보다는

---

12)   이 경우 레닌은 생산자협동조합보다는 소비자협동조합에 보다 중점을 두고 있다.

그가 미래의 사회주의 사회에서 국가에 의한 통제와 노동자 자주관리 사이에 발생할 수 있는 갈등에 대해 지나치게 과소 평가하고 낙관적으로 생각하고 있었던 결과가 아닌가 추측된다(이정희, 1995: 170).

10월혁명이 일어나고 볼셰비키가 집권에 성공한 뒤 노동자 조직과 볼셰비키 정부는 노동자 자주관리문제를 둘러싸고 대립·경쟁하게 된다. 집권 직후 레닌은 「노동자 통제에 관한 법령」을 발표하여 공장위원회에 의해 기업에 대한 노동자 통제를 실시하도록 했지만 동시에 기업주의 자산을 몰수하지 않고 그들에게 관리의 권한을 남김으로써 그동안의 노동자 통제·노동자 관리 주장으로부터 후퇴한 것이었다(川上忠雄·佐藤活一, 1979: 15).

다만 다른 대부분의 당 동료들이 협동조합(주로 소비협동조합)에 대해 그것이 자본제 경제의 산물이므로 생산수단의 공유화가 이루어지고 사회적 노동에 의한 생산과 생활이 이루어지는 사회주의에서는 불필요하며 폐지되어야 한다고 생각하는 것과 달리, 레닌은 이에 반대했다. 그는 협동조합이 자본주의로부터 사회주의로의 이행과정에서 생산과 분배를 용이하게 하기 위한 대중적 조직으로서 이용되어야 한다고 생각했다. 그는 특히 소비자협동조합의 역할에 주목해 소비조합관계법을 제정하고 물자배급기관으로서의 상업적 임무를 부여했으며 전 국민이 이에 가입하도록 강제했다. 그러나 이는 물자배급기관·정부행정기관의 대행기능을 할 뿐이었으며 따라서 진정한 의미에서의 협동조합은 아니었다. 소비협동조합은 신경제정책(NEP)하에서 다시 활성화되지만 이후 사적 생산의 감소에 따라 그 존재 이유가 감소하면서 차츰 쇠퇴하게 된다. 1967년의 통계에 의하면 전상업유통액 중 국영이 67.9%, 소비조합이 29.1%, 콜호즈 시장이 3.0%를 차지하는 등 사회주의가 본격화되면서 소비조합이 상당히 축소되었음을 보여주고 있다(松村善四郞·中川雄一郞, 1985: 266).

한편 노동자 자주관리제 역시 비슷한 길을 걷게 된다. 전시공산주의 기간 동안 레닌은 생산성 향상과 우파와의 권력투쟁 등의 이유 때문에 공장위원회와 동맹해 이를 이용했다. 볼셰비키 정부는 공장위원회를 충분히 통제할 수 없었으며 현실에서는 노동자에 의한 관리, 사유재산 몰수 등 노동자 권력의 행사가 이루어졌다. 이 기간은 사실상 볼셰비키 정부와 노동자 권력의 이중권력체제라고 볼 수 있었다. 그러나 1918년 말부터 국유화가 본격화되면서 노동자자주관리는 급격히 감소해 1921년까지는 거의 소멸했다. 공장위원회 대신 당이 파견한 전문가·경영인이 관리권을 장악하고 공업의 행정적 조직화가 진행되었다. 이는 곧 전면적 공업 국유화로 이어졌다. 뿐만 아니라 최고경제회의의 통제기구에 의해 경제통제가 이루어지게 된다. 이리하여 소련 사회주의는 거대국가 트러스트에의 집중을 향하여 일로 돌진하게 된다. 여기서 마르크스가 꿈꾸었던 '자유롭고 평등한 생산자 연합체에 의한 통제'라는 비전은 사라지고 국유화와 중앙집권적 계획경제를 특징으로 하는 현실사회주의 체제가 수립되었던 것이다(靑木武郎, 1979).

4. 신고전학파의 노동자생산협동조합론

신고전학파 경제학자들은 주로 노협이 가진 사회적 의미나 소유권의 문제보다는 노협 자체의 배분적·내부적 효율성 문제를 제기하면서 노협에 대해 대체로 매우 부정적인 결론을 내리고 있다. 아래에서는 이러한 신고전학파 노협론을 고용과 산출, 인센티브와 생산성, 투자와 재원조달 등으로 나누어 살펴보고자 한다.

1) 고용과 산출

고용문제는 노협에서 중요한 문제의 하나이다. 현재의 노협 중 많은 수가 일자리를 창출하고 고용 안정성을 보장하는 것을 목표로 하고 있으며 실제로 노협은 1970년대 이후의 불황과정에서 많은 일자리를 창출하기도 했다. 그러나 신고전학파의 일부 이론가들은 오히려 노협이 고용감소를 가져온다고 주장하고 있다. 이는 워드(Ward, 1958)가 최초로 주장한 이래 바네크(Vanek, 1970)에 의해 발전했으며, 미드(Meade, 1972)에 의해 상세한 검토가 이루어졌다는 의미에서 워드-바네크-미드(W-V-M) 모델, 또는 워드의 예에 따라 '일라이리안(Illyrian)' 모델로 알려져 있다.

이 모델에서는 노협(또는 노동자 자주관리)의 단기 극대화 목표가 이윤보다는 조합원 1인당 순소득(또는 배당액)의 극대화에 있다고 가정된다. 이 경우 자본주의적 기업에서는 임금과 노동의 한계생산물가치가 일치해야 하지만 노협에서는 조합원 1인당 배당액(순소득=임금＋지분에 대한 배당액)이 한계생산물가치와 일치해야 한다. 이때 만약 조합원 1인당 배당액이 임금보다 크다고 가정할 경우 다음과 같은 문제가 생긴다고 워드 등은 주장한다.

첫째, 다른 조건이 동일할 경우 노협은 자본주의적 기업에 비해 고용량이 작다는 이른바 과소고용의 문제가 발생한다. 일반적으로 노협 조합원의 1인당 소득은 자본주의 기업에서 받을 수 있는 임금에다 노협에 대한 자신의 투자분의 배당금을 합한 것으로 구성된다. 이 경우 노협의 조합원 1인을 고용하는 비용(=1인당 배당액)이 자본주의적 기업의 노동자 1인을 고용하는 비용(=임금)보다 더 큰 한 노협은 자본주의적 기업에 비해 보다 자본집약적 생산방법을 채택할 것이며 따라서 노협의 고용량은 자본주의적 기업의 고용량보다 작아진다는 것이다.

둘째, 노협은 단기에 있어서 수요가 늘어날수록 고용량을 줄인다는 의미에서 마이너스의 기울기를 갖는 공급곡선을 가지고 있다고 한다. 다시 말해서 노협이 수요 확대나 생산물 가격 상승 등으로 수익성이 향상되고 지속적 성공을 거둘 경우 조합원들은 자신의 1인당 배당금을 극대화하기 위해 퇴직 또는 이탈하는 조합원을 대신할 신규 조합원의 충원을 반대하거나 심지어 일부 조합원을 해고할 것이며, 그 결과 노협의 생산량·고용량은 점점 축소되거나 또는 생산 규모를 유지하기 위해 임금노동자의 고용을 늘림으로써 자본주의적 기업으로 전화하게 된다는 것이다.

셋째, 노협은 한계생산물가치와 임금이 일치하는 것이 아니라 한계생산물가치와 조합원 1인당 순소득이 일치하므로 노동배분에 있어 비효율적이라고 한다. 기업마다 고유한 경제적 렌트(rent)의 격차로 인해 한계생산물가치의 격차가 생기므로 동질의 노동에 대해서도 배당액은 기업에 따라 다를 것이다. 이 경우 만약 낮은 한계생산물가치 기업으로부터 높은 한계생산물가치 기업으로 노동력의 재배분이 이루어지면 경제 전체의 산출량이 증대될 수 있는데도 불구하고 각 개별 노협의 배당액 극대화 전략으로 인해 한계생산물가치의 균등화는 이루어지지 않으며 따라서 파레토 비효율이 초래된다.

이상의 W-V-M 모델에 대해서는 여러 가지 비판이 있다.

첫째, 노협의 목표함수가 과연 조합원 1인당 배당액 극대화에 있는지에 대해 이론적·실증적으로 많은 비판이 제기된다. 노협의 목적함수가 배당액 극대화보다는 고용의 극대화나 고용안정 확보에 있다는 것이다(Thordarson, 1987). 노협 구성원이 가진 중요한 특성의 하나가 조합원 간 강력한 연대감에 있다는 사실을 감안할 때 남은 구성원의 물질적 이익을 위해 동료의 일부를 해고하는 데 찬성하리라는 가정은 잘못되었다는 것이다. 이 경우 과소고용이나 마이너스 기울기를 갖는 공급곡선은 나타나지 않을 것이다.

둘째, 설혹 노협의 목표함수가 배당액 극대화에 있다 할지라도 현실적으로 조합원의 해고가 가능할 것인지에 대한 의문이 제기된다. 모든 구성원의 평등투표권을 보장하고 집단적 의사결정체제를 가지고 있는 노협에서 조합원들은 자신의 해고를 가져올지도 모르는 조합원 규모 축소 결정(더욱이 노협의 사업부진이 아니라 사업성공에 따른 고용축소)에 찬성하지 않을 것이다.

셋째, 마이너스 기울기를 갖는 공급곡선이라는 명제가 과연 타당한 것인지에 대해 여러 가지 의문이 제기된다. 우선 노협의 생산물이나 투입요소가 워드가 가정한 것처럼 단일투입-단일산출이 아니고 다수의 생산물이나 다수의 투입요소를 갖는 경우 그의 명제는 타당하지 않게 된다(Domar, 1966; Bonin and

Fukuda, 1986). 이 경우 한 종류의 생산물의 가격이 증가하면 조합원들은 그 생산물의 생산량을 증가시키고 대신 다른 생산물의 생산량을 감소시킬 것이며 이에 따라 공급곡선은 플러스의 기울기를 가질 것이다. 한편 기간을 단기로부터 장기로 바꿀 경우 장기에서는 조합원수 및 자본설비를 증감시킬 수 있으므로 규모에 대한 수익이 거의 고정적이 되며 따라서 노협과 자본주의적 기업은 거의 유사한 행동을 보일 것이다(Fleurbaey, 1993).

넷째, 노협이 파레토 비효율을 가져온다는 주장에 대해서도 반론이 제기되고 있다. 노협과 자본주의적 기업은 어떤 면에서는 매우 대칭적인 모습을 보인다. 자본주의적 기업의 경우 주어진 임금률하에서 자본수익률의 극대화를 목표로 하는 반면, 노협은 주어진 자본투자비용하에서 노동단위당 배당액 극대화를 목표로 한다. 이때 단기에 자본주의적 기업은 자본이 고정되어 있고 노동이 이동 가능한 요소로 설정되는 반면(이를 통해 임금균등화가 달성됨), 노협에서는 노동이 고정되어 있고 자본이 이동 가능한 요소로 설정된다. 따라서 자본주의적 기업에서는 기업 간 경제적 렌트 격차가 기업이윤의 격차로 나타나는 반면, 노협에서는 경제적 렌트 격차가 조합원 배당액 격차로 나타난다. 따라서 양쪽은 모두 한 생산요소에 대해 파레토 비효율을 나타내고 있다고 할 수 있다. 이 경우 왜 유독 노협에 대해서만 파레토 비효율적이라고 부르는 것일까? 그것은 요소 가변성 면에서 노동과 자본 간에 차이가 있다고 가정하기 때문이다. 즉, 자본의 경우 경쟁과정을 통한 자본의 이동에 의해 장기적으로 이윤율 균등화가 이루어질 수 있지만 노협의 경우 조합원 자격을 매매할 수 있는 경쟁적 노동시장이 없는 상태에서 노동의 한계생산물가치 균등화가 이루어지지 않기 때문에 파레토 비효율이 발생한다는 것이다. 그러나 이 경우에도 만약 조합원가입권을 거래할 수 있는 시장이 있다면 경쟁과정을 통해 파레토 효율은 달성 가능할 것이다(Sertel, 1982; Dow, 1986). 즉, 조합원은 신규가입 시 가입비를 지불하고 퇴직노동자가 이를 수령토록 하면 경쟁과정을 통해 한계생산물가치의 균등화가 달성될 수 있다는 것이다.

한편 노협의 고용과 산출량에 관한 많은 실증적 연구들은 신고전학파 경제학자들의 이론적 예측과는 달리 노협이 고용과 산출량 면에서 결코 자본주의적 기업에 뒤지지 않는다는 것을 보여 준다. 노협과 자본주의적 기업의 고용과 산출량을 비교함에 있어 주의해야 할 것은 두 부문을 비교할 수 있도록 비슷한 환경조건을 가진 산업을 골라야 한다는 점이다. 미국의 동북부 태평양 연안의 합판산업은 자본제 기업과 노협이 오랫동안 공존해 왔다는 점에서 실증분석의 이상적인 예라고 할 수 있다. 이를 분석한 스미스(Smith, 1984)에 의하면 노협의 목표로서 고용량이 중요하지 않다는 가설은 기각된다. 즉, 노협은 조합원 1인당 수익극대화보다는 고용극대화를 목표로 삼을 가능성이 있다는 것이다. 베르만과 베르만(Berman and Berman, 1989) 역시 노동의 단기한계생산물이 자본제 기업보다 노협에서 작게 나타나기는 했으나 통계적 유의성이 없으며 따라서 노협이 파레토 비효율적이라는 증거는 없다고 한다. 크레그와 펜카벨(Craig and Pencavel, 1992)은 노협의 노동공급 탄력성이 통계적 유의성이 있는 플러스로 나타났으며, 노협이 임금극대화보다는 조합원 고용안정에 더 큰 신경을 쓴다는 사실을 발견했다. 배틀렛 등(Battlett et al., 1992)도 노협의 가장 중요한 목표는 판매액 증대이며 소득극대화 목표는 오히려 자본제 기업에서보다도 그 우선순위가 떨어진다고 한다. 보닌 등(Bonin et al., 1993)은 결론적으로 미국 합판산업에 대한 연구결과 노협이 단기 비효율적이거나 마이너스의 기울기의 공급곡선을 가진다는 증거는 없다고 결론짓고 있다. 다만 노협의 노동공급탄력성은 자본제 기업에 비해 낮기는 하다. 그러나 조합원 1인당 배당금 극대화를 노협의 유일한 목표로 보는 것은 오류이며 조합원 고용에 대한 배려도 중요한 목표의 하나라는 것이다. 또 W-V-M의 단순모델에서 가정하고 있는 노협의 비효율적 행동 역시 입증되지 않다고 결론짓고 있다.

한편 소다슨(Thordarson, 1987)은 스웨덴 건설산업에 대한 연구를 통해 노협과 자본제 기업 사이에 고용수준, 고용변화율 등에 큰 차이가 없음을 입증하고 있으며, 미진드(Mygind, 1987)는 덴마크의 노협에 대한 연구를 통해 노협과 제본제 기업 사이에 고용·소득 면에서 큰 차이가 없음을 보여 주고 있다. 존스와 플리스킨(Jones and Pliskin, 1989)은 영국의 127개 기업에 대한 연구를 통해 노협이 자본제 기업보다 고용이 적기는 하지만 동시에 전체 노동자 중에서 이윤 분배대상이 되는 노동자 비율이 높을수록 고용이 높아진다는 사실도 발견했다. 배틀렛 등(1992)도 이탈리아에서의 노협과 자본제 기업에 대한 비교 연구를 통해 노협이 자본제 기업에 비해 고용 안정성이 훨씬 크다는 것을 발견했다. 결론적으로 W-V-M의 단순모델은 경험적 증거의 뒷받침을 받지 못하고 있다고 할 수 있다. 다만 조사대상 기업과 대조군 기업의 선택에 난점이 있다는 점, 자본·잉여·임금·조합원수 등의 측정이 곤란하다는 점, 검증 가능한 가설의 모델링이 곤란하다는 점 등으로 인해 더 많은 실증연구가 필요하다고 보닌 등(1993)은 지적하고 있다.

2) 인센티브와 생산성

노협이 아무리 민주적 특성을 가지고 있고 노동의 인간화를 가져온다 할지라도 그것이 노동자의 근로의욕을 북돋우지 못하고 생산성을 높이는 데 실패한다면 노협은 자본주의 속에서 결코 장기적으로 살아남지 못할 것이다. 따라서 노협이 노동자의 인센티브와 생산성에 미치는 영향에 대해서는 이론과 실증 면에서 많은 연구가 이루어지고 있다. 이러한 연구들은 크게 감독의 인센티브 문제, 노동자의 인센티브 문제, 의사결정 절차의 비효율성 문제 등으로 나누어 볼 수 있다.

먼저 감독의 인센티브 문제에 대한 선구적 업적은 알치안과 딤세츠(Alchian and Demsetz, 1972)에 의해 이루어졌다. 그들에 의하면 노동자의 도덕적 해이는 비효율을 가져오므로 이에 대한 감독이 필요하다. 그런데 감독의 인센티브를 주기 위해서는 요소비용을 지급한 후의 잔여소득에 대한 청구권을 감독자에게 부여하는 것이 최선의 방법이다. 이는 다시 말해서 기업 소유주(=잔여소득청구권자)에게 감독권을 집중시키는 자본제 기업이 최선이라는 뜻이 된다. 반면 노협의 경우 잔여소득 청구자가 따로 없고 전체 노동자가 곧 잔여소득 청구권자이므로 감독에 대한 인센티브가 없다. 선출된 관리자는 감독 인센티브와 권위의 부족으로 규율을 유지할 수 없다. 따라서 노동자들의 도덕적 해이를 막을 수 없으며 이는 필연적으로 비효율을 가져온다는 것이다.

한편 노동자의 인센티브에 대해서도 비슷한 주장이 제기된다. 일정한 수의 노동자와 일정한 노동시간을 가정할 경우에도 노동자들의 노력 여하에 따라 유효노동투입량은 달라질 수 있다. 그런데 노동자의 한계생산물가치에 따라 임금을 지급하는 자본제 기업과 달리 노협은 이윤을 조합원들에게 분배하는 이윤분배제를 취하고 있기 때문에 무임승차 문제, 또는 노동자 태만이 발생한다고 한다(Williamson, 1980; Jensen and Meckling, 1979). 즉, 개별 노동자의 입장에서 볼 때 자신의 노력 증대로 기업 전체의 생산성이 증대된 부분 가운데 (평등분배를 가정할 경우) 자신에게 돌아오는 배당금 증대액은 n분의 1(n: 전체 조합원수)에 불과할 것이다. 전체 조합원수가 많아질수록 자신에게 돌아오는 몫은 적어진다(이른바 'n분의 1의 문제'). 그 결과 노동자들은 자신은 적게 노력한 채 다른 사람의 노력에 의해 자신의 배당금을 증가시키려는 무임승차 경향을 보이며 모든 노동자들이 이와 같은 태만 경향을 보일 때 전체 생산성은 낮아지고 모든 조합원은 배당금이 줄어들게 된다는 것이다.

기업조직의 내부적 효율성과 관련하여 또 하나 중요한 측면은 기업의 의사결정 절차의 효율성 문제이다. 기업은 다양한 투입요소와 산출물들, 그리고 다양한 활동과 과업들 간의 기업자원 배분 등에 관해 정보수집·처리 및 의사결정을 해야 한다. 이때 기업조직 구조에 따라 이러한 의사결정 절차와 실행의 상대적 효율성이 달라진다는 것이다. 이와 관련하여 윌리엄슨(Williamson, 1980), 한스만(Hansmann, 1990) 등은 노협과 같이 집단적 의사결정에 의존하는 조직에서 발생할 수 있는 의사결정 절차와 실행의 비효율성을 지적하고 있다. 그들은 대규모 조직의 의사결정 절차는 수직적·위계적 구조를 가질 수밖에 없다고 본다. 왜냐하면 위계적 구조는 복잡한 정보를 효율적으로 관리하기 위한 수단이기 때문이다. 반면 노협과 같이 집단적·민주적·수평적 의사결정 절차(이른바 다채널 의사교환 네트워크)에 의존하는 경우, 의사결정자가 너무 많고 개인·집단 간 의사교환 통로가 너무나 다양하고 복잡해 시간과 노력의 낭비가 불가피하다고 본다. 또한 집단적 의사결정에서는 각 개별 노동자에게 가장 생산적인 과업을 할당할 수 없으며, 협동의 원리로 인해 안정적인 전문 경영인이 나타날 수가 없어 위계적 구조를 가진 기업에 비해 열등한 기업성과를 가져온다고 한다.

인센티브 및 생산성과 관련한 이상의 주장에 대해 반론도 만만찮게 제기되고 있다. 먼저 감독의 인센티브 문제에 대해서는, 노동자에 대한 감독이 반드시 효율을 개선시키는 것만은 아니라는 점이 지적된다(Putterman and Skillman, 1988). 감독에 대한 인센티브가 주어진다는 것과 감독이 정확하게 이루어진다는 것은 별개의 문제이다. 만약 감독자가 모르는 작업장이나 동료 노동자의 행동에 관한 지식을 노동자가 가지고 있는 경우(이른바 '비대칭적 정보'의 문제), 상급자의 감독 강화는 오히려 노동자의 반발을 불러일으키고 이는 '진정한 생산성'의 은폐를 가져와 효율에 역효과를 낼 것이다. 이 경우 오히려 의사결정에 노동자를 참여시킴으로써 노동자가 가지고 있는 정보를 활용하도록 하는 것이 기업의 성과를 높이게 될 것이다(Levin and Tyson, 1990). 따라서 감독자에게 감독 인센티브를 주는 것이 과연 효율 향상으로 연결될 수 있느냐의 여부는 감독의 기술, 작업과정의 성격, 노동자의 감독 방해나 회피의 가능성, 노동자의 감독에 대한 태도, 기업의 사회적·인적 관계(협조적인가 대립적인가) 등에 의해 크게 좌우될 것이다(Bonin and Putterman, 1987: 48). 그러므로 노협과 같은 평등조직에서는 감독이 반드시 가치 있는 것이라고 할 수 없다.

한편 알치안과 딤세츠의 주장처럼 기업 소유주가 감독기능을 담당하는 것(즉, 자본주의적 기업)이 반드시 필요하지는 않다는 지적도 제기되고 있다(Holmstrom, 1982). 소유주가 저생산성에 대해 제재를 가할 수단만 갖추고 있다면 소유주와 감독자 간의 법적 계약만으로도 노동자의 도덕적 해이에 따른 비효율성을 완전히 제거할 수 있다는 것이 이론적으로 증명되고 있다. 다시 말해서 노협의 경우에도 감독자를 외부에서 고용하여 감독기능을 담당하게 하고 생산성이 낮아질 경우 이를 감독자가 책임지도록 함으로써 충분히 효율성을 보장받을 수 있다는 것이다.

다른 한편 노협과 같은 조직에서 조합원 상호 간의 수평적 감독이 갖는 효율성에 대해서도 많은 논의가 이루어지고 있다(Bradley and Gelb, 1981; FitzRoy and Kraft, 1984). 노협에서는 잔여소득에 대한 청구권을 조합원들이 가지므로 노동자들은 태만행위에 대해 상호감시를 하려는 물질적 유인을 가진다. 이와 같은 인센티브에 의해 이루어지는 상호감독이 위계적 감독에 비해 훨씬 더 우수할 수도 있다는 것이다.

감독의 인센티브와는 별도로 노동자 개개인의 인센티브 역시 노협에서 더 높을 수 있다. 보닌 등(1992)에 의하면 실제 노협에서 노동자의 태만이 문제된 적은 거의 없다고 한다. 노협은 일종의 이윤분배제에 해당한다. 일반적으로 이윤분배제가 노동자의 노력증대 효과를 가져온다는 것은 잘 알려진 사실이다(Weizman and Kruse, 1990). 노협에서는 자신의 노력 증대에 의해 전체의 이익이 올라가면 자신에게도 도움이 된다는 것이 유인동기의 하나로 작용한다. 또 기업소유권의 일부를 자신이 가지고 있으며 의사결정에도 참여한다는 데서 오는 만족감, 기업에 대한 충성심, 사기고양 등 비물질적 요인 역시 인센티브로 작용한다. 또 작업장의 노사갈등이 제거되고 감독비용이 필요 없게 되며, 노동자의 기업에 대한 헌신성이 향상되고 이직률이 저하되며, 기업특수적 인적자본이 축적되는 등 이점이 많다고 노협 지지론자들은 주장한다(Vanek, 1970). 이와 같은 직접적 동기부여와 상호감시 촉진은 노협의 생산성을 향상시킬 수 있다.

이른바 'n분의 1 문제' 역시 사태의 일면만을 본 것이라고 노협 지지론자들은 주장한다. '수인의 딜레마(prisoners dilemma)'에서 보듯이 1회의 게임으로 끝나는 경우 게임 참가자들은 이기주의적 행동을 함으로써 전체의 이익을 해치는 경향이 있다. 그러나 무수히 반복되는 '반복게임'에서는 오히려 게임 참가자들이 상호 협력함으로써 전체의 이익을 높이고 이를 통해 개별이익을 극대화하는 전략을 취할 가능성이 충분하다. 다시 말해 노협과 같이 장기고용관계가 이루어지는 경우 조합원들은 자신의 장기이익을 위해 열심히 노력할 것이며 만약 계속해서 태만경향을 보이는 조합원이 있으면 이를 처벌하거나 추방함으로써 조직의 효율성을 높일 수 있다는 것이다(Weizman and Kruse, 1990). 따라서 조합원들이 개별적·이기적으로 행동할 것인가 전체에 이익이 되는 방향으로 행동할 것인가는 감독기술, 생산방법, 기업의 고용형태, 장래에 대한 전망 등에 의존하는 것이지 사전적으로 확정되는 것은 아니다. 결국 노협이 조합원들에게 상호 협조하는 것이 모두에게 이익이 된다는 것을 얼마나 설득할 수 있느냐에 따라 결과는 크게 달라질 수 있다(Weizman and Kruse, 1990: 100).

마지막으로 의사결정 절차의 비효율성 문제에 대해서도 반론이 제기되고 있다. 일반적으로 노협은 자신의 조직구조나 일반 조합원의 의사결정 참여수준을 스스로 선택할 수 있다. 따라서 만약 수직적 의사결정 절차가 보다 효율적이라고 한다면 노협도 조합원 중에서 대표를 뽑아 계층적 의사결정 구조를 가진 경영집단을 형성하는 것이 충분히 가능하다. 이 경우 의사결정에 관한 최종 통제는 조합원 전체가 맡겠지만 이는 마치 자본제 기업에서 주주가, 그리고 공기업에서 국가가 최종적인 의사결정권을 지는 것과 유사한 것으로서 그 자체가 다른 형태의 기업에 비해 상대적으로 비효율이 더 큰 이유가 되는 것은 아니다. 문제는 민주적 의사결정이 과연 기업성과에 긍정적 영향을 미칠 것인가 하는 문제이다. 이에 대해 매켄(McCanin, 1979)은 조합원 전체의 '집단적 기업능력'이 개별적 기업능력보다 더 우수하다고 주장한다. 자본제 기업에서는 이와 같은 노동자 전체의 집단적 기업능력이 사장되고 있다고 그는 주장한다. 또 드레즈(Dreze, 1976)는 근로조건 등의 공공재적 성격을 강조하면서 이는 노동시장에서보다는 집단적 선택에 의해 보다 효율적으로 결정될 수 있다고 주장한다. 조지(George, 1993) 역시 민주적 의사결정이 한편으로는 시간과 노력을 소모함으로써 비효율적 측면이 있는 것은 사실이지만 다른 한편으로는 이를 통해 감독비용의 절감, 이직률의 저하, 정보공개 등 긍정적 효과를 거둘 수 있기 때문에 반드시 부정적으로만 보아서는 안 되다고 주장한다. 슈바이카트(Schweikart, 1992)는 정치적으로는 대의민주주의제도가 훌륭하게 기능하고 있는 데도 불구하고 기업경영의 민주주의는 성공하지 못할 것이라고 믿을 이유는 없다고 지적한다. 다만 젠센과 멕클링(Jensen and Meckling, 1979)이 주장하듯이 아직도 노협과 같이 구성원의 선호가 다양한 조직에서 민주적 의사결정

〈표 2-2-1〉 노동자생산협동조합의 생산성 효과 연구

연구자	연도	효과	비고	대상
Bellas	1972	+	참가효과	미국 합판노협
Conte and Tannenbaum	1978	0	참가효과	미국 종업원 소유 기업
Jones and Svejnar	1985	불명	참가효과	이탈리아 노협
Ben-Ner and Estrin	1988	불명	참가효과	미국 노협
Conte and Svejnar	1988	+	참가효과	미국 기업
Jerovsek	1978	+	참가효과	유고슬라비아 자주관리기업
Jones	1982	+	참가효과	영국 노협
Jones	1987	+	참가효과	영국 소매업 노협
Berman	1976	+	소유효과	미국 합판기업
Conte and Tannenbaum	1978	+	소유효과	미국 종업원 소유 기업
Defourney et al.	1985	+	소유효과	프랑스 노협
Estrin and Jones	1987	+	소유효과	
Estrin Jones, and Svejnar	1987	+	소유효과	프랑스, 이탈리아, 영국 노협
Long	1980	+	소유효과	미국 종업원 소유 기업
Conte and Svejnar	1988	불명	소유효과	미국 기업
Jones	1982	불명	소유효과	영국 노협
Jones and Svejnar	1985	불명	소유효과	이탈리아 노협
Thordson	1987	+	소유효과	스웨덴 기업
Berman and Berman	1988	불명		미국 합판노협
Estrin	1991	불명		이탈리아 기업
Lee	1988	0		스웨덴 기업
Defourney	1992	불명		프랑스 기업
Estrin and Jones	1995	+		프랑스 기업
Bartlett et al.	1992	+		이탈리아 노협
Doucouliagos	1995	+		Meta-analysis

자료: Bonin et al.(1993); 기타 자료를 종합하여 작성.

절차를 구체적으로 어떻게 해결할 것인지에 대한 연구가 부족한 것은 사실이라 하겠다. 만약 의사결정이 궁극적으로 다수결 원칙에 의해 이루어진다면 이는 최근의 공공선택이론에서 많이 논의되고 있는 합리성과 정합성 문제에 부딪치게 된다(Bonin and Putterman, 1989: 56).

노협의 인센티브와 생산성에 미치는 영향에 관한 실증적 연구는 비교적 많이 이루어진 분야이다. 〈표 2-2-1〉에서 보는 바와 같이 대부분의 실증연구에서 노협이 생산성에 부정적 영향을 미친다는 증거는 없으며 오히려 생산성을 향상시키는 것으로 나오고 있다. 실제로 최근 자본제 기업에서도 생산성 향상을 위해 조직성과와 임금의 일부를 연동시키는 형태의 임금지불제도를 도입하고 있다.

3) 투자와 재원조달

노협에서 기업운영에 대한 통제권은 조합원 자격에 기초하며 재산소유권 그 자체는 의사결정권을 낳지 않는다. 그러나 현실적으로는 대부분의 노협에서 조합원이 지분의 일부 또는 전부를 소유하고 있는 것이 보통이다.

그런데 많은 재산권 이론가들은 노협의 발전을 가로막는 주요 요인의 하나로서 재원부족에 기초한 과소투자를 들고 있다(Pejovich, 1969; Furubotn and Pejovich, 1970; Vanek, 1977). 이들에 의하면 노협의 조합원이 자본제 기업과 같이 개인적 소유에 기초한 양도 가능한 지분을 소유하는 것이 허용되지 않을 때 내부자금으로 투자재원을 확보하는 것이 어렵게 된다는 것이다.

노협에서 기업활동의 결과로 잉여가 발생할 경우 조합원들은 잉여의 일부를 자본재 구입을 위해 유보하기보다는 전액을 임금이나 보너스 형태로 분배받기를 선호한다. 개인분배분을 은행 등에 예치하면 이자가 발생하므로 직접 자신의 수익이 되지만, 내부자금으로 구입한 자산은 그가 조합원일 때만 수익청구권이 발생한다. 이 경우 조합원들이 내부자금에 의존한 자본투자 프로젝트에 찬성하기 위해서는 그들이 조합원으로 있는 동안 출자금에 대한 수익이 기회이자와 원금을 모두 보상할 만큼 커야 한다. 그렇지 않을 경우 이들은 내부출자를 반대할 것이다. 그런데 일반적으로 투자자금을 회수하기 위해서는 상당히 장기간이 소요된다. 만약 수익 회수기간이 조합원의 퇴직 예상기간보다 길 경우 조합원은 자신의 출자분에 대한 원금 및 기회이자를 충분히 회수할 수 있는 방법이 없게 되는 것이다.

이를 해결하는 한 가지 방법은 조합 공동재산으로부터 발생할 수 있는 미래의 예상수익을 충분히 감안하여 조합원 자격에 대한 프리미엄을 붙이고 이를 시장에서 매매할 수 있도록 하는 것이다(Sertel, 1982; Dow, 1986). 이 경우 조합원은 퇴직 시 자신의 조합원 자격을 프리미엄(이는 미래수익의 가치를 반영함)을 붙여 판매함으로써 자신의 출자금의 원금과 기회이자를 회수할 수 있다. 그러나 현실적으로 그러한 조합원 자격 매매시장이 완전한 형태로 존재한다는 것은 불가능하다.

또 하나의 방법은 퇴직조합원에게 과거 노협의 자본설비에 대해 그의 기여도를 평가해 적절한 보상금을 지급하는 것이다. 그러나 이 경우에도 조합의 발전을 위해 완전한 보상액을 지급하는 데는 여러 가지 제한이 따른다.

결국 재산권이론에서는 만약 조합원들이 자본재 투자보다 이익배당을 선호하는 행동을 지속한다면 조합원 출자에만 의존하는 내부기금을 사용하는 노협은 자본제 기업에 비해 상대적으로 과소투자를 할 수밖에 없다고 주장한다. 따라서 조합원들은 투자원천으로서 내부자금보다는 외부자금을 선호할 것이다. 그러나 외부자금 조달에도 여러 가지 문제점이 따른다. 외부 투자가(은행 등 대부자 또는 출자자)들은 자신이 투자한 기업의 경영에 따른 위험에 직면하게 된다. 더욱이 노협의 경우 자본제 기업에 비해 더욱 위험도가 높은 것으로 평가할 가능성이 크다. 그러나 노협의 원리상 외부 투자가에게는 의사결정권이 주어지지 않는다. 이 경우 외부 투자가들은 의사결정권은 없이 위험만을 책임지는 투자는 회피할 것이다. 이에 대한 한 가지 해결책은 미래수익을 반영할 수 있는 채권을 발행하되 의결권은 부여하지 않는 방안이다(Vanek, 1970; McCain, 1977). 그러나 이 경우에도 자본수익률을 결정하는 것은 조합원들의 배타적인 권한이므로 주인-대리인 문제가 발생할 것이다.

외부 투자가들의 자금을 조달하기 위해서는 이들의 의사결정 참여를 허용하거나 위험 프리미엄을 지급하는 것이 불가피해지는데, 전자의 경우 노협의 원리가 저해되고 자본제 기업과 유사한 구조가 되며, 후자의 경우 노협은 자본제 기업에 비해 자금조달 비용이 높아짐으로써 경쟁에서 열위에 서게 된다. 바로 이러한 어려움 때문에 전통적으로 노협은 공개적 자본시장에서 자금을 조달하기보다는 주로 노협운동에 동정적인 노동운동, 소비자협동조합 등으로부터 자금을 조달하고 대신 이들에게 이사회에 참여할 수 있는 권리를 부여하고 있다.

결국 재산권이론의 주장에 따르면 노협에서는 조합원들의 짧은 시간전망(time horizon)으로 인해 저투자유인이 발생하며, 이를 회피하기 위한 외부자금 조달에도 한계가 있다. 그 결과 과소투자 경향과 낮은 자본/노동비, 낮은 자본/산출비, 그리고 높은 자본조달 비용 등이 나타나게 된다. 이는 장기적으로 노협 규모의 축소, 저생산성으로 귀결될 수밖에 없다는 것이다. 이러한 재산권론자들의 노협 비판에 대해서는 이론적·실증적으로 많은 비판이 주어지고 있다. 먼저 이론적 면에서 플레베이(Fleurbaey, 1993)는 조합원들에게 일부라도 수익이 나오므로 이것이 충분한 인센티브를 제공한다고 주장한다. 그는 서로 다른 시간전망을 가진 노동자들 사이에 초기 투자가에게 유리하게 재분배함으로써 저투자 편향을 막을 수 있으며 외부 투자가도 이를 인식함으로써 보다 유리한 조건으로 차입이 가능하다고 한다. 더욱이 노협이 가진 사회적·심리적 환경으로 인해 노협 조합원들이 보다 긴 시간전망을 갖도록 유인하는 것이 가능하다고 그는 주장한다.

한편 보닌과 푸터만(Bonin and Putterman, 1987)은 자본가뿐만 아니라 노동자들도 과업수행 내용의 불명확성이나 해고의 위험 등 위험부담을 진다고 강조한다. 이 경우 노동자에게 통제권을 주지 않으면 이는 또 다른 비효율성을 발생시킨다. 따라서 중요한 것은 노동자와 투자가 간의 위험부담에 관한 최적 배분계약을 맺는 것이다. 이는 투자가에게 일정한 위험 프리미엄을 줌으로써 과소투자 문제를 해결할 가능성이 있다는 것을 의미한다. 즉, 반드시 그들에게 기업통제권을 줄 필요는 없다는 것이다.

아이어랜드와 로(Ireland and Law, 1982)는 노협에서 재산권이 기업 내에 고정됨으로써 자금조달에 문제가 발생하는 것은 충분한 가능성이 있다고 한다. 그러나 이들은 반대로 재산권 고정에 따른 이점도 있다고 지적한다. 즉, 재산권이 고정됨으로써 조합원들의 이직률이 저하되고 숙련이 향상되며 또한 기업의 이노베이션 도입 시 조합원들의 적응이 쉽다는 것이다.

한편 이 분야에 대한 실증연구도 비교적 많이 이루어지고 있다. 〈표 2-2-2〉에서 보듯이 노협이 자본제 기업에 비해 투자자금 조달과 과소투자 면에서 문제가 있다는 부분적 증거가 있기는 하나 다른 대부분의 실증연구들은 노협과 자본제 기업 간에 투자행동 면에서 차이를 찾아볼 수 없다고 결론짓고 있다.

〈표 2-2-2〉 노동자생산협동조합의 과소투자 효과 연구

연구자	연도	연구대상	연구결과
Jones and Backus	1977	영국 신발노협	• 과소투자 증거 없음
George	1982	덴마크 제과업, 건설업	• 과소투자 증거 없음 • 노협이 보다 낮은 자본/노동비 (유의성 10%)
Defourney et al.	1985	제도변수	• 과소투자 증거 없음
Estrin and Jones	1988	프랑스 노협	• 과소투자 증거 없음
Thomas	1982	스페인 몬드라곤	• 노협의 자본/노동비 더 빨리 상승
Berman and Berman	1989	미국 합판노협	• 노협 쪽이 더 낮은 자본/노동비 • 자본활용도가 높고 자본/산출비는 자본제 기업과 비슷
Thordason	1987	스웨덴 노협	• 노협 쪽이 더 높은 자본/노동비 • 자본/노동비 결정하는 데는 기업형태보다 기술수준이 더 중요
Zevi	1982	이탈리아 노협	• 노협의 1인당 고정자산이 자본제 기업에 비해 낮음
Bartlett	1993	이탈리아 노협	• 노협이 1인당 고정자산 낮음

자료: Bonin et al.(1993); 기타 자료를 종합하여 작성.

또 설혹 노협 쪽에서 과소투자의 증거가 있다 하더라도 이것이 과연 노협의 발전을 가로막는 내재적 원인이라는 결정적 증거가 될 수 있을지도 의문이다. 스페인 몬드라곤의 예에서 보듯이 충분한 금융지원기구만 있다면 자금조달 문제가 해결될 수 있기 때문이다.

5. 맺음말

'자본주의의 부정의와 사회주의의 비효율'에 실망한 많은 사람들에게 노동자생산협동조합은 이상적인 하나의 대안으로 비추어진다. 실제로 노동자생산협동조합은 자본주의적 기업이 갖지 못한 많은 장점을 가지고 있다. 조합원 간의 연대와 평등, 조직의 민주적 운영, 참여를 통한 노동소외의 극복 등은 노협이 가진 가장 중요한 장점들이다. 더 나아가 이러한 노협형태의 기업을 바탕으로 전체 사회를 평등과 참여의 모델로 재조직하는 것도 자본주의와 사회주의에 대한 하나의 대안으로 제시되고 있다.

자본주의 사회에서 자본주의적 기업과는 다른 원리로 조직된 노협은 본질적으로 수다한 과제를 안게 된다. 그럼에도 불구하고 여전히 민주적 기업조직으로서 노협의 의의는 인정되고 있다. 더욱이 앞으로 자본주의의 성격 변화와 더불어 노협의 의의가 더욱 증대될 것이라는 주장도 있다. 즉, 대규모 공장생산으로부터 보다 소규모로 관리되는 생산단위로의 이행, 제조업으로부터 서비스경제(마케팅, 운송, 디자인, 기술 등)로의 이행, 환경문제의 심각화에 따른 공동체적·에콜로지적 생활양식의 보급, 포스트모던 사회에서 소외된 노동의 탈출구로서 자율적 생산의 증대 등이 노협 지지론자들이 주장하는 미래의 변화 양상이다. 이들의 전망이 그대로 실현될지 여부는 두고 보아야 할 것이지만 현실사회주의 붕괴 이후 점점 경쟁만능·물질만능·소유만능·이윤만능으로 치닫고 있는 자본주의의 황폐화에 대해 노동자생산협동조합이 대안적 사회의 가능성을 열어 주는 하나의 길이 될 수 있음은 분명하다.

그러나 우리는 사회체제의 전망을 그리는 데 있어 보다 냉정해질 필요가 있다. 이상적인 사회의 상태를 낭만적으로 그리기보다는 그러한 이상사회의 존재조건을 착실하게 따지는 작업이 더욱 필요하다고 생각된다. 그러한 면에서 우리는 노협에 대한 좌우의 논리를 살펴보았다. 지금까지의 검토로부터 두 가지 의문이 제기될 수 있다. 즉, 첫 번째는 아무리 노협이 민주와 평등이라는 점에서 장점을 가지고 있다 하더라도 이것이 자본주의 사회 내에서 효율성을 가지고 생존할 수 있느냐 하는 것이며, 두 번째는 과연 노협형태의 조직을 바탕으로 전체 사회를 재조직할 수 있겠는가 하는 것이다.

지금까지 살펴본 바에 따르면 자본주의 사회에서 노협의 생존 가능성에 대해서는 좌우를 막론하고 많은 문제가 제기되고 있다. 그럼에도 불구하고 이론적·실증적으로 노협의 생존 가능성은 입증되었다고 생각된다. 그러나 여기에는 일정한 조건이 필요하다. 즉, 스페인 몬드라곤의 예에서 보는 바와 같이 노협에 우호적인 법률·제도·정책의 존재 여부, 노협 간의 다양한 네트워크, 특히 금융지원 네트워크의 형성 여부, 민주성과 효율성을 달성할 수 있는 노협 내부의 조직구조 형성 여부 등이 노협의 생존 가능성을 가늠하는 중요한 조건들이 되고 있다(윤진호, 1997b). 이와 같은 조건이 갖추어질 경우 자본주의에서 노협은 충분히 생존 가능할 뿐만 아니라 자본제 기업과의 경쟁에서도 이길 수 있다는 것이 실증적으로 증명되고 있다.

문제는 이러한 조건들이 자본주의 사회 내에서 갖추어진다는 것이 지극히 어렵다는 점이다. 노협은 제도, 법률, 자금 등 모든 면에서 불리한 처지에 빠져 있다. 이러한 점에서 노협은 자본주의 사회에서 생존할 수는 있지만 외부적 환경의 불리함으로 인해 대규모로 발전하는 데는 한계가 많은 것으로 보인다. 특히 재원조달의 한계와 그로부터 발생하는 과소투자의 문제는 아직까지 이론적·실증적으로 충분히 해결되지 못하고 있는 과제이다. 그러나 이러한 불리점은 노협 자체의 문제라기보다는 오히려 경쟁의 원리와 극대이윤의 추구를 그

속성으로 하는 자본주의 구조의 문제점으로부터 발생한 것이란 점에서 노협의 외부적 환경의 문제로 볼 수 있으며 따라서 외부적 환경이 변화되면 충분히 극복될 수 있는 것이라 하겠다.

한편 노협형태의 기업이 자본제 사회에 대한 대안적 사회의 모델이 될 수 있을 것인가의 문제는 보다 더 큰 문제를 제기한다. 이로부터 제기될 수 있는 수다한 문제 중에서 다음과 같은 두 가지 문제를 지적해 두는 것으로 만족하고자 한다.

첫째, 노협 내부의 인센티브 문제이다. 만약 노협이 고용, 생산성, 투자재원 조달 등의 인센티브를 물질적 요인에 지나치게 의존할 경우 이는 저고용·저생산성·저투자로 귀결되거나 또는 자본제 기업으로 퇴화할 가능성이 충분하다. 그렇다면 물질적 인센티브 외의 어떤 인센티브가 있을까? 이는 현실적으로 가능한가? 물론 물질적 인센티브 외에 조합원의 이데올로기나 연대의식, 조합에 대한 헌신성 등이 보완책이 될 수 있다. 그러나 과연 이러한 요소들이 물질적 인센티브를 대신할 만큼 강력한 것인지에 대해서는 이론적·경험적으로 충분한 증명이 주어지지 못하고 있다고 생각한다. 이 문제가 해결되지 않는 한 노협이 대안적 체제로 발전할 가능성은 매우 어둡다 하겠다. 그러나 다른 한편으로는 노협 구성원이 물질적 인센티브에 주로 반응하는 행위 자체가 경쟁, 이윤의 원리가 지배하는 자본주의 사회 내에서의 교육과 경험에 크게 영향받고 있다는 점에서 이 문제가 극복 불가능한 장애는 아니라고 생각한다.

둘째, 사회적 조정문제이다. 설혹 개별적으로 노협이 생존 가능하다 하더라도 이것이 대안적 모델이 되기 위해서는 필연적으로 사회 전체로서의 조정문제가 해결되어야 한다. 즉, 노협 간의 관계는 어떻게 설정할 것인가? 노협을 중심으로 하는 사회의 자원배분은 시장메커니즘에 의존할 것인가 계획메커니즘에 의존할 것인가? 시장에서 필연적으로 나타날 수밖에 없는 노협 간의 불균등발전 문제는 어떻게 조정할 것인가? 국가와 노협 간의 관계는 어떻게 설정할 것이며 국가의 민주적 통제는 어떻게 가능할 것인가 등의 문제이다. 이에 대한 이론이 거의 전무한 것이 노협이론의 가장 큰 약점 중 하나이다.

이러한 의문에 대한 대답은 아직 주어지지 않고 있다. 앞으로의 노협에 관한 연구는 한편으로는 물질적 인센티브에 대한 대안적 방안과 노동자 인식전환의 방안을 찾으면서 다른 한편으로는 사회 전체로서의 조정 메커니즘과 노협 간의 관계를 설정할 수 있도록 연구의 시야를 넓혀 가야 한다는 점을 지적해 두는 것으로 만족하고자 한다.

참고문헌

김두년. 1995. 「노동자생산협동조합에 관한 연구」. 인하대학교 경제학 석사학위논문.

김성오 편. 1994. 『이탈리아 협동조합 운동』. 신용협동조합중앙회.

김성오·김규태 편. 1993. 『일하는 사람들의 기업』. 나라사랑.

김성환 편저. 1991. 『세계의 협동운동』. 신용협동조합중앙회.

김윤자. 1995. 「자본축적과 사회주의 프로젝트」. ≪사회경제평론≫, 제8집. 한국사회경제학회.

김태임. 1993. 「경제민주주의에 대한 일 연구: 협동조합 기업제도를 중심으로」. 이화여자대학교
    석사학위논문.

맑스, 칼(Karl Marx). 1987. 『프랑스혁명 3부작』. 허교진 옮김. 소나무.

맑스, 칼(Karl Marx). 1991~1993. 『칼 맑스, 프리드리히 엥겔스 저작선집』. 최인호 옮김. 박종철
    출판사.

방대욱. 1995. 「빈민지역 생산자협동조합의 탈빈곤대책으로서의 가능성 모색을 위한 사례연구」.
    연세대학교 사회사업학과 석사학위논문.

송태경. 1993. 『자유인들의 연합체를 위한 선언』. 자유인.

송태경. 1994. 『소유문제와 자본주의 발전단계론』. 자유인.

윤진호. 1997a. 「노동자생산협동조합에 관한 일 고찰」. SIES Working Paper Series, No.75. 서경연.

윤진호. 1997b. 「노동자생산협동조합의 의의와 과제」. 『'97 노동자 생산협동조합 워크샵』. 한국
    협동조합연구소.

이승현. 1995. 「생산자협동조합의 생존력과 퇴행에 관한 연구」. 서강대학교 경영학과 석사학위논문.

이정희. 1995. 「레닌의 노동정책과 노동자관리, 1917-21」. ≪러시아연구≫, 제5권. 서울대학교
    러시아연구소.

이학수. 1985. 「Proudhon과 생산자협동조합」. 서울대학교 서양사학과 석사학위논문.

조우현 편. 1995. 『세계의 노동자 경영참가』. 창작과비평사.

화이트, W. F.(W. F. White)/K. K. 화이트(K. K. White). 1992. 『몬드라곤에서 배우자』. 김성오
    옮김. 나라사랑.

황태연. 1992. 『환경정치학과 현대정시사상』. 나남.

松村善四郎·中川雄一郎. 1985. 『協同組合の思想と理論』. 日本經濟評論社.

川上忠雄·佐藤浩一. 1979. 『勞動者管理と社會主義』. 五月社.

青木武郎. 1979. 『ソウェト國歌における勞動組合と勞動者管理』. 用上·佐藤. 『勞動者管理と社會主義』.

Alchian, A. A. and H. Demsetz. 1972. "Production, Information Costs, and Economic Develop-
    ment." *American Economic Review*, vol.62, no.5, Dec.

Bartlett, W. et al. 1992. "Labor-Managed Cooperatives and Private Firms in North Central Italy:
    An Empirical Comparison." *Industrial and Labor Relations Review*, vol.46, no.1, Oct.

Berman, K. V. and M. D. Berman. 1989. "An Empirical Test of the Theory of the Labor-Managed Firm." *Journal of Comparative Economics*, vol.13, no.2 June.

Bonin, J. P. and L. Putterman. 1987. *Economics of Cooperation and the Labor-Managed Economy*. Harwood Academic Publishers.

Bonin, J. P. and W. Fukuda. 1986. "The Multi-factor Illyrian Firm Revisited." *Journal of Comparative Economics*, vol.10, no.2, June.

Bonin, J. P. et al. 1993. "Theoreticcal and Empirical Studies of Producer Cooperatives: Will Ever the Twain Meet?" *Journal of Economic Literature*, vol.31, no.3, September.

Bradley, K, and A. Gelb. 1987. "Cooperative Labour Relations: Mondragon's Response to Recession." *British Journal of Industrial Relations*, vol.25, no.1, March

Craig, B. and J. Pencavel. 1992. "The Behavior of Worker Cooperatives: The Plywood Companies of the Pacific Northwest." *American Economic Review*, vol.82, no.5, Dec.

Domar, E. D. 1966. "The Soviet Collective Farm as a Producers' Cooperative." *American Economic Review*, Vol.56, no.4, September.

Dow, G. K. 1986. "Control Rights, Competitive Markets, and the Labor Management Debate." *Journal of Comparative Economics*, vol.10, no.1, Mar.

Dreze, J. 1976. "Some Theory of Labor Management and Participation." *Econometrica*, vol.44, no.6, Nov.

Elliott, J. E. 1987. "Karl Marx: Founding Father of Workers' Self-governance?" *Economic and Industrial Democracy*, vol.8, no.3, Aug.

FitzRoy, F. R. and K. Kraft. 1984. "Profitability and Profit-Sharing." *Journal of Industrial Economics*, vol.35, no.2.

Fleurbaey, M. 1993. "An Egalitarian Democratic Private Ownership." *Politics & Society*, vol.21, no.2.

Furubotn, E. G. and S. Pejovich. 1970. "Property Rights and the Behavior of the Firm in a Socialist State: The Example of Yugoslavia." *Z. Nationalokon*, vol.30, no.3-4.

George, D. A. R. 1993. *Economic Democracy: The Political Economy of Self-Management and Participation*. Macmillan.

Hansmann, H. 1990. "The Viability of Worker Ownership: An Economic Perspective on the Political Structure of the Firm." M. Aoki et al.(eds.) *The Firm as a Nexus of Treaties*. Sage.

Holmstrom, M. 1992. "Industrial Democracy in Italy: Workers Cooperatives and the Self Management Debate." *Journal of Industrial Relations*, March.

International Cooperative Alliance. "What is a Co-operative?". (gopher://gopher.adp.wis…def-hist/)

International Labour Office. 1988. *Cooperative Management and Administration*. ILO.

Ireland, N. J. and P. J. Law. 1982. *The Economics of Labour-Managed Enterprises*. Croom Helm.

Jensen, M. C. and W. H. Meckling. 1979. "Rights and Production functions: An Application to

Labor-Managed Firms and Codetermination." *Journal of Business*, vol.52, no.4, Oct.

Jones, D. and J. Svejnar. 1985/1987/1988/1992/1995. *Advances in the Economic Analysis of Participatory and Labor-Managed Firms, various issues*. JAI Press.

Jones, D. C. and J. Pliskin. 1991. "The Effects of Worker Participation, Employee Ownership, and Profit-Sharing on Economic Performance: A Partial Review." R. Russell and V. Rus. 1991. *International Handbook of Participation in Organizations*, Vol.2. Oxford University Press.

Levin, D. I. and L. D. Tyson. 1990. "Participation, Productivity, and the Firm's Environment." Blinder, A.(de.) *Paying for Productivity: A Look at the Evidence*. Brookings Institution.

McCain, R. A. 1977. "On the Optimal Financial Environment for Worker Coperatives." *z. Nationalokonm*, vol.37.

Meade, J. E. 1972. " The Theory of Labour-Managed Firms and Profit Sharing." *Economic Journal*, vol.82, no.325.

Milenkovitch. 1971. *Plan and Market in Yugslav Economic Thought*. Yale University Press.

Mygind, N. 1987. "Are Self-managed Firms Efficient?" Jones, D. and J. Svejnar. *Advances in the Economic Analysis of Participatory and Labor-Managed Firms, various issues*. JAI Press.

Oakeshott, R. 1990. *The Case for Workers' Co-ops*, 2nd.(ed.) Routledge and Kegan Paul.

Pejovich, S. 1969. "The Firm, Monetary Policy and Property Rights in a Planned Economy." *Western Economic Journal*, vol.7, no.3, Sep.

Putterman, L. and G. Skillman. 1988. "The Incentive Effects of Monitoring under Alternative Compensation Schemse." *International Journal of Industrail Organization*, vol.6, Mar,

Robers, P. C. and M. A. Stephenson. 1968. "Alienation and Central Planning in Marx." *SLavic Review*, vol.27.

Schweickart, D. 1992. "Economic Democracy: A Worthy Socialism That Really Work." *Science & Society*, vol.56.

Selucky, R. 1975. "Marxism and Self-Managemnet." J. Vanek.(ed.) *Self-Management: Economic Liberation of Man*. Penguin.

Sertel, M. R. 1982. *Workers and Incentives*. North-Holland.

Smith, S. C. 1984. "Does Employment Matter to the Labor-managed Firm? Some Theory and Empirical Illustration." *Economic Analysis of Workers' Management*, vol.18, no.4.

The International Cooperative Alliance. 1995. *The Statement on the Cooperative Identity*.

Thordarson, B. 1987. "A Comparison of Worker-Owned Firms and Conventionally Owned Firms in Sweden." Jones, D. and J. Svejnar. *Advances in the Economic Analysis of Participatory and Labor-Managed Firms, various issues*. JAI Press.

Vanek, J. 1970. *The General Theory of Labor-managed Market Economies*. Cornell University Press.

Vanek, J. 1977. *The Labor-Managed Economy: Essays by Jaroslav Vanek*. Cornell University

Press.

Ward, B. 1958. "The Firm in Illyria: Market Syndicalism." *American Economic Review*, Sep.

Weizman, M. L. and D. L. Kruse. 1990. "Profit Sharing and Productivity." *Blinder*, 1990.

Williamson, O. E. 1980. "The Organization of Work: A Comparative Institutional Assessment." *Journal of Economic Behavior and Organization*, vol.1, no.1, Mar.

제3장

노사정 3자합의체제에 관한 실증적 연구[*]
노동조합 내의 합의순응 문제를 중심으로

1. 문제제기

이 글은 노사정 3자합의체제(tripartism) 틀에 들어간 노동조합 전국조직에 대한 일반 노조원들의 합의순응(compliance) 여부가 어떠한 요인에 의해 결정되는지를 노동조합의 실증자료를 통해 분석함으로써 향후 한국에서의 노사정 3자합의체제의 성공조건에 대한 이해를 높이고 이에 대한 노동조합의 전략 수립에 도움이 되고자 하는 데 그 목적이 있다.

전통적인 네오코포라티즘론에서는 네오코포라티즘(Neo-corporatism)이 안정적으로 운용되기 위한 조건의 하나로서 노조 전국조직의 네오코포라티즘적 합의에 대해 일반 노조원들이 순응하는 것이 중요하다고 지적해 왔다. 그리고 이러한 합의순응 문제를 해결하기 위해서는 강력한 중앙 집중적 조직을 가진 산별노조가 필요하다고 주장해 왔다.

---

* 《사회경제평론》, 제17호, 13~49쪽(한국사회경제학회, 2001)에 게재되었다.

그러나 1990년대 이후 유럽에서 나타나고 있는 네오코포라티즘의 재부흥 현상은 종래의 논의에 의문을 던지고 있다. 즉, 1990년대 들어 네오코포라티즘이 부활한 이탈리아, 네덜란드 등의 나라들은 전형적인 중앙 집중적 노조와는 상당히 다른 구조를 가지고 있기 때문이다.

이와 관련해 노동조합의 코포라티즘적 합의의 안정성 조건으로서 종래의 중앙 집중적 노동조합과는 다른 분산형 노조에서도 노조 내부 민주주의만 잘 보장되면 합의순응 문제를 해결할 수 있다는 주장이 나오고 있다.

한국의 경우에도 이러한 논의는 중요한 시사점을 가진다. 주지하는 바와 같이 1997년 말의 경제위기 이후 노사정위원회가 구성되어 1998년 2월 최초의 사회적 합의를 체결하는 데 성공했다. 그러나 그 직후 정리해고제와 근로자파견제의 도입에 반대하는 현장노조원들의 반발로 인해 민주노총 임시 대의원대회에서 협약 통과가 부결되었으며 이후 민주노총은 노사정위원회에 참여와 불참을 반복하다가 결국 1999년 탈퇴하기에 이른다. 이러한 사태 경과는 한국의 경우에도 노사정위원회와 같은 3자합의기구의 성공 여부와 관련하여 노동조합 내의 '합의순응' 문제가 존재한다는 것을 시사하고 있다.

이와 관련하여 한국에서는 네오코포라티즘적 합의가 성공할 수 있는 조건이 결여되어 있기 때문에 사회적 합의가 불가능하다거나 노동운동에 있어 바람직하지 못하다는 의견이 대두되었다. 즉, 네오코포라티즘의 성공을 위해서는 친노동적 정당과 강력한 중앙집권적 산별노조 등이 필요한다. 이러한 조건이 결여된 상태에서는 노사정 정상조직 간의 사회적 합의 자체가 불가능하며 설혹 합의가 이루어진다고 하더라도 이러한 합의에 대한 일반 노조원들의 반발로 합의의 이행 자체가 불안정해진다는 것이다(유현석, 1998; 송호근, 1994; 노중기, 1999).

물론 한국에서 서구와 같은 친노동적 정당과 중앙 집중적 노조가 존재한다면 네오코포라티즘적 합의에 훨씬 유리할 것이라는 점은 자명하지만, 이러한 주장이 한걸음 더 나아가 위에서 열거한 조건이 결여되어 있으면 네오코포라티즘적 합의가 결코 성공할 수 없다는 주장으로까지 발전한 데 대해서는 몇 가지 점에서 이의를 제기할 수 있다.

첫째, 이러한 주장들은 지나친 구조주의적 시각에 입각하고 있다고 비판된다. 즉, 1990년대 들어 종래 네오코포라티즘의 안정성 조건으로 거론되었던 강력한 산별노조 등이 존재하지 않은 곳에서 오히려 네오코포라티즘이 부활하고 있는 것은 노사관계 주체들의 전략적 선택의 결과인 것이다. 이와 같은 사회적 합의 주체들의 전략적 선택의 중요성을 간과하고 있다는 것이 이들의 약점이다.

둘째, 산별노조 등 중앙집권적 노조가 존재하지 않은 곳에서는 일반 조합원들의 반발을 통제할 수단이 없기 때문에 사회적 합의의 이행 자체가 어렵다는 주장 역시 지나치게 경직적인 것으로 판단된다. 정상조직에 의한 사회적 합의에 대한 일반 노조원들의 반발은 합의 내용 자체에 대한 것이기도 하지만 다른 한편으로는 합의 절차에 대한 것이기도 하다. 즉, 일반 조합원들에게 의사를 표현할 수 있는 기회를 주지 않고 지도부에 의해 일방적으로 이루어진 합의에 대한 반발인 것이다. 따라서 민주적 절차 등에 의해 일반 조합원들에게 의사를 표현할 수 있는 기회가 제공될 경우 중앙 집중적 구조를 가지지 않은 노동조합에서도 합의 이행의 안정성을 확보할 수 있다는 점을 이탈리아 등의 사례가 보여 주고 있다.

셋째, 이러한 논자들의 주장이 대부분 엄밀한 실증적 증거 등에 토대를 두지 않고 연구자의 이데올로기나 직관 또는 소수의 관찰 등에 의거하여 이루어졌다는 점을 지적할 수 있다. 이러한 연구자들의 경향은 노사정위원회라는 현실적 기구가 갖는 노동운동에의 영향 등으로 불가피했던 측면도 없지 않지만 지금부터라도 냉정한 실증분석에 기초하여 객관적 증거를 통해 논의를 전개시킬 필요가 있다고 생각한다.

이 글은 실증자료를 통해 노사정위원회와 같은 노사정 3자기구에 대한 노동조합 내의 다양한 견해를 살펴봄으로써 이른바 사회적 합의기구에 대한 노동조합의 '합의순응' 문제를 해명하는 데 도움이 되고자 하는 데 그 목적이 있다. 이 글에서는 다음과 같은 점들을 해명하고자 한다.

첫째, 노조 내에서 노사정 3자기구에 대한 지지도는 얼마나 다양한가? 이는 어떠한 요인에 의해 결정되는가?

둘째, 노조 내부의 민주주의에 대한 인식과 노사정 3자기구에 대한 지지도 사이에는 어떠한 관계가 있는가?

셋째, 노조원들이 가진 이데올로기와 노사정 3자기구에 대한 지지도 사이에는 어떠한 관계가 있는가?

글의 순서는 다음과 같다. 제2절에서는 네오코포라티즘을 둘러싼 논쟁들, 특히 네오코포라티즘의 안정성과 노동조합의 구조 간 관계에 관한 이론적 논의들을 검토한다. 제3절에서는 실증분석에 사용된 표본의 일반적 성격에 대해 살펴본다. 제4절에서는 노사정위원회 등 노사정 3자기구에 대한 노동조합 내 지지도와 그 결정 요인에 대해 살펴본다. 제5절에서는 노조 내부 민주주의에 대한 노조원의 인식도와 노사정 3자기구에 대한 지지도 사이의 관계에 대해 살펴본다. 제6절에서는 노조원이 지닌 이데올로기와 노사정 3자기구에 대한 지지도 사이의 관계에 대해 살펴본다. 마지막으로 제7절에서는 지금까지의 논의를 요약하고 그 시사점을 살펴본다.

2. 이론적 배경

'3자주의' 또는 '3자합의주의(tripartism)'라는 용어는 노사관계론 및 정치학, 사회학 등에서 광범하게 사용되고 있으며 다양한 학자들에 의해 다양한 개념을 표현하는 데 사용되고 있다. 그러나 이 글에서는 3자합의주의의 개념을 둘러싼 논쟁에 깊이 개입하기보다는 단지 "3자합의주의는 사회적·경제적 이슈에 관한 공공정책의 형성에 있어 노동자·사용자·정부의 대표들 간에 협의 및 교섭을 하는 제도적 기구 또는 철차"(ILO 홈페이지)라는 ILO의 실용적 정의를 그대로 사용하고자 한다. 3자주의는 이른바 네오코포라티즘의 하위개념으로 볼 수 있다.

주지하는 바와 같이 코포라티즘 또는 네오코포라티즘이란 용어는 널리 사용되고 있지만 개념상 많은 혼란이 야기되고 있기도 하다(김수진, 1992). 넓은 의미에서는 슈미터(Schmitter, 1974)처럼 시민사회 내에 조직화된 이익을 국가의 정책결정 구조와 연결시켜 주는 한 제도적 양식(즉, 대립적 이해관계를 갖는 집단들이 개별적 이익을 위해 다투거나 경쟁하지 않고 합의와 사회적 조정을 통해 공동이익을 추구하는 것)으로 이해하기도 하고 좁은 의미에서는 렘부르크 (Lehmbruch, 1974)처럼 정책형성의 유형(즉, 대규모로 조직화된 사회적·경제적 이익집단들이 상호 긴밀한 협의체제를 구축하고 이들이 함께 국가기관과 협력하여 공공정책, 특히 경제정책을 형성·집행하는 양식)으로 이해하기도 하지만 현대 자본주의에서는 "사회적 이익집단은 노동과 자본을 대표하는 정상조직의 형태를 취하게 되고 이들이 국가와 유기적 협력관계를 구축하여 사회경제 정책들을 형성하는 양식"(김수진, 1992)으로 된다는 점에서 사실상 네오코포라티즘과 3자주의는 현대 자본주의에서 거의 동일한 내용을 가리킨다고 하겠다.

1970년대 말부터 1980년대 초에 이르기까지는 네오코포라티즘의 전성시대였다. 그 배경에는 노동시장제도와 국민경제의 실적 간 관계에 관한 일정한 실증적 경험이 존재하고 있었다. 즉, 1970년대 중반의 오일쇼크를 계기로 거의 모든 선진국이 높은 인플레이션과 고실업에 시달리면서 그것을 극복하기 위해 노력했지만 그 성과가 동일했던 것은 아니다. 특히 노사정 등 사회적 파트너 간에 중앙 수준에서의 합의 메커니즘이 존재하는 스웨덴, 오스트리아 등의 경제실적이 그러한 메커니즘이 결여된 이탈리아, 프랑스, 영국 등의 사회경제적 실적보다 좋다는 사실이 증명되면서(Cameron, 1984; Crouch, 1985; Bruno and Sachs, 1985) 네오코포라티즘, 특히 노사정 간 3자합의주의에 대한 관심이 높아졌던 것이다.

이후 네오코포라티즘에 관한 연구들은 주로 네오코포라티즘이 성공하기 위한 제도적 전제조건들에 관한 연구에 집중되었다(Baccro, 2000). 이들 연구는 네오코포라티즘이 성공하기 위한 제도적 전제조건으로서 사회민주당 등 노동의 이해관계를 제도적으로 반영할 수 있는 정당의 역할, 단체교섭의 집중화 정도, 국가의 경제정책 결정과정의 자율성 여부 등에 주목했다(Meier, 1984; Cameron, 1984; Rowthorn, 1992). 그러나 이러한 여러 조건 가운데서도 연구자들의 집중적 연구대상이 되었던 것은 노조의 구조와 네오코포라티즘의 성공 간 관계였다.

여기서 핵심적인 문제는 다음 두 가지로 집약된다(Baccro, 2000). 즉, 첫째, 노동조합의 구조와 네오코포라티즘의 성립 사이에는 어떠한 관계가 있는가? 다시 말해서 노동조합이 자진해서 임금억제 등을 내용으로 하는 네오코포라티즘적 협약에 동의하는 것은 무엇 때문이며 이는 노동조합의 중앙집중화 정도와 어떠한 관계가 있는가 하는 문제이다. 둘째, 일단 네오코포라티즘적 중앙교섭구조가 성립되었을 경우 그 안정성을 설명하는 것은 어떠한 요인인가? 특히 네오코포라티즘적 협약을 선택한 노조 중앙조직 지도부의 결정을 일반 노조원들이 따르고 그 결정에 순응할 것인가의 여부는 노조의 내부구조와 어떠한 관련을 가지는가 하는 문제이다.

전자에 대해서 대부분의 네오코포라티즘 논자들은 보다 규모가 크고 중앙집중적이며 노조 조직률이 높은 노동조합일수록 임금억제와 고용안정 등을 교환조건으로 하는 네오코포라티즘적 협약에 동의할 가능성이 높다는 데 의견일치를 보이고 있다(Olson, 1982; Crouch, 1985). 즉, 노조 규모가 작고 분산화되어 있는 경우(예컨대 기업별 노조, 직업별 노조 등) 개별 노동조합은 공세적인 임금인상 요구에 의해 얻는 이익(고임금 획득)은 많은 반면, 그로 인해 받는 비용(고인플레이션)의 극히 일부만 부담하게 될 것이므로 네오코포라티즘적 구조에 들어가고자 하는 유인동기가 낮다. 이에 비해 중앙집중화되어 있고 조직률이 높은 노동조합(예컨대 산별노조 내지 노동조합의 전국조직)의 경우 공세적인 임금인상 요구로 얻는 이익과 그로 인해 생기는 높은 인플레이션의 피해가 모두 조합원에게 돌아가므로 이익과 손실이 내부화되어 상쇄된다. 따라서 차라리 네오코포라티즘적 합의에 의해 임금인상을 자제하는 대신 고용안정을 보장받는 방안을 선택하게 된다는 것이다.

한편 후자의 문제는 이른바 합의순응의 문제로 알려져 있다. 즉, 노조 중앙조직의 지도부가 결정한 네오코포라티즘적 합의사항에 대해 일반 노조원들이 이에 따르고 순응하는 정도는 노조의 내부구조와 어떠한 관련이 있는가 하는 문제이다. 네오코포라티즘적 합의가 안정성을 가지려면 이와 같은 노조 내부의 일반 노조원들의 합의순응 여부가 결정적 역할을 하므로 이 문제는 매우 중요하다. 이에 대해서는 노동조합의 내부구조가 보다 집중화되어 있고 지도부의 권한이 강력할수록 네오코포라티즘적 합의가 노조 내부에서 순응되고 따라서 안정성을 가질 수 있다는 견해가 기존의 네오코포라티즘 이론에서 지배적이었다. 즉, 코포라티즘적 합의는 어차피 노사 양측의 이해관계를 교환하는 형태로 이루어지므로 노조원의 전부 또는 일부의 이익을 침해하는 양보가 불가피하다. 이러한 양보를 통해 노조는 보다 장기적인 이익을 보장받을 수 있다는 믿음에서 네오코포라티즘적 합의에 응하는 것이다(예컨대 임금억제로 당장은 손해를 보게 되지만 고용안정을 보장받음으로써 장기적으로는 이익이 될 것이라는 믿음). 이들 논자는 지도부가 보다 넓고 장기적인 시야를 가지고 있는 반면 일반 노조원들은 보다 좁고 근시안적인 시야를 가지고 있다고 가정한다(Streeck, 1982). 이 경우 노조 지도부는 노조원 전체의 이익을 위해 노조원 일부의 이익을 희생하거나 혹은 노조원의 장기적 이익을 위해 단기적인 양보는 불가피하다고 생각하고 네오코포라티즘적 합의에 동의하지만 그로 인해 직접적 피해를 입는 일반 노조원 전체 혹은 일부 노조원들이 그러한 합의에 반발하게 된다. 이때 만약 노조 내부구조가 '지나치게' 민주적이라면[혹은 스트릭의 표현을 빌려 "잘못된 종류"의 민주주의라면(Streeck, 1988)], 노조 지도부는 이러한 반발을 견딜 수 없게 되며 네오코포라티즘적 합의의 안정성은 깨지게 된다. 따라서 이들 논자는 네오코포라티즘의 안정성을 위해서 노조 내부구조가 '의무가입형'이고 (지도부에 반발하는 노조원들이 노조로부터 탈퇴할 수 없도록), '비경쟁적'이며(노조 지도부가 경쟁적인 선거압력에 지나치게 노출되어서는 안 됨), '위계적'이라야 한다(노조 지도부에 권한이 집중되어 있어야 함)고 주장한다(Schmitter, 1979). 즉, 네오코포라티즘적 합의가 안정적이기 위해서는 '비민주적' 내부구조를 가진 노동조합이 필요하다는 것이다.[1]

이상에서 살펴본 네오코포라티즘 성공을 위한 첫 번째 조건과 두 번째 조건 모두 높은 조직률과 관료적 중앙조직에 권한이 집중되어 있는 산별노조에 적합한 조건이므로 기존의 네오코포라티즘 논자들은 대부분 독일식 산별노조를 네오코포라티즘의 성공을 위한 가장 적합한 노조구조로 생각했다.[2]

그러나 종래의 이러한 견해에 대해 최근 이의가 제기되고 있다. 이는 1980년대 중반의 네오코포라티즘의 붕괴와 1990년대의 재부흥이라는 현상과 긴밀한 관계를 가지고 있다. 주지하는 바와 같이 1980년대 중반 이후 '자본의 세계화'가 본격화되면서 자본 간 국제경쟁이 치열해졌고 이에 따라 상대적으로 높은 임금과 높은 복지비용 그리고 노동시장의 경직성을 안고 있는 스웨덴, 독일 등 네오코포라티즘적 국가로부터 자본이 이탈함으로써 이들 국가는 실업의 증가와 재정위기, 경쟁력의 쇠퇴 등을 겪게 된다. 이에 따라 '코포라티즘의 종언'을 주장하는 연구들도 잇달아 나타났다(Gobeyn, 1993; Therborn, 1987; Cawson, 1985). 심지어는 과거 네오코포라티즘을 옹호하던 논자들조차 비관적 분위기에 합세하기에 이르렀다(Streeck, 1984; Schmitter, 1989).

---

1) 바크로(Baccro, 2000)가 지적하듯이 네오코포라티즘 논자들이 물론 이처럼 노조 내부구조가 '비민주적'이어야 한다고 명백하게 표현하고 있는 것은 아니지만 적어도 묵시적으로는 대부분의 논자들이 이러한 견해를 가지고 있는 것으로 보인다.
2) 이는 한국의 논자들도 마찬가지이다. 한국의 논자들 역시 네오코포라티즘에 찬성하는 논자이건 반대하는 논자이건 모두 네오코포라티즘의 성공조건의 하나로서 강력한 산별노조를 들고 있으며 필자 역시 그러한 견해를 가지고 있었다는 점을 밝혀 둔다(Yoon, 1999).

그러나 이처럼 네오코포라티즘의 종언을 주장했던 예측들은 1990년대 들어 나타난 네오코포라티즘의 부활로 인해 수정·보완되지 않을 수 없게 되었다(강명세, 1999). 핀란드, 아일랜드, 이탈리아, 포르투갈, 노르웨이 등에서 노사 간 중앙집중교섭이 다시 나타났으며 벨기에, 독일, 스페인, 네덜란드, 이탈리아 등에서는 노사정 정상조직 간에 사회적 협약이 시도되기도 했다(Baccro, 2000; Fajertag and Pochet, 1997). 사실상 영국을 제외한 거의 모든 유럽 국가에서 노사 양자 혹은 노사정 3자의 중앙조직 간에 사회경제적 문제에 대해 협의하는 실험이 이루어지고 있는 것이 사실이다(Baccro, 2000).

그런데 1990년대 들어 나타난 이런 '네오코포라티즘의 부흥'(강명세, 1999; Baccro, 2000)은 과거 1970~1980년대의 그것과는 다른 특징을 가지고 있다. 즉, 과거 네오코포라티즘의 대명사였던 독일과 스웨덴 등 중앙 집중적 정상조직을 가진 국가들보다는 이탈리아, 아일랜드, 네덜란드 등 과거 네오코포라티즘을 위한 제도적 조건이 취약했던 국가들에서 오히려 성공적인 노사정 합의가 이루어지고 있다는 사실이다(강명세, 1999). 이는 이들 나라에서 비록 네오코포라티즘을 성공시키기 위한 제도적 조건이 결여되어 있다 하더라도 변화하는 국제환경에 대응하여 노사정 등 사회주체들이 전략적 선택으로서 네오코포라티즘을 선택한 결과로 풀이된다.

이러한 사실은 곧 네오코포라티즘 이론에 있어 전략적 선택의 중요성을 재평가하는 계기가 될 수 있다. 슈미터, 렘브루크 등 초기의 네오코포라티즘 이론가들이 네오코포라티즘의 발생조건으로 제시한 노동조직의 구조, 즉 산별노조를 핵심으로 하는 중앙 집중적 노동조합이나 친노동자 정당의 존재 등의 조건은 그러한 구조가 없는 국가에서는 협약 성립이 불가능하다는 결론에 도달하기 쉽다는 점에서 경직적인 것이라 아니할 수 없다(강명세, 1999). 다른 사회제도와 마찬가지로 합의주의 구조도 사회적 과정의 산물로 보아야 할 것이다. 사회제도들이 현존하는 이유와 그 지속성 여부는 사회를 구성하는 주체들의 전략적 선택 및 행위와 긴밀하게 연결되어 있다. 던롭(Dunlop) 등이 주장하듯이 노사관계의 궁극적 성격은 노사관계를 둘러싼 환경, 구조와 노사관계 주체들 사이의 복잡한 상호관계에 의해 규정된다. 노사관계를 둘러싼 환경과 구조가 노사관계의 성격에 큰 영향을 미치는 것은 사실이지만 이는 결코 결정론적인 것은 아니며 그러한 환경에 대응하는 노사관계 주체들의 전략적 선택에 따라 노사관계의 성격은 크게 바뀔 수 있다. 이렇게 볼 때 행위자들의 전략적 선택을 강조하는 전략적 선택이론에서는 네오코포라티즘 이론이 주장하는 노동조직의 구조적 특성이 결여된 곳에서도 노사정 등 노사관계 주체들이 이해득실을 따진 결과 나타나는 전략적 선택행위의 결과로 협약이 가능해진다고 주장하는 점에서 보다 유연성 있고 현실적인 이론이라 하겠다. 실제로 이탈리아나 네덜란드의 사례 등은 이러한 전략적 선택이론의 유효성을 보여 주는 예라할 수 있다.[3]

다른 한편 네오코포라티즘의 안정성을 담보하는 노조 내부구조의 문제에 있어서도 새로운 문제제기가 이루어지고 있다. 노조 내부구조가 중앙집권적, 계층화가 될수록 네오코포라티즘적 합의가 안정성을 가질 수 있다는 기존의 논의와는 달리 실제로는 중앙 집중적 교섭구조와 노조 내부의 민주주의 사이에는 체계적인 연관관계를 발견할 수 없다는 보고도 나오고 있다. 예컨대 랑쥐(Lange, 1984)는 영국과 스웨덴처럼 거의 동일한 수준의 노조 내부 민주주의를 가지고 있는 나라들이 소득정책에 관한 노사정 합의 면에서는 극단적인 대조를 보이고 있다는 점을 증명하고 있다. 실제로 네오코포라티즘 논자들이 주장하는 노조 내부구조의 계층화·집권화 필요성은 독일의 경우에만 적합할 뿐 다른 대부분의 나라에서는 증거가 발견되지 않고 있다. 특히 1990년대 들어 새로운 노사정 합의가 이루어진 이탈리아의 경우는 노조 내부 민주주의와 네오코포라티즘 간의 관계를 밝히는 데 있어 흥미로운 사례를 제공해 주고 있다.

---

3) 이탈리아의 사례로는 Baccro(2000); Locke and Baccro(1996); Perez(2000) 등 참조. 네덜란드 사례로는 Visser(1998); Teulings and Hartog(1998) 참조.

즉, 이탈리아의 경우 노조운동이 3대 조직으로 분열되어 있으며 공장평의회 등 현장조직의 힘이 강한 분산적 구조를 이루고 있어 유럽에서는 가장 네오코 포라티즘적 합의조건이 결여되어 있는 나라로 평가되고 있다. 실제로 1984년 의 노사정 협약 당시 이탈리아 노조운동은 협약 찬반여부를 둘러싸고 심각한 내부 분열을 일으키고 현장노동자들이 임금억제에 강력하게 반발함으로써 결국 협약이 붕괴되는 결과를 낳았다. 그러나 1993년 7월 다시 노사정 협약이 체결되었을 때 이에 대한 반대의 목소리는 높지 않았다. 그 결정적 원인은 노조 내부 민주화의 진전 때문이었다. 이탈리아 노동총연맹의 지도부는 현장 조합원의 대표권을 강화하고 노사정 협약을 광범한 조합원 토론에 부친 뒤 전체 조합원 찬반투표를 실시하는 등 일반 조합원의 적극적 참가를 유도했으며 결국 협약에 대해 조합원의 68%의 압도적 지지를 얻었다. 그 결과 노조 지도부는 강력한 정당성을 확보할 수 있었으며 이에 대한 현장노조원운동의 반대의 목소리는 거의 없었다. 이후 이탈리아 노동총연맹은 1995년의 연금제도 개혁을 위한 노정협약, 1997년의 유럽통화연맹(EMU) 가입조건 충족을 위한 공공지출 삭감 협약 등 수차례의 중앙교섭을 하게 되는데 그때마다 조합원 총회에 부쳐 승인을 받았다. 이러한 협약의 대부분은 연금삭감 등 조합원들에게 고통스러운 결과를 가져다주는 내용이었지만 협약은 조합원 투표에서 압도적 지지를 얻을 수 있었다(Baccro, 2000; Locke and Baccro, 1996).

　이상의 이탈리아의 사례를 통해 네오코포라티즘의 성공조건에 관한 흥미있는 시사를 얻을 수 있다. 종래 네오코포라티즘 논자들은 중앙 집중적 협약과 노조정책에 대한 노조원의 직접적 통제는 양립하기 힘들다고 주장했다. 이들에 의하면 일반 노조원들은 대체로 노조 지도부에 비해 보다 근시안적이며 극단적인 경우가 많으므로 임금억제 대신 공세적인 임금인상 등을 요구하며 양보를 싫어하므로 '정치적 교환'을 그 속성으로 하는 네오코포라티즘 구조와는 양립할 수 없다는 것이다. 따라서 보다 시야가 넓고 책임 있는 노조 지도부에게 권한을 집중시키는 것이 네오코포라티즘의 성공조건이라고 보았다. 그러나 이탈리아의 사례는 이상의 주장이 반드시 옳지만은 않다는 것을 보여 준다. 오히려 일반 노조원들이 자신의 견해를 표현할 수 있는 적절한 통로가 없을 경우 소수의 전투적 파벌의 주장이 전체 노조원의 의견인 양 왜곡되어 노조의 정책에 영향을 미치는 사태가 발생한다. 이들은 '조용한 다수'인 온건파에 비해 노조원의 전투적 동원에 주로 의존하므로 보다 목소리가 크고 따라서 마치 다수파인 양 비추어질 가능성이 있다는 것이다. 실제로 이탈리아의 경우 1980년대의 협약을 붕괴시킨 것은 바로 이러한 소수의 전투적 파벌이었다. 그러나 1990년대 노조 내부의 개혁을 통해 다수의 노조원이 자신의 의견을 표명할 수 있는 메커니즘이 주어지면서 노조 지도부는 정당성을 확보할 수 있었고 이를 토대로 중앙협약을 추진할 수 있었던 것이다.

3. 표본의 일반적 성격

이 글에 사용된 자료는 민주노총이 구성한 노동운동발전전략위원회에서 민주노총의 노동운동전략 수립을 위한 기초자료로 삼고자 조사한 '노동운동 발전전략 수립을 위한 노동조합실태 및 간부의식 조사'의 원자료이다. 민주노총은 2000년 1월부터 노동운동발전전략위원회를 구성하여 노동운동의 이념과 노선에서부터 정책방향과 대안, 조직발전전망, 조직체계와 운영의 혁신에 이르기까지 발전전략을 수립하는 작업에 착수했다. 전략위는 이에 필요한 근거자료로 삼기 위해 2000년 4월부터 9월에 걸쳐 동 조사를 실시했다. 조사대상은 민주노총 소속 연맹, 지역본부, 단위노조의 임원, 상집위원, 대의원 등이었으며 실제 조사는 민주노총 본부와 각 연맹 및 지역본부의 담당자를 동원하여 각 조직에 설문지를 배포하고 응답자가 직접 기입한 다음 이를 수거하는 형식으로 이루어졌다. 조사내용은 노동조합 실태 조사와 노동조합간부 의식조사 등 두 부분으로 구성되었으며 노동조합간부 의식조사에서는 응답자의 인적 특성, 노동운동의 과제 및 발전방향, 노동조합의 정책 과제에 대한 의견, 산별노조 건설문제, 미조직 노동자의 조직사업문제, 민주노조의 조직체계와 운영에 관한 의견, 간부역량 및 지도력에 관한 의견, 여성의 노조활동 참여문제 등 다양한 분야에 걸친 것이었다. 노사정위원회 참여문제 및 각종 정부위원회 참여문제 등도 그 질문내용에 포함되어 있다. 분석에 사용된 최종 유효 설문지는 총 326부이다(이상 민주노총, 『노동과 세계』, 2000.10.9).

〈표 2-3-1〉에는 표본의 일반적 특성이 정리되어 있다. 이 표에서 보는 바와 같이 응답표본은 비교적 골고루 분포되어 있다. 소속연맹별로는 민주노총 소속 16개 산별연맹 및 산별노조 중 13개 연맹 소속 노조간부 및 노조원이 응답했고 지역본부 및 민주노총본부 소속 간부들도 일부 응답하여 매우 고른 분포를 보이고 있다. 금속산업연맹 소속 응답자수가 36.2%로 높은 편이나 금속산업연맹 노조원수가 민주노총 전체 노조원수의 약 37%에 달하고 있음을 감안할 때 모집단 비율을 정확히 반영하고 있다고 볼 수 있다.

업종별로는 제조업이 44.5%, 비제조업이 54.0%로서 역시 민주노총 전체의 업종별 분포를 거의 그대로 반영하고 있다. 지역별로도 비교적 고른 분포를 보이고 있다. 다만 경기·인천의 비율이 다소 낮게 나타나고 있다. 사업장 규모별로도 소규모·중규모·대규모 사업장 소속 노조원수가 높다는 것을 감안할 때 이 조사의 표본에서는 중소규모 사업장이 과대 표집되었다고 할 수 있다.

인적 특성별로는 기혼남자의 비율이 압도적으로 높은데 이 또한 민주노총 전체 조합원의 비율을 반영한 것으로 볼 수 있다. 연령별로는 30대가 61.7%로 가장 높고 그다음으로 40대가 25.7%를 차지하고 있다. 학력별로는 고졸 42.9%, 대졸 27.6%, 전문대졸 19.0%의 순이다. 근속연수별로는 6~10년과 11~15년이 거의 비슷한 비율을 차지하고 있는데 평균 근속연수는 10년 정도이다. 노조활동기간은 5년 이하가 40.6%로서 절대다수를 차지하고 있으며 그다음으로 6~10년, 11~15년으로 나타나 비교적 노조활동경험이 적은 노조간부들이 다수를 차지하고 있음을 알 수 있다. 평균 노조활동기간은 6.86년이다. 응답자 중

〈표 2-3-1〉 표본의 일반적 특성

		표본수	구성비(%)	평균(표준편차)
전체		326	100.0	
소속조직	건설산업연맹	15	4.6	
	공공연맹	47	14.4	
	금속산업연맹	118	36.2	
	대학노조	9	2.8	
	민주관광	7	2.1	
	병원노련	20	6.1	
	사무금융연맹	26	8.0	
	상업연맹	3	0.9	
	언론노련	5	1.5	
	전교조	18	5.5	
	화물노련	3	0.9	
	화학섬유연맹	29	8.9	
	민주택시연맹	9	2.8	
	각 지역본부	10	3.1	
	민주노총 본부	2	0.6	
	미상	5	1.5	
업종	제조업	145	44.5	
	비제조업	176	54.0	
	미상	5	1.5	
지역	서울	107	32.8	
	경기	11	3.4	
	인천	22	6.7	
	대전, 충청	33	10.1	
	전북	8	2.5	
	광주, 전남	7	2.1	
	대구, 경북	38	11.7	
	부산 경남	87	26.7	
	강원	2	0.6	
	제주	3	0.9	
	미상	8	2.5	
사업장 규모	100인 미만	71	21.8	
	100~299인	85	26.1	
	300~499인	28	8.6	
	500~999인	54	16.6	
	1000~4999인	31	9.5	
	5000인 이상	52	16.0	
	미상	5	1.5	
성별·혼인상태별	기혼남자	245	75.2	
	기혼여자	24	7.4	
	미혼남자	34	10.4	
	미혼여자	16	4.9	
	미상	7	2.1	
연령별	20대	26	8.0	
	30대	201	61.7	
	40대	84	25.7	36.55(5.86)
	50대	7	2.2	
	60대	1	0.3	
	미상	7	2.1	

학력별	중졸 이하	6	1.8	
	고졸, 고퇴	140	42.9	
	전문대졸, 대학 중퇴	62	19.0	
	대졸	90	27.6	
	대학원 이상	18	5.5	
	미상	10	3.1	
근속연수별	5년 이하	64	19.7	
	6~10년	99	30.3	
	11~15년	103	31.6	10.25(5.07)
	16~20년	34	10.5	
	21~25년	11	3.3	
	미상	15	4.6	
노조활동기간	5년 이하	132	40.6	
	6~10년	95	31.9	
	11~15년	74	22.7	6.86(4.26)
	16~20년	1	0.4	
	21~15년	1	0.3	
	미상	23	7.1	
해고경험	있음	50	15.3	
	없음	242	74.2	
	미상	34	10.4	
구속경험	있음	40	12.3	
	없음	248	76.1	
	미상	38	11.7	

해고경험이 있는 노조간부가 15.3%, 구속경험이 있는 노조간부가 12.3%로서 상당히 높은 비율을 차지하고 있는 것이 눈에 띈다.

전체적으로 볼 때 표본의 특성은 민주노총 전체 조합원의 특성을 비교적 잘 반영하고 있다고 평가된다.

4. 노사정 3자기구에 대한 지지도와 그 결정 요인

노사정 3자합의 또는 협의기구에 대한 노조간부들의 의견을 알아보기 위해, 노사정위원회에 대한 지지도와 각종 정부위원회에의 민주노총의 참가에 대한 지지도를 조사했다. 그 결과는 〈표 2-3-2〉와 같다. 먼저 질문 1에서 민주노총 중앙의 대정부 교섭방식과 관련하여 노사정위원회에 대한 지지도를 물은 결

〈표 2-3-2〉 사회적 합의 또는 협의기구에 대한 의견

질문 1. 민주노총 중앙의 대정부 교섭은 어떤 방식이어야 한다고 생각하십니까?(N=309)

① 현재의 노사정위원회에 들어가야 한다	29(9.4%)
② 공익위원을 제외한 노사정 교섭대표로 구성된 새로운 노사정 교섭기구를 만들어야 한다	77(24.9%)
③ 당분간 노사정 교섭틀은 한계가 있으므로 사안별로 노정, 노사, 노사정 간 교섭을 한다	171(55.3%)
④ 노사정위원회와 같은 합의기구에는 일체 참가해서는 안 된다	32(10.4%)

질문 2. 각종 정부위원회에 민주노총 중앙이 참가하는 문제에 대해 어떻게 생각하십니까?(N=314)

① 영향력 행사를 위한 기회이므로 적극 참가해야 한다	57(18.2%)
② 한국노총, 자본 측과 대등한 지위가 주어진다면 참가해도 된다	38(12.1%)
③ 형식적 참가보다 노사정 동수 구성, 정보청구권 확보, 전원합의제 운영 등 제도개혁을 위한 투쟁이 선행되어야 한다	212(67.5%)
④ 참가해서는 안 되며 위원회 밖에서 투쟁해야 한다	7(2.2%)

과, 현재의 노사정위원회에 들어가야 한다는 의견과 노사정위원회와 같은 합의기구에는 일체 참가해서는 안 된다는 의견보다는 당분간 사안별로 교섭해야 한다는 의견이 가장 많았으며 다음으로 새로운 노사정 교섭틀을 만들어야 한다는 의견이 많았다. 즉, 노사정위원회 참가론과 거부론, 그리고 쇄신론 등으로 나눌 경우(윤진호, 1999), 즉각 참가나 전면적 거부론보다는 쇄신론이 많은 셈이다. 민주노총 간부들 중 다수는 현재의 노사정위원회에 문제점이 많다는 것을 인식하면서도 이를 전면 거부하기보다는 기구 쇄신 내지 대안적인 교섭틀의 마련을 원하는 것으로 해석할 수 있다.

한편 질문 2에서 노사정위원회 외의 각종 정부위원회에 민주노총 중앙이 참가하는 문제에 대한 의견을 물은 결과, 노조간부들은 질문 1에 대한 응답과 비슷한 의견분포를 보여 주고 있다. 즉, 적극참가론과 전면거부론보다는 위원회 제도개혁투쟁을 우선하자는 주장에 압도적 다수가 지지를 보이고 있다. 다만 이 문항에서 참가지지율은 노사정위원회 참가지지율보다 높은 비율을 보이고 있는데 이는 노사정위원회가 가지고 있는 현실적 문제점이 정부위원회의 경우 별로 크게 제기되지 않았기 때문으로 생각된다.

이제 노사정위원회와 각종 정부위원회 참가에 대한 지지나 반대를 결정하

는 요인을 알아보기 위해 순서 프로빗 분석(ordered probit analysis)을 실시했다.[4] 즉, 3자합의기구 또는 협의기구에의 참가에 대한 지지도를 결정하는 요인으로서 소속연맹, 지역, 사업장 규모 등 부문(sector) 요인과 나이, 성별, 혼인여부, 학력, 근속연수 등 개인적 특성요인, 그리고 노조활동기간, 해고경험, 구속경험 등 노동운동 경험요인 등 세 가지 그룹의 요인이 작용하고 있다고 보고 이를 독립변수로 사용했다. 분석결과는 〈표 2-3-3〉과 〈표 2-3-4〉에 표시되어 있다.

먼저 〈표 2-3-3〉에서 노사정위원회 참여에 대한 반대정도를 결정하는 요인을 살펴보기로 하자. 응답자의 소속노조가 제조업 노조인 경우 서비스업 노조에 비해 40% 정도 더 노사정위원회 참여에 대해 반대할 확률이 높은 것으로 나타났으며 이는 통계적 유의성을 가진다. 민주노총 직속(본부, 지역본부) 노조간부들과 사무 관련 노조간부들의 경우에도 양의 계수값을 보이고 있지만 통계적 유의성은 낮은 것으로 나타났다. 그 밖에 지역, 소속 사업장 규모 등의 변수는 통계적 유의성이 없는 것으로 나타났다.

혼인여부, 성별, 연령, 학력, 근속연수 등 개인적 특성변수들은 통계적 유의성이 없는 것으로 나타났다. 노동운동경험 면에서는 노조활동기간, 해고경험, 구속경험 등이 모두 양의 값(반대확률이 높은 것)을 가지지만 그중 해고경험만이 통계적 유의성을 가지는 것으로 나타났다.

한편 〈표 2-3-4〉에서 각종 정부위원회에 민주노총이 참여하는 것에 대한 반대정도를 결정하는 요인들을 살펴보면 사무 관련 노동조합 소속 간부들은 정

---

4) 이 설문조사에서 질문 1과 질문 2에 대한 응답은 각각 1, 2, 3, 4 등 4개의 정수로 제한되어 있으며 각 응답은 일정한 순서(지지 정도의 순서)값을 취하고 있다. 이와 같이 종속변수의 값이 소수이고 또 순서대로 나열되어 있는 이산적 값(ordered discrete variable)일 경우 일반적인 회귀분석(ordinary least squares regression)은 적합하지 않으며 대신 각 문항에 대한 응답의 지지도 순서를 확률변수로 표현한 순서 프로빗 분석(ordered probit analysis)을 사용한다. 통계분석은 LIMDEP 통계 패키지를 이용했다.

〈표 2-3-3〉 노사정위원회 참가에 대한 반대정도 결정 요인

• 종속변수: 노사정위원회 참가에 대한 반대확률

설명변수	의미	Coefficient	P-value
Constant	상수	0.9681	0.2325
INDUS1	소속연맹더미(제조업)	0.4050*	0.0889
INDUS2	소속연맹더미(사무 관련)	0.2769	0.2213
INDUS3	소속연맹더미(민주노총 직속)	0.8304	0.1076
REGION	지역더미(수도권=1)	-0.0573	0.7208
SIZE1	소속사업장규모더미(중규모)	0.0005	0.9978
SIZE2	소속사업장규모더미(대규모)	-0.0051	0.9829
DMAR	혼인여부더미(기혼=1)	-0.0433	0.8230
DSEX	성별더미(남성=1)	-0.0231	0.9124
AGE	연령	-0.0100	0.5032
EDU1	학력더미(고졸)	0.3708	0.5527
EDU2	학력더미(전문대졸)	0.9977	0.1176
EDU3	학력더미(대졸 이상)	0.4861	0.4565
CAREER	근속연수	-0.0165	0.4326
UNION	노조활동기간	0.0166	0.4495
DISMISS	해고경험더미(경험 있음=1)	0.6548***	0.0024
JAIL	구속경험더미(경험 있음=1)	0.1246	0.7031

Log likelyhood -318.3096
Chi-square 36.1730
N 297

주 1): *** 0.01 ** 0.05 * 0.1 수준에서 유의함.
주 2): 더미변수의 base는 다음과 같음. 소속연맹=서비스업, 지역=수도권 이외 지역, 소속사업장=소규모(100
인 미만, 중규모=100~999인, 대규모=1000인 이상), 혼인 여부=미혼, 성별=여성, 학력=중졸 이하, 해고
경험=없음, 구속경험=없음.

〈표 2-3-4〉 정부위원회 참가에 대한 반대정도 결정 요인

• 종속변수: 각종 정부위원회 참가에 대한 반대확률

설명변수	의미	Coefficient	P-value
Constant	상수	1.0001	0.1415
INDUS1	소속연맹더미(제조업)	0.0756	0.7941
INDUS2	소속연맹더미(사무 관련)	-0.4342*	0.0892
INDUS3	소속연맹더미(민주노총 직속)	0.0737	0.8831
REGION	지역더미(수도권=1)	-0.1575	0.3841
SIZE1	소속사업장규모더미(중규모)	0.0089	0.9650
SIZE2	소속사업장규모더미(대규모)	0.1625	0.4866
DMAR	혼인여부더미(기혼=1)	-0.1801	0.4346
DSEX	성별더미(남성=1)	-0.3995	0.1700
AGE	연령	0.0140	0.3548
EDU1	학력더미(고졸)	0.1850	0.7366
EDU2	학력더미(전문대졸)	0.0979	0.8526
EDU3	학력더미(대졸 이상)	-0.0608	0.9096

CAREER	근속연수	-0.0015	0.9505
UNION	노조활동기간	0.0027	0.9170
DISMISS	해고경험더미(경험 있음=1)	0.0008	0.9977
JAIL	구속경험더미(경험 있음=1)	-0.0337	0.9135

Log likelyhood -266.9279
Chi-square 26.2145
N 303

주: *** 0.01 ** 0.05 * 0.1 수준에서 유의함.

부위원회에 대한 노조의 참여를 반대하는 확률이 낮으며 이는 통계적 유의성을 가진다. 그 밖에 개인적 특성이나 노동운동경험 등의 변수는 통계적 유의성이 모두 없는 것으로 나타났다.

요약하면 노사정위원회에 노동조합이 참여하는 것에 대한 반대는 제조업 소속 노조간부일수록, 그리고 해고경험이 있는 노조간부일수록 강했으며 그 밖의 부문변수, 개인적 특성변수, 그리고 노동운동 경험변수 등은 유의성이 없다. 또 각종 정부위원회에 노동조합이 참여하는 데 대한 반대는 사무 관련 노동조합 소속 간부들에게서 뚜렷하게 낮은 것으로 나타났으며 그 밖의 변수들은 통계적 유의성이 없는 것으로 나타났다.

5. 노동조합의 내부 민주주의와 노사정 3자기구에 대한 지지도

앞에서 살펴보았듯이 노동조합의 내부 민주주의 정도와 노사정 3자기구에 대한 지지도 사이에는 밀접한 관련이 있을 것으로 예상할 수 있다. 즉, 노동조합의 정상조직이 사회적 합의기구에 참가해서 합의할 경우 그러한 합의는 일반적으로 정치적 교환의 형태를 취하게 되며 따라서 노동조합 내의 일부 노조원은 손해를 보게 된다. 특히 많은 네오코포라티즘 논자들이 주장하고 있듯이 노동조합의 정상조직 간부들이 보다 넓고 장기적인 시야를 가지고 있는 반면, 일반 노조원들이 보다 좁고 근시안적인 시야를 가지고 있는 경우 일반 노조원들의 반발로 사회적 합의의 이행이 어렵게 될 가능성이 있다. 따라서 네오코포라티즘 논자들은 노조 내부의 의사결정권을 집중화함으로써 일반 노조원들의 반발이 노조 지도부의 행동에 영향을 미칠 수 없는 구조가 되었을 때 비로소 네오코포라티즘적 합의는 안정성을 가진다고 주장한다.

그러나 이탈리아의 예에서 보듯이 이러한 주장이 반드시 옳은 것은 아니다. 노조 내부구조가 집중화되어 있지 않고 분산적인 구조를 취하고 있는 경우에도 노동조합의 내부 민주주의가 잘 보장되고 일반 노조원들이 사회적 합의에 대한 자신의 의사를 반영할 수 있는 제도적 보장이 잘되어 있는 경우에는 네오코포라티즘적 합의가 상당한 안정성을 가질 수 있다는 것이다. 사실 사회적 합의에 대한 일반 노조원들의 반발은 합의 내용 그 자체에 대한 불만으로부터 야기되기도 하지만 합의 절차, 즉 일반 노조원들의 의사를 배제하고 노조 지도부에 의해 일방적으로 이루어지는 합의 절차에 대한 반발이기도 한 것이다. 따라서 노조 내부 민주주의가 잘 보장되어 있을수록 노조 지도부에 의한 사회적 합의에 대한 일반 노조원들의 반발 정도는 약할 것이라고 예상할 수 있다.

한국의 경우 기업별 노조체제가 가지는 분산성으로 인해 이 문제가 더욱 중요한 의미를 가진다. 주지하는 바와 같이 한국의 노동조합들은 대부분 기업별 노조체제를 취하고 있으며 이때 인력, 재정, 교섭권 및 파업권 등 노동조합의 모든 자원은 기업별 노조에 집중되어 있고 노동조합 전국조직 및 연맹 등 중앙조직은 상대적으로 취약한 것이 사실이다(윤진호, 1998). 이 경우 1998년 3월 민주노총 제1기 지도부가 노사정위원회에서 사회적 합의를 한 것에 대해 일반 노조원들이 거세게 반발함으로써 결국 지도부가 사퇴하고 사회적 합의 자체가 불안정해졌던 예에서도 보듯이 사회적 합의에 대한 노동조합의 합의순응 문제가 심각해질 수 있다. 그러나 여기서 지적해야 할 것은 이 문제가 반드시 기업별 노조라는 노조의 분산적 구조에만 그 원인이 있는 것은 아니라는 점이다. 당시 일반 노조원들의 반발은 정리해고 및 근로자파견제 등 노동시장 유연화 조치의 도입이라는 사회적 합의 내용에 대한 반발이기도 했지만 동시에 합의 내용에 대한 노조원들의 의사를 충분히 수렴하지 않은 채 노조 지도부의 일방적인 결정에 의해 합의했다는 절차상의 문제로부터도 상당 정도 기인했던 것이다. 만약 당시 노조 지도부가 합의 전에 전체 노조원의 의사를 묻는 절차를 거치고 그 결과를 가지고 노사정위원회에 대한 입장을 결정했더라면 이후의 사태 발전은 어떤 식으로든 상당히 달라질 수도 있었을 것이다.

이 절에서는 노동조합 내부의 민주주의 정도에 대한 노조간부들의 인식과 노사정 3자기구에 대한 지지도 간의 관계를 살펴보기로 한다. 먼저 노조 내부의 민주주의에 대한 인식과 관련하여 이 조사에서는 '민주노총의 현장 조합원 요구에 대한 수렴 정도'를 묻는 질문과 ' 민주노총 중앙의 지도역량'을 묻는 질문이 있다. 두 질문은 어느 정도 성격이 다르기는 하지만 대체로 노조 내부 민주주의에 대한 인식을 묻는 질문으로 생각할 수 있다. 이 두 질문에 대한 노조간부들의 응답 분포는 〈표 2-3-5〉에 표시되어 있다.

〈표 2-3-5〉에서 보는 바와 같이 노조간부들의 노조 내부 민주주의에 대한 인식은 상당한 편차를 보이고 있다. 현장 조합원들의 요구에 대한 민주노총의 수렴 정도를 묻는 질문 3에 대해 매우 잘 수렴하고 있다거나 대체로 잘 수렴하고 있다는 긍정적 응답이 25.7%, 보통이라는 중립적 응답이 35.0%, 부족하다거나 매우 부족하다는 부정적 응답이 39.2%의 분포를 보이고 있다. 부정적 응답이 긍정적 응답에 비해 많기는 하지만 민주노총 내부에서도 내부 민주주의에 대한 인식도에 상당한 편차가 있음을 알 수 있다.[5]

민주노총 지도부의 역량을 묻는 질문 4에 대해서도 긍정적 응답이 33.3%, 중립적 응답이 35.9%, 그리고 부정적 응답이 30.7%를 차지하고 있어 역시 상당한 의견 차이를 드러내고 있다. 다만 이 질문에 대해서는 긍정적 응답률이

---

5) 이 질문은 어디까지나 노조 내부 민주주의 정도에 대한 노조간부들의 '인식'을 질문한 것이므로 실제로 노조 내부 민주주의가 어디까지 보장되고 있느냐의 정도와 꼭 일치하는 것은 아니라는 점을 지적해 둔다.

〈표 2-3-5〉 민주노총의 내부 민주주의에 대한 노조간부들의 인식

질문 3. 민주노총이 현장 조합원들의 요구를 어느 정도 수렴하고 있다고 판단하십니까?(N=311)	
① 매우 잘 수렴하고 있다	5(1.6%)
② 대체로 수렴하고 있다	75(24.1%)
③ 보통이다	109(35.0%)
④ 부족하다	102(32.8%)
⑤ 매우 부족하다	20(6.4%)

질문 4. 민주노총 중앙의 지도·집행역량에 대한 동지의 판단은 어떠하십니까?(N=306)	
① 매우 잘하고 있다	12(3.9%)
② 대체로 잘하고 있다	90(29.4%)
③ 보통이다	110(35.9%)
④ 부족하다	75(24.5%)
⑤ 매우 부족하다	19(6.2%)

부정적 응답률을 약간 상회하고 있는 점이 눈에 띈다.

결국 이상의 두 질문에 대한 응답으로부터 민주노총 내의 노조간부들 간에 노조 내부 민주주의나 지도부의 역량에 대한 인식에 있어 상당한 의견 차이가 있음을 확인할 수 있다. 그렇다면 이러한 노조 내부 민주주의나 지도부 역량에 대한 의견 차이가 노사정 3자기구에 대한 지지도에 어떠한 영향을 미치고 있는 것일까?

〈표 2-3-6〉과 〈표 2-3-7〉에서는 제4절의 모델에 노조 내부 민주주의에 대한 인식변수를 추가하여 분석해 보았다. 먼저 〈표 2-3-6〉을 보면 노조 내부 민주주의에 대한 노조간부의 인식과 노사정위원회 참가에 대한 의견 사이에는 뚜렷한 상관관계가 존재하고 있음을 알 수 있다. 즉, '모델 1'에서 민주노총 지도부가 현장노조원의 요구를 수렴하는 정도에 대해 부정적 인식을 가진 사람일수록 노사정위원회 참가에 대한 반대확률도 높았으며 이는 강한 통계적 유의성을 가지고 있다. 또, '모델 2'에서는 민주노총 지도부의 능력에 대해 부정적인 평가를 하는 간부일수록 노사정위원회 참가에 대한 반대도가 높았다.

한편 〈표 2-3-7〉에서도 유사한 결과를 볼 수 있다. 즉, 민주노총 지도부의 현장노조원 요구 수렴도에 대해 부정적으로 평가한 간부일수록 정부 각 위원회 참가에 대한 반대도가 높았으며 민주노총 지도부의 능력에 대해 부정적으

〈표 2-3-6〉 노조 내부 민주주의에 대한 인식과 노사정위원회 참가에 대한 지지도

• 종속변수: 노사정위원회 참가에 대한 반대확률

설명변수	의미	모델 1		모델 2	
		Coefficient	P-value	Coefficient	P-value
Constant	상수	0.3915	0.6258	0.3792	0.6540
INDUS1	소속연맹더미(제조업)	0.3501	0.1483	0.3653	0.1284
INDUS2	소속연맹더미(사무 관련)	0.2834	0.2090	0.3570	0.1165
INDUS3	소속연맹더미(민주노총 직속)	0.7848	0.1691	0.6836	0.1926
REGION	지역더미(수도권=1)	-0.0886	0.5834	-0.0908	0.5743
SIZE1	소속사업장규모더미(중규모)	-0.0166	0.9273	-0.5731	0.7586
SIZE2	소속사업장규모더미(대규모)	-0.0644	0.7810	-0.0868	0.7114
DMAR	혼인여부더미(기혼=1)	-0.0264	0.8965	-0.0612	0.7550
DSEX	성별더미(남성=1)	-0.0077	0.9716	-0.0142	0.9476
AGE	연령	-0.0074	0.6200	-0.0042	0.7851
EDU1	학력더미(고졸)	0.3430	0.5456	0.3758	0.5367
EDU2	학력더미(전문대졸)	0.9558	0.1023	0.9851	0.1124
EDU3	학력더미(대졸 이상)	0.4264	0.4789	0.4538	0.4745
CAREER	근속연수	-0.0149	0.4770	-0.0255	0.2387
UNION	노조활동기간	0.0093	0.6756	0.0205	0.3550
DISMISS	해고경험더미(경험 있음=1)	0.7004***	0.0014	0.5960***	0.0073
JAIL	구속경험더미(경험 있음=1)	0.0651	0.8412	0.1241	0.7079
DEMO1	현장노조원 요구 수렴 정도	0.1861**	0.0145		
DEMO2	지도부 능력 평가			0.1759**	0.0209
Log likelyhood Chi-square N		-312.2415 42.0833 292		-307.9088 40.9628 288	

주: *** 0.01 ** 0.05 * 0.1 수준에서 유의함.

〈표 2-3-7〉 노조 내부 민주주의와 정부위원회 참가에 대한 지지도

• 종속변수: 정부 각 위원회 참가에 대한 반대확률

설명변수	의미	모델 1		모델 2	
		Coefficient	P-value	Coefficient	P-value
Constant	상수	0.3398	0.6579	0.3306	0.6601
INDUS1	소속연맹더미(제조업)	0.0192	0.9454	0.0462	0.8699
INDUS2	소속연맹더미(사무 관련)	-0.4238*	0.0946	-0.3344	0.1948
INDUS3	소속연맹더미(민주노총 직속)	-0.0524	0.9196	-0.1676	0.7475
REGION	지역더미(수도권=1)	-0.1828	0.3074	-0.1752	0.3397
SIZE1	소속사업장규모더미(중규모)	0.0216	0.9138	-0.0299	0.8870
SIZE2	소속사업장규모더미(대규모)	0.0879	0.7074	0.0799	0.7435
DMAR	혼인여부더미(기혼=1)	-0.2211	0.3576	-0.2798	0.2728
DSEX	성별더미(남성=1)	-0.3767	0.1953	-0.3795	0.1834
AGE	연령	0.0162	0.2890	0.0216	0.1863
EDU1	학력더미(고졸)	0.1604	0.7726	0.1974	0.7189

EDU2	학력더미(전문대졸)	0.0481	0.9282	0.0856	0.8700
EDU3	학력더미(대졸 이상)	-0.1371	0.8013	-0.1073	0.8407
CAREER	근속연수	0.0058	0.8170	-0.0072	0.7755
UNION	노조활동기간	-0.0110	0.6844	-0.0036	0.8942
DISMISS	해고경험더미(경험 있음=1)	0.1002	0.7335	0.0598	0.8432
JAIL	구속경험더미(경험 있음=1)	-0.1277	0.6811	-0.0814	0.7936
DEMO1	현장노조원 요구 수렴 정도	0.2253**	0.0195		
DEMO2	지도부 능력 평가			0.2061**	0.0164
Log likelyhood Chi-square N		-258.0494 33.9791 298		-255.6460 32.2019 293	

주: *** 0.01 ** 0.05 * 0.1 수준에서 유의함.

로 평가한 간부일수록 정부위원회 참가에 대한 반대도가 높았다.

결국 이상의 결과로 보건대 제2절에서 살펴본 노조 내부 민주주의와 사회적 합의의 순응도 간의 관계가 한국에서도 그대로 성립한다고 할 수 있다. 즉, 노조 내부 민주주의가 잘 안 되고 있다고 생각하는 노조간부일수록 노동조합 전국조직이 사회적 합의기구나 협의기구에 참여하는 것에 대해 부정적 반응을 보였는데 이는 사회적 합의의 내용 못지않게 그 절차, 즉 노조 내부의 민주적 의사수렴을 통한 의사결정이 중요하다는 것을 보여 주고 있다.

6. 노조간부의 이데올로기와 노사정 3자기구에 대한 지지도

네오코포라티즘에 대한 연구들은 노사정 3자기구에 대한 노동조합 내부의 지지도를 결정하는 요인으로서 주로 노조 내부 민주주의와 같은 노조 지도부와 노조원 간의 수직적 관계에 초점을 맞추어 왔다. 그러나 몇몇 연구자들이 지적하고 있는 바와 같이(Sabel, 1981) 상이한 이데올로기를 가진 노조 내부 집단 간의 수평적 갈등 역시 노사정 3자기구에 대한 노조원의 지지도를 결정하는 데 있어 중요한 역할을 한다.

실제로 네오코포라티즘에 대해 가장 격렬하게 비판하는 논자들은 마르크스주의적 시각을 가진 논자들이다. 예컨대 패니치(Panitch, 1979)는 네오코포라티즘을 현대 자본주의 체제 내에서 국가와 자본이 노동계급을 회유·통제하기 위해 발전시킨 고도의 조직적 수단으로 간주한다. 즉, 네오코포라티즘을 통해서 노조 지도자들에게 국가의 정책 형성 및 집행 과정에 제한적인 참여를 허용하는 대신, 노동운동이 계급투쟁을 포기하고 국가에 협력하도록 요구하며 더나아가 이들이 임금인상 등 노동자의 요구를 억제하는 역할까지 맡도록 한다는 것이다(김수진, 1992). 제숍(Jessop, 1979) 역시 네오코포라티즘의 성장은 국가독점 자본주의의 발달과 긴밀한 연관성을 지니며, 이는 국가권력의 집중을 제도화하고, 자본의 축적을 촉진시키며 부르주아의 정치적 지배를 강화시킨다고 본다(김수진, 1992). 이러한 주장들은 국내에도 그대로 도입되어 일부 논자들이 한국 노사정위원회의 무용성 또는 폐해성을 주장하는 근거가 되어 왔다(노중기, 1998; 김세균, 1998; 김상곤, 1998).

이상의 고찰을 근거로 할 때 노조간부들 가운데 보다 급진적인 시각을 가진 사람일수록 노사정 3자 합의기구 내지 협의기구에 대해 보다 부정적인 시각을 가질 것이며 이는 노조 내부의 합의순응 문제를 낳는다고 예상할 수 있다.

이 조사에서는 노조간부의 이념적 성향을 묻는 질문으로서 '노동자가 인간다운 삶을 누리기 위한 사회발전 방향은 어떠해야 한다고 생각하십니까?'라는 질문을 하고 보기로 ① 현재의 자본주의를 더욱 발전시켜야 한다, ② 서구 사회민주주의를 모델로 해야 한다, ③ '시장사회주의' 등의 형태로 자본주의와 사회주의를 결합해야 한다, ④ 사회주의를 지향해야 한다는 네 가지 선택을 주었다. 이 질문에 대한 응답결과가 〈표 2-3-8〉에 표시되어 있다.

〈표 2-3-8〉에서 보는 바와 같이 바람직한 사회발전 방향과 관련하여 민주노총 간부들 간에는 상당한 이념적 차이가 나타나고 있다. 즉, 시장사회주의 등 자본주의와 사회주의의 결합모델에 37.5%가 찬성, 가장 높은 찬성률을 보이고 있지만 28.8%는 서구 사회민주주의를, 26.4%는 사회주의를 지지하고 있으며 비록 그 수는 작지만 자본주의를 지지하는 사람도 7.4%로 나타났다.

질문 5. 노동자가 인간다운 삶을 누리기 위한 사회발전 방향은 어떠해야 한다고 생각하십니까? (N=299)	
① 현재의 자본주의를 더욱 발전시켜야 한다	22(7.4%)
② 서구 사회민주주의를 모델로 해야 한다	86(28.8%)
③ '시장사회주의' 등의 형태로 자본주의와 사회주의를 결합해야 한다	112(37.5%)
④ 사회주의를 지향해야 한다	79(26.4%)

이러한 결과는 종전에 실시되었던 다른 조사(윤진호·정영태, 1995)와 비교해보면 자본주의에 대한 지지도가 훨씬 낮고 대신 제3의 체제 내지 사회민주주의에 대한 지지도가 높게 나타난다는 차이가 있지만 노조 내부에 상당히 다른 이념적 성향을 가진 집단들이 존재한다는 것을 보여 준다는 점에서는 일관성이 있다 하겠다.[6]

그렇다면 이와 같은 노조간부들의 이데올로기 차이가 노사정 3자 합의기구 및 협의기구에 대한 지지도에는 어떤 영향을 미쳤을까? 그 결과는 〈표 2-3-9〉와 〈표 2-3-10〉에 표시되어 있다.

이 두 표에서 보는 바와 같이 노조간부들의 이념적 성향은 노사정 3자 합의기구 및 협의기구에 대한 지지도에 강력한 영향을 미치고 있다. 〈표 2-3-9〉에서 이념적 성향이 보다 사회주의에 가까울수록 노사정위원회 참가에 대한 반대확률이 높아졌으며 이는 강력한 통계적 유의성을 가지고 있다. 이데올로기적 성향을 묻는 질문에 대해 한 단계 응답번호가 증가하는 데 따라 노사정위원회 참가를 반대하는 확률은 약 30%씩 높아지고 있다. 그 밖에 제조업 소속 노조일수록, 전문대졸의 학력일수록, 그리고 해고경험이 있으면 노사정위원회 참가를 반대할 확률이 높아졌다.

---

6) 자본주의에 대한 지지도가 이전 조사에서보다 낮아진 것이 IMF 경제위기 이후의 구조조정과 대량실업에 대한 노조간부들의 반발에 기인한 것인지, 응답자의 구성 차이(일반 노조원 대 간부)에 기인한 것인지, 아니면 질문내용 자체의 차이에 기인한 것인지는 확실히 알 수 없다. 앞으로 추가 연구가 필요한 부분이다.

〈표 2-3-9〉 이데올로기적 성향과 노사정위원회에 대한 지지도

• 종속변수: 노사정위원회 참가에 대한 반대확률

설명변수	의미	Coefficient	P-value
Constant	상수	-0.2169	0.7840
INDUS1	소속연맹더미(제조업)	0.4190*	0.0846
INDUS2	소속연맹더미(사무 관련)	0.2046	0.3869
INDUS3	소속연맹더미(민주노총 직속)	0.8163	0.1260
REGION	지역더미(수도권=1)	-0.0691	0.6763
SIZE1	소속사업장규모더미(중규모)	0.0679	0.7191
SIZE2	소속사업장규모더미(대규모)	0.1070	0.6592
DMAR	혼인여부더미(기혼=1)	0.1136	0.5960
DSEX	성별더미(남성=1)	0.0447	0.8429
AGE	연령	-0.0019	0.8970
EDU1	학력더미(고졸)	0.3385	0.5037
EDU2	학력더미(전문대졸)	0.9661*	0.0650
EDU3	학력더미(대졸 이상)	0.5084	0.3426
CAREER	근속연수	-0.0142	0.4923
UNION	노조활동기간	0.0067	0.7677
DISMISS	해고경험더미(경험 있음=1)	0.5434**	0.0130
JAIL	구속경험더미(경험 있음=1)	0.0311	0.9197
IDEOLO	이데올로기	0.2872***	0.0011

Log likelyhood -290.2329
Chi-square 47.7892
N 280

주: *** 0.01 ** 0.05 * 0.1 수준에서 유의함.

〈표 2-3-10〉 이데올로기와 정부위원회 참가에 대한 지지도

• 종속변수: 각종 정부위원회 참가에 대한 반대확률

설명변수	의미	Coefficient	P-value
Constant	상수	-0.3962	0.5950
INDUS1	소속연맹더미(제조업)	0.0559	0.8542
INDUS2	소속연맹더미(사무 관련)	-0.3431	0.2046
INDUS3	소속연맹더미(민주노총 직속)	0.0633	0.9020
REGION	지역더미(수도권=1)	-0.2196	0.2476
SIZE1	소속사업장규모더미(중규모)	0.1142	0.5832
SIZE2	소속사업장규모더미(대규모)	0.1966	0.4177
DMAR	혼인여부더미(기혼=1)	-0.0958	0.7042
DSEX	성별더미(남성=1)	-0.5020*	0.0907
AGE	연령	0.0254*	0.0825
EDU1	학력더미(고졸)	0.1814	0.7060
EDU2	학력더미(전문대졸)	0.0672	0.8824
EDU3	학력더미(대졸 이상)	-0.1212	0.7913
CAREER	근속연수	-0.0069	0.7892

UNION	노조활동기간	-0.0028	0.9224
DISMISS	해고경험더미(경험 있음=1)	-0.1072	0.7157
JAIL	구속경험더미(경험 있음=1)	-0.1946	0.5751
IDEOLO	이데올로기	0.4001***	0.0002

Log likelyhood -238.6209
Chi-square 42.5966
N 284

주: *** 0.01 ** 0.05 * 0.1 수준에서 유의함.

또 〈표 2-3-10〉의 각 정부위원회에의 참가에 대한 지지도 역시 이념적 성향에 따라 크게 달라지고 있다. 즉, 이념적 성향이 급진적일수록 정부위원회 참가에 대한 반대확률이 높아지고 있으며 이는 강력한 통계적 유의성을 가지고 있다. 응답번호가 하나 높아지는 데 따라 반대확률은 약 40%씩 높아지고 있다. 그 밖에 여성 노동자일수록, 그리고 연령이 높을수록 반대확률이 높아지고 있다.

이상의 결과로 보건대 노동조합 내부에는 이념적 성향을 달리하는 집단들이 존재하고 있으며 이러한 이념적 성향의 차이는 노사정 3자기구에 대한 지지도에 커다란 영향을 미치고 있음을 알 수 있다. 대체로 이념적 성향에서 급진적일수록 노사정 3자기구에 대한 반대확률이 높아지며 이는 강력한 통계적 유의성을 가진 것으로 나타나고 있다.

7. 요약과 결론

전통적인 네오코포라티즘론에서는 네오코포라티즘의 성공조건으로서 친노동적 정당의 존재와 강력한 중앙 집중적 산별노조의 존재 등을 지적해 왔다. 그러나 1990년대 들어 유럽에서 나타난 네오코포라티즘의 재부흥 현상은 이러한 종래의 논의에 의문을 던지는 계기가 되었다. 즉, 1990년대 들어 네오코포라티즘이 부활한 이탈리아, 네덜란드 등은 전형적인 중앙 집중적 노조구조와는 상당히 다른 구조를 지니고 있기 때문이다.

이와 관련하여 노동조합이 코포라티즘적 합의틀에 들어가는 것을 설명하는 이론으로서 전략적 선택이론의 중요성이 다시 강조되고 있다. 한편 코포라티즘적 합의의 안정성 조건으로서 종래의 중앙 집중적 노동조합과는 다른 분산형 노조에서도 조합 내부 민주주의만 잘 보장되면 합의순응의 문제를 해결할 수 있다는 주장도 나오고 있다.

이러한 최근의 서구에서의 논의들은 한국의 경우에도 상당한 시사점을 던져 주고 있다. 한국은 1998년 노사정위원회에서 노사정 정상조직 간에 사회적 합의에 도달했으나 곧이은 민주노총 대의원 대회에서 현장노조원의 반발로 협약 통과가 부결되었으며 그 후 민주노총은 수차례 노사정위원회에 대한 불참과 참석을 되풀이한 끝에 마침내 노사정위원회와 같은 노사정 3자기구에서의 합의를 둘러싼 노조 내 합의순응의 문제가 존재하고 있음을 보여 주었다.

노동조합 내 합의순응의 문제가 얼마나 크며 이를 결정하는 요인은 무엇인지를 알기 위해 노동조합 간부들에 대한 실태 조사자료를 분석한 결과, 다음과 같은 사실을 확인할 수 있었다.

첫째, 노사정위원회나 각종 정부위원회에서의 참가 등 노사정 3자기구의 참가를 둘러싸고 노동조합 내에는 다양한 의견이 존재하고 있다. 전체적으로 볼 때 전면적 참가나 전면적 불참 주장보다는 현재의 기구에 대한 쇄신을 조건으로 한 제한적 교섭론이 높은 비율을 차지하고 있다.

둘째, 노사정 3자기구에 대한 지지도를 결정하는 요인을 확인하기 위해 순서 프로빗 분석을 실시했다. 그 결과 제조업 소속 노조에서 노사정 3자기구에 대한 반대도가 높은 반면, 사무 관련 노조에서 반대도가 낮았다. 또 해고경험을 가진 노조간부일수록 반대도가 높았다. 그 밖의 부문변수, 인적 속성 변수, 노동운동 경험변수 등은 통계적 유의성을 가지고 있지 않은 것으로 나타났다.

셋째, 노조 내부의 민주주의에 대한 노조간부들의 인식과 노사정 3자기구에 대한 지지도 간의 관계를 살펴보았다. 그 결과 노조 내부 민주주의에 대한 노조간부들의 인식에 상당한 편차가 있음이 발견되었는데 대체로 민주노총 중앙에 의한 현장노조원의 요구 수렴 정도에 대해서는 부정적 인식이 큰 반면, 민주노총 중앙의 지도역량에 대해서는 긍정적 인식이 더 많았다. 이러한 노조 내부 민주주의에 대한 노조간부들의 인식은 노사정 3자기구에 대한 지지도에 강력한 영향을 미치고 있는 것으로 확인되었다. 즉, 내부 민주주의에 대해 부정적 인식을 갖고 있는 간부일수록 노사정 3자기구에 대한 반대도가 높은 것으로 나타났다.

넷째, 노조간부들의 이념적 성향과 노사정 3자기구에 대한 지지도 간의 관계를 살펴보았다. 그 결과 노조간부들의 이념적 성향에는 커다란 편차가 있음을 발견할 수 있었다. 대체로 자본주의와 사회주의를 결합한 모델이나 서구 사회민주주의 등 이른바 '제3의 길'에 대한 지지도가 높았지만 사회주의를 지지하는 간부들의 비율도 상당히 높은 것으로 나타났다. 이러한 노조간부들의 이념적 성향은 노사정 3자기구에 대한 지지도에 강력한 영향을 미치고 있다. 즉, 보다 급진적인 이념적 성향을 가진 간부일수록 노사정 3자기구에 대한 반대도가 높았으며 이는 강력한 통계적 유의성을 가진 것으로 나타났다.

이상의 논의로부터 얻는 시사점은 한국의 경우에도 노사정 3자기구에의 참가 내지 합의에 대한 노조 내부의 순응 문제가 상당히 강력하게 존재하고 있다는 것이다. 이는 주로 노조 내부의 민주주의라는 수직적 구조와 이념적 성향이라는 수평적 구조의 양축을 둘러싼 노조간부들의 인식 차이에 의해 크게 영향을 받고 있으며 그 밖에 소속 산업이나 해고경험 등이 영향을 미치고 있음을 알 수 있다.

이는 앞으로도 노사정 3자기구에의 참가를 둘러싸고 노동조합이 상당한 내부진통을 겪게 될 수 있음을 시사한다. 특히 합의순응 정도를 결정짓는 요인으로서의 이념적 성향문제는 쉽게 해결되기 힘든 것이라 하겠다. 다만 노조 내부의 민주주의는 노동조합의 노력 여하에 따라 크게 개선될 수 있는 문제이다. 노동조합이 사회적 합의에 관한 중요 의사결정 시 의사결정 단계마다 조합원들의 광범한 의사수렴 과정(토론, 교육, 조합원 투표)을 거쳐 노동조합의 공식적 의사를 결정하도록 함으로써 노조 내부 민주주의를 확보한다면 노동조합의 합의순응 문제도 어느 정도 해결 가능하며 이러한 조합원들의 의사 반영을 통해 노조 중앙조직의 지도부가 민주적 권위를 획득할 경우 이념적 성향을 둘러싼 대립문제도 상당히 완화될 수 있을 것이다.

참고문헌

강명세. 1999. 「사회협약의 이론」. 강명세 편. 『경제위기와 사회협약』. 세종연구소.

권오훈. 2000. 「합의주의 노사관계에 관한 일 연구」. 인하대학교 경제학과 석사학위논문.

김상곤. 1998. 「사회적 합의와 노사정위원회」. ≪민주노동과 대안≫, 제14호. 노동조합기업경영 연구소.

김세균. 1998. 「노동계급의 탈계급화, 탈정치화를 위한 최근의 시도들에 대한 비판」. ≪현장에 서 미래를≫, 10월호. 한국노동이론정책연구소.

김수진. 1992. 「민주적 코포라티즘에 관한 비판적 고찰」. ≪사회비평≫, 8호. 나남.

노중기. 1998. 「김대중 정권의 노동정책과 노동정치」. 이병천·김균 편. 『위기, 그리고 대전환- 새로운 한국경제의 패러다임을 찾아서』. 당대.

노중기. 1999. 「노사정위원회: 성과와 과제」. 변형윤 외. 『IMF 관리 후 한국의 경제정책: 평가와 과제』. 서울사회경제연구소.

노중기. 1999. 「노사정위원회」. 최영기 외. 『한국의 노사관계와 노동정치 (I): 87년 이후 사회적 합의를 중심으로』. 한국노동연구원.

노중기·정영태. 1995. 「한국노총과 전노대의 조합원 의식 비교 연구」. ≪사회경제평론≫, 제8 집. 한국사회경제학회.

박동. 2000. 「한국 노동체제의 변화와 사회협약의 정치에 관한 연구: 1987~998」. 고려대학교 정 치외교학과 박사학위논문.

송호근. 1994. 「임금교섭모델의 분석: 부문조합주의와 업종별 임금교섭의 적실성」. 『노동문제 논집』, 제11집.

유현석. 1998. 「한국노사관계의 변화와 대안에 관한 연구: 조합주의, 생산성연합, 의사경쟁력연 합」. 『국제정치논총』, 제38집 제2호.

윤진호. 1998. 『노동조합 조직체계의 동향과 정책 과제』. 한국노동연구원.

조효래. 2001. 「노동환경의 변화와 노동운동의 새로운 모색」. 최영기·김준·조효래·유범상. 『1987 년 이후 한국의 노동운동』. 한국노동연구원.

Baccro, L. 2000. "Centralized Collective Bargaining and the Problem of 'Compliance': Lessons from the Italian Experience." *Industrial and Labor Relations Review*, vol.53, no.4(July).

Bruno, M. and J. D. Sachs. 1985. *Economics of Worldwide Stagflation*. Oxford.

Cameron, D. 1984. "Social Democracy, Corporatism, Labor Quiescence, and the Representation of Economic Interests in Advanced Capitalist Societies." J. Goldthorpe.(ed.) *Order and Conflict in Contemporary Capitalism*. Clarendon Press.

Cawson, A. 1985. *Organized Interests and the State: Study of Meso-Corporatism*. Saga.

Crouch, C. 1985. "Conditions for Trade Union Wage Restraint." L. N. Lindberg and C. S. Maier. (eds.) *The Politics of Inflation and Economic Stagflation*. Brookings Institution.

Fajertag, G. and P. Pochet.(eds.) 1997. *Social Pacts in Europe*. ETUI.

Gobeyn, M. J. 1993. *Corporatist Decline in Advanced Capitalism*. Greenwood Press.

Goldthorpe, J.(ed.) 1984. *Order and Conflict in Contemporary Capitalism*. Clarendon Press.

ILO. "Tripartism on Trial-Tripartite Consultations and Negotiations in CEE"(http://www.ilo-ceet.
hu/public/).

Jessop, B. 1979. "Corporatism, Parliamentarism, and Social Democracy." P. C. Schmitter and G.
Lehmbruch.(Eds.) *Trends Towards Corporatist Intermediation*. Sage, London.

Joong Kee, Roh. 1984. "Neo-Corporatist Industrial Relations and the Economic Crisis in West Ger-
many." J. Goldthorpe.(ed.) *Order and Conflict in Contemporary Capitalism*. Clarendon
Press.

Joong Kee, Roh. 1988. "Editorial Introduction to Special Issue on Organizational Democracy of
Trade Unions." *Economic and Industrial Democracy*, vol.9. no.3.

Joong Kee, Roh. 1989. "Corpratism is Dead! Long Live Corporatism!: Reflections on Andrew
Shonfield's Modern Capitalism." *Government and Opposition*, 24.

Joong Kee, Roh and G. Lehmbruch. 1979. *Trends Toward Corporatist Intermediation*. Sage.

Lange, P. 1984. "Union Democracy and Liberal Corporatism: Exit, Voice, and Wage Regulation
in Western Europe." Center for International Studies, Western societies Program, Cornell
University Occasional Paper No.16.

Lehmbruch, G. 1974. "Consociational Democracy, Class Conflict, and the New Corporatism." pa-
per presented at IPSA Round Table on Political Integration.

Lockem R. and L. Baccro. 1996. "Learning from Past Mistakes? Recent Reforms in Italian Indus-
trial Relations." *Industrial Relations Journal*, vol.27, no.4.

Meier, C. 1984. "Preconditions for Corporatism." J. Goldthorpe.(ed.) *Order and Conflict in Con-
temporary Capitalism*. Clarendon Press.

Olson, M. 1979. *The Rise and Decline of Nations*. Yale University Press.

Panitch, L. 1979. "The Devlopment of Corporatism in Liberal Democracies." P. C. Schmitter and
G. Lehmbruch.(Eds.) *Trends Towards Corporatist Intermediation*. Sage, London.

Pekkarinnen, J. et al.(eds.) 1992. *Social Corporatism: A Superior Economic System?* Claredon
Press.

Perez, S. A. 2000. "From Decentralization to Reorganization: Explaining the Return to National
Bargaining in Italy and Sapin." *Comparative Politics*, July.

Rowthorn, B. 1992. "Corporatism and Labour Market Performance." J. Pekkarinnen et al.(eds.)
Social Corporatism: A Superior Economic System? Claredon Press.

Sabel, C. F. 1981. "The Internal Politics of Trade Unions." S. Berger.(ed.) *Organizing Interests in
Western Europe*. Cambridge University Press.

Schmitter, P. C. 1974. "Still the Century of Corporatism?" *The Review of Politics*, vol.36, no.1.

Strecck, W. 1982. "Organizational Consequences of Corporatist Cooperation in West German

Labor Unions." G. Lehmbtuch and P. Schmitter.(eds.) *Patterns of Corporatist Policy-Making*. Sage.

Teulings, C. and J. Hartog. 1998. *Corporatism or Competition?* Cambridge University Press.

Therborn, G. 1987. "Does Corporatism Matter?" *Journal of Public Policy*, vol.7, no.3.

Visser, J. 1998. "Two Cheers for Corporatism, One for the Market: Industrial Relations, Wage Moderation and Job Growh in the Netherlands." *British Journal of Industrial Relations*, vol.36., no.2.(June).

Yoon, J. 1999. "Neo-corporatism in Korea?: An Evaluation on the Tripartite Commission." 『인하대학교 산업경제연구소 경제논집』, 제13집 제2호.

제4장

노동조합 존재확률의 결정 요인과 대표권의 갭[*]

1. 머리말

오늘날 선진국의 노사관계에서 나타나고 있는 가장 중요한 현상의 하나는 노동조합 조직률의 하락이다. 대부분의 OECD 국가에서 노조 조직률의 저하와 노조원수의 감소추세가 뚜렷이 나타나고 있다. 한국의 경우도 이러한 추세가 예외는 아니어서 노조 조직률이 1989년의 18.6%를 피크로 꾸준히 하락하여 2002년 말 11.3%에 머물고 있다.[1] 노동조합 조직률 하락의 원인이 무엇인가에 대한 논쟁은 노사관계론의 가장 핵심적인 주제의 하나로서 선진 각국에서 수많은 연구가 쏟아져 나오고 있다. 어떤 사람은 거시경제나 경기변동의 변화를 원인으로 드는가 하면, 다른 이들은 산업구조나 노동력 구성의 변화를,

---

*   ≪사회경제평론≫, 제24호, 139~176쪽(한국사회경제학회, 2005)에 게재되었다.

1)   노조 조직률을 정의하는 방식에는 여러 가지가 있으며 어떠한 방식을 취하느냐에 따라 조직률에 상당한 차이가 날 수 있다. 여기서는 노조 조직률=조합원수/임금근로자×100임.

그리고 또 다른 사람들은 정부정책이나 고용주의 태도, 혹은 노동조합의 조직화 노력의 변화 등을 그 원인으로 들기도 한다. 한편으로 미시적 수준에서 노동자들의 노조가입이 결정되는 기제를 밝히려는 노력도 계속되고 있다. 결국 노동조합의 가입 여부는 노동자 개인의 노조 가입의사에 의해 결정될 것이기 때문이다.

그러나 이러한 연구들의 결정적 약점은 노동조합의 가입기회에 대한 분석이 결여되어 있다는 점이다. 노동조합의 조직률 결정은 노동조합에 대한 수요와 노동조합의 가입기회 공급 등 두 가지 요인에 의해 결정된다. 즉, 한편으로는 노동조합에 가입하려는 노동자들의 의사(노동조합에 대한 수요)가 있어야 하며, 다른 한편으로는 노동조합 가입 희망자가 노조에 가입할 수 있는 기회(노동조합의 공급)가 충분히 보장되어야 한다는 것이다. 그런데 노동조합 조직이 자유로운 선진국에서는 대체로 노조의 공급은 무제한적이라고 보아 노조의 공급요인 결정에 대해 분석을 할 필요성이 적다고 할 수 있다.[2] 반면 노조 설립에 여러 가지 제약이 많은 저개발국의 경우 노조 가입기회의 제약으로 노조에 대한 수요가 공급을 초과하는 상태가 발생할 가능성이 크며 따라서 노조 가입기회의 결정 요인에 대한 분석이 중요한 의미를 지닌다.

특히 한국과 일본처럼 기업별 노동조합체제를 채택하고 있는 경우 노조 설립에 대한 법률적·제도적 제약 외에도 노동조합의 구조 자체가 노조 공급기회를 제약하는 중요한 요인으로 작용하게 된다. 즉, 노동자의 개별적 의사결정에 의해 노동조합에 가입할 수 있는 산별노조체제와는 달리 기업별 노조체제에서는 노동자가 아무리 노조에 가입하고 싶어도 자신이 근무하는 기업에 노조가 설립되어 있지 않은 경우 노조 가입기회가 원천적으로 봉쇄되기 때문이다. 특히 규모의 경제를 기대할 수 없는 중소기업일수록 노조 조직화가 어려우며 따

---

[2] 그러나 후술하는 바와 같이 노조 설립의 자유가 보장되는 선진국의 경우에도 노조의 공급이 그 설립비용으로 인해 제약되는 경우는 흔하게 발생할 수 있다.

라서 중소기업 노동자들의 노조 가입기회는 원천적으로 봉쇄될 가능성이 크다.

이처럼 노동조합에 대한 수요가 공급을 초과하는 초과수요 상태에서는 일부의 노동자들이 노동조합의 대변을 받고 싶어도 불가능한 '노동조합의 대표권 갭(representation gap)'이 발생한다. 마치 일반 상품의 수요-공급 균형이 파괴될 때 자원배분의 비효율이 발생하는 것과 비슷하게 노동조합의 수요-공급 균형이 파괴되면 '노동조합의 대표권 갭'이라는 불균형이 발생하고 이는 다시 임금·이윤의 분배뿐만 아니라, 노동자의 사기, 이직률, 인적자본 형성 등에 악영향을 미침으로써 자원의 비효율적 배분을 발생시킬 것이라는 가설을 세울 수 있다.

그런데 지금까지 한국에서는 노조가입 결정 요인을 둘러싼 미시적 연구 자체가 비교적 적었을 뿐만 아니라 소수의 기존 연구들도 대부분 노동조합 가입 성향 분석이라는 수요 측 요인 분석에 집중해 왔다. 반면 노동조합의 공급이 어떠한 요인에 의해 결정되는가, 노동조합이 있는 기업과 없는 기업을 결정하는 요인은 무엇인가에 대한 분석은 거의 이루어지지 못했다. 이는 무엇보다도 노조 가입기회의 공급을 밝힐 수 있는 미시적 자료의 제약이 심했고 연구자들의 관심도 부족했기 때문이다.[3] 이에 이 글에서는 새로운 자료와 분석방법을 사용하여 한국에서 노동조합 존재 여부의 결정 요인을 분석하고 이와 동시에 노동조합의 대표권 갭의 크기를 시산해 보고자 한다. 글의 순서는 머리말에 이어 제2절에서 노동조합 공급 결정 요인에 관한 이론적 서베이와 이를 토대로 한 노동조합 공급 결정모델을 살펴본다. 제3절에서는 사업체 조사자료를 이용하여 사업체의 노동조합 존재여부 결정 요인을 분석함으로써 노동조합 공급의 결정 요인을 밝힌다. 제4절에서는 노동조합에 대한 수요와 공급분석에 기초하

---

[3] 한국의 노동조합 조직률 결정 요인에 관한 기존 연구로서는 권현지(1999); 김유선(2002); 김현희(1994); 신광영(1995); 윤진호(2003); 이시균(2001); 이재열·권현지(1995); 조우현·유경준(1997); 홍성우(1996) 등을 참조.

여 노동조합 대표권의 격차가 얼마나 되는지를 시산하고 이로부터 잠재적 조
직률을 도출한다. 마지막으로 제5절에서는 이상의 분석을 요약하고 그 시사점
을 찾고자 한다.

2. 노동조합 공급의 결정 요인에 관한 이론적 접근

노조가입에 관한 전통적인 경제학적 설명은 기대효용 접근 방법이다
(Ashenfelter and Pencavel, 1969; Pencavel, 1971; Ashenfelter and Johnson,
1972; Farber, 1983, 2001a; Riddell, 1993; Ingham and Ingham, 1998; Gomez et
al., 2002). 이러한 접근 방법에 따르면 노동자들은 노조가입에 관한 안정적인
선호를 가지고 있는데, 즉 합리적으로 행동하는 개별 노동자는 노동조합 가입
에 따라 기대되는 효용이 비노조원으로 머물러 있을 때의 기대효용보다 더 클
경우에 노조에 가입한다는 것이다.

이러한 경제학적 정식화는 매우 단순한 방법으로 개인의 노조 가입행동을
명확하게 설명하려 한다는 점에서 매력적이긴 하지만 이것만으로는 노조 조직
률 결정을 모두 설명할 수 없다는 한계를 지닌다. 왜냐하면 이 모델은 주로 노
동자들의 개인적 성향이나 특성에 의해 노동조합 가입 여부를 선택한다고 보
는 이른바 '노동자 선택(worker-choice)' 모델인데 이는 일부 노동자가 노동조
합에 가입하고 싶어도 노조가 있는 직장에 취직할 수 없어 노조가입이 불가능
하다는 점을 고려하지 못하고 있기 때문이다(Farber, 2001a). 노동조합이 특정
사업장을 조직하는 데는 여러 가지 비용이 드는데 사업장의 특성상 노조 조직
에 드는 비용보다 이로부터 얻을 수 있는 편익이 적을 경우 노조는 그러한 사
업장에 대한 조직화를 포기하게 되고 그 결과 일부 노동자들은 노동조합에 가
입하고 싶어도 원천적으로 노동조합 가입이 봉쇄된다는 것이다.

이러한 맥락에서 개인의 노조 가입성향과 이를 제약하는 환경·구조적 요인

을 결합하여 노조가입률을 설명하려는 노조가입에 관한 수요-공급이론이 등장했다(Farber, 1983; Farber and Krueger, 1992; Riddell, 1993; Abowd and Farber, 1982). 이 이론에 의하면 노동조합의 조직률은 노동조합에 대한 수요와 노동조합의 공급 간 상호작용의 결과로 결정된다고 한다. 여기서 노동조합에 대한 수요란 개별 노동자의 노조 가입성향을 말한다. 노동조합의 수요 측면에서 노동자들이 노조에 가입하기를 원할수록, 즉 노동자들의 노조 가입성향이 높을수록 조직률은 높아진다. 한편 노동조합의 공급이란 미조직 노동자들에게 노조에 가입할 수 있는 기회가 얼마나 주어지느냐를 말한다. 노조에 가입하기를 원하면 즉시 가입할 수 있는 기회가 많을수록 노조 조직률은 높아질 것이며 반대로 노조 가입자격에 대한 법률적·제도적 제한이나 사용자의 노조 반대행동, 기업규모·산업·직종의 특성으로 인한 노조 조직의 곤란, 노조의 구조나 행태에 기인한 조직화 노력의 미흡 등으로 인해 노조 가입기회가 봉쇄되면 노조 조직률은 낮아질 것이다. 그린(Green, 1990)은 노조의 실제 가입수준에 영향을 주는 핵심변수는 노조 가입성향이라기보다는 노조 가입기회의 제공이라고 주장한다.

그런데 노조 가입기회의 제공은 기본적으로 노동조합 조직화에 따르는 수익과 비용에 의해 결정되며 이는 다시 기업규모나 산업, 직종의 차이, 경영자의 노동조합에 대한 태도, 노동조합의 조직화 노력 등의 차이에 따라 달라진다. 결국 사업체별로 상이한 여러 변수에 의해 노조 가입기회의 제공 확률이 결정된다고 볼 수 있다.

이러한 노조 조직률 결정에 관한 수요-공급 모형은 한국이나 일본처럼 기업별 노조체제를 취하고 있는 나라에서 특히 시사점이 크다. 정규직 중심의 기업별 노조체제에서는 기업규모 및 취업형태에 따른 노동조합 조직률 차이가 결정적으로 중요하다. 기업별 노조체제에서는 노동조합이 없는 중소영세기업에 취업한 노동자는 아무리 노조에 가입하고 싶다 하더라도 가입 가능성 자체가 원천 봉쇄된다. 기업별 노조 자체가 정규직 중심이므로 비정규직 노동자 역시 노조가입이 어려워진다. 이러한 상황에서는 노동자 개인의 노조 가입성향(수요 측 요인)보다는 노조 가입기회의 제공(공급 측 요인)이 노조 조직률 결정에 더욱 중요한 요인으로 작용하는 것이다.

3. 노동조합 가입기회의 결정 요인

1) 노동조합 가입기회의 결정모델과 변수들

앞에서 보았듯이 노동조합이 특정 사업장을 조직함으로써 얻는 기대수익이 조직사업에 드는 직간접적 비용보다 더 클 때 노동조합은 해당 사업장을 조직한다고 가정한다.

$B_i > C_i$ (이때 B_i 와 C_i 은 각각 노동조합이 사업장 i를 조직할 때 발생하는 기대수익과 비용을 말함)

이때 노동조합을 조직함으로써 발생하는 기대수익은 신규 노조원수와 일인당 노동조합비로 구성되며[4] 기대비용은 조직화에 드는 인건비, 선전비 등 직접적 비용과 조직화 노력에 따른 사용자의 반격으로 인한 노조비용 발생 등 다양한 간접비용으로 구성된다. 이때 비용과 수익은 모든 사업체에 동일한 것이 아니라 사업체의 특성과 사용자의 대항전략 등에 따라 다양할 것이므로 사업체 i가 상태 k(노동조합 존재 여부)에 있을 확률은 다음과 같이 계산된다.

---

[4] 물론 이는 노동조합의 조직화에 따른 다양한 기대수익을 매우 단순화시킨 것이다. 이 외에도 조직화에 따른 파급효과(spill-over effects)로서 기존 노동조합의 교섭력 확대, 노조의 정치, 사회적 영향력 확대 등 다양한 요인을 생각해 볼 수 있지만 이는 계량화하기 힘들다.

$$P_{ik} = \text{Prob}((B_{ik} - C_{ik} + e_{ik}) > 0) \quad k = j, n$$

이는 실제로는 다음과 같은 로짓분석에 의해 추정될 수 있는 함수이다.

$$P_{ik} = (1 + e^{-\beta X})^{-1}$$

즉, $\ln\left(\dfrac{p}{1-p}\right) = \beta_0 + \beta_1 X_1 + \beta_2 X_2 + \cdots + \varepsilon$ (여기서 X는 노동조합 존재여부 결정에 영향을 미칠 것으로 기대되는 다양한 변수의 벡터, β는 각 변수의 계수 추정치 벡터, ε는 에러텀임)

이제 문제는 노동조합의 가입기회 공급을 결정하는 비용과 수익이 어떠한 변수들에 의해 결정되는가 하는 것이다. 노동조합은 제한된 인력과 재원으로 조직화를 수행하므로 가능하면 최소의 비용으로 최대의 효과를 얻을 수 있는 부문과 기업을 조직화 목표의 우선순위로 삼을 것이다. 이때 조직대상이 되는 사업체의 다양한 특성과 고용주들의 노동조합에 대한 태도는 비용과 수익에 영향을 미침으로써 노조 조직률에 영향을 줄 수 있다(Riddell and Riddell, 2001). 그러나 개별 노동자의 노동조합 가입성향 결정 요인에 관해서는 수많은 연구가 이루어진 반면, 노동조합의 조직화에 따른 비용과 수익에 영향을 주는 요인에 대해서는 지금까지 체계적 연구가 이루어지지 않고 있으며 단지 단편적 연구들만 있을 뿐이다(Martinello and Meng, 1992). 아래에서는 노동조합의 가입기회 공급에 영향을 미치는 사업장 변수들을 크게 사업장 특성변수, 고용주 정책변수, 그리고 노동자 특성변수로 나누어 살펴보고자 한다.

(1) 사업장 특성변수

사업장 특성변수로서는 산업, 공공·민간부문 여부, 사업체 규모, 사업체 설립연도, 사업체 위치, 경제적 지대 등의 변수를 선정했다. 우선 해당 사업체가 소속되어 있는 산업은 노동조합의 조직 가능성과 밀집한 관계를 가지고 있다. 대체로 광업, 건설업, 제조업 등은 노조 조직률과 긍정적 관계를 가지고 있다 (Fioriro and Dauffenbach, 1982; Anros et al., 1980). 이는 이들 산업에서 작업표준화 정도가 높고 관리자와 작업자의 과업이 확연히 구분되어 있어 노조 조직화에 유리하기 때문이다. 이들 산업에서는 주로 일관생산공정 등에 의해 노동자들이 밀집해 있고 작업현장에서의 기초 조직이 존재하고 있는 것도 노동조합 조직화에 유리한 조건으로 작용한다. 또 이들 산업에서 노동조합과 단체교섭이 일찍이 발전했다는 역사적 조건 역시 무시할 수 없는 요인이다(Riley, 1997).

공공부문과 민간부문의 사업장을 비교해 보면 일반적으로 공공부문에서 노동조합 조직화가 보다 용이한 것으로 나타난다. 이는 대체로 정부부문은 민간부문에 비해 노조 조직화에 덜 적대적이며 공공부문 고용주는 법률을 더 잘 지키기 때문이다(Deery and De Geri, 1991). 공공부문이 대부분 독점산업이어서 노조 조직화에 따른 임금인상 효과를 손쉽게 소비자 가격에 전가할 수 있는 것도 노조에 대한 반대가 약한 이유 중 하나이다.

노동조합 가입기회 제공에 관한 연구 가운데 가장 흔한 발견의 하나는 사업체 규모가 노조 조직화에 미치는 효과이다(Andrews and Naylor, 1994; Riley, 1997; Farber, 20016). 즉, 상대적으로 기업규모가 클수록 노조 조직률은 높아진다. 이는 노동조합에 대한 수요 측면에서는 대기업에서의 비인간적 관계, 관료제적 관리 등으로 인한 노동자 소외로 대기업 노동자들이 노동조합에 의한 보호의 필요성을 더 느끼게 되며, 노동조합 공급 측면에서는 규모의 경제가 작용하기 때문이다. 즉, 노조 조직화에도 고정비용이 소모되므로(조직 전문가 봉급 등) 대규모 사업장일수록 노동자 1인당 조직비용이 덜 들며 일단 조직화될 경우 대규모 사업장일수록 수익이 크다는 사실 때문이다(Hirsch and Berger, 1984; lee, 1978; Robinson and Tomes, 1984; Booth, 1986; Martinello and Meng, 1992; Andrews and Naylor, 1994).

노동조합을 '경제적 지대를 추구하는 조직(tent-seeking union)'으로 보는 견해는 많은 경제학자들에 의해 받아들여지고 있는 가설이다. 즉, 경제적 지대가 큰 부문일수록 지대추구 노동조합이 존재할 확률이 높으며 따라서 산업집중률이 높은 산업(기업은 비용 증가를 손쉽게 소비자 가격에 전가할 수 있음), 자본집약적인 산업(단기고정자본의 비율이 높을수록 준지대가 많아짐)(Hirsch and Berger, 1984), 대체재가 적은 산업(Martinello and Meng, 1992), 그리고 생산물 시장에 신규 기업의 진입이 규제되거나 최소가격제도가 있는 산업(기업과 노조가 잠재적 경쟁자로부터 보호받을 수 있음) 등에서 노조 조직률이 높아진다 (Hundley, 1989).

사업장이 존재하는 위치, 지역 등은 노조 조직화에 영향을 미친다(Riley, 1997). 이는 노조 조직화가 특정 산업의 지역적 분포나 지역 주민들의 라이프스타일 및 정치적 신념 차이 등에 영향을 받기 때문이다. 특히 도시와 농촌 지역의 입지 차이는 노조 조직화에 많은 영향을 미친다. 도시지역에 입지해 있는 사업체에서는 노조원의 충원이 쉽고 비용이 덜 든다. 반면 농촌지역 사업체는 지리적으로 산재되어 있어 조직화 비용이 더 들며 또 정치적으로도 농촌 주민들이 도시 주민들에 비해 보다 보수적이기 때문에 노조에 대한 저항이 강하다 (Riley, 1997).

사업체 설립연도는 노조 조직화에 중요한 영향을 미친다(Machin, 2000; Disney et al., 1995). 왜냐하면 특정 사업체에서 노조가 존재하느냐 여부는 역사적으로 결정된 해당 사업장 경영·노사관계 스타일의 일부분이기 때문이다. 일반적으로 노사관계의 경험이 풍부하고 상대적으로 안정된 오래된 사업체에서는 새로 노조가 설립되거나 있던 노조가 없어지는 일이 매우 드물다. 따라서 사업체 설립연도가 오래될수록 노조 조직률이 높을 것으로 예상된다(Disney et al., 1995; Beaurmnt and Harris, 1995).

(2) 사업체 노동력 특성변수

사업체 노동력 특성변수로서는 여성 노동력 비율, 생산직 노동자 비율, 비정규직 비율 등을 선정했다.

한 사업장에 고용되어 있는 노동력 중 여성 노동자의 비율은 노동조합 조직화에 마이너스 효과를 미칠 것이다. 이는 여성의 노조 가입성향이 낮다는 사실 외에도 여성 노동력 가운데 비정규노동자가 많다는 사실 때문이다(Andrews and Naylor, 1994).

생산직 노동자의 비율은 노조 조직률에 긍정적 영향을 미치는 것으로 기존 연구결과 나타나고 있다(Andrews and Naylor, 1994). 생산직 노동자는 일반적으로 일관생산공정에서 일하는 경우가 많으므로 조직화가 비교적 쉬우며 따라서 조직화 비용이 낮다. 수익 면에서는 일단 노동조합이 존재하면 생산직은 거의 예외 없이 대규모로 가입하는 경향이 있는데 생산직 노동자의 경우 상호 간 연대성이 강해서 노조가입에 동료의 영향을 많이 받기 때문에 사업장에 노조가 존재하고 일정 비율의 생산직 노동자가 가입하고 나면 나머지 노동자들도 따라서 가입하는 경향이 강하다는 것이다.

비정규직 노동자의 비율이 높을수록 노조 조직 및 유지 비용은 높아진다 (Deery and De Geri, 1991). 비정규직은 직장 이동이 빈번하므로 노조의 조직 및 유지가 힘들다. 비정규직 노동자들은 일반적으로 임금은 낮은 반면 노조가 이들을 위해 해결해야 할 사항은 많기 때문에 노조의 조직비용을 높이고 수익은 낮아지게 된다. 이러한 사실들이 비정규직 노동자가 많은 사업장의 노조 가입기회를 낮추는 요인으로 작용하며 따라서 많은 비정규직 노동자들이 노동조합에 가입하고 싶어도 기회가 없어서 비노조원으로 남게 되는 것이다.

(3) 고용주의 노동조합에 대한 태도

노사관계의 주체인 고용주, 노동조합, 정부는 각각 노조 조직화에 대한 입장 차이를 통해 조직화의 비용과 수익에 영향을 줄 수 있다. 이 가운데 노동조합과 정부의 영향은 사업체에 따라 차별적으로 나타난다고 보기 어려우므로 분석에서 제외한다. 여기서 주로 문제 삼는 것은 고용주의 노동조합에 대한 전략이다. 고용주는 기본적으로 노동조합이 자기 사업장에 생길 경우 이윤이 줄어들므로 이를 가능하면 회피하고자 한다. 방법으로서는 두 가지 전략을 가지고 있다. 즉, '노동조합에 대한 대체'와 '노동조합에 대한 억압' 전략이다(Kochan, 1980; Fiorito, 2001).

노조 대체는 주로 노동조합에 대한 대체기구의 도입 및 운영을 통해 종업원의 불만을 해결함으로써 노조의 설립을 막기 위한 전략이다(Kochan, 1980). 사업체 내에 노동조합의 대변기능을 대체할 수 있는 기구가 존재할 경우 노동조합에 대한 종업원의 수요는 감소하며 따라서 노조 조직화 비용이 높아지고 조직화에 따른 수익은 감소할 것이다(Gomez et al., 2002). 이와 같이 경영자가 노조가 아닌 대체적인 참여, 대변구조를 도입하여 효율적으로 운영하면 노동자들은 더 이상 노조에 의한 대표권을 원치 않게 된다(Freeman and Rogers, 1999). 반면 비노조 대변기구의 효율성이 제약되어 있는 사업장에서는 노조 조직화에 대한 종업원들의 열망이 증가될 것이다(Golian, 2001).

고용주의 노동조합 조직화에 대한 반대정도는 노조 조직화의 비용에 영향을 미치는 주요 요인의 하나이다(Freeman, 1988; Kochan, Katz, and McKersie, 1986; Freeman and Kleiner, 1990). 노조 조직화에 대한 고용주의 반대 증가가 미국, 영국 등에서 노조 조직률이 하락한 주요 원인의 하나라는 것은 많은 학자들이 지적하고 있다(미국에 대해서는 Freeman and Medoff, 1984; Dickens and Leonard, 1985; Farber, 1987. 영국에 대해서는 Sease and Goffee, 1980; Beaumont and Rennie, 1986; Beaumont and Harris, 1994, 1995).

2) 자료와 표본의 특성

이 글에서 노동조합 존재확률의 결정 요인에 관한 심층분석을 하기 위해 사용한 자료는 한국노동연구원이 2002년 7월부터 10월 사이에 실시한 '사업체 인적자원관리 실태 조사' 자료이다. 이 조사는 전국의 표본사업체 2417개 사업장을 대상으로 인적자원관리와 노사관계 실태에 관한 광범한 항목을 질문했는데 그중에는 노동조합에 관한 상세한 질문들도 포함되어 있다. 실제 분석은 이 자료에 고용보험 DB, 한국신용정보의 기업정보 및 재무정보, 노동부의 노동조합 조직현황 자료 등을 결합한 '한국 기업의 인적자원관리와 노사관계' 컨퍼런스 자료로서 모두 2417개 사업장에 관한 정보를 담고 있다(김유선, 2003).

먼저 전체 표본을 노동조합이 존재하는 사업장과 존재하지 않는 사업장으로 나누어 그 특성을 비교해 본 것이 〈표 2-4-1〉이다. 이 표에서 보는 바와 같이 전체 표본 2417개 기업 가운데 노동조합이 있는 사업체는 750개로 30%를 약간 넘고 있으며 나머지는 무노조사업체이다.[5]

산업별로 살펴보면 전체 표본 가운데서는 제조업이 57%로 가장 많고 다음으로 운수·창고·통신업, 도소매·음식·숙박업, 사회 및 개인 서비스업의 순이다. 유노조사업체의 경우 제조업의 비율이 61%에 달하고 있으며 다음으로 운수·창고·통신업, 금융·보험·부동산업의 순이다. 유노조사업체는 소수의 특정 산업에 집중적으로 몰려 있는 반면, 나머지 대다수 산업에서는 거의 미미한 숫자밖에 없는 것이 특징이다. 무노조사업체의 경우 제조업이 55%, 사회 및 개인 서비스업이 10%, 도소매·음식·숙박업이 9.8%로 유노조사업체에 비해서는 비교적 산업분포가 고르다.

규모별로 살펴보면 전체 표본 가운데 종업원 수 100~499인 정도의 중규모 기업의 비중이 36%로 가장 높고, 다음으로 10~49인, 50~99인, 그리고 1000인 이상 대기업 등이 비교적 비슷한 분포를 나타내고 있다. 그러나 유노조기업의

---

5) 전체 노조 조직률이 임금노동자의 11% 정도에 불과하며 임금노동자의 수가 많은 대기업일수록 노조 조직률이 높다는 점에 비추어 볼 때 노조가 있는 사업체 비율은 11%보다 훨씬 낮을 것으로 보인다. 따라서 이 조사에서 유노조사업체가 실제 모집단에서의 비율보다 과다 표집되었다고 할 수 있다. 그러나 이 조사는 사업체 전체의 모집단의 성격을 추정하는 데 목적이 있는 것이 아니라 노조가 있는 사업체와 노조가 없는 사업체를 비교 분석하는 데 초점이 있으므로 이와 같은 조사방법은 당연한 것이라 하겠다.

<표 2-4-1> 사업체 표본의 특성

(단위: 개, %)

변수	전체	노조 있는 사업장	노조 없는 사업장
N	2,417(100.0)	750(31.0)	1,667(69.0)
산업	1,838(100.0)	677(100.0)	1,161(100.0)
광업	6(0.3)	5(0.7)	1(0.1)
제조업	1,053(57.3)	415(61.3)	638(55.0)
전기·가스·수도업	31(1.7)	12(1.8)	19(1.6)
건설업	120(6.5)	29(4.3)	91(7.8)
도소매·음식·숙박업	147(8.0)	33(4.9)	114(9.8)
운수·창고·통신업	153(8.3)	91(13.4)	62(5.3)
금융·보험·부동산업	129(7.0)	46(6.8)	83(7.1)
공공서비스업	54(2.9)	17(2.5)	37(3.2)
사회 및 개인 서비스업	145(7.9)	29(4.3)	116(10.0)
규모	1,820(100.)	503(100.0)	1,317(100.0)
0~9인	7(0.4)	0(0.0)	7(0.5)
10~49인	351(19.3)	23(4.6)	328(24.9)
50~99인	340(18.7)	37(7.4)	303(23.0)
100~499인	655(36.0)	245(48.7)	410(31.1)
500~999인	166(9.1)	79(15.7)	87(6.6)
1000인 이상	301(16.5)	119(23.7)	182(13.8)
지역별	1,820(100.0)	503(100.0)	1,317(100.0)
대도시*	984(54.1)	280(55.7)	704(53.5)
대도시 이외	836(45.9)	223(44.3)	613(46.5)
소유구조	2,101(100.0)	448(100.0)	1,653(100.0)
전문경영인	261(12.4)	68(15.2)	193(11.7)
소유경영인	1,840(87.6)	380(84.8)	1,460(88.3)
단일사업장 여부	1,914(100.0)	683(100.0)	1,231(100.0)
단일사업장	775(40.5)	128(18.7)	647(52.6)
복수사업장	1,139(59.5)	555(81.3)	584(47.4)
외국인 지분 비율(%)	4.6910	9.4127	3.1783
회사설립연도(년)	19.9547	27.6295	16.9198
기술구성	24.2507	13.6911	35.2561
준지대	0.1599	0.1999	0.1404
노사협력도	2.0167	2.0931	1.9897
노사협의회	2.8004	2.8081	2.7529
비정규직 비율(%)	9.7539	9.544	9.834
여성비율(%)	21.7004	17.84	23.13
생산직 비율(%)	46.7993	48.29	46.23

주 1): 각 변수에 대한 설명은 〈표 2-4-2〉 참조.
주 2): 외국인 지분비율부터 생산직 비율까지의 변수값은 평균값임.
주 3): 대도시'는 서울, 부산, 대국, 인천, 광주, 대전을 말함.

경우 100~499인 규모가 거의 절반에 육박하고 있으며 다음으로 1000인 이상 규모, 500~999인 규모 등으로 대기업에 집중적으로 몰려 있다. 반면 무노조사업체의 경우 100~499인 규모가 가장 많으며 다음으로 10~49인, 50~99인 규모 등 비교적 소규모 사업체가 많은 것이 특징이다. 결국 기업규모별로 대기업에서 노동조합 존재확률이 높은 반면, 중소영세기업의 노조 존재확률은 매우 낮다는 사실을 확인할 수 있다.

지역별로는 전체 표본의 경우 대도시에 소재한 사업체가 54%, 대도시 이외의 지역이 46%의 비중을 차지하고 있다. 유노조사업체와 무노조사업체 설립확률이 높아진다고 볼 수 있다.

노사협력 정도[6] 면에서 전체 평균은 2.0167이고 유노조사업체는 2.0931로 무노조사업체 평균 1.9897에 비해 높아 유노조사업체에서 노사관계가 보다 대립적이라는 것을 알 수 있다.

노동조합의 대체기능을 갖는 대표적 기구로서 노사협의회를 들 수 있다. 앞에서 본 대로 노동조합의 대체기구라 할 수 있는 노사협의회가 잘 운영될 경우 노동자들은 노동조합의 필요성을 보다 덜 느끼게 되어 노동조합 조직이 보다 어려워진다는 가설을 세울 수 있다. 실제로 노동조합의 대체기구라 할 수 있는 노사협의회가 잘 운영될 경우 노동자들은 노동조합의 필요성을 보다 덜 느끼게 되어 노동조합 조직이 보다 어려워진다는 가설을 세울 수 있다. 실제로 노사협의회의 운영상황을 보면[7] 전체 평균값은 2.8004로서 중간보다 약간 높은 점수(즉, 노사협의회 운영이 잘 안 되는 편)를 취하고 있다. 유노조사업체 평균 점수는 2.8081로서 노조 없는 사업체 평균 2.7529에 비해 더 높아 앞에서의 가설대로 무노조사업체일수록 노사협의회가 잘 운영되는 것으로 나타나고 있다.

비정규직 비율 면에서 전체 평균은 9.8%인데 유노조사업체 평균비율은

---

6)　노사협력도는 자기 사업장의 노사관계의 다양한 측면(14개 항목)에 관한 질문을 노무관리자가 평가한 결과를 점수화하여 그 평균값을 구한 것으로 점수는, 매우 협력적이다=1, 협력적인 편이다=2, 그저 그렇다=3, 협력적이지 않은 편이다=4, 전혀 협력적이지 않다=5로 했다.

7)　노사협의회 변수는 노사협의회 운영상황의 다양한 측면(8개 항목)에 관한 질문을 노무관리자가 평가한 결과를 점수화하여 그 평균값을 구한 것으로 점수는, 운영이 매우 잘 된다=1, 운영이 잘 되는 편이다=2, 그저 그렇다=3, 운영이 잘 안 되는 편이다=4, 운영이 매우 잘 안 된다=5로 했다.

9.5%로서 무노조사업체 평균비율 9.8%에 비해 더 낮으며 따라서 비정규직 비율이 높을수록 노조 존재확률이 낮아진다는 앞에서의 가설을 확인할 수 있다.

마찬가지로 여성 노동자 비율 면에서 전체 평균은 21.7%이며 유노조사업체 평균비율은 17.8%로서 무노조사업체 평균비율 23.1%에 비해 낮아 여성의 비율이 높아질수록 노조 존재확률이 낮아진다는 앞에서의 가설을 확인할 수 있다.

생산직 비율 면에서 전체 평균은 46.8%이며 유노조사업체 평균은 48.3%로서 무노조사업체 평균 46.2%에 비해 다소 높아 생산직 비율이 높을수록 노조 존재확률이 높아진다는 앞에서의 가설이 확인된다.

3) 노동조합 존재확률의 결정 요인 분석

앞에서 본 선행연구들을 참고하여 노동조합 가입기회의 공급에 영향을 미치는 사업장 변수들을 크게 사업장 특성변수, 고용주 정책변수, 그리고 노동자 특성변수로 나누어 살펴보고자 한다. 그 내용은 〈표 2-4-2〉와 같다.

〈표 2-4-3〉은 로짓분석 결과를 보여 주고 있다. 이 표에서 보는 바와 같이 대부분의 변수들에서 계수들이 이론적 예측과 동일한 방향으로 나타나고 있으며 또 통계적 유의성이 높은 계수값을 가지고 있어 상당히 설명력이 높은 것을 알 수 있다.

먼저 산업별로는 광공업에 비해 건설업 사업체에서 노조 존재확률이 낮은 반면, 공공서비스 사업체에서는 노조 존재확률이 높았으며 이는 통계적 유의성을 가진 것으로 나타났다. 민간서비스 사업체에서도 노조 존재확률이 낮았지만 통계적 유의성은 없었다.

규모변수 면에서는 다른 변수들을 통제할 경우 사업체 규모가 노조 존재확률에 별다른 영향을 못 미치는 것으로 나타나 대기업일수록 노조 존재확률이 높다는 기존의 통념과는 다른 결과를 보였다. 이는 결국 기업체 규모에 따른 노조가입률 차이는 규모변수 그 자체보다 노동력의 속성이나 직업의 구성 등

〈표 2-4-2〉 노동조합 존재확률 결정 요인 분석에 사용된 변수

	변수명	변수에 대한 설명
	산업(광공업)	
	건설업	건설업이면 1, 아니면 0
	민간서비스업	민간서비스업이면 1, 아니면 0
	공공서비스업	공공서비스업이면 1, 아니면 0
	규모	사업체의 종업원 규모
	지역별(대도시 이외)	
	대도시	대도시면 1, 대도시 이외 지역이면 0
사업장 특성	소유구조(전문경영인)	
	소유경영인	소유경영자 사업체면 1, 전문경영자 사업체면 0
	단일사업장 여부	
	단일사업장	단일사업장이면 1, 복수사업장이면 0
	외국인 지분비율(%)	외국인 지분비율(%)
	회사설립연도(년)	2003년
	기술구성	노무비/유형고정자산
	준지대	영업이익/매출액
고용주 전략	노사협력도	매우 협력적=1, …… 매우 대립적=5
	노사협의회	매우 잘 운영=1,…… 매우 잘 운영되지 않음=5
	비정규직 비율(%)	비정규노동자수/전체 종업원수
노동력 특성	여성비율(%)	여성 노동자수/전체 종업원수
	생산직 비율(%)	생산직 노동자수/전체 종업원수

주: ( ) 안은 더미변수 사용 시 기준값.

〈표 2-4-3〉 사업장에서의 노조존재확률 결정 요인 로짓분석

변수명	계수값(표준오차)
산업별(광공업)	
건설업	-0.4119(0.1605)**
민간서비스	-0.2037(0.1273)
공공서비스	0.6170(0.1148)***
규모(*10^7)	-0.3433(0.4559)
지역	0.1935(0.1156)*
소유구조	-0.0007(0.0002)***
단일사업장 여부	-0.0008(0.0005)*
외국인 지분율(*100)	-0.0488(0.0168)***
회사설립연도(*1000)	0.0002(0.0003)
기술구성비(*1000)	0.9408(0.1091)***
준지대(*1000)	-0.1431(0.1428)
노사협력도(*100)	-0.1846(0.2162)***
노사협의회(*100)	0.1626(0.1670)***
비정규직 비율	-0.4103(0.2080)**
여성비율(*100)	-0.0252(0.0144)*
생산직 비율	0.2175(0.1614)

Constant	-0.4110(0.1418)***
Log Likelihood	-1256.086
N	2,417

주 1): * p < 0.1 ** p < 0.05 *** p < 0.01
주 2): ( )은 각각 더미변수의 기준.
주 3): N은 표본의 크기.

다른 요인에 기인한 것이며 이들 요인을 통제할 때 규모 간 노조가입률 격차는 사라진다는 것을 의미한다.[8]

지역 면에서 대도시 지역에 위치한 사업체는 그 밖의 지역 사업체에 비해 노조 존재확률이 높았으며 역시 통계적 유의성을 가진 것으로 나타났다.

소유구조 면에서는 전문경영인 사업체에 비해 소유경영자가 경영하는 사업체에서 노조 존재확률이 낮은 것으로 나타나 소유경영자 기업일수록 노조에 대한 반대가 심할 것이라는 예측과 일치했으며 이는 높은 통계적 유의성을 가졌다.

복수사업장에 비해 단일사업장에서 노조 존재확률이 낮았으며 이는 90% 수준에서 통계적 유의성을 가진 것으로 나타났다.

외국인 지분율이 높은 사업체일수록 노조 존재확률이 낮아지는 것으로 나타났으며 이는 높은 통계적 유의성을 가졌다.

다른 요인을 통제할 경우 회사설립연도는 노조 존재확률에 별다른 영향을 미치지 못하는 것으로 나타났다.

기술구성비 면에서는 기술구성비가 높을수록 노조 존재확률이 높아졌으며 이는 통계적 유의성을 가진 것으로 나타났다. 유형고정자산에서 차지하는 노무비 비율이 높다는 것은 곧 노동 집약적인 생산방법을 택하고 있다는 것이며

---

[8]   한국노동패널 자료를 이용한 다른 연도에 대한 분석에서도 동일한 결과가 나타나고 있어 이 글의 분석의 신빙성을 높여 주고 있다(윤진호, 「노동조합 가입성향의 결정 요인: 패널 데이터를 중심으로」, 한국노동연구원 미발간 자료, 2003).

이러한 기업에서 노동자들이 보다 노동조합으로부터의 보호를 강하게 바라고 있다고 해석할 수 있다.

준지대 면에서는 다른 요인을 통제할 경우 노조 존재확률에 별다른 영향을 못 미치는 것으로 나타났다

노사관계가 대립적인 사업체일수록(즉, 노사협력도 점수가 높은 사업체일수록) 노조 존재확률은 낮았으며 이는 높은 통계적 유의성을 가졌다. 이는 곧 이들 기업에서 노동조합에 대한 고용주의 적대적 태도가 노동조합의 조직비용을 높여 노조 존재확률을 낮춘다는 앞에서의 가설과 일치한다. 반면 노사협의회가 유효하게 작동하는 사업체일수록(즉, 점수가 낮을수록) 노조 존재확률이 낮은 것으로 나타났는데 이는 노동조합의 대체기구인 노사협의회의 효율적 운영을 통해 노동자들의 불만을 흡수함으로써 노동조합의 필요성을 낮춘다는 앞에서의 대체가설과 일치되는 것으로 해석할 수 있다.

비정규직 노동자의 비율이 높을수록 노동조합의 존재확률은 낮아지며 이는 통계적 유의성을 가진 것으로 나타났다. 여성 노동자 비율 역시 노조 존재확률에 부정적 영향을 미쳤으며 이는 90% 수준에서 유의하다. 반면 생산직 노동자 비율은 노조 존재확률을 높이는 것으로 나타났지만 통계적 유의성은 없었다.

전체적으로 볼 때 대부분의 변수들이 이론적 예측과 부합되는 계수값을 가지고 있다고 결론지을 수 있다. 단, 기업규모 면에서 이론적 예측과는 달리 노조 존재확률에 통계적 유의성을 가진 영향력이 없는 것으로 나타난 것은 준지대나 기술구성비 등 다른 요인들을 통제한 탓으로 인한 것이 아닌가 추정된다.

4. 노동조합 대표권의 갭 분석

1) 노동조합 대표권의 갭 모델

지금까지 살펴보았듯이 노동자들이 실제 노조에 가입하고 있느냐의 여부는 노동자들의 노조 가입성향이라는 수요 측 요인과 노조 가입기회의 제공이라는 공급 측 요인의 작용에 의해 결정된다. 그러나 미조직 노동자들의 노동조합 가입에 대한 수요는 상당수 존재하지만 노동조합 접근기회 및 가입기회의 제한이라는 공급 측 요인으로 인해 그 수요가 채워지지 못할 경우 이른바 '좌절된 수요(frustrated demand)' 상태에 빠지게 되며 이러한 좌절된 수요는 곧 미조직 노동자들이 노동조합의 보호 및 대변을 받고 싶어도 구조적으로 불가능하다는 '노동조합 대표권의 갭' 현상을 가져오게 되는 것이다(Gomez et al., 2001).

이를 보다 명확하게 하기 위해서 Farber and Krueger(1992)의 정식화에 따라서 다음과 같은 수식으로 표현해 보자. 한 노동자는 그가 노동조합 가입을 원하는 동시에 노동조합이 있는 사업체에 채용될 때만 노조에 가입할 수 있다. 따라서 노동자 i가 노조원이 될 수 있는 확률은 다음과 같이 주어진다.

$$\text{Prob}(U_i = 1) = \text{Prob}(U_i = 1 \mid D_i = 1) \cdot \text{Prob}(D_i = 1).$$

(노조에 가입한 상태일 경우 U_i=1, 노조에 가입하지 않은 상태일 경우 $U_i = 0$, D_i는 노동자 i가 노동조합 가입을 원하는 경우 I, 가입을 원하지 않는 경우 0 값을 취하는 더미변수)

이 식이 의미하는 바는 노조가입을 원하는 노동자 가운데 노조가 있는 직장에 채용된 일부만 실제 노조원이 될 수 있다는 뜻이다.

노동자 i가 비노조원이 될 확률은 다음과 같다.

$$\mathrm{Prob}(U_i=0) = \mathrm{Prob}(D_i=0) + \mathrm{Prob}(U_i=0 \mid D_i=1) \cdot \mathrm{Prob}(D_i=1).$$

즉, 비노조원은 두 그룹으로 구성되어 있는데 한 그룹은 노조가입을 원하지 않는 사람들이며 또 하나의 그룹은 노조가입을 원하지만 무노조사업체에 채용되어 있어 노조가입이 불가능한 사람들이다.

마지막으로 노동자 i가 노조원이 될 확률은 다음과 같이 쓸 수 있다,

$$\mathrm{Prob}(U_i=1) = \mathrm{Prob}(D_i=1) - \mathrm{Prob}(D_i=1, U_i=0).$$

즉, 노조원이 될 확률은 전체 노조가입 희망자 확률 가운데 좌절된 수요의 확률을 뺀 나머지라는 뜻이다. 좌절된 수요의 크기($\mathrm{Prob}(D_i=1, U_i=0)$)는 곧 노동조합 대표권의 갭(노동조합에 대한 수요와 공급 간의 차이)의 크기와 같다.

2) 노동조합 대표권 갭의 크기 추정을 위한 자료와 표본의 특성

이 글에서는 노동조합 대표권 갭의 크기 추정 분석을 위해 한국노동연구원에서 조사한 한국노동패널 자료를 사용했다. 이 자료는 제주도를 제외한 전국에서 추출한 5천 개 가구표본과 이에 속하는 15세 이상 생산가능인구 1만 3738명의 개인표본을 대상으로 한국노동연구원이 1998년부터 지속적인 조사를 통해 구축하고 있는 패널자료이다. 이 연구에서는 4차연도(2001년) 자료 중 임금노동자 표본만 추출하여 사용했다.[9]

〈표 2-4-4〉는 한국노동패널의 4차연도 자료에서 나타난 임금노동자 표본의 특성을 보여 주고 있다. 이 글에서 사용한 임금노동자의 유효표본수는 3743명이다.

---

9) 한국노동패널 자료에 대한 보다 상세한 설명은 한국노동연구원(2002); 방하남 외(2003) 참조.

〈표 2-4-4〉 임금노동자 표본의 특성(2001년)

(단위: %)

전체	3743(100.0)		
성별		**기업규모별**	
남자	60.1	10인 미만	51.2
여자	39.9	10~49인	24.2
연령별		50~99인	7.7
19세 이하	2.0	100~499인	9.9
20~29세	26.0	500~999인	2.0
30~39세	29.6	1000인 이상	5.0
40~49세	25.3	**기업형태별**	
50~59세	12.6	민간기업	78.9
60세 이상	4.6	외국인기업	1.1
(평균연령: 세)	37.9	정부/공기업	11.7
교육정도별		기타	8.3
초등학교 이하	10.3	**고용형태별**	
중졸·중퇴	13.4	상용직	77.6
고졸·중퇴	39.9	임시직	11.9
전문대졸·중퇴	11.9	일용직	10.4
대학 이상	24.4	**노동조합 유무**	
결혼 여부		노조 없음	79.9
미혼	28.0	노조 있음	20.1
기혼	72.0	**직업별**	
산업별		관리직	1.0
농림어업	1.0	전문직	8.7
광업	0.1	기술직	15.0
제조업	27.0	사무직	15.9
전기·가스·수도업	0.6	서비스·판매직	14.0
건설업	10.1	농어업직	0.7
도소매·음식·숙박업	18.5	기능직	17.2
운수·창고·통신업	7.2	생산직	13.5
금융·보험·부동산업	13.8	단순노무직	14.1
공공서비스업	16.2	**노조원 여부1)**	
사회·개인 서비스업	5.5	노조원임	62.2
근속(개월)	52.3	노조원 아님	37.8
월평균임금(만 원)	119.3	**주 평균근로시간**	51.1

주 1): 노조가 있는 사업장에서 근무하는 노동자만 대상임.
자료: 한국노동연구원, 한국노동패널조사, 4차년도 원자료.

먼저 인구통계학적 표본의 특성을 살펴보기로 하자. 성별 구성을 보면 남자
가 60%, 여자가 40% 수준이다. 다음으로 연령별 구성을 살펴보면 30대, 20대,
40대 순으로 많으며 이들 핵심연령층이 전체 표본의 80% 이상을 차지하고 있

다. 교육정도별 구성을 살펴보면 고졸 학력자가 40%로 가장 비중이 크며, 대졸 이상자가 24%, 중졸 이하의 저학력자가 23.7%, 전문대졸 학력자가 12% 정도의 비중을 보이고 있다. 결혼 여부 면에서는 미혼이 28%, 기혼이 72%로서 기혼자가 대부분을 차지하고 있다.

다음으로 고용상의 특징을 살펴보면 우선 고용형태별로는 상용직이 77.6%로서 다수를 차지하고 있지만 임시직 11.9%, 일용직 10.4% 등 비정규직의 비중도 22.4%에 달한다. 평균근속연수는 52.3개월이며 월평균임금은 119만 원이다. 주 평균근로시간은 51.1시간을 기록하고 있다.

다음으로 사업체 특성별로 표본의 분포를 살펴보기로 하자. 먼저 산업별 구성을 보면 제조업, 공공서비스업, 도소매·음식·숙박업 순으로 분포되어 있다. 직업별 구성을 보면 기능직의 비율이 17.2%로 가장 높고 그다음으로 사무직, 기술직, 전문직의 순이다. 기업규모별 구성을 보면 전반적으로 대기업 종사자의 비중이 적고 소영세기업 종사자의 비중이 높아 100인 미만 기업 종사자가 전체의 83.1%를 차지하고 있다. 기업형태별로는 민간기업 종사자의 비중이 78.9%에 달하는 반면 정부·공기업 종사자의 비중은 11.7%에 머물고 있다.

노동조합 유무를 보면 노동조합이 있는 사업장에 종사하는 노동자의 비중은 20.1%에 불과한 반면, 노조가 없는 사업장 종사자의 비중은 79.9%에 달한다. 즉, 전체 노동자의 5분의 4가 노동조합이 없는 사업장에서 근무하고 있어 노동조합 가입이 원천적으로 불가능한 상태임을 알 수 있다. 사업장에 노동조합이 있는 경우 노조 가입비율을 보면 62.2%의 비율을 나타내고 있다.

3) 노동조합 대표권의 갭 크기 추정

이제 한국노동연구원의 패널자료를 이용하여 노동조합 대표권의 갭의 크기를 추정해 보기로 하자. 현재의 노조원이 모두 노동조합 대표권을 바라고 있다고 가정하면 노동조합 가입기회의 크기는 현재의 조합원 비율을 그대로 적용할 수 있다.[10) 이는 〈표 2-4-5〉의 두 번째 칼럼 (A)에 표시되어 있다.

한편 노동조합에 대한 수요의 크기는 앞에서 본 대로 현재의 노동조합원과 좌절된 수요(노조가입을 희망하지만 사업장에 노조 가입기회가 없어서 비노조원으로 남아 있는 경우)의 합으로 정의할 수 있다. 한국노동연구원의 패널자료는 노조가 없는 사업장의 종업원에 대해 노조가입 희망의사를 조사했는데 이를 통해 노동조합에 대한 수요의 크기를 계산할 수 있다.

세 번째 칼럼 (B)는 노조가 없는 사업장에 종사하는 노동자 가운데 자기 사업장에 노조가 있을 경우 가입하겠다고 밝힌 사람의 비율을 전체 미조직 노동자 비율로 곱한 것이다. 이 비율은 노조에 가입하고 싶어도 자기 사업장에 노조가 없어 가입 못하고 있는 '좌절된 수요'의 크기라고 할 수 있다.

네 번째 칼럼 (C)는 좌절된 수요의 크기를 현 노조원 비율과 합친 것으로서 노동조합에 대한 총수요의 크기라고 할 수 있다.

다섯 번째 칼럼 (D)는 좌절된 수요의 크기를 노농조합에 대한 종수요로 나눈 수치로서 노동조합의 총수요와 총공급 간의 비율, 즉 노동조합 대표권의 갭의 크기라고 할 수 있다.

〈표 2-4-5〉를 살펴보면 몇 가지 재미있는 사실을 발견할 수 있다. 첫째, 현재 노조원수보다 훨씬 많은 수의 비노조원들이 노조가입을 희망하면서도 노동조합에 가입하지 못하고 있다는 것을 알 수 있다. 이와 같이 명시적으로 드러난 '좌절된 수요'의 크기는 전체 표본수의 22.1%를 차지하고 있으며 이는 현 노조원 비율의 두 배가량에 달하는 수치이다.

이를 인적 속성별로 보면 성별로는 남성에서, 연령별로는 젊은 층에서, 결

---

10) 물론 현재의 노조원 가운데서 노조가입을 바라지 않지만 유니언숍 등으로 인해 자신의 의사에 반해 노조에 가입하고 있는 사람도 있으므로 엄밀히 말하면 노동조합 수요에서 이들은 제외하여야 한다. 그러나 다른 연구(홍성우, 1996)에 의하면 이처럼 노조가입을 원하지 않는 노조원수는 전체 노조원수의 5% 미만에 불과한 것으로 나타나고 있어 무시해도 좋은 소수라고 판단된다.

〈표 2-4-5〉 노동조합 대표권의 갭 분석(2001년)

(단위: %)

	현 노조원 비율(A)	비노조원 중 노조가입 희망자[1](B)	노동조합에 대한 총수요(C=A+B)	노조 대표권 갭 (D=B/C)
전체	11.8	22.1	33.9	65.2
성별				
남성	15.0	23.5	38.5	61.0
여성	6.9	20.0	26.9	74.3
연령				
19세 이하	5.3	24.4	29.7	82.2
20~29세	11.1	28.9	40.0	72.3
30~39세	14.6	25.1	39.7	63.2
40~49세	12.6	17.1	37.7	45.4
50~59세	9.8	15.5	25.3	61.3
60세 이상	1.2	8.7	9.9	87.9
결혼 여부				
미혼	10.6	26.5	37.1	71.4
기혼·이혼·사별	12.2	20.4	32.6	62.6
교육 정도				
초졸 이하	5.4	10.0	15.4	64.9
중졸·중퇴	7.4	17.8	25.2	70.6
고졸·중퇴	12.9	25.8	38.7	66.7
전문대졸·중퇴	14.1	28.6	42.7	67.0
대졸 이상	14.0	25.5	39.5	64.6
산업별				
농림어업	5.6	0.0	5.6	0.0
광업	0.0	0.0	0.0	0.0
제조업	15.6	25.5	41.1	62.0
전기·가스·수도업	30.4	21.4	51.8	41.3
건설업	6.1	19.6	25.7	76.3
도소매·음식·숙박업	3.2	20.2	23.4	86.3
운수·창고·통신업	39.6	20.0	59.6	33.6
금융·보험·부동산업	10.8	24.4	35.2	69.3
공공서비스업	10.5	22.0	32.5	67.7
사회 및 개인 서비스업	3.0	16.3	19.3	84.5
직종별				
관리직	2.8	20.6	23.4	88.0
전문직	9.7	27.5	37.2	73.9
기술직	10.7	25.0	35.7	70.0
사무직	17.3	25.5	42.8	59.6
서비스·판매직	2.5	18.9	21.4	88.3
농어업직	0.0	0.0	0.0	0.0
기능직	11.2	21.9	33.1	66.2
생산직	27.3	23.6	50.9	46.4
단순노무직	3.8	16.4	20.2	81.2

기업규모별				
10인 이하	0.3	18.5	18.8	98.4
10~49인	3.0	32.6	35.6	66.3
50~99인	12.3	31.9	44.2	72.2
100~499인	33.9	26.4	60.3	43.8
500~999인	31.6	32.2	63.8	50.5
1000인 이상	53.1	28.1	81.2	34.6
기업형태별				
민간기업	10.7	23.0	54.1	42.5
외국인기업	15.0	31.9	68.1	46.8
공기업	21.6	18.3	39.9	45.9
기타	8.1	16.7	24.8	67.3
종사상 지위별				
상용노동자	14.8	24.5	39.3	62.3
임시노동자	2.0	15.8	17.8	88.8
일용노동자	0.5	13.3	13.8	96.4

주 1): 미조직 노동자 전체 비율×무노조사업장 노동자들 가운데 노조가입 희망자 비율.

혼여부 면에서는 미혼자에게서, 그리고 교육정도 면에서는 고학력자에게서 좌절된 수요의 크기가 더 큰 것으로 나타난다. 또 사업장 특성별로 보면 산업별로는 제조업, 금융·보험·부동산업, 공공서비스업 등에서, 직종별로는 전문직, 기술직, 사무직 등에서, 기업규모별로는 비교적 고른 분포를 보이는 가운데서도 10~49인 규모와 500~999인 규모에서, 기업형태별로는 외국인 기업에서 근무하는 노동자들의 좌절된 수요의 크기가 큰 것으로 나타나고 있다. 특히 종사상 지위 면에서는 상용노동자의 24.5%, 임시노동자의 15.8%, 일용노동자의 13.3%가 노동조합 가입을 희망하면서도 노조에 가입하지 못하고 있는 것으로 나타난다. 이때 상용노동자보다 비정규직에서 좌절된 수요의 크기가 작게 나타나는 것은, 곧 비정규직의 경우 자격 미달 등으로 인해 노조 가입의사를 스스로 포기한 상당한 크기의 '은폐된 수요'가 존재하고 있음을 뜻한다.

둘째, 현재의 노조원 비율과 미조직 노동자 중 노조의 대변을 받기를 원하는 사람의 비율을 합치면 노동조합에 대한 총수요의 크기를 얻을 수 있는데 이는 전체 노동자의 33.9%에 해당한다. 이는 달리 해석하면 노동조합에 대한 가입기회의 제약이 철폐되고 희망하는 모든 노동자들이 노동조합에 가입할 수 있을 경우 노동조합이 도달할 수 있는 잠재적 조직률의 크기(즉, 노동조합에 대한 수요와 공급이 일치되는 상태)를 뜻한다. 노동자 속성별로 보면 성별로는 남성 쪽이, 연령별로는 20대와 30대에서, 결혼 여부 면에서는 미혼자가, 교육 정도 면에서는 고학력자가 잠재적 조직률이 높은 것으로 나타나고 있다. 한편 사업체 특성 면에서는 산업별로 운수·창고·통신업, 전기·가스·수도업, 제조업 등이, 직종별로는 생산직, 사무직, 전문직 등이, 기업규모별로 대기업 쪽이, 기업형태별로는 외국인 기업에서 노동조합에 대한 총수요=잠재적 조직률의 크기가 큰 것으로 나타나고 있다. 특히 종사상 지위 면에서는 상용노동자가 39.3%, 임시노동자가 17.8%, 일용노동자가 13.8%로 나타나고 있다.

셋째, 노조가입 희망자 가운데 수요가 미충족된 비율을 뜻하는 노동조합대표권의 갭의 크기를 보면 전체 노동조합 총수요의 65.2%가 미충족 수요로 나타나 기업별 노조체제를 취하고 있는 한국에서 얼마나 많은 미조직 노동자들이 노조 가입기회를 제약당하고 있는지 알 수 있다. 노동자 속성별로 보면, 성별로는 남성보다 여성 쪽이, 연령 면에서는 19세 이하와 60세 이상에서, 결혼 여부 면에서는 미혼 쪽이, 그리고 교육 정도 면에서는 중졸자에서 노동조합 대표권의 갭이 큰 것으로 나타나고 있다. 또 사업체 속성별로 보면 산업별로는 도소매·음식·숙박업, 사회 및 개인 서비스업 등에서, 직종별로는 서비스·판매직, 관리직, 단순 노무직 등에서, 기업규모별로는 주로 영세기업에서, 기업형태별로는 기타 등에서 노조 대표권의 갭의 크기가 상대적으로 큰 것으로 나타나고 있다. 또 종사상 지위 면에서는 상용노동자가 62.3%인 데 비해 임시노동자가 88.8%, 일용노동자가 96.4%에 달하고 있다. 즉, 전체적으로 볼 때 노조 조직률이 낮은 취약계층의 미조직 노동자들에게서 노조 대표권의 갭이 크게 발생하고 있어 이들에 대한 노조의 보호가 절실하다는 것을 알 수 있다.

이상의 분석은 자료로 확인되는 노동조합에 대한 '명시적 수요(revealed demand)'의 크기라고 할 수 있다. 그러나 이 명시적 수요가 곧 노동조합에 대

<표 2-4-6> 노조 있는 사업장 미조직 노동자들의 노조 미가입 이유(2001년)

(단위: 명, %)

노조 미가입 이유	전체	정규직	비정규직
N	268(100.0)	236(100.0)	32(100.0)
가입자격이 없어서	113(42.2)	96(40.7)	17(53.1)
노조활동이 불만스러워서	16(6.0)	12(5.1)	4(12.5)
가족, 친지, 동료 등 주위의 만류로	5(1.9)	4(1.7)	1(3.1)
사용자 측의 만류로	12(4.5)	12(5.1)	0(0.0)
필요성을 못 느껴서	84(31.3)	78(33.1)	6(18.8)
기타	17(6.3)	16(6.8)	1(3.1)
모름/무응답	21(7.8)	18(7.6)	3(9.4)

한 미충족 수요의 전체 크기라고 보기는 힘들다. 왜냐하면 앞에서 본 대로 많은 미조직 노동자들은 자격상의 이유나 기타 구조적인 이유로 인해서 노동조합의 가입을 원천 봉쇄당하고 있으며 따라서 '잠재된 수요(potential demand)'의 크기가 상당할 것으로 생각되기 때문이다.

그렇다면 과연 이 잠재된 수요의 크기가 얼마나 될까? 이는 정확히는 알 수 없다. 다만 한국노동패널 조사에서는 노조가 있는 사업장의 노동조합 미가입 노동자들을 대상으로 노조 미가입 이유를 조사하고 있으므로 이로부터 전체 미조직 노동자의 노조 미가입 이유와 그 크기를 추측할 수 있다. 〈표 2-4-6〉에서 보듯이 노조가 있는 사업장에서 미조직 노동자들 중 노조 미가입 이유로서 '노조활동이 불만스러워서', '필요성을 못 느껴서' 등 명백한 자발적 이유로 노조에 가입하지 않고 있는 사람의 비율은 약 37%이고 '가입자격이 없어서', '사용자 측의 만류로' 등 비자발적 이유로 노조에 가입하지 않고 있는 사람의 비율은 약 47%이며 나머지는 태도가 불확실한 사람들이다. 또 종사상 지위별로 보면 정규직 노동자에 비해 비정규직 노동자들이 비자발적 이유로 노조에 가입하지 못하고 있는 비율이 훨씬 높다는 것을 알 수 있다. 만약 이들에게 노조 가입기회가 자유로이 주어진다면 이들 전부는 아니더라도 그 상당수는 가입할 가능성이 큰 것으로 생각된다. 따라서 비자발적 이유로 인한 노조 미가입 비율은 노동조합에 대한 미조직 노동자들의 잠재적 수요의 최대치라고 할 수 있다.

다시 말해서 노동조합에 가입하고 싶어도 비정규직 등 자격상의 이유로 가입희망을 아예 포기한 사람들까지 합치면 노동조합에 대한 총수요는 훨씬 더 늘어날 수 있으며 따라서 잠재적 조직률 역시 높아질 수 있음을 뜻한다.

5. 요약과 결론

오늘날 선진국의 노사관계에서 나타나고 있는 가장 중요한 현상의 하나는 노동조합 조직률의 하락이다. 이는 한국의 경우에도 예외가 아니어서 노조 조직률이 1980년대 말 이후 꾸준히 하락하여 현재 11%대에 머물고 있다.

이러한 노조 조직률 하락의 원인이 무엇인가에 대해서는 그동안 선진국 연구자들 사이에 많은 논쟁이 있었으며 특히 미시적 수준에서 노동자들의 노동조합 가입 결정 기제를 밝히려는 수많은 연구가 이루어졌다. 그러나 기존의 미시적 모델들은 노동자들의 개인적 특성이나 성향 등에 의해 노동조합 가입 여부를 선택한다고 보는 노동자 선택 모형이 대부분인데 이 경우 노동조합의 공급제약, 즉 사업장에 노조가 없어 노동자들이 노조에 가입하고 싶어도 원천적으로 가입이 불가능한 현실을 고려할 수 없다는 단점이 있다. 이 글에서는 기존의 국내 연구에서 시도되지 않았던 노동조합 공급의 결정 요인 분석을 위해 사업체 자료를 이용하여 사업체의 다양한 특성이 노조 존재확률에 어떠한 영향을 미치는지 분석했다. 특히 사업체의 특성 중 경제적 지대, 사업장 위치, 사업장 설립연도, 사업체 노동력 구성비율, 노동조합에 대한 대체기구, 노동조합에 대한 억압도 등은 그동안 국내 연구에서는 시도되지 않았던 새로운 변수들이다

이와 아울러 이 글에서는 노동조합에 대한 수요와 공급제약 간의 격차로 발생하는 노동조합에 대한 좌절된 수요, 즉 노동조합 대표권의 갭의 크기를 구체적으로 측정하고 그것이 노동자나 사업체의 다양한 특성에 따라 어떻게 차이

가 나는지를 분석했다.

　노동조합 존재확률의 결정 요인을 확인하기 위하여 사업체에서의 노동조합 존재 여부를 종속변수로 하고 여러 가지 사업체 특성변수를 독립변수로 한 로짓분석을 실시한 결과 산업별로는 공공서비스업에서 노조 존재확률이 높았으며 기업규모는 노조 존재확률에 별다른 영향을 미치지 못하는 것으로 나타났다. 지역 면에서는 대도시 지역의 사업체에서, 소유구조 면에서는 전문경영인 사업체에서, 그리고 단일사업장보다는 복수사업장 사업체에서 노조 존재확률이 높았다. 또 외국인 지분율이 낮을수록 노조 존재확률이 높으며 회사설립연도는 노조 존재확률에 별다른 영향을 미치지 못하는 것으로 나타났다. 또 노동집약적 사업체일수록 노조 존재확률이 높으며 준지대는 노조 존재확률에 영향을 미치지 못했다. 노동조합에 대한 고용주의 태도가 적대적일수록 노조 존재확률은 낮아지며 노사협의회가 노동조합의 대체기능을 잘 할수록 노조 존재확률이 낮은 것으로 나타나 대체가설과 억압가설이 모두 성립하고 있는 것으로 나타났다. 비정규직 노동자와 여성 노동자의 비율이 높을수록 노조 존재확률은 낮아졌다. 전체적으로 볼 때 대부분의 변수들이 이론적 예측과 부합되는 계수값을 가지고 있는 것으로 나타났다.

　한편 노동조합 대표권의 갭을 분석한 결과 노동자들의 노동조합 가입에 대한 수요는 상당히 존재하고 있으나 노동조합 접근기회 및 가입기회의 제한이라는 공급 측 요인으로 인해 그 수요가 채워지지 못함으로써 이른바 '좌절된 수요' 상태에 빠져 있음을 알 수 있다. 이러한 좌절된 수요는 곧 이들 노동자가 노동조합의 보호 및 대변을 받고 싶어도 구조적으로 불가능하다는 '노동조합 대표권의 갭(gap)' 현상을 가져오게 되는 것이다.

　노동조합 대표권의 갭(노동조합에 대한 수요와 공급 간의 격차)의 크기)가 얼마나 되는지를 추정하기 위해 그 크기를 시산해 본 결과 현재 노조원수보다 훨씬 많은 수의 비노조원들이 노조가입을 희망하면서도 노동조합에 가입하지 못하고 있는 것으로 나타났는데 이러한 '좌절된 수요'의 크기는 전체 표본수의

22%에 달했다. 이는 노동조합 전체 수요의 65%에 달하고 있어 한국에서 얼마만큼 많은 미조직 노동자들이 노조 가입기회를 제약당하고 있는지 알 수 있게 해준다. 특히 노조 대표권의 갭은 상용노동자가 62%인 데 비해 임시노동자가 89%, 일용노동자가 96%에 달해 노조 조직률이 낮은 취약계층의 미조직 노동자들에게서 노조 대표권의 갭이 크게 발생하고 있어 이들에 대한 노조의 보호가 절실하다는 것을 알 수 있다.

　이제 현재의 노조 조직률뿐만 아니라 미조직 노동자 가운데 노조가입을 원하는 노동자들까지 합쳐서 잠재적 조직률을 계산해 보면 노동조합에 대한 총수요의 크기는 표본의 33.9%에 달하고 있는데, 이는 다시 말해 노동조합에 대한 가입기회의 제약이 철폐되고 희망하는 모든 노동자들이 노동조합에 가입할 수 있을 경우 노동조합이 도달할 수 있는 잠재적 조직률의 크기를 뜻한다. 즉, 노동조합 가입에 대한 각종 구조적 장벽이 철폐되고 노조가입을 노동자들의 자유의사에 맡기게 된다면 한국 노동조합의 조직률은 현 조직률의 3배 가까이 올라갈 수 있는 잠재력을 가지고 있는 것으로 추정된다.

참고문헌

권현지. 1999. 『노동조합 조직규모의 변화와 조직확대방안』. 한국노총 중앙연구원.

김유선. 2002. 「노조가입 결정 요인」. 『노동경제논집』, 제25권 1호. 한국노동경제학회.

김유선. 2003. 「비정규직 결정 요인」. 『제4회 한국노동패널 학술대회 논문집』. 한국노동연구원·한국노동경제학회.

김현희. 1994. 「노동자의 조직화 성향에 대한 연구: 한국 노동운동에 대한 함의」. ≪한국사회학≫, 제28집(가을호). 한국사회학회.

방하남 외. 2003. 『한국노동패널 기초분석보고서 (IV)』. 한국노동연구원.

신광영. 1995. 「산업사회에서의 노조 조직률 결정 요인 연구」. ≪한국사회학≫, 제29집(가을호), 한국사회학회.

윤진호. 2003. 「비정규노동자의 실태와 조직화 문제」. ≪산업노동연구≫, 제7권 제2호. 한국산업노동학회.

이시균. 2001. 「노동조합 조직률 변화와 가입성향 결정 요인」. ≪매월노동동향≫, 12월. 한국노동연구원.

이재열·권현지. 1995. 『90년대 한국의 노동조합: 노동조합의 역할과 산업민주주의의 모색』. 한국노총 중앙연구원.

조우현·유경준. 1997. 『노동조합 가입성향의 결정 요인과 노조의 상대적 임금효과』. 한국노동연구원.

한국노동연구원. 2002. 『한국노동패널 1-3차년도 조사자료 User's Guide』.

현선해. 1995. 「통신산업의 전문사무직 근로자의 노조가입에 관한 연구」. 『한일경상논집』. 제11권. 한일경상학회.

홍성우. 1996. 「한국의 노조 조직률 하락 원인에 관한 연구」. ≪산업노동연구≫, 제2권 제2호. 한국산업노동학회.

Abowd, J. M. and H. S. Farber. 1982. "Job Queues and Union Status of Workers." *Industrial and Labor Relations Review*, 35.

Andrews, M. and R. Naylor. 1994. "Declining Union Density in the 1980s: What Do Panel Data Tell Us?" *British Journal of Industrial Relations*, 32(3), September.

Antos, J. et al. 1980. "Sex Differences in Union Membership." *Industrial and Labor Relations Review*, 33(2).

Ashenfelter, O. and G. Johnson. 1972. "Unionism, Relative Wages, and Labor Quality in U.S. Manufacturing Industries." *International Economic Review*, 13(3), October.

Ashenfelter, O. and J. H. Pencavel. 1969. "American Trade Union Growth: 1900-1960." *Quarterly Journal of Economics*, 83, August.

Beaumont, P. B. and R. I. D. Harris. 1994. "Opposition to Unions in the Non-Union Sector in

Britain." *The International Journal of Human Resource Management*, 5(2).

Beaumont, P. B. and R. I. D. Harris. 1995. "Union De-Recognition and Declining Union Density in Britain." *Industrial and Labor Relations Review*, 48(3), April.

Beawnont, P. B. and I. Rennie. 1986. "Organizational Cutlture and Non-Union Status of Small Business." *Industrial Relations Journal*, 17(3), Autwnn.

Booth, A. L. 1986. "Estimating the Probability of Trade Union Membership: A Study of Men and Women in Britain." *Economica*, 53(209).

Charlwood, A. 2002. "Why Do Nonunion Employees Want to Unionize? Evidence from Britain." *British Journal of lndustiral Relations*, 40(3), September.

Clark, K. B. 1984. "Unionization and Firm Performance: The Impact on Profits, Growth and Productivity." *American Economic Review*, 74, December.

Deery, S. and H. De Cieri. 1991. "Determinants of Trade Union Membership in Australia." *British journal of Industrial Relations*, 29(1), March.

Dickens, W. T. and J. S. Leonard. 1986. "Structural Changes in Unionization: 1973-1981." *National Bureau of Economic Research Working Paper*, No.1882, April.

Disney, K., A. Gosling, and S. Machin. 1995. "British Unions in Decline: Determinants of the 1980s Fall in Union Recognition." *Industrial and Labor Relations Review*, 48(3), April.

Farber, H. S. 1983. "The Determination of the Union Status of Workers." *Econometrica*, 51.

Farber, H. S. 1987. "The Recent Decline of Unionization in the United States." *Science*, 238, November 13.

Farber, H. S. 2001a. "Notes on rhe Economics of Labor Unions." Working Paper No.452, Princeton University, Industrial Relations Section.

Farber, H. S. 2001b. "Union Success in Representation Elections: Why Does Unit Size Matter?" *Industrial and Labor Relations Review*, 54(2), January.

Farber, H. S. and A. B. Krueger. 1992. "Union Membership in the United States: The Decline Continues." *National Bureau of Economic Research Working Paper*, No.4216, November.

Fioriro, J. 2001. "Human Resource Management Practices and Worker Desires for Union Representation." *Journal of Labor Research*, 22(2), Spring.

Fiorito, J. and R. Dauffenbach. 1982. "The Determinants of Occupational Unionization." *Journal of Labor Research*, 3(4).

Freeman, R. B. 1988. "Contraction and Expansion: the Divergence of Private Sector and Public Sector Unionism in the United States." *Journal of Economic Perspectives*, 2.

Freeman, R. B. and I. Rogers. 1999. *What Workers Want*. Cornell University Press.

Freeman, R. B. and J. L. Medoff. 1984. *What Do Unions Do?* Basic Books.

Freeman, R. B. and M. M. Kleiner. 1990. "Employer Behavior in the Face of Union Organizing Drives." *Industrial and Labor Relations Review*, 43(4), April.

Gollan, P. J. 2001. "Tunnel Vision: Non-Union Employee Representation at Euro-Tunnel." *Em-*

ployee Relations, 23(4).

Gomez, R., M. Gunderson, and N. Meltz. 2002, "Comparing Youth and Adult Desire for Unioni-
zation in Canada." British Journal of Industrial Relations, 40(3), September.

Green, F. 1990. "Trade Union Availability and Trade Union Membership in Britain." Manchester
School of Economics and Social Studies, 58(4), December.

Hirsch, B. T. and M. C. Berger. 1984. "Union Membership Determination and Industry Charac-
teristics." Southern Economic Journal, 50(3), January.

Hundley, G. 1989. "Things Unions Do, Job Attributes, and Union Membership." Industiral Rela-
tions, 28(3), Fall.

Ingham, M. and H. Ingham. 1998. "On the Solidarity of the Union Membership Decision in Po-
land." International Journal of Manpower, 19(12).

Kochan, T. A. 1980. Collective Bargaining and Industrial Relations. Homewood.

Kochan, T. A., H. C. Katz, and R. B. McKersie. 1986. The Transformation of American Indus-
trial Relations. Basic Books.

Lee, L. 1978. "Unionism and Wage Rates: A Simultaneous Equations Model with Qualitative and
Limited Dependent Variables." Econometrica, 47(4), July.

Machin, S. 2000. "Union Decline in Britain." British Journal of Industrial Relations, 38(4),
December.

Martinello, F. and R. Meng. 1992. "Effects of Labor Legislation and Industry Characteristics on
Union Coverage in Canada." Industrial and Labor Relations Review, 4(1), October.

Pencavel, J. H. 1971. "The Demand for Union Services: An Exercise." Industrial and Labor Rela-
tions Review, 22.

Riddell, C. 1993. "Unionization in Canada and the United States: A Tale of Two Countries." D.
Card and R. Freeman.(eds.) Small Differences That Matter: Labour Markets and Income
Maintenance in Canada and the United States. University of Chicago Ptess.

Riddell, C. and W. C. Riddell. 2001. "Changing Patterns of Unionization: The North American
Experience, 1984-1998." Discussion Paper No.01-23, Department of Economics, The Uni-
versity of British Columbia.

Riley, N. M. 1997. "Determinants of Union Membership: A Review." Labour, 11(2), Summret.

Robinson, C. and N. Tomes. 1984. "Union Wage Dtfferenrials in the Public and Private Sectors:
A Simultaneous Equations Specification." Journal of Labor Economics, 2(1), January.

Salinger, M. A. 1984. "Tobin's q, Unionization, and the Concentration-Profits Relationship." Rand
Journal of Economics, 15, Summer.

Scase, R. and R. Goffee. 1980. The Real World of the Small Business Owner. Croom Helm.

제5장

노동시간 단축과 노동조합 정책 과제

1. 일자리 나누기 제도 실시의 필요성

지금 한국사회는 대량실업에 시달리고 있다. 157만 명에 달하는 공식 실업자 외에도 실망 실업자, 단시간 취업자 등 유사 실업자를 합하면 실제 실업자 수는 이미 250만 명을 넘었을 것으로 추정된다. 이러한 대량실업은 앞으로도 더 늘어날 것이며 더욱이 향후 상당 기간(최소 3년) 계속될 것이라는 데 문제가 있는 것이다. 정부는 경제성장 활력으로 내년 하반기부터 경기가 회복되면 실업자수가 줄어들 것이라고 예상하고 있으나 기업들의 구조조정으로 종전보다 적은 인력만을 수요로 하고 있어 특별한 대책이 없는 한 실업자수는 쉽게 줄어들지 않을 것이라는 데 많은 사람들의 의견이 모아지고 있다.

이러한 상황에서 정부의 실업대책은 '매우 구멍이 많은 그물'과 같다. 전체

---

* 『노동시간 단축과 노동조합의 정책 과제』, 제5장(전국민주노동조합총연맹, 1999.5)에 게재되었다.

실업예산 규모의 부족, 저소득 실업자에 대한 무대책, 신규 노동시장 진입자에 대한 무대책, 실업급여 수급 만료자에 대한 무대책 등으로 이들의 경제적 고통은 가중되고 있으며 이에 따라 이혼, 범죄, 자살 등 사회적 문제들도 점차 심각해지고 있다. 이러한 현상은 필연적으로 사회불안, 정치불안을 야기할 가능성이 큰 것이다.

한쪽으로는 대량해고가 계속되는 상황 속에서 실업대책에만 주력하는 것은 '밑 빠진 독에 물 붓기 식'이라 아니할 수 없다. 우선 대량해고를 막아야 한다. 이를 위해 임금조정, 인력 재배치, 훈련 등 여러 가지가 있겠으나 가장 핵심적인 것은 노동시간 단축을 통한 '일자리 나누기 제도'이다.

이러한 면에서 한국에서 제기되는 일자리 나누기 제도의 의미는 선진국의 그것과는 다소 다른 맥락을 가진다 하겠다. 선진국에서 제기되는 일자리 나누기 제도가 주로 이미 발생한 실업자를 줄이기 위한 것(이른바 현직 노동자와 실업자 간의 노동시간의 재배분)이라 한다면 한국의 경우에는 대량해고를 피하기 위한 선택으로서 주로 제기되고 있다는 점이 차이이다.

이 경우 일자리 나누기 제도가 가지는 의의는 고용창출보다 고용유지 쪽에 무게가 주어진다. 노동시간 단축을 통한 일자리 나누기가 고용창출보다 고용유지 측면에서 더욱 효과가 있다는 실증연구 결과는 한국에서의 일자리 나누기 제도의 정당성을 입증해 주는 것이라 하겠다.

더욱이 고용유지를 위한 일자리 나누기 제도가 가지는 비용과 편익 분석은 그 자체만으로 이루어져서는 안 되고 다른 대안, 특히 대량해고(이른바 정리해고) 시 비용과 편익 분석을 비교할 때만 의미를 지닌다. 대량해고 시 기업은 자신의 사적 비용과 편익만 고려하는데 이는 해고에 따라 노동자와 사회 전체가 겪는 사회적 비용은 고려하지 않은 것이다. 해고에 따라 노동자 개인은 비단 경제적 손실뿐만 아니라 심리적 위축, 가정파탄, 사회적 위신 저하 등 커다란 피해를 입게 되며, 사회 전체로서도 실업률 증대에 따른 사회보장급부금의 증가, 소득세 감소 등 경제적 측면의 손실뿐만 아니라 가정파탄, 범죄, 자살, 약물 및 알콜 중독, 사회적·정치적 불안 증대 등 사회적·정치적으로도 커다란 대가를 치르게 된다. 이 경우 노동시간 단축을 통해 일자리를 현직 노동자들 사이에서 나눔으로써 대량해고를 막는 것은 경제적 효율성만으로는 따질 수 없는 가치를 지니는 것이다.

경제적 효율성 측면에서만 보더라도 고용조정 시 해고에 의한 조정과 노동시간 단축에 의한 조정 중 어느 쪽이 더 나은지가 반드시 명확한 것은 아니다. 강력한 해고제한법이 있는 독일과 해고가 자유로운 미국을 비교한 연구들(Abraham and Houseman, 1993; Houseman and Abraham, 1995)에 의하면 수요 감소에 따른 노동력 조정효과가 단기적으로는 미국에서 더 빠른 것으로 나타나지만 일정한 시간이 지나면 노동투입량 조정효과가 거의 유사해지는 것으로 나타나고 있다. 불황 시 미국에서는 노동자수를 줄이는 반면, 독일에서는 노동시간을 감소시키기 때문에 총노동투입량(노동자수×노동시간) 면에서는 결과적으로 거의 유사한 조정효과를 보이고 있다. 또 종신고용제의 발달로 정리해고가 거의 없는 일본과 미국을 비교한 연구들(Shimada, 1980; Orr et al., 1985; Koshiro, 1992; Gould, 1993; Abraham and Houseman, 1993)에도 일본과 미국의 고용조정 효과는 거의 유사한 것으로 나타나고 있다.

더욱이 한국은 OECD 국가들 가운데 가장 장시간 노동하는 나라라는 점에서 비단 실업 방지를 위한 목적이 아니라 하더라도 노동시간 단축이 절실하게 요구된다 하겠다. 노동시간 단축은 생산성 증가를 가져오고 저임금 의존형 산업구조로부터 고생산성 고부가가치형 산업구조로의 전환을 촉진시킬 것이다. 또 여가시간의 증대를 통한 내수 확대의 요인도 된다는 점 역시 고려되어야 할 것이다.

2. 일자리 나누기 제도의 다양한 유형

1) 법정노동시간의 단축

노동시간 단축을 위해 가장 먼저 검토되어야 할 것은 법 개정을 통한 법정노동시간의 단축이다. 근로기준법이 제정된 1953년 이래 한국의 법정 기준 노동시간은 '1일 8시간, 1주 48시간' 원칙을 고수했으나, 1989년 근로기준법 개정에 의해 1주 44시간으로 단축된 바 있다. 1997년 근로기준법 개정에서는 변형근로시간제도가 도입되었으나 법정기준시간에는 변함이 없었다.

법정노동시간이 단축되어야 하는 것은 다음과 같은 이유들 때문이다.

첫째, 한국의 총노동시간 및 법정노동시간이 선진국에 비해 훨씬 길다는 점이다. OECD(1998)에 따르면, 한국의 노동시간은 OECD 회원국가 가운데 가장 높은 수준이다(〈표 2-5-1〉 참조). 1997년 한국의 연간노동시간은 취업자 기준 2673시간, 피용자 기준 2436시간에 이르고 있다. 취업자 기준으로 유럽에 비해 1000~1100시간이 많으며, 선진국 가운데 노동시간이 긴 미국, 일본, 그리고 우리와 비슷한 경제수준인 멕시코, 스페인 등에 비해서도 700~800시간 내외의 장시간 노동을 하고 있다. 한편 ILO(1997)에 따르더라도 한국 제조업의 노동시간은 1996년 비교대상국가 33개국 가운데 세 번째로 긴 것으로 나타나고 있으며 실제노동시간을 기준으로 할 경우에는 사실상 세계 최장의 장시간 노동을 하고 있다(전국민주노동조합총연맹, 1998.5 참조). 고용유지와 실업문제 해결을 위해서가 아니더라도 노동시간 단축의 당위성은 국제 비교를 통해 여실히 확인된다.

앞에서 보았듯이 대부분의 서구 유럽 국가에서는 이미 1960년대에 주 40시간제로 이행했으며 1970년대 중반 이후에는 40시간 이하로 노동시간이 떨어지고 있다. 이러한 법정노동시간 단축의 주된 이유는 노동자의 근로조건 및 생활조건을 향상시키기 위한 것이다. 〈표 2-5-2〉에서 보는 바와 같이 한국의 법

〈표 2-5-1〉 연간노동시간의 국제 비교

(단위: 시간)

		1973	1979	1983	1990	1993	1994	1995	1996	1997
취업자	호주		1,904	1,852	1,869	1,874	1,879	1,876	1,867	1,866
	캐나다	1,867	1,802	1,731	1,738	1,718	1,735	1,737	1,732	
	체코							2,065	2,072	2,062
	핀란드	1,915	1,868	1,821	1,764	1,754	1,768	1,773	1,773	1,763
	프랑스	1,904	1,813	1,711	1,668	1,639	1,635	1,638	1,666	1,656
	서독	1,868	1,764	1,724	1,611	1,582	1,581	1,561	1,558	1,558
	아일랜드				1,777	1,828	1,813	1,832	1,860	1,839
	이탈리아	1,788	1,764							
	일본	2,201	2,126	2,095	2,031	1,905	1,898	1,889		
	멕시코					1,804		1,834	1,955	1,909
	뉴질랜드				1,820	1,844	1,851	1,843	1,838	
	노르웨이	1,712	1,514	1,485	1,432	1,434	1,431	1,414	1,407	1,399
	포르투갈					2,000	2,000			
	스페인		2,022	1,912	1,824	1,815	1,815	1,814	1,810	1,809
	스웨덴	1,557	1,451	1,453	1,480	1,501	1,537	1,544	1,554	1,552
	스위스					1,633	1,639	1,643		
	영국	1,929	1,821	1,719	1,773	1,715	1,728	1,735	1,732	1,731
	미국	1,924	1,905	1,882	1,943	1,946	1,945	1,952	1,951	1,966
	한국			2,887	2,804	2,741	2,726	2,731	2,720	2,673
피용자	캐나다	1,814	1,757	1,708	1,718	1,704	1,720	1,726	1,721	
	체코							1,984	1,990	1,981
	핀란드				1,668	1,635	1,674	1,673	1,692	1,687
	프랑스	1,771	1,667	1,558	1,539	1,521	1,520	1,523	1,547	1,539
	서독	1,804	1,699	1,686	1,557	1,527	1,527	1,506	1,502	1,503
	아일랜드				1,843	1,790	1,774	1,776	1,799	1,790
	이탈리아	1,842	1,748	1,724	1,694	1,687	1,682			
	일본				2,064	1,920	1,910	1,910	1,919	1,891
	멕시코					1,921		1,933	2,006	1,955
	네덜란드	1,724	1,591	1,530	1,433	1,404	1,395	1,397		
	스페인		1,936	1,837	1,762	1,748	1,746	1,749	1,747	1,745
	미국	1,896	1,884	1,866	1,936	1,939	1,947	1,953	1,951	1,967
	한국			2,736	2,512	2,475	2,470	2,486	2,465	2,434

자료: OECD(1998).

정노동시간(주 44시간)은 OECD 여러 나라 가운데서도 가장 장시간에 속한다. 물론 OECD 회원국들 중에서도 한국보다 법정노동시간이 길거나(독일, 아일랜드, 이탈리아, 멕시코, 네덜란드, 스위스, 터키), 법정노동시간에 대한 규제가 전혀 없는 나라(영국)도 있기는 하지만 이들 나라에서도 거의 대부분 단체

〈표 2-5-2〉 고용유지지원금 활용 신청현황

(단위: 개소, 명, 백만 원)

		1/4분기	2/4분기	3/4분기	계
계	사업장수	579	960	2,680	4,219
	근로자수	139,106	175,964	413,956	729,026
	지급금액	2,322	10,396	24,182	36,900
휴업	사업장수	525	855	2,407	3,787
	근로자수	116,688	167,005	388,175	671,868
	지급금액	2,287	9,756	16,954	28,997
근로시간 단축	사업장수	20	30	23	73
	근로자수	7,757	2,808	13,245	23,810
	지급금액		179	29	208
훈련	사업장수	34	61	105	200
	근로자수	14,661	5,812	9,936	30,409
	지급금액	15	227	6,085	6,327
사외파견	사업장수		14	33	47
	근로자수		339	517	856
	지급금액		159	334	493
휴직	사업장수			112	112
	근로자수			2,083	2,083
	지급금액			601	601

자료: 노동부.

협약상의 노동시간 상한선은 40시간 이하인 점을 감안할 때 한국은 OECD 회원국 중에서 실질적으로 멕시코, 터키 등과 더불어 정규노동시간이 가장 긴 나라 중 하나라고 할 수 있다. 이와 같이 법정노동시간 상한선이 높은 것은 ILO의 권고와도 맞지 않을 뿐만 아니라 노동자들의 노동과 생활의 질을 떨어뜨리는 요인으로 작용하고 있는 것이다.

둘째, 법정노동시간의 단축은 실노동시간 단축효과를 유발함으로써 고용을 유지·확대할 수 있는 방안이 되기 때문이다. 법정노동시간이 48시간에서 44시간으로 단축된 1989년을 전기로 1991년까지 3년간 실근로시간이 52.6시간에서 49.3시간으로 3.3시간이나 단축되었던 반면, 법정노동시간 단축효과가 없어진 1991년 이후에는 다시 실근로시간 단축추세가 약화되었던 사실에서도 알 수 있듯이 법정노동시간은 실노동시간을 단축시킬 수 있는 가장 유력한 수단이 되는 것이다(김소영, 1998).

셋째, 사용자 측에서는 노동시간 단축을 노사 자율교섭에 맡기면 되고 구태여 법정노동시간 단축으로 강제할 필요가 없다고 주장하지만 이는 한국 노사 관계의 현실에 비추어 볼 때 비현실적인 주장이라 하겠다. 주지하는 바와 같이 1997년 말 노동조합 조직률이 12.2%로 떨어져 있는 데서도 알 수 있듯이 한국 노동시장에서는 광범한 미조직 노동자가 존재하고 있다. 이러한 가운데 노사 간 교섭에 의해 노동시간이 단축될 경우 노조가 강력한 대기업 등에서는 노동시간이 단축되는 반면, 미조직 상태인 중소기업, 임시직 등에서는 단축이 불가능하게 되어 전체적으로 노동시간 단축효과가 미약할 뿐만 아니라 규모 간, 노동자 간 노동시간의 격차가 더욱 확대될 뿐이다. 따라서 모든 노동자에게 일률적으로 적용될 수 있는 법정노동시간 단축만이 노동시간을 획기적으로 줄일 수 있는 방법이 될 것이다.

1999년 6월 4일의 노정 합의에서는 서기 2000년부터 산업별·규모별로 주 40시간 노동제를 실시하는 방안을 검토하기로 합의한 바 있다. 그러나 이를 구체적으로 어떻게 실현할 것인가는 여전히 과제로 남아 있다.

생각컨대 프랑스의 예에 따라서 향후 2~3년 내에 노동시간을 주당 40시간으로 줄이는 것을 법정화하되 한꺼번에 노동시간을 줄일 경우 예상되는 충격을 감안하여 노사 간 자율교섭에 의해 시한 이전이라도 노동시간을 줄이도록 하고 여기에 대해 일정한 인센티브를 제공하는 것이 가장 합리적이라고 판단된다. 물론 단계적으로 노동시간을 줄이거나 규모별·업종별로 가능한 곳부터 노동시간을 줄이는 방안도 생각할 수 있으나 이 경우 앞에서 본 대로 노동시간 단축에 따른 고용효과는 훨씬 떨어질 것으로 우려된다. 따라서 급속하고 대폭적인 노동시간 단축만이 고용에 긍정적인 효과를 가져올 것이다.

이를 위해서는 근로기준법이 개정되거나 또는 노동시간 단축에 따른 각종 지원방안까지 포함한 노동시간단축특별법을 제정해야 할 것이다. 이와 함께 일본의 경우 볼 수 있는 바와 같이 경영기반이 취약한 중소기업 등에서 법률위반 사례가 많이 나올 수 있으므로 정부는 '근로시간단축지원센터'를 설치하여 중소기업에 대한 지원금 지급 등으로 중소기업의 노동시간 단축을 지원하도록 해야 한다.

2) 초과노동시간의 단축

현재 한국의 노동자들이 장시간 노동하고 있는 가장 중요한 이유는 지나치게 긴 초과노동시간 때문이다. 초과노동시간의 축소가 일자리 나누기에 미치는 영향은 두 가지 경로로 나타난다(Blyton, 1985: 49~61). 첫째는 이미 일하고 있던 초과노동시간을 줄이는 것이 일자리 나누기의 토대가 된다는 것이다. 예컨대 한국에서는 1998년 9월 주당 평균 취업시간이 50.5시간에 달하며 따라서 초과노동시간은 노동자 1인당 6.5시간에 달한다. 즉, 초과노동시간을 줄이는 것만으로도 상당한 고용창출 내지 고용유지 효과가 있음을 알 수 있다.

둘째, 초과노동시간의 축소가 일자리 나누기에 미치는 영향과 관련해 보다 더 중요한 경로는 이른바 '누출효과(leakage effect)'와 관련된 것이다. 사용주 측에서는 정규노동시간의 축소가 총노동시간의 축소보다는 초과노동시간의 증가만을 가져올 뿐이며, 따라서 노동시간 축소가 고용에 미치는 영향이 '누출' 되어 버리기 때문에 고용에는 영향을 미치지 못한 채 노동비용만 상승시킨다고 비판한다. 따라서 정규노동시간의 축소와 더불어 초과노동시간에 대한 상한선을 정함으로써 고용효과의 '누출'이 생기지 않도록 하는 것이 고용유지·창출에 도움이 되는 것이다.

그러나 현재 한국에서 초과노동이 차지하는 비중이 워낙 크기 때문에 초과노동시간의 축소는 단순히 일자리 나누기의 차원을 넘어 보다 중요한 의의를 가진다. 장시간 초과노동의 해소는 노동자의 건강을 개선하고, 산재를 예방하며, 휴식과 개인활동을 위한 적절한 시간을 제공하는 등 노동자의 삶의 질을 높인다. 또 지나친 초과노동시간의 단축을 통해 근대적 산업에 걸맞은 보다 효율적인 작업관행을 채택하도록 유인하는 동기가 되기도 한다. 초과노동시간의 축소는 전체적으로 정규노동시간의 생산성을 높이기 때문에 사용주에게 주는 부담은 비교적 적은 편이다. 더욱이 초과노동에 대한 프리미엄 임금률이 높기 때문에 임금비용 면에서도 사용주에게 유리한 측면이 있다.

반면 노동자의 입장에서는 총임금에서 차지하는 초과근로수당의 비율이 높으므로 초과노동시간의 축소는 총임금의 상당한 저하를 가져와 생활에 어려움을 주는 요인이 된다. 따라서 초과노동시간 축소에 따른 임금저하에 상응하는 사회적 지원책이 필요하다.

현재 대부분의 유럽 국가들에서는 초과노동시간에 대해 일정한 규제를 하고 있는데 이는 〈표 2-5-2〉에 요약되어 있다. 이 표에서 보는 바와 같이 일간 규제, 주간 규제, 월간 규제, 연간 규제 등 다양한 초과노동시간 상한 규제가 존재한다.

한국의 경우 1997년의 근로기준법 개정에 의해 하루 12시간, 1주일 56시간의 총노동시간 상한선을 두도록 되어 있는바 이는 다음과 같은 점에서 문제가 된다. 첫째, 하루 노동시간 상한선(12시간)이 너무 높다. 〈표 2-5-2〉에서 보듯이 대부분의 유럽 국가는 하루 노동시간 상한선을 9~10시간으로 하고 있다. 둘째, 주당 56시간 상한선도 다른 나라에 비해 다소 높은 편이므로 이를 하향 조정할 필요가 있다. 셋째, 대부분의 유럽 국가는 초과노동 자체가 거의 없지만 그렇지 않은 일부 유럽 국가는 초과노동과 관련한 연간 상한선 규제를 하고 있는 데 비해 한국에서는 이에 대한 규정이 없다. 따라서 이론적으로는 연간 최고 624시간(12시간×52주)의 초과노동을 할 수 있다는 계산이 된다. 바로 이러한 연간 상한선 규제의 부재가 한국의 연간노동시간을 엄청나게 길게 만드는 한 요인이 되고 있는 것이다. 따라서 적절한 연간초과노동 상한선 규제제도를 도입해야 할 것이다. 넷째, 초과노동의 연속에 대한 규제가 없다는 점이다. 계속되는 초과노동은 특히 건강을 해칠 염려가 있기 때문에 많은 나라들이 연속 초과노동을 규제하고 있다.

초과노동상한제와 더불어 초과노동을 단축하도록 유인하는 방법으로서 초과수당의 할증률을 높이는 방법이 있지만 이미 한국의 초과근로 할증률이 국제수준에 비추어 더 이상 높일 수 없는 상태이므로 그보다는 일정한 한도를 초과하는 초과근로에 대해 보상휴식시간을 부여하는 방안을 검토해 볼 수 있다.

참고로 한국과 유사한 노동법제를 가지고 있는 일본의 경우 IMF-JC는 1994년 연간노동시간을 1800시간으로 줄인다는 '시간단축 5개년계획'을 세우고 이를 위해 완전주휴 2일제 실시, 경축일과 주휴일이 중복되는 경우 대체휴일의 설정, 근속 1년 이상의 연휴가 부여일수 최저 20일, 초과노동시간을 개인은 월 30시간 이내, 전체 평균 연간 120시간 이내로 한다는 계획을 추진 중이다.

3) 특정 산업에서의 일감 나누기

(1) 일감 나누기의 의의

일감 나누기(work-sharing)는 법정근로시간 이하로의 노동시간 단축을 통해 일감을 나눔으로써 고용을 유지·창출하는 것을 말한다. 앞에서 본 대로 이에 대해서는 많은 논란이 있는 것이 사실이다. 그러나 자동차 등 특정 산업에서는 향후 상당 기간 노동력 수급의 균형이 깨질 것으로 예상되는 상황에서 노동시간 단축을 통한 고용유지·창출은 대량해고를 막고 실업률을 줄이는 유력한 하나의 수단이 될 것이 분명하며 노동자뿐만 아니라 기업에도 상당한 장점을 가져다줄 수 있다(Blyton, 1985).

일감 나누기는 주로 노사 간의 산업별·기업별 협약에 의해 이루어질 수 있다. 그러한 협약의 내용 속에는 단축되는 시간규모, 생산성 향상 목표, 임금인상률(보통 노동시간 단축에 따른 기업의 노무비 상승충격을 완화하기 위해 임금인상률 억제가 도입된다), 기업 내지 산업의 인력목표 및 고용안정 보장, 신규고용창출 목표 등이 포함된다(White, 1987). 흔히 노동조합은 정리해고 금지 등 고용보장조항에는 많은 신경을 쓰는 반면, 신규고용의 창출에는 무관심한 경우가 많은데 장기적으로 고용안정이 이루어지기 위해서는 신규고용창출 목표도 명시되어야 할 것이다.

(2) 정부지원

이러한 일감 나누기 협약이 순조롭게 이루어지기 위해서는 임금인상 억제에 대한 노동자들의 동의(단, 정부의 지원이 있을 경우 임금인상 억제 폭은 작을 수 있음), 노사 간의 신뢰(특히 고통의 공평한 분담), 노동시간 단축을 고용유지·창출로 연결시킬 수 있는 기술적 능력개발 및 작업 재조직 등이 필요하다.

일감 나누기에는 대부분의 경우 정부의 지원이 뒤따른다. 정부지원의 주된 수단은 실업보험을 통한 지원이다. 이는 대량해고를 방지하기 위해 노동시간을 단축하는 기업의 노동자나 사용주에 대해 실업보험의 혜택 중 일부를 부여하는 것이다. 이를 통해 노동자는 시간단축에 따른 급여손실의 일부를 보상받을 수 있는 것이다. 이런 실업보험 지원을 통한 일감 나누기 프로그램은 유럽에서 이미 1920년대부터 광범하게 실시되고 또 상당한 성공을 거둔 바 있다(Best, 1988).

〈표 2-5-1〉에서 보는 바와 같이 오늘날 많은 선진국에서는 노동시간 단축, 파트타임 노동, 순환휴직제 등에 대한 정부지원 프로그램을 가지고 있다. 기업 수준에서 노동시간 단축을 장려하기 위한 보조금은 고용주의 사회보장분담금과 같은 소득세를 감면해 주는 것이다. 프랑스에서 실시한 것처럼 노동자 1인당 단일률(소득에 따른 비율보다는)이 적용될 경우 이는 또한 저임금노동자의 고용을 보조하는 재분배적 의미도 가진다(OECD, 1998).

물론 정부보조금이 항상 그렇듯이 노동시간 단축을 위한 정부지원금의 경우에도 사중효과(死重效果)와 대체효과가 발생할 가능성이 있다.[1] 또 기업이

---

[1]   사중효과(死重效果)란 보조금이 있든 없든 어차피 노동시간을 단축하고 고용을 증대시킬 의사가 있는 기업이 보조금을 받았을 경우 재정이 낭비되는 효과를 말하며 대체효과란 보조금을 받은 기업이 이를 이용하여 가격을 내리고 경쟁기업으로부터 시장점유율을 빼앗음으로써 경쟁기업의 고용량이 줄어드는 효과를 말한다(OECD, 1996).

보조금을 받는 동안만 추가고용을 유지시키다가 보조금이 끝나면 도로 해고할 가능성도 있다. 따라서 보조금 지급에 따른 순고용 창출 효과는 그다지 크지 않을 것이라는 주장도 있다(OECD, 1998).

그러나 다른 한편으로는 보조금 지급에 따라 대량해고를 회피할 수 있을 경우 정부로서는 실업급여를 비롯한 각종 사회보장급부액이 줄어들 수 있고 고용유지 노동자로부터 걷어들이는 소득세도 유지되므로 보조금 지급에 따른 재정부담 문제와 고용효과는 이러한 여러 가지 측면을 함께 고려하여 평가해야 할 것이다.

현재 민주노총은 산업별·기업별 협약에 의해 가동률이 낮은 주요 산업(자동차 산업 등)에서 주 35시간으로 노동시간을 줄이는 일감 나누기를 주장하고 있다. 실제로 현대자동차서비스(주)의 경우 각종 해고회피 노력에도 불구하고 최악의 경영위기가 계속됨에 따라 전 직원의 고용안정을 위해 근로시간 단축 등을 내용으로 하는 노사 간 고용안정협약을 체결하고 1998년 8월 1일부터 1999년 5월 31일까지 노동시간을 주 42시간에서 주 37시간으로 5시간 단축하기로 했다. 이에 따른 고용유지지원금으로부터의 지원예상금액은 60억 원[월평균임금 총액 150억 원 × 1/15(지원수준) × 6개월]에 달할 것으로 보인다(노동부, 1998. 10.20).

(3) 현행 고용유지지원제도의 내용과 문제점

고용보험상의 고용유지지원금은 기업의 구조조정 과정에서 고용조정으로 잉여인력이 발생했음에도 불구하고 근로시간 단축, 휴업, 훈련, 사외파견, 휴직 등의 고용유지 조치를 통해 그 잉여인력에 대해 고용을 유지할 경우 고용유지조치 기간 동안 근로자에게 지급한 임금의 3분의 2(대규모 기업 2분의 1)와 훈련비를 6개월간 지급하는 제도이다. 노동부의 통계를 보면 그동안은 기업의 인식 저조와 까다로운 신청절차 등으로 인해 활용 사업장이 극히 적었으나 차츰 늘어나고 있고 특히 3/4분기 들어 급증하고 있는 것으로 나타나고 있다

(〈표 2-5-2〉 참조). 그러나 그 대부분은 휴업에 대한 지원신청이며 근로시간 단축조치를 취한 곳은 사업장이나 대상 근로자, 지원금액 면에서 모두 미미할 뿐만 아니라 3/4분기 들어 오히려 사업장수와 지원금액 면에서 줄어들고 있는 것으로 나타났다.

이와 같은 결과는 곧 한국의 기업들이 해고 회피를 위한 노력으로 주로 휴업을 선호하며 근로시간 단축은 거의 사용하지 않고 있다는 것을 보여 준다. 이는 다른 여러 가지 요인에도 기인하겠지만 기업들의 근로시간 단축을 지원하기 위해서는 현재의 고용유지지원금제도에도 여러 가지 문제가 있어 개선이 필요할 것으로 보인다.

첫째, 지원금의 수준과 기간이 미흡하다. 근로시간 단축을 통해 고용을 유지하는 경우, 현행 제도에 의하면 연속하는 3개월간 10분의 1 이상 근로시간을 단축한 사업주에게 단축 전 평균임금의 10분의 1(대기업의 경우 15분의 1)을 최대 6개월간 지급하도록 되어 있다. 이 정도의 인센티브로는 기업(특히 대기업)의 적극 참여를 유도하기에 부족하다. 따라서 지급 기간과 수준을 상향 조정해야 할 것이다. 또 지원대상이 되는 근로시간 단축 폭도 다양화하여 근로시간 단축 폭이 클수록 지원 폭도 커지는 방식을 도입해야 할 것이다.

둘째, 고용유지지원에 대한 예산이 너무 적다는 점이다. 1998년도 실업대책 예산 10조 원 중 해고회피노력 지원예산은 겨우 2724억 원(2.7%)에 불과하며 그나마 10월 21일 실제 집행된 예산은 697억 원(집행예산 대비 1.0%)에 불과한 실정이다(정인수, 1998.10.24). 그중에서도 다시 근로시간 단축 지원금은 2억 원 정도만이 지급되었을 뿐이다. 이 정도의 예산으로는 대규모 사업장 몇 군데서 고용유지지원금을 신청하는 것만으로도 예산이 바닥나 버릴 정도이다. 따라서 고용유지지원금, 특히 그중에서도 근로시간단축 지원예산을 획기적으로 늘려야 할 것이다. 그러나 정부는 현재 고용유지지원제도의 활용률이 낮다는 이유로 이 부문의 예산을 오히려 줄이겠다는 입장이어서 거꾸로 가는 정책이 아닌가 우려된다.

셋째, 신청절차가 많이 간소화되었다고는 하나 아직도 까다로우며 제도 자체에 대한 홍보도 부족하다. 현재의 신청절차를 보면 사업주는 고용유지조치 실시 사유, 방법, 기간, 대상자, 임금지급 방법, 고용유지 조치 후 인력활용 방법 등을 기재한 계획서를 실시 전일까지 지방 노동관서에 신고해야 하며, 노동조합이 있는 경우 노동조합과, 노동조합이 없는 경우에는 근로자의 과반수를 대표하는 자와 성실한 협의를 거쳐야 한다고 되어 있다. 또한 매달 사업주가 근로자에게 지급한 수당 및 임금대장 사본 1부와 소정의 지원금신청서를 제출하도록 되어 있다.

넷째, 현재의 제도하에서는 지원대상 사업체에 대한 실사 없이 서류상의 심사만 거쳐 지원금을 지급하므로 부정과 부실이 발생할 수 있으며 사후관리가 잘 안 되는 문제점이 있다. 특히 고용안정기금을 이미 지원받고도 정리해고를 행하는 사업장 등에 대한 노동부의 사후관리가 필요하다.

다섯째, 고용유지지원제도와 신규고용창출지원제도의 연결이 필요하다. 현재의 고용유지지원제도는 이른바 '수세적' 조치에 대한 지원이며 '공세적' 조치에 대해서는 지원제도가 미흡한 실정이다. 근로시간 단축을 통해 단순히 고용을 유지할 뿐만 아니라 대체고용을 유도할 수 있도록 이에 대한 지원제도의 보완이 필요하며 더 나아가 근로시간 단축 분만큼 대체고용을 의무화하도록 해야 고용효과가 제대로 발휘될 수 있을 것이다.

이상의 문제점이 있기는 하지만 고용·유지지원제도는 일자리 나누기를 위한 가장 핵심적 수단이므로 현재의 제도와 운영상의 문제점을 보완하여 확대 실시해야 할 것이다.

4) 휴일, 휴가의 증대

노동시간에 관한 논의가 주로 주당 노동시간과 일생에 걸친 노동시간(퇴직제도 등)에 집중되어 있지만 선진국에서 과거 수십 년간 연간노동시간을 단축

〈표 2-5-3〉 연간 휴일·휴가 일수의 비교

국가	공휴일	주휴일	유급휴가일	연간 총 휴가휴일
한국	17	52	22	91
일본	17	90	10	117
미국	10	104	14	128
독일	13	104	30	147
영국	8	104	27	139
프랑스	14	104	25	143
이탈리아	12	104	30	146
스웨덴	17	104	25	146
덴마크	11	104	25	140
싱가포르	11	52	7	70

주: 일본의 경우 1개월당 토요일 3일 휴무로 계산.
자료: Bosch et al.(1993).

시켜 온 중요한 요인의 하나는 유급휴가일수의 증대였다. 이미 대부분의 선진 국에서는 연간 4주 이상의 유급휴가가 보장되어 있으며 이는 점점 길어지고 있다. 유럽노동조합연맹(ETUI)은 1979년에 연간 6주 유급휴가를 목표로 설정 했는데 이는 이미 많은 직종에서 달성되었으며 1990년대 말까지는 선진국 노 동력의 상당 부분에 적용될 것으로 보인다.

〈표 2-5-3〉에서 보는 바와 같이 한국의 연간 유급 휴일·휴가 일수는 선진국 에 비해 훨씬 적은 실정이며 이것이 연간노동시간을 장시간으로 만드는 또 하 나의 요인이 되고 있다. 토요일은 4시간 근무이지만 장시간 통근과 잦은 연장 근로를 고려하면 토요일이 반휴일의 의미를 가질 수는 없다. 한국의 경우에도 연월차휴가, 근속연수에 따른 휴가 등을 합쳐 근속연수에 따라 22~32일의 유 급휴가가 제도적으로 보장되어 있기는 하지만[2] 실제 취득률은 매우 낮은 형

___

2) 근로기준법에 의하면 사용자는 1개월에 대해 1일의 유급휴가를 주어야 한다. 또 1년간 개근 한 근로자에게는 10일, 9할 이상 출근한 자에게는 8일의 유급휴가를 주어야 한다. 사용자는 2 년 이상 계속 근로한 근로자에게는 1년을 초과하는 계속근로연수 1년에 대해 1일의 가산효과 를 주어야 한다. 다만 그 휴가일수가 20일을 초과할 경우 그 초과하는 일수에 대해서는 통상 임금을 지급하고 유급휴가를 주지 아니할 수 있다. 따라서 연월차를 모두 합친 최고 휴가일수

편이다.[3]

즉, 노동자들은 대부분 연월차휴가를 수당으로 대체하고 있는 것이다. 이와 같이 유급휴가의 실제 취득률이 떨어지는 이유는 연월차휴가의 취득조건이 매우 까다롭고,[4] 휴가 사용의 재량권이 없으며(과거에 사용주는 휴가 사용을 못하도록 상당한 압력을 행사했음), 연속으로 휴가 사용이 어려워 휴가 취득의 실익이 적고, 휴가에 따른 수당손실이 많으며, 일이 많아서 휴가를 사용할 경우 동료에게 피해를 미칠 우려가 있기 때문이다.

앞으로 한국의 연간노동시간을 줄이기 위해서는 유급휴가의 취득률을 높이고 전체 휴가일수를 늘릴 필요가 있다. 우선 휴가의 사용을 유도함으로써 휴가 대신 수당을 받는 관행을 개선하는 동시에 실 근로시간의 단축을 꾀할 필요가 있다. 이렇게 함으로써 휴가제도가 본래의 취지에 따라 노동자의 정신적·육체적 휴양을 확보하는 제도로 정착될 수 있을 것이다.

이를 위해서는 월차휴가제도를 폐지하는 대신 연차유급휴가제도를 늘림으로써 연속휴가가 가능하도록 해야 한다. 또 연차유급휴가의 부여요건을 크게 완화해야 하며 동시에 휴가 사용의 재량권을 높여야 한다. 회사에 특별한 사정이 없을 경우 노동자가 청구하는 휴가에 대해 이를 보장하도록 하고 단체협약에 이를 포함하도록 해야 한다. 연초에 전체 노동자의 연간휴가사용계획을 수립하여 계획적인 휴가 부여가 되도록 해야 한다.

한편 선진국에 비해 주휴일수가 훨씬 적고 유급휴가일수도 적은 점을 감안하여 토요휴일제를 점차 확대하고 유급휴가일수도 점차 높여 2000년대에는 연간 5주 이상의 휴가가 확보될 수 있도록 목표를 세우고 단계적 실천계획을 세워야 할 것이다.

는 32일이다. 1년간 개근한 근로자의 최소 휴가일수는 22일이다.
3) 최영기(1991)에 의하면 실제 유급휴가 취득일수는 평균 연간 3일에 불과하다고 한다.
4) 월차휴가는 해당 월에 개근해야 하며 연차휴가는 연간 8할 이상 출근해야 한다. 만약 하루 결근할 경우 월차 1일, 연차 2일 등 3일의 휴가가 상실된다.

이와 같은 휴가제도 개선을 위해서는 노동조합 측도 노동자들에 대한 교육, 홍보, 단협상의 휴가제도 개선 등에 노력해야 할 것이다. 또 휴가 시 여가활동과 교육훈련활동 등을 위한 지원제도와 시설, 프로그램의 개발 등에도 노사정이 노력할 필요가 있다.

5) 유무급휴직제도

오늘날 많은 선진국에서 일자리 나누기의 한 방법으로 유무급휴직제도의 확대와 이에 대한 지원제도의 확대를 꾀하고 있다. 이는 주로 노동자나 고용주에게 보조금을 지급함으로써 장기 휴직을 촉진하는 제도이다. 그 방법으로는 안식년제(sabbaticals), 교육휴직, 양육휴직(parental leave), 개호휴가, 순환휴가 등을 통한 일자리 교환제 방식이 있다.

이러한 제도들은 거의 대부분 실업자를 대체 고용하도록 의무화하고 있는데 고용촉진 효과가 상당히 큰 것으로 나타나고 있다(OECD, 1998). 〈표 2-5-2〉에서 보는 바와 같이 오스트리아의 경우 1998년부터 노동자는 사용주의 동의가 있으면 6개월 내지 1년 동안 휴직할 수 있으며 이때 실업수당이 지급된다. 해당 노동자의 고용권은 그대로 유지된다. 벨기에서는 노동자가 3개월부터 1년간 휴직할 수 있다. 이 경우 반드시 실업자를 대체 고용해야 한다. 휴직자는 1개월당 1만 2066프랑의 휴직수당을 정부로부터 받으며 사용주 역시 실업자 채용에 대해 실업보험금으로부터 부분적인 보상을 받는다. 덴마크의 경우 노동자는 최고 1년간 휴직할 수 있으며 이에 대해서는 1명 이상의 실업자를 반드시 대체 고용해야 한다. 휴직자는 교육휴직의 경우 실업수당 최고액의 100%, 육아휴직 또는 단순휴직인 경우 60%를 받을 수 있다. 그 밖에 핀란드, 네덜란드, 노르웨이 등에서도 유사한 제도를 가지고 있다.

한국의 경우 앞에서 본 고용유지지원금제도 아래 휴직을 통해 고용을 유지하는 경우 1개월 이상 유급휴직을 실시한 사업주에게 휴직수당의 3분의 2(대규모 기업의 경우 2분의 1)를 최대 6개월간 지급하고 무급휴직의 경우에는 노무비용을 고려하여 노동부 장관이 고시하는 금액(14만 원, 대규모 기업의 경우 11만 원)을 최대 6개월간 지급하도록 되어 있다.

그러나 한국의 제도를 선진국의 제도와 비교해 볼 경우 몇 가지 문제점이 발견된다. 첫째, 지급기간이 6개월로 제한되어 있다는 점이다. 따라서 최대 지급기간을 연장할 필요가 있다. 둘째, 휴직수당에 대한 보조금이 특히 대기업의 경우 너무 낮아 충분한 인센티브가 되지 못하고 있다는 것이다. 따라서 이를 상향 조정하고 교육, 훈련을 위한 휴직인 경우 교육훈련비 보조금 형식으로 휴직수당 지원금을 차등 지급하도록 해야 할 것이다. 셋째, 유무급 휴직에 따른 고용효과를 제대로 얻기 위해서는 실업자 대체고용의 의무화가 필요하다. 이경우 휴직수당 지원금은 휴직 노동자에게 직접 지급하고 대신 사용주에게는 대체고용 시 임금 일부를 지원하는 방식으로 대체고용을 유도할 수 있다.

6) 신규채용과 연동된 조기퇴직

일자리 나누기의 또 하나의 예로서 재직 노동자의 조기퇴직을 장려하는 대신 신규 취업자를 채용하는 일자리 교환(job trading) 방식을 생각해 볼 수 있다. 유럽에서는 고령 노동자의 조기퇴직을 장려하는 대신 신규 취업자, 특히 청년층 노동자를 채용하여 일자리를 창출하는 형태로 널리 활용되고 있다. 이러한 조기퇴직제는 생애노동시간을 단축하는 적극적인 수단일 뿐만 아니라 작업조직에 영향을 미치지 않으면서 일자리 나누기를 실현하는 가장 단순한 형태이기도 하다. 또 정규직업에 대한 개인의 선호도가 다르기 때문에 이처럼 고령 노동자를 조기 퇴직시키고 청년층 노동자를 고용하는 것이 상호이익이 되는 교환이 될 가능성도 있다(Dreze, 1987).

1970년대와 1980년대에 걸쳐 많은 유럽 국가에서 정년을 단축하거나 조기 퇴직제를 확대하는 정책을 도입했다(1976년 네덜란드, 벨기에, 1977년 영국,

1981년 프랑스, 1984년 독일 등). 대부분의 유럽 국가에서는 고령 노동자의 조기퇴직이 해고나 장기실업에 대한 대안으로서 거의 정형화되어 왔다(Bosch et al., 1993). 일부 국가에서는 사회적 입법에 의해 이러한 일자리 교환을 촉진시키기도 했다. 예컨대 일부 국가에서는 현행 연금제하에서 정년 전 5년간에 걸친 평균봉급에 연금액수가 비례하도록 되어 있는 것을 고쳐 조기 퇴직하더라도 연금액에 불이익이 없도록 했다. 또 조기 퇴직한 노동자가 정년까지 남은 기간 동안 실업보험으로부터 일정액을 지급받을 수 있도록 하기도 했다. 여기에 국가나 기업으로부터 추가적인 보상금이 지급되는 경우도 많다.

이러한 제도의 대부분은 조기퇴직에 따른 대체 노동자를 실업자로부터 충원하도록 의무화하거나(벨기에는 젊은이로부터), 또는 인원과잉 시 조기퇴직이 대량해고에 대한 대체안이라는 것을 기업이 증명하도록 의무화하고 있다.

대부분의 경우에 조기퇴직제는 자발적 퇴직에 대해 인센티브를 제공하는 형태이며 일률적인 강제 조기퇴직제를 실시하는 경우는 전혀 없지만, 해고나 배치전환 등 바람직스럽지 못한 대체안 때문에 어쩔 수 없이 조기퇴직제를 선택하는 경우가 많은 것은 사실이다(Dreze, 1987).

영국의 직업방출제도(1976년)는 조기 퇴직하는 고령 노동자에게 일정한 수당을 제공하며 고용주는 실업자를 의무 고용해야 한다. 수당은 정규퇴직연령에 도달할 때까지 지급되며 퇴직 시 연령, 가족수, 건강상태에 따라 액수는 달라진다. 이 제도에 대한 참여 여부는 완전히 자발적이다. 이 제도는 1980년대 초 중단되었다.

프랑스에서는 1981년 대체고용을 의무화한 조기퇴직제가 도입되었는데 1980년대에 70만 명이 참여했다. 대체고용비율은 95%에 이르러 상당한 성공을 거두었다(Dreze, 1987).

벨기에서는 1977년 이래 몇 가지 조기퇴직제가 도입되었는데 신청가능연령은 남자 60세, 여자 55세이며 해고회피의 경우를 제외하고는 30세 미만의 실업자 채용이 의무화되어 있다. 대체고용 비율은 전체적으로 63%이며, 특히 회고회피를 제외하면 83%에 이른다.

이와 같이 선진국에서는 대량실업, 특히 청년층 장기실업을 줄이고 생애노동시간을 단축하여 노후생활을 즐기도록 하기 위해 조기퇴직제를 실시하고 있다. 그러나 여기에 문제가 없는 것은 아니다. 조기퇴직제의 실업률 저하효과에 대한 의문의 제기, 고비용 부담, 조기퇴직제가 사실상 강요되는 분위기 등이 문제점으로 지적되고 있다(Blyton, 1985).

한국의 경우에도 대량해고를 막는 방법으로서 이른바 명예퇴직제를 이용하는 경우가 급증하고 있다. 그러나 한국의 경우 선진국과 같은 조기퇴직제에 대한 제도적 지원이 완비되어 있지 못하기 때문에 이 제도의 적용에는 많은 문제가 있다. 한국 사회의 사회복지 수준이 아직 미흡하여 퇴직 후 노동생활이 보장되지 않는 등 현 상태에서 도입하기에는 어려움이 많다. 특히 조기퇴직제가 정리해고의 한 수단으로서 악용되지 않도록 하는 것이 중요하다. 명예퇴직이라는 미명하에 해고위협을 무기로 사실상 퇴직신청을 강요하는 방식의 조기퇴직제는 선진국에서 실시되고 있는 인센티브 제공에 의한 자발적 조기퇴직제와는 전혀 다른 것이다.

다만 생애노동시간을 단축하고 고령층 노동자의 선택권을 확대하며 청년실업자의 취업기회를 넓힌다는 차원에서 다음과 같은 제도적 보완을 한다면 앞으로 조기퇴직제가 확대될 가능성도 있다 하겠다.

첫째, 대체고용, 특히 청년층 실업자의 대체고용을 의무화해야 한다. 이렇게 할 때 노동자나 노동조합도 연대의 원리에 기초하여 고령 노동자의 조기퇴직을 받아들이기가 보다 쉬울 것이다.

둘째, 조기퇴직자에 대한 인센티브제도가 완비되어야 한다. 현재의 제도하에서는 조기 퇴직한 노동자에 대해 일반적인 고용보험상의 급여 외에는 특별한 인센티브가 없으며 다만 기업과의 교섭에 의해 특별수당이 지급될 뿐이다. 따라서 선진국에서 보는 것처럼 연금제도의 개선과 고용보험제도의 개선을 통해 인센티브가 제공되도록 해야 한다.

셋째, 퇴직 후 여가를 즐기거나 자기개발을 통해 제2의 인생을 살 수 있도록 하는 사회적 여건을 갖추어야 한다. 고령자를 위한 각종 레저시설, 교육훈련시설, 프로그램, 재취업 알선 프로그램 등이 개발되어야 할 것이다.

7) 일자리 분할

일자리 나누기 제도의 또 하나의 방법은 정규직 노동자의 노동시간을 단축하여 여러 명의 파트타임을 채용하는 직무분할(job sharing)을 들 수 있다. 그러나 현재처럼 비정규직 노동자가 차별적인 노동조건의 불이익을 받는 상태에서 임시직 고용을 확대하는 것은 곤란하다. 직무분할제가 이루어지기 위해서는 여성이나 고령층 노동자의 자발적인 파트타임 요구와 결합하여 이들에게 적절한 노동조건을 보장하고, 노동시간이 줄어든 정규직에게도 종래의 권리가 유지되어야 할 것이다. 네덜란드에서는 1996년 11월 도입된 법에서 파트타임 노동자를 전일제(full time) 노동자와 달리 차별하는 것을 불법으로 규정하고 있으며, 벨기에는 재직 노동자에게 조기퇴직과 안식년 휴가를 선택할 수 있는 권리를 부여하는 대신 파트타임으로 실업자를 채용하는 직무분할제를 도입하면서, 파트타임노동자에게도 전일제 노동자와 동일한 사회보장권리를 부여하고 있다.

3. 노동시간 단축 및 일자리 나누기 제도의 도입과 관련된 문제점 및 과제

1) 임금문제

노동시간 단축을 통한 일자리 나누기에 대한 찬반양론에서 가장 핵심적인 문제로 등장하는 것이 노동시간 단축에 따른 노동비용 증대에 대한 우려이다.

노동계에서는 노동시간 단축이 노동자의 삶의 질이나 임금의 손실 없이 달성되어야 한다고 주장한다. 유럽노동조합연맹(ETUC, 1990), OECD 노동조합자문위원회(TUAC, 1993) 등 국제노동단체는 물론이고 각국 노동조합도 모두 이와 같은 입장을 취하고 있다. 반면 사용자들은 임금 삭감 없는 노동시간의 단축은 노동비용을 상승시켜 경쟁력을 약화시킨다는 판단하에 비례적 임금 삭감을 주장하고 있다(유경준, 1998).

이와 같은 노사 간의 논쟁은 한국에서도 그대로 재생산되고 있다. 민주노총은 한국의 임금체계 특성상 기본급의 비중이 낮아서 연장근로를 통해 이를 보충하지 않으면 생활이 유지되기 어려운 상황이며, 사회보장제도도 열악하다는 점을 들어 법정근로시간의 단축은 임금 삭감 없이 이루어져야 한다고 주장한다(민주노총, 1998).

반면 경영계에서는 임금 삭감 없이 노동시간을 단축하는 것은 기업의 인건비 부담을 가중시킬 뿐만 아니라 오히려 실업을 증가시켜 노동자의 기본적인 생계를 위협할 뿐이라고 주장하면서 근로시간 단축에는 반드시 단축된 근로시간에 상응하는 임금 삭감이 전제되어야 한다고 주장한다(김영배, 1998).

노동시간 단축에 따른 임금의 처리 문제에는 많은 혼선이 존재하는 것으로 보인다. 노동시간 단축의 성격에 따라 임금의 처리도 달라져야 할 것으로 판단되므로 이를 몇 가지 유형으로 나누어 고찰해 보고자 한다.

먼저 법정노동시간을 단축할 경우 임금은 당연히 종전대로 유지되어야 한다. 법정노동시간의 단축목표가 1차적으로 노동자의 삶의 질 개선에 있는 이상 임금저하를 통한 노동시간 단축은 의미가 없기 때문이다. 외국의 경우에도 법정노동시간 단축 시에는 임금이 종전대로 유지되는 경우가 대부분이며 한국의 경우에도 1989년 근로기준법 개정에 의한 법정노동시간 단축 시 임금은 그대로 보전되었다. 이때 기업에게는 노동비용이 상승되는 효과가 있는 것이 사실이지만 이는 노동시간 단축에 따른 생산성 향상효과로 부분적으로 상쇄될 수 있으며 만약 현재와 같은 불황하에서 기업의 부담이 너무 크다면 정부는 고용보험 등을 통해 노동시간 단축에 따른 소득보전기금을 조성하여 일정 기간 동안 임금보조금을 지급하는 방안도 검토해 볼 수 있다.

둘째, 초과근로시간의 상한선 도입 등에 의해 초과근로시간을 단축할 경우의 임금처리 문제는 원칙적으로 산업별·기업별 협약에 의해 결정할 문제이다. 초과노동시간이 줄어드는 만큼 비례적으로 초과근로수당이 줄어드는 것은 당연하다 하겠으나 앞에서 지적한 대로 현재의 임금체계에서 기본급의 비중이 너무 낮아 갑작스러운 초과근로수당의 축소가 노동자의 생계에 상당한 타격을 주고 있는 것도 사실이므로 이에 대한 특별한 대책이 필요하다. 즉, 산업별·기업별 상황에 따라서 기본급의 비중을 차츰 높여 가거나 혹은 특별수당(이른바 고정 OT)을 신설하는 방법 등으로 초과근로수당 격감에 따른 생활 불안정을 해소해야 한다. 이에 따른 기업 부담의 증가의 일부는 초과노동시간 단축에 따른 생산성 향상으로 보상될 수 있으며 앞에서 말한 소득보전기금 등의 활용도 검토해 볼 수 있다. 한편 정부는 교육, 주거, 의료, 생필품 등 생계비를 안정시킬 수 있도록 교육개혁, 임대주택의 대량공급, 의료개혁, 생필품 가격의 안정 등 이른바 '사회임금'을 제공함으로써 노동자의 소득감소의 충격을 완화시켜 주어야 한다.

셋째, 법정노동시간 이하로의 노동시간 단축에 의한 일자리 나누기의 경우 노사정 3자가 임금부담 문제를 공평히 분담하는 것이 바람직할 것으로 보인다. 즉, 국가는 실업보험을 통한 고용유지지원금을 확대하고 사회보장분담금 감면, 소득세 감면 등을 통해 노동시간이 단축되는 기업의 노사 부담을 줄여 주어야 한다. 이러한 조치에 드는 비용은 대량해고에 따른 사회보장급부 증대, 소득세 세수 감소, 각종 사회적·정치적 불안요소 증대 등을 생각할 때 정당화될 수 있다. 기업은 노동시간 삭감 분만큼 비례적으로 임금을 삭감하지 않음으로써 고통을 분담해야 한다. 노동시간 단축은 생산성을 증대하여 노동비용 상승을 상당히 상쇄하기 때문이다. 한편 노동자는 노동시간 단축에 따른 임금저하의 일부를 수용할 필요가 있다. 그러나 현재 초과근로수당의 삭감, 임금동

결, 반납, 물가상승 등으로 인해 노동자들의 생활이 큰 타격을 받고 있는 점을 감안하여 현시점에서 임금의 절대액을 삭감하는 것은 바람직하지 않으며 향후 임금상승을 억제하는 방법으로 고통을 분담하는 것이 바람직하다. 특히 어떤 경우에도 퇴직금 및 각종 사회복지급여의 기준이 되는 기본급의 삭감은 없어야 한다. 또 향후 노동시간 단축의 결과로 생산성이 향상되고 해당 기업, 산업의 사정이 좋아질 경우 그동안 받지 못했던 임금의 일부를 되돌려 받을 수 있는 '임금저축제' 도입도 검토해 볼 수 있다.

2) 고용효과 문제

앞에서 살펴본 대로 노동시간 단축에 따른 고용효과에 대해서는 많은 논쟁이 있는 것이 사실이다. 한국의 경우에도 노동시간 단축 시 얼마만 한 고용효과가 발생할 것인가에 대해 노사의 의견이 엇갈리고 있지만 이에 대한 엄밀한 실증적 연구결과는 아직 나오지 않고 있다.

노동시간 단축에 따른 고용효과를 올바로 측정하기 위해서는 노동시간 단축에 따른 임금보상 정도, 생산성 증대, 신규채용 시 고정비용, 정부의 채용 보조금, 가동률의 유지 여부 등 여러 가지 요인이 감안되어야 하며 또 생산함수의 성격과 노동수요의 탄력성 등에 관한 기초 데이터 제공과 모델링이 올바로 되어야 한다.

이러한 데이터와 모델링에 기초한 엄밀한 계량경제학적 연구는 추후의 과제로 돌리고 여기서는 법정노동시간 단축과 초과노동시간 단축 시 몇 가지 대안적 효과에 따라 얼마만 한 고용유지/창출이 가능한지를 선진국의 예를 참고로 하여 간단히 시산해 보기로 한다.

앞에서 본 대로 독일의 경우 노동시간 단축에 따른 고용효과는 최저 35%(금속산업사용자연합)로부터 최고 80%(독일경제연구소)까지 다양하게 나타나고 있다. 또 Ginneken(1984)이 조사한 유럽의 8개 연구에서는 8% 이상의 노동시

〈표 2-5-4〉 노동시간 단축 시의 고용효과에 대한 대안적 시나리오

(단위: 명)

	근거	시나리오 I (30%)	시나리오 II (50%)	시나리오 III (70%)
법정노동시간 단축	44 → 40시간 4×12,101(1998년 9월 임금근로자수)/40	363,030명	605,050명	847,070명
초과노동시간 단축	50(1998년 3/4분기까지 평균 취업시간) → 44시간 6×12,101/44	495,040명	825,068명	1,155,095명
계		858,070명	1,430,118명	2,002,165명

간 감축 시 임금과 가동률의 가설에 따라 최저 마이너스 효과로부터 최고 6.1%(노동시간 단축분의 76%)에 이르기까지 다양한 효과가 나타나고 있다. 한편 일본의 경우 생산량 일정을 가정할 경우 임금상승률에 대한 가정 차이와 산업별 차이에 따라 최저 29%에서 최고 91%까지 다양한 효과가 나타나고 있다.

이를 감안하여 법정노동시간이 44시간에서 40시간으로 단축될 경우 및 초과노동시간이 완전히 해소될 경우 각각 30%, 50%, 70%가 고용효과로 발생한다고 가정하면 얼마만 한 고용효과가 발생할 것인지를 〈표 2-5-4〉에 표시했다.

이 표에서 보는 대로 법정노동시간을 주당 44시간에서 40시간으로 단축하는 것에 의해 36만~85만 명의 고용을 유지/창출할 수 있으며, 1998년 중 평균 초과노동시간을 완전히 해소하는 것에 의해 다시 50만~116만 명의 고용을 유지/창출할 수 있는 것으로 나타난다. 따라서 이 두 가지 조치만으로 86만~200만 명의 고용이 유지/창출될 수 있는 것이다. 여기에 특정 산업의 추가노동시간 감축, 휴일/휴가의 증대, 유무급휴직제도 등을 감안하면 훨씬 더 큰 고용효과를 기대할 수 있다.

물론 이러한 시산은 매우 개략적인 것에 불과하며 보다 엄밀한 연구가 필요한 것이 사실이다. 그러나 한국의 노동자들이 그동안 장시간 노동해 왔다는 점에서 노동시간을 단축함으로써 상당한 고용효과를 발휘할 수 있음을 이 시산 결과는 보여 주고 있다.

3) 노동시간의 유연화 문제

노동시간 단축에 따른 또 하나의 쟁점은 노동시간의 유연화 문제이다. 사용자는 노동시간 단축을 받아들이는 대가로 설비의 가동시간을 높이기 위해 다양한 탄력적 노동시간제(변형근로시간제)를 요구한다. 또 파트타임노동자 등 비정규 근로자의 도입조건 완화도 요구하게 된다. 독일의 금속산업에서 1987년 일련의 교섭을 통해 주당 노동시간을 37시간으로 단축하는 대신 노동시간의 탄력적 활용을 양보한 것은 그 대표적인 예라고 할 수 있다. 이러한 노동시간의 유연화는 가동률 증대를 위해 노동력 활용의 극대화를 목적으로 한다는 점에서 노동강도의 강화를 초래할 가능성이 크다. 특히 한국과 같이 다른 나라에 비해 장시간의 초과노동을 하고 있는 경우에 노동시간의 유연화는 많은 문제점을 가진다. 또 비정규 근로자(파트타임)의 근로조건 보호가 열악한 상황에서 대량의 비정규노동자의 도입 역시 노동조합으로서는 받아들이기 힘든 문제이다.

다만 노동시간의 단축이 불가피하게 노동시간의 유연성을 동반할 수밖에 없다는 점을 감안하여 앞에서 본 대로 초과근로에 대한 상한선이 설정된다면 그 안에서 노동시간의 유연성을 허용해야 할 것이다.

4) 작업조직의 재편

노동시간 단축에 따른 노무비용 상승을 상쇄시키기 위해 사용자는 자동화의 촉진, 작업조직의 개편, 노동강도와 노동속도의 강화, 능력주의적 인사제도의 도입 등을 통해 생산성을 향상하고 경쟁력을 강화시키고자 노력하게 될 것이다. 그런데 노동조합은 그동안 고용문제를 막아 내느라 이러한 사용자 주도의 작업조직 재편에 손을 못 대고 있어 노동시간 단축 시 자칫 현장의 근로조건이 악화될 것으로 우려된다.

노동조합은 이러한 사용자 주도의 작업조직 개편에 반대만 하기보다는 적극적으로 설비 및 작업조직의 개선과 작업자의 숙련향상을 위한 조직개편 과정에 노동조합의 참여를 요구하고 이를 통해 보다 인간적이고도 효율적인 작업조직을 만들어 갈 수 있도록 노력해야 할 것이다.

5) 노조원에 대한 설득

현재 노동조합과 많은 노조원들은 정리해고에 대한 거의 유일한 대안으로 노동시간 단축을 통한 일자리 나누기에 관심을 가지고 있다. 그러나 이는 자칫하면 과잉기대를 낳을 우려가 있다. 노동시간 단축은 다른 한편으로는 임금저하 문제, 고용효과 문제, 노동시간 유연화 문제, 작업조직의 재편과 노동강도 강화문제 등의 여러 문제를 수반하므로 이에 대한 냉정한 분석이 필요하다. 특히 상대적으로 고용이 안정된 부문의 노동자들의 경우 노동시간 단축에 따른 임금저하 문제 등에 반발할 수 있으며 이는 노동운동 진영에 혼란을 초래할 우려가 있다. 프랑스에서도 노동시간 단축문제를 둘러싸고 5대 노조 조직들 간에 상당한 의견 차이가 있었음을 참고해야 한다.

따라서 노동조합 전국조직이나 산별조직 등은 현재 한국 경제의 심각한 위기로 인해 어떤 산업의 어떤 노동자이든 해고의 위험에 노출되어 있으며 따라서 노동조합의 기본정신인 연대의 정신을 통해 노동자들 사이에 고통을 분담함으로써 실업문제가 일부 노동자층에 집중되는 것을 막아야 한다는 점, 그리고 여기에는 핵심 노동자층의 일정한 양보와 희생이 따를 수밖에 없다는 것을 노조원들에게 설득하고 지도력을 발휘해야 할 것이다.

참고문헌

김소영. 1998. 『근로시간 단축의 법적 과제』. 한국노동연구원.

김영배. 1998. 『노동시간 단축 및 고용안정』. 금속산업연맹 고용정책토론회 자료집.

노동부. 1998.10.20. 「금년 3/4분기 고용보험 활용사업장 급증」.

민주노총. 1998. 『민주노총 대정부 5대 요구안 정책 해설』.

유경준. 1998. 『근로시간 단축의 고용효과』. 한국노동연구원.

정인수. 1998.10.24. 「실업대책 현황과 평가」.

최영기. 1991. 『노동시간의 실태와 정책과제』. 서울: 한국노동연구원.

Abraham, K. G. and S. N. Houseman. 1993. *Job Security in America: Lessons from Germany.* The Brookings Institution.

Best, F. 1988. *Reducing Workweeks to Prevent Layoffs: The Economic and Social Impacts of Unemployment Insurance-Supported Work Sharing.* Temple University Press.

Blyton, P. 1985. *Change in Working Time: An International Review.* St. Martines Press.

Bosch, G. et al. 1993. "Working time in 14 Industrialised Countries: An Overview." in G. Bosch. *Times are changing: working times in 14 industrialised countries.* International Institute for Labour Studies.

Dreze, J. H. 1987. "Work Sharing Why? How? How Not." in R. Lavard and L. Calmfors.(eds.) *The Fignt Against Unemployment Macroeconomic Paper from the Centre for European Studies.* The MIT Press.

Gould, W. B. 1993. "Employment Protection and Job Security Regulation in the United Steates and Japan: A Comparative View." in C. F. Buechtemann.(ed.) *Employment Security and Labor Market Behavior.* ILR Press.

Houseman, S. N. and K. G. Abraham. 1995. "Labor Adjustment under Different Institutional Structures: A Case Study of Germany and the United States." in F. Buttler et al.(eds.) *Institutional Frameworks and Labor market Performance: Comparative Views on the U.S. and German Economies.* Routledge.

Koshiro, K. 1992. *Employment Security and Labor Market Flexibility: An International Perspective.* Wayne State University Press.

OECD. 1996. "Labor adjustments and active labor market policies." The OECD Jobs Study-Evidence and Explanations Part II.

OECD. 1998. "Working hours: latest trends and policy initiatives." *Employment Outlook.*

Orr, J. A. et al. 1985. United States-Japan Comparative Study of Employment Adjustment. Report to the U.S. Daparment of Labor and Japan Ministry of Labor.

Shimada, H. 1980. "The Japanese Employment System." *Japanese Industrial Relations Series,*

Series 6, Japan Institute of Labour.

White, M. 1987. *Working Hours: Assessing the Potential for Rduction.* ILO.

제6장

일자리 나누기 의의[*]

1. 일자리 나누기의 의의

노동배제적인 고용조정에 대한 대안으로서 노동시간 단축을 통한 일자리 나누기(work sharing)가 우리 사회에서도 크게 주목되고 있다. 경기변동에 따른 고용조정 방식은 정리해고 이외에도 노동시간 단축, 초과노동시간 축소, 조기퇴직제, 배치전환이나 타부서 지원, 타공장 전출, 계열사 파견, 유무급 휴직, 순환휴직제, 교육휴가, 임금 억제 등이 있다.

이 가운데 일자리 나누기는 경기변동에 따른 노동수요의 감소를 고용규모 자체의 조정보다는 노동시간의 조정을 통해 일자리를 나눔으로써 대응하자는 것이다. 노동시간 단축을 통해 고용을 창출하거나 유지하고자 하는 정책에는 크게 나누어 '일감 나누기(work-sharing)'와 '일자리 나누기(job-sharing)' 등 두

---

[*] 『노동시간 단축과 노동조합의 정책 과제』, 제2장(전국민주노동조합총연맹, 1999.5)에 게재되었다.

가지 방안이 있다. '일감 나누기'(시간분할제)는 하나의 기업 내에 있는 모든 노동자들, 또는 일부 노동자들의 노동시간을 줄이는 것을 말한다. 이는 노동자를 해고하는 대신 노동시간을 줄임으로써 일감을 나누자는 의미이다. 최근 한국의 고용조정과 관련된 해고회피 노력의 일환으로서 노동시간 단축을 통한 고용유지/창출을 논의한 때 사용되는 개념은 바로 이러한 의미에서 '일감 나누기'로 표현하는 것이 보다 정확할 것이다. 한편 '일자리 나누기'(직무분할제)는 하나의 정규 근로업무를 둘 이상의 단시간 업무로 전환시키는 것을 말한다. 한 사람의 풀타임 업무를 두 사람 이상의 파트타임 업무로 나누어 노동시간을 단축함으로써 고용유지/창출을 꾀하고자 하는 것이다. 이는 정규노동자의 신분을 유지하면서 단시간 근로를 한다는 의미에서 파트타임노동자와는 구분된다. 하지만 이러한 구분은 아직 명확하게 이루어지고 있지 않으며 유무급 휴가/휴직, 조기퇴직 등 다른 노동시간 단축방안과 함께 동일선상에서 논의되고 있는 것이 현실이다. 따라서 이 글에서도 노동시간 단축을 통해 고용을 유지/창출하고자 하는 여러 방안들을 '일자리 나누기'라는 표현으로 모두 포괄하여 사용하고자 한다.

이러한 노동시간 단축을 통한 고용창출은 1980년대 이래 장기간의 고실업에 직면한 유럽 노동조합의 가장 적극적인 정책이 되어 왔다. 물론 종전에도 기업 차원에서 일시적인 불황에 대응하여 노동시간 단축을 행함으로써 해고를 피하는 일감 나누기는 흔히 사용되어 왔다. 그러나 1980년대 이후 유럽에서 실시되고 있는 일자리 나누기는 노동력의 장기적 수급균형이 깨어졌다는 전제하에 종전과 같이 경제성장만으로는 대량실업을 해결할 수 없다고 보고 노동시간 단축을 통해 노동자 1인당 노동공급량을 줄임으로써 대량실업이 가져오는 사회적·경제적 문제에 대해 대규모적으로 대응하고자 하는 것이며 그런 의미에서 이는 과거 개별기업 차원에서 불황 시 일시적으로 행해지던 work-sharing과는 구별할 필요가 있다.

이러한 일자리 나누기는 비자발적 실업을 줄이고 고용을 유지/창출하기 위하여 일자리를 재분배함으로써 실업에 따른 고통을 함께 분담하자는 적극적인 사회연대의 의미를 가지고 있다. 이처럼 대량해고 및 실업증대로 인한 사회적 비용을 줄일 수 있을 뿐만 아니라 노사협력을 통한 고용조정 과정은 노사관계의 개선과 노동자의 헌신성 증대를 통해 장기적으로 경영의 효율성을 높이고 발전적인 한국 경제모델을 모색하는 계기가 될 수 있을 것이다. 한국은 OECD뿐만 아니라 발전도상국에서도 최장시간 노동국가라는 점에서 비단 실업 억제를 위해서만이 아니더라도 노동시간 단축은 절실한 과제라고 할 수 있다.

2. 일자리 나누기에 대한 찬성론[1]

1) 장기적 노동수급 불균형론

대량실업기에는 노동조합이 노동시간의 단축과 노동자 간의 노동시간의 평등분배를 주장하는 일이 흔하다. 사실 19세기에도 이미 노동시간 단축을 통해 실업을 해소하자는 주장이 종종 제기되고는 했다(Blyton, 1985: 3).

그러나 최근 제기되는 일자리 나누기론은 불황기의 단기적 처방이 아니라 장기적·구조적 처방으로서 제기되고 있다는 데 그 의의가 있다. 이들에 의하면 대부분의 서구 선진국에서 특단의 노력을 기울이지 않는 한 앞으로 상당 기간 동안 실업이 현재의 고수준을 유지할 것이라고 한다. 이는 국내외적 불황과 긴축정책뿐만 아니라 노동 집약적 산업의 쇠퇴, 노동력 규모의 성장, 노동절약적 기술진보 등 보다 구조적인 변화의 결과이다. 따라서 노동시간 단축을 통해 노동공급을 줄이는 것만이 노동시장의 수급균형을 회복할 수 있는 현실적 방안이라고 한다.

---

[1]   Blyton(1985); Dreze(1987); White(1987) 등 참조.

한국의 경우에도 그동안 고도성장 과정에서 발휘되던 높은 고용흡수력이 더 이상 작용되지 않을 것으로 예상되는 반면, 여성의 노동시장 진출 확대 등으로 노동공급은 계속 증가할 것으로 보여 앞으로 자연실업률이 높아질 것으로 보는 견해가 많다. 이 경우 재직 노동자들의 노동시간이 줄어들지 않는 한 상당 기간 고실업이 불가피할 것이라는 점에서 노동시간 단축의 타당성이 주장되고 있는 것이다.

2) 사회적 효용론

논리적으로 보면, 노동투입량은 노동시간×고용량으로 표현되므로 다른 조건이 일정하다면 노동시간 단축은 신규 노동력 수요를 발생시켜 일자리 창출 효과가 발생한다. 이와 같이 재직 노동자의 노동시간을 줄이고 대신 실업자를 고용하는 것은 사회적 효용 면에서 바람직하다고 주장된다(White, 1987).

이를 설명하기 위해 〈그림 2-6-1〉을 보자.[2] 동질적 노동자들로 구성되어 있는 경제를 가정하고 각자의 노동공급곡선이 S와 같다고 하자. 시장임금 w_m에서 이 노동자는 연간 2천 시간의 노동공급을 하고 있다. 이제 경제 전체의 노동수요가 줄어들어 이 노동자의 2천 노동시간에 대한 고용이 불가능해졌다고 하면 이 노동자는 1년 내내 실업상태에 있게 될 것이다. 이때 이 실업자의 임금감소분의 크기는 사각형 Ow^mCF와 같다. 그러나 이 노동자는 실업상태에서 얻는 여가시간의 효용이 Ow^rCF만큼 증가하므로 진정한 효용감소의 크기는 w^rw^mC와 같다.

이제 일자리 나누기 제도가 실시되어 2천 시간의 실업이 두 사람의 노동자에게 균등하게 배분된다고 하자. 각 노동자는 연간 1천 시간 일하고 1천 시간 실업상태에 있게 된다. 각 노동자의 임금상실분은 GDCF만큼이 될 것이며 두

---

2)   이하의 설명은 Filer et al.(1996: 312~313) 참조.

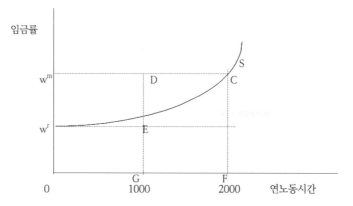

〈그림 2-6-1〉 실업의 부담

노동자의 임금상실분의 합계는 Ow^mCF로서 한 사람이 실업할 때와 같을 것이다. 그러나 노동자 1인당 진정한 효용손실은 EDC이며 따라서 두 사람의 합계액은 이 면적의 두 배가 된다. 이것은 분명히 한 사람이 혼자 실업할 때의 효용손실 w^rw^mC보다는 작게 된다. 따라서 사회 전체로 볼 때 한 사람에게 실업의 부담이 모두 떨어지는 것보다는 두 사람이 나누어 부담하는 것이 더 바람직한 결과를 가져온다는 것이다.

이 같은 결과가 나온 이유는 소수의 사람에게만 장기간 실업이 집중될 경우 단기간 실업에 비해 상당한 어려움이 가중되기 때문이다. 단기간 실업 시에는 일을 안 함으로써 얻는 여가의 효용이 처음 몇 시간 동안은 상당히 크다. 또 단기간 실업 시에는 실업수당, 저축인출, 친지로부터의 차입 등에 의해 생활수준을 유지하는 것이 비교적 쉽기도 하다. 그러나 차츰 실업기간이 길어질수록 여가의 효용이 떨어지며(결국 마이너스가 됨), 동시에 실업수당기간 만료, 저축잔고 고갈, 차입의 가능성 고갈 등으로 상당한 생활상의 어려움이 생기게 된다. 따라서 노동시간 단축을 통한 일자리 나누기를 통해 장기실업이 소수의 실업자에게 집중되는 것을 막아 주는 것이 매력적인 대안이 될 수 있다는 것이다.

3) 형평성론

노동시간 단축을 통한 일자리 나누기는 설혹 사회적 효용을 증가시키지 않는 경우에도 형평성 면에서 바람직한 것이라고 한다. 실업은 보다 열악한 위치에 있는 사람들에게서 불공평하게 일을 빼앗아 간다는 의미에서 불공평한, 또는 분절화된 분배형태라 할 수 있다. 따라서 노동시간을 줄이고 실업자를 고용하는 것은 실업의 부담을 보다 많은 노동자에게 골고루 나눔으로써 보다 공평한 분배를 가져올 뿐만 아니라 노동조합의 기본정신인 연대의 원리에도 부합된다는 것이다.

특히 블루칼라 노동자들과 화이트칼라 노동자들 간에 노동시간, 휴일수, 교대제 유무 등의 면에서 여러 가지 불평등이 존재하고 있음을 감안할 때 블루칼라 노동자들의 노동시간을 단축하는 것은 사회적 평등성의 면에서 큰 기여를 할 수 있으며 여성이 주로 해고의 대상이 된다는 점을 고려할 때 남녀평등의 관점에서도 바람직하다는 것이다.

4) 노동자의 건강과 생활의 질 향상

고용유지/창출이 노동시간 단축 주장의 유일한 이유는 아니다. 노동시간 단축의 보다 기본적이고도 중요한 지지 이유는 노동시간 단축이 노동자의 건강과 생활의 질 향상에 중요한 기여를 한다는 점이다. 특히 한국과 같이 선진국에 비해 장시간 노동하고 있는 경우에는 이러한 이유가 더욱 중요한 의미를 지닌다.

장시간 노동은 노동자의 정신적·육체적 피로도와 스트레스를 증가시키고 산재율을 높인다는 것은 이미 여러 연구에서 증명된 사실이다. 특히 마지막 노동시간에 산재율이 급증한다는 것은 경험적 연구로 실증되고 있다(White, 1987).

비록 장시간 노동이 아니더라도 노동시간 단축은 노동자의 건강에 대해 여전히 중요한 의미를 갖는다. 현대의 기계제 생산하에서 조립라인과 기계에 의한 속도 조절은 노동강도와 스트레스를 높이고 있다.

노동시간 단축은 산재율 감소뿐만 아니라 노동자의 생활의 질을 높여 준다. 여가시간이 늘어남에 따라 가족과 즐기는 시간, 레저활동, 사회적 참여, 교육, 물적 생활수준 등이 향상된다. 또 노동자들에게는 노동시간을 자유로이 조정할 수 있어 선택권이 넓어지고 특히 육아나 가사노동의 부담이 큰 여성 노동자에게는 노동시간 단축이 더욱 중요한 의미를 가진다.

5) 노동자의 재량권/선택론

1970년대 이후 기업의 의사결정에 대한 노동자의 참가가 광범하게 진행되어 왔다. 그런데 이러한 노동자의 의사결정에 대한 영향력 증대의 일환으로서 노동시간의 패턴에 대한 영향력의 증대가 주장되고 있다. 그동안 작업조직의 구조와 과정은 상당한 변화를 보여 왔는데도 불구하고 노동시간 패턴은 상당히 경직적 모습을 보여 왔다(이른바 '9 to 5'). 그러나 기혼여성 노동자의 노동시장 진출이 늘어나는 등 노동력 구성이 바뀌고 젊은 노동자의 선호도 변화함에 따라 다양한 노동시간 패턴(조기퇴직, 파트타임 노동, 노동시간 선택의 자유재량권)에 대한 요구가 늘어나고 있으며 이는 노동시간 단축과 관련되어 있다. 따라서 노동시간의 탄력성과 더불어 노동시간 단축이나 일자리 나누기 등이 필요하다는 것이다.

6) 인센티브론

노동시간 단축에 따라 생산성이 향상되고 이직률이 하락하며 근로자의 창의성이나 기업에 대한 헌신성이 높아져 장기적으로 경영의 효율성을 높일 수 있는 이점이 있다고 한다. 그 밖에 기술수준의 다양성 획득, 신입사원에 대한

훈련기회의 제공 등 다양한 이점이 제시되고 있다. 그중에서도 노동시간 단축에 따른 생산성 향상은 이론적·실증적으로 인정되고 있다. 노동시간 단축에 따른 노동자의 피로 감소와 모티베이션 부여에 따른 심리적-행동적 변화, 경영기술-노하우의 변화, 새로운 노동시간 패턴(교대제 개선, 변형시간제 등), 새로운 생산기술-조직 변화, 효율적 작업관행, 자동화 투자의 촉진 등의 제 요인으로 인해 노동시간 단축은 생산성을 향상시킨다는 것이다(White, 1987; White and Ghobadian, 1984; Dreze, 1987; Roche et al., 1996).

또 노동시간 단축에 따라 이직률, 결근율 등이 줄어들며 따라서 기업의 입장에서는 인적자본투자를 촉진시킬 수 있다. 또한 노사관계가 개선되고 새로운 기술의 도입이 순조롭게 된다. 따라서 장기적으로 노동시간 단축은 노동자뿐만 아니라 기업에도 도움이 된다는 것이다.

7) 광범한 사회적 목표

일자리 나누기는 단순히 실업을 줄이기 위한 목적뿐만 아니라 보다 광범한 사회적 목표(기대수명 증가, 교통혼잡 완화, 노동/여가 간의 관계)에 봉사하는 등 여러 가지 목적을 지닌다.

정부 입장에서는 노동시간 단축을 통해 고용을 유지시킴으로써 실업보험 등의 지출을 감소시키고 소득세 감소를 막을 수 있을 뿐만 아니라 대량실업에 따른 범죄, 자살, 가정파괴, 사회불안, 정치불안 등 눈에 안 보이는 비용을 막을 수 있다는 이점이 있다.

3. 일자리 나누기에 대한 반대론

1) 노동비용에의 악영향

고용주는 노동시간 단축 시 최악의 시나리오, 즉 노동시간 단축에 따른 임금저하가 전혀 없을 경우를 상정하고 이 경우 노동비용이 늘어난다는 이유로 이에 반대하고 있다. 노동비용 증가는 여러 경로를 통해 나타난다고 한다.

먼저 노동시간 단축에 따른 추가고용 증대가 있을 경우 이는 임금비용 및 고정비용(훈련, 채용비)을 증가시킨다. 또 노동시간 단축 시 추가고용이 없을 경우에는 초과근로, 부가근로가 불가피해지고 이 경우 초과근무에 따른 할증비용이 증가하게 된다. 그 밖에 노동시간이 단축되지 않은 다른 노동자 그룹에도 보상이 불가피하여 간접비용도 증가하게 된다는 것이다.

이러한 사용주 측의 주장은 나른 요인이 일정하다는 가정에 토대를 두고 있다. 그러나 실제로는 노동시간 단축에 따른 비용증대 효과를 상쇄하기 위해 사용주는 다양한 조치를 취하게 되며 그 결과 생산성이 향상됨으로써 비용증대의 상당 부분, 또는 전부를 상쇄하게 된다(White, 1987). 즉, 앞에서 본 대로 새로운 작업조직, 교대제, 변형근로시간제, 임금제도, 자동화 투자 등의 조치가 그것이다. 또 설혹 노동시간 단축에 따라 당장 임금비용이 오르더라도 장기적으로는 생산성이 임금보다 낮은 상태가 계속될 수는 없으므로 결국 장기적으로는 균형상태로(예컨대 추후 임금상승 둔화 등을 통해) 갈 수밖에 없게 된다.

2) 설비이용에 대한 악영향

노동시간 단축에 따른 설비이용률 저하와 이에 따른 산출량 감소도 사용주가 우려하는 이유 중 하나이다. 설비의 경직성과 불가분성으로 인해 노동시간 단축을 신규채용 증대로 상쇄할 수 없는 경우가 많다는 것이다. 예컨대 10시간씩 2교대제로 일하는 공장의 경우 1교대번당 2시간씩 노동시간을 줄이더라도 합계 4시간에 불과하여 새로운 3교대번을 만들기가 불가능하며 따라서 설비가동률 저하, 산출량 저하, 그리고 결과적으로 고용량 저하를 가져온다는 것이다.

만약 법정근로시간이 줄어드는 경우 기존의 설비가동률을 유지하기 위해서는 노동자들에게 초과근로를 시킬 수밖에 없는데 노동자들이 초과근로를 싫어하며 최고 노동시간에 대한 법적 제약도 있기 때문에 완전한 설비가동률 유지는 불가능하다는 것이다.

그러나 이러한 주장에 대해서는 노동시간이 단축되면 노동 이용방법의 이노베이션이 일어남으로써(교대제, 작업 재조직) 오히려 설비이용률이 증대될 수도 있다는 반론이 있다.

3) 고용 유지/창출 효과에 대한 의문

사용주들과 일부 학자들은 또 노동시간 단축이 고용 유지 및 창출에 미치는 효과에 대해 의문을 표시하고 있다.[3]

암묵적 계약이론에 의하면 효율적 노동계약하에 고용주와 노동자는 위험을 분담하게 된다. 즉, 수요, 공급의 충격에도 불구하고 임금은 상당 정도 보호받게 되며(소득보험) 따라서 하방경직성을 띠게 된다. 그 대신 고용 초기의 저임금과 호황 시의 임금인상 억제로 이 소득보험 프리미엄이 상쇄되는 것이다. 이때 고용주들은 노동의 한계생산물가치와 임금을 일치시키는 것이 아니라 노동의 한계생산물가치와 전체 고용기간에 걸친 고용의 기회비용이 일치되도록 고용을 조정하는 것이다.

이제 불황기가 되면 임금은 하방경직성을 띠므로 노동의 한계생산물가치를

---

3) 이하의 설명은 Dreze(1987: 166~167) 참조.

초과하게 된다. 그러나 이 기업은 고용규모를 줄이지 않는다. 그런 의미에서 이 기업은 인력과잉 상태에 있다고 해도 좋을 것이다(이를 '노동축장적(labor-hoarding)' 행동이라고 한다). 이때 기존 노동자의 노동시간이 줄어들더라도, 기업은 신규 노동자를 대체고용하지 않을 것이다. 대체고용은 한계생산물가치가 임금액과 동일하게 될 때(즉, 과잉고용이 해소될 때) 비로소 일어나게 된다. 즉, 간단히 말해서 노동축장적으로 행동하는 기업은 노동시간이 단축되더라도 신규고용을 하지 않는다는 것이다.

사용주들은 또한 실증적으로 보더라도 일감 나누기가 생각보다는 큰 고용창출 효과가 없다고 지적하고 있다. 1982년 프랑스에서 노동시간 1시간 단축, 벨기에서 노동시간 5% 단축, 1979년 영국에서 노동시간 40시간에서 39시간으로 단축 등은 모두 고용창출 효과가 매우 적었다는 것이다. 그 이유는 노동시간이 단축되더라도 생산성 향상, 기술변화, 노동강도 강화 등에 의해 상쇄되어 일자리 창출로 연결되지 않기 때문이라고 한다(White, 1987).

이러한 주장은 노동의 한계생산물 곡선이 일정하다는 가정에 토대를 둔 것이다. 그러나 실제로는 노동시간 단축에 따라 생산성이 향상되고 경쟁력이 강화됨으로써 장기적으로 노동의 한계생산물 곡선이 상향이동되며 그 결과 고용증대가 가능하다는 비판을 할 수 있다.

4) 구조조정의 방해

일부에서는 현재와 같이 잉여인력을 안고 있는 상황에서 이를 그대로 가지고 있으면 구조조정을 더디게 만든다고 주장하면서 노동시간 단축보다는 잉여인력 해고를 통한 고용조정을 주장한다.

그러나 한편 노동시간 단축에 따른 충격효과로 구조조정의 가속화가 가능하다는 측면도 무시할 수 없다. 노동시간 단축에 따라 노동 집약적 산업으로부터 자본집약적·기술집약적 산업으로의 전환이 촉진될 수 있는 것이다.

특히 한국의 경우 그동안 장시간 노동이 지속되어 온 중요한 이유는 대량생산을 통한 규모의 경제를 발휘하여 가격경쟁력을 확보하고자 하는 기업의 전략에 있었다. 이것이 주로 노동투입량(노동시간 및 고용량)의 절대량을 늘려 나가는 외연적 확대 전략으로 나타났던 것이다. 그러나 이제 이러한 외연적 확대 전략에는 한계가 왔다는 것이 확연해지고 있다. 앞으로 한국 경제가 나아갈 길은 노동력의 질적 향상을 통해 보다 품질과 부가가치가 높은 상품을 생산, 수출하는 질적 성장방식으로 전환하는 것이다. 이를 위해서는 한편으로는 인력개발과 직업훈련 등을 통해 노동력의 질적 수준을 높이면서 다른 한편으로는 장시간 노동체제로부터 발생하는 각종 문제를 해결하기 위해 노동시간을 줄이고 주어진 노동시간 내에서 높은 생산성을 발휘할 수 있는 방식으로 바꾸어 가야 할 것이다. '양적 노동'으로부터 '질적 노동'으로의 전환은 단순한 기술 및 자본의 추가 투입만으로는 불가능하며 노동하는 방식과 노동자의 인적자본 자체의 개혁이 필요한 것이며 그러한 면에서 노동시간의 단축은 질적 노동의 불가결한 요소가 될 것이다.

5) 기타

그 밖에도 기업의 입장에서 볼 때 노동시간 단축 시 삭감된 시간을 모아 새로운 일자리를 만드는 것이 실제로 어렵다든지, 한 사람의 일을 두 사람 이상이 맡게 됨으로써 관리비용이 늘어나고, 의사소통에 문제가 있으며, 책임감이 분산된다는 등의 비판을 하고 있다.

그러나 이러한 문제들은 대부분 기술적 문제들로서 해결 불가능한 것은 아니며 따라서 노동시간 단축에 대한 근본적 문제제기는 될 수 없다고 하겠다.

4. 노동시간 단축의 고용효과에 대한 기존의 실증연구

논리적으로 보면, 노동시간의 단축은 노동력 공급을 감축시키므로, 기업이 생산량을 그대로 유지한다면 신규 노동력 수요가 발생하여 일자리 창출 효과가 발생한다. 이러한 노동시간 단축을 통한 고용창출은 1980년대 이래 장기간의 고실업에 직면한 유럽 노동조합의 가장 적극적인 정책이 되어 왔다.

그러나 노동시간 단축의 고용창출 효과에 대해 사용자들은 기대한 만큼의 고용창출 효과는 없으며, 오히려 노동비용을 증가시켜 신규채용을 억제한다고 주장한다. 가장 대표적인 주장은 OECD(1994)에서 찾아볼 수 있다. 〈표 2-6-1〉을 보면, 프랑스의 1982년 주 39시간 노동으로의 단축과 연간휴가 4주에서 5주로 확대, 초과노동시간 등의 규제는 당초 기대했던 15만 명의 일자리보다 훨씬 낮은 수준인 최소 1.4만 명에서 최대 7만 명의 일자리 창출 효과밖에 없었다고 하며, 벨기에 정부의 3-5-3 계획 또한 예상한 5.9만 명의 절반에도 미치지 못하는 2.3만 명의 일자리를 창출하는 데 그쳤다고 지적하면서, 지난 20년간 노동시간 단축과 실업률의 감소 사이에는 별다른 상관관계가 없다고 지적하고 있다. 특히 정부가 주도한 노동시간 단축 정책은 고용창출 효과가 기대했던 수준에 훨씬 못 미친다는 측면에서 효과적이지 못하다고 비판하며, 임금 억제를 동반하지 않은 노동시간 단축은 비용과 인플레를 유발하여 중장기적인 고용창출 전망은 어둡다고 주장하고 있다.

그러나 OECD(1998)는 노동시간 단축의 효과를 분석하는 데는 불확정적인 측면이 많다는 것을 지적하면서, 노동시간 단축이 다소간의 고용 창출과 유지를 가져올 수는 있으며, 다만 대규모의 일자리를 창출하리라고 믿을 이유는 없다고 완화된 주장을 펴고 있다.

실제 노동시간 단축의 고용효과에 대한 실증분석 결과들도 크게 엇갈리고 있다. 노동시간 단축에 따른 임금보상 정도, 생산성 증대, 신규채용 시 고정비용, 정부의 채용 보조금, 가동률의 유지 여부 등에 따라 결과는 매우 큰 차이를

〈표 2-6-1〉 노동시간 단축의 효과

국가	정부정책	협약	고용효과	비고
프랑스	• 1982 법정노동시간의 단축 ―주당 노동시간을 40시간에서 39시간으로 단축 ―연간 유급휴가를 4주에서 5주로 확대		• 최저 ―1.4만~1.8만 명의 고용창출 • 최고 ―7만 명의 고용 유지·창출	• 대부분 전액 임금보전 • 일반적으로 생산비용, 인플레이션, 경쟁력에 부정적 영향을 미쳤다고 인식됨 • 주당 35시간으로 단축하려던 계획이 중단됨
벨기에	• 1983~1986년 3-5-3 계획 ―50명 이상의 기업은 3% 임금 삭감과 5% 노동시간 단축으로 3%의 신규고용을 창출해야 함 ―예외적인 경우를 제외하고는 신규고용을 창출하지 못하는 기업은 임금 삭감에 따른 이득을 고용기금에 납부해야 함 • 1983~1986년 새로운 일자리를 창출하기 위해 기존의 규정을 벗어난 노동시간의 재조직화(예: 주말노동)를 자발성에 기초하는 한에서 허용	• 부문별·기업별 협약을 통해 실행 • 노조, 사용자, 노동고용부 장관의 3자 협약	• 약 2.3만 명의 고용창출 • 기업 차원에서 50개 협약, 900명의 고용창출	• 탄력적인 노동시간의 새로운 형태 실험: 1987년 노동규정의 개정을 촉진함
독일		• 1984 금속산업의 협약을 통해 주 40시간에서 38.5시간으로 임금의 전액 보전과 함께 단축하는 대신 탄력적인 노동시간을 기업단위에서 교섭하도록 허용 • 1987 금속산업의 협약을 통해 1989년까지 주 38.5시간을 37시간으로 단축 • 1990 금속산업의 협약을 통해 1995년까지 주 35시간으로 단축하며 노동시간의 탄력화를 확대 허용	• 최저(사용자 추정) ―1.9만~2.7만 명의 고용 창출 • 최고(노조 추정) ―9.7만~10.2만 명의 고용 유지·창출 (노조 추정) ―9.2만 명의 고용 유지·창출	
영국		• 1989~1991 엔지니어링 산업에서 생산성 증대에 따른 임금 전액보상과 함께 주 39시간에서 37시간으로 단축	• 고용에 거의 효과를 미치지 못함	• 큰 폭의 생산성 이득

자료: OECD(1994).

〈표 2-6-2〉 노동시간 단축의 고용효과 추정 결과(독일)

연구주체	연구범위	고용효과

1.
금속산업사용자
연합
	• 금속산업의 인사부
	• 5천 개 공장의 240만
	  노동자
		• 40시간에서 38.5시간으로 단축
		• 2.7만 명의 일자리 창출
		• 35%의 고용효과(14%는 초과노동시간
		  단축에 기인)

2. 금속노조	• 금속산업의 공장위원회 • 5천 개 공장의 240만 노동자	• 40시간에서 38.5시간으로 단축 • 10.2만 명의 고용 유지·창출 • 70%의 고용효과
3. 금속노조	• 금속산업의 공장위원회 • 5500개 공장의 260만 노동자	• 38.5시간에서 37.5시간으로 단축 • 5만 7900명의 고용 유지·창출 • 58.3%의 고용효과
4. 금속노조	• 금속산업의 공장위원회 • 5225개 공장의 250만 노동자	• 37.5시간에서 37시간으로 단축 • 3만 4700명의 고용 유지·창출 • 70%의 고용효과
5. 금속노조	• 철강산업의 공장위원회	• 40시간에서 38시간으로 단축 • 7100명의 고용 유지·창출 • 75%의 고용효과
6. 인쇄·종이노조	• 인쇄산업의 공장위원회 • 460개 공장의 6.7만 노동자	• 40시간에서 38.5시간으로 단축 • 66%의 고용효과
7. 공공노조	• 공기업 • 3208개 공장위원회 • 7만 노동자	• 40시간에서 39시간으로 단축 • 4.9만 명의 고용 유지·창출 • 52%의 고용효과
8. 금속산업사용자 연합	• 금속산업	• 40시간에서 38시간으로 단축 • 1만 9천 명의 고용 창출
9. 금속노조	• 금속산업	• 40시간에서 38.5시간으로 단축 • 9만 6500명의 고용 유지·창출
10. HWP	• 금속 및 인쇄산업	• 40시간에서 38.5시간으로 단축 • 1.2만 명의 고용 유지·창출 • 74%의 고용효과
11. 노동시장·직업 연구소(IAB)	• 금속, 인쇄 및 목재산업	• 40시간에서 38.5시간으로 단축 • 11.2만 명의 고용 유지·창출 • 45%의 고용효과
12. 독일경제연구소 (DIW)	• 금속산업	• 40시간에서 38.5시간으로 단축 • 80%의 고용효과

자료: Seifert(1991: 502~503).

보이고 있다. Seifert(1991)가 1984년과 1990년 사이 노동시간 단축의 고용효과에 대해 독일 노사가 수행한 12가지 분석 결과를 비교한 데 따르면, 분석 범위와 방법의 차이에도 불구하고 모두 고용을 증대하는 효과가 있는 것으로 나타났다고 평가하고 있다(〈표 2-6-2〉 참조).

반면 Ginneken(1984)이 서유럽에서 거시경제모델을 이용하여 분석한 7가

<표 2-6-3> 노동시간 단축이 고용 및 실업에 미치는 효과

모델	단축 폭	가설	영향 연도	고용의 변화		실업의 변화		
				수 (천 명)	%	탄력성	수 (천 명)	비중 (%)
• 8% 이상의 노동시간 단축 시 효과								
1. Vintaf (네덜란드)	1979~1983, 연간 2.5% 단축	1. 임금저하, 가동률 저하	1983	40	0.8	0.067	-25	-0.4
			1988	100	2.0	0.168	-65	-1.1
		2. 임금보전, 가동률 저하	1983	-80	-1.6	-0.135	55	1.0
			1988	-115	-2.3	-0.193	75	1.2
		3. 임금저하, 가동률 유지	1983	70	1.4	0.118	-45	-0.9
			1988	115	2.3	0.193	-75	-1.2
		4. 임금보전, 가동률 유지	1983	-50	-1.0	-0.084	35	0.6
			1988	-105	-2.1	-0.177	70	1.1
2. FREIA (네덜란드)	1983~1986, 연간 2.5% 단축	1. 임금저하, 가동률 저하	1986	60	1.2	0.125	-45	-0.8
		2. 임금저하, 가동률 유지	1986	240	4.7	0.488	-240	-4.0
3. Maribel (벨기에)	1983~1986, 연간 2% 단축	1. 임금저하, 가동률 미고려	1986	93	2.7	0.348	-93	-2.3
4. DMS (프랑스)	1982~1986, 연간 2.5% 단축	1. 임금저하, 가동률 유지	1986	1,200	5.6	0.582	-550	-2.2
		2. 임금보전, 가동률 유지	1986	1,300	6.1	0.633	-500	-2.0
• 5% 미만의 노동시간 단축 시 효과								
5. 재무성 (영국)	주 2시간 단축	1. 임금보전, 수용 화폐정책	1981	200	0.8	0.160	-150	-0.6
		2. 임금보전, 긴축 화폐정책	1981	60	0.2	0.048	-40	-0.2
		3. 임금저하, 수용 화폐정책	1981	350	1.4	0.280	-260	-1.0
6. Heinze (독일)	주 2시간 단축	1. 임금보전 없음	1981	980	3.4	0.680		
		2. 생산성 증대 시 보상	1981	828	3.1	0.620		
		3. 정부가 세수 증대 시 보상	1981	1,007	3.8	0.760		
		4. 임금전액보전 (조세감면으로)	1981	1,126	4.2	0.840		
7. DMS (프랑스)	주 1시간 단축	1. 임금저하, 가동률 유지	1981	248	1.1	0.451	-108	-0.5
		2. 임금저하, 가동률 저하	1981	179	0.8	0.325	-74	-0.3
		3. 임금보전, 가동률 유지	1981	216	110	0.393	-84	-0.4
8. METRIC (프랑스)	주 1시간 단축	1. 임금보전, 가동률 유지	1981	326	1.5	0.593	-143	-0.6

주 : 노동력에서 차지하는 비중임.
자료 : Ginneken(1984: 38~39).

지 결과들을 비교한 데 따르면, 노동시간 단축의 고용효과는 매우 다양하게 나타난다(〈표 2-6-3〉 참조). 물론 이 결과들은 자료와 분석 방법에서 상당한 차이가 있으며, 임금보전 여부나 가동률의 유지 여부에 대한 가정에 따라 동일한 분석에서도 차이를 보이고 있다. 그는 이러한 검토에 기초하여 단위 생산비용

<표 2-6-4> 노동시간 단축의 생산성 효과(일본)

기관	추정 방법	분석 시기	분석 대상	결과
경제 기획청 (1985)	CES 생산함수	1974~ 1983	전산업 제조업	• 고용자수가 일정한 경우 1인당 노동시간 1% 단축은 노동생산성을 전 산업에서 0.8%, 제조업에서 0.6% 향상시킨다 • 생산량은 전 산업에서 0.2%, 제조업에서 0.4% 감소된다 • 생산량이 일정하고, 1% 노동시간 단축과 함께 시간당 임금이 1% 상승하는 경우 노동생산성은 전 산업에서 0.4%, 제조업에서 0.5% 상승한다
노동성 (1985)	Cobb- Douglas 생산함수	1968~ 1984	제조업	• 실노동시간이 1% 단축되면 노동생산성은 0.9% 증가된다
노동성 (1991)	Cobb- Douglas 생산함수	1973~ 1987	제조업	• 소정 내 노동시간이 1% 단축되면 시간당 생산성은 3.7% 향상된다

자료: 經濟企劃廳 總合計劃局(1986: 177); 勞働省(1991: 83); 勞働省(1985).

이 증대하지 않고 초과노동이 적정 수준에서 억제된다면 노동시간 단축은 고용을 증대하는 데 기여할 수 있을 것이라고 긍정적으로 평가하고 있다.

노동시간 단축에 따라 가장 두드러지는 효과는 생산성의 증대이다. 노동시간의 단축은 노동의 투입량을 감소시키기 때문에 노동의 한계생산력을 높이며, 노동자의 심신 양면에서 건강의 유지, 출근율, 정착률의 제고 등 노동의욕을 높이고, 기업의 합리화, 관리의 개선 등을 촉진하며, 노사관계의 개선과 노동자의 헌신성 증대를 통해 장기적으로 효율성을 높이는 효과를 가지기 때문이다. 일본 노동성(1991)에 따르면, 노동시간 단축은 경영 개선, 노동시간 관리의 합리적 개선, 노동자의 노동의욕 향상 등을 유발하여 소정 내 노동시간과 출근일수가 1% 줄어들면 생산성은 3.7% 향상된다고 분석하고 있다(<표 2-6-4> 참조).

노동시간 단축에 의해 시간당 생산성이 상승하는 경우 일자리 창출 효과는 어느 정도 상쇄된다. 그러나 시간당 생산성의 상승이 노동시간 단축에 따른 고용효과를 완전히 상쇄하는 것은 아니며, 생산량이 감소하지 않는다면 일자리 나누기 효과가 일어나서 고용량이 증가할 가능성이 크다. 한편 시간당 임금이 일정하다면, 고용량 증가의 인센티브가 생길 것이지만, 시간당 임금이 상승하

《표 2-6-5》 생산성이 일정할 경우 노동시간 단축에 따른 고용증대 효과

(단위: %)

	임금 상승률		
	0.5%	0.9%	1.0%
전산업	0.79	0.62	0.57
제조업	0.75	0.55	0.51
(가공조립형 산업)			
일반기계	0.91	0.83	0.81
전기기계	0.79	0.62	0.58
수송기계	0.69	0.44	0.38
(소재형 산업)			
일차금속	0.90	0.82	0.80
화학	0.64	0.36	0.29
펄프, 제지	0.79	0.63	0.59
섬유	0.80	0.65	0.61

자료: 經濟企劃廳 總合計劃局(1986: 180).

는 경우에는 단기적으로 고용량 감소가 일어남과 동시에 중장기적으로는 생력화 투자 등이 적극적으로 이루어져서 노동으로부터 자본으로의 대체가 진행될 가능성이 있다. 그러나 시간당 임금의 상승률이 시간당 생산성 증가율의 범위 내에 머무른다면, 기업의 단위당 임금비용은 상승하지 않으므로 고용량의 감소효과는 적을 것이다. 일본 경제기획청(1986)에 따르면, 1% 노동시간 단축 시 시간당 임금이 1% 상승하는 경우에도 일부 업종을 제외하고는 0.4~0.6% 정도의 고용이 증가하는 것으로 나타나고 있다(《표 2-6-5》 참조).

그러나 이러한 경제적 효과 이외에도 대량감원으로 인한 사회적 비용을 고려한다면 정리해고를 피하기 위한 노동시간 단축은 그 이점이 크다고 할 수 있다. 대량실업에 따른 실업보험, 치안 등의 사회적 비용뿐만 아니라 감원 이후 기업조직의 불안정과 노사관계의 불안에 따른 효율성 저하 등 기업이 부담해야 하는 비용도 크기 때문이다.

지금까지 살펴보았듯이 일자리 나누기의 고용효과에 대한 실증연구들의 대부분은 플러스의 고용효과를 인정하고 있기는 하나 그 크기에 대해서는 회의적인 연구가 많다. 그러나 이러한 실증연구에 대해 우리는 다음과 같은 평가를

할 수 있다(Blyton, 1985: 45~46).

첫째, 그동안 실증연구의 대상이 되어 왔던 선진국의 노동시간 단축 중 상당수는 매우 작은 폭(주당 1시간 단축 등)의 단축조치였다. 이럴 경우 고용주들은 미세한 조정(휴식시간 단축, 노동속도 증대 등)을 하는 것만으로도 노동시간 단축에 따른 시간손실을 보상할 수 있는 여러 가지 수단을 가지고 있다. 더욱이 노동시간 단축이 일정 기간 동안 점진적으로 도입되는 경우, 고용주들이 인력수준 증가보다는 노동생산성 향상을 통해 시간단축에 대응할 수 있는 기회가 보다 증대된다. 따라서 노동시간 단축을 통해 고용 유지·창출을 원하는 경우 일시에 대폭적으로 단축하는 것이 효과적인 것이다.

둘째, 그동안 실증연구는 대부분 고용창출 효과를 중심으로 분석하고 있다. 그러나 일자리 나누기는 또한 기존의 고용을 유지하는 효과도 가진다. 즉, 노동시간 단축이 새로운 고용을 창출하는 데는 불충분할지 모르지만 대량해고를 통한 추가적 실업증대를 막는 데는 기여할 수도 있는 것이다. 일자리 나누기가 갖는 이러한 고용유지적 효과에 대해서는 그다지 연구가 이루어지지 않고 있다(Blyton, 1985). 물론 고용유지 효과는 만약 노동시간이 단축되지 않았을 경우 무엇이 일어났을 것인가라는 가상적 질문에 기초한 것이므로 효과를 측정하기 어려운 것은 사실이다. 그러나 현재의 한국과 같은 상황에서는 정리해고를 피하는 방법으로서의 일자리 나누기가 초점이므로 고용유지 효과가 더 의미가 있다.

셋째, 시간단축이 이루어졌던 시점 또한 노동시간 단축에 따른 고용효과에 불리한 영향을 미쳤을 것으로 보인다. 실증연구의 대상이 되었던 노동시간 단축 사례의 대부분이 장기간 불황기에 이루어진 것이다. 이 경우 광범한 불확실성과 유휴설비가 존재하므로 노동시간 단축이 이루어지더라도 기업은 추가고용보다는 설비가동률 증대나 생산성 향상을 통해 대응하는 경향이 있다. 만약 경제성장이 계속되는 상황에서 커다랗고 급격한 노동시간 단축이 이루지는 경우 일자리 나누기는 그동안의 실증연구 결과가 보여주는 것보다는 훨씬 큰 고용효과를 가져왔을 것이다.

　넷째, 그동안의 실증연구들은 장기적 효과보다는 단기적 효과에 중점을 두고 있다. 단기에서는 노동시간 단축 시 생산성의 향상으로 고용효과가 상쇄되는 것이 사실이다. 그러나 장기에서는 노동시간 단축에 따른 생산성 향상 효과가 기업의 경쟁력 증대와 산출량 증가를 가져옴으로써 궁극적으로 노동수요를 증가시키게 된다. 이러한 노동시간 단축의 장기효과는 이미 수십 년에 걸쳐 선진국에서 노동시간이 크게 단축되었음에도 불구하고 노동수요는 오히려 증가해 왔다는 역사적 사실로도 충분히 증명된다 하겠다.

참고문헌

經濟企劃廳 總合計劃局. 1986. 『技術革新と雇用』.

勞働省. 1985. 『昭和60年 勞働經濟の分析』.

勞働省. 1991. 『勞働時間白書』.

Blyton, P. 1985. *Changes in Working Time: An International Review*. St. Martin's Press.

Dreze, J. H. 1987. "Work Sharing: Why? How? How Not…." R. Layard and L. Calmfors.(eds.) *The Fight Against Unemployment: Macroeconomic Papers from the Centre for European Studies*. The MIT Press.

Filer, R. et al. 1996. *The Economics of Work and Pay*.(6th ed.) HarperCollins College Publishers.

Ginneken, W. van. 1984. "Employment and the reduction of the work week: A comparison of seven European macro-economic models." *International Labor Review*, Vol.123, No.1.

OECD. 1994. "Labor adjustments and active labor market policies." The OECD Jobs Study-Evidence and Explanations Part II.

OECD. 1998. "Working hours : latest trends and policy initiatives." Employment Outlook.

Roche, W. K., B. Fynes, and T. Morrissey. 1996. "Working time and employment: A review of international evidence." *International Labor Review*, vol.135, no.2.

Seifert, H. 1991. "Employment effects of working time reductions in the former Federal Republic of Germany." *International Labor Review*, Vol.130, No.4.

White, M. 1987. *Working Hours: Assessing the Potential for Reduction*. ILO.

White, M. and A. Ghobadian. 1984. *Shoter Working Hours in Practice*. Policy Studies Institute.

제7장

한국 건설업의 산업구조와 고용구조
정부규제와 노동시장 규제를 중심으로

1. 머리말

지난 40년간 한국 경제의 고도성장과 더불어 한국의 건설업도 고도성장을 지속해 왔다. 그러나 IMF 경제위기 이후 건설업은 격심한 타격을 받았다. 건설업 생산액은 IMF 경제위기 이후 20% 가까이 위축되었으며 이러한 건설업의 경기침체는 건설업에 종사하던 노동자들에게 대량실업과 고용불안정, 임금저하 등 심각한 고통을 안겨 주었다.

이와 같은 건설업의 위기와 건설노동자의 고통은 물론 IMF 경제위기와 그에 따른 건설업 기업들의 도산, 고용조정 등에 기인한 바 크지만 이번 기회에 우리가 주목해야 할 사실은 건설업에 특유한 산업구조와 고용구조가 이러한 건설업 위기와 건설노동자의 고통의 근본 원인을 제공하고 있다는 점이다.

오랫동안 지속되어 왔던 정부의 강력한 규제로 건설업에는 소수의 재벌계 대기업이 시장을 독과점적으로 장악하는 한편 나머지 기업들은 건설업에 특유한 중층적 하청구조를 이루고 있다. 이러한 독과점과 중층적 하청구조는 부실,

조잡 공사, 담합 등 각종 부조리, 부정부패의 기본적 원인을 이루고 있을 뿐만 아니라 하청 중소기업들의 경영난과 휴폐업을 낳는 기본 원인이 되고 있다.

다른 한편 노동시장에 대해서는 노동법의 측면에서나 단체협약의 측면에서 거의 아무런 규제가 가해지지 않고 있는 가운데 건설노동자의 고용불안정, 저임금, 열악한 근로조건, 장시간 노동 등 고통이 가중되고 있으며 질 높은 노동력의 건설업 기피와 저숙련 구조로 인해 장기적으로 건설업의 효율성 역시 크게 떨어지고 있다.

이 글은 건설업의 산업구조와 고용구조를 정부규제 및 노동시장 측면에서의 규제와 관련해 분석하고 이를 통해 바람직한 개선 방향을 모색하는 데 그 목적이 있다. 먼저 제2절에서는 건설업 생산물 시장에서의 정부규제의 실태와 그로 인해 형성된 건설업 시장구조 및 시장행태의 특징을 살펴보고 그 결과 나타난 시장성과 면에서의 귀결을 살펴본다. 제3절에서는 노동시장과 노사관계 측면에서의 건설업 규제 실태와 그 귀결을 살펴본다. 제4절에서는 최근 나타나고 있는 건설업 생산물 시장 및 노동시장 측면에서의 규제완화 움직임과 그로부터 나타난 성과 및 문제점을 살펴본다. 마지막으로 제5절에서는 지금까지의 분석이 갖는 정책적 시사점을 살펴보고 앞으로의 개혁 방향을 제시한다.

2. 건설업의 산업구조와 정부규제

1) 건설업의 국민경제적 중요성

1960년대 이래 한국 경제의 고도성장과 더불어 건설업도 비약적 성장을 거듭해 왔다. 1995년 불변가격 기준으로 1970년에 4조 원에 불과하던 건설업 생산액은 1980년 11조 원, 1990년 30조 원, 그리고 1997년에 46조 원으로 1970년에 비해 무려 10배 이상 늘어났다(〈표 2-7-1〉).

〈표 2-7-1〉 건설업의 국민경제적 중요성

		實數*(조 원, 천 명)					연평균성장률(%)		
		1970	1980	1990	1997	1999	1970~1979	1980~1989	1990~1999
GDP		56	115	263	423	436	8.6	7.6	6.2
생산액	건설업	4	11	30	46	38	12.7	7.9	5.2
	대 GDP(%)	7.4	9.8	11.4	10.9	8.7	-	-	-
투자액	건설업	7	19	60	89	72	9.2	13.4	5.2
	대 GDP(%)	12.6	16.7	22.8	21.1	16.5	-	-	-
취업자	전체	9,618	13,683	18,085	21,106	20,281	3.8	2.6	1.5
	건설업	281	843	1,346	2,004	1,476	13.3	3.3	3.2
	비중(%)	2.9	6.2	7.4	9.5	7.3	-	-	-

주: * 1995년 불변가격 기준.
자료: 건설교통부, 『건설교통통계연보』; 통계청, 『경제활동인구연보』; 통계청, 『건설업통계조사보고서』.

그러나 건설업의 성장은 1990년대 들어 수요가 포화 상태에 달하면서 둔화되었으며 특히 1997년 말의 IMF 경제위기 이후 급속한 수요 위축으로 인해 부진을 면치 못하고 있다. 1999년 중 건설생산액은 38조 원으로 1997년 대비 20% 가까이 감소했다. 이에 따라 많은 건설회사들이 도산했으며 건설업 분야에서만도 50만 명 이상의 실업자가 발생했다. 한국의 건설업은 고도성장 기간 동안 볼 수 없었던 일대 위기상태에 처해 있는 것이다.

건설업이 GDP에서 차지하는 비중은 1970년의 7.4%로부터 1997년에는 10.9%까지 상승했다. 그러나 이후 이 비중은 급속히 하락하여 1999년에는 8.7%까지 떨어졌다. 한편 건설투자액의 대 GDP 비중은 1970년의 12.6%로부터 계속 상승하여 1990년에는 22.8%에 달했으나 이후 정체상태를 보이다가 1997년 이후 급속하게 떨어져 1999년 16.5%를 기록하고 있다.

건설산업 취업자가 전체 취업자에서 차지하는 비중은 1970년의 2.9%로부터 급속하게 상승하여 1980년 6.1%, 1990년 7.4%, 그리고 1997년에는 9.5%에 달했으나 IMF 경제위기 이후 이 비율 역시 급속하게 떨어져 1999년 전체 취업자의 7.3%가 건설업에 취업하고 있다.

2) 건설업 정부규제의 실태

건설업은 그 산업상의 특수성으로 인해 산업 및 생산물에 대한 정부의 개입 및 규제가 다른 산업에 비해 일반화되어 있는 산업이다. 선진국의 경우 이러한 건설업에 대한 정부규제는 주로 품질 및 안전 규제와 노동시장 규제 등에 주안점이 있지만 한국의 경우 수십 년 동안 건설업에 대해 강력한 정부규제가 존재했을 뿐만 아니라 특히 선진국에서는 매우 예외적인 진입 및 이동 장벽을 초점으로 한 규제라는 점에서 특징적이다.

먼저 면허규제에 대해 살펴보자.[1] 건설업에서는 1958년 제정, 공포된 건설업법에 근거하여 면허제도가 도입된 이래 수십 년간 유지되어 왔다. 경미한 공사나 자기공사를 제외한 모든 건설사업에 참여하기 위해서는 정부로부터 면허를 얻는 것이 필수적이었다. 면허의 종류는 일반건설업, 특수건설업, 전문건설업체뿐이다. 정부는 건설업자들의 난립을 방지하고 건설업자의 기술과 자질을 향상시킨다는 명분 아래 일반건설업 면허의 발급을 엄격하게 제한함으로써 신규업체의 진입을 저지하여 왔다. 특히 1975년부터 1989년까지 무려 15년 동안이나 신규면허의 발급을 중지했으며, 이에 따라 일반건설업 면허업체 수는 계속적인 감소를 기록했다.[2] 일반건설업 면허발급 건수는 1989년 이후 증가

---

1) 선진국의 건설업 면허제도를 살펴보면 미국은 주에 따라 면허제, 등록제, 무규제 등으로 다양하다. 영국은 면허제나 등록제가 없으며 다만 안전보건법으로 규정된 특수분야(석면제거업, 잠수공사업)만 면허가 필요하다. 독일과 프랑스에서는 건설업을 자유기업제로 하고 있다. 단 독일은 공공공사에 한해 건설공사계약규정(VOD)에 자격을 정하고 있고 프랑스에서는 선자격심사제를 시행하고 있다. 일본은 1999년 이전의 한국과 유사한 면허제를 실시하고 있다(남진권, 1997). 결국 일본을 제외한 대부분의 선진국에서는 건설업의 법률적 진입장벽이 매우 낮다고 할 수 있다.

2) 일본에서도 1971년의 건설업법 개정 시 등록제로부터 허가제로 바뀌었지만 한국과 달리 건설업 면허취득이 쉽기 때문에 면허제가 진입장벽 역할을 하지는 않았다. 일본에서는 허가신청이 있을 경우 허가권자가 내용을 심사하여 허가요건에 합치되면 허가를 하지 않으면 안 되는 기속재량행위로 이해하는 반면, 한국에서는 행정청의 자유재량이 상당히 넓게 인정되어

〈그림 2-7-1〉 일반건설업 면허 추이

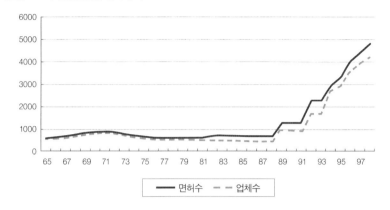

하기 시작했고 특히 1999년에는 면허제가 폐지되고 등록제로 바뀌었지만 이미 상위업체들은 수십 년간의 독점을 통해 그 지위가 굳어진 상태이다.

　면허제와 더불어 건설업 시장을 규제해 왔던 두 번째 요인은 도급한도제이다. 1961년 도입된 도급한도제는 특정 업체가 도급을 받아 시공할 수 있는 1건 공사금액의 상한선을 규제하는 제도로서 각 건설업자의 자본금, 기술자 수, 시공실적 등에 따라 참여 가능한 공사액 규모가 정해져 있었다. 따라서 대규모 공사의 경우 자본금과 시공실적이 큰 대규모 기업만이 참여할 수 있었다. 도급한도액에 따라 모든 건설회사의 순위가 정해지며 이는 각 건설업자의 시공능력을 평가하는 가장 중요한 지표로 사용되었다. 이러한 도급한도제는 건설시장을 인위적으로 분할하고 대규모 공사에 중소업체가 참여할 수 없게 만드는 이동장벽 역할을 하며 대규모 건설사 간의 담합을 가능하게 만드는 등 여러 가지 부정적 역할을 해왔다.

　건설업 시장을 규제하는 세 번째 요인은 공공공사의 입찰, 계약제도이다.

신청에 대한 개별 처분 시 면허를 줄 것인가의 여부에 재량의 여지가 인정되는 자유재량행위로 이해되고 있기 때문이다. 金本良嗣(1999); 遇簾利一(1993) 참조.

1960년대부터 시작된 경제개발계획 초기에 건설업 수요는 주로 공공부문에 의해 주도되었다. 정부가 발주하는 대규모 사회간접자본투자가 계속되면서 1970년대에는 전체 건설업 발주액의 80% 가까이가 공공부문으로부터 나왔다. 이후 민간기업의 성장이 계속되면서 공공부문이 차지하는 비중은 차츰 줄어들어 1999년에는 공공부문의 비중이 47.8%로 낮아졌지만 여전히 공공부문의 발주액이 전체 공사액의 50% 가까운 비중을 차지하고 있기 때문에 발주자로서의 정부가 건설업에 미치는 영향은 매우 크다고 할 수 있다.

정부공사의 계약유형으로서는 일반경쟁계약, 제한경쟁계약, 지명경쟁계약, 수의계약 네 가지가 있다. 정부공사에서는 일반경쟁계약을 원칙으로 하나 실제로는 제한경쟁계약, 지명경쟁계약, 수의계약 등 제한된 경쟁방식을 더 많이 사용하고 있다. 즉, 건설공사의 품질을 보장하기 위해 일정 자격을 갖춘 건설회사들을 군(group)으로 묶어 각 그룹별로 참가할 수 있는 공사규모를 미리 정해놓고 이들에게만 입찰참가자격을 부여하는 것이다. 대규모 공사는 1군에 속한 50개 정도의 건설회사에게만 입찰자격이 주어진다(남진권, 1997; 심의섭, 1994). 1996년의 통계에 의하면 정부기관이 발주한 공사 가운데 일반경쟁입찰 방식은 23.8%에 머물고 있으며 제한경쟁입찰 방식이 49.3%, 지명경쟁입찰 방식이 3.3%, 그리고 수의계약 방식이 23.6%에 달하고 있어 제한경쟁 및 수의계약이 대부분임을 알 수 있다(대한건설협회, 『건설업통계연보』). 이러한 정부의 입찰 및 계약에 있어서의 규제 역시 건설산업의 진입장벽 및 이동장벽을 형성하는 요인으로 작용해 왔다고 할 수 있다.

3) 건설업의 산업구조 및 기업행태

오랫동안 지속된 건설업 시장의 진입규제와 입찰규제에 따라 소수의 대규모 일반건설업 기업이 전체 시장을 지배하는 독과점적 시장구조가 형성되었다. 〈표 2-7-2〉에서 보듯이 한국 건설업의 시장구조 변천과정은 대체로 세 시기

<표 2-7-2> 건설산업의 구조변화

		1965년	1989년	증감률
독과점적 성장기	건설공사수주액	271억 원	16조 원	575배
	일반건설업체수	561개 사	930개 사	1.5배
	평균수주액	4831만 원	172억 원	356배
		1989년	1997년	증감률
안정적 성장기	건설공사수주액	16조 원	80조 원	5.0배
	일반건설업체수	930개 사	3896개 사	4.2배
	평균수주액	172억 원	205억 원	1.2배
		1997년	2000년(추정)	증감률
IMF 이후 위기기	건설공사수주액	80조 원	50조 원	0.6배
	일반건설업체수	3896개 사	6000개 사	1.5배
	평균수주액	205억 원	83억 원	0.4배

자료: 건설교통부(2000a).

로 나눌 수 있다. 먼저 1965년부터 1989년 사이의 기간은 건설산업의 독과점적 성장기로서 이 시기에 건설공사 총수주액(명목)은 무려 575배나 증가한 반면 일반건설업체수는 1.5배 증가에 그쳤고 그 결과 1업체당 평균수주액은 356배나 증가했다.

1989년부터 1997년 사이는 안정적 성장기로서 1989년 면허개방 조치 이후 건설업체 면허수가 증가하면서 일반건설업체수가 급증했으나 건설수주액도 증가함으로써 1업체당 평균수주액은 거의 일정하게 유지되었다. 1997년 이후는 IMF 이후 위기기로서 이 시기에 건설공사수주액은 3분의 2 수준으로 줄어든 반면 1999년의 면허제 폐지조치 이후 일반건설업체수는 50%나 늘어남으로써 1업체당 평균수주액이 1997년 대비 40% 수준으로 떨어져 커다란 위기를 맞고 있다.

<표 2-7-3>에서 보듯이 1985년에 종업원 규모, 1천 명 이상의 대기업은 전체 건설업 기업수의 1%에 불과했지만 이들이 전체 수주액에서 차지하는 비중은 무려 73.6%에 달했다. 이후 건설업 면허의 증가와 정부의 적극적인 하청기업 보호정책 등에 의해 중소기업의 수주액 비중이 증가하고 있기는 하지만 여전히 대기업에 의한 독과점 구조는 지속되고 있다.

〈표 2-7-3〉 기업규모별 기업수 및 수주액 점유비

(단위: %)

	기업수 점유비				수주액 점유비			
	1985	1990	1995	1998	1985	1990	1995	1998
전체	100.0	100.0	100.0	100.0	100.0	100.0	100.0	100.0
10명 미만	54.9	59.4	57.2	59.4	0.6	2.0	3.2	4.4
10~49명	27.3	24.6	27.8	27.9.	2.9	8.6	12.8	15.9
50~99명	8.0	7.1	7.3	6.5	2.6	7.4	10.2	11.3
100~499명	7.3	6.9	6.7	5.6	11.5	24.1	19.2	28.9
500~999명	1.6	1.3	0.7	0.3	8.6	18.6	10.8	7.8
1000명 이상	1.0	0.6	0.3	0.2	73.6	39.3	33.3	31.7

자료: 통계청, 『건설업통계조사보고서』.

〈표 2-7-4〉 완성공사의 원가요소별 구성비율 변동추이(일반 건설업)

(단위: %)

	1989	1992	1995	1998
공사원가	100.0	100.0	100.0	100.0
재료비	34.3	30.1	28.5	24.5
노무비	21.1	17.9	13.6	11.1
외주비	31.5	41.0	46.7	51.8
현장경비	13.1	11.1	11.2	12.5
(기계경비)	(4.9)	(4.1)	(3.2)	(3.2)

자료: 대한건설협회(1999).

1998년에 종업원 1천 명 이상의 대기업은 전체 기업수의 0.2%를 차지하고 있지만, 건설시장에서의 수주액은 31.7%를 차지하고 있다. 반면에 50명 미만의 중소기업은 전체 기업의 87.3%를 차지하고 있지만, 수주액은 20.3%에 불과하다.

한편 상위업체들은 일단 공사를 수주할 경우 자신이 직접 공사하기보다는 그중 상당 부분을 하청기업에게 하청을 주고 자신은 독과점적 지대만 추구하고 있다. 〈표 2-7-4〉에서 일반건설회사들의 단체인 대한건설협회가 조사한 일반건설업체들의 완성공사 원가구성비율 변동추이를 보면 전체 완성공사 원가구성에서 차지하는 하도급 비율(외주비)은 1989년에는 31.5%였으나 해마다 증가한 결과 1998년 51.8%에 달하고 있다.

상위업체의 독과점 속에 전문건설업 등 중소규모 기업들은 상위업체의 하청업체로 편입되어 있다. 이와 같은 하청관계는 중층적으로 이루어져, 하청업체가 재하청하는 방식이 일반화되었다. 말단 하청업자들은 독립적 자영업자인 '오야지'에게 일을 맡기며 이들은 일용노동자를 고용하여 실제 공사를 수행한다. 결국 건설업에서는 원청→하청→재하청→오야지→일용노동자에 이르는 중층적 하청구조가 형성되어 있다(박승희, 1986; 황익주, 1986).

이와 같은 체계 속에서 상위자본은 하위자본을 자신의 직간접적 통제하에 두면서 공사비 삭감, 대금의 지급 지연 등을 통해 이윤을 취득하고 있다. 또한 노동자와의 직접적 고용관계를 하청기업에 넘김으로써 고용관계에 따른 각종 책임을 회피하고 있다(박승희, 1986).

원·하청업자 간의 수직적·계층적인 관계에 따른 구조적 불평등으로 인해 우월한 지위에 있는 원도급업자가 자신이 부담해야 하는 불필요한 경제적 비용을 일방적으로 하청업자에게 전가시키는 부패행위가 빈번하게 발생하고 있다. 즉, 불투명한 하청업자 선정, 이중계약, 저가 하청행위, 부당한 하청대금 지급행위 등이 그것이다(반부패특별위원회, 2000; 백진기, 1997; 이호환, 1994). 이 경우 하청업자는 그 불평등한 지위로 인해 원도급업자에게 시정을 요구하기 어려운 입장에 있기 때문에 이러한 불평등한 구조를 근본적으로 해결하려 하기보다는 자기보다 아래쪽에 있는 영세업자나 오야지, 또는 일용노동자에게 그 부담을 전가시키고 있다.

특히 노동자의 입장에서 볼 때 중층적 하청구조는 저임금과 고용불안, 열악한 근로조건을 가져오는 주요인이 되고 있다. 이에 따라 정부는 지나친 하청화를 막기 위한 각종 규제조치(일괄하청 및 재하청의 금지, 하청대금의 지불보증, 부당한 하청대금 결정 금지 등)를 시행했지만, 실제로는 불법부당한 하청거래가 광범하게 이루어지고 있으며, 이에 대한 정부의 단속은 미온적인 실정이다(백진기, 1997; 반부패특별위원회, 2000).

4) 건설업의 시장성과

지금까지 살펴본 건설업의 상위업체 독과점화와 하위업체의 하청편입 등 시장구조와 이에 따른 시장행동은 건설업의 시장성과에도 커다란 영향을 미치고 있다.

무엇보다도 건설업에 만연되어 있는 부실시공과 낮은 품질이 문제이다. 앞에서 본 대로 원청업자의 저가 하청행위는 결국 하청업자로 하여금 부실, 조잡시공을 하지 않을 수 없도록 만드는 근본원인으로 작용하고 있다. 뿐만 아니라 일련의 하청고리 과정에서 부패행위가 관행화·만연화됨으로써 결국 건설업이 정치적·경제적·사회적 부패의 실질적 연결고리(자금공급원) 역할을 하고 있기도 하다(반부패특별위원회, 2000).

한국의 건설업은 그동안의 외형적 성장에도 불구하고 주로 시공분야에 국한되어 부가가치 창출력이 낮고 경쟁력이 낙후된 것으로 평가받고 있다. 국내 건설업의 종합적인 기술수준은 선진국과 비교해 볼 때 (1998년 기준) 3분의 2 수준에 머물고 있으며 1990년대 들어 기술발전이 정체상태인 것으로 평가되고 있다(산업연구원, 2000). 특히 시공 등 하드웨어 분야는 그런 대로 경쟁력을 갖추고 있으나 부가가치 창출의 원천인 기획, 사업관리 등 소프트웨어 분야가 취약한 상태이다. 건설업의 시장규모는 세계 9위이나 엔지니어링 능력은 선진국의 63% 수준으로 25위권에 불과하다. 시공분야도 단순도급방식에 치중되고 지식, 정보화의 기반이 미흡하여 수익 창출이 한계에 봉착하고 있다(건설교통부, 2000a).

〈그림 2-7-2〉는 취업자 1인당 부가가치액(1995년 불변가격 기준)으로 측정된 건설업과 제조업의 생산성 추이를 보여 주고 있다. 건설업 생산성은 1970년대에는 제조업에 비해 2배 이상 높았으며 1980년대에도 꾸준히 격차를 유지해 왔다. 그러나 1980년대 이후 제조업 생산성은 급속하게 상승한 반면, 건설업 생산성은 정체상태를 보임으로써 결국 1990년대 후반 들어 양 산업의 생산

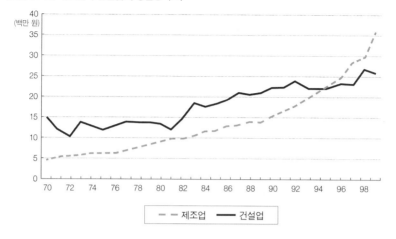

〈그림 2-7-2〉 제조업과 건설업의 생산성 추이

성은 역전되기에 이르렀다. 1999년 제조업 취업자 1인당 생산성(35.5백만 원)이 건설업 취업자 1인당 생산성(25.7백만 원)에 비해 40% 가까이 높다.

3. 건설업 노동시장 및 노사관계와 정부규제

1) 건설업 노동시장 규제의 실태

(1) 노동법에 의한 노동기준 규제의 문제점

건설업 노동기준에 대한 정부의 규제는 법률상의 미비함과 노동기준 감독의 소극성 등으로 인해 극히 취약한 상태에 있다. 건설업의 경우에도 다른 모든 산업과 마찬가지로 임금, 노동시간, 근로조건 등 기본적인 근로기준의 규제는 근로기준법에 따른다. 이 법은 기본적으로 5인 이상의 종업원을 고용하고 있는 모든 사업자에 대해 적용된다. 그러나 근로기준법은 기본적으로 제조업과 같은 대량산업을 모델로 하여 만들어진 것이므로 건설업에는 맞지 않은 부분이 많이 있다. 따라서 과거부터 건설산업에 종사하는 노동자들을 대상으로 한「건설노동자 특별보호법」등을 제정하자는 주장이 있었지만 아직 실행되지 못하고 있다.

건설업의 경우 임시 및 일용노동자의 광범한 사용에 따른 문제가 가장 큰 과제이다. 현행 노동법에서는 1년 이하의 유기한 고용계약을 무제한으로 허용하고 있다. 이에 따라 임시 및 일용노동자들이 광범하게 늘어나고 있다. 특히 IMF 경제위기를 거치면서 기업들이 고용탄력성의 확보와 저임금 노동력 이용 등을 목적으로 정규노동력을 비정규노동력으로 대체함에 따라 임시 및 일용노동자는 크게 늘어났다. 1999년 고용계약기간이 1년 미만인 임시노동자는 전체 취업자의 20.6%, 고용계약기간이 1개월 미만인 일용노동자는 11.3%로서 고용이 불안정한 비정규노동력이 전체 취업자의 31.9%, 그리고 전체 임금노동자의 51.7%에 달하고 있다.

OECD 국가들에서 임시노동력의 비율이 대부분 15% 미만에 머물고 있다는 점을 감안할 때 이는 이례적으로 높은 비율이다(OECD, 1999). 이들 비정규노동자는 고용불안, 저임금, 열악한 근로조건 등에 시달리고 있으며 근로기준법을 비롯한 각종 법적·제도적 보호를 받지 못하고 있다. 또한 비정규노동자들은 대부분 노동조합의 조직대상에서도 제외되어 있어 노동조합의 보호도 받지 못한다(전국민주노동조합총연맹, 2000).

임금에 관한 유일한 규제로서 최저임금법이 존재한다. 그러나 비현실적으로 낮은 임금수준과, 최저임금 적용대상 근로자의 낮은 비율 등으로 인해 최저임금제는 그 실효성을 거두지 못하고 있다. 1999년 최저임금은 월 345천 원으로서 전 산업 평균임금의 24.2%에 불과한 수준이며 최저임금의 혜택을 실제로 받는 노동자수는 겨우 2만 2980명으로서 적용대상 노동자의 0.4%에 불과한 것으로 보고되고 있다(한국노동연구원, 1999).

노동시간 규제 역시 많은 문제점을 드러내고 있다. 한국은 OECD 국가들 가운데서도 최장시간 노동하는 국가이다. 노동법에 규정된 표준노동시간은 주당 44시간이며 노사가 합의할 경우 주 12시간까지 연장근로가 가능하다. 그러나 실제로 이러한 규제는 엄격하게 시행되지 않고 있으며 장시간 근로가 일반화되어 있다.

실제로 최근 건설노련이 조사한 바에 의하면 현장노동자들의 주당 평균 노동시간은 68.7시간으로서 노동부 공식통계인 45.9시간보다 무려 23시간이나 긴 것으로 나타났다(전국건설산업노동조합연맹, 2000). 이 조사에 의하면 1998년 11월부터 1999년 10월까지 1년 동안 평일의 평균작업시간은 11시간 20분(7시 41분부터 19시 04분까지), 토요일 작업시간은 8시간 20분(7시 41분부터 16시 04분까지)인 것으로 나타났다. 이들은 또 공사가 바쁠 경우 일요일에도 일하는 것이 관례화되어 있는데 위 조사에 따르면 일요일에 쉰 날은 월평균 3일 정도이다(전국건설산업노동조합연맹, 2000). 건설노동자들에게 잘 알려진 말로서 '비가 오는 날이 노는 날'이라고 할 정도로 이들에게 정기휴일은 보장되지 않고 있다.

한편 근로기준법상 휴가는 매월 개근한 노동자에 대해 1회의 월차휴가와 연간 개근한 노동자에 대해 근속일수에 따라 연간 10~20일의 연차휴가가 보장되어 있지만 이것 역시 건설업 이용노동자들에게는 해당되지 않는다. 일용노동자들은 일하는 기간이 단속적이고 한 회사에서의 근속기간이 짧아 연, 월차 휴가를 받는 것이 불가능하기 때문이다. 사무직, 기술직 등 화이트칼라 노동자의 경우에도 연월차 휴가의 취득조건이 까다롭고 인력부족 때문에 실제 휴가취득 일수는 연간 약 9일 정도에 불과한 것으로 나타나고 있다(노동부, 1999).

(2) 사회보장제도로부터의 소외

한국의 노동자들을 대상으로 하는 사회보험제도로서 이른바 4대보험(의료보험, 연금보험, 고용보험, 산재보험)이 있으나 건설업 일용노동자들은 산재보험을 뺀 나머지 제도에서는 대부분 적용대상에서 제외되어 있다(〈표 2-7-5〉).

먼저 의료보험의 경우 2개월 이상 한 사업장에서 근무해야만 직장의료보험

<표 2-7-5> 각종 사회보험의 적용대상자 범위(2000.7)

		의료보험	연금보험	고용보험	산재보험
정규직	5인 이상	○	○	○	○
	4인 이하	×	×	○	○
비정규직	일용직	△(2개월 이상)	△(3개월 이상)	△(1개월 이상)	○
	임시직	△(2개월 이상)	△(3개월 이상)	△(1개월 이상)	○
	시간제	×	×	△(월 80시간 이상)	○

주: ○는 완전 적용, △는 부분 적용, ×는 적용 제외.
자료: 전국민주노동조합총연맹(2000b).

의 대상이 된다. 따라서 대부분의 일용노동자들은 직장의보 대상에서 제외된다. 이들은 지역의료보험에 가입할 수 있지만 지역의보는 사용자 부담 분까지 가입자가 부담해야 하므로 보험료가 비싸다. 국민연금보험의 경우 한 사업장에서 3개월 이상 계속 근무하는 경우에만 대상이 된다. 따라서 일용노동자들은 역시 이로부터 제외되어 있다. 고용보험의 경우 동일 사업장에서 1개월 이상 고용되는 노동자만 적용대상이 된다. 따라서 상당수의 일용노동자들은 그 대상에서 제외된다.

산업재해를 당한 노동자들은 산업재해보상법에 의해 치료, 보상을 받게 되며 이는 2000년 7월 1일부터 전체 사업장으로 확대되어 적용되었다(종전에는 종업원 5인 이상 사업장에만 적용). 그러나 건설업의 경우 소규모 공사장에 대해서는 산재보상법을 적용하지 않는다.[3]

정부는 최근 사회보험의 적용대상을 급속하게 확대하고 있기는 하지만 여전히 일용노동자들은 그 대부분에서 제외되어 있다. 이와 같이 사회보장의 혜택을 가장 절실하게 필요로 하는 건설업 일용노동자들이 대부분의 제도로부터 소외되어 있다는 것은 큰 문제이다.

건설업에 종사하는 노동자들에게만 적용되는 사회보장제도로서 건설근로자 퇴직공제제도가 있다. 이 제도는 1996년 통과된 「건설근로자의 고용개선

---

3) 총 공사금액 2천만 원 미만이거나 공사면적 330m² 이하인 경우 산재보상법 적용이 제외된다.

등에 관한 법률」에 의해 도입된 제도로서 건설근로자에게 퇴직금 공제사업을 실시하는 것을 주 내용으로 하고 있다. 즉, 일반 노동자와는 달리 건설노동자들은 건설현장을 따라 사업주를 옮겨 다니기 때문에 퇴직금을 받을 수 없다. 따라서 이들에게 건설근로자 복지수첩을 발급하고 여기에 사업주가 근로일수에 상당하는 공제증지를 붙임으로써 노동자가 여러 현장을 전전하여 근무하더라도 경력관리가 가능하도록 했으며 이를 기초로 하여 퇴직공제조합에서 퇴직금을 지급할 수 있도록 한 제도이다.

그러나 이 제도는 기본적으로 임의가입으로 되어 있고 다만 국가나 지자체가 발주하는 100억 원 이상의 공사 또는 500호 이상의 아파트를 짓는 공사에 대해서만 강제 가입토록 되어 있어 그 효과가 제한적이라는 문제점을 안고 있다(백석근, 1997).

그 밖에 선진국 건설업에서 일반화되어 있는 연차유급휴가, 악천후수당, 퇴직연금 등 각종 복지혜택은 한국의 건설업에서는 전혀 존재하지 않고 있다.[4]

(3) 노동조합 및 단체협약 규제의 취약성

한국 건설업 고용구조의 특수성은 선진국과 비교해 보면 큰 차이가 난다. 선진국에서는 건설업의 경우에도 비정규직보다는 정규직이 대부분을 차지하고 있으며[5] 이들은 각종 사회보험, 교육훈련, 고용보장 등을 제공받고 있다.

이와 같이 선진국과 한국의 건설업 고용구조에 차이가 나는 이유는 여러 가지 원인이 있지만 그중에서도 중요한 요인의 하나는 산업 차원의 노동협약의 존재 여부이다. 선진국에서는 일반적으로 건설업 산별노조와 사용자 단체 간에 산별 단체협약이 체결되어 있다. 이러한 산별 단체협약은 산업 차원의 임

---

4)   선진국 건설업의 단체협약상 규정된 각종 복지혜택에 대해서는 建設勞動協約硏究會(1998); Bosch(2000) 등 참조.

5)   건설업에서 정규노동자의 비율은 독일이 90%, 스웨덴이 92%, 일본이 90% 등이다(장은숙·강병조·인수범·임서정·주요국의 건설노동시장 고용관계).

금, 근로조건, 고충처리방법 등을 규정함으로써 사용자의 자의적인 고용관리를 막고 건설노동자들의 권리를 보장할 수 있는 것이다(윤진호, 2000). 이에 비해 한국의 건설업 현장노동자들은 단체협약의 대상에서 전혀 제외되어 있다. 건설업 노동조합원의 전체 규모가 2만 명 정도로서 조직률이 1%에 불과한 실정이며 산별, 지역별 단체협약도 거의 전무한 형편이다. 이와 같은 상황하에 건설업 노동조합은 사용자의 자의적인 노무관리, 고용관리를 규제할 힘이 거의 없는 실정이다.

1987년 이전 한국의 노사관계는 정부의 엄격한 규제하에 있었다. 정부는 경제성장을 위해서라는 명분하에 독립적인 노동조합운동을 철저히 탄압했다. 노동조합의 대부분은 기업별 노조의 형태를 취하고 있었으며 이들 기업별 노조의 상부조직으로서 친정부적인 한국노동조합총연맹이 유일한 합법적 전국조직으로 인정되고 있었다. 한국노총 산하에는 2개의 건설관련 기업별 노동조합이 있었으나 이들 역시 건설관련 산별 연맹이 아니라 금속관련 산별 연맹에 소속되어 있었다(허종명, 1996).[6]

1987년의 노동자 대투쟁은 한국의 노사관계에 결정적 전환기를 열게 된다. 전국적인 노동자들의 항의와 투쟁 이후 새로운 독립적 노동조합의 설립이 허용되고 기존의 어용노조도 민주화의 길을 걷게 된다. 이러한 현상은 건설업 분야에서도 마찬가지였다. 다만 건설업의 경우 공사기간이 한시적이고 전국 각지에 산재해 있으며 고용형태가 임시직이 대부분이기 때문에 제조업 등에 비해 훨씬 노동조합의 결성이 어려웠다.

건설업 분야의 노동조합 결성은 화이트칼라를 중심으로 한 본사의 기업별 노동조합과 현장노동자들을 중심으로 한 지역별 일용직 노동조합의 두 가지 유형으로 조직되어 있다. 화이트칼라를 중심으로 한 기업별 노동조합은 87년 노동자 대투쟁 이후 주로 건설회사 본사에 근무하는 사무직, 기술직을 중심으

---

6)　이하 단체교섭에 관한 사항은 건설노련 관계자 인터뷰(2000.8.29) 참조.

로 조직되기 시작했으며 이들은 1989년 12월 전국건설노동조합연맹을 결성했다. 창립 당시 24개 기업별 노조, 9천여 명의 조합원으로 발족한 건설노련은 이후 꾸준히 조직을 확대하여 IMF 경제위기 직전인 1997년 말 경에는 50개 노조 1만 9945명의 조합원을 가지게 되었다. 그러나 IMF 경제위기로 인한 건설업의 대규모 고용조정과 건설회사의 휴폐업 등으로 인해 조합원수가 급격히 감소하여 1998년에는 48개 노조 1만 5천여 명, 1999년에는 45개 노조 1만 1천여 명으로 최고치 대비 40% 이상 조합원이 감소했다. 급격한 조합원 수 감소와 건설업 구조조정에 따른 고용불안 등에 대처하기 위해 건설노련은 현장노동자들의 조직인 건설일용노련과 통합을 추진했다. 1998~1999년에 걸친 2년간의 준비기간 끝에 양 연맹은 1999년 12월 17일 전국건설산업노동조합연맹으로 통합되었다. 구건설노련은 통합된 건설산업연맹의 기업별 조직으로 남아 있는데 2000년 7월 총 49개 기업에 1만 2천여 명의 조합원을 가지고 있다.

다음으로 현장의 건설 일용노동자들 역시 87년 노동자 대투쟁 이후 조직화의 필요성을 느끼고 지역별, 업종별 조직화를 시작했다. 일용노동자들은 기업별 노조 조직이 불가능하기 때문에 지역별 노조 형태를 취했는데 1988년 3월 10일 서울건설일용노동조합이 설립된 것을 시작으로 하여 전국 각 공단과 대도시 지역에서 지역노동조합이 계속 설립되어 1989년까지 모두 13개 지역노조, 6천여 명의 조합원을 가지게 되었다. 이들은 1989년 4월 23일 전국건설일용노동조합연맹을 결성했는데 이는 정부의 승인을 얻지 못한 비합법 조직이었다.

그러나 지역별 건설일용노동조합들은 1990년대에 들어가면서 조직와해를 겪게 된다. 사용자의 교섭거부와 노조원 탄압, 정부의 노조승인 거부와 노조간부 구속 등으로 인해 건설일용노련은 커다란 어려움을 겪게 되었으며 지역노조가 계속 해체되고 조합원수가 급감하는 한편 재정적 어려움도 심했다. 결국 1992년이 되면 전국에 5개 지역노조만 남게 되며 조합원수도 1천여 명으로 줄게 된다.

이후 다시 매년 한두 개씩 조직을 키워 가던 건설일용노조는 IMF 경제위기

<표 2-7-6> 건설업 노동조합 조합수 및 조합원수 추이

| 연도 | 민주노총 | | 한국노총 |
	건설노련	전일노련	공공건설연맹
1987	8(3,607)	-	-
1988	21(9,339)	-	-
1989	29(16,591)	13(6,000)	-
1990	29(16,591)	-	-
1991	30(17,341)	-	-
1992	31(17,461)	5(1,000)	-
1993	34(18,024)	-	-
1994	38(18,567)	-	-
1995	43(17,264)	5(1,000)	-
1996	53(18,863)	6(1,000)	-
1997	50(18,945)	7(1,050)	-
1998	48(15,130)	22(1,500)	3(5,400)
1999	45(11,202)	32(1,692)	8(5,429)
2000.7	49(12,000)	39(3,000)	8(6,509)

주: ( )는 조합원수.
자료: 한국노총, 민주노총, 건설노련, 전일노련, 공공건설연맹.

를 맞아 또 한 번 커다란 변화를 겪게 된다. IMF 경제위기로 대규모 실업자가 발생함에 따라 정부는 공공근로사업을 대규모로 전개했다. 지방자치단체별로 시행된 공공근로사업에 참여한 건설업 노동자들은 취업알선, 고용보장, 근로조건 개선 등을 위해 지자체와 교섭하기 위해서는 노동조합이 필요하다는 사실을 깨닫고 전국 각지에서 지역별 노조를 건설했다. 노동법 개정으로 지역별 노조와 건설일용노련이 합법화(1998년 11월)된 것도 노조결성에 도움을 주었다.

그 결과 IMF 경제위기 직전 7개 노조 1천여 명의 조합원을 가지고 있던 건설일용노련은 2000년 7월 39개 지역노조, 3천여 명의 조합원을 가진 조직으로 성장했다. 앞에서 본 대로 건설일용노련은 1999년 12월 건설노련과 통합했는데 현재는 건설산업연맹 내의 지역별 조직으로 남아 있다.

한편 이와는 별도로 한국노총 소속의 건설업 관련 연맹으로서 전국공공건설노동조합연맹이 있다. IMF 경제위기 이후 정부에 의한 공공부문 구조조정 정책이 강행되고 이에 따라 공공부문에서의 대규모 고용조정이 이루어졌다.

이에 위기의식을 느낀 공공부문의 건설관련회사(토지개발공사, 도로개발공사 등) 사무직, 기술직 노동자들로 구성된 노동조합 3개가 모여서 1998년 3월 조직한 것이 바로 공공건설노동조합연맹이다. 공공건설연맹은 이후 공공부문 기업들에서 노조가 신설됨에 따라 2000년 7월 모두 8개 노조로 늘어났으나 그동안 인력감축의 영향으로 조합원수는 6500명에 머물고 있다.

건설업 분야의 단체교섭은 매우 취약한 상태에 있다. 기본적으로 건설노련 내의 기업별 조직들은 각 개별 회사와 기업별 교섭을 한다. 이때 건설노련은 임금 및 단체협약 등에 관한 통일지침을 내림으로써 행동통일을 기하고자 하나 그 구속력은 크지 못하다. 최근 노동법 개정에 따라 각 개별 기업 노조들이 단체교섭권을 상급단체에 위임할 수 있게 됨으로써 2000년 교섭에서는 3개 기업노조가 건설노련에 단체교섭권을 위임했다. 이와 같은 위임교섭에서는 건설노련 대표와 기업노조 대표가 함께 개별기업 사용자와 교섭을 벌이게 된다. 건설노련은 궁극적으로 단일산별노조로의 전환과 중앙통일교섭을 계획 중이며 그 일환으로써 각 개별 기업 노조들의 건설노련에 대한 위임교섭을 늘릴 계획이다.

한편 지역별 노조들은 일부를 제외하고서는 단체교섭, 단체협약을 하지 못하고 있다. 따라서 노동자들은 개별 고용계약에 의해 취업하고 있다. 다만 노동조합을 통해 취업하는 노동자들에 대해서는 노동조합은 노조가 정한 표준고용계약서(최저임금, 근로시간, 근로조건 등)를 사용자에게 제시하고 이를 관철시키기 위해 노력하고 있으며 사용자가 교섭을 거부하거나 협약을 어길 경우 노조원을 현장으로부터 철수하는 방법을 사용하고 있다. 그러나 지역별 노조에 대한 사용자의 단체교섭의무가 없고 비노조원이 많기 때문에 노조의 개입력은 매우 제한되어 있다.

2) 건설업 노동시장의 구조와 행태

(1) 취업구조

건설업의 고도성장과 더불어 건설업 취업자수도 급속하게 늘어났다. 건설업 취업자수는 1963년에 192천 명에 불과했으나 1997년에는 2004천 명으로 10배 이상 증가했다. 그러나 IMF 경제위기 이후 건설업 취업자수는 격감했다. 건설업 취업자수는 1998년에 1578천 명으로 감소한 데 이어 1999년에도 1476천 명으로 감소하여 최고치 대비 528천 명(26.3%)이나 줄어들었다. 더욱이 1999년 들어 다른 산업의 취업자가 증가세로 돌아선 데 비해 건설업 취업자수는 계속 줄어들고 있어 경제위기로 인한 건설업의 타격이 얼마나 심각했는지를 알 수 있다.

취업구조 면에서도 총 취업자 중 건설업 취업자의 비중은 1963년의 2.5%로부터 1970년 2.9%, 1980년 6.2%, 1990년 7.4% 그리고 1997년에는 9.5%까지 증가했다. 그러나 경제위기 이후 건설업 취업자수의 격감에 따라 1999년 건설업 취업자의 비중은 7.3%에 머물고 있다.

〈표 2-7-7〉 취업구조의 변화

(단위: 천 명, %)

연도	전체	농림어업	광공업	건설업	기타 3차산업
1963	7,563(100.0)	4,763(63.0)	657(8.7)	192(2.5)	1,952(25.8)
1970	9,618(100.0)	4,846(50.4)	1,377(14.3)	281(2.9)	3,114(32.4)
1975	11,691(100.0)	5,399(46.2)	2,235(19.1)	509(4.4)	3,609(30.9)
1980	13,683(100.0)	4,654(34.0)	3,079(22.5)	843(6.2)	5,108(37.3)
1985	14,970(100.0)	3,733(24.9)	3,659(24.4)	911(6.1)	6,667(44.5)
1990	18,085(100.0)	3,237(17.9)	4,990(27.6)	1,346(7.4)	8,512(47.1)
1995	20,432(100.0)	2,534(12.4)	4,824(23.6)	1,905(9.3)	11,169(54.7)
1997	21,106(100.0)	2,385(11.3)	4,508(21.4)	2,004(9.5)	12,209(57.8)
1998	19,994(100.0)	2,480(12.4)	3,919(19.6)	1,578(7.9)	12,017(60.1)
1999	20,281(100.0)	2,349(11.6)	4,026(19.9)	1,476(7.3)	12,430(61.3)

자료: 통계청, 『경제활동인구연보』.

(2) 건설업 취업자의 성격

건설업 노동시장의 불안정성과 저임금, 그리고 열악한 근로조건으로 인해 우수한 노동력이 건설업 취업을 회피하고 있으며 이에 따라 노동력의 질적 저하가 나타나고 있다. 건설업 취업자의 연령별 구성을 보면 주로 30~40대가 다수를 차지하고 있다. 1997년 건설업 취업자 중 30대가 32.3%, 40대가 28.7%를 차지하고 있다. 1980년대 이후 청년층의 건설업 유입이 감소함에 따라 건설업 취업자들은 점차 고령화되는 경향을 보이고 있다. 1983년에 50대 이상 취업자 비율은 14.5%였으나 1997년에는 21.2%로 크게 늘어났다.

건설업 취업자의 학력은 타 산업에 비해 낮은 수준에 있다. 1997년 건설업 취업자의 학력별 구성은 중졸 이하(39.2%), 고졸(43.3%), 전문대졸(4.9%), 대졸 이상(12.6%)의 분포를 보이고 있다. 1997년 전체 취업자의 학력별 구성이 중졸 이하(18.7%), 고졸(49.0%), 전문대졸(10.6%), 대졸 이상(21.7%)인 것과 비교하면 건설업 취업자의 저학력이 뚜렷이 드러난다(노동부, 1998). 이는 건설업이 주로 무자본, 무기술, 저학력자의 손쉬운 취업지로 되고 있다는 것을 반영하기도 한다. 그러나 전체 취업자의 고학력화 추세에 따라 건설업 취업자의

〈표 2-7-8〉 건설업 취업자의 연령 및 학력별 구성

(단위: %)

연령	1983	1986	1989	1992	1997
24세 이하	9.8	6.5	6.2	8.6	5.9
25~29세	16.4	15.2	11.8	12.0	11.8
30~39세	30.5	34.0	32.7	34.1	32.3
40~49세	28.7	28.9	28.2	25.7	28.7
50~59세	12.1	13.6	17.9	16.5	16.7
60세 이상	2.4	1.7	3.2	3.3	4.5

학력	1983	1986	1989	1992	1997
중졸 이하	64.9	60.6	60.5	47.8	39.2
고졸	24.7	28.4	30.8	38.1	43.3
전문대졸	-	2.7	2.8	4.2	4.9
대졸 이상	10.3*	8.4	5.8	9.9	12.6

주: * 전문대졸 포함.
자료: 통계청, 『고용구조조사보고』.

전반적인 학력상승현상도 뚜렷해지고 있다. 중졸 이하의 비중은 1983년의 64.9%로부터 1997년에는 39.2%로 하락한 반면, 전문대, 대졸 이상의 비율은 1983년의 10.3%로부터 1997년에는 17.5%로 상승했다.

(3) 건설업의 임시고용구조

건설회사들은 건설수요의 불안정성에 대응한 노동력 규모의 유연성 확보와 기술적 통제의 어려움에 대응한 노동통제의 하부위임을 위해 생산직 노동자들에 대해서는 직접고용하지 않고 하청, 재하청 과정을 통해 일용직 노동자로 간접채용하는 방식을 사용한다.

먼저 종합건설회사들은 일용노동자를 직접 고용하여 공사를 직접 진행하기도 하나 대부분 전문건설회사에 공종별로 하청을 준다. 전문건설회사들 역시 공종을 보다 세분화하여 보다 작은 회사들에게 재하청을 준다. 이렇게 하청, 재하청 과정은 4~5단계를 거치면서 중층적 하청구조를 이룬다. 중층적 하청구조의 최말단 단위 책임자는 '오야지'로 불리는 하청 책임자이다. 주로 숙련노동자 출신인 오야지는 하청회사로부터 공사를 청부받아 해당 분야의 노동자들을 일당제로 고용하여 자신의 경영책임 아래 공사를 진행하는 독립적인 경영자 겸 노동자이다(박승희, 1986; 방하남 외, 1998).

오야지는 하청회사와 도급계약을 맺고 공사 일부를 하청받아 자신의 책임 아래 수행하게 된다. 오야지는 가능한 한 임금 및 기타 경비를 절감함으로써 자신의 이윤을 극대화하고자 한다. 이를 위해 오야지는 노동자 동원, 인력배치, 공정관리, 임금관리, 교육훈련 등의 다양한 기능을 수행한다.

오야지와 일용노동자들은 조 단위로 팀 작업을 한다. 이때 이 작업조는 일자리 연결망을 기초로 오야지를 정점으로 하여 형성된 이합집산이 용이한 집단이다. 일용노동자들의 동원은 전적으로 비공식적인 방법을 통해 이루어진다. 오야지는 평소에 친척, 한동네 사람, 안면 있는 사람 등 약간의 숙련노동자들을 확보하고 있으며 일단 일이 생기면 이들을 동원한다. 이들의 관계는 최소한 10년 이상 지속되는 장기적인 관계이다(한국노동연구원, 1998).

일용노동자들은 평소에 4~5명 정도의 오야지와 친분관계를 유지하면서 필요할 경우 공사장에 투입되고 공사기간이 끝나면 자동적으로 고용이 종료되는 방식을 취한다.

이들은 공사기간 중 산재보험 등의 문제 때문에 형식적으로는 회사와 고용계약을 맺지만 실제로는 오야지와 구두계약을 맺고 임금은 오야지로부터 받으며 오야지의 지시를 받는다. 임금은 일당제이며 퇴직금, 직장의료보험 등은 적용되지 않는다. 다만 산재보험만 적용될 뿐이다. 이들은 직장안정성이나 승진기회가 전혀 없다. 다만 상당한 기간 동안 숙련을 쌓고 일정한 자본을 축적한 후 그 자신이 오야지가 되는 것이 희망이지만 그럴 확률은 매우 낮다.

이상의 오야지를 통한 작업조에 의한 동원방식 외에도 일일노동시장을 통한 직접적 동원방식과 용역업체를 통한 노동자 동원방식이 존재한다. 현재 전국적으로 60여 개의 일일노동시장이 존재하고 있다. 이들 일일노동시장에서는 소규모 회사, 자영업자, 오야지 등 노동력 수요자와 주로 미숙련 노동자 중심의 구직자가 직접 대면하여 일당제로 채용된다. 한편 최근 불법용역업체를 통한 취업도 성행하고 있다. 이는 주로 기술이 없는 단순노무자들이 많이 이용하는 방식이다. 1998년 근로자파견법이 도입되었으나 건설업에 대한 근로자 파견은 허용되지 않고 있다. 그럼에도 불구하고 불법파업이 성행하고 있는데 이에 대한 노동부의 단속은 거의 없는 실정이다.

이상에서 본 대로 건설업 직접생산직 노동시장은 진입, 퇴출이 자유롭고 공식적인 경력이나 숙련형성, 승진기회 등 내부노동시장이 미발달되어 있다는 특징을 지닌다. 또한 노동조합의 개입에 의한 집단적 노사관계도 전혀 형성되지 않고 있다. 따라서 건설업 직접생산직 노동시장은 완전한 외부노동시장, 경쟁적 노동시장을 형성하고 있다. 그 결과 건설노동자들은 기업에 대한 교섭력을 아예 상실한 채 저임금, 고용불안정, 열악한 근로조건 등에 시달리고 있다.

3) 건설업 노동시장의 성과

(1) 고용불안정성

건설업은 전통적으로 고용 안정성이 매우 낮은 산업으로 알려져 왔다. 특히 한국에 특유한 건설업의 취업구조로 인해 건설업 취업자의 고용 안정성은 매우 낮은 실정이다.

건설업 취업자의 경우 대부분이 고용계약기간이 한정되어 있는 임시직 또는 일용노동자로 구성된다. 〈표 2-7-9〉에서 보듯이 일용노동자의 비중은 1983년의 52.2%로부터 차츰 증가하여 1989년에는 59.9%까지 올라갔다가 이후 지속적으로 감소했지만, 1998년 이후 다시 상승하여 1999년 전체 건설업 취업자의 42.9%에 달하고 있다. 또 임시직 노동자의 비중 역시 1983년에는 전체 취업자의 9.5%에 불과하던 것이 1999년에는 14.8%로 상승했다. 이렇게 볼 때 1999년 전체 건설업 취업자의 60%가량, 그리고 전체 건설업 노동자의 79% 이상이 임시직, 일용직 노동자인 셈이다.

이들 일용직, 임시직 노동자들은 대부분 문서상의 고용계약 없이 구두계약에 의해 취업하고 있으며 해당 건설현장의 공사가 끝나면 자동적으로 고용도 종료된다(박승희, 1986; 방하남 외, 1998).

〈표 2-7-9〉 건설업의 고용형태별 취업자 비중

(단위: %)

고용형태	1983	1986	1989	1992	1997	1998	1999
고용주	2.9	3.7	3.9	6.0	9.6	21.9	21.2
자영자	6.5	7.7	5.4	7.4	8.5		
무급가족	0.3	0.7	0.8	1.4	0.9		
정규직	28.4	33.9	30.0	38.5	42.7	22.8	21.1
임시직	9.5					14.9	14.8
일용직	52.2	54.0	59.9	46.7	38.4	40.4	42.9

자료: 통계청, 『고용구조조사보고』; 통계청, 『경제활동인구연보』.

(2) 대량실업

1960년대 이후 한국 경제의 고도성장과정에서 취업자 역시 급증해 왔다. 그 결과 1997년의 IMF 경제위기 이전에는 노동시장에서 거의 완전고용이 달성되었으며 실업률은 2%선까지 떨어졌다.

이러한 사정은 건설업에서도 마찬가지였다. 1970~1980년대 정부의 경제개발계획에 의해 도시개발이 활성화되고 건설투자가 지속적으로 확대됨에 따라 건설업 취업자수가 급격히 증가했다. 그 결과 건설업의 실업률은 급속하게 떨어졌다. 특히 1980년대 중반 이후 건설경기의 호조로 노동력 수요가 증가한 반면 건설업의 저임금과 열악한 근로조건 등으로 인해 신규 노동력의 유입이 줄어들면서 건설업은 극심한 인력부족에 시달렸다(김영재, 1997).

그러나 1995년 이후 건설경기의 침체와 더불어 건설업 노동시장에서도 차츰 인력과잉현상이 나타나기 시작했다. 특히 IMF 경제위기 이후 건설회사들의 잇따른 휴폐업과 고용조정 등으로 인해 건설업에서는 대규모 실업사태가 나타났다.

〈표 2-7-10〉에서 보는 바와 같이 1998년 중 건설업으로부터 실업한 사람의 수는 298천 명으로서 1997년 대비 248천 명이나 늘어났으며 1998년의 전체 전직(前職) 실업자 1190천 명의 25%를 차지했다. 이에 따라 건설업의 실업률은 1997년의 2.4%로부터 1998년에는 15.9%로 급증했는데 이러한 실업률은

〈표 2-7-10〉 전직 산업별 실업자 및 실업률

(단위: 천 명, %)

연도	실업자 (실업률)	전직 실업자				
		전산업	농림어업	광공업	건설업	서비스업
1985	622(4.0)	414(2.7)	11(0.3)	127(3.4)	108(10.6)	168(2.5)
1990	454(2.4)	240(1.3)	5(0.2)	77(1.5)	37(2.7)	121(1.4)
1995	419(2.0)	255(1.2)	2(0.1)	69(1.4)	38(2.0)	146(1.3)
1997	556(2.6)	318(1.5)	4(0.2)	80(1.7)	50(2.4)	184(1.5)
1998	1,461(6.8)	1,190(5.6)	17(0.7)	279(6.6)	298(15.9)	596(4.7)
1999	1,353(6.3)	1,054(4.9)	27(1.1)	194(4.6)	219(12.9)	620(4.8)

주: i산업의 전직실업률=i산업으로부터의 실업자(i산업의 취업자＋i산업으로부터의 실업자)
자료: 통계청, 『경제활동인구연보』로부터 계산.

광공업에 비해 2배 이상이나 높은 수준이었다. 1999년 들어서도 여전히 건설업으로부터 실업한 사람 수는 219천 명으로서 실업률은 12.9%라는 높은 수준을 유지하고 있다.

즉, IMF 경제위기로부터 모든 산업의 취업자가 실업의 고통을 겪었지만 건설업 취업자들은 그중에서도 가장 심한 타격을 받았으며 다른 산업에서는 고용사정이 개선되고 있음에도 불구하고 건설업은 여전히 대량실업에서 벗어나지 못하고 있음을 알 수 있다.

(3) 저임금

건설업은 과거 '일은 힘들지만 돈은 많이 벌 수 있는 곳'으로 알려져 왔다. 고용의 불안정성과 힘든 근무조건 등에 대한 일종의 프리미엄으로서 건설업 임금수준은 다른 산업에 비해 높았다. 1980년 건설업 노동자의 월급총액은 제조업 노동자의 월급여액의 1.8배에 달했다. 그러나 이후 건설업과 제조업의 임금격차는 급속하게 축소되어 1997년에는 제조업의 1.2배에 머물렀다(〈그림 2-7-3〉).

〈그림 2-7-3〉 건설업과 제조업의 상대임금

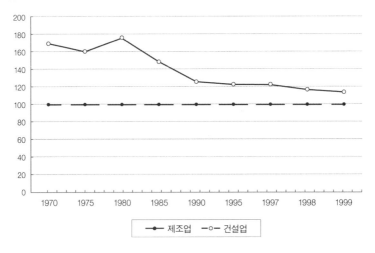

이는 건설업 특유의 중층적 하청구조에 따른 저임금과 낮은 생산성, 그리고 건설업 종사자의 저학력 등에 기인한 것이다. 특히 1987년 이후 제조업에서는 강력한 노동조합이 출현하여 고율의 임금인상 달성에 성공한 반면 건설업에서는 노동조합의 조직률 및 교섭력이 취약했던 것도 건설업 임금이 상대적으로 오르지 못한 중요한 이유의 하나였다. 이러한 건설업 임금의 상대적 정체는 청년 노동력의 건설업 신규유입을 가로막음으로써 건설업의 인력부족 현상을 낳는 중요한 이유가 되었다.

1997년의 경제위기 이후 건설업 종사자의 임금수준은 급격히 하락했다. 건설업 평균임금은 1997년의 월평균 1624천 원으로부터 1998년에는 월평균 1502천 원으로 7.5% 하락했는데 이는 전산업 평균임금 하락률 2.5%보다 3배나 높은 것이다. 건설업 평균임금은 1999년 들어 1691천 원으로 전년비 12.6% 상승했지만 제조업의 임금상승률 14.9%에는 미치지 못했다. 이에 따라 1997~1999년 사이에 제조업 종사자와의 임금격차는 122.4에서 114.6으로 축소되었다.

한편 이러한 건설업의 평균임금은 건설업 내부의 직종별 임금격차를 숨기고 있기 때문에 현장노동자들의 임금수준은 이보다 훨씬 낮다. 건설업 종사자의 직종별 임금격차를 보면 1999년 기술자의 임금을 100으로 했을 때 기능직 임금수준은 75.2, 단순노무직의 임금수준은 69.4에 머물고 있다(〈표 2-7-11〉).

1990년대 이후의 변화를 보면 약간의 기복이 있기는 하나 기능공의 경우 기술자와의 임금격차가 축소된 반면, 단순노무직은 오히려 격차가 확대되었으며

〈표 2-7-11〉 건설업 종사자와 직종별 임금격차

(단위: 천 원, %)

연도	행정, 관리, 사무직	생산직				
		전체	기술자	기능공	임시기능공	단순노무직
1990	10,170(101.6)	8,216(82.1)	10,011(100.0)	5,464(54.6)	8,572(85.6)	8,144(81.4)
1995	18,616(90.7)	13,731(66.7)	20,529(100.0)	14,604(71.1)	17,697(86.2)	10,907(53.1)
1997	17,671(82.5)	17,806(83.2)	21,410(100.0)	16,618(75.5)	20,966(97.9)	14,987(70.0)
1998	17,932(92.0)	15,518(79.6)	19,488(100.0)	14,655(75.2)	17,492(89.8)	13,527(69.4)

자료: 통계청, 『건설업통계조사보고서』.

임시기능공의 경우는 격차가 그대로 유지되고 있다.

(4) 저숙련

일용노동자들의 숙련형성구조는 지극히 취약하고 비공식적이다. 이들은 건설업 종사 전후로 공식 직업훈련을 받는 기회가 거의 없으며 숙련기술은 대부분 선배 기술자로부터 비공식적으로 배우는 OJT 방식을 취한다. 이들은 처음에는 조공(assistant laborer)으로 시작하여 직종에 따라 3~5년의 경력을 쌓으면 기능공이 될 수 있다. 그러나 숙련 형성과정이 매우 비공식적이기 때문에 정해진 승진기간이 없다(심규범, 2000).

〈표 2-7-12〉에서 보는 대로 대부분의 건설업 취업자는 직업훈련을 받은 경험이 없다. 1997년 직업훈련 유경험자는 전체 건설업 취업자의 12.2%에 불과하다. 이들 중 40.3%는 입사 후 사내 직업훈련을, 그리고 34.3%는 사설학원에서 직업훈련을 받았다. 즉, 공공 직업훈련의 역할이 매우 미약한 것으로 나타나고 있다. 이와 같은 사정은 10년 전인 1986년과 비교해도 큰 변화를 보이지 않고 있다.

이와 같이 직접 공사를 맡고 있는 건설기능인력에 대한 교육훈련이 미비한 이유로는 첫째, 건설노동시장이 임시직 위주로 구성되어 있기 때문에 개별 건설업체의 경우 노동자의 기능을 육성해도 다른 곳으로 이동하므로 건설기능인력의 기능육성을 회피하고 있으며, 둘째, 건설노동자의 경우에도 숙련형성에

〈표 2-7-12〉 건설업 취업자의 직업훈련 경험 여부

(단위: %)

	1986	1992	1997
직업훈련 받았음	7.2	13.2	12.2
사설학원	(50.0)	(47.7)	(34.3)
공공직업훈련소	(25.0)	(26.7)	(25.4)
사내직업훈련소	(25.0)	(23.6)	(40.3)
받지 않았음	92.8	86.8	87.8

자료: 통계청, 『고용구조조사보고』.

따른 임금상승이나 승진, 승급 등 인센티브가 거의 없으므로 직업훈련 참여를 회피하고 있고, 셋째, 국가의 경우 건설노동자의 건설기능인력에 대한 훈련에 매우 소극적이었으며, 넷째, 강력한 노동조합이 존재하지 않아 직업훈련에 개입할 수 없었기 때문이다(김훈·심규범, 1999; 심규범, 2000).

현재 정부의 공식적 훈련제도로서는 고용보험상의 직업능력개발사업이 있는데 이는 사업주로부터 고용보험료를 미리 걷어다가 일정 요건에 해당되는 훈련을 실시하는 사업주에게 훈련비를 지원하는 제도이다. 직업능력개발사업에 의해 실시되는 훈련종류로서는 신규인력의 양성훈련과 기존인력의 향상훈련이 있다. 그러나 건설업의 경우 이러한 제도가 거의 실시되지 않고 있는데 그 이유는 건설업의 경우 대부분이 일용노동자여서 고용보험의 대상에서 제외되어 있고 신규 노동력에 대한 훈련 역시 청년노동력의 건설업 취업기피 현상으로 인해 지원자가 없기 때문이다(심규범, 2000).

이 밖에도 산업인력공단에서 실시하고 있는 기능훈련검증제도가 있으나 이것 역시 그 내용의 부실성과 숙련기술과의 괴리로 인해 현장에서 전혀 사용되지 못하고 있다.[7]

결국 대부분의 일당제 노동자들은 선배나 오야지 등으로부터 비공식적으로 기능을 습득하고 있다. 그러나 이러한 비공식적 숙련형성제도는 숙련습득 기회의 제한, 신기능 전수의 어려움, 숙련전달 범위의 편협성 등 여러 가지 한계를 가지고 있어 결과적으로 건설업 노동자의 숙련의 질을 향상시키고 건설업 최종제품의 질을 향상시키는 데 기여하지 못하고 있다(심규범, 2000).

---

7)   건설노련 관계자 인터뷰(2000.8.29).

4. 최근의 규제완화와 그 성과

1) 건설산업의 규제완화

정부는 1990년대 후반 들어 경제 전체에 걸친 규제완화와 개방화 움직임의 일환으로 건설산업에 대해서도 일련의 규제완화 조치를 취했다. 더욱이 1993년 타결된 UR 협상에 따라 국내 건설시장의 개방이 불가피해지면서 정부의 이러한 규제완화 조치도 한층 급속도로 전개되었다. 특히 1997년의 IMF 경제위기 이후 신자유주의적인 구조개혁 정책이 강행되면서 건설업의 규제완화는 가속화되었다.

먼저 오랫동안 시행되어 오던 건설업 면허제가 1999년 등록제로 바뀜으로써 건설업 시장에 일대 변혁이 불어닥치고 있다. 면허제 폐지 이후 일반건설업체의 수가 일거에 2천 개 이상 증가하여 2000년 말에는 6천 개에 달한 것으로 추정되고 있다.

또한 그동안 이동장벽 역할을 해 왔던 도급한도제 역시 1997년 폐지되고 시공능력공시제로 대체되었다. 즉, 도급한도액제도로 직접 규제하던 것을 폐지하고 발주자가 공사의 특성에 따라 건설업자를 선정하는데 참고할 수 있도록 건설업자의 시공능력을 공시하고 이를 토대로 발주자가 수급인 자격을 제한할 수 있게 하는 제도이다. 시공능력의 평가방법은 공사실적, 자본금, 기술능력, 신인도 등의 요소를 점수화하여 계산한다(남진권, 1997).

공공부문의 입찰제도 역시 개정하여 기존의 적격심사제를 폐지하고 최저낙찰가제도를 2001년부터 도입함으로써 업체 간의 암묵적인 담합구조를 깨고 경쟁을 촉진했으며 이와 더불어 저가낙찰에 따른 부실공사를 방지하기 위하여 PQ심사제를 강화할 예정이다(건설교통부, 2000).

한편 국내 건설시장의 개방도 가속화되고 있는데 1993년의 UR 협상 타결에 따라 민간 건설부문과 공공 건설부문으로 나누어 시장개방이 진행되고 있다.

민간 건설부문에서 일반 건설분야는 1994년부터 외국 건설회사의 100% 단독투자를 허용했으며, 1996년부터 지사설립을 허용했다. 전문 건설분야에서는 1996년부터 외국 건설회사의 100% 단독투자를 허용했으며, 1998년부터 지사설립을 허용했다. 또 공공 건설분야에서는 1997년부터 일정금액 이상의 발주공사에 대해 외국기업의 참여를 허용했으며, 감리시장은 1994년부터 외국업체의 100% 단독투자 감리업체의 설립을 허용했다.

2) 건설노동시장의 규제완화와 규제도입

한편 건설노동시장에서는 정부의 노동시장 유연화 정책에 따라 한편으로는 규제완화가 진행되는가 하면, 다른 한편으로는 건설일용노동자에 대한 보호조치의 검토, 사회보장제도 적용의 확대, 노조 조직률의 향상, 단체협약의 확대 등 노동법 및 단체협약에 의한 노동시장의 규제강화가 동시에 진행되는 모습을 보이고 있다.

1998년의 노동법 개정에 의해 정리해고제와 근로자파견제가 도입되면서 건설업에서도 화이트칼라를 중심으로 한 정리해고와 일용노동자를 중심으로 한 파견근로자(이는 현행법상 불법임)의 도입이 뚜렷하게 늘어나고 있다.

또 정부는 건설회사 등록요건의 하나인 건설기술자 확보요건을 완화하여 프로젝트별 계약직 기술자도 인정해 주기로 했으며 더 나아가서 프리랜서제도의 도입도 검토하고 있다. 프리랜서제도에 대해서는 노동계의 반발로 일단 도입을 유보했으나 일부 직종에 대해서는 이미 이 제도가 도입된 바 있다.

다른 한편 노동시장에 대한 일부 규제는 강화되었다. 최근 비정규직 문제가 심각한 사회적 문제로 등장함에 따라 정부는 2000년 10월 '비전형근로자 대책'을 발표했는데 여기에서는 1년 미만 단기계약 근로자에 대한 근로기준법 적용지침의 시행, 일용직 노동자에 대한 고용보험 적용확대 추진 등 몇 가지 비정규직 보호방안이 포함되어 있다. 이는 어떤 식으로든 건설노동시장에 영향을 미칠 것으로 보인다.

한편 4대보험의 적용범위가 확대되고 1996년 건설근로자의 고용개선 등에 관한 법률에 의해 건설근로자 퇴직금 공제제도가 도입되는 등 사회보장의 적용도 점차 확대되고 있다.

또 건설업 노동조합의 조합원수 및 조직률이 차츰 늘어나고 있고 건설업 노조 간의 조직 통합, 산별노조로의 전환 시도, 단체협약의 시도 등 노동조합 및 단체협약에 의한 노동시장 규제의 시도도 앞으로 강화될 것으로 예상된다.

3) 건설업 규제완화의 귀결

지금까지 살펴본 건설업에서의 규제완화 조치는 건설업의 산업구조와 노동시장 구조에 많은 영향을 미치고 있다.

규제완화의 결과로 건설업체의 수가 대폭 늘어나면서 건설업에서는 치열한 경쟁이 전개되고 있다. 더욱이 이것이 IMF 경제위기로 인한 건설업의 경기후퇴와 맞물리면서 일부 대기업을 제외한 대다수 건설회사들의 경영난과 휴폐업 등을 초래하고 있으며 이에 따라 건설업에서의 대규모 고용조정과 실업을 불가피하게 만들고 있다.

또 기존의 오야지를 중심으로 한 인력조달 체계도 약화되고 있다. 원청사 - 하청사 - 오야지 간의 안정적 관계가 무너지면서 불법용역업체를 통한 인력조달 현상이 급속하게 퍼지고 있으며 이는 기존의 노동시장질서를 무너뜨리고 저임금과 고용불안정을 심화시키는 요인이 되고 있다.

앞에서 본 대로 선진국의 경우 건설업에 대한 진입장벽과 이동장벽은 낮은 편이다. 그러나 이것이 곧 규제가 없다는 것을 의미하지는 않는다. 예컨대 독일의 경우 건설업 면허제는 없지만 건설업을 시작하려는 사람은 반드시 일정한 숙련과정을 거쳐 건설장인 자격증(Craftmaster Title)을 획득해야 하며 상공회의소나 수공업 회의소 등 업계 자율기구에 등록해야 한다(Bosch, 2000). 또 건설업에 대한 투명성, 품질보증, 공정입찰 등에 관한 상세한 규제가 존재해 투명하고 공정한 경쟁이 가능하도록 하고 있다. 무엇보다도 강력한 산별노조의 존재와 산별협약에 의한 산업 내 동일노동 동일임금 원칙의 관철로 인해 원청기업과 하청기업 간 임금 및 근로조건의 격차가 적으며 이는 다시 하청이 심화되는 인센티브를 제거함으로써 중층적 하청구조화를 막고 있다.

자유시장 경쟁을 원칙으로 하는 미국에서도 공공부문의 건설입찰 시에는 해당 지역의 평균임금을 지급하도록 하는 'prevailing wage law'가 존재함으로써 지나친 저임금을 막고 있다(Philips, 2000).

반면 한국의 경우 진입장벽 및 이동장벽의 제거와 동시에 공정경쟁을 보장해 줄 장치의 도입이 시급한 실정이나 부실업체를 걸러내는 장치가 제대로 작동되지 못함으로써 건실한 업체와 부실한 업체가 혼재하며 이로 인해 품질저하, 하청업체의 수익성 악화로 인한 동반부실 등 산업경쟁력이 약화되고 있는 실정이다(건설교통부, 2000b).

따라서 건설산업에 대한 일방적 규제완화가 아니라 공정경쟁을 보장해 줄 수 있는 장치의 도입을 의미하는 재규제가 필요한 것이다.

한편 노동시장의 경우 최근의 사회보장 적용범위 확대에도 불구하고 노동법 및 단체협약의 취약성으로 인해 사용자 우위의 시장구조가 형성되어 있음을 감안할 때 비정규노동자의 보호 및 근로기준 감독의 강화 등과 더불어 단체협약의 확대와 중앙집중화 등을 통해 노동시장의 공정성을 강화하는 방향으로 규제가 강화되어야 할 것이다.

5. 맺음말

지난 40년간 한국 경제가 급속히 성장하는 과정에서 한국의 건설업도 급속한 성장을 거듭해 왔다. 그러나 한국의 건설업은 이 과정에서 많은 구조적 문제점을 가지게 되었다. 이러한 건설업의 구조적 문제점은 IMF 경제위기를 맞아 현재화되었으며 건설업은 이러한 구조적 위기로부터 빠져나오지 못하고 있는 상태이다.

건설업의 산업구조는 중층적인 하청구조를 그 특징으로 한다. 오랫동안 지속되어 왔던 건설업의 면허제도와 도급한도제로 인해 건설업에는 강력한 진입장벽과 이동장벽이 존재했고 그 결과 소수의 독점대기업이 전체 건설시장의 대부분을 장악하는 독과점적 시장구조가 형성되었다. 이에 따라 나머지 대부분의 기업들은 대기업의 하청기업으로 편성되었다. 이와 같은 하청관계는 중층적으로 이루어져 하청업체가 다시 재하청하는 방식이 일반화되었다. 말단 하청업자들은 독립적인 자영업자인 오야지에게 일을 맡기며 이들은 일용노동자를 고용하여 실제 공사를 수행한다. 결국 건설업에서는 원청→하청→재하청→오야지→일용노동자에 이르는 중층적 하청구조가 형성되어 있다. 이와 같은 체계 속에서 상위자본은 한편으로는 담합구조를 형성하고 발주기관과의 부정부패 고리를 형성함으로써 독점이윤을 취하고 다른 한편으로는 하위자본을 자신의 직간접적 통제하에 두고 공사비 삭감, 대금의 지급 지연 등을 통해 이윤을 취득하고 있다. 또한 노동자와의 직접적 고용관계를 하청기업에 넘김으로써 고용관계에 따른 각종 책임을 회피하고 있다.

그러나 이러한 담합구조와 중층적 하청구조는 단기적으로는 공사품질의 저하, 하청기업 노동자의 저임금 및 고용불안, 하청계약 및 대금지급 과정에서의 부정부패 등 각종 문제점을 야기시키며 중장기적으로는 기술혁신의 부진, 생산성의 상승 저해, 숙련 획득의 곤란 등을 가져오는 요인이 되고 있다. 특히 건설업 노동자의 입장에서 볼 때 중층적 하청구조는 저임금과 고용불안, 열악한 근로조건을 가져오는 주요인이 되고 있다.

이와 같은 한국 건설업의 산업구조 및 고용구조의 특수성은 선진국과 비교해 보면 큰 차이가 난다. 선진국에서도 물론 건설업의 특수성에 비추어 생산물시장에 대한 정부규제가 존재하지만 이는 주로 공사품질의 보증과 안전 확보,

그리고 공정경쟁 체제의 확보에 주안점을 두고 있다. 다른 한편 고용구조 면에서는 노동법상의 각종 규제를 통해 정규고용을 확보함으로써 건설업의 경우에도 비정규직보다는 정규직이 대부분을 차지하고 있으며 이들은 각종 사회보험, 교육훈련, 고용보장 등을 제공받고 있다. 이와 같이 선진국과 한국의 건설업 고용구조에 차이가 나는 이유에는 여러 가지 원인이 있겠지만 또 하나 중요한 것은 산업 차원의 노동협약의 존재 여부이다. 선진국에서는 일반적으로 건설업 산별노조와 사용자 단체 간에 산별 단체협약이 체결되어 있다. 이러한 산별 단체협약은 산업 차원의 임금, 근로조건, 고충처리 방법 등을 규정함으로써 사용자의 자의적인 고용관리를 막고 건설노동자들의 권리를 보장하는 한편 산업 내의 동일노동 동일임금 원칙의 정립을 통해 지나친 하청의 확대 및 비정규직의 확대를 막는 제도적 안전판이 되고 있는 것이다.

이에 비해 한국의 건설업 현장노동자들은 단체협약의 대상에서 아예 제외되어 있다. 건설업 노동조합원의 전체 규모가 2만 명 정도로 그 조직률이 1%에 불과한 실정이며 산별·지역별 단체협약도 거의 전무한 형편이다. 이와 같은 상황에서 건설업 노동조합은 사용자의 자의적인 노무관리, 고용관리를 규제할 힘이 거의 없다.

정부 역시 오랫동안 건설업 현장노동자들의 고통을 방치해 왔다. 정부는 건설현장에서 반발하고 있는 장시간 노동과 근로기준법 위반행위, 산업재해 등에 대해 거의 방관해 왔을 뿐만 아니라 선진국에 형성되어 있는 건설노동자 보호를 위한 각종 입법 및 사회보험 적용 등에 대해서도 거의 관심을 보이지 않았다. 최근 들어와 겨우 건설업 일용노동자들에 대해 고용보험 적용범위를 확대하고 건설근로자 퇴직공제제도를 도입하는 등 약간의 관심을 보이고 있으나 이런 미약한 제도조차도 여러 가지 단서조항으로 인해 그 효과가 제한적이라는 문제점을 안고 있다. 따라서 건설업 현장노동자들의 고용불안정과 저임금 및 열악한 근로조건을 개선하기 위해서는 정부가 보다 적극적으로 이들을 보호하기 위한 법적·제도적 개혁을 단행해야 할 것이며 이와 동시에 건설노동자의 조직률 향상과 산별노조로의 전환을 통해 교섭력을 강화함으로써 궁극적으로 건설업 산별 단체협약을 실현할 수 있도록 노력해야 할 것이다.

참고문헌

건설교통부. 2000a. 『건설경기 활성화와 건설산업 구조개편방향』.

건설교통부. 2000b. 『뉴밀레니엄 시대의 건설산업 구조개편 방향』.

建設勞動協約研究會編. 1998. 『建設現場을 勞動協約을』. 大月書店.

건설노련. 1999. 『건설노련 기능학교의 현황』.

金本良嗣. 1999. 『日本의 建設産業』. 日本經濟新聞社.

김영재. 1997. 『중장기 건설자재 및 인력수급대책 연구』. 국토개발연구원.

김훈·심규범. 1999. 『건설근로자 고용개선에 관한 연구』. 한국노동연구원.

남진권. 1997. 『건설산업기본법해설』. 기공사.

노동부. 1998. 『노동통계연보』.

노동부. 1999. 『근로시간 단축의 쟁점과 과제』.

대한건설협회. 1999. 『완성공사 원가구성분석』.

박승희. 1986. 「건설대기업 노동시장의 형성과 성격」. 『한국사회연구 4』. 한길사.

반부패특별위원회. 2000. 『건설하도급 부패방지를 위한 제도정비 및 관리방안』.

방하남 외. 1998. 『건설일용근로자의 고용구조 및 근로복지에 관한 연구』. 한국노동연구원.

백석근. 1997. 『건설일용노동자의 불안정 고용 현실과 극복 대안』. 전국건설일용노동조합.

백진기. 1997. 「건설업의 원·하도급구조 및 불공정거래행위에 관한 연구」. 한양대학교 경영대
　　학원 석사학위논문.

산업연구원. 2000. 『한국의 산업』.

심규범. 2000. 「한국 건설노동시장의 비공식성과 숙련형성의 한계」. 고려대학교 경제학 박사학
　　위논문.

심의섭. 1994. 『건설업』. 웅진출판.

윤진호. 2000. 「건설현장에 노동협약을」. ≪노동사회≫, 12월호. 한국노동사회연구소.

이호환. 1994. 「우리나라 전문건설업계의 하도급 개선방안에 관한 연구」. 숭실대학교 중소기업
　　대학원 석사학위논문.

장은숙 외. 1999. 「주요국의 건설노동시장 고용관계」.

전국건설산업노동조합연맹. 2000. 『건설산업 노동시간 실태와 개신방향』.

전국민주노동조합총연맹. 2000a. 『비정규노동자 차별 철폐 및 조직화 방안』.

전국민주노동조합총연맹. 2000b. 『사회복지정책』.

전일노협편집위원회. 1995. 『건설노동자: 역사와 과제』. 전국건설일용노동조합협의회.

週籐利一. 1993. 『韓國의 建設産業』. 大成鬪版社.

한국노동연구원. 1998. 『주요지역 건설일용노동자 취업 및 생활실태』. 한국노동연구원.

한국노동연구원. 1999. 『KLI 노동통계』.

한국산업은행. 1996. 『한국의 산업』.

허종명. 1996. 「한국 건설업 노동조합의 현황과 발전방안에 관한 연구」. 숭실대학교 석사학위논문.

황익주. 1986. 「한국 건설업의 고용구조」. 『한국사회연구 4』. 한길사.

Bosch, G. 2000. "The Labour Market in the German Construction Industry." International Working Conference on the Structural Change in the Building Industry's Labour Market. Institut Arbeit und Technik, Gelsenkirchen, Germany.

Finkel, G. 1997. *The Economics of the Construction Industry*. M. E, Sharpe.

Harvey, R. C. and A. Ashworth. 1997. *The Construction Industry of Great Britain*. Laxtons.

OECD. 1999.7. Employment Outlook.

Philips, P. 2000. "A Tale of Two Cities: The High-Skill, High-Wage and Low-Skill, Low-Wage Growth Paths in U.S. Construction." International Working Conference on the Structural Change in the Building Industry Labour Market. Institut Arbeit und Technik, Gelsenkirchen, Germany.

제8장

한국의 노동시장 및 노사관계 개혁
한 비판적 시각

1. 머리말

1997년 말 발생한 IMF 경제위기 이후 한국의 노동시장 및 노사관계는 커다란 시련의 시기를 맞았다. 경제위기로 인한 기업의 휴폐업과 구조조정이 계속되면서 대량실업, 비정규직의 급증, 임금 및 근로조건의 악화, 소득분배의 악화 등 노동시장의 동요와 충격이 계속되었다.

노사관계 면에서도 공공부문, 금융부문 및 기업부문의 구조조정을 둘러싼 노사 간, 노정 간 갈등이 지속되었으며 노동쟁의의 증가, 노조 조직률의 하락 등 노사관계의 부정적 측면이 나타났다.

IMF 경제위기가 노동시장 및 노사관계에 미친 악영향에 대응하여 정부는 다양한 노동정책을 전개했다. 즉, 대량실업에 대응하여 실업정책 및 사회복지정책을 확대하는 한편, 노사관계의 안정을 위해 노사정위원회 설립, 민주노총, 교원노조의 합법화, 신노사문화 운동의 전개 등을 추진했다.

그러나 IMF 경제위기 이후 3년이 지나서도 여전히 한국의 노동시장 불안정과 노사관계의 갈등은 계속되고 있다. 이는 정부의 노동시장 정책 및 노사관계 개혁정책에 여전히 많은 문제가 남아 있다는 점을 시사해 주는 것이다.

이 글은 IMF 경제위기 이후 한국의 노동시장 정책 및 노사관계 개혁정책의 내용을 비판적 시각에서 평가하고 그 개선과제를 제시하는 데 목적이 있다.

2. 노동시장의 변화와 노동정책

1) 고용조정과 노동시장의 유연화 정책

1990년대 이래 한국 정부는 국가경쟁력의 제고를 위해 노동시장의 유연화가 필요하다는 인식 아래 '노동의 유연화' 전략을 꾸준히 추진해 왔다. 특히 노동자의 다기능화나 숙련기능 개발 등 '기능적 유연성'의 증대보다는 노동력의 수량적 조절의 탄력화와 비정규노동자의 적극 활용 등 '수량적 유연성'의 확보를 추구해 왔다. 이러한 정부의 노력은 IMF 경제위기를 계기로 본격화되었다.

IMF와 국내외 자본들은 경제위기와 구조조정에 따라 발생한 과잉인력을 자유롭게 해고할 수 있는 고용의 유연성을 요구했고 그 구체적 내용으로서 정리해고제 및 근로자파견제의 도입을 요구했다. 정부는 이를 적극 수용, 노사정위원회에서의 합의라는 형식을 빌려 정리해고제의 즉각 도입과 근로자파견제의 도입을 실현했다.[1]

이러한 제도적 변화와 더불어 공공, 금융, 기업부문에서의 구조조정도 급속하게 진행되었다. 구조조정의 내용은 인력감축과 해외매각이 주된 것이었다. 공공부문에서는 공기업 민영화 및 조직축소, 아웃소싱, 인력감축, 임금 및 복

---

1) 노사정위원회의 경과에 대해서는 이병훈·유범상(1998); 노사정위원회(1998a, 1998b); Yoon (1999) 등 참조.

〈표 2-8-1〉 공공부문의 인력조정

〈표 2-8-1〉 공공부문의 인력조정

(단위: 명, %)

	1997년 말 인원수	인원감축계획(1998~2001)	1999년까지의 실적
공무원	162,000	26,000(-16.0)	17,000(-10.5)
공기업	166,000	41,000(-24.7)	32,000(-19.3)
출연·위탁기관	63,200	16,500(-26.1)	13,200(-20.9)
계	391,200	83,500(-21.3)	62,200(-15.9)

주: 지방자치단체는 2001년까지 5만 6천 명(-19%) 감축계획임. 1999년 말 2만 8천 명(-10%) 감축 완료.
자료: 김태현(2000).

〈표 2-8-2〉 금융부문의 구조조정

(단위: 명, %)

	1997년 말(A)	1999년 6월 말(B)	감축수(A−B)
인원수	113,994	74,851	39,143(-34.3)
점포수	5,987	4,852	1,135(-19.0)

자료: 김태현(2000).

지비용 삭감, 연봉제 도입 등이 실시되었다. 〈표 2-8-1〉에서 보는 바와 같이 1998~1999년 정부 및 공기업 등에서 6만 명 이상의 인원이 감축되었으며 2001년까지 2만 명 이상이 추가로 감축될 계획이다. 지방자치단체 역시 2001년까지 5만 6천 명(-19%)이 감축될 계획이다. 그 밖에 지방공기업, 위탁, 보조기관 등에서도 20~30% 정도의 인원감축이 추진되고 있다.

금융부문에서도 부실은행의 퇴출 및 합병으로 일부 은행이 사라졌고 일부 은행은 해외 매각되었으며 기타 은행들도 점포수 축소, 조직 통폐합, 인력감축, 임금 및 복지후생비 삭감 등의 구조조정을 단행했다. 금융부문 역시 1999년 6월 말 기준 인원수는 7만 4581명으로서 1997년 말 대비 34%나 감소한 것이다(〈표 2-8-2〉). 앞으로 예정된 금융부문 2차 구조조정 과정에서도 많은 인력이 추가 감축될 것으로 예상된다. 이러한 구조조정 과정에서 해고된 노동자들뿐만 아니라 재직 노동자들 역시 임금 삭감, 각종 부가급여(fringe benefits) 축소, 노동강도 강화, 정규직의 비정규직화 등 각종 불이익을 당했다.

공공부문과 금융부문의 구조조정 과정에서 사회적 합의의 틀은 거의 외면되었다. 대부분의 구조조정 정책들이 노동조합이나 해고 당사자 또는 이해관계자들과의 성실한 사전협의나 해고 회피를 위한 노력 없이 정부에 의해 일방적으로 진행되었다. 구조조정의 결과도 국제 금융자본에 대한 손실분담 원칙, 부실대출에 책임이 있는 금융기관 대주주/경영진, 정치인, 관료에 대한 철저한 책임 추궁, 공적자금 투입에 따른 금융기관의 사회적 통제 등은 거의 이루어지지 않고 결국 금융권 부실 부담을 노동자 및 전 국민에게 전가만 하는 결과로 귀결되었다.

결국 정부 및 자본에 의해 진행된 노동시장 유연화 정책과 구조조정 정책은 노사정위원회라는 코포라티즘적 형식을 통해 신자유주의적 내용을 실현시키려 했다는 점에서 근본적으로 모순적인 것이며 이해 당사자들의 민주적 참여와 협의, 고통의 공정한 분담이라는 원칙을 훼손한 것으로 평가된다. 정부의 구조조정 정책은 이데올로기 면에서 신자유주의적 이데올로기에 기반하고 있으며 내용 면에서는 인력감축과 해외매각을 주된 내용으로 하고 있다. 방법 면에서는 정부 및 자본에 의해 일방적으로 진행되는 노동배제적 성격의 구조조정 정책이다. 따라서 현재의 일방적 구조조정을 중단하고 사회통합적이고 고용유지적이며 민주적인 구조조정 정책으로 전환해야 할 것이다.

현재의 구조조정 정책은 신자유주의적 경쟁원리에 입각한 효율성, 수익성, 경쟁성 위주의 구조조정으로서 우리 사회가 지향하는 공정성, 공익성, 사회통합 등 다른 가치들을 무시하고 있다는 점에서 잘못된 이데올로기에 기반하고 있다. 따라서 보다 사회통합적이고 관계 당사자 모두에게 공정하며 무엇보다도 공익성을 중요시하는 방향으로 바뀌어야 할 것이다.

한편 내용 면에서도 구조조정과 인력감축을 동일시하는 잘못된 인식에 바탕을 두고 있다. 구조조정의 진정한 의의는 경영합리화, 기술개발, 생산성 향상, 서비스 질의 향상 등에 있다. 대량해고는 이에 따른 숙련인력의 상실과 재직 노동자의 사기저하 등으로 인해 기업경쟁력을 오히려 저하시킬 가능성도 있다. 또 사회안전망이 미비된 상태에서 이루어지는 해고의 결과로 실직자 개인의 생활위협은 물론, 사회적·경제적 불안을 야기할 가능성도 크다. 구조조정의 최종목표는 한국 경제의 활력을 되찾고 완전고용을 통해 국민복지를 보장하는 데 두어야 한다. 이를 위해서는 구조조정 과정에서 고용을 최대한 유지, 창출하는 내용이 되어야 하며 이러한 인식과 내용이 구조조정 정책을 수립, 집행하는 데 있어 체계적으로 편입되어야 한다.

방법 면에서 구조조정은 정부, 기업 등 어느 한 경제주체의 일방적 의사결정 및 일방적 고통전담을 강요하는 내용이 되어서는 안 되며 고통의 공정한 분담과 이해 당사자 간의 협의와 참여에 바탕을 둔 사회통합적 구조조정이 되어야 할 것이다.

이상의 올바른 구조조정의 내용과 방법을 확보하기 위해서는 노정 및 노사 간의 사회적 협의의 장을 마련하는 것이 필수적이다. 따라서 현재의 노사정위원회를 통한 대화 채널 외에도 공공부문 구조조정협의회, 금융부문 구조조정협의회, 기업부문 구조조정협의회 등 다양한 채널을 두어 구조조정의 목적, 절차, 내용, 방법 등에 관한 사항을 협의하고 이를 바탕으로 구조조정 정책을 수립, 집행하는 것이 올바른 방향일 것이다.

한편 현재의 정리해고제는 법률상의 미비점과 법률 시행상의 불법행위 만연 등으로 인해 노동자의 고용안정을 크게 위협하는 요인으로 작용하고 있으므로 이에 대한 개선이 시급히 요구된다.

현행 근로기준법에서는 정리해고와 관련하여 ▲경영상의 긴박한 이유가 있어야 하고 ▲해고회피 노력을 다해야 하며 ▲공정하고 합리적으로 대상자를 선정해야 하고 ▲노조나 근로자 대표와의 성실한 협의를 거쳐야 한다는 4원칙을 규정하고 있다(근로기준법 제31조). 또 ▲해고된 날로부터 2년 이내에 근로자를 채용할 때는 해고근로자를 우선 채용하도록 노력해야 한다고 규정하고 있다. 그러나 이러한 정리해고 관련조항들이 너무 추상적이어서 정리해고가 무분별하게 이루어지거나 정리해고자 선정이 자의적인 경우가 많다. 또 이상의 절차규정을 사용주가 어길 시에도 처벌조항이 없기 때문에 그 강제력, 구속력이 없는 것도 문제이다.[2]

이러한 문제점을 해결하기 위해서는 근로기준법을 개정하거나 별도의 해고 제한법을 제정하여 정리해고 관련조항의 애매한 점을 명백히 함으로써 사용자에 의한 정리해고제의 남용을 막아야 할 것이다. 이 경우 다음과 같은 조항들을 개정해야 할 것이다.

▲정리해고 요건을 보다 엄격하게 규정할 필요가 있다.

▲ 노동조합 또는 노동자 대표와의 협의절차를 명확화하고, 그 요건을 엄격

---

2) 이와 관련하여 OECD(2000)는 한국의 정규노동자에 대한 해고보호가 OECD 회원국 27개국 중 두 번째에 해당할 정도로 가장 엄격한 수준에 속한다고 평가하면서 최근의 정리해고제의 도입에도 불구하고 여전히 구조조정에 대응한 기업의 해고의 자유가 억제되고 있다고 주장한다. 그러나 이러한 OECD의 평가는 지나치게 법률상의 형식적 규정에만 의존한 것으로서 한국의 노동시장의 실제 상황과는 괴리가 있다는 비판을 받을 여지가 있다. 첫째, 한국의 노동시장에는 광범한 비정규노동자가 존재하고 있으며 이들은 계약기간(통상 1년 미만)이 종료되면 자동적으로 고용계약이 종료될 수 있다. 한국의 기업들은 이러한 비정규 고용계약을 이용할 수 있으므로 고용조정의 자유가 크다고 할 수 있다. 둘째, 한국의 기업들은 고용조정 시 대체로 정리해고 방식보다는 조기퇴직(이른바 명예퇴직)이나 자진사직 형식의 반강제적 해고방식을 사용한다. 해당 노동자가 이를 거부할 경우 기업은 노동자의 거주지역과 먼 곳으로 전근발령을 내거나 전문분야가 아닌 업무의 부여, 혹은 업무 부여의 중지, 노골적인 해고위협 등 여러 가지 방법으로 사표제출을 강요한다. 기업의 부당해고에 대한 정부의 감독, 처벌이 매우 느슨하고 노동조합의 조직률 및 교섭력이 약한 상황에서 노동자들은 대체로 기업의 압력을 견디지 못하고 자진사직하는 경우가 대부분이다. 셋째, 현행 법률상의 정리해고 관련조항이 매우 추상적으로 표현되어 있고 정부 및 법원의 이에 대한 해석, 판례가 노동자들에게 불리한 경우가 많아 기업들이 형식적인 해고절차만 거친 채 해고하고 있다. 예컨대 정리해고를 하기 위해서는 사전에 해고회피를 위한 노력을 하도록 되어 있으나 임금 삭감 등 노동자에게 일방적으로 불리한 조치를 취한 뒤 의무를 완료한 것으로 간주하고 해고를 하는 경우가 많으며, 정리해고 시 노동조합과의 협의의무 역시 1~2회 정도 노동조합에 일방적으로 통고한 다음 곧바로 해고절차에 들어가는 경우가 많다. 대량해고 시 노동사무소에 대한 신고의무 역시 매우 형식적으로 운영되고 있다(민주노총, 1999). 이는 정리해고 시 엄격한 해고사유를 요구하며, 노동조합과의 실질적인 교섭이 이루어지고, 해고에 따른 각종 서비스가 제공되는 유럽의 경우와는 큰 차이가 있는 것으로 평가된다. 따라서 OECD가 한국의 해고보호 상황에 대해 평가할 때는 형식적 법률조문뿐만 아니라 제도의 실질적 운영상태에 보다 주의를 더 기울여야 할 것이다. 특히 정부나 기업이 노동시장 유연화 정책을 추진할 때 OECD의 평가를 정책 정당성의 근거로 드는 경우가 많은 점을 감안할 때 이 문제에 대한 OECD의 평가는 매우 신중하고도 철저해야 할 것이다.

하게 해야 한다.

▲ 해고회피 노력에 대한 구체적 기준이 필요하다.

▲ 해고 대상자의 합리적 선정이 필요하다. 이는 사용자의 일방적 결정이 아니라 연령, 가족상황 등을 고려한 사회적 관점이 필요하다는 사실을 명기할 필요가 있다.

▲ 해고자의 재고용에 관해 보다 적극적이고 구체적인 기준이 필요하다.

2) 실업대책과 사회보장 정책

한국의 노동시장은 IMF 경제위기 이전까지만 해도 거의 완전고용 상태를 지속해 왔다. 실업률은 IMF 위기 직전인 1997년 10월에 2.1%에 불과했으며 노동시장은 전체적으로 인력부족 상태였다. 그러나 IMF 경제위기에 따른 경기의 급락과 공공, 금융, 기업부문에서의 구조조정 등으로 인해 실업률은 급증하기 시작했다. 실업자수는 1997년 10월의 451천 명(2.1%)로부터 계속 급증하여 1999년 2월에는 1,781천 명(8.6%)로 1330천 명이나 늘어났다. 현재화된 실업자뿐만 아니라 실망실업자도 크게 늘어났다. 비경제활동인구 수는 1997년

〈표 2-8-3〉 한국의 도시빈곤율 추계

(단위: %)

연도			1997					1998				
분기			1	2	3	4	평균	1	2	3	4	평균
가계지출	전가구	보사연	9.1	9.4	10.1	8.9	-	16.2	18.0	21.6	-	-
		통계청	8.1	8.8	9.7	8.9	-	15.5	17.4	21.0	-	-
		세계은행	7.0	9.2	8.9	9.5	8.6	17.0	21.2	23.9	14.7	19.2
	근로자가구	보사연	7.8	8.6	8.6	7.6	-	14.2	16.4	20.3	-	-
		통계청	6.8	7.9	8.2	7.5	-	13.5	15.5	19.4	-	-
소득	근로자가구	보사연	3.5	3.1	2.4	3.0	-	6.9	7.2	7.8	-	-
		통계청	3.3	2.8	2.3	3.0	-	6.2	6.6	7.1	-	-
		세계은행	-	2.7	2.1	2.6	-	6.1	6.7	8.5	7.4	-

주: 보사연=한국보건사회연구원.
자료: 새정치국민회의 실업대책위원회(1999).

10월의 13,141천 명(15세 이상 인구수의 37.5%)으로부터 1999년 2월에 14,993천 명(42.1%)으로 1,852천 명(4.6% 포인트)이나 증가했다.

이처럼 단기간 내에 발생한 대량실업은 수많은 실업자들과 그 가족들에게 심각한 고통을 가져왔다. 특히 노동시장이 기업별로 분단되어 있어 재취업이 어려우며 사회보장제도가 미비해 실업자의 생계유지가 어려운 상태에서 대량실업이 가져다준 충격은 심각한 것이었다.

세계은행이 추계한 자료에 의하면 최저생계비 이하의 가계지출을 보인 가구의 비율은 IMF 경제위기 이전의 8%대에서 위기 이후 20% 이상으로 증가했다(〈표 2-8-3〉 참조).

대량실업 후 서울을 비롯한 대도시의 중심부에서는 노숙자의 수가 급증했다. 실업가구에서는 부부갈등 및 이혼, 자녀의 학업중단, 가출, 가족해체 등 가족문제와 질병의 증가, 약물-알콜중독 증가, 범죄증가 등 사회문제가 증가했다(새정치국민회의, 1999).

이처럼 대량실업이 발생하고 실업자의 상당 비율이 빈곤화되었음에도 불구하고 이들에 대한 사회적 보호는 매우 취약했다. 주요 생활보장제도인 국민연금(1988) 및 고용보험(1995)은 도입된 지 얼마 안 되어 제도의 미성숙으로 이들 실업자에 대해 사회보장의 기능을 못하거나 불충분했으며 기존의 생활보호제도 역시 노인, 장애인 등 취약계층의 극히 일부만 보호대상으로 하고 있어 새로이 발생한 근로자 중심의 신빈곤층에 대한 보호기능을 수행할 수 없었다.

정부는 이에 대응하여 대대적인 실업정책을 실시했다. 애초부터 정부 내에서도 구조조정이 우선이냐 실업대책이 우선이냐를 둘러싼 논란이 있었지만 결국 양자는 병행 추진되었다. 정부의 실업대책은 고용유지(job keeping), 고용창출(job creation), 직업훈련(job training)과 취업알선(job placement), 실업자 생활보호(social care) 등으로 나누어 실시되었다.

전체적으로 볼 때 정부의 실업대책은 성공적이었던 것으로 평가된다. 급속한 경기회복의 영향 때문이긴 하지만 실업률이 1999년 3월 이후 급속하게 하락하기 시작하여 2000년 8월 3.7%까지 떨어졌으며 실업자수도 818천 명으로 최고치 대비 963천 명이나 감소했다. 멕시코나 인도네시아 등에서와 같은 대규모의 사회적 소요가 발생함 없이 대량실업을 극복할 수 있었다. 그뿐만 아니라 대규모 실업에 대처하는 과정에서 고용보험이 확대되고 국민기초생활보장제가 도입되는 등 제도적 여건도 크게 진전되었다. IMF 경제위기 이전까지 한국이 대규모 실업을 경험한 적이 없으며 대량실업에 대한 제도적 대비책 역시 거의 미비되어 있었던 점을 감안할 때 짧은 기간 내에 대량실업을 극복하고 제도적 여건을 진전시킬 수 있었던 것은 큰 성과라 할 것이다. OECD(2000)가 지적하듯이 정부의 노력뿐만 아니라 지방정부, 민간단체, 그리고 국민 전체에 의한 실업극복운동에의 적극적인 참여가 큰 역할을 했다는 점도 한국의 경험에 있어 커다란 특징의 하나이다.

그러나 정부의 실업대책에 문제가 없는 것은 아니다. 우선 정부는 실업대책의 기조를 '생산적 실업대책'으로 잡고 주요 내용도 적극적 노동시장정책 위주로 구성했다. 이는 해고억제와 실업자에 대한 생계보장에 초점을 둔 유럽식 실업대책이 고실업의 고착화와 과도한 사회복지비용으로 국가경쟁력을 쇠퇴시킨 반면, 일시적인 고실업을 감수하면서도 노동시장의 유연성 제고와 실업자의 노동시장 참여를 촉진시킨 미국, 영국의 실업대책이 높은 고용흡수력과 국가경쟁력의 제고를 가져왔다는 정부의 판단이 있었기 때문이다. 따라서 정부의 실업대책은 실업자에 대한 생계보장보다는 직업훈련과 일자리 창출에 초점을 맞춘 것이었다. 실제로 선진국의 경우 대부분의 국가에서 소극적 노동시장정책이 전체 실업재원에서 차지하는 비중이 60% 이상에 달하고 있는 데 비해, 한국의 경우 1998년 중 소극적 실업대책의 비율은 20.3%(공공근로사업 미포함 시)~30.6%(공공근로사업 포함 시)에 머물렀던 것은 정부의 이러한 시각을 잘 반영하고 있다.[3)]

---

3) OECD, Employment Outlook, various issues; 윤진호(1998) 참조.

그러나 이처럼 실업자의 생계보호를 내용으로 하는 소극적 노동시장 정책이 미흡함으로써 광범한 저소득 실업자들이 아무런 보호를 받지 못한 채 정책의 사각지대에 놓이게 되는 문제가 발생했다. 한 조사에 의하면 1998년 평균실업자 약 150만 명 중 60만 명(40%) 정도가 정부의 실업 프로그램 중 그 어느 것도 적용받지 못한 것으로 나타났으며, 1999년에 정부의 실업대책 프로그램이 확충되었음에도 불구하고 여전히 19~35% 정도가 사회안전망의 사각지대에 있는 것으로 나타났다(새정치국민회의, 1999; 박순일, 1999; 윤진호, 1998).

고용보험의 적용범위가 급속하게 확대되었지만 여전히 일용근로자, 파트타임근로자, 자영업자 및 무급가족 종사자, 노동시장 신규진입 실업자 등은 적용대상에서 제외되어 있다. 특히 한국의 경우 단기간 취업, 실업을 반복하는 불안정 취업층이 광범하게 존재하는 것으로 보고되고 있는데[4] 이들의 경우 최소 피보험 기간(6개월)의 단축 또는 기준기간(1년 6개월)의 연장이 없는 한 고용보험의 적용대상에서 계속 제외될 것으로 보인다. 또 실업급여 지급기간이 짧고(최대 240일), 급여수준이 실업 직전 임금의 50%에 불과해 생계유지에 미흡하며, 실업급여 기간이 종료된 후 실업부조(unemployment assitance)제도가 없어 생계유지가 곤란하다.

한편 직업훈련, 공공근로사업, 일자리 창출사업 등 적극적 노동시장정책에서도 목표집단(target groups)의 불명확성과 전달체계의 미비 등으로 여러 가지 문제점이 나타났다. 이들 적극적 노동시장정책은 단위 투자비용당 효율극대화를 위해 취업능력이 상대적으로 큰 고학력, 고기술 노동자를 중심으로 참여가 이루어짐으로써 정작 실업대책의 혜택이 절실한 여성, 저학력자, 중고령층

---

4) 한국 노동시장의 특징은 장기실업자의 비율이 낮은 대신 단기간의 실업(또는 비경제활동인구)과 취업을 반복하는 반복실업자가 많다는 점이다. 이는 실업정책에 새로운 과제를 제기하고 있다. 황덕순·이병희(2000)에 의하면 경제위기 이후 18개월 동안 발생한 실업자 가운데 2회 이상의 실업을 반복한 반복실업자의 비율은 전체 실업자의 31.6%에 이르고 있으며 이들의 평균 실업기간은 2.8개월로 매우 짧다.

등 노동시장 취약계층이 소외되는 문제점을 낳았다. 전달체계의 취약성으로 인해 부정수급, 이중혜택, 급여의 중간누출 등이 나타났고 훈련기관 및 훈련 프로그램의 부실, 공공부문을 통한 취업알선 실적의 저조 등도 문제가 되었다. 특히 공공근로사업은 비효율성, 대상자 선정의 적합성 여부, 사업선정의 적정성 여부 등에서 많은 문제가 제기되었다. 그럼에도 불구하고 사회안전망이 제대로 갖추어져 있지 않은 상태에서 노동시장 취약계층에 대한 사회적 부조의 거의 유일한 채널로서 기능했다는 점에서 공공근로사업은 정당성을 가진다. 다만 앞으로 사회안전망이 정상적으로 갖추어지면 공공근로사업은 주로 장기 실업자 및 노동시장 취약계층을 목표집단으로 하는 공공부문의 항구적 일자리 창출사업으로 그 성격이 변화해야 할 것이다.

정부의 실업대책사업에서 매우 미흡했던 부분은 고용안정사업이다. 기업의 해고회피 노력을 지원하기 위한 고용유지 지원금 제도가 존재했음에도 불구하고 이 제도는 거의 이용되지 못했는데 그 이유는 지원금의 수준과 기간이 부족하고, 신청절차가 까다로우며, 기업의 인식이 부족하고, 정부의 적극적인 제도 활용의지가 없었기 때문이다. 정부는 노동시간 단축 등을 통해 기존의 인력을 해고 없이 유지시키는 정책이 구조조정을 저해할 것이라는 우려로 이 제도를 충분히 활용하지 않았던 것이다. 그러나 앞으로 다시 실업자가 늘어날 경우 해고에 따른 각종 사회적 비용을 최소화하기 위해 노동시간 단축 등을 통해 고용을 유지하는 것은 좋은 방안이 될 수 있다는 점에서 이 제도에 대한 지원의 강화가 필요할 것이다.

실업대책의 기획, 조정능력 및 민간부문의 실업대책사업 참여도 미흡한 부분이었다. 현행 실업대책은 정부의 각 관련부서가 상호연관 없이 내놓은 정책의 짜깁기(patch-work)라는 비판이 끊임없이 제기되었다. 이 과정에서 각 부처 간 업무의 중복이나 부처 이기주의 등이 발생했다. 현장에서 실업대책이 실제로 집행되는 과정에 대한 감독과 피드백 기능의 미약으로 인해 많은 낭비와 혼란이 발생했다.

실업대책의 수요자인 실업자 자신 및 노동조합의 의사를 체계적으로 정부 정책에 반영할 통로가 매우 미흡했다. 따라서 실업문제의 이해관계 당사자이자 현장의 요구에 밀착된 노동조합의 실업대책 수립, 운영에 대한 참여를 확대해야 한다. 이는 실업대책의 효율성과 형평성 제고를 위해서도 필요한 것이다. 이를 위해 정부의 각종 실업대책 관련 위원회에 노동조합의 참여를 확대하고 노사정 3자동수의 원칙으로 구성해야 할 것이다. 또 산업별, 업종별로 노사정 고용안정위원회, 직업훈련위원회 등을 구성하여 고용안정 및 직업훈련 정책의 수립, 운영에 직접 참여가 이루어지도록 해야 할 것이다. 또 직업훈련, 취업알선, 일자리 창출사업 등의 일부를 노동조합에 위탁 운영토록 함으로써 노동조합의 실업대책에 대한 직접적 참여가 이루어질 수 있도록 해야 할 것이다.

앞으로 예상되는 구조적 실업에 대한 대비도 필요하다. 실업률 수준이 2000년 5월에 3.7%까지 떨어진 후 4개월째 제자리걸음을 하고 있어 이 수준에서 실업률이 정착되는 것이 아닌가 하는 우려를 낳고 있다. 이는 분명 실업률의 최고수준에 비해서는 하락한 것이지만 IMF 경제위기 이전의 실업률에 비하면 여전히 2배 가까이 높은 실업률에 해당한다. 1999년 중 실질 GDP의 증가율에 대한 취업자 증가율의 고용탄성치(GE/GY)는 0.134로서 1990~1997년 기간 중 연평균 고용탄성치 0.319에 못 미치고 있어 고용흡수력이 크게 약화되었음을 보여 주고 있다. 이는 기업이 경제성장에도 불구하고 인력충원을 최소한으로 억제하는 방식으로 인력정책을 변화시키고 있음을 시사한다. 이에 따라 일부 연구자들은 한국의 구조적 실업률[5]이 IMF 위기 이전의 2~3% 수준에서 1998년 4.8%로 크게 상승했다고 주장하고 있다(한국은행, 1999; OECD, 1999).

따라서 앞으로의 실업정책은 경제위기 이후의 대량실업에 대비한 한시적 정책으로부터 구조적, 장기적 실업에 대비한 보다 항상적이고 목표집단 지향적인 정책으로 변화해야 한다는 것을 시사해 준다.

---

5)　이른바 임금안정 실업률(Non-Accelerating Wage Rate of Unemployment).

3) 노동시장의 불안정성과 불균형 증대

IMF 경제위기 이후 발생한 대량실업은 다행히 급속하게 감소했으나 이것이 곧 한국 노동시장의 정상상태로의 복귀를 의미하는 것은 아니다. 실업자의 감소에도 불구하고 질적 측면에서 노동시장 상황은 오히려 악화되고 있는데, 즉 노동시장의 불안정성 및 불균형의 증대가 그것이다. 그럼에도 불구하고 이에 대한 노동정책의 대응은 매우 소극적인 데 머무르고 있어 실업정책과는 대조를 이루고 있는데 이는 한국의 노동정책이 기본적으로 신자유주의적인 이데올로기에 입각한 노동시장 유연화 정책을 그 기반으로 하고 있다는 데 기인한다.

IMF 위기 이후 기업의 노동시장 유연화 전략이 본격화되면서 고용이 불안정한 임시직, 일용직 등 비정규노동자가 급증하고 있다. 한국에서 비정규직 노동자의 비율은 IMF 경제위기 이전에도 매우 높은 수준이었다. 그러나 이는 IMF 경제위기를 거치면서 급속하게 증가했다. 비정규노동자[6]의 수는 1996년 전체 노동자의 43.3%에서 1997년 45.9%, 1998년 47%, 그리고 1999년에는 51.7%로 급증하여 전체 노동자의 절반을 넘어서고 있다. 여기에 현재 노동자성을 인정받지 못하고 있는 보험설계사, 학습지 교사, 골프장 경기보조원, 가내노동자 등과 같은 사실상의 비정규노동자를 합치면 실제 비정규노동자의 규모는 이보다 훨씬 더 클 것으로 추정된다. 이들 비정규노동자 외에도 자영업자

---

6) 비정규노동자(non-regular workers)의 정의는 매우 다양하게 사용되고 있으며 개념에 많은 혼란이 있다. 여기서 사용하는 비정규노동자의 정의는 정부 공식통계상의 근로계약기간을 기준으로 한 분류, 즉 고용계약기간이 1년 미만인 유기(有期)계약 노동자를 말한다. 그러나 이러한 고용계약기간을 기준으로 한 정의는 ▲ 계약기간이 2~3년인 계약직 노동자, ▲ 노동시간이 짧거나 불규칙한 단시간 노동자, ▲ 고용계약 당사자와 실제 사용자가 다른 파견노동자, ▲ 형식적으로는 임금노동자가 아니지만 사실상 임금노동자와 유사한 노동을 하고 있는 비임금노동자등을 포괄하지 못한다는 점에서 문제가 있다. 따라서 실제 비정규노동자의 수는 정부 공식통계에 나타나는 숫자보다 훨씬 더 많을 가능성이 크다(윤진호, 2000; Rodgers, 1989; Meulders et al., 1994; Polivka and Nadone, 1989 등 참조).

및 무급가족 종사자의 비율도 다른 OECD 국가 평균에 비해 훨씬 높은 수준을 나타내고 있다.

이들 비정규노동자는 고용불안, 저임금, 열악한 근로조건 등으로 기본생계의 유지조차 곤란한 처지에 있으며, 근로기준법을 비롯한 각종 법적·제도적 보호의 사각지대에 놓여 있고 사회보험제도로부터도 소외되고 있는 등 기본적 인권과 생존권을 유린받고 있다.

현재 한국의 노동법은 1년 미만의 유기한 고용계약을 거의 무제한으로 인정하고 있으며 계약기간 만료 후에도 반복해서 갱신계약을 함으로써 사실상 정규직 노동자와 마찬가지로 이를 사용하고 있는 데 대해서도 거의 아무런 규제를 가하지 않고 있다. 이들은 정규직과 유사한 업무를 수행하면서도 정규직에 비해 낮은 임금과 열악한 근로조건 등 차별대우를 받고 있다. 그럼에도 불구하고 이들은 노동조합의 조직률이 극히 낮아 노동조합과 단체협약의 보호조차 제대로 받지 못하고 있는 실정이다.

최근의 여러 연구에서 나타난 이들의 실태를 〈표 2-8-4〉에서 살펴보면, 비정규직 노동자의 임금은 상용노동자 임금의 57~87% 수준에 불과하다. 1주일 평균 노동시간은 임시직의 경우 49시간으로서 상용직의 46.5시간보다 더 긴 것으로 나타나고 있다. 또 상여금, 시간 외 수당, 퇴직금 등의 적용률은 매우 낮은 것으로 나타나고 있다. 월차휴가, 연차휴가, 생리휴가 등도 절반 정도밖에 적용받지 못하고 있다. 한편 고용보험, 의료보험, 국민연금 등은 약 50~60% 정도, 산재보험, 최저임금제 등은 30~40% 정도밖에 적용받지 못하고 있다. 그밖에 비정규노동자들은 정규직 노동자와 거의 비슷한 일을 하면서도 고용이 극히 불안정하고, 정규직으로의 전환기회가 거의 봉쇄되어 있으며 정규직과의 차별대우를 받고 있는 것으로 나타나고 있다(민주노총, 2000).

이런 광범한 비정규직 노동자의 존재는 또한 정규노동자들에게도 임금저하, 고용불안, 근로조건 저하 등의 악영향을 미치며 나아가서 노동조합의 조직률을 떨어뜨리고 조직력과 투쟁력을 약화시키는 요인으로도 작용하고 있다.

〈표 2-8-4〉 고용형태별 임금 및 근로조건

(단위: %)

	정규직		임시/일용		파견노동		파트타임	
	A	B	A	B	A	B	B	C
임금 (정규직=100)	100.0	100.0	67.7	57.1	67.9	73.2	66.0	87.1
부가급여 적용								
초과근무수당	97.5	-	67.2	-	56.8	59.7	37.5	78.2
퇴직금제도	97.5	-	54.1	-	45.9	48.1	13.0	46.0
보너스	98.8	88.1	47.5	58.1	48.6	-	4.3	25.7
월차휴가	96.3	79.5	59.1	24.7	54.1	59.7	17.4	37.7
산전, 산후휴가	87.7	66.7	27.9	20.4	29.7	-	4.3	-
고용 안정성								
매우 안정적	3.2	13.0	2.1	7.4	0.0	8.7	35.3	-
안정적인 편	56.6	35.0	25.0	22.2	17.5	26.8	5.9	-
불안정한 편	34.9	43.9	60.4	53.7	57.5	47.2	52.9	-
매우 불안정	5.4	8.1	12.5	16.7	25.0	17.3	5.9	-
사회보험 적용								
의료보험	97.5	99.1	54.1	63.4	43.2	49.4	40.0	-
고용보험	96.3	97.6	37.7	61.3	27.0	38.2	45.7	30.4
국민연금	96.3	99.1	37.7	63.4	35.1	45.1	34.3	23.7
산업재해보험	82.7	71.0	47.5	25.8	37.8	49.7	25.7	57.5
노조가입 여부								
가입	-	25.7	11.1	11.6	20.0	2.7	18.8	0.5
미가입	-	74.3	88.9	88.4	80.0	97.3	81.2	99.5

주: A=민주노총 조사, B=한국노동연구원 조사, C=노동부 조사.
자료: 전국민주노동조합총연맹(1996); 정인수(1997, 1998); 최경수(1997); 노동부(1999); 안주엽(2000).

비정규노동자의 문제가 심각한 사회적 이슈로 등장함에 따라 최근 정부는 비정규노동자에 대한 보호정책을 검토하고 있으나 그 내용은 이들에 대한 사회보험의 일부 적용 확대 등 매우 소극적이고 부분적인 수준에 머물고 있으며 유기한 고용계약의 규제와 차별대우의 철폐 등 보다 본질적인 문제에 대해서는 거의 관심을 보이지 않고 있다.

비정규노동자 문제는 다양한 각도에서 접근할 필요가 있다. 즉, ▲노동시장에서 최약자의 위치에 있는 비정규노동자들의 임금과 근로조건을 개선하는 것은 사회의 약자를 보호해야 한다는 정부의 의무에 비추어 가장 우선되어야 할 정책이며, ▲ 비정규직의 확산은 정규직 노동자들의 임금과 근로조건 악화를 가져온다는 점에서 근로대중 전체의 복지향상을 위해서도 비정규직 노동자에 대한 대책이 필요하고, ▲비정규노동의 확산이 고용을 불안정하게 만듦으로써 일에 대한 노동자들의 헌신성과 자발성, 창의성을 해치고, 생산성을 저해하며 인적자본의 축적을 저해하여 결과적으로 국민경제의 경쟁력을 저하시킨다는 관점에서 접근해야 한다.

비정규직 노동자들의 생존권 확보를 위해서는 노동관계법상의 보호, 사회보험제도의 적용 확대, 노동3권의 보장을 통한 노동조합의 보호 등 다양한 정책수단이 강구되어야 할 것이다.

첫째, 근로기준법, 근로자파견법 등 각종 노동관계법을 개정하여 비정규직의 확산을 막고 이들이 법적 보호를 받을 수 있도록 해야 한다. ▲이들의 고용 불안정을 막기 위해서는 유기근로계약에 대한 엄격한 규제가 필요하다. 특별한 사정을 제외하고는 유기근로계약을 체결할 수 없도록 하고 만약 이를 어길 경우 기간의 정함이 없는 근로계약으로 간주하도록 한다. ▲근로계약 만료 후 반복갱신 등에 의해 비정규노동자를 계속 사용하는 것을 원칙적으로 금지하고 특별한 사정이 없는 한 기간의 정함이 없는 계약으로 전환된 것으로 인정하도록 규정해야 한다. ▲임금 및 각종 근로조건을 해당 사업장 내 동일노동을 하는 정규노동자와 균등한 조건으로 보장하도록 해야 한다. ▲현재의 근로자파견법이 그 제정목적인 파견사업의 규제와 파견노동자의 보호라는 목적을 전혀 달성하지 못하고 있는 현실을 감안하여 근로자파견법을 폐지하거나 혹은 적용대상업무와 파견기간을 엄격하게 제한하여 이 법이 남용되지 않도록 해야 한다. ▲근로자파견사업과 관련하여 각종 불법행위가 만연하고 있는바 근로자파견사업에 대한 허가요건을 엄격하게 규정하고 그 운영에 대한 관리, 감독을 강화한다. ▲재택노동, 도급노동, 가내노동, 학습지 교사, 골프장 경기보조원, 보험모집사 등 임금노동자와 같은 업무를 수행하면서도 개인사업자 형태로 계약을 체결함으로써 근로기준법 등 각종 노동관계법과 사회보험의 적용대상에서 제외되어 있는 비임금노동자를 사실상의 노동자로 인정하여 노동관계법상의 각종 보호를 받을 수 있도록 해야 한다.

〈표 2-8-5〉 4대 사회보험의 적용대상자 범위(2000년 7월 기준)

		국민연금	고용보험	산재보험	의료보험
정규직	5인 이상	○	○	○	○
	4인 이하	×	×	○	×
비정규직	임시직	△(3개월 이상)	△(1개월 이상)	○	△(2개월 이상)
	일용직	△(3개월 이상)	△(1개월 이상)	○	△(2개월 이상)
	파트타임	×	△(월 80시간 이상)	○	×

주: ○는 완전 적용, △는 부분 적용, ×는 적용 안 됨.
자료: 전국민주노동조합총연맹(2000b).

둘째, 각종 사회보험제도를 개편하여 비정규직 노동자들을 적용대상으로 끌어들임으로써 이들의 생활권을 보장해야 한다. 한국의 노동자들을 대상으로 하는 사회보험제도로서 4대보험(국민연금, 고용보험, 산재보험, 의료보험)이 있으나 〈표 2-8-5〉에서 보는 바와 같이 비정규노동자들은 산재보험을 제외하고는 대부분 그 적용대상에서 제외되어 있다.

먼저 국민연금의 경우 한 사업장에서 3개월 이상 근무하는 경우에만 대상이 된다. 따라서 상당수의 비정규노동자들이 이로부터 제외된다. 고용보험 역시 1개월 이상 고용되는 노동자만 적용대상이 된다. 따라서 일용노동자들 상당수는 적용대상에서 제외된다. 의료보험의 경우 2개월 이상 동일 사업장에서 근무해야만 직장의료보험의 대상이 된다. 따라서 많은 비정규노동자들이 의료보험의 대상에서 제외된다. 이들은 지역의료보험에 가입할 수 있지만 지역의보는 사용자 부담 분까지 가입자가 부담해야 하므로 보험료가 비싸다.

이처럼 사회보장의 혜택을 가장 절실하게 필요로 하는 계층이 이로부터 소외되어 있다는 것은 큰 문제가 아닐 수 없다. 따라서 비정규노동자들도 정규직 노동자들과 마찬가지로 사회보험의 혜택을 받을 수 있도록 해야 한다. 비정규노동자에게 사회보험을 확대할 경우 큰 장애가 되는 것은 이들의 직장이동이 잦아 관리에 문제가 있으며 보험재정의 확보도 곤란하다는 점이다. 따라서 이들에 대해 전산관리와 일용노동자수첩제도 등 고용관리제도를 수립하고 사회보험 재정의 일부를 정부가 부담하도록 제도를 개선해야 할 것이다.

셋째, 비정규직 노동자의 노동3권을 보장하고 이들을 노동조합으로 조직화함으로써 이들을 노동조합이 대변하고 보호할 수 있도록 해야 할 것이다. 〈표 2-8-4〉에서 보는 대로 비정규직 노동자들의 노동조합 조직률은 지극히 미미한 수준에 머물고 있다. 이와 같이 비정규노동자의 노조가입률이 낮은 근본원인은 이들이 해고의 위협에 항상적으로 노출되어 있기 때문이다. 비정규노동자가 노조에 가입할 경우 계약기간 만료 시 해고되는 경우가 많으며 그 밖의 차별을 받을 가능성이 크므로 이들은 노조가입을 꺼린다. 더욱이 기업별 노조 체제인 한국의 노동조합들은 조합원 가입자격에서 비정규직을 배제하고 있는 경우가 많아 이들의 노조 가입이 원천 봉쇄되고 있다(윤진호, 2000). 따라서 이들 비정규노동자의 노조 가입을 이유로 사용자가 이들에게 각종 불이익 조치를 취하지 못하도록 해야 하며 노동조합 스스로도 유럽의 경우처럼 산업별 노조로 조직 구조를 변화시킴으로써 이들의 노조 가입이 쉬워지도록 노력해야 할 것이다. 또 노동조합은 단체협약 등에 비정규노동자의 권익을 보호할 수 있는 조항들을 넣도록 노력함으로써 이들의 보호에 힘써야 할 것이다.

IMF 경제위기 이후 노동시장의 불안정성뿐만 아니라 노동자 그룹 간의 불평등도 점점 증대하고 있다. 경제위기의 영향이 모든 노동자 그룹에 동일하게 작용한 것이 아니라 상대적으로 취약한 계층에게 보다 심각한 타격을 주었으며 경기회복 과정에서도 이들이 상대적으로 소득 회복 속도가 늦어 결국 소득 불평등도가 높아지고 있는 것이다. 〈표 2-8-6〉에서 보는 바와 같이 임금 지불 능력이 크고 노동조합의 조직률, 교섭력이 큰 대기업에서는 경제위기 과정에서 임금 저하폭이 적었을 뿐만 아니라 1999년 이후 급속하게 명목임금이 상승하고 있다. 반면 영세기업에서는 임금 상승 속도가 상대적으로 낮아 1998~1999년 간 대기업과 중소영세기업 간의 임금격차는 확대되었다. 최근 기업 규모 간 임금격차는 약간 축소되는 움직임을 보이고 있지만 그 변화 폭은 아직 미미한 수준이다. 성별 임금격차 역시 1999년 이후 확대되는 추세이다.

또 〈표 2-8-7〉에서 소득 10분위별 근로자 가구의 소득분포를 보면 경제위기

〈표 2-8-6〉 부문별, 노동자 특성별 임금격차 동향

(단위: 천 원, %)

기업규모	1997	1998	1999	2000 2/4
10~29인	1,283(72.3)	1,255(71.1)	1,376(68.2)	1,451(69.7)
30~99인	1,342(75.6)	1,307(74.1)	1,439(71.3)	1,507(72.3)
100~299인	1,418(80.5)	1,382(78.3)	1,561(77.3)	1,644(78.9)
300~499인	1,619(91.3)	1,570(89.0)	1,794(88.9)	1,878(90.2)
500인 이상	1,774(100.0)	1,765(100.0)	2,019(100.0)	2,083(100.0)

성별	1997	1998	1999	2000 2/4
남자	1,635(100.0)	1,579(100.0)	1,786(100.0)	
여자	1,015(62.1)	1,006(63.7)	1,131(63.3)	

직종	1997	1998	1999	2000 2/4
생산직	1,207(79.3)	1,158(77.6)		
사무직	1,522(100.0)	1,492(100.0)		

자료: 노동부, 『매월노동통계조사보고서』, 각 호.

〈표 2-8-7〉 소득 10분위별 평균 소득의 격차 추이(근로자 가구)

(단위: %)

	1997 2/4	1998 2/4	1999 2/4	2000 2/4	변화 폭(1997~2000)
1분위	14.8	10.2	11.2	11.1	-3.7
2분위	23.6	18.1	19.5	18.2	-5.4
3분위	29.0	22.6	28.4	22.7	-6.3
4분위	33.6	26.7	23.7	26.5	-7.1
5분위	38.0	30.6	32.5	30.3	-7.7
6분위	42.9	34.9	37.6	34.6	-8.3
7분위	48.8	40.2	43.2	39.5	-9.3
8분위	56.4	46.4	49.9	45.5	-10.9
9분위	67.4	55.4	60.7	54.9	-12.5
10분위	100.0	100.0	100.0	100.0	100.0

자료: 통계청, 『도시가계연보』.

이후 근로자 가구의 소득분배가 급속하게 악화되었음을 알 수 있다. 최상위 10% 가구의 평균 소득을 100으로 할 경우 최하위 10% 가구의 평균 소득은 1997년 2/4분기부터 2000년 2/4분기 사이에 14.8로부터 11.1로 3.7% 포인트 하락했는데 이는 이들 가구의 상대적 지위가 25%(3.7/14.8)나 하락했음을 뜻한다. 이러한 상대적 지위의 악화는 전 소득 계층에서 전반적으로 나타나고 있

지만 상대적인 비율 면에서 볼 때 저소득층일수록 더 소득 격차가 커지고 있음을 알 수 있다. 더욱이 경제 상황이 호전되기 시작한 1999년에 약간의 소득분배 개선이 보이는 듯하다가 2000년에는 다시 악화되고 있어 앞으로의 전망을 어둡게 만들고 있다.

이처럼 경제위기 이후 소득분배 및 노동시장에서의 임금격차가 확대되고 있다는 것은 경제위기의 고통이 모든 계층에게 공평하게 배분되지 못하고 빈곤층에게 집중되고 있음을 뜻하는 것이며 이로부터 초래될 정치적·경제적·사회적 비용이 상당히 커질 가능성이 있다는 것을 뜻한다. 따라서 이러한 소득분배의 악화가 가져오는 악영향을 상쇄시키거나 경감시키기 위한 근본적인 정부의 대책이 요구된다고 하겠다(정건화·남기곤, 1999).

4) 노동시간과 근로조건

한국은 장시간 노동 국가로 널리 알려져 있다. 정부 통계에 따르면 한국의 노동시간은 1999년 연간 2497시간[피고용자(dependent employment) 기준]으로서 OECD 국가들 중에서 최장 노동시간이며 유럽 국가들보다 연간 600~900시간, 그리고 미국, 일본에 비해서는 500~600시간 더 일한다(한국노동연구원, 2000). 또 한국은 ILO가 발표한 75개국 중에서도 7번째로 긴 노동시간을 가지고 있다. 한국은 유사한 경제 수준인 대만, 싱가포르 등의 노동시간보다 훨씬

〈표 2-8-8〉 한국의 연평균 노동시간 및 초과 급여액 추이

(단위: 시간, %)

	1996	1997	1998	1999	2000.1~7
총노동시간	2,467.2	2,436.0	2,390.4	2,497.2	2,472.0
정상 노동시간	2,180.8	2,155.2	2,149.2	2,199.6	2,162.4
초과 노동시간	295.2	280.8	241.2	297.6	309.6
초과 급여액 비율(%)	8.6	8.1	7.0	8.2	8.7

주: 2000년은 7월까지의 누적 평균을 연평균으로 환산한 것임.
자료: 노동부, 『매월노동통계조사보고서』, 각 호.

긴 시간을 일하고 있다. 더욱이 이러한 공식 통계는 10인 미만 영세기업과 주당 56시간 이상의 불법 장시간 노동 기업을 제외하고 있으며 기업 실태 조사에서 나타난 실노동시간보다 약 250시간 정도 과소 보고된 것으로 추정된다(윤진호 외, 1999).

이러한 장시간 노동으로 인해 산업재해의 빈발, 과로사, 만성적 피로와 스트레스 가중, 가족생활의 피폐화, 자기 개발 기회의 상실, 노동의 효율성 저하 등 각종 부작용이 나타나고 있다.

따라서 노동자를 비롯한 국민 대중의 삶의 질 향상과 기업 경영의 효율성 향상, 그리고 지식 기반형 산업구조로의 전환을 위해서도 노동시간 단축은 전 국민적 과제로 떠오르고 있다.

한국의 노동자들이 이처럼 장시간 노동을 하고 있는 이유는 다음의 요인들에 기인한다(Yoon, 1999; OECD, 2000). 첫째, 법정 노동시간이 주 44시간으로서 타 OECD 국가들에 비해 상대적으로 길다. 많은 OECD 국가들에서는 이미 1960년대에 주 40시간 노동제로 이행했다. 물론 OECD 국가들 가운데서도 한국보다 법정 노동시간이 길거나, 법정 노동시간에 대한 규제가 없는 나라도 있지만 이들 나라에서도 거의 대부분 단체협약상의 노동시간 상한선은 주 40시간 이하인 점을 감안할 때 한국은 OECD 회원국들 중에서 실질적으로 멕시코, 터키 등과 더불어 정규 노동시간이 가장 긴 나라 중 하나이다(OECD, 1998).

둘째, 한국의 노동자들은 장시간 초과 근로를 하고 있다. 근로기준법에서는 당사자 간 합의가 있을 경우 주당 12시간까지의 초과 근로를 허용하고 있다. 또 1일 최고 노동시간은 12시간으로 규제되어 있으며 그 밖의 연간 초과 근로시간이나 연속 초과 근로시간에 대한 규제는 없다. 이처럼 허술한 법제도로 인해 한국의 초과 노동시간은 연간 300시간 이상으로서 다른 OECD 국가들에 비해 훨씬 길며 특히 블루칼라 노동자의 경우 이보다 더 긴 초과 노동을 하고 있다. 한국의 초과 노동시간은 IMF 경제위기 이후 다소 하락하다가 1999년 이후 경기 회복과 더불어 다시 급증하기 시작하여 2000년 7월 309.6시간(연간 환산)

으로 IMF 위기 이전 수준으로 되돌아갔다. 이는 한국에서 장시간 초과 근로를 줄이기가 얼마나 어려운지를 보여 주는 단적인 예이다. 이와 같이 초장시간 노동이 성행하는 이유는 시장 수요가 증가할 때 기업들이 노동자의 수를 늘리기보다는 잔업 노동시간을 늘려 이에 대응하는 행동 양식, 수입의 상당 부분을 초과근로수당에 의존해 온 노동자들의 상황, 장시간 노동에 대한 정부의 감시, 감독 부족, 그리고 장시간 노동에 대한 노동조합의 견제 부족 등을 들 수 있다 (Yoon, 1999). 특히 초과근로수당은 블루칼라 노동자 총임금의 15% 이상을 차지할 정도로 높은 비중을 갖고 있다.

셋째, 유급휴가의 사용률이 낮은 것도 연간 노동시간을 늘리는 요인으로 작용하고 있다. 한국의 노동자들은 월차휴가 연간 12일, 연차휴가 연간 10~20일 (근속 연수에 따라 증가) 등 총 22~32일의 연간 유급휴가가 제도적으로 보장되어 있다. 그 밖에 여성 근로자의 경우 월 1회의 생리휴가도 보장되어 있다. 그러나 노동자들의 유급휴가 실제 취득률이 매우 낮기 때문에 이러한 제도적으로 보장된 휴가가 실제로는 별 의미를 갖지 못하고 있다. 노동부의 조사에 따르면 〈표 2-8-9〉에서 보는 바와 같이 유급휴가를 모두 사용하는 노동자의 비율은 생리휴가 27.6%, 월차휴가 21.0%, 연차휴가 14.3%에 머물고 있으며 대부분의 노동자가 유급휴가를 부분적으로만 사용하고 있다. 심지어 유급휴가를 전혀 사용하지 않았다는 노동자의 비율도 26.4~37.8%에 이르고 있다. 또 연간 평균 유급휴가 취득일을 보면 하계휴가 4.2일, 기타 휴가 4.2일로 합계 8.4일에 머물고 있어 제도적으로 보장된 연간 22~32일의 휴가일수에 크게 못

〈표 2-8-9〉 유급휴가 사용 현황

	유급휴가 사용 현황(%)			
	전혀 사용 안 함	모두 사용함	6일 사용함	7일 이상 사용
연차휴가	37.8	14.3	26.2	21.7
월차휴가	26.4	21.0	24.8	27.8
생리휴가	30.8	27.6	30.2	11.4

자료: 노동부, 『근로시간제조사』.

미치고 있다(노동부, 1999). 이와 같이 유급휴가의 실제 사용일수가 적은 이유는 첫째, 연월차휴가의 취득 조건이 매우 까다롭고[7], 둘째, 휴가 사용의 재량권이 노동자에게 없고 사용주가 휴가를 수당으로 대체하도록 압력을 넣는 경우가 많으며, 셋째, 연속 휴가의 사용이 어려워 휴가 취득의 실익이 적고, 넷째, 휴가 사용에 따른 수당 손실이 많으며, 다섯째, 일이 많아서 휴가를 사용할 경우 동료에게 피해를 미칠 염려가 있기 때문이다(윤진호 외, 1999).

1997년 말의 경제위기 직후 대량 실업이 심각한 문제로 떠오르자 노동시간 단축을 통한 일자리 나누기에 관심이 높아졌다. 이에 따라 한국노총과 민주노총은 노동시간 단축을 통해 실업률을 낮추고 노동자의 삶의 질을 개선하자고 요구했다. 그 구체적 방법으로서 법정 노동시간의 주 40시간으로의 단축, 「노동시간단축특별법」의 제정, 초과 노동시간의 제한(주 7시간), 노동시간 단축에 따른 임금보전기금의 설치, 휴일휴가의 확대 등이 제안되었다(윤진호 외, 1999).

이에 대해 경영계는 임금 삭감 없는 근로시간 단축은 기업의 경쟁력을 떨어뜨리는 요인이 되며 근로시간을 급격히 단축할 경우 생산 감소, 임금 상승, 인력난 등이 가중되어 기업이 막대한 타격을 입을 것이라고 주장하면서 법정 근로시간의 단축을 반대했다(한국경영자총협회, 1999).

IMF 경제위기 이후인 1998년 2월 제1기 노사정위원회에서는 노사정 대타협의 일환으로서 노사정 및 관련 전문가가 참여하는 '근로시간위원회'를 1998년 상반기 중 구성하여 근로시간 단축 방안을 검토하기로 합의했으며 1998년 6월에도 2000년부터 산업별·규모별로 주 40시간 노동제 실시 방안을 검토하기로 노정 간에 합의한 바 있으나 모두 정부의 소극적 태도로 약속이 실현되지 못했다.

---

7) 월차휴가는 1개월을 개근해야 얻을 수 있다. 연차휴가는 1년간 개근하면 10일, 9할 이상 출근하면 8일을 얻을 수 있으며 2년 이상 근무할 경우 1년 근속마다 1일씩의 연차휴가가 가산된다(최고 20일까지). 따라서 1일을 결근할 경우 월차휴가 1일과 연차휴가 2일 등 3일의 휴가를 손해 보게 된다.

이후 노동계의 적극적인 요구에 따라 마침내 정부와 사용자 측은 주 40시간으로 노동시간을 단축하는 방안에 대해 원칙적으로 동의했고 2000년 4월 노사정위원회 내에 노동시간단축특별위원회가 구성되어 본격적인 노동시간 단축 방안이 논의되기 시작했다. 정부는 노사정위원회의 합의를 거쳐 법 개정안을 마련해 2000년 이내에 국회에 제출하겠다고 공식적으로 약속했다.

이처럼 노동시간 단축에 관한 논의가 공식적으로 진행되기 시작했고 정부도 노동시간 단축에 관한 강력한 의지를 표명했음에도 합의 도출까지는 여전히 많은 불안 요인이 남아 있어 과연 이 문제가 순조롭게 매듭지어질 수 있을지에 대해서는 많은 의문이 존재한다.

노사정위원회에서 진행되고 있는 근로시간 단축 문제와 관련해서 노사 간 쟁점이 되고 있는 사항들은 다음과 같다(노동부, 1999; 선한승, 2000).

첫째, 법정 노동시간의 단축방안 문제이다. 즉, 노동계는 근로기준법의 개정과 특별법의 제정 등 법적 정비를 통해 노동시간을 단축하자고 주장하는 반면, 사용자 측은 노사 자율로 단체교섭을 통해 노동시간 단축이 이루어져야 한다는 입장이다.

둘째, 노동시간 단축의 유예기간 및 단계별 추진 방안에 관한 문제이다. 노동계는 노동시간 단축의 효과를 극대화하기 위해서는 주 44시간으로부터 40시간으로 한꺼번에 단축되어야 하며 기업 규모와 업종 구별 없이 동시에 실시되어야 한다는 주장이다. 이에 대해 사용자 측은 노동시간 단축을 급속하게 추진하는 경우 나타날 부작용을 최소화하기 위해 주 44시간으로부터 단계적으로 40시간까지(예컨대 44시간 → 42시간 → 40시간) 감축해야 하며 기업 규모와 업종에 따라 차등을 두어 유예기간을 설정해야 한다고 주장한다. 특히 사용자 측은 현재의 경기회복 과정을 감안할 때 노동시간 단축의 실시를 상당한 기간 동안 유예할 필요가 있다고 주장하고 있다.

셋째, 노동시간 단축에 따른 임금 삭감 문제이다. 이는 노동시간 단축과 관련된 최대의 쟁점이다. 사용자 측은 노동시간 단축으로 인해 인건비 증가율이

14.6%에 달할 것으로 추산하고 있으며 따라서 노동시간을 단축하는 경우 반드시 이에 비례해 임금도 삭감되어야 한다고 주장한다. 반면 노동계는 노동시간 단축이 노동자의 삶의 질을 향상시키기 위한 것이므로 노동시간 단축에 따른 임금 삭감은 결코 받아들일 수 없다고 주장한다. 노동계는 또 노동시간 단축으로 인해 생산성이 제고될 것이므로 임금 삭감 없이도 노동시간 단축에 따른 비용상승 효과를 충분히 상쇄할 수 있다고 주장한다. 또 초과 근로의 축소에 따른 총임금의 하락을 막기 위해 소득보전기금을 설치할 것도 주장한다.

넷째, 초과 근로에 대한 할증률 및 초과 근로 규제 문제이다. 사용자 측은 노동시간 단축에 따른 임금인상 효과를 상쇄하고 초과 근로에 대한 인센티브를 없애기 위해서는 초과 근로에 대한 할증률을 현재의 50%로부터 25~30% 정도로 하향 조정해야 한다고 주장하고 있다. 이에 대해 노동계 측은 할증률의 하향 조정은 오히려 사용자가 초과 노동을 선택하도록 유인하게 되어 실노동시간을 늘릴 뿐이므로 오히려 할증률을 상향 조정하여 초과 노동에 대한 사용자의 인센티브를 억제해야 한다고 주장한다. 노동계는 또 초과 근로에 대한 규제를 강화해 주 7시간으로 상한선을 설정해야 한다고 주장하고 있다.

다섯째, 휴일·휴가제도의 개선 문제이다. 사용자 측은 한국의 법정 공휴일이 선진국에 비해 많고 유급화되어 있어 문제라고 지적하고 이를 줄이고 무급화해야 한다고 주장하고 있다. 또 현재의 월차휴가제도가 국제적 기준에 맞지 않고 실제 취득률도 떨어지므로 이를 폐지해야 하며 여성에 대한 생리휴가 역시 폐지해야 한다고 주장하고 있다. 이에 대해 노동계는 한국의 유급휴가일수가 선진국에 비해 적으므로 오히려 유급휴가일수를 선진국 수준으로 증대시켜야 하며 유급휴가의 실제 사용일수를 높이기 위해 휴가 취득 조건을 완화하고 휴가 사용에 관한 노동자의 재량권을 높여야 한다고 주장하고 있다. 생리휴가에 대해서도 이는 한국의 장시간 노동 상황이 만들어낸 특수한 제도이므로 계속 유지해야 한다고 노동계와 여성계가 주장하고 있다.

여섯째, 탄력적 노동시간 제도의 문제이다. 사용자 측은 노동시간 단축에 따른 부정적 영향을 최소화하고 노동시장을 유연화하기 위해 탄력적 노동시간 제도를 더욱 확대해야 한다고 주장한다. 이에 대해 노동계 측은 현재의 탄력적 노동시간제도가 노동자들의 생활을 불안정하게 만들고 있다고 지적하면서 오히려 이에 대한 규제를 강화해야 한다고 주장하고 있다.

이상에서 본 대로 노사는 거의 모든 쟁점에 대해 극단적으로 견해를 달리하고 있어 과연 노사정위원회에서 합의가 이루어질 것인가에 대해서는 회의적이다. 중요한 당사자의 하나인 민주노총이 노사정위원회에 참여하지 않고 있는 것도 중요한 변수의 하나이다. 문제는 정부의 태도이다. 정부는 지금까지 공을 노사정위원회에 던져 놓고 방관하는 듯한 소극적인 자세를 보이고 있다. 이와 같은 정부의 소극적인 자세로 인해 자칫하면 정부가 약속했던 금년 내 노동시간 단축법의 입법화가 무산될 것이 아닌가 하는 우려도 높아지고 있다. 따라서 이 문제에 대한 정부의 보다 적극적인 자세가 요구된다 하겠다.

3. 노사관계의 개혁과 노동정책

1) 노사정위원회[8]

1987년 이전까지 한국의 노사관계는 권위주의적 정부에 의해 철저히 통제되어 왔다. 경제성장을 위해서는 저임금과 엄격한 노동 규율을 필요로 한다는 정부 및 사용자의 입장에 따라 노동운동은 철저히 통제되어 왔다. 이러한 엄격한 노동통제 정책은 한국 사회의 민주화와 더불어 차츰 완화되어 왔다. 특히 1987년의 노동자 대투쟁은 기존의 한국 노사관계 체계에 근본적인 도전으로 작용했다. 새로운 노동조합이 다수 만들어지고, 노동조합의 독립성과 전투성

---

8)   이 항의 내용은 Yoon(1999, 2000) 등을 주로 참고.

도 크게 높아졌다. 권위주의적 노사관계에도 변화의 바람이 불었다.

그러나 이러한 노사관계의 근본적 변화의 불가피성은 정부와 사용자에 의해 쉽게 인식되고 받아들여지지 못했다. 정부는 계속해서 권위주의적 노동정책을 지속하고자 노력했다. 기업의 경쟁력을 유지하고, 고도성장을 지속하기 위해서는 임금 상승의 억제와 노사관계의 평화가 절대적으로 필요하다는 것이 이들의 주장이었다.

1992년 30년 만에 처음으로 문민정부인 김영삼 정부가 들어선 뒤에도 노동정책의 성격에는 근본적 변화가 없었다. 김영삼 정부는 민주노총의 합법화를 계속 거부했으며 정치·경제정책의 의사형성 과정에서 노동조합의 참여를 철저하게 배제했다. 마침내 1996년 말 이른바 국회에서 '날치기' 통과를 통해 반노동적 노동관계 법률들을 통과시킴으로써 김영삼 정부는 스스로의 반노동적 성격을 폭로했다.

노동자들과 노동조합은 이러한 정부와 기업의 태도에 대해 좌절과 분노를 느끼지 않을 수 없었다. 이러한 노동자들의 좌절과 분노는 결국 전투적 노동운동과 빈번한 노동쟁의로 나타날 수밖에 없었다. 따라서 한국 사회에 있어 노동, 자본, 국가 간의 사회적 협약이란 하나의 낯선 개념일 수밖에 없었다.

이러한 노사·노정 간의 갈등적 관계는 1997년 말의 경제위기를 맞아 새로운 도전에 부딪치게 된다. 경제위기를 극복하기 위해서는 어떠한 형태이든지 사회 계급 간의 사회적 합의가 필요하다는 것은 명백한 일이었다. 그러한 계급 간의 합의가 없을 경우 구조조정 과정에서 사회 계급 간 대립과 갈등은 불가피하게 발생하게 될 것이며 이는 다시 경제위기로부터의 회복을 어렵게 만들 것이기 때문이다.

이러한 사회적 합의의 필요성은 노사정위원회의 설립이라는 형태로 현실화되었다. 1998년 초 탄생한 노사정위원회는 1998년 2월 사상 최초의 노사정 대타협을 도출해 냄으로써 한국의 노사관계에 새로운 전기를 마련했다. 이 합의안은 정부와 사용자가 요구하는 노동시장의 유연성 제고를 위한 정리해고제와 근로자파견제의 법제화에 합의하는 한편 노동 측이 요구하는 공무원 및 교원의 노조 결성권 허용, 노조의 정치활동 허용, 고용 안정 및 실업 대책, 재벌 개혁, 사회보장제도 확충 등에도 합의했다.

이러한 노사정위원회의 합의 그 자체는 한국의 노사관계에 있어 중대한 변화를 시사하는 긍정적인 변화라고 평가할 만하다. 정부와 사용자 측이 과거의 대립적 노사관계와 권위주의적 노동정책을 버리고 최초로 노동계를 국정 운영의 파트너로서 받아들여 노동정책뿐만 아니라 경제·사회정책에 이르기까지 폭넓은 분야의 정책형성 과정에 노동조합을 참여시켰다는 점에서 적어도 형식적으로는 종래의 한국 노사관계에서는 결코 볼 수 없었던 새로운 실험이라고 할 수 있다.

그러나 이처럼 노사정위원회의 틀 안에서 사회 계급 간의 대화가 시작되었음에도 노사관계의 갈등적 성격이 사라진 것은 아니었다. 비록 미증유의 경제 위기라는 외부적 환경 변화에 의해 대화 테이블에 나오긴 했지만 각 사회 계급들은 본격적인 사회적 합의에 대한 준비가 거의 안 되어 있는 상태였다.

정부는 진정한 의미에서의 사회적 협약을 본격적으로 추진하고자 하는 적극성이 없었다. 정부는 오직 노동조합으로 하여금 노사정위원회에 참여함으로써 파업 등 단체 행동을 하지 못하도록 막는 데만 급급했다. 기업 역시 외적 환경 변화와 정부의 강요에 의해 노사정위원회에 참여하기는 했지만 오로지 정리해고제의 도입 등 노동시장 유연화 조치에만 관심이 있을 뿐 새로운 노사관계의 수립에 대한 의지도 준비도 전혀 없었다. 노동조합 역시 사회적 합의에 걸맞은 중앙 집중적 구조와 정책형성 능력을 가지지 못한 상태였다.

한국 노사정위원회의 운영 경험에서 가장 눈에 띄는 특징은 그 불안정성이다. 이는 여러 가지 측면에서 관찰된다. 우선 노사정위원회에 참여하고 있는 각 주체들 간의 상호 신뢰도가 낮아서 특정 사안에 대한 합의에 도달하는 것이 매우 어렵다. 그 결과 노사정위원회에서는 많은 사안들이 논의되지만 아무것도 결정되지 못하는 상태가 계속되었다. 설혹 어렵게 합의가 이루어진다 하더라도 이는 노사·노정 간 타협의 산물이기 때문에 구체적·실질적 효과를 갖지 못하는 추상적·선언적 내용이 많았다.

합의의 이행 절차도 매우 불확실하며 이에 따라 합의의 이행 여부도 불안정한 상태이다. 예컨대 제1기 노사정위원회의 합의 사항 중 실업자에 대한 노조 가입자격 인정 문제나 노동시간 단축 문제, 부패방지법의 제정 등은 2년 반이 지나서까지도 약속 이행이 되지 않고 있으며 그 밖에 제2차 개혁 과제로 미루었던 경영참가법 제정, 노조 전임자 임금지급 문제, 필수공익사업 범위 축소, 노동조합 조직체계 및 단체교섭체계 개선 등은 정부 및 사용자의 미온적 태도로 대부분 부도수표로 되어 버렸다.

무엇보다도 정부가 되풀이해서 약속했던 정리해고제의 남용 방지, 부당 노동행위 사업주의 엄단, 구조조정 시 노동조합과의 협의 등의 약속이 전혀 이행되지 않거나 혹은 매우 형식적으로만 이행된 것은 노사정위원회의 신뢰성을 크게 떨어뜨리는 요인으로 작용했다.

이처럼 노사정위원회에 참가하는 주체들 간의 신뢰도가 낮고 합의 사항의 이행이 제대로 되지 않음에 따라 노사는 노사정위원회로부터 탈퇴와 재복귀를 반복했으며 이것 역시 노사정위원회의 안정성을 해치는 요인으로 작용했다. 제3기 노사정위원회도 노동계에서 한국노총만의 참여로 진행되고 있지만 중요한 당사자의 하나인 민주노총이 불참한 가운데 이루어지는 합의가 얼마만큼 정당성과 실효성을 가질 것인지는 의문이 제기되고 있다.

한국의 노사정위원회는 외견상으로는 서유럽의 코포라티즘(corporatism) 구조와 매우 유사하다. 그러나 외견상의 유사성에도 불구하고 코포라티즘의 성공을 위한 제도적 전제 조건의 결여로 인해 한국의 노사정위원회는 유럽의 코포라티즘과는 매우 다른 결과를 낳고 말았다. 코포라티즘의 성공을 위해서는 노동계를 대변할 수 있는 좌익정당 내지 사민당 등이 존재해야 하며, 노동조합의 조직률이 높고 중앙 집중화되어 있어야 하고, 국가의 경제정책 결정 과정이 자율적이어야 한다는 등의 조건이 필요하다(Meier, 1984; Cameron, 1984;

Rowthorn, 1992).

그러나 한국에서는 이와 같은 조건들이 대부분 결여되어 있다. 첫째, 코포라티즘의 성공을 위한 정치적 환경은 한국에서 매우 제한적이다. 모든 주요 정당들은 보수주의적 정당들이며 지역을 기반으로 하고 있다. 따라서 노동의 이해관계가 제도적으로 수렴될 수 있는 기구를 한국의 정당들은 가지고 있지 못하다. 김대중 정부는 한편으로는 신자유주의적인 이념에 입각한 구조조정과 노동시장 유연화 정책을 추진하면서 다른 한편으로는 코포라티즘적 기구인 노사정위원회를 추진함으로써 모순을 드러냈다. 이와 같은 모순은 정부 내에서도 정책의 혼란과 일관성 결여를 낳았으며 다른 주체들의 정부에 대한 신뢰를 떨어뜨리는 요인으로 작용했다.

둘째, 한국의 노동조합들은 조직률이 매우 낮고 기업별 노조라는 분산적 구조를 취하고 있다. 따라서 양대 노총은 노동계급 전체를 대변하는 권위와 능력을 가지고 있지 못하다. 그 결과 내셔널센터가 노사·노정 간 사회적 합의에 도달한다 하더라도 이는 노동 대중 사이에 광범한 지지 기반을 갖지 못한 합의에 불과하며 하부 조직의 반발에 의해 언제라도 깨질 가능성이 존재한다. 사실상 많은 일반 노동자들은 이러한 형태의 사회적 합의가 정부의 노동 측에 대한 또 다른 술책에 불과하다는 부정적 인식을 강하게 가지고 있다.

셋째, 정부의 정책 결정의 자율성 역시 크게 제약되어 있다. IMF와 한국 정부가 체결한 구제금융협약은 한국 정부의 정책결정 능력의 자율성을 크게 제약하는 요인으로 작용했으며 그 결과 한국 정부는 정리해고제 도입, 구조조정의 강행 등 노동계에 인기 없는 정책을 강행할 수밖에 없었다. 이는 노사정위원회의 성공 가능성을 낮추는 또 하나의 요인으로 작용했다.

노사정위원회 그 자체는 지금까지 억압과 갈등으로 얼룩졌던 한국의 노사관계를 개혁하기 위한 의미 있는 시도로 평가할 수 있다. 그러나 지금까지 보았듯이 노사정위원회의 긍정적 측면을 강조하고 이에 대한 참여를 노동계에 촉구하는 것만으로는 불충분하다. 노사정위원회의 장기적 성공을 위해서는 무엇보다도 코포라티즘의 성공 가능성을 높이기 위한 여건의 마련에 힘써야 할 것이다. 즉, 정치 개혁을 통한 노동계의 정치적 진출 확대와 노정 간의 커뮤니케이션 통로의 확보, 노동조합 조직률의 향상과 교섭 구조의 집중화, 정부의 정책 능력의 자율성 향상 등이 이루어져야 할 것이다.

2) 단결의 자유와 단체 행동의 자유

사회적 합의주의가 제대로 실행되고 노동조합이 정책 형성의 파트너로서 대우받기 위해서는 무엇보다도 우선 노동조합의 단결의 자유와 단체 행동의 자유가 보장되어야 할 것이다. 그러나 현행 한국의 법률 및 정부 정책은 이러한 단결의 자유와 단체 행동의 자유를 심각하게 저해하는 내용을 많이 포함하고 있어 커다란 문제가 되고 있다.

첫째, 가장 문제가 되고 있는 것이 공무원의 노동3권 보장 문제이다. 한국에서도 노동자의 단결권과 단체행동권은 헌법과 노동법상의 노동기본권의 하나로서 보장되어 있다(헌법 제33조). 그리고 노동조합법에서는 "근로자라 함은 직업의 종류를 불문하고 임금, 근로 및 기타 이에 준하는 수입에 의해 생활하는 자"라고 규정하고 있으므로 공무원도 당연히 여기에 포함된다고 해석된다. 그러나 다시 헌법 제33조 2항에서는 공무원의 노동3권의 제한, 금지가 가능하도록 규정하고 있어 모순으로 나타나고 있다. 이처럼 공무원의 노동기본권에 대한 특별 제한을 둔 데 대해서는 합리성이 결여된 제도로서 선진국에서는 공무원의 단결권 등 노동3권을 인정하는 것이 일반적이라는 추세에도 역행하는 전근대적인 조항이라 할 것이다(신인령, 1995).

1998년 2월의 제1기 노사정위원회에서 정부는 공무원 노조를 인정하기로 하고, 우선 1단계로 공무원직장협의회의 결성을 허용한 바 있다. 이에 따라 1998년 말 공무원직장협의회에 관한 법률이 제정되고 각 단위 기관별로 직장협의회가 설치, 운영되고 있다. 그러나 이 직장협의회는 단체교섭권이나 단체

행동권이 없고 단위 기관을 넘어서는 조직의 결성이 허용되지 않으며 그 가입 범위가 제한되어 있는 등 많은 한계를 가지고 있다. 실제로 법률 통과 후 1년 이 지난 시점에서 전체 2000여 개 중 겨우 60개 사업장에서만 직장협의회가 설치되었을 뿐이다. 결성된 직장협의회조차 기관장의 소극적인 자세와 견제 로 활동에 커다란 제약을 받고 있는 것으로 알려지고 있다. 더욱이 정부는 공 무원노동조합에 대해서는 구체적인 법률개정 일정을 공개하거나 실질적으로 추진하지 않고 있는데 이는 노사정위원회의 합의를 위배하는 처사라 하겠다.

이러한 공무원노조의 금지 조항은 국제적 기준에도 위배되는 것으로서 1998년 3월 제271차 ILO 이사회에서는 결사의 자유 원칙에 따라 공무원직장 협의회에 가입할 수 있는 공무원의 범위를 확대할 것과 공무원들이 조기에 노 동조합을 설립하고 가입할 수 있도록 인정하라는 내용의 대 한국 정부 권고안 을 채택한 바 있다.

따라서 한국 노사관계의 가장 중요한 개혁 과제의 하나는 공무원의 자유로 운 노조 결성 및 활동을 가로막고 있는 현재의 전근대적 조항을 개혁하는 일이 다. 외국의 경우를 보더라도 공공 부문은 노조 활동의 핵심 부문으로 자리 잡 고 있다. 만약 한국에서 공무원의 노조 가입이 허용된다면 조직률을 일거에 5% 이상 끌어올려 노동운동의 폭발적인 발전의 계기가 될 수 있을 것이다.

둘째, 교원의 단결권 및 단체교섭권 문제이다. 오랫동안 노정 간 갈등 요인 으로 되어 왔던 이 문제는 1999년 7월 드디어 교원노조가 합법화됨으로써 상 당 부분 해결되었다. 이에 따라 민주노총 소속의 전교조와 한국노총 소속의 한 국교원노조 등 2개의 노동조합이 합법적으로 활동하기 시작했다. 그러나 여전 히 교원노조의 조직 및 활동과 관련해 많은 문제가 남아 있다. 교원노조에는 국공립학교 교사 및 대학교수의 가입이 금지되어 있으며 오직 초중등 사립학 교 교사들만 가입할 수 있다. 교원노조는 광역 지자체 수준의 조직화만 가능할 뿐 학교단위 조직의 설립은 금지되어 있으며 학교장과의 교섭도 불가능하다. 교원노조는 일체의 쟁의행위를 할 수 없으며 정치 활동도 금지되어 있다. 교원노조는 근무시간 중 노조 활동을 할 수 없으며 노조 전임자 지명이나 학교 시설물 사용 등도 허가를 받아야 하는 등 활동에 많은 제약을 받고 있다. 특히 교원노조와 교육부와의 단체교섭은 교섭이 개시된 지 근 1년 만에 타결을 볼 정도로 진통을 겪었는데 이는 교육부의 소극적인 교섭 태도에 상당 부분 기인한 것이었다. 교육부와 합의한 사항 가운데서도 교원의 임금 등 처우 개선에 관한 사항들은 대부분 국가 예산의 뒷받침을 받아야 하므로 기획예산처 등 다른 정부 부처와 교육부의 협의 과정에서 예산이 확보되지 못할 경우 자칫 교원노조와 교육부의 합의 자체가 지켜지지 못할 우려도 있다.

셋째, 민주노총의 합법화 문제이다. 오랫동안 합법적 지위를 인정받지 못해 오던 민주노총이 1999년 11월 마침내 합법화된 것은 정상적인 노사관계로의 발전을 위한 긍정적 조치로 인정된다. 그러나 여전히 각종 정부위원회의 위원 참가 등에서 민주노총은 그 조직원수에 걸맞은 처우를 받지 못하고 있는 경우가 많다. 정부가 민주노총을 정당한 파트너로서 충분히 인정하기까지는 앞으로도 상당한 기간이 걸릴 것으로 예상된다.

넷째, 실업자의 노조가입 금지 문제이다. 원래 실업 중인 노동자도 조합원 자격을 가진다는 것은 선진국에서는 너무나도 당연하게 받아들여지고 있지만 한국의 경우 이들의 노조 가입이 금지되어 있다. 이는 국제적 관례로 보나 논리적 근거로 보나 전혀 받아들여질 수 없는 부당한 조항이라 하겠다. 이러한 점을 감안해 1998년 노사정위원회에서는 실업자의 초기업 단위 노동조합 가입을 허용한다는 데 노사정이 합의했다. 그러나 정부 내 보수파의 반대로 인해 아직까지도 이들의 노조 가입자격을 합법화하는 입법 조치가 이루어지지 못하고 있다. 노동조합의 보호를 누구보다도 절실히 필요로 하는 이들이 노조 가입을 부인당하고 있다는 것은 결코 납득할 수 없는 처사로서 하루빨리 입법화가 이루어져야 할 것이다.

한편 단체 행동의 자유 보장도 심각한 문제의 하나이다. 현행 노동법은 '필수공익사업'에 대해 파업을 금지하고 있는데 이 필수공익사업의 범위는 ILO의 규정이나 다른 OECD 국가들의 경우보다 훨씬 폭넓게 규정되어 있다. 여기에는 철도, 시내버스, 수도, 전기, 가스, 정유업, 병원, 은행, 통신업 등 광범한 영역이 포함되어 있다.

조정전치주의 역시 합법적 파업을 어렵게 만드는 대표적 조항으로 악용되고 있다. 현행 노동법은 단체 행동에 앞서 노동위원회의 조정(일반 사업 10일, 공익사업 15일)을 거치도록 의무화하고 있다. 또 필수 공익사업의 경우 다시 15일간의 중재 기간 중 쟁의행위를 할 수 없으며 노동위원회의 강제중재에 의무적으로 따르도록 함으로써 노사의 자주적 해결의 원칙을 크게 훼손하고 있다. 일반 공익사업의 경우에도 노동부 장관의 결정에 의해 긴급조정 결정이 내려질 수 있으며 이때 30일간 쟁의행위를 재개할 수 없다.

결국 다양한 법률적 장벽으로 인해 실질적으로 한국에서 합법적 파업을 한다는 것은 매우 어렵고 시간이 걸리는 일이 된다. 한국에서 불법 파업의 빈도가 매우 높은 것은 이와 같은 제도적 장벽에 그 원인이 있는 것이다.

이런 법 규정은 헌법상 보장된 노동기본권의 행사를 근본적으로 저해하는 결과를 초래하고 있어 개정이 필요하다 하겠다. 즉, 일종의 행정심판 행위인 조정 절차를 이유로 헌법상의 권리인 단체행동권을 지나치게 제약하는 조항은 이를 완화해야 하며 특히 노동위원회가 조정신청을 반려하면 현행법상 합법적인 쟁의행위가 불가능하게 되어 있는 조항은 반드시 개정해야 할 것이다.

노동조합의 단체 행동 시 경찰의 지나친 폭력 행사 역시 문제로 되고 있다. 최근 롯데호텔과 사회보험노조의 파업 시 경찰의 조합원에 대한 무차별 폭력과 민주노총 위원장을 포함한 조합원의 대규모 연행, 구속 등은 사회 전체에 큰 충격을 준 사건이었다. 이는 민주화된 정부라고 하는 김대중 정부에서도 정부의 노동정책이 구태의연한 공안적 시각에서 벗어나지 못하고 있음을 보여주는 상징적 사건이라 하겠다. 정부는 급박한 인명상의 위험이나 폭력 행사가 없는 사건에서 경찰의 폭력적 진압을 최대한 자제하고 대화와 설득을 통해 평화적으로 문제가 해결될 수 있도록 앞으로 노력해야 할 것이다.

3) 노동조합의 운영과 단체협약의 실효성 확보

한국의 노동조합들은 대체로 기업별 노동조합 형태를 취하고 있으며 노동조합의 전임자 역시 해당 기업의 종업원 신분이다. 이러한 상황에서 한국의 노조 전임자들은 사용자로부터 임금을 받는 관행을 오랫동안 지속해 왔다. 그러나 1997년 개정된 노동조합법에 의해 노동조합 업무에만 종사하는 노조 전임자에 대해 2002년 1월 1일부터 이를 금지하도록 규정했을 뿐만 아니라 이를 위반한 행위를 부당 노동행위로 규정하고 2년 이하의 징역 또는 2천만 원 이하의 벌금에 처하도록 규정했다.

따라서 현행법대로라면 2002년 1월부터 노조 전임자에 대한 사용자의 임금 지급은 전면 금지되며 부당 노동행위로 규정되어 처벌 대상이 될 것이다.

노조 전임자 임금지급 문제와 관련해서는 다음과 같은 문제점들이 존재한다. 첫째, 이 조항은 자율적 노사관계를 저해하는 규정으로 판단된다. 노사 자치의 원칙에 의해 노사관계는 자율적으로 해결되는 것이 바람직하며 노사관계에 대한 정부의 개입은 최소한으로 이루어져야 한다는 것이 대원칙이다. 그런데 지금까지 단체협약과 노사 간의 관행으로 정립되어 왔던 전임자 임금지급 문제를 법적으로 규제하는 것은 노사 자율의 영역을 축소하는 일이라 하겠다. 이러한 이유로 1998년 3월 ILO 제271차 이사회에서는 "노조 전임자에 대한 사용자의 임금 지급을 금지하는 것은 입법적 관여 대상이 아니기 때문에 이를 철회해야 한다"고 한국 정부에 권고한 바 있다.

둘째, 한국과 같은 기업별 노조 체제에서 전임자에 대한 임금 지급이 금지될 경우 대부분의 노동조합이 노조 활동이 불가능할 정도로 큰 타격을 받게 될 것이다. 특히 노조원 규모가 작은 영세기업 노동조합의 경우 더 이상 운영이 불가능할 것으로 예상되는데 1998년 조합원 300명 이하의 영세 노조가 전체의 87.2%를 차지하고 있음을 감안할 때 이는 한국의 노동운동에 결정적 타격을 입힐 것으로 예상된다.

셋째, 노조 전임자에 대한 임금 지급행위를 부당 노동행위로 규정하는 것은 논리적 모순이다. 원래 부당 노동행위의 입법 취지는 경제적으로 약자인 노동자들의 노동3권을 보호하기 위한 것이다. 따라서 부당 노동행위는 사용자의 행위가 노동조합의 활동을 방해하는 경우에만 성립하는 것이다. 그런데 전임자 임금 지급은 노동조합의 적극적 요구와 교섭에 의해 확보된 것이므로 결코 부당 노동행위가 될 수 없으며 오히려 이를 금지하는 것이 노동조합의 단결권과 단체교섭권에 대한 제한을 이룬다. 그동안 여러 차례 대법원 판례를 통해서도 전임자에 대한 임금 지급이 노조의 자주성에 반하지 않는다는 판결이 나왔으며 학자들의 견해도 대체로 이와 유사하다(이광택, 1999; 김유성, 1996; 하경효, 1996).

넷째, 정부와 사용자 측은 외국의 경우 전임자에 대한 임금 지급은 모두 노동조합이 부담하며 사용자가 지급하는 경우는 없다고 주장하지만 이는 잘못된 주장이다. OECD(2000)가 밝히고 있듯이 노조 대표에 대한 유급 시간할애는 OECD 국가들 사이에서 광범하게 볼 수 있는 현상이다. 더욱이 직장평의회가 있는 경우 그 위원에 대한 유급 시간할애 역시 널리 인정되고 있다. ILO 권고 제143호는 "기업의 노동자 대표는 그 임무의 수행에 필요한 휴가를 임금과 기타 사회적 및 부가적 급여와 함께 부여받아야 한다"고 규정하고 있으며 독일의 공동결정법에서는 종업원평의회의 모든 비용을 사용자 측이 부담하고 있고 프랑스 등에서도 기업의 노동자 대표에 대한 유급 활동시간을 보장하고 있다. 한국의 경우 기업별 노조가 노동조합의 기능과 더불어 노사협의회의 한 당사자로서 직장평의회의 기능까지 담당하는 이중적 역할을 가지고 있음을 감안할 때 그 전임자에 대한 임금 지급이 결코 한국만의 독특한 제도가 아님을 알 수 있다. 더욱이 노조 전임자에 대한 임금 지급을 명시적으로 금지하고 있는 경우는 OECD 국가들 그 어디서도 찾아볼 수 없는 조항이다.

이러한 전임자 임금지급 금지조항의 문제점에 대한 노동조합의 항의가 계속됨에 따라 정부는 1999년 말 노동법 개정을 내놓았는데 그 핵심은 노동조합 전임자에 대한 임금지급 금지조항을 철폐하는 대신, 사용자가 급여를 지급할 의무가 없음을 명시화하고 노조 전임자의 수를 대통령령으로 규제하는 한편, 전임자 임금 문제를 이유로 한 쟁의행위를 금지하는 내용이었다. 그러나 이 안은 노사 양쪽의 반발과 정부의 법률개정 의지 부족으로 추진이 중단되었으며 이후 아무런 구체적인 개정 움직임을 보이지 않고 있다.

이 문제를 해결하는 길은 현재의 노조 전임자 임금지급 금지조항을 철폐하고 이를 노사 자율교섭에 맡겨두는 것뿐이다. 이와 아울러 장기적으로 노동조합의 재정 자립을 통해 이 문제를 해결할 수 있도록 방안을 마련해야 할 것이다. 그렇지 않을 경우 이 문제는 2002년이 다가올수록 노사 평화를 해치는 잠재적 불안 요인으로서 점점 그 중요성을 더해 갈 것이다.

4. 전망과 과제

앞에서 지적한 대로 금년의 노사관계를 전망해 보면 사실 어두운 요인이 많은 것으로 보인다. 주위에서는 새로운 밀레니엄을 맞는다 해서 여러 이야기들이 많이 나오고 있지만 사실 2000년을 맞는 한국의 노사관계 현실은 단절성보다는 연속성이 더 강조되고 있는 실정이다. 따라서 우리가 안고 있는 문제들도 앞으로 상당 기간 동안 계속 될 것으로 보인다.

IMF나 국제 금융자본에 의한 정책 제약은 앞으로 당분간 계속될 것이며 따라서 정부가 노동계에 양보할 수 있는 여지도 매우 제약될 것이다. 사용자의 태도나 구조도 당분간은 바뀌지 않을 것이다. 노동조합의 구조나 태도도 조금씩 바뀌고 있다고는 하지만 아직도 상당히 느리다고 생각된다. 역시 결정적으로 중요한 것은 정부의 정책인데 여기서도 역시 신자유주의적 정책이라든가 관료의 보수적 태도 등이 하루아침에 바뀔 가능성은 별로 없어 보인다.

그러나 다른 한편으로 밝은 면이 전혀 없는 것은 아니다. 먼저 금년에 6%

이상의 고성장이 있을 전망이다. 이러한 고성장에 따라 물질적 측면에서 노사 간 타협의 여지가 넓어질 것으로 생각된다. IMF 위기 극복에 따라 정부의 정책 자율성이 회복된 것도 노사 간 협력에 도움이 될 것으로 생각된다.

또 우여곡절은 있겠지만 앞으로 정치 민주화도 지속될 것으로 생각된다. 정치 민주화가 진행되면 역시 산업 민주화로 연결될 수밖에 없을 것이며 이에 따라 참여 협력형 노사관계도 진전될 것이다.

앞으로 산업 민주화에 있어 매우 중요한 요인 중 하나는 재벌 개혁이다. 역시 노사관계가 정상적으로 되기 위해서는 사용자의 태도나 구조가 변해야 한다. 그런데 이를 해결하기 위해서는 재벌을 비롯한 고용 경영자 구조가 변해야 한다. '이게 내 기업이다. 내 눈에 흙이 들어가기 전까지는 우리 기업에서 노조는 안 된다'는 식의 태도는 산업 민주화에 조금도 도움이 되지 않는다. 그런 면에서 볼 때 현재 진행되고 있는 재벌 개혁이 성공해 소유 경영자의 영향력이 감소될 경우 이는 분명히 산업 민주화에 도움이 될 것이다.

한편 노동조합의 구조가 점차 산별노조로 중앙 집중화되고 이에 따라 노사 간 교섭 체제도 산별교섭 체제로 바뀌어 가는 추세도 앞에서 본 대로 노사관계의 틀을 형성하는 데 도움이 될 것이다. 한편 최근 민주노총과 교원노조가 합법화됨으로써 제도권 밖으로부터 제도권 안으로 진입한 것도 노사관계의 정상화에 도움이 될 것으로 생각한다.

우리를 둘러싼 노사관계의 환경은 분명히 매우 어려운 과제를 제기하고 있으며 그동안 남아 있던 노사관계의 현안들—예컨대 노조 전임자 임금지급 문제, 노동시간 단축 문제, 복수노조 문제 등—도 쉽게 해결될 기미를 보이지 않고 있다. 그러나 이러한 문제들의 해결 방안이 전혀 없는 것은 아니다. 중요한 것은 그러한 방안의 실천에 관한 노사정 등 노사관계 주체들의 문제해결 의지 여부이다. 바로 이 점에서 노사정, 특히 정부의 의지가 결정적 요소로 작용할 것으로 보인다.

참고문헌

김태현. 2000. 「김대중 정권 2년과 노동정책 평가」. 『4.13 총선과 김대중 정부 중간평가 토론회』.

노동부. 1999a. 『근로시간 단축의 쟁점과 과제』.

노동부. 1999b. 『임시, 일용 등 불완전한 근로형태 확산과 우리의 정책방향』.

노사정위원회. 1998a. 『위원회 활동자료』.

노사정위원회. 1998b. 『1998 노사정위원회 활동현황』.

박순일. 1999. 「1997~98년 대불황의 경제·사회적 효과와 사회정책」. 변형윤 외. 『IMF 관리 후 한국의 경제정책: 평가와 과제』. 서울사회경제연구소.

새정치국민회의 실업대책위원회. 1999.10. 『사회정책 종합보고서』.

선한승. 2000. 「선진국의 근로시간단축모형과 정책 과제」. ≪노사정포럼≫, 여름호. 노사정위원회.

신인령. 1995. 『노동법 판례연구: 노동조합운동 사건판례』. 이화여자대학교 출판부.

안주엽. 2000. 「고용형태에 따른 임금결정식의 추정」. 『분기별 노동동향분석』 2/4분기.

윤진호. 1998.12. 「실업정책의 현황과 문제점」. 『개혁시대』. 한국사회발전시민실천협의회.

윤진호 1999. 「노사정위원회: 성과와 과제」. 변형윤 외. 『IMF 관리 후 한국의 경제정책』. 새날.

윤진호. 2000a. 「비정규직 노동의 실태와 노동조합의 조직화 과제」. 윤진호 외. 『비정규노동자 차별 철폐 및 조직화 방안』. 전국민주노동조합총연맹.

윤진호. 2000b. 「한국에서의 코포라티즘의 가능성: 노사정위원회의 경험과 그 평가」. 윤진호·유철규 편. 『구조조정의 정치경제학과 21세기 한국경제』. 풀빛.

윤진호 외. 1999. 『노동시간 단축과 노동조합의 정책 과제』. 전국민주노동조합총연맹.

이병훈·유범상. 1998. 「한국 노동정치의 새로운 실험: 노사관계개혁위원회의 노사정위원회에 대한 비교평가」. 비판사회학대회 발표논문.

이병희·황덕순. 2000. 「경제위기 이후 노동시장구조의 변화」. 윤진호·유철규 편. 『구조조정의 정치경제학과 21세기 한국경제』. 풀빛.

전국민주노동조합총연맹. 1996. 『노동시장 유연화의 현황과 정책 과제』.

전국민주노동조합총연맹. 1999. 『IMF 이후 구조조정의 폐해와 문제점』.

전국민주노동조합총연맹. 2000a. 『비정규노동자 차별 철폐 및 조직화 방안』.

전국민주노동조합총연맹. 2000b. 『사회복지정책』.

정건화·남기곤. 1999. 「경제위기 이후 소득 및 소비구조의 변화」. ≪산업노동연구≫, 제5권 제2호. 한국산업노동학회.

정인수. 1997. 『취업형태 다양화와 정책 과제』. 한국노동연구원.

정인수. 1998. 『파견근로의 실태와 정책 과제』. 한국노동연구원.

최경수. 1997. 『단시간근로의 실태와 정책 과제』. 한국노동연구원.

한국경영자총협회. 1999. 『근로시간 단축에 대한 경영계 입장』.

한국노동연구원. 2000. 『근로시간 단축의 쟁점과 과제』.

한국은행. 1999. 「최근 노동시장 변화의 특징」. 『한국은행 조사통계월보』.

Cameron, D. 1984. "Social Democracy, labour Quisience, and the Representation of Economic Interest in Advanced Capitalist Society." J. Goldthorpe.(ed.) *Order and Conflict in Contemporary Capitalism*. Clarendon Press.

Korea International Labour Foundation(KOILAF). 1997. Labor Reform in Korea Toward the 21st Century.

Meier, C. 1984. "Preconditions for Corporatism." J. Goldthorpe.(ed.) *Order and Conflict in Contemporary Capitalism*. Clarendon Press.

Meulders, D. et al. 1989. *Atypical Employment in the EC*. Dartmouth.

OECD. 1999. *Economic Survey of Korea*.

OECD. 2000. *Pushing Ahead with Reform in Korea*. OECD.

Polivka, A. E. and T. Nadone. 1989. "On the Definition of 'Contingent Work'." *Monthly Labor Review*, December.

Rodgers, G. 1989. "Precarious Work in Western Europe: The State of the Debate." G. Rodgers and J. Rodgers. *Precarious Jobs in Labour Market Regulation: The Growth of Atypical Employment in Western Europe*. International Institute for Labour Studies.

Rowthorn, B. 1992. "Corporatism and Labour market Performance." J. Pekkarinen et al. *Social Corporatism: A Superior Economic System?* Clarendon Press.

Yoon, Jin Ho. 1999. "Neo-corporatism in Korea?: An Evaluation on the Tripartite Commission." *Review of Economics and Business*, Vol.13, No.2, Inha University.

지은이

고故 윤진호 (1952.3.26~2016.6.15)

• 학력

1968~1971   부산고등학교 졸업

1971~1975   서울대학교 경제학과 졸업(학사)

1975~1979   서울대학교 대학원 경제학과 졸업(석사)

1982~1990   서울대학교 대학원 경제학과 졸업(박사)

• 경력

1978~1981   국제경제연구원(현 산업연구원) 책임연구원

1982~2016   인하대학교 경제학과 전임강사, 조교수, 부교수, 교수

1991~1992   미국 뉴욕주립대학교(빙햄턴) 초빙교수(Visiting Scholar)

1999~2001   한국산업노동학회 부회장

1999~2015   사단법인 서울사회경제연구소 운영위원장

2001~2002   미국 MIT 초빙교수(Visiting Scholar)

2003~2005   노동부 최저임금위원회 공익위원

2003~2005   중앙노동위원회 공익위원

2004~2005   전국민주노동조합총연맹 자문위원

2004~2008   대통령자문 정책기획위원회 위원 겸 간사

2007~2007   한국경제발전학회 회장

2010~2011   한국경제학회 부회장

2011~2012   인하대학교 경상대학 학장

2012~2014   서울시 노사정 서울모델협의회 위원장

• 수상

1988.3 제18회 매경 이코노미스트상 수상. 수상 논문 「빈곤의 악순환, 도시빈
　　민의 실태」

2008.2 근정포장(제80289호) 수여(대통령 노무현)

2011.2 제1회 학현학술상(제자 이시균 박사와 공동수상). 수상 논문 「한국의 저
　　임금 고용의 결정요인과 이동성」

• 주요 저서

『한국의 불안정노동자』, 인하대학교 출판부, 1994

『노동조합 조직체계의 동향과 정책과제』, 한국노동연구원, 1998

『보스턴 일기: 지식의 디즈니랜드에서』, 한울, 2005

『비정규노동자 조직화방안 연구』(공저), 전국민주노동조합총연맹, 2006

『덴마크의 유연안정성에 관한 현황과 평가』, 한국노총 중앙연구원, 2008

『냉철한 머리, 뜨거운 가슴을 잃다』(공저), 지식산업사, 2012

• 주요 학술논문

「한국노총과 전노협의 조합원 의식 비교연구: 정치의식과 노사관계의식을 중
　　심으로」, 『노동경제논집』 제16권, 한국노동경제학회, 1993

「자동차 산업에서의 일본식 생산방식의 도입과 그 한계」, ≪산업노동연구≫
　　제3권 제2호, 한국산업노동학회, 1997

「기업의 노동유연화 전략과 노동조합의 대응: 대우자동차의 사례연구」, ≪경
　　제발전연구≫ 제4권 제1호, 한국경제발전학회, 1998

「노동자 생산협동조합에 관한 이론적 고찰」, ≪사회경제평론≫ 제12호, 한국
　　사회경제학회, 1999

「신자유주의적 노동정책과 노동조합의 대응」, ≪동향과 전망≫ 제42호, 한국
　　사회과학연구회, 1999

「노사정 3자합의체제에 관한 실증적 연구: 노동조합내의 합의순응 문제를 중심으로」, ≪사회경제평론≫ 제17호, 한국사회경제학회, 2001

「비정규 노동자의 실태와 조직화 문제」, ≪산업노동연구≫ 제7권 제2호, 한국산업노동학회, 2002

「고용조정과 노동조합의 역할: 과연 노동조합은 고용조정에 영향을 미쳤는가?」, ≪산업노동연구≫ 제10권 제2호, 한국산업노동학회, 2004

「노동조합 존재확률의 결정요인과 대표권의 갭」, ≪사회경제평론≫ 제24호, 한국사회경제학회, 2005

「한국의 저임금 고용의 결정요인과 이동성」(이시균과 공저), ≪경제발전연구≫ 제15권 제1호, 한국경제발전학회, 2009

「대한제국기 '노동회'의 성격과 활동에 관한 연구: 한국 노동운동의 기원과 관련하여」, ≪경제발전연구≫ 제18권 제1호, 한국경제발전학회, 2012

「개항기 인천항 부두노동자들의 생존권 투쟁: ≪조선신문≫ 자료를 중심으로」, ≪황해문화≫ 83호, 새얼문화재단, 2014

엮음

고 윤진호 교수 추모 선집 간행위원회

간행위원장: 이시균

편집위원: 김정우, 지민웅, 조민수, 박진

후원위원: 김유선, 진숙경, 황규성, 김기민, 정성미

한울아카데미 2451

고 윤진호 교수 추모 선집 3
대안적 맹아를 찾아서

ⓒ 고 윤진호 교수 추모 선집 간행위원회, 2023

지은이 ┃ 윤진호
엮 음 ┃ 고 윤진호 교수 추모 선집 간행위원회
펴낸이 ┃ 김종수
펴낸곳 ┃ 한울엠플러스(주)
편 집 ┃ 배소영

초판 1쇄 인쇄 ┃ 2023년 10월 13일
초판 1쇄 발행 ┃ 2023년 10월 20일

주소 ┃ 10881 경기도 파주시 광인사길 153 한울시소빌딩 3층
전화 ┃ 031-955-0655
팩스 ┃ 031-955-0656
홈페이지 ┃ www.hanulmplus.kr
등록 ┃ 제406-2015-000143호

Printed in Korea.
ISBN 978-89-460-7451-4 93320
     978-89-460-8269-4 93320 (세트)

고 윤진호 교수 추모 선집 1

노동운동

- 윤진호 지음 ｜ 고 윤진호 교수 추모 선집 간행위원회 엮음
- 2023년 10월 20일 발행 ｜ 신국판 ｜ 600면

노동운동 연구결과 모음

- 제1부: 고용위기 시대의 노동운동을 다룬다. 글로벌 경쟁이 격화되면서 고용조정 및 노동시장 유연화가 심화되고 고용불안정성이 확대되는 현실을 정확하게 진단하여 이에 대응하기 위한 노동운동의 방향을 제시한다. 특히 노동시장 유연화론의 허실을 노동운동의 관점에서 체계적으로 정리했다.

- 제2부: 새로운 노사관계와 노동운동을 모색하면서 협력적 유연화와 노사정위원회에 대한 다양한 논의를 정리하고 대안적 노동운동의 길을 제시한다. 또한 노동운동이 나아갈 임금정책의 방향과 경제민주화 투쟁과제를 제시한다. 협력적 유연화는 노사정 당사자들의 참여와 협력으로 전략적 동맹을 체결하여 경제위기를 극복하자는 내용을 담고 있으며, 노사정위원회의 성공 조건을 제시한다.

- 제3부: 산별노조운동의 동향과 과제를 주제로 노동조합 조직이론과 선진국의 산별노조 사례를 제시하고, 한국에서 산별노조의 발전을 위한 심도 깊은 문제제기와 제언을 다룬다.

고 윤진호 교수 추모 선집 2

생산방식의 변화와 노동운동

- 윤진호 지음 | 고 윤진호 교수 추모 선집 간행위원회 엮음
- 2023년 10월 20일 발행 | 신국판 | 664면

세계의 노동운동과 생산방식의 변화사례 모음

• 제1부: 세계의 노사관계와 노동운동을 다루면서 미국, 영국, 캐나다, 일본의 노사관계와 노동운동을 심도 있게 진단하고 한국에 대한 시사점을 탐색한다. 미국과 영국의 사례연구에서 신자유주의 아래 노동정책과 노동조합의 대응을 분석한 결과를 제시하고, 미국의 경영참가와 같은 노동자 참여제도의 도입을 평가하며, 영국의 실업정책 진단결과를 제시한다.

• 제2부: 일본식 생산방식과 노사관계를 다룬다. 포디즘적 생산방식의 붕괴로 일본이 그 자리를 대체해 가고 있던 상황에서 일본식 생산방식의 요체인 토요타 생산방식을 심층적으로 분석하고 이에 대응하는 노동조합의 방안을 제시한다. 또한 일본식 생산방식의 문제점을 진단하고 노동의 인간화를 제안하는 한편, 한국에서의 일본식 생산방식 도입을 심층적으로 분석하면서 노동의 인간화를 중심으로 한 노동조합의 대응책을 제안한다.